ŒUVRES COMPLÈTES

DE

VOLTAIRE

1

ÉTUDES ET DOCUMENTS

BIOGRAPHIQUES

PARIS. — IMPRIMERIE A. QUANTIN

7, RUE SAINT-BENOIT

ŒUVRES COMPLÈTES
DE
VOLTAIRE

NOUVELLE ÉDITION

AVEC

NOTICES, PRÉFACES, VARIANTES, TABLE ANALYTIQUE

LES NOTES DE TOUS LES COMMENTATEURS ET DES NOTES NOUVELLES

Conforme pour le texte à l'édition de BEUCHOT

ENRICHIE DES DÉCOUVERTES LES PLUS RÉCENTES

ET MISE AU COURANT

DES TRAVAUX QUI ONT PARU JUSQU'A CE JOUR

PRÉCÉDÉE DE LA

VIE DE VOLTAIRE
PAR CONDORCET

ET D'AUTRES ÉTUDES BIOGRAPHIQUES

Ornée d'un portrait en pied d'après la statue du foyer de la Comédie française

---

ÉTUDES ET DOCUMENTS

BIOGRAPHIQUES

PARIS
GARNIER FRÈRES, LIBRAIRES-ÉDITEURS
6, RUE DES SAINTS-PÈRES, 6

1883

PRÉFACE GÉNÉRALE

DE LA PRÉSENTE ÉDITION

Quelques explications sur le plan et sur l'économie de cette nouvelle édition des œuvres complètes de Voltaire, tel est l'objet de cette préface. La vie de Voltaire est dans les nombreux documents qu'on trouvera ci-après, et surtout dans les dix-huit volumes de la *Correspondance*. Cette correspondance forme en effet une autobiographie écrite au jour le jour, qui est un monument unique et incomparable. Quant à l'appréciation du génie et du rôle de Voltaire, nous avons pensé que ce qu'il y avait de mieux à faire et de plus propre à contenter tous nos lecteurs, c'était de relever les principaux jugements qu'on en a portés depuis l'époque où il a vécu jusqu'aujourd'hui. Nous donnons donc la suite de ces témoignages des philosophes, des littérateurs et des historiens éminents, classés suivant l'ordre chronologique, afin que l'on puisse voir quels sentiments ont prévalu sur Voltaire, de génération en génération. Nous avons transcrit toutes les pages célèbres, non-seulement celles qui lui sont favorables, mais celles qui sont hostiles. On entendra la voix des partisans et des adversaires. Le procès sera débattu contradictoirement. Après cette partie préliminaire, qui suit les deux Préfaces générales, le premier volume est entièrement consacré à la biographie. Il contient d'abord les divers morceaux que Voltaire a écrits sur lui-même, la petite notice qu'il envoya, sur leur demande, aux frères Parfait pour être insérée dans le *Dictionnaire des théâtres de Paris*, les *Mémoires* écrits en 1759 et mis au jour en 1784, et le *Commentaire historique sur les œuvres de l'auteur de la Henriade*. Puis les *Éloges* de Voltaire par le roi de Prusse et par La Harpe, qui ont traditionnellement place dans les œuvres de Voltaire depuis l'édition de Kehl. Vient ensuite la *Vie de Voltaire*, par Condorcet, avec des annotations qui la rectifient et la contrôlent. Elle fait également partie, en quelque sorte intégrante, des œuvres. Une longue suite de documents divers la complète, et de nombreuses pièces pour servir à l'histoire posthume du célèbre écrivain en forment comme un prolongement jusqu'à nos jours. Ce volume est terminé par des tables générales qui permettront au lecteur de se reconnaître et de se diriger dans le vaste labyrinthe des œuvres de Voltaire.

Le *Théâtre* comprend six volumes, tomes II à VII. Un double système d'avertissement en tête de chaque pièce, une notice nouvelle, historique et littéraire, et une notice plus spécialement bibliographique, empruntée à

Beuchot, mettent chaque œuvre en plein relief, lui donnent son vrai sens, font ressortir sa véritable portée, relèvent enfin toutes les circonstances que le lecteur peut avoir intérêt à connaître. A la fin du tome VII, nous avons reproduit en appendice le texte de cette variante de *l'Échange* qu'on a représentée à l'Odéon en 1862, sous le titre du *Comte de Boursoufle*, et qu'on donna alors pour une comédie inédite de Voltaire. Le lecteur est, de la sorte, à même de vérifier, par la comparaison avec *l'Échange*, qui est dans le deuxième volume du théâtre, ce qu'il y avait de réellement inédit dans cette comédie.

Le reste des poésies comprend trois autres volumes jusqu'au tome X. Nous disons, dans l'Introduction au théâtre de Voltaire, pourquoi nous commençons par rassembler dans les dix premiers volumes les œuvres dramatiques et poétiques. Le tome VIII contient *la Henriade*, le *Poëme de Fontenoy*, le *Temple du Goût*, les *Odes* et les *Stances*. C'est la partie la plus élevée et la plus pure de l'œuvre poétique de Voltaire. Le tome IX en offre la partie libre et gauloise : *la Pucelle d'Orléans*, les *Petits Poëmes* et les *Premiers Contes en vers*; et le tome X, la suite des *Contes*, les *Satires*, *Épîtres*, *Poésies mêlées*. Dans chacun de ces genres, Voltaire est maître, il a laissé des chefs-d'œuvre. C'est le domaine de la poésie légère, enjouée, piquante et mordante, où il règne sans rival. Tout Voltaire poëte est dans ces neuf volumes et dans le Supplément que renferme le tome XXXII, et dont nous parlerons tout à l'heure.

Après le théâtre et les poésies, nous plaçons les grandes œuvres historiques : nous commençons par les œuvres les plus générales ou, si l'on veut, plus européennes : l'*Essai sur les Mœurs et l'Esprit des nations*, les *Annales de l'Empire*; nous continuons par celles consacrées à l'histoire de France : le *Siècle de Louis XIV*, le *Précis du Siècle de Louis XV*, l'*Histoire du Parlement de Paris*; nous terminons par celles qui concernent les peuples étrangers, l'*Histoire de Charles XII* et l'*Histoire de l'empire de Russie sous Pierre Ier*. Cela forme une série de six volumes : tomes XI à XVI. L'ordre chronologique ne pouvait être la règle absolue dans la publication de ces grands ouvrages, qu'on ne lit pas à la suite les uns des autres, mais qu'on prend chacun isolément. Voltaire d'ailleurs les commença presque tous dans sa jeunesse, et ne cessa d'y travailler jusque dans ses dernières années.

Après Voltaire dramaturge, poëte, historien, voici Voltaire philosophe. Le *Dictionnaire philosophique* remplit les tomes XVII à XX. Le *Dictionnaire philosophique* est comme un arsenal où ont été rassemblés tous les arguments des adversaires du christianisme au XVIIIe siècle. Ils ont l'avantage d'y être présentés par la plume vive et animée de Voltaire. On comprend, en lisant ce recueil, l'action énorme qu'il a eue; il vous captive comme une conversation piquante, instructive, passionnée. Toute la puissance de séduction de l'auteur s'y déploie avec un art et une habileté infinis. Quoique l'ouvrage soit évidemment dirigé tout entier vers un seul but, Voltaire n'a garde de fatiguer l'attention par une polémique incessante; il soutient, retient, divertit et ramène le lecteur par les plus charmants artifices, par des anecdotes spirituelles, par des dissertations littéraires, par tout ce qu'il y a d'attrayant dans son intelligence si ornée et dans son imagination si brillante.

Le romancier, le conteur en prose vient ensuite, combien vif, spirituel, audacieux, nous n'avons pas besoin de le répéter après tant d'autres. Tous les *Romans* et *Nouvelles* sont renfermés dans notre tome XXI. Nous n'avons pas accueilli le « Fragment de nouvelle de M. de V*** trouvé dans ses papiers écrit de sa main », qui a été inséré dans le *Recueil de nouvelles pièces fugitives en prose et en vers par M. de Voltaire*, Londres, 1741, in-12. On a tenté quelquefois de faire réintégrer ce fragment dans l'œuvre de Voltaire, mais à tort, selon nous, et nous maintenons l'exclusion prononcée par les précédents éditeurs [1].

Du tome XXII au tome XXXI, dans une série de neuf volumes, défilent, rangées suivant l'ordre chronologique, toutes les productions diverses de Voltaire, en dehors des grands ouvrages qu'on vient d'énumérer. L'ordre chronologique donne seul une idée juste des travaux de cette existence extraordinaire, de leur multiplicité et de leur variété. Voltaire est un batailleur qui tient tête à dix adversaires à la fois; les éclairs de sa plume jaillissent dans tous les sens. Contre celui-ci il défend une thèse scientifique ou littéraire; contre celui-là il revendique le droit de libre examen; contre d'autres il prend en main la cause de la tolérance religieuse ou celle de l'humanité. C'est en mettant chaque œuvre à sa date qu'on permet au lecteur de se rendre compte à peu près de la marche suivie par le chef des philosophes, de voir ses prudents détours, ses diversions habiles, de deviner sa tactique et les rapides progrès de la guerre qu'il soutient avec une incroyable passion. L'intérêt de certains morceaux augmente ainsi par juxtaposition et par contraste.

Nous avons introduit dans cette série quelques pièces qui n'y avaient pas encore été admises. Ainsi, dans le tome XXV, le *Mémoire pour Olympie* et les *Observations du comte d'Argental;* dans le tome XXVI, la *Lettre au docteur Jean-Jacques Pansophe*, reléguée jusque-là dans les suppléments aux œuvres de J.-J. Rousseau; dans le tome XXIX, les *Remarques de Voltaire en marge d'un livre anonyme du Père Daniel, intitulé Observations critiques de l'Histoire de France de Mézerai.* Mais les plus importantes additions que notre édition présente sur les éditions précédentes se trouvent réunies dans l'appendice du tome XXXII.

Les *Commentaires sur Corneille* viennent à la fin des *Mélanges*, occupant une partie des tomes XXXI et XXXII. La dernière moitié du tome XXXII contient ce supplément ou *Appendice* dont nous venons de parler. Il est divisé en deux parties : Supplément aux Poésies et Supplément aux Œuvres en prose.

Le Supplément aux Poésies contient principalement les pièces imprimées en 1820 dans un volume intitulé *Pièces inédites de Voltaire pour faire suite aux différentes éditions publiées jusqu'à ce jour*, et qui provenaien

---

1. Voyez tome XXXVI. *Correspondance*, lettre 1513 *in fine*, et note.

de la succession Thieriot. Beuchot, empêché par les lois qui régissaient la propriété littéraire, n'a pu insérer ces pièces dans son édition. Le temps écoulé a levé tous les obstacles et nous permet de les admettre dans la nôtre. Elles sont importantes : un fragment de tragédie de Voltaire écolier ; un divertissement pour le mariage de Louis XV; une cantate et beaucoup de pièces fugitives parmi lesquelles il en est qui peuvent être mises au nombre des meilleures inspirations du maître. Nous donnons aussi quelques poésies *attribuées* à Voltaire, mais en petite quantité.

Le Supplément aux Œuvres en prose contient un certain nombre de morceaux puisés à la même source, et notamment le curieux *Discours de Voltaire en réponse aux invectives et outrages de ses détracteurs,* annoté par le triumvirat (d'Argental, Pont-de-Veyle et Thieriot), sous-annoté par Voltaire, et qui forme comme une piquante conversation entre tous les personnages. Beuchot a dû également laisser ce document curieux en dehors de son édition de Voltaire.

Quelques morceaux authentiques du grand écrivain nous étant parvenus, ou nous ayant été signalés depuis l'impression de ce tome XXXII, nous en avons fait recomposer les dernières feuilles pour leur donner place. Ainsi l'on y trouvera la dédicace de *Mariamne* à la reine, un autre petit fragment, les répliques de Voltaire aux notes de Pesme de Saint-Saphorin sur *la Henriade*, les notes écrites par Voltaire en marge du *Discours sur l'origine et le fondement de l'inégalité parmi les hommes,* et du *Contrat social,* de Jean-Jacques Rousseau, et *le Sottisier*. Un ensemble de Lettres et de Mémoires intéressant le pays de Gex termine le volume. Les souscripteurs et premiers acquéreurs de notre édition de Voltaire devront donc avoir soin de remplacer le texte primitif, et en quelque sorte provisoire, des dernières feuilles de ce volume (les feuilles 27 à 32 du premier tirage) par le texte définitif qui leur sera livré avec le tome Ier, et qui ne forme pas moins d'une douzaine de feuilles.

Le texte des ouvrages de Voltaire est, à notre avis, définitivement établi, au moins pour la très-grande partie d'entre eux, l'édition de Kehl ayant été imprimée sur un exemplaire de l'édition encadrée de 1775, dont 31 volumes (sur 40) avaient été *corrigés en entier de la main de Voltaire*[1]. Ce texte, revisé par l'auteur en vue d'une édition définitive, est le texte authentique de Voltaire. Les diverses leçons qu'on relèverait sur les éditions antérieures ne pourraient l'être qu'à titre de variantes plus ou moins curieuses; il reste à savoir si ce relevé des variantes se fera jamais pour l'œuvre de Voltaire, tant le travail serait considérable et en quelque sorte infini.

La *Correspondance* commence au tome XXXIII. Nous avons expliqué, dans l'Avertissement qui est en tête de ce tome XXXIII, la méthode que nous avons suivie et qui a été généralement approuvée.

Nous avons cherché à réunir autant que possible l'ensemble des documents relatifs à chaque affaire. S'agit-il de l'affaire de Jore ou de la querelle avec l'abbé Desfontaines caché derrière ce pauvre hère? On voit

---

1. Voyez tome L, page 587.

(tome XXXIV) la querelle se développer, depuis la lettre arrachée à Voltaire par commisération, le 24 mai 1736, et dont on allait se servir perfidement contre lui, jusqu'au jugement rendu par M. de Maurepas, qui condamne Voltaire en 500 livres d'aumônes, et au delà encore, jusqu'à l'humble rétractation de Jore, qui sollicite le pardon de celui dont les ennemis l'ont poussé à une attaque qu'il reconnaît avoir été *injuste* et *odieuse* (lettre du 20 décembre 1738). On a le factum de Jore, rédigé avec une piquante malignité par Desfontaines. On a la réponse de Voltaire à ce factum. Toutes les pièces capables d'éclairer le lecteur sont sous ses yeux.

La correspondance si curieuse avec Mlle Quinault, qui, jusque dans les éditions les plus récentes, celle de M. G. Avenel notamment, n'était représentée que par des sommaires, est publiée *in extenso,* tomes XXXIV, XXXV et XXXVI.

Dans le tome XXXVI, les lettres de Vauvenargues à Voltaire et de Voltaire à Vauvenargues sont données complétement et rangées dans un nouvel ordre, d'après l'excellente édition des *Œuvres de Vauvenargues,* de M. Gilbert. L'épisode du procès avec les Travenol est, pour la première fois, introduit dans la *Correspondance,* et développé tout au long grâce aux recherches de M. H. Beaune.

Le tome XXXVII voit finir la vie de Cirey et commencer celle de Berlin, qui se termine, au commencement du tome XXXVIII, par le départ de Voltaire et son arrestation à Francfort. Cet épisode se présente dans notre édition avec une abondance de documents toute nouvelle. L'édition de Beuchot compte, du 4 mars au 4 août 1753, vingt-neuf numéros; nous en avons cent sept. Les documents allemands sont donnés avec la traduction. « On a ainsi sous les yeux un véritable drame, où le tragique se mêle au comique et parfois au bouffon, et où les caractères des deux nations n'ont jamais apparu en un plus parfait contraste. Et ce n'est pas sans une vive satisfaction que l'on voit Voltaire, avec son esprit endiablé et une énergie qui ne lui faisait pas défaut dans certaines circonstances, finir par échapper à ses lourds gardiens, aux sbires brutaux de Freytag, ne laissant en leurs mains d'autres trophées que les *Poésies,* ou, comme Voltaire se plaît à l'écrire, les *Poëshies* du roi leur maître [1]. »

Au tome XXXIX, Voltaire est établi aux Délices et à Morrion, sur la frontière suisse, où il se sent enfin à l'abri des persécutions. Au tome suivant, il possède Ferney et Tournay. Affermi dans cette sorte de quadrilatère, sa correspondance redouble d'activité. Elle lui assure cette étonnante influence sur son époque, qui a fait appeler le XVIIIe siècle « le siècle de Voltaire ». Ses lettres, qui chaque jour s'éparpillent dans toute l'Europe, sont l'instrument de sa domination.

Nous n'avons plus qu'à signaler quelques-unes des affaires les plus importantes qui se rencontrent dans les tomes suivants : celles de Calas et de Sirven aux tomes XLII et XLIII, — celle du chevalier de La Barre, au tome XLIV. — L'affaire de la dame Lejeune (fraude et colportage d'écrits

---

1. Eug. Asse, *Moniteur universel,* 29 novembre 1880.

philosophiques), termine le tome XLIV et commence le tome XLV, et cette affaire, qui inquiète si vivement Voltaire, absente, ou peu s'en faut, de toutes les précédentes éditions, n'a même eu jusqu'ici que peu de place dans les biographies, quoiqu'elle jette une vive lueur sur les menées de la propagande philosophique. Plus on avance dans ce tableau mouvant, plus les objets que la plume magique de l'auteur fait passer devant nos yeux sont variés, intéressants, dramatiques, plus aussi les idées se rapprochent des nôtres, et l'on sent, pour ainsi dire, la Révolution arriver.

Ce n'est que vers le milieu du tome L, que le lieu de la scène change de nouveau et pour un temps très-court. Voltaire est à Paris, où il mourra. Il n'écrit plus guère que de rapides billets. Sa présence achève ce que sa correspondance avait fait.

Un *Supplément* contient les lettres laissées en arrière, soit qu'elles nous soient parvenues trop tard pour être placées à leur date, soit qu'il nous ait été impossible de déterminer celle-ci, même approximativement.

Les tables qui accompagnent chaque volume de la *Correspondance* indiquent la provenance de chaque lettre et en donnent la première phrase : elles permettent d'apercevoir d'un coup d'œil toute la partie nouvelle de l'édition. Elles facilitent les recherches de ceux qui, rencontrant des lettres originales de Voltaire, voudraient s'assurer si elles sont déjà ou ne sont point dans la correspondance; elles empêcheront peut-être qu'on ne publie aussi souvent dans les journaux, comme inédites et inconnues, parce qu'on a été trompé par quelques changements dans l'adresse, des lettres qui sont dans toutes les éditions des œuvres de Voltaire depuis qu'il y a des éditions de ces œuvres.

Le tome L et dernier finit par la *Notice bibliographique* de M. Bengesco; nous n'avons pas à louer ici ce travail, pour lequel personne, de l'aveu de tous, n'était plus compétent.

Il nous reste à remercier toutes les personnes qui ont bien voulu s'intéresser à cette édition et nous aider de leurs lumières. Citons notamment :

M. O. Thierry-Poux, conservateur sous-directeur du département des imprimés de la Bibliothèque nationale, qui remplit ses fonctions avec une obligeance à laquelle on n'a jamais recours vainement;

M. Barkhausen, professeur à la faculté de droit de Bordeaux;

M. Henri Beaune, ancien procureur général à la cour de Lyon, qui a apporté à la correspondance de Voltaire des parties nouvelles et curieuses;

M. Georges Bengesco qui, en même temps qu'il devenait notre collaborateur pour la partie bibliographique, mettait à notre disposition sa précieuse collection voltairienne;

M. Gustave Brunet, de Bordeaux;

M. Brunetière, secrétaire de la rédaction de la *Revue des Deux Mondes*, qui non-seulement a consacré à notre publication une étude sérieuse et sympathique (*Revue des Deux Mondes* du 15 mars 1880), mais qui a bien voulu y concourir par des communications importantes;

M. Eugène Asse, le bienveillant critique du *Moniteur Universel* et l'érudit éditeur des *Lettres de Mme de Graffigny* et des *Lettres de Mme du Châtelet*;

MM. Francis et Gabriel Charmes, qui ont présenté notre édition aux lecteurs du *Journal des Débats* (10 novembre 1877 et 17 juillet 1881);

M. le comte Jean de Chastellux, de regrettable mémoire, qui, préparant la publication de la correspondance de son oncle, l'auteur de la *Félicité publique*, s'était mis en relations avec nous, et nous a fait part de plusieurs de ses trouvailles;

M. Armand Gasté, maître de conférences à la faculté des lettres de Caen;

M. S. Vilcocq, qui s'est intéressé vivement à notre édition et nous a suggéré quelques innovations heureuses;

MM. Edmond et Albert Stapfer, possesseurs d'autographes qu'ils ont mis spontanément à notre disposition;

M. Maurice Tourneux, l'érudit éditeur de la *Correspondance littéraire de Grimm, Diderot*, etc., qui nous est venu en aide très-confraternellement, en toute occasion;

Et parmi les étrangers:

M. G. Karts, de Londres;

M. Serge Poltoratzky, de Moscou, conservateur honoraire de la bibliothèque publique de Saint-Pétersbourg;

M. Merle d'Aubigné, de Genève, possesseur d'autographes;

M. Alexandre Lombard, de Genève, et M. le professeur Ch. Rieu, du *British Museum*, possesseurs d'autographes;

M. le chevalier Felice Tribolati, de Florence, qui s'est empressé de nous envoyer sa brochure *Sull'epistolario italiano del Voltaire;*

M. Luigi Morandi, de Rome, qui nous a adressé de même son petit volume *Voltaire contro Shakespeare, Baretti contro Voltaire,* et qui de plus nous a aidé avec beaucoup d'obligeance à restituer quelques textes italiens fort altérés.

Enfin nous devons une mention spéciale à M. Charles Pierrot, correcteur d'imprimerie instruit et exercé, qui a été notre collaborateur assidu dans ce long travail et qui y a apporté un zèle qui pendant six années ne s'est point ralenti.

Notre but a été de mettre l'œuvre de Voltaire dans tout son jour. En reconstruisant ce vaste monument du passé, nous avons dirigé sur toutes ses faces, sur toutes ses parties, le plus de lumière qu'il nous a été possible.

Ne rien négliger, ne rien dissimuler, ne rien altérer, c'est le devoir qui s'impose à quiconque est chargé d'une entreprise comme celle que nous venons d'achever. Par là seulement on peut avoir crédit auprès de l'érudition contemporaine et rendre service à l'histoire. C'est ainsi que nous avons compris notre tâche; au lecteur de dire si nous nous en sommes acquitté avec succès.

Louis MOLAND.

PRÉFACE GÉNÉRALE

DE BEUCHOT [1]

Lorsqu'en 1802 j'allai, au nom d'un de mes amis, proposer à La Harpe, alors exilé à Corbeil, de donner une édition des *Œuvres choisies de Voltaire* en vingt ou vingt-cinq volumes in-8°, je ne me doutais guère que je serais un jour éditeur des *Œuvres complètes*. La Harpe mourut au commencement de 1803. Fontanes, qui n'était pas encore grand seigneur, demandait à le remplacer. Mais le nom de La Harpe était le seul qui pût laisser l'espoir d'introduire l'édition dans des lieux et des pays d'où les écrits de Voltaire étaient exclus.

Bientôt arriva le règne de Napoléon : personne ne pensait alors à augmenter le nombre déjà très-grand des éditions de Voltaire.

I. C'est en 1728 qu'avait été annoncée la première. Elle était intitulée *Œuvres de M. Arouet de Voltaire*, et formait un seul volume petit in-12 [2].

Les libraires P. Gosse et J. Néaulme, de la Haye, qui vendaient cette édition, n'avaient imprimé que des frontispices, en réunissant les impressions des ouvrages publiés séparément.

Voici dans quels termes on parle de cette collection dans la *Bibliothèque raisonnée des ouvrages des savants de l'Europe*, tome Ier, page 158 :

« Ce volume peut passer pour un monument de l'avarice ou pour mieux dire de la lésine bibliopolaire. De deux ouvrages déjà imprimés, auxquels on a joint *la Henriade*, on a fait ce recueil des *Œuvres de M. Arouet*. L'*Œdipe, la critique, un sonnet,* et quelques *couplets,* avaient été imprimés chez Rogissard en 1719; la *Mariamne,* et le *Mauvais Ménage,* chez Néaulme, en 1726. Ce dernier libraire ayant acheté l'*Œdipe* du premier, l'a joint à la *Mariamne ;* et pour avoir toutes les œuvres du même poëte dans un volume, il y a fait ajouter, cette année-ci, *la Henriade,* sur l'édition

---

1. Nous n'avons retranché de cette préface que quelques lignes, concernant des dispositions matérielles qui ne pouvaient s'appliquer en rien à l'édition présente. (L. M.)

2. Contenant *OEdipe* (avec les six premières lettres sur *OEdipe ;* et le *ballet de la Sottise,* un *sonnet,* et deux *couplets,* objets qui ne sont pas de Voltaire), *Hérode et Mariamne, le Mauvais Ménage* (par Legrand et Dominique), *la Henriade* et sa critique. Il existe des exemplaires reliés en deux volumes : *la Henriade* et sa critique sont dans l'un; *OEdipe, Hérode et Mariamne, le Mauvais Ménage,* dans l'autre. (B.)

qui en a été faite à Londres chez Prévot; en sorte que ce volume est un assez *mauvais* composé de pièces et de morceaux. Quand je dis *mauvais*, c'est relativement au libraire et à la direction de l'impression : car c'est un livre sans marge et sans fond, et tout au plus propre à être manié par des écoliers ou par un souffleur de la comédie.

« Ceci ne fait rien, pour parler le style du Père Catrou, à la bonté foncière des pièces que ce volume renferme, et qui ne sont pas toutes de M. Arouet; car *Le Mauvais Ménage* est une parodie assez fade de la *Mariamne*, de la façon de quelques piliers de Luxembourg ou du café des beaux esprits de Paris La *Critique*[1] de *la Henriade* n'est pas aussi de M. Arouet; son style, s'il n'est pas affecté exprès, fait assez connaître qu'elle vient de quelque Anglais. »

II. C'est encore la réunion de pièces imprimées séparément qui forma les *Œuvres de M. de Voltaire, nouvelle édition revue, corrigée, augmentée par l'auteur, et enrichie de figures en taille-douce;* Amsterdam, 1732, deux volumes in-8°.

Le tome Ier contient *la Henriade*, l'*Essai sur la Poésie épique* (traduction de Desfontaines), et des *Poésies fugitives*. Le tome second renferme *Œdipe* (avec la *préface* de 1730, et sans les *Lettres critiques*), *Mariamne, Brutus,* et *l'Indiscret :* chacune de ces quatre pièces dramatiques a sa pagination particulière.

Dans sa lettre à Cideville, du 2 novembre 1731, Voltaire demande que l'on empêche l'entrée en France de cette édition, parce qu'il se propose d'en donner une à Rouen.

Je ne sache pas que le projet ait été exécuté; je n'ai point encore rencontré d'édition des *Œuvres* aux dates de 1733, 34, 35, 36, 37; mais j'en ai vu citer une de 1736, en quatre volumes in-12; elle peut exister.

III. C'est en Hollande que furent imprimées les *Œuvres de M. de Voltaire,* 1738, trois volumes in-8° : un quatrième volume est de 1739.

Voltaire a consenti à cette édition; voyez ses lettres à Helvétius, du 6 juillet 1739, et à d'Argenson, du 21 mai 1740. Cependant il y a une singulière méprise. On a confondu deux pièces : *le Mondain* y est intitulé *Défense du Mondain*, et la *Défense du Mondain* y est intitulée *le Mondain*.

Dans le quatrième volume sont, sous le titre de *Mélanges de littérature et de philosophie,* vingt-sept morceaux. Les deux premiers seuls étaient nouveaux : les n°s III à XXVI ne sont autres que les *Lettres philosophiques.* Le vingt-septième article contient les premières *Remarques sur les Pensées de Pascal;* ces *Lettres* et *Remarques* ayant été condamnées par arrêt du parlement de Paris du 10 juin 1734[2], l'auteur n'osait pas les reproduire sous leur première forme.

Sur cette édition d'Amsterdam, la *Bibliothèque française* contient,

---

1. Ce n'était autre chose que les *Pensées sur la Henriade,* dont Beuchot parle dans son Avertissement en tête de *la Henriade*, tome VIII, pages 5 et 8.
2. Voyez tome XXII, page 77.

tome XXIX, pages 308-313, un article auquel Voltaire ne doit pas avoir été étranger, et que dans cette croyance j'ai une raison de plus de reproduire ici :

« Il y a dans cette nouvelle édition plusieurs choses qui ont paru curieuses; en voici quelques échantillons.

« On trouve dans la tragédie d'*Œdipe* ces vers nouveaux :

> Cependant l'univers, tremblant au nom d'Alcide,
> Attendait son destin de sa valeur rapide[1], etc.
> . . . .
> N'attendez point, seigneur, outrage pour outrage[2], etc.

« On trouve dans *Brutus* beaucoup de scènes nouvelles, entre autres la dernière du second acte, où Brutus parle ainsi de son fils :

> Non, non, le consulat n'est point fait pour son âge[3], etc.

« Cette édition est enrichie de beaucoup de pièces fugitives qui n'avaient point encore paru, de plusieurs morceaux singuliers de philosophie et de littérature. Il serait à désirer que les éditeurs n'eussent point eu des inattentions qui font une vraie peine aux lecteurs.

« Dans la tragédie d'*Œdipe*, scène I, page 27, après ces mots, *qu'entends-je! quoi! Laïus,...* il manque ce vers entier,

> Seigneur, depuis quatre ans ce héros ne vit plus,

et on fait dire à Dimas cinq vers que Philoctète doit dire.

« Il y a dans cette tragédie quelques fautes moins importantes, mais qui ne laissent pas d'être embarrassantes pour les lecteurs.

« Dans *Alzire*, page 161, l'éditeur a oublié la moitié d'un vers. Au lieu de mettre : *l'engager à penser, à vivre comme lui*, il a mis seulement : *à vivre comme lui.*

« Dans *Zaïre*, page 67, au lieu de ce vers,

> Mais il est trop honteux de craindre une maîtresse.

il a mis :

> Mais il est trop honteux d'avoir une faiblesse.

« Page 132, après ce vers,

> Et dans un champ profane on jette à l'aventure,

il manque un vers entier.

---

1. Voyez les douze vers qui suivent, tome II, page 64, acte I, scène I.
2. Voyez les neuf vers qui suivent, tome II, page 87, acte III, scène IV.
3. Voyez les vingt et un vers qui suivent, tome II, page 347, acte II, scène IV.

« Dans *Le Temple du Goût*, page 23, après ce vers,

Quand on cherche à le définir,

on a oublié celui-ci :

Ce dieu qu'on ne sait point servir.

« Page 28, « il y avait quarante personnes à le louer, » on a oublié « intéressées à le louer ».

« Dans les *Mélanges de philosophie*, on trouve des fautes beaucoup plus importantes : par exemple, page 203, au lieu de ces paroles : « Ce qu'on « reproche le plus aux Anglais et avec raison, c'est le supplice de Charles Ier, « monarque digne d'un meilleur sort, qui fut traité par ses vainqueurs, etc., » on trouve ces paroles également insolentes et ridicules : « Ce qu'on reproche « le plus aux Anglais, c'est le supplice de Charles Ier, qui fut et avec raison « traité par ses vainqueurs, etc.; » et l'éditeur a mis ces mots en marge : « Monarque digne d'un meilleur sort, » comme si c'était une note.

« Page 208 : « N'est-ce pas un bonheur pour les Français que l'autorité « de ces petits brigands ait été éteinte en France par la puissance légitime « des rois, et en Angleterre par celle du roi et de la nation ? » On voit quel contre-sens font là ces paroles « pour les Français ». Elles ne sont certainement pas dans l'original.

« L'éditeur, page 255, a mis : « Notre Descartes, né non pour décou- « vrir les erreurs de l'antiquité, mais pour y substituer les siennes. » Il y a précisément le contraire dans l'original : « Notre Descartes, né pour décou- « vrir les erreurs de l'antiquité et pour y substituer les siennes. »

« Page 292, l'auteur, en parlant des mauvaises pièces de théâtre qui ont un succès passager, citait ce vers assez connu :

Tout Paris les condamne, et tout Paris les court.

L'éditeur a mis : « pièces que j'ai vues en France attirer la foule et révolter « les lecteurs, et dont on a pu dire : Tout Paris les court ».

« Page 346, l'auteur s'exprimait ainsi : « Quoi ! de vraie vous ne pouvez « pas la rendre fausse, et de fausse vous pourriez la rendre vraie ? » L'éditeur a mis : « et de fausse vous ne pourriez pas la rendre vraie ? » ce qui est absolument inintelligible.

« De pareilles fautes, qui sont en assez grand nombre, exigent absolument des cartons, et il faut un très-ample *errata* pour les autres fautes dont cette édition fourmille. Ces cartons et cet *errata* sont d'autant plus nécessaires que les libraires ont employé de grand papier fin, de beaux caractères, et des tailles-douces très-bien faites.

« Il y en a une autre édition de Rouen, en trois volumes, sous le nom de la compagnie d'Amsterdam; mais celle-là est si mauvaise et si incomplète qu'elle ne mérite pas qu'on en parle. »

Les fautes graves de l'édition de 1738-39, en attendant les cartons réclamés, et que les libraires ne firent jamais, furent corrigées sous les yeux de Voltaire. Dans plusieurs exemplaires que j'ai vus, les corrections sont manuscrites, et de la même main.

La préface en tête du premier volume est de Linant, qui retira quelque fruit de son travail.

IV. L'édition de Rouen, sous le nom d'*Amsterdam, aux dépens de la compagnie*, 1739, trois volumes petit in-8°, ne mérite pas qu'on en parle, comme on a vu. Je dois dire cependant qu'au troisième volume on a, dans les exemplaires que j'ai vus, réuni une édition séparée des *Lettres écrites de Londres sur les Anglais*, Amsterdam, Jacques Desbordes, 1739, petit in-8°, imprimé aussi à Rouen malgré les noms qu'il porte.

V. Une autre édition, portant aussi les noms d'*Amsterdam, aux dépens de la compagnie*, parut en 1740, en trois volumes petit in-8°. Elle avait été faite par Paupie, libraire à la Haye. Voltaire n'en était pas content.

VI. Sous la même date de 1740, on a une édition en quatre volumes in-12, que je crois faite en France. Cette édition n'a de réclames qu'à la dernière page de chaque feuille.

VII. Il y a des réclames à chaque page d'une édition d'Amsterdam, 1741, en quatre volumes in-12. La vignette qui est à leurs frontispices est une copie très-peu réduite de celle que Desbordes avait mise à une édition du *Temple du Goût*, en 1733.

VIII. Ce fut Marie-Jacques Barrois, libraire à Paris, qui donna l'édition des *Œuvres mêlées de M. de Voltaire*, Genève, Bousquet, 1742, cinq volumes in-12, dont les frontispices sont gravés.

On fit des suppressions au tome V, qui le réduisirent à 252 pages. Les curieux recherchaient dans le temps les exemplaires sans cartons. Celui que je possède va jusqu'à la page 264, qui a une réclame, ce qui indique une suite. Il contient aussi un cahier de 22 pages, intitulé *Pièces fugitives de M. de Voltaire*.

IX. L'édition d'*Amsterdam*, 1743, en quatre volumes in-8°, est la reproduction, avec de nouveaux frontispices, des quatre volumes de 1738-39, mentionnés sous le n° III ci-dessus. Un cinquième volume fut ajouté en 1744, un sixième en 1745. Comme on avait, en 1738, donné *la Henriade* d'après le texte antérieur à 1730, on a compris les variantes dans ce sixième volume.

Voltaire a été évidemment étranger à ces deux volumes, puisque, dans le cinquième, on a compris des pièces injurieuses pour lui, telles que la *Voltairomanie*, etc.

X. L'édition des *Œuvres diverses de M. de Voltaire*, Londres, Nourse, 1746, six volumes in-12, a une préface intéressante, et contient la note des damnés au chant VII de *la Henriade*[1].

1. Voyez l'Avertissement de Beuchot, tome VIII, page 6.

XI. On voit, par quelques lettres de Voltaire[1], qu'une édition en douze volumes in-8° parut en 1748; elle avait été faite en Normandie, à Rouen ou à Dreux.

XII. La même année 1748, furent imprimés à Leipzick, chez Breitkof, pour le compte et avec l'adresse de G.-C. Walther de Dresde, huit volumes in-8°, intitulés *OEuvres de M. de Voltaire, nouvelle édition, revue, corrigée et considérablement augmentée par l'auteur, enrichie de figures en taille-douce.*

En tête du premier volume est un fort beau portrait de Voltaire, gravé par Balechou, d'après le tableau de Latour, en 1736. Un neuvième volume vit le jour en 1750; le dixième, en 1754.

Cette édition est fort belle; mais, exécutée loin des yeux de l'auteur, elle n'est pas exempte de nombreuses fautes d'impression. Les augmentations fournies par l'auteur sont considérables, et consistent en additions faites aux ouvrages déjà imprimés, ou en ouvrages inédits; par exemple, la comédie de *la Prude.* C'est dans cette édition qu'est la version que j'ai suivie pour les vers 3 et 4 de la scène VI de l'acte III[2]. La préface de cette édition est datée de Paris, 1er septembre 1748, et signée H. DUMONT et J. BERTAUD.

Je présume que l'édition qu'on dit de 1749, et en huit volumes in-8°, avec l'adresse de Dresde, n'est autre que celle dont je viens de parler.

XIII. Il n'est pas permis de révoquer en doute l'existence d'une édition en douze volumes, donnée par Baculard d'Arnaud[3], qui y mit une préface. Voltaire parle de cette préface dans sa lettre à d'Argental, du 14 novembre 1750, et dit que l'édition avait été faite à Rouen La date imprimée des exemplaires de la préface de d'Arnaud ne permet pas de croire que son édition soit celle de 1748.

Je ne compte pas, au nombre des preuves de l'existence de l'édition de 1750, le témoignage de Mazure, qui, dans sa *Vie de Voltaire*, page 121, dit que d'Arnaud désavoua une préface qu'il avait composée pour une édition des *OEuvres de Voltaire*, et qui ajoute : « Sa rétractation fut imprimée dans les feuilles de Fréron. » Il n'y a mot de cela dans les *Lettres sur quelques écrits de ce temps*, que publiait Fréron en 1749 et années suivantes. Voltaire, dans sa lettre à d'Argental du 14 novembre 1750, dit qu'une lettre de d'Arnaud à Fréron est *publique;* mais elle n'était pas imprimée. Je l'ai vainement cherchée dans les feuilles de Fréron; et la lettre

---

1. A d'Argental, 10 juin 1748; à Clément de Dreux, 11 juin 1748; à d'Argental, 14 novembre 1750.

2. Voyez tome IV, page 442.

3. Dans la *Bibliothèque annuelle*, tome II, page 240, on dit que la préface de l'édition de Dresde, 1748, en huit volumes in-8°, est de d'Arnaud. On a vu de qui cette préface est signée. J'ai sous les yeux deux exemplaires d'une *Dissertation historique sur les ouvrages de M. de Voltaire, par M. d'Arnaud, de l'Académie de Berlin*, MDCCL, in-12 de XXIV pages, portant à la signature : VOLT., *tome I;* ce qui prouve évidemment qu'elle faisait partie d'une édition des OEuvres de Voltaire. (B.)

de d'Argental à Voltaire, du 24 novembre 1750, prouve[1] qu'il n'y eut point d'impression de la rétractation, qui eût été un mensonge.

Toutes les recherches que j'ai faites pour avoir cette édition de d'Arnaud ne m'ont procuré que deux exemplaires de sa *préface*.

XIV. Une édition de 1751, en onze volumes petit in-12, m'a présenté, pour les *Éléments de la philosophie de Newton,* une variante très remarquable[2].

Le *Journal Encyclopédique,* du 1ᵉʳ décembre 1763, contient, page 138, l'annonce de *Mélanges de M. de Voltaire,* en deux tomes, *pour servir de supplément à l'édition de 1751, en vingt-deux volumes.* Comme je ne connais pas d'édition de 1751 en vingt-deux volumes, je m'imagine que le chiffre 22 est une faute d'impression, et qu'il s'agit de l'édition en onze volumes; mais mon ignorance ne suffit pas pour prouver la justesse de ma conjecture.

Il avait paru, en 1758, deux volumes petit in-12, sous le titre de *Supplément aux Œuvres de M. de Voltaire ;* et comme la première pièce qu'ils contiennent est *Rome sauvée,* qui est de 1752, il est assez naturel de conclure qu'ils sont le complément des onze volumes de 1751.

XV. Le même J.-C. Walther, de Dresde, qui avait publié l'édition de 1748, en donna une nouvelle en 1752, sept volumes in-12, d'une impression très-serrée et contenant des ouvrages qui ne sont pas dans les huit volumes de 1748. Malheureusement cette édition de 1752 fourmille de fautes.

XVI. Une édition des *Œuvres choisies de M. de Voltaire,* 1756, cinq volumes petit in-12, ne contient que *la Henriade* (avec la *préface* de Marmontel, etc.), l'*Essai sur la Poésie épique; Œdipe, Mariamne, Zaïre; Alzire, Mahomet, Mérope; Sémiramis, Oreste, Rome sauvée, l'Orphelin de la Chine; l'Indiscret, l'Enfant prodigue, Nanine, la Prude*[3].

XVII. L'année précédente, Voltaire était venu s'établir sur le lac de Genève, et presque aussitôt les frères Cramer, libraires à Genève, vinrent lui proposer de faire une édition de ses *Œuvres*. Il y consentit. On la commença sur-le-champ; Colini en corrigeait les épreuves[4]. Elle était achevée[5] en juin 1756. On lit aux faux titres des volumes, *première édition ;* ce qui n'est pas exact, comme on en peut juger : elle était en dix-sept volumes, dont le contenu de chacun a été indiqué ailleurs[6]; elle avait été presque

---

1. Voyez tome XXXVII, pages 202-204.
2. Elle est donnée tome XXII, page 415.
3. Si, malgré son titre, je mentionne ici cette édition, c'est que ce titre aurait pu être celui de la plupart des éditions données du vivant de l'auteur, toutes ces éditions étant plus ou moins incomplètes. (B.)
4. *Mon Séjour auprès de Voltaire,* page 164.
5. Lettre à Thieriot, du 4 juin 1756.
6. Tome XXXIX, page 395.

toute débitée en trois semaines, dit Voltaire [1]. Il fallait cependant qu'il restât en magasin un nombre assez considérable d'exemplaires de l'*Essai sur l'Histoire générale* qui en fait partie, puisque, pour des additions que Voltaire avait à faire à l'article SAURIN, du *Catalogue des écrivains du siècle de Louis XIV*, on fit des cartons [2]. Dans ces cartons se trouve une pièce datée de 1757, ce qui obligea de refaire les titres avec la date de 1757. On eut beau recommander aux brocheurs et relieurs la suppression des titres au millésime de 1756, il existe des exemplaires portant cette date, et contenant les pièces de 1757 ; j'en possède un.

Parmi les exemplaires qui ont la date de 1757, il en est qui portent aux faux titres *seconde édition*.

C'est dans cette édition de 1756 que furent imprimés pour la première fois l'Avant-propos que le roi de Prusse avait composé vingt ans avant pour *la Henriade,* et plusieurs écrits de Voltaire qui n'avaient pas encore vu le jour : un prospectus publié à la fin de 1755 en indique la plupart.

XVIII. Lambert, libraire à Paris, et que je ne sais sur quel fondement on a dit le fils de Voltaire, avait entrepris, en 1754, une édition à laquelle il mit tant de lenteur que Voltaire l'envoya promener [3]. Elle fut pourtant continuée et parut en 1757, en vingt-deux volumes in-12 [4].

Je ne sais ce que c'est qu'une édition de Corbi, dont Voltaire parle dans ses lettres à Thieriot, des 18 juillet et 20 auguste 1760.

XIX. Je n'ai pu découvrir à qui l'on doit la *Collection complète des Œuvres de M. de Voltaire,* Amsterdam, aux dépens de la compagnie, 1764, dix-huit volumes in-12. Les I, III, XVII et XVIII ont chacun deux parties.

Cette édition est bien incorrecte; mais elle ne laisse pas d'être curieuse. Outre qu'on y a réuni plusieurs écrits relatifs à Voltaire, il y a des ouvrages de Voltaire que je n'ai encore vus que là, tels que la *Vie de M. J.-B. Rousseau* [5]; les épîtres au duc d'Aremberg et à Cideville [6], que je croyais inédites quand je les admis le premier dans les poésies de Voltaire.

Je crois cette édition faite à Rouen.

XX. Une fois en relation avec Voltaire, les Cramer, ses voisins, devaient naturellement être ses imprimeurs. C'est de leurs presses, en effet, que sortirent, en 1759, le Ier volume de l'*Histoire de Russie sous Pierre le Grand;* en 1761-1763, les huit volumes de la nouvelle édition de l'*Essai*

---

1. Lettre à Thieriot, du 16 juin 1756.
2. Voyez tome XIV, pages xi et 135.
3. Lettre à d'Argental, du 15 octobre 1754.
4. Contenant : tome I, *la Henriade;* II-V, *Théâtre;* VI, *Mélanges de poésies;* VII et VIII, *Mélanges de philosophie, de littérature,* etc.; IX, *Éléments de la philosophie de Newton;* X, *Histoire de Charles XII, et Anecdotes sur Pierre le Grand;* XI et XII, *Annales de l'Empire;* enfin il y a dix volumes pour l'*Essai sur l'Histoire générale,* comprenant le *Siècle de Louis XIV.* (B.)
5. Voyez tome XXII, page 327.
6. Qui sont tome X, pages 223 et 268.

sur *l'Histoire générale*, etc.; en 1764, les *Contes de Guillaume Vadé*, et tant d'autres productions du fécond génie de Voltaire.

Ils réimprimèrent, en 1764, les volumes des *Œuvres* qu'ils avaient imprimés en 1756, et cette édition de 1764 se compose ainsi : tome I, *la Henriade*; tomes II, III, IV, *Mélanges* (tomes I à III); tome V, *suite des Mélanges*; tome VI, *seconde suite des Mélanges*; tome VII, *Contes de Guillaume Vadé*; tome VIII, *Histoire de Charles XII*; tomes IX à XIII, *Théâtre*. Ce sont des exemplaires de l'édition de 1761 à 1763, de l'*Essai sur l'Histoire générale*, qui forment les tomes XIV à XXI. Il y avait alors sous presse une nouvelle édition de l'*Histoire de Russie*, qui parut en 1765, en deux volumes. *La Pucelle*, dont l'édition avouée est de 1762, n'est pas comprise dans les vingt et un volumes, non plus que le *Dictionnaire philosophique*, dont la première impression est de 1764, en un seul volume. L'*Histoire du Parlement*, qui est de 1769; les *Questions sur l'Encyclopédie*, qui parurent en 1770 et années suivantes, en neuf volumes; dix-neuf volumes de *Nouveaux Mélanges*, mis au jour de 1765 à 1775; le *Commentaire historique sur la vie et les ouvrages de l'auteur de la Henriade*, publié en 1776; la *Bible enfin expliquée*, imprimée pour la première fois en 1776, en deux volumes, furent dans le temps recueillis par les amateurs, qui avaient ainsi une collection de cinquante-sept volumes des écrits de Voltaire. L'édition de 1768, en quatre volumes, du *Siècle de Louis XIV* et du *Précis du Siècle de Louis XV*, pouvait encore s'y joindre, au risque de faire quelques doubles emplois, ou sous peine de n'avoir qu'une collection incomplète.

Les volumes de *Nouveaux Mélanges* se composaient successivement des opuscules, soit en vers, soit en prose, publiés par Voltaire dans l'intervalle d'un volume à l'autre. Dans ces volumes de *Nouveaux Mélanges* il s'est glissé des pièces qui ont été désavouées par Voltaire. Parmi ces pièces désavouées il en est qui sont de lui, par exemple *les Peuples au Parlement*; il en est dont il n'est pas l'auteur, par exemple *le Catéchumène*, qui est de Borde. Voltaire était-il entièrement étranger à l'impression de ces volumes? était-ce à dessein qu'il y laissait ou faisait insérer des pièces étrangères, pour donner ainsi plus de poids aux désaveux que la prudence lui conseillait de faire de certains écrits? Je n'ose prononcer; chacun, selon sa disposition, portera son jugement.

XXI. Les frères Cramer donnèrent, en 1768, les sept premiers volumes d'une édition in-4°; cette édition fut continuée et avait trente volumes à la mort de Voltaire, en 1778. Longtemps après, on a imprimé quinze volumes (pour la Correspondance), qui portent ainsi la collection à quarante-cinq volumes.

XXII. En 1770, parut d'abord une réimpression que je crois aussi des frères Cramer, et qui, avec les volumes publiés depuis, a, dans l'exemplaire que j'ai vu, soixante et un volumes.

XXIII. Une édition commencée à Lausanne en 1770, chez Grasset, avait trente-six volumes[1] in-8° en 1773; les tomes XXXVII à XLVIII sont de 1775; les tomes XLIX à LVII sont de 1780[2].

Il n'est pas toujours facile aujourd'hui de reconnaître à quelle édition appartiennent les volumes isolés qu'on rencontre. Chaque éditeur, pour conserver quelque valeur à ce qu'il avait en magasin, imprimait des volumes supplémentaires. Les possesseurs des exemplaires en circulation étaient exposés à prendre des volumes destinés à une édition autre que celle qu'ils avaient.

XXIV. Je possède le tome IX d'une troisième édition de 1770. Ce volume, le seul que j'aie pu me procurer, porte l'adresse de Dresde, mais ce n'est pas là qu'il a été imprimé.

XXV. Une édition en trente gros volumes in-12, d'une impression serrée, fut faite à Liége de 1774 à 1777.

XXVI. J'ai vu cinquante-deux volumes d'une édition in-8°, dont les premiers volumes sont de 1772.

XXVII. On a longtemps recherché l'édition encadrée ou de 1775, en quarante volumes in-8°, dont les trois derniers sont intitulés *Pièces détachées attribuées à divers hommes célèbres*[3].

XXVIII. Il se fit de cette édition encadrée une contrefaçon aussi encadrée, et ayant le même nombre de volumes.

Il s'en faut de beaucoup, sans doute, que les vingt-huit éditions dont je viens de parler soient toutes celles qui existent de Voltaire. J'en ai vu citer une douzaine d'autres, dont quelques-unes sont peut-être imaginaires. Je possède la plupart de celles dont j'ai fait mention.

XXIX. On pourrait diviser en trois âges les éditions des *Œuvres de Voltaire*. Le premier âge comprenant les éditions antérieures à 1756; le second, les éditions de 1756 et autres jusqu'à la mort de l'auteur; le troisième, commençant aux éditions de Kehl.

Il y avait à Lille un homme instruit et modeste, qui avait passé sa vie à recueillir ce qu'il pouvait se procurer de Voltaire. Panckoucke, originaire de cette ville, établi libraire à Paris, et qui, après être devenu acquéreur du fonds de l'édition in-4° des *Œuvres de Voltaire*, était intéressé dans l'édition encadrée en quarante volumes, alla à Ferney en juin 1777 avec son compatriote M. Decroix.

Celui-ci soumit à Voltaire un *tableau* où ses ouvrages étaient rangés par genres ou par sujets. Voltaire en fut très-flatté, et l'approuva. Ce tableau a depuis été gravé, et joint à des exemplaires de l'édition de Kehl; mais il manque à la plupart.

Panckoucke voulait faire une nouvelle édition des *Œuvres de Voltaire*.

---

1. Voyez lettre à d'Argental, du 4 janvier 1773.
2. Beuchot en a parlé tome XLIX, page 369. Voyez ce que Voltaire en dit dans une note de son *Dialogue de Pégase et du Vieillard*, tome X, page 200-201.
3. Voyez la note 2, tome XLIX, page 405.

Le philosophe y consentit, et lui promit des ouvrages encore manuscrits ; il avait aussi promis de revoir et corriger d'un bout à l'autre tout ce qui avait été imprimé de lui. Les corrections devaient être portées sur un exemplaire de l'édition encadrée que Panckoucke lui avait remis, interfolié de papier blanc. Quand Voltaire mourut, il n'avait pas eu le temps de revoir tous les volumes : on remit à Panckoucke tous ceux qu'on trouva, et des manuscrits. Mais le libraire, sentant le besoin d'une protection puissante pour son édition, s'adressa à Catherine II, qui avait acquis de Mme Denis la bibliothèque de Voltaire. L'impératrice ne se pressa pas de répondre. Beaumarchais, qui avait gagné une grande fortune dans les fournitures faites aux insurgés américains, et qui désirait avoir une opération qu'il pût présenter comme source de ses richesses, traita avec Panckoucke de l'édition de Voltaire. On raconte que, le lendemain de la signature du traité, Panckoucke, après sept mois d'attente, reçut une lettre de l'impératrice qui acceptait la dédicace, se chargeait de faire les frais de l'édition, et accompagnait sa réponse d'une lettre de change de cent cinquante mille francs. Beaumarchais ne voulut pas résilier son marché. Il forma un vaste établissement à Kehl, sur la rive droite du Rhin, et y éleva une imprimerie. Il avait acquis les caractères de l'imprimeur anglais Baskerville, et les employa pour ses éditions.

Il en confia ou en laissa la direction littéraire à MM. de Condorcet et Decroix[1] ; la classification que ce dernier avait proposée, en 1777, à Voltaire fut suivie. Il y avait deux grandes divisions, *Poésie* et *Prose*. Les volumes de poésie comprenaient le *Théâtre, la Henriade, la Pucelle,* les *Poëmes,* les *Épîtres, Stances, Odes,* les *Contes, Satires, Poésies mêlées,* et un volume de *Lettres en vers et en prose*.

La division *Prose* était subdivisée en *Histoire, Philosophie, Littérature*. L'histoire comprend l'*Essai sur les Mœurs,* le *Siècle de Louis XIV,* le *Précis du Siècle de Louis XV,* l'*Histoire de Charles XII,* l'*Histoire de Russie sous Pierre Ier,* les *Annales de l'Empire,* l'*Histoire du parlement de Paris,* divers ouvrages réunis sous la rubrique de *Mélanges historiques,* d'autres sous celle de *Politique et Législation.*

La *Philosophie* embrassait les ouvrages de *Physique* et d'*Histoire naturelle,* plusieurs ouvrages réunis sous le titre de *Philosophie générale,* les *Dialogues,* le *Dictionnaire philosophique.*

La *Littérature* se composait des *Romans* (ou Contes en prose), de *Facéties* (titre sous lequel on reproduisait beaucoup d'opuscules de divers temps), de *Mélanges littéraires,* réunion de différents écrits, des *Commentaires sur Corneille,* et de la *Correspondance.*

Cette *Correspondance* formait près du quart de l'édition. Il n'en avait

---

1. Beaumarchais ne fut guère dans l'entreprise que l'éditeur financier, si l'on peut parler ainsi. Il a donné cependant quelques notes qui, comme celle de la page 222 du présent volume, sont signées de ces mots : *Note du correspondant général de la Société littéraire typographique.* Au bas des frontispices des volumes de l'édition de Kehl, on lit en effet, sans indication de ville, ces mots : *De l'imprimerie de la Société littéraire typographique.*

été publié qu'une très-petite partie. C'était un travail immense que de rassembler et de classer ce nombre prodigieux de lettres ; c'était faciliter la classification que de la diviser. Il y eut donc : 1° *Correspondance générale*, c'est-à-dire avec la foule de ses correspondants ; 2° *Correspondance du roi de Prusse,* contenant les lettres du prince, et appendice pour les lettres de Voltaire aux princes de Prusse, et des princes à Voltaire ; 3° *Correspondance de Catherine*, contenant les lettres de l'impératrice, et appendice pour la correspondance avec divers souverains ; 4° *Correspondance de d'Alembert,* où sont aussi les lettres de d'Alembert.

Les fautes inséparables de l'humaine nature qui ont échappé aux éditeurs de Kehl, quelque graves qu'on les trouve ou qu'on les fasse, sont peu de chose dans un si vaste travail, et ne doivent pas diminuer la reconnaissance de la postérité.

Si quelques lettres sont mal classées, si parfois les passages de la même lettre ne sont pas tous de la même époque, c'est que Voltaire ne mettait pas toujours la date à ses lettres ; c'est que, dans l'impossibilité de se procurer tous les originaux, les éditeurs étaient obligés de s'en rapporter aux copies qui leur avaient été communiquées, qui de main en main devaient s'altérer, et dans lesquelles, de plusieurs lettres, on en avait fait une seule ; chose difficile alors d'imaginer, impossible aujourd'hui de ne pas reconnaître.

Les suppressions qu'ils ont faites dans quelques lettres leur étaient commandées par les égards que l'on doit aux vivants, comme dit Voltaire[1], ou par la prudence. Les parlements étaient tout-puissants, le parlement de Paris surtout, dont le ressort était si étendu. Au lieu de fermer les yeux, il eût sévi contre l'édition, si l'on n'en eût retranché quelques phrases bien violentes contre lui[2]. Il serait d'autant plus inconvenant de ma part de faire à ce sujet le moindre des reproches aux éditeurs de Kehl que c'est à feu Decroix, l'un d'eux, que je dois la communication des passages que j'ai rétablis en 1821, dans la correspondance de Voltaire et de d'Alembert (tome LXII de l'édition de M. Renouard).

Ils n'ont pas toujours pu se procurer les éditions originales de chacun des écrits de Voltaire, et ont ainsi répété des fautes qui, selon l'usage, se perpétuaient d'édition en édition, n'ayant pas été corrigées par l'auteur.

On ne peut qu'applaudir à la division des poésies, et des ouvrages en prose. Tous leurs successeurs s'y sont conformés, et même jusqu'à moi ont adopté leurs sous-divisions. J'expliquerai plus bas en quoi je m'en suis écarté. En faisant autrement, j'ai voulu faire mieux. Ce n'est pas moi qui puis dire si j'ai réussi.

Il devait y avoir de l'arbitraire dans la classification, dans telle ou telle

---

1. Voyez tome II, page 15. Les éditeurs de Kehl pouvaient-ils imprimer le nom de Ximenès (qui n'est mort qu'en 1817) dans les lettres à d'Argental des 10 et 12 septembre 1755 ; à Richelieu, du 27 septembre, etc. ?

2. **Par** exemple, cette phrase de la lettre de d'Alembert, du 31 juillet 1762 : « *Enfin, le 6 du mois prochain, la canaille parlementaire nous délivrera de la canaille jésuitique.* »

sous-division, de plusieurs écrits, et par conséquent ils ont pu agir à leur arbitre.

On ne doit point oublier surtout quelle était leur position. L'édition ne pouvait se faire en France; or l'un des éditeurs demeurait à Paris, l'autre à Lille. Ils ne pouvaient ainsi faire toutes les dispositions dont l'idée ne survient souvent que pendant le tirage.

On chercherait, il est vrai, vainement dans l'édition de Kehl les *Lettres philosophiques ou sur les Anglais,* que la lecture de la correspondance donne tant envie de connaître. Mais ces *Lettres* avaient été condamnées par arrêt du parlement de Paris, du 10 juin 1734. Or si l'on avait reproduit ces *Lettres* en corps d'ouvrage, il était à craindre que le parlement, quoique renouvelé en entier, et peut-être plus d'une fois, ne fît, par esprit de corps, exécuter l'arrêt rendu cinquante ans auparavant. En déguisant ou disséminant ces lettres, les éditeurs de Kehl n'avaient fait au reste que suivre l'exemple de Voltaire, qui avait pris ce parti en 1739 [1], et qui n'avait jamais osé les faire rétablir sous leur première forme.

Je viens de parler si longuement des éditeurs, que je n'ose entrer dans quelques détails bibliographiques. Je dirai seulement que l'édition in-8° en soixante-dix volumes fut tirée à vingt-huit mille exemplaires, et qu'il y a quelques volumes qui ne sont pas rangés dans le même ordre dans tous les exemplaires.

C'est pour être jointes à l'édition de Kehl in-8° qu'ont été faites cent huit gravures exécutées d'après les dessins de Moreau. Cette première suite, ou collection, parut à la même époque que l'édition in-8°.

Chantreau a eu le courage d'entreprendre des soixante-dix volumes une table analytique, qui a été imprimée en 1801, en deux volumes in-8°. A ceux qui ont des exemplaires où quelques volumes sont disposés autrement que dans l'exemplaire sur lequel Chantreau a fait son travail, sa table paraîtra plus fautive qu'elle n'est réellement. Ce qu'on ne peut lui contester, c'est le mérite d'avoir ouvert la carrière.

XXX. En même temps que l'édition in-8°, on fit à Kehl, sur le même plan, une édition en quatre-vingt-douze volumes in-12, et pour laquelle il n'existe point de table analytique.

Cette édition in-12, tirée à quinze mille exemplaires, a été, ainsi que l'in-8°, imprimée sur cinq papiers de différentes qualités.

XXXI. A mesure qu'une feuille in-8° sortait de la presse à Kehl, elle était, par infidélité, envoyée à Bâle, où on la réimprimait page par page. C'est ainsi que fut faite l'édition de Bâle. Les éditeurs s'étant procuré une soixantaine de lettres inédites de Voltaire, les ajoutèrent dans leur édition, et à leur place. Ce fut le motif pour donner un volume de plus à leur édition, qui est en soixante-onze volumes. Les tomes I à LI sont réimprimés, comme je l'ai dit, page par page. C'est dans les six premiers volumes de la *Correspondance générale* que sont toutes les lettres nouvelles; et ces

---

1. Voyez la note de Beuchot, tome XXII, pages 79-80.

six volumes embrassent un espace de temps qui ne remplit que cinq volumes dans l'édition de Kehl. Pour les volumes suivants, les éditeurs de Bâle reprirent la réimpression page par page. Les différentes divisions de la *Correspondance* ne sont pas, dans tous les exemplaires de l'édition de Bâle, rangées dans le même ordre que dans l'édition de Kehl ; mais avec un peu d'attention, et en élevant d'une unité le tomage de certains volumes, la table faite par Chantreau pour l'édition in-8° de Kehl peut servir pour l'édition de Bâle.

Il existe de cette édition de Bâle des exemplaires portant l'adresse de Gotha. En examinant plusieurs volumes, je me suis convaincu qu'il n'y avait de différence que dans le frontispice ; et je n'ai pas dû compter pour deux une seule édition.

XXXII. Il en est de même d'une édition en cent volumes in-12, commencée à Lyon, en 1791, par le libraire La Mollière, et dont des exemplaires portent l'adresse de *Bâle;* d'autres, celle de *Deux-Ponts;* d'autres enfin, celle de *Hambourg.*

XXXIII. L'édition de Kehl était à peine terminée que Palissot annonça qu'il allait en donner une. C'était un bon moyen de publication qu'une dédicace à l'Assemblée nationale. Palissot fit hommage de la dédicace dans la séance du 24 septembre 1789, et des remerciements lui furent votés. Mais dans la séance du lendemain 25, sur la réclamation d'un membre du clergé, et après une discussion dans laquelle le duc de Lévis ne flatta point Palissot, l'Assemblée nationale décida qu'elle n'accepterait aucune dédicace.

Un prospectus, distribué en 1792, ne parlait que de quarante volumes ; mais, dans la séance de la Convention du 23 prairial an II (11 juin 1794), en faisant hommage des vingt premiers volumes, il était question de deux autres livraisons, chacune de vingt volumes. Cependant elle n'en a que cinquante-cinq ; les derniers sont de 1802.

Ce n'est point une édition complète. Il est beaucoup de pamphlets de Voltaire que Palissot n'y a pas compris. Il a aussi supprimé beaucoup de lettres dans la *Correspondance*. Il faut le louer d'avoir eu ce courage, et aussi d'avoir ajouté quelques lettres que lui avait adressées Voltaire, avec les réponses.

Mais il était dominé par la pensée de discréditer les éditions de Kehl. Il ne manque aucune occasion de leur faire des reproches violents : il relève leurs fautes avec aigreur, et se vante hautement de donner seul le vrai texte, qu'il a pris lui-même dans l'*errata* des éditions de Kehl. Car il ne faut pas croire que Palissot se soit avisé de faire beaucoup de recherches ; et, faute d'en avoir fait un peu, le désir de trouver en défaut les éditeurs de Kehl l'entraîne beaucoup trop loin.

Les éditeurs de Kehl, en refondant d'autres écrits dans le *Dictionnaire philosophique,* avaient porté à sept le nombre des volumes de cet ouvrage. On peut blâmer cette disposition ; mais Palissot reproche aux éditeurs de Kehl d'avoir mis, par cet ouvrage, Voltaire dans la classe des lexicographes ; comme si Voltaire ne s'y était pas mis lui-même en publiant, en 1764, le petit volume intitulé *Dictionnaire philosophique,* dont il est parlé dans des lettres de Voltaire faisant partie de l'édition de Palissot.

On pense bien que ce *Dictionnaire philosophique,* inconnu, à ce qu'il paraît, à Palissot, n'a pas été compris dans son édition de Voltaire, quelque piquant qu'il soit.

Avide de trouver des torts aux éditeurs de Kehl, et recherchant toutes les occasions de faire autrement qu'eux, il voulut donner les *Lettres philosophiques.* Il fait sonner bien haut qu'il les rétablit telles que l'auteur les *avait composées dans toute la force de son génie, et dans l'ordre qu'il leur avait donné.* Mais les *Lettres philosophiques* n'ont jamais été tout au plus qu'au nombre de vingt-sept[1] ; et sous ce titre Palissot donna trente-neuf morceaux, dans l'ordre où ils étaient parmi les *Mélanges de philosophie* dans les éditions de 1775 et antérieures.

Quelque mauvaise que soit l'édition de Palissot, elle n'était pas à dédaigner à cause des préfaces mises par l'éditeur à ceux des ouvrages de Voltaire qu'il a compris dans sa collection. Ces préfaces, dans lesquelles il se montre homme d'esprit et de goût, ont été recueillies sous ce titre : *Le génie de Voltaire apprécié dans tous ses ouvrages,* 1806, in-8° et in-12.

On projeta, en 1800, une édition stéréotype des *Œuvres de Voltaire.* Il en a été successivement publié soixante-neuf volumes in-18. Pour être complète, l'édition ne peut avoir moins de cent trente volumes. Elle paraît abandonnée, ou du moins indéfiniment ajournée.

Une autre édition stéréotype, in-12, fut commencée en 1810; mais il n'en a paru que quelques volumes.

Je n'ai donc pu comprendre ces impressions au nombre des éditions de Voltaire.

XXXIV. Feu Desoër émit, en 1817, le prospectus d'une édition de Voltaire en 12 volumes in-8°, qu'il fit bientôt paraître ; chaque volume est en deux parties, et il en est de très-grosses. L.-S. Auger avait consenti à se charger de cette édition ; mais l'impatience du public et du libraire ne lui permit pas de faire ce qu'il fallait. Ce qui fut fait est plutôt l'ouvrage du libraire. C'est Desoër qui, croyant rétablir les *Lettres philosophiques,* donna, à l'exemple de Palissot, trente-neuf articles, dont plusieurs n'ont aucun rapport à ces *Lettres.* Il refondit dans la *Correspondance* les lettres formant les deux volumes publiés en 1808 sous le titre de *Supplément au recueil des Lettres de M. de Voltaire ;* il ajouta la correspondance de Bernis avec Voltaire, en conservant les lettres des deux correspondants. Il se procura les lettres, alors inédites, de Voltaire à d'Olivet, et en enrichit son édition. Les douze volumes se relient souvent en vingt-quatre. Une table très-ample, et par cela seul très-utile, quoique fautive quelquefois, fut rédigée par Alexandre Goujon, et forme le treizième ou le vingt-cinquième volume.

Un mandement des grands vicaires du diocèse de Paris donna de la

---

[1] Voyez ce que dit Beuchot, tome XXII, pages 80-81.

vogue à cette édition, et fit naître l'idée d'en entreprendre d'autres. Ce fut une véritable *voltairomanie*.

XXXV. Sous le titre de *Voltaire, Œuvres complètes*, M. Plancher commença, en 1817, une édition dirigée par M. Regnault-Warin, et qui devait avoir trente-cinq vol. in-12. Le quarante-quatrième et dernier, qui est de 1822, comprend une table analytique très-abrégée, et par conséquent insuffisante. C'est peut-être encore plus que ne méritait l'édition, qui sans contredit est bien inférieure à celles qui paraissaient concurremment. D'ailleurs, malgré son titre, elle n'est pas complète, même pour le temps où elle a paru.

XXXVI. Je fus chargé par madame Perronneau de diriger l'édition qu'elle avait annoncée en cinquante volumes in-12; j'en avais donné les tomes I à XXIII et XXV à XXXII, lorsque j'en fus évincé par jugement, mais avec les honneurs de la guerre. Mon continuateur fut M. Louis Dubois, qui malheureusement n'avait pas étudié mon travail avant de le continuer; de sorte qu'il y a souvent défaut de rapport entre les derniers volumes et les premiers, tels qu'omissions, faux renvois, etc. Le nombre des volumes de l'édition fut porté à cinquante-six, qu'on relie quelquefois en soixante. M. L. Dubois avait fait pour cette édition une *Table*, qui est restée dans les cartons du libraire.

XXXVII. MM. Déterville et Lefèvre en annoncèrent une en trente-six volumes in-8°, et la publièrent de 1817 à 1818, en quarante-un volumes. Le travail littéraire fut confié à M. Miger, qui fit de notables améliorations et additions dans la *Correspondance*, et rédigea une table formant le quarante-deuxième volume, avec le millésime 1820.

XXXVIII. Toutes ces éditions récentes étaient faites sans élégance; aucune n'avait de gravures. M. A.-A Renouard, propriétaire d'une nouvelle suite de cent quarante-six estampes, aussi d'après les dessins de Moreau, à laquelle il joignait quatorze portraits, fit une édition qui, pour l'exécution typographique, l'emporte de beaucoup sur celles dont je viens de parler. Mais M. Renouard ne se contenta pas d'apporter ses soins au matériel de son édition, il y fit des annotations et des additions, dont plusieurs lui avaient été communiquées par M. Clogenson. Ainsi, c'est dans l'édition de M. Renouard qu'ont été admis, pour la première fois, les *Sentiments des citoyens*, des *articles* fournis par Voltaire à la *Gazette littéraire*, etc., etc. Cette édition, annoncée en soixante volumes, en a soixante-six, y compris un volume de *Lettres inédites* (toutes ne le sont pas), qui fait le soixante-troisième; la *Vie de Voltaire*, etc., qui est le soixante-quatrième, et deux petits volumes de tables, qui ont le millésime 1825. L'auteur de cette table est encore M. Miger.

XXXIX. L'édition de M. Lequien, 1820 et années suivantes, est en soixante-dix volumes in-8°, y compris le volume de table analytique. L'éditeur ayant collationné souvent les éditions originales a eu occasion de faire de nombreuses restitutions de texte.

Le succès de son édition fut très-grand; il lui fallut réimprimer plusieurs fois les premiers volumes. Voilà pourquoi tous les exemplaires ne portent pas la même date.

XL. La même année 1820, MM. Carez, Thomine et Fortic publièrent les premiers volumes d'une édition in-18 qui s'imprimait à Toul, et qui a soixante volumes. Rien de spécial ne recommande cette édition, qui n'a point de table analytique.

XLI. En 1820, M. Esneaux entreprit une édition in-8º qui devait être en soixante volumes, et qui en a soixante-trois, ou plutôt soixante-cinq : car le tome XLV est triple, c'est-à-dire qu'il y a tome XLV, XLV *bis* et XLV *ter*.

Cette seule disposition suffit pour faire juger cette édition, commencée avant d'avoir été méditée, conduite péniblement à sa fin, et pour laquelle il n'existe point de table analytique.

XLII. En 1821, le colonel Touquet, devenu libraire, publia en quinze volumes in-12, un *Voltaire*. Ce n'était, comme on le pense bien, qu'un choix. Le succès l'enhardit et il annonça d'abord en soixante-dix volumes, puis en soixante-quinze volumes in-12, une édition qui ne devait être que la reproduction des éditions de Kehl, sans aucune des améliorations faites depuis.

Cependant des annonces pompeuses furent faites; le prospectus est intitulé QUATRE VOLTAIRE, ÉDITION TOUQUET. Il faut convenir qu'il y avait un peu, peut-être même beaucoup, de charlatanisme dans ces annonces. On distinguait ces quatre éditions par un nom spécial : 1º Le *Voltaire des chaumières* était le restant de l'édition des *Œuvres choisies*, en quinze volumes ; 2º le *Voltaire de la petite propriété* ; 3º le *Voltaire du commerce;* 4º le *Voltaire de la grande propriété:* ces trois espèces ne différaient que par la qualité du papier sur lequel elles étaient tirées, et par leur prix. Ce n'est donc qu'une seule et même édition. Elle était stéréotype; et les clichés, qui ont été employés depuis pour un tirage dont les exemplaires portent le nom de M. Garnery, pourraient encore servir à d'autres tirages sous d'autres noms, et même de divers formats. La table analytique par M. Miger forme le soixante-quinzième volume.

XLIII. L'édition commencée par M. P. Dupont, en 1823, a été distribuée en soixante-douze volumes in-8º, dont les deux derniers sont datés de 1827, et n'en doivent former qu'un seul. Le soixante-douzième se compose de la fin de la table analytique et d'un nombre très-considérable de cartons pour divers volumes de l'édition. Ces cartons enlevés et mis à leur place, il reste trop peu de chose pour former un volume ; et ce qui reste, c'est-à-dire le commencement de ce volume soixante-douzième, a une pagination qui fait suite à celle du soixante-onzième. C'est donc en soixante-onze volumes que cette édition doit être reliée.

A un très-petit nombre de dispositions près, ce n'est que la reproduction de l'édition Lequien. Les livraisons s'en faisaient avec une régularité qui répondait aux exigences du public, mais qui n'eût pas permis de faire un grand travail. Ce n'est pas en littérature et en imprimerie qu'il est possible de faire vite et bien[1].

XLIV. C'est en 1825 que M. Dalibon annonça une édition en soixante-quinze volumes, mais qui devait évidemment en avoir davantage, à en juger par la distribution des premiers volumes. Je présumai dès lors qu'elle en aurait quatre-vingt-seize. Je me trompais ; elle n'en a que quatre-vingt-quinze, plus deux volumes de tables par M. Miger, qui ont paru en 1834.

Le second prospectus était fait pour séduire. On lisait en tête les noms de MM. Arago, Auguis, Clogenson, Daunou, L. Dubois, Étienne, Ch. Nodier; ceux de MM. François de Neufchâteau et V. Le Clerc furent ajoutés sur les frontispices des premiers volumes. Cependant MM. Arago, Étienne, François de Neufchâteau et V. Le Clerc n'ont pas mis une seule note dans l'édition. M. Daunou a donné quelques préfaces et a laissé reproduire son excellent travail sur *la Henriade;* quant à ses notes sur l'*Essai sur les Mœurs*, elles sont en si petit nombre qu'il est évident qu'elles ont été faites dans des lectures passagères ou accidentelles, et qu'elles ne sont pas le résultat d'un travail suivi, qui eût été bien précieux venant d'un telle plume.

M. Charles Nodier a fait la préface des *Romans*, sans aucun travail sur ces ouvrages.

M. Auguis a ajouté des préfaces et notes à quelques-uns des ouvrages historiques.

La plus grande part est restée à MM. Clogenson et L. Dubois. Les notes de M. Clogenson se recommandent par l'exactitude. Il en a mis de très-intéressantes aux *Annales de l'Empire* et à la *Correspondance* dont il s'était chargé. Malheureusement les fonctions publiques absorbant tous ses moments dans des temps difficiles, il a mieux aimé abandonner l'entreprise que la mal continuer.

M. L. Dubois qui, dans l'édition, avait donné des soins au *Théâtre*, à *la Pucelle*, aux *Poésies*, au *Dictionnaire philosophique*, etc., et qui précédemment avait été mon continuateur dans l'édition en cinquante ou soixante volumes in-12, a été aussi le continuateur de M. Clogenson. Sans doute ses fonctions de sous-préfet ne lui ont pas laissé tout le loisir nécessaire. Son travail est bien au-dessous de celui de son prédécesseur. Si l'on peut improuver la profusion des notes et la vivacité de quelques expressions dans ce qu'a fait M. Clogenson, il faut avouer que M. L. Dubois s'est bien

---

1. De cette édition, trente-trois volumes furent tirés à plus grand nombre que les autres, et l'on en forma les *OEuvres choisies*, comprenant la *Vie de Voltaire*, par Condorcet (avec les *Mémoires, Commentaire historique*, et *Pièces justificatives*), l'*Essai sur les Mœurs et l'Esprit des nations*, le *Théâtre* complet, le *Dictionnaire philosophique*, les *Romans et Contes* en prose, les *Contes* en vers et *Poésies légères*, la *Pucelle*, la *Henriade*, le *Siècle de Louis XIV*, le *Siècle de Louis XV*, l'*Histoire de Pierre le Grand*, l'*Histoire de Charles XII*.

Puisque par exception j'ai parlé d'une édition des *OEuvres choisies*, il en est une autre dont il faut rapporter le singulier intitulé : *Ouvrages classiques de l'élégant poëte M. Arouet, fameux sous le nom de Voltaire, nouvelle édition*, Oxford, 1771, in-8°. (B.) — Voyez la note tome VIII, page 304.

mis à l'abri de tels reproches. La disette et l'inexactitude de ses notes sont fréquentes. Il prend un ton doctoral pour relever les fautes de ses devanciers, et signale soigneusement des améliorations qu'il donne pour siennes. Mais il est arrivé que les corrections n'étaient pas de lui, ou que même ce n'étaient que des fautes[1].

Cette édition a suivi en général la classification de l'édition de Kehl, hors en un seul point.

C'est dans cette édition que, pour la première fois, toutes les lettres de Voltaire ont été classées chronologiquement, sans distinction des personnes à qui ou par qui elles sont écrites, c'est-à-dire sans les subdivisions de correspondances particulières établies dans les éditions de Kehl, et conservées depuis.

Quelques ouvrages y paraissent pour la première fois, et sont donnés pour être de Voltaire; mais tous n'en sont pas. Je dirai plus bas quels sont ceux que j'ai rejetés, et pour quelles raisons.

On n'avait pensé à faire cette édition que sur du grand papier, appelé *cavalier vélin*. Mais la *voltairomanie*, née du mandement des grands vicaires de Paris en 1817, durait encore.

MM. Baudouin frères achetèrent le droit de faire tirer sur les formes de cette édition un mille d'exemplaires sur *papier carré*; et c'est ce qu'on appelle la *première édition Baudouin*.

XLV. Bientôt on répandit le prospectus d'une édition de Voltaire, en un seul volume in-8°. MM. Roux-Durfort frères mirent au jour les premières livraisons de cette édition, sortant des presses de M. J. Didot aîné, et qui devait être distribuée en soixante-dix livraisons. Elle en a eu quatre-vingt-seize, et se compose de 5,551 pages, dont il serait impossible de ne former qu'un seul volume; aussi la divise-t-on en deux volumes, et même en quatre parties : elle est sans table analytique.

XLVI. D'autres libraires annoncèrent, en même temps une édition en deux volumes in-8°, qui devaient former soixante livraisons. Sur ce dernier point les engagements ont été religieusement tenus, et l'on n'a point levé sur les souscripteurs ces contributions honteuses qui ne devraient pas être tolérées. Mais, au lieu de deux volumes, l'édition en forme trois. Elle a été imprimée chez M. H. Fournier, et est aussi sans table analytique.

---

1. Ainsi, dans la lettre de Voltaire à d'Argental du 19 juillet 1773, au lieu de :
> Monsieur l'évêque de Noyon,

il a mis :
> Monsieur l'évêque de Nyon,

puis a ajouté en note :

« Tous nos prédécesseurs ont *mal à propos* imprimé ici, et dans les vers qui suivent, *l'évêque de Noyon*. »

Ce *mal à propos* est lui-même un mal à propos, car il n'y avait point d'évêché à Nyon, et il y en avait un à Noyon. (B.) — Voyez tome XLVIII, page 421.

XLVII. Les mille exemplaires que MM. Baudouin frères faisaient tirer sur les formes du *Voltaire* imprimé chez M. Didot aîné, avec les notes de MM. Auguis, Clogenson, Daunou, etc., ayant été promptement épuisés, et ces libraires n'ayant pu obtenir la permission de faire un nouveau tirage, ils se décidèrent à faire stéréotyper tout Voltaire dans le format in-8°. On ne parla toujours que de soixante-quinze volumes in-8°; et l'on fit clicher chez M. Rignoux les ouvrages déjà imprimés chez M. Didot aîné. Mais l'impression se faisait lentement chez M. Didot aîné. L'horizon politique se rembrunissait; des bruits se répandaient que le gouvernement de Charles X projetait de ne pas laisser imprimer, même en collection, certains ouvrages de Voltaire. Les souscripteurs se plaignirent de la lenteur de l'entreprise ; d'autres, plus clairvoyants, déclarèrent formellement qu'ils ne prétendaient pas payer plus de soixante-quinze volumes, et qu'ils exigeraient pourtant les *Œuvres complètes.* Les libraires se décidèrent à faire stéréotyper des volumes qui n'avaient point encore été imprimés dans l'édition qui se faisait chez M. Didot l'aîné. On se mit sur-le-champ à la *Correspondance ;* c'était se priver des notes, additions nombreuses, et autres améliorations que devait contenir la *première édition*. Il fallut calculer le nombre de volumes, tellement qu'on regagna ce qui avait été perdu sur d'autres ouvrages, et qu'on se contint dans soixante-quinze volumes.

On se borna à prendre pour copie de la *Correspondance* une des éditions précédentes, où l'on avait conservé les sous-divisions par correspondances particulières. Force fut encore d'employer un petit caractère, et de faire des volumes très-gros.

Le premier tirage des premiers volumes qu'on avait stéréotypés fut appelé *seconde édition* (Baudouin); puis on donna une *troisième*, une *quatrième*, une *cinquième* édition, qui étaient tout au plus un *second, troisième, quatrième* tirages.

J'en ai dit assez pour faire voir combien ces *seconde, troisième, quatrième, cinquième* éditions (qui ne sont que la même) en soixante-quinze volumes, sont inférieures à la *première*, qui en a quatre-vingt-quinze, plus deux volumes de tables.

Tous les ouvrages faits ou à faire sur les mêmes clichés peuvent présenter quelques différences dans le nombre des volumes en en mettant deux en un seul, ou en en mettant un seul en deux ; ils peuvent offrir de légères améliorations, et des corrections purement typographiques importantes, suppléer même dans certains cas à quelques omissions : de sorte que les derniers tirages seront bien préférables aux précédents ; mais il est impossible de remédier à tout. On peut substituer une lettre et même un mot à un autre ; mais on ne peut rétablir des passages omis, quand ils sont longs, et en grand nombre. Comment, dans les clichés de la *Correspondance*, introduire les lettres en grand nombre qui ont été ajoutées dans la *première édition ?* M. Léon Thiessé n'a pu faire l'impossible pour le tirage fait après sa revision, quelque soin qu'il y ait apporté. Il y aura toujours une immense distance entre la *première édition* Baudouin en quatre-vingt-quinze volumes (ou quatre-vingt-dix-sept avec la table) et les autres éditions faites sur les clichés en soixante-quinze volumes ou environ.

Ces mêmes clichés ont servi pour un tirage dont les volumes portent au frontispice le nom de M. Tissot. Le travail de M. Tissot, pour cette édition, consiste en une préface de sept pages et trois lignes.

XLVIII. C'est en 1829 que M. Armand Aubrée a publié les premiers volumes d'une édition promise en cinquante volumes in-8°, et qui en a cinquante-quatre, sans table analytique.

XLIX. Ce fut aussi en 1829 que parurent les premiers volumes d'une édition en cinquante volumes petit in-12.

L. Une autre édition in-18, commencée par M. Fortic, et imprimée dans diverses villes, doit avoir soixante-quinze volumes. Elle est sur le point d'être terminée; mais elle est bien moins complète que quelques-unes de celles qui l'ont précédée.

Feu Doyen, imprimeur à Paris, avait entrepris une édition in-16. Il s'est arrêté après avoir publié le *Dictionnaire philosophique* et les *Romans*. On avait aussi commencé une édition in-32, qui a été abandonnée. C'est pour cela que je ne les fais pas entrer en ligne de compte. A plus forte raison est-il inutile de parler de plusieurs éditions dont il n'a paru que le prospectus.

LI. Je n'ai donc plus à parler que de mon édition. J'avais, dès 1802, lors de celle que devait donner La Harpe, fait rapidement quelques recherches et recueilli quelques notes, que je ralentis bientôt. Mais dans mes lectures je continuai de relever par écrit ce qui concernait Voltaire ou ses ouvrages. C'était encore fort peu de chose, quand, en 1817, je fus chargé de l'édition de madame Perronneau. Je dus me livrer sérieusement à des recherches dont beaucoup furent alors inutiles, puisque, comme je l'ai dit, on ne me laissa point terminer l'édition.

J'avais plus que jamais pris goût à Voltaire; j'avais commencé à voir tout ce qu'il y avait à faire pour une édition de ce fécond auteur. Je me mis à rechercher, à acquérir les diverses éditions, surtout les premières, de chacun de ses écrits, sans en dédaigner aucun. J'y joignis tout ce que je pouvais me procurer de brochures du temps sur ces écrits. Ce n'était pas encore assez. J'achetai les collections de journaux du temps, tels que le *Journal littéraire*, la *Bibliothèque française* (de Camusat, et autres), les *Observations sur les écrits modernes*, les *Jugements sur quelques ouvrages nouveaux*, la *Bigarrure*, la *Nouvelle Bigarrure*, le *Mercure*, le *Journal encyclopédique*, l'*Année littéraire*, etc.

C'était la plume à la main que je lisais ou feuilletais ces collections, en ayant soin de noter tout ce qui concernait les productions de Voltaire. Je classais chaque note près de l'ouvrage qu'elle regardait.

Je collationnais les différentes éditions que j'avais des écrits de Voltaire, en relevant les variantes, non-seulement des ouvrages en vers, mais même des ouvrages en prose, sauf à ne pas tout employer.

Ce moyen était le seul qui pût procurer de bons matériaux pour une édition, et je ramassai ces matériaux, sans m'inquiéter si j'en ferais usage et si j'en tirerais profit. J'aurais peut-être continué indéfiniment mes recherches si, en 1828, M. Lefèvre n'eût résolu de comprendre Voltaire dans sa belle *Collection des classiques français*.

Il me fallut alors cesser les recherches pour me mettre à la rédaction.

Je ne pouvais mieux faire que d'adopter les deux grandes divisions, *Poésie* et *Prose*, introduites par les éditeurs de Kehl. Les changements que j'ai faits dans la distribution de la *Poésie* sont trop peu de chose pour en parler. J'ai agi autrement pour les ouvrages en prose. J'ai donné, comme les éditeurs de Kehl, les ouvrages historiques, le *Dictionnaire philosophique*, les *Romans*, le *Commentaire sur Corneille*; mais je n'ai tenu aucun compte de toutes les autres distributions qu'ils avaient faites sous les titres de *Mélanges historiques, Politique et Législation, Philosophie, Physique, Dialogues, Facéties, Mélanges littéraires*. Tout ce qui, dans les éditions de Kehl et celles qui les ont suivies, compose ces divisions ou sections, a été par moi classé sous le titre de *Mélanges*, dans l'ordre chronologique, sans distinction de genre ni de matière. La classification que j'ai adoptée fait suivre au lecteur la marche de l'esprit de Voltaire. En commençant l'édition, je craignais d'être obligé de justifier longuement cette disposition; cela est superflu aujourd'hui, qu'elle a eu la sanction d'un grand nombre de personnes.

Je n'avais pas différé un instant d'opinion avec M. Clogenson pour l'ordre à mettre dans la *Correspondance*, et sa classification en une seule série. C'était une conséquence de ce que j'avais fait pour les *Mélanges*.

Comme j'ai mis, en tête de chaque division et de chaque ouvrage ou opuscule, des préfaces ou notes dans lesquelles je donne les explications que j'ai jugées nécessaires, je n'ai point à en parler ici; mais je puis dire deux mots des additions que j'ai faites. Les principales sont :

Tome I[er][1]. Dans les *Pièces justificatives* de la *Vie de Voltaire*, par Condorcet, j'en ai ajouté vingt-neuf qui étaient inédites[2]. J'ai eu le soin de les numéroter, d'indiquer dans les notes du texte quel est le numéro donné à la pièce, et, en tête de la pièce, d'indiquer à quelle page elle se rapporte.

Tome II. Nouveaux fragments d'*Artémire*; dans les variantes de *Brutus*, les scènes I, II et III de l'acte II, et la scène Ire de l'acte IV.

Tome IV. Fragments de *Thérèse*.

Tome V. L'*Envieux*, comédie en trois actes et en vers.

Tome IX. L'*Épitre dédicatoire* des *Guèbres*, et la *Lettre de M. Legouz de Gerland*, en tête de *Sophonisbe*.

Tome XIX. L'importante variante de l'article Saurin, dans le *Catalogue des écrivains du Siècle de Louis XIV*.

Tome XXXVIII. Le *Mémoire du sieur de Voltaire*.

---

1. Ces chiffres sont, bien entendu, ceux de l'édition Beuchot et non de la nôtre. (L. M.)

2. Ces pièces ont presque toutes pris place dans nos *Documents biographiques* ou dans nos *Pièces pour servir à l'Histoire posthume de Voltaire*. Un certain nombre sont à leur date dans la *Correspondance*. (L. M.)

Tome XXXIX. *Compliment fait au roi par Richelieu; Lettre à l'occasion de l'impôt du vingtième; l'Extrait de la Bibliothèque raisonnée.*

Tome XL. Les *Remarques au sujet d'une omission;* un *Avis* qui est de 1764; les *Lettres sur la Nouvelle Héloïse;* un *Avertissement aux éditeurs;* le texte rétabli dans un passage de la *Conversation de monsieur l'intendant des menus.*

Tome XLII. L'*Appel au public contre un Recueil de prétendues lettres de M. de Voltaire.*

Tome XLIII. *Lettre de M. de Voltaire; Mémoire présenté au ministère de France,* que malheureusement je n'ai pu me procurer entier.

Tome XLV. La *Lettre anonyme.*

Tome XLVI. La *Lettre de l'auteur de la tragédie des Guèbres;* les *Notes sur le* Cymbalum mundi; *Lettre d'un jeune abbé; Réponse aux Remontrances de la cour des aides; Avis important à la noblesse du royaume; Sentiment des six conseils supérieurs; Très-humbles et très-respectueuses Remontrances; Les peuples aux parlements; L'Équivoque.*

Tome XLVII. Une *Déclaration* qui est page 229.

Tome L. *Remarques sur le Christianisme dévoilé; Remarques sur l'ouvrage intitulé* l'Existence de Dieu, *etc., par Nieuwentyt; Remarques sur le Bon Sens; Le Système vraisemblable,* fragment; *Lettre de M. Hude,* fragment; le *Sommaire des droits de S. M. le roi de Prusse sur Herstall;* un *Mémoire* (de 1752).

Le désir de donner une édition aussi complète que possible des Œuvres de Voltaire ne m'a pas fait toutefois admettre aveuglément tout ce qui était dans les éditions précédentes. Dans un *Avis* que j'ai mis en tête des *Poésies mêlées*[1], j'ai déduit les raisons pour lesquelles j'ai rejeté un assez grand nombre de pièces de vers. Je suis peut-être, sur chaque pièce, entré dans de trop longues explications.

Deux ou trois pièces de Morellet avaient été placées dans le volume des *Facéties;* je les ai rejetées[2].

N'ayant pas regardé comme consacrées par le temps les erreurs, quelque anciennes qu'elles puissent être, je ne devais pas avoir plus de respect pour les erreurs récentes.

Dans l'édition en quatre-vingt-quinze volumes, avec les tomes XLI et XLII ont été distribuées quelques feuilles qui doivent se joindre aux tomes XLIV et XLVI (II et IV de la division *Philosophie*), qui étaient déjà imprimés. Voici ce que contiennent ces feuilles :

Pour le tome XLIV : 1° *Réflexions sur l'idée qu'on doit avoir de Dieu, selon nos lumières* (pages 431-468); 2° *Des cinq propositions attribuées à Jansénius, et Formulaire* (469 et 470); 3° *Remarques critiques sur les passages des quatre évangélistes, touchant la mort de J.-C.* (471-474);

Pour le tome XLVI : 1° *Extrait du livre de l'abbé Houteville, sur la vérité de la religion chrétienne prouvée par les faits* (pages 405-446);

---

1. Reproduit tome X, pages 461-465 de notre édition. (L. M.)
2. Voyez tome XXIV, page 127 de notre édition. (L. M.)

2° *Passage tiré de l'histoire de Josèphe* (447-449); 3° *Le Philosophe, par M. du M.* (450-468); 4° *Extrait du livre De l'état de l'homme dans le péché originel* (469-477); 5° *Extrait du livre d'Antoniana Margarita, de Gometius Pereyra, sur l'âme des bêtes* (pages 478-479); 6° *Extrait de la vérité de la religion chrétienne, par M. le marquis de Pianesse, Italien, sur l'existence de Dieu* (480); 7° *Extrait d'un manuscrit intitulé* Le ciel ouvert à tous les hommes, où l'on prouve, par la religion et par la raison, que tous les hommes seront sauvés (481-497); 8° *Prière du curé de Fresne* (498-507).

Les premiers éditeurs de ces onze pièces n'ont donné aucune explication à leur égard. Voici ce que j'en sais. Un habitant de Genève proposa, en 1825, à des libraires de Paris, de leur vendre un manuscrit contenant précisément les ouvrages dont j'ai rapporté les titres, et qu'il avait, plus de vingt-cinq ans auparavant, reçu en payement de ce que lui devait un homme de lettres qui avait vécu dix ans avec Voltaire. Rien de cela n'était appuyé de preuves. On n'offrait pas, au reste, le manuscrit comme étant de la main de Voltaire, mais comme pouvant être de celle de Mme Denis. Les libraires à qui la proposition était faite la refusèrent. D'autres éditeurs furent moins difficiles, comme on voit.

La lecture de la première de ces onze pièces suffisait pour motiver un refus.

Dans les *Réflexions sur l'idée qu'on doit avoir de Dieu selon nos lumières,* l'auteur, après avoir dit que, pour avoir une idée de Dieu, il n'est pas nécessaire qu'on le voie, de même qu'on n'a pas besoin d'avoir vu certaines personnes pour croire à leur existence et les connaître, ajoute : « C'est ainsi que nous pouvons à présent connaître, par exemple, le cardinal de Richelieu mieux que ceux qui vivaient de son temps, puisqu'il nous a laissé, dans son *Testament politique,* un portrait de son âme qui nous en montre toutes les qualités. »

Ce raisonnement ne pouvait être fait par Voltaire, qui n'a jamais changé d'opinion sur le *Testament politique,* qu'il regardait comme apocryphe[1].

J'ai cependant admis dans mon édition, tome L, la *Prière du curé de Fresne.* Il le fallait bien, puisque, tome LXVIII, pages 102 et 131, j'avais dit qu'on trouverait cette *Prière* au tome L[2].

Quant au *Philosophe,* que j'ai donné (tome XLVII, page 230[3]), le texte que j'ai adopté est bien différent de celui que contient l'édition en quatre-

---

1. En 1737, dans ses *Conseils à un journaliste,* Voltaire a dit : « Si on réimprime le livre fameux connu sous le nom de *Testament politique du cardinal de Richelieu,* montrez combien on doit douter que ce ministre en soit l'auteur. » (Voyez tome XXII, page 258.) Trente-neuf ans après, le 2 mars 1776, il écrivait : « Il y avait de la démence à croire cette rapsodie écrite par un ministre d'État. » (Voyez tome L, page 1.)

2. La Prière du curé de Fresne, que nous avions d'abord insérée parmi diverses pièces en prose attribuées à Voltaire, tome XXXII de notre édition, a été définitivement écartée. (L. M.)

3. Tome XXIX, page 41 de notre édition. (L. M.)

vingt-quinze volumes; et j'ai expliqué pourquoi je préférais la version que j'ai reproduite.

Il est encore un de ces écrits attribués à Voltaire dont je parlerai : c'est l'*Extrait d'un manuscrit intitulé* le Ciel ouvert à tous les hommes, *où l'on prouve, par la religion et par la raison, que tous les hommes seront sauvés.* C'est P. Cuppé qui est auteur du *Ciel ouvert à tout le monde,* ouvrage imprimé en 1768, in-8°. Voltaire, qui était bien au courant des impressions de cette nature, n'aurait point dit que l'ouvrage était manuscrit quand il était imprimé.

Les autres écrits du cahier provenant de l'habitant de Genève, sur lesquels je ne reviens pas ici, sont trop peu de chose pour que je discute leur authenticité. Elle n'est pas mieux prouvée que celle des *Réflexions sur l'idée qu'on doit avoir de Dieu,* etc.

Je me félicitais, dans mon prospectus, de me rencontrer souvent dans mes recherches avec MM. Clogenson et Dubois. Cela est arrivé avec ce dernier bien plus rarement que je ne l'espérais. Au contraire, le résultat du travail de M. Clogenson se trouvait tellement conforme au mien qu'avec la permission, ou plutôt l'offre de cet honorable ami, j'ai presque toujours reproduit sa rédaction avec sa signature; il m'est arrivé quelquefois de réduire ses notes.

On pense bien que, quelque imparfait que soit mon travail, il l'eût été bien davantage si je n'avais reçu d'amples secours. M. Decroix, l'un des éditeurs de Kehl, non-seulement m'a fourni des indications qui m'ont mis sur la trace de choses qu'il n'avait pu se procurer, et que je suis parvenu à posséder, une seule exceptée, mais il m'a donné la note des fautes qu'il relevait de temps à autre dans son édition; il m'a communiqué des passages qu'il était impossible d'imprimer dans le temps. Avant de mourir, il m'envoya un manuscrit de *l'Envieux,* copié de sa main, ainsi que quelques autres manuscrits. Ses conseils m'ont été souvent utiles; ils l'auraient été bien plus pendant l'impression. C'est un chagrin pour moi de n'avoir pu lui faire hommage de l'édition, et d'être privé de son suffrage.

Je dois des communications plus ou moins nombreuses, mais toutes importantes, à MM. Azevedo, Berriat-Saint-Prix père, Berriat-Saint-Prix fils, Breghot-du-Lut, Champollion-Figeac, Dugas-Montbel, Fayolle, Montvéran, Niel, Pericaud, Requien, Rodet, Romey, de Soleinne, Thomas, la société des Bibliophiles, et plus spécialement MM. H. de Châteaugiron, de La Bédoyère, H. de La Porte et Monmerqué.

Je dois tant à MM. de Cayrol et Ravenel, sous-bibliothécaire de la ville de Paris, que je les puis appeler mes collaborateurs. M. de Cayrol a fait pour la *Correspondance* de Voltaire un dépouillement immense, judicieusement exécuté, qu'il m'a communiqué sans réserve.

C'est pour toutes les parties des *Œuvres de Voltaire,* sans excepter la *Correspondance,* que j'ai des obligations à M. Ravenel et à une autre personne. Tous deux ont relu d'un bout à l'autre toutes les productions de Voltaire, pour me signaler les passages qui demandaient attention ou explications, et très-fréquemment m'ont donné même les explications. On juge quelle assurance cela me donnait dans mon travail lorsque nous nous trouvions d'accord, et quel examen j'ai dû faire quand nous différions d'opinion.

J'ai parlé d'assurance dans mon travail : qu'on ne pense pas que cette assurance soit de la présomption. J'avouerai que je crois avoir fait beaucoup ; mais qu'il y a loin de là à tout ce qu'il y avait à faire pour une bonne édition de Voltaire ! Personne ne sent plus que moi mon insuffisance pour une si forte tâche. « C'en est une terrible, disait Voltaire[1], que d'être obligé d'avoir toujours raison dans quatorze tomes » ; et c'est dans soixante-dix qu'il me faudrait l'avoir eue. La bienveillance avec laquelle tant de personnes que je respecte ont accueilli mon travail ne m'aveugle pas. Je dois avoir failli très-fréquemment ; et, comme le disait Bayle[2], « je ne doute point qu'outre mes péchés d'omission, qui sont infinis, il ne m'en soit échappé un très-grand nombre de commission ».

Malgré les mesures et précautions prises, il a été impossible d'achever l'édition en trois ans, comme le promettait le prospectus. L'impression aura duré cinq ans et demi ; c'est encore plus d'un volume par mois. Un hiver rigoureux a forcé de suspendre les travaux de papeterie et d'imprimerie pendant près de deux mois. Une grande commotion politique est survenue, qui a ralenti les opérations commerciales ; il a fallu le courage de M. Lefèvre pour mener à fin une lourde entreprise, que tout autre libraire que lui aurait, sinon abandonnée, du moins ajournée. Ces retardements ont profité à l'édition ; ils m'ont donné le temps de me procurer des renseignements difficiles à obtenir.

Paris, 10 juin 1834, centenaire de la condamnation
des *Lettres philosophiques.*

P. S. Je m'aperçois que j'ai déjà dit[3] que le 10 avril était le centenaire de la condamnation des *Lettres philosophiques ;* c'est une faute que, suivant les principes de Bayle et de Gryphe, je relève *à la plus belle place.*

1. Lettre à Schouvalow, du 13 auguste 1762.
2. Paragraphe IV de la préface de la première édition de son *Dictionnaire historique et critique.*
3. Voyez tome XXXI, page 2.

FIN DE LA PRÉFACE GÉNÉRALE DE BEUCHOT.

PRINCIPALES CORRECTIONS

Tome I, p. 1, ligne 5 : « Membre de l'Académie française de la Crusca. » Il faut une virgule : « Membre de l'Académie française, de la Crusca. »

Tome II, p. vi. « Dans la dix-huitième des *Lettres sur les Anglais,* publiées en 1732, » lisez : en 1733, ou mieux en 1734 (33, l'édition en anglais ; 34, l'édition en français).

Ibid., p. 38. « Œdipe dit à Jocaste (acte Ier...) », lisez : « Œdipe dit à Jocaste (acte III...) ».

Tome X, page 98, note 2, deuxième ligne. Il faut 1757, et non 1758.

Tome X, épître xi, à Samuel Bernard, p. 230. Cette épître, classée sous l'année 1716, ne peut être que de 1731 à 1733.

Tome X, épître à Mme Denis, p. 344. — 1749, et non 1748.

Tome X, épître xcvii, p. 389. Cettre épître, datée de 1766, est de 1765 ; elle se trouve dans l'*Almanach des Muses* de 1766, ou *Choix des meilleures pièces de poésies fugitives,* qui ont paru en 1765. C'est la réponse à une épître du chevalier de Boufflers qui commence ainsi :

> Je fus, dans mon printemps, guidé par la folie.

Tome X, page 567, note 1 : « Le quatrain peut être de la même année (1761). » Bettinelli rendit visite à Voltaire au mois de novembre 1758. Voyez ci-après le récit qui fait partie des *Documents biographiques.* Le quatrain n° 227 des *Poésies mêlées* est du mois de décembre suivant.

Tome XXI, p. 5, dernière ligne : « Cette édition, que Beuchot croit sortie des presses de Cramer. » M. Bengesco ne le croit pas, et il paraît même que l'indication de Beuchot ne se rapporte pas à cette édition, mais à une autre de la même année. L'édition de 1768 est, dit M. Bengesco, parisienne et corrompue. Peut-être l'introduction des sommaires pourrait-elle se défendre tout de même. Ces intitulés n'auraient-ils pas été demandés à part à l'auteur ? En tout cas, le lecteur reste juge de l'innovation ; nous en avons fait surtout valoir l'utilité.

Tome XXII, p. 75. L'avertissement de Beuchot est reproduit tel quel ; il s'y trouve quelques erreurs. Il doit être rectifié au moyen de l'article de la *Notice bibliographique,* tome L, page 530.

Tome XXIV, p. 155. Sur la date de ce *Fragment d'une lettre de lord Bolingbroke,* voyez la *Notice bibliographique,* tome L, page 560.

Tome XXV, page 188, note 2. Ajoutez : « Ce sonnet n'est pas de Zappi, mais de Filicaia ».

Tome XXXIII, page 451. Le dernier paragraphe de la lettre des 4 et 6 novembre à d'Argental ne peut être de l'année 1734, car d'Argental ne se maria qu'en 1737.

Tome XXXVI, page 359, dernière ligne. « Éditeurs, de Cayrol et François. » MM. de Cayrol et François ont en effet donné cette lettre dans leur recueil de 1856. Mais elle avait été antérieurement, en avril 1839, publiée à part par M. Serge Poltoratzki, de Moscou. Nous ne nous sommes pas fait une obligation de rechercher toujours le premier éditeur; mais, ici, il eût été juste de mentionner la plaquette de M. Poltoratzki de préférence au volume où elle a été réimprimée avec la date inexacte de 1750.

Tome XXXVIII, page 151. M. L.-D. Petit, de Leyde, dans *le Livre* du 10 novembre 1882, a relevé le post-scriptum suivant de la lettre 2675 : « Je serai mis en prison pour votre ouvrage : voilà l'obligation que je vous aurai. »

PRINCIPALES ABRÉVIATIONS

G. A.	Georges Avenel.
E. B.	Évariste Bavoux.
B.	Beuchot.
E. B.	Émile de Labédollière.
H. B.	Henri Beaune.
C.	de Cayrol.
Cl.	Clogenson.
D.	Dr Delavaut.
G. D.	Gust. Desnoiresterres.
A. F.	Alph. François.
A. G.	A. Geoffroy.
L. G.	Louis Grégoire.
L.	La Beaumelle.
L. M.	Louis Moland.
P.	Poniatowski.
R.	Ravenel.
K.	Kehl, les éditeurs de Kehl (Condorcet et Decroix).

Les abréviations nombreuses employées dans les tables de la *Correspondance* s'expliqueront en recourant à chaque lettre et à la note qui l'accompagne. Il serait trop long et inutile d'en dresser ici le tableau.

JUGEMENTS
SUR VOLTAIRE.

PREMIÈRE ÉPOQUE

DIDEROT.

On ne saurait arracher un cheveu à cet homme sans lui faire jeter les hauts cris. A soixante ans passés il est auteur, et, auteur célèbre, il n'est pas encore fait à la peine. Il ne s'y fera jamais. L'avenir ne le corrigera point. Il espérera le bonheur jusqu'au moment où la vie lui échappera.

... Qu'il nous conserve une vie que je regarde comme la plus précieuse et la plus honorable à l'univers. On a des rois, des souverains, des ministres, des juges en tout temps; il faut des siècles pour recouvrer un homme comme lui.

... C'est Voltaire qui écrit pour cette malheureuse famille des Calas. Oh! mon ami, le bel emploi du génie! Il faut que cet homme ait de l'âme, de la sensibilité, que l'injustice le révolte, et qu'il sente l'attrait de la vertu. Eh! que lui sont les Calas? Qu'est-ce qui peut l'intéresser pour eux? Quelle raison a-t-il pour s'occuper de leur défense?

... Quand il y aurait un Christ, je vous assure que Voltaire serait sauvé.
(*Mémoires.*)

MARMONTEL.

On sait avec quelle bonté Voltaire accueillait les jeunes gens qui s'annonçaient par quelques talents pour la poésie : le Parnasse français était comme un empire dont il n'aurait voulu céder le sceptre à personne au monde, mais dont il se plaisait à voir les sujets se multiplier...

Les conversations de Voltaire et de Vauvenargues étaient ce que jamais on peut entendre de plus riche et de plus fécond. C'était, du côté de Voltaire, une abondance intarissable de faits intéressants et de traits de lumière. C'était, du côté de Vauvenargues, une éloquence pleine d'aménité, de grâce et de sagesse. Jamais dans la dispute on ne mit tant d'esprit, de douceur, de bonne foi, et, ce qui me charmait plus encore, c'était, d'un côté, le respect de Vauvenargues pour le génie de Voltaire, et, de l'autre, la tendre vénération de Voltaire pour la vertu de Vauvenargues...

Voltaire avait cherché la gloire par toutes les routes ouvertes au génie, et l'avait méritée par d'immenses travaux et par des succès éclatants; mais sur toutes ces routes il avait rencontré l'envie et toutes les furies dont elle est escortée. Jamais homme de lettres n'avait essuyé tant d'outrages, sans autre crime que de grands talents et l'ardeur de les signaler. On croyait être ses rivaux en se montrant ses ennemis; ceux qu'en passant il foulait aux pieds l'insultaient encore dans leur fange. Sa vie entière fut une lutte, et il y fut infatigable. Le combat ne fut pas toujours digne de lui, et il y eut encore plus d'insectes à écraser que de serpents à étouffer. Mais il ne sut jamais ni dédaigner ni provoquer l'offense : les plus vils de ses agresseurs ont été flétris de sa main; l'arme du ridicule fut l'instrument de ses vengeances, et il s'en fit un jeu redoutable et cruel. Mais le plus grand des biens, le repos, lui fut inconnu. (*Mémoires.*)

PALISSOT.

Il était frondeur à Londres, courtisan à Versailles, chrétien à Nancy, incrédule à Berlin. Dans la société, il jouait tour à tour les rôles d'Aristippe et de Diogène...

Il passait de la morale à la plaisanterie, de la philosophie à l'enthousiasme, de la douceur à l'emportement, de la flatterie à la satire, de l'amour de l'argent à l'amour du luxe, de la modestie d'un sage à la vanité d'un grand seigneur...

Ces contrastes singuliers ne se faisaient pas moins remarquer dans son physique que dans son moral. J'ai cru remarquer que sa physionomie participait à celle de l'aigle et à celle du singe : et qui sait si ces contrastes ne seraient pas le principe de son goût favori pour les antithèses?... Combien de fois ne s'est-il pas permis d'allier à la gravité de Platon les lazzis d'Arlequin!

SABATIER DE CASTRES.

De grands talents, et l'abus de ces talents porté aux derniers excès; des traits dignes d'admiration, une licence monstrueuse; des lumières capables d'honorer son siècle, des travers qui en sont la honte; des sentiments qui ennoblissent l'humanité, des faiblesses qui la dégradent; tous les charmes de l'esprit, et toutes les petitesses des passions; l'imagination la plus brillante, le langage le plus cynique et le plus révoltant; de la philosophie, et de l'absurdité; la variété de l'érudition, et les bévues de l'ignorance; une poésie riche, et des plagiats manifestes; de beaux ouvrages, et des productions odieuses; de la hardiesse, et une basse adulation; des hommages à la religion, et des blasphèmes; des leçons de vertu, et l'apologie du vice; des anathèmes contre l'envie, et l'envie avec tous ses accès; des protestations de zèle pour la vérité, et tous les artifices de la mauvaise foi ; l'enthousiasme de la tolérance, et les emportements de la persécution : telles sont les étonnantes contrariétés qui, dans un siècle moins inconséquent que le nôtre, décideront du rang que cet homme unique doit occuper dans l'ordre des talents et dans celui de la société. (*Les Trois Siècles de la littérature.*)

MARIE-JOSEPH CHÉNIER.

Voltaire, le talent le plus étendu, le plus varié, non pas seulement de son siècle, mais de tous les âges ; doué d'une activité sans exemple, et d'un zèle dévorant pour la cause de l'humanité, introduisit à la fois l'esprit philosophique dans l'épopée, dans la tragédie, dans l'histoire, dans la critique, dans les romans, dans la poésie légère. Il employa contre les ennemis de la raison, tantôt le sarcasme ingénieux d'Horace, tantôt l'inépuisable enjouement d'Arioste..., et, durant soixante années, exerça sur l'Europe entière une influence plus grande que celle du pouvoir, que celle même du despotisme, car l'influence était l'opinion : seule autorité sans limites.

On peut lui reprocher d'avoir médiocrement aimé la liberté. On peut aussi lui reprocher d'avoir souvent déifié les tyrans et la tyrannie... En faisant marcher l'esprit de son siècle, Voltaire dépendait lui-même de cet esprit, ou peut-être il a cru qu'il devait subir un joug pour qu'on lui permît d'en briser un autre. (*Œuvres complètes.*)

CHATEAUBRIAND.

Tandis que l'Église triomphait encore, déjà Voltaire faisait renaître la persécution de Julien. Il eut l'art funeste, chez un peuple capricieux et aimable, de rendre l'incrédulité à la mode. Il enrôla tous les amours-propres dans cette ligue insensée ; la religion fut attaquée avec toutes les armes, depuis le pamphlet jusqu'à l'in-folio, depuis l'épigramme jusqu'au sophisme.

Des critiques judicieux ont observé qu'il y a deux hommes dans Voltaire : l'un plein de goût, de savoir, de raison ; l'autre qui pèche par les défauts contraires à ces qualités.

Il est bien à plaindre d'avoir eu ce double génie qui force à la fois à l'admirer et à le haïr. Il édifie et renverse ; il donne les exemples et les préceptes les plus contraires ; il élève aux nues le siècle de Louis XIV et attaque ensuite en détail la réputation des grands hommes... tour à tour il encense et dénigre l'antiquité ; il poursuit, à travers soixante-dix volumes, ce qu'il appelle *l'infâme*, et les morceaux les plus beaux de ses écrits sont inspirés par la *religion*. Tandis que son imagination vous rit, il fait luire une fausse raison qui détruit le merveilleux, rapetisse l'âme et borne la vue. Excepté dans quelques-uns de ses chefs-d'œuvre, il n'aperçoit que le côté ridicule des choses et des temps, et montre, sous un jour hideusement gai, l'homme à l'homme. Il charme et fatigue par sa mobilité ; il vous enchante et vous dégoûte ; on ne sait quelle est la forme qui lui est propre : il serait insensé, s'il n'était si sage, et méchant, si sa vie n'était remplie de traits de bienfaisance. Au milieu de ses impiétés, on peut remarquer qu'il haïssait les sophistes. Il aimait naturellement les beaux-arts, les lettres, et la grandeur, et il n'est pas rare de le surprendre dans une sorte d'admiration pour la cour de Rome. Son amour-propre lui fit jouer toute sa vie un rôle pour lequel il n'était pas fait, et auquel il était fort supérieur. Il n'avait rien en effet de commun avec MM. Diderot, Raynal et d'Alembert. L'élégance de ses mœurs, ses belles manières, son goût pour la société, et surtout son humanité, l'auraient vraisemblablement rendu un des plus grands ennemis du régime révolutionnaire. Il est très-décidé en faveur de l'ordre social, sans s'apercevoir qu'il le sape par les fondements en attaquant l'ordre religieux. Ce qu'on peut dire sur lui de plus raisonnable, c'est que son incrédulité l'a empêché d'atteindre à la hauteur où l'appelait la nature, et que ses ouvrages, excepté ses poésies fugitives, sont demeurés au-dessous de son véritable talent.

Voltaire n'a flotté parmi tant d'erreurs, tant d'inégalités de style et de jugement, que parce qu'il a manqué du grand contre-poids de la religion.

L'on sera forcé de conclure... que, Voltaire ayant soutenu éternellement le *pour* et le *contre*, et varié sans cesse dans ses sentiments, son opinion en morale, en philosophie et en religion, doit être comptée pour peu de chose. (*Génie du Christianisme*.)

GOETHE.

Génie, imagination, profondeur, étendue, raison, goût, philosophie, élévation, originalité, naturel, esprit et bel esprit et bon esprit, variété, justesse, finesse, chaleur, charme, grâce, force, instruction, vivacité, correction, clarté, élégance, éloquence, gaieté, moquerie, pathétique et vérité : voilà Voltaire. C'est le plus grand homme en littérature de tous les temps ; c'est la création la plus étonnante de l'Auteur de la nature.

LAVATER.

Nous voyons ici un personnage plus grand, plus énergique que nous. Nous sentons notre faiblesse en sa présence, mais sans qu'il nous agrandisse ; au lieu que chaque être qui est à la fois grand et bon ne réveille pas seulement en nous le sentiment de notre faiblesse, mais par un charme secret nous élève au-dessus de nous-mêmes et nous communique quelque chose de sa grandeur. (*Sur Voltaire*.)

SCHLEGEL.

On ne trouve dans Voltaire ni un véritable système d'incrédulité, ni en général des principes solides ou des opinions philosophiques arrêtées, ni une manière particulière d'émettre le doute philosophique. De même que les sophistes de l'antiquité faisaient briller leur esprit, en exposant et en soutenant tour à tour et avec la plus belle éloquence les opinions les plus opposées, de même aussi Voltaire écrit d'abord un livre sur la Providence, puis un autre dans lequel il la combat. Ici, du moins, il est assez sincère pour que l'on puisse facilement reconnaître auquel des deux ouvrages il a travaillé avec le plus de plaisir. En général, il s'abandonnait, suivant son caprice et suivant les circonstances, à l'esprit de plaisanterie que lui inspirait sa répugnance pour le christianisme, et en partie aussi pour toute espèce de religion. Sous ce rapport, son esprit agit comme un moyen désorganisateur pour l'anéantissement de toute philosophie grave, morale et religieuse. Cependant je pense que Voltaire a été encore plus dangereux par les idées qu'il a accréditées sur l'histoire que par ses railleries amères contre la religion....

L'essence de cette manière d'envisager l'histoire, dont Voltaire est le créateur, consiste dans la haine qui éclate partout, à toute occasion et sous toutes les formes imaginables, contre les religieux et les prêtres, contre le christianisme et contre toute religion. Dans ce point de vue politique domine une prédilection étroite, inapplicable à l'Europe, pour tout ce qui est républicain; et souvent, avec une fausse appréciation et une connaissance très-imparfaite du véritable esprit républicain et de la véritable république....

Quelque penchant qu'il eût à rendre hommage à la vanité de sa nation, il avait cependant parfois des moments d'humeur et de mécontentement où il s'exprimait à son égard avec sincérité et même avec amertume, comme dans ces mots : « Il y a du tigre et du singe dans la nation française », qu'on eût pu facilement rétorquer contre lui-même; tant il était impossible à cet esprit mordant de traiter un sujet quelconque avec l'attention convenable et une gravité soutenue. En flattant la vanité de sa nation, il lui donna pour longtemps une fausse direction, dont les suites funestes n'ont commencé à diminuer que lorsque les Français ont repris vis-à-vis des autres nations une attitude naturelle et plus convenable. (*Histoire de la Littérature.*)

MADAME DE STAEL.

... En religion, les écrits de Voltaire, qui avait la tolérance pour but, sont inspirés par l'esprit de la première moitié du siècle; mais sa misérable et vaniteuse irréligion a flétri la seconde.

... Bayle.... est l'arsenal où l'on a puisé toutes les plaisanteries du scepticisme; Voltaire les a rendues piquantes par son esprit et sa grâce; mais le fond de tout cela est toujours qu'on doit mettre au nombre des rêveries tout ce qui n'est pas aussi évident qu'une expérience physique.

... Voltaire sentait si bien l'influence que les systèmes métaphysiques exercent sur la tendance générale des esprits, que c'est pour combattre Leibnitz qu'il a composé *Candide*. Il prit une humeur singulière contre les causes finales, l'optimisme, le libre arbitre, enfin contre toutes les opinions philosophiques qui relèvent la dignité de l'homme, et il fit *Candide,* cet ouvrage d'une gaieté infernale : car il semble écrit par un être d'une autre nature que nous, indifférent à notre sort, content de nos souffrances, et riant comme un démon, ou comme un singe, des misères de cette espèce humaine avec laquelle il n'a rien de commun. Le plus grand poëte du siècle, l'auteur d'*Alzire,* de *Tancrède,* de *Mérope,* de *Zaïre* et de *Brutus,* méconnut dans cet écrit toutes les grandeurs morales qu'il avait si dignement célébrées....

Quand Voltaire, comme auteur tragique, sentait et pensait dans le rôle d'un autre, il était admirable; mais quand il reste dans le sien propre, il est persifleur et cynique. La même mobilité qui lui faisait prendre le caractère des personnages qu'il voulait peindre ne lui a que trop bien inspiré le langage qui, dans de certains moments, convenait à Voltaire.

Candide met en action cette philosophie moqueuse si indulgente en apparence, si féroce en réalité; il présente la nature humaine sous le plus déplorable aspect, et nous offre pour toute consolation le rire sardonique qui nous affranchit de la pitié envers les autres, en nous y faisant renoncer pour nous-mêmes.

C'est en conséquence de ce système que Voltaire a pour but, dans son *Histoire universelle,* d'attribuer les actions vertueuses, comme les grands crimes, à des événements fortuits qui ôtent aux unes tout leur mérite et tout leur tort aux autres. (*De l'Allemagne.*)

NAPOLÉON BONAPARTE.

Voltaire, dans ses tragédies, est plein de boursouflure, de clinquant, toujours faux, ne connaissant ni les hommes, ni les choses, ni la vérité, ni les grandeurs, ni les passions. Il est étonnant combien peu il supporte la lecture. Quand la pompe de la diction, les prestiges de la scène, ne trompent plus l'analyse ni le goût, alors il perd immédiatement mille pour cent. On ne croira qu'avec peine qu'au moment de la Révolution Voltaire eut détrôné Corneille et Racine. On s'était endormi sur les beautés de ceux-ci, et c'est au Premier Consul qu'est dû ce réveil...

La France est de la religion de Voltaire. (*Mémorial.*)

DEUXIÈME ÉPOQUE

DE BONALD.

Un esprit supérieur fut constamment, chez cet homme célèbre, aux ordres d'une passion violente et opiniâtre, sa haine désespérée contre le christianisme...

Voltaire est depuis longtemps, parmi nous, un signe de contradiction...

Et ceux qui se donnent pour ses plus zélés partisans admirent ce talent, précisément à cause de cet abus, qu'ils regardent comme un usage utile et glorieux de la supériorité du génie.

Si cet homme célèbre se fût abstenu de parler des vérités qu'il n'a cessé d'attaquer, et que, satisfait de la gloire d'embellir son siècle par ses écrits poétiques, il n'eût pas ambitionné le dangereux honneur de le convertir à ses opinions philosophiques, ses talents auraient trouvé des admirateurs et n'auraient point fait d'enthousiastes.

... Il s'aperçut de bonne heure que, pour plaire à la multitude... il s'agissait moins, comme il le disait lui-même, de *frapper juste que de frapper fort*, et surtout de frapper souvent, moins d'éclairer que d'éblouir ; car il calculait, cet homme habile, il calculait ses succès comme sa fortune ; et même toute sa vie, il a mis dans sa conduite littéraire, ainsi que dans le soin de ses affaires domestiques, plus d'art et de combinaison qu'il n'appartient peut-être au génie...

Il jugea donc, sans trop de peine, qu'il fallait étonner les esprits superficiels par l'universalité des talents, subjuguer les esprits faibles par l'audace et la nouveauté des opinions, occuper les esprits distraits par la continuité des succès. Sa longue carrière fut employée à suivre ce plan avec une merveilleuse persévérance. Tout y servit, jusqu'aux boutades de son humeur et à la fougue de son imagination...

Ainsi Voltaire commenta à la fois la philosophie de Newton et le chant d'amour du *Cantique des cantiques*. Il fit un poëme épique et des poëmes bouffons, des tragédies bien pathétiques et des poésies légères bien licencieuses, de grandes histoires et de petits romans. Il voulut être philosophe et même théologien...

Voltaire subjugua les esprits faibles par l'audace jusque-là inouïe de ses opinions, et il imposa à sa nation et à l'Europe par le mépris qu'il afficha pour tout ce qu'elles avaient jusqu'alors mis au premier rang de leurs croyances et de leurs institutions... Cette hardiesse passait pour de la force d'esprit et de caractère, et on lui en faisait honneur dans le monde ; tandis que l'auteur, épouvanté lui-même de son audace, et plus timide qu'il ne convenait à un chef de secte, tantôt anonyme, tantôt pseudonyme, tremblant d'être reconnu..., confiait ses terreurs à ses *anges gardiens* de Paris, leur recommandait de désavouer en son nom ses écrits..., et communiait en public pour faire croire à sa catholicité.

Enfin, du premier moment qu'il commença sa course, cet astre fut toujours sur l'horizon. La plume infatigable de Voltaire, et sa haine indéfectible contre la religion chrétienne, ne se reposèrent pas un instant. Il occupe à lui seul, pendant soixante ans, toutes les trompettes de la Renommée.

Ce fut donc à juste titre que la Révolution, à sa naissance, salua Voltaire comme son chef...

En vain les partisans de Voltaire lui font honneur de ses prédications éternelles de bienfaisance et de tolérance. Il a prêché la bienfaisance la haine dans le cœur, et son amour pour le genre humain, dont il a toujours excepté la religion chrétienne, ses disciples et ses ministres, a justifié les plus horribles persécutions... Il a fait les malheurs de l'Europe en égarant la France, la tête de ce grand corps. Il a fait les malheurs de la France, en y faisant germer, avec sa philosophie, le mépris et la moquerie des choses graves, et l'estime des choses frivoles. Sa gloire passera... L'homme a été reconnu, ses passions, son orgueil, sa malignité... Son empire est détruit, et né avec son siècle, il passera avec lui. (*Mélanges littéraires*.)

VILLEMAIN.

Voltaire, le plus puissant rénovateur des esprits depuis Luther, et l'homme qui a mis le plus en commun les idées de l'Europe par sa gloire, sa longue vie, son merveilleux esprit et son universelle clarté.

... Mais combien ces entraves du pouvoir, ces résistances du préjugé, ne devaient-elles pas irriter le bon sens hardi et le génie moqueur de Voltaire! Quelle tentation pour lui de secouer à la fois tous les liens qui le garrottent, et de confondre, dans son impatience, le sentiment religieux et le joug ecclésiastique! Obligé de tout invoquer à son aide, jusqu'aux vices de son temps, n'a-t-il pas quelquefois flatté la corruption pour dominer les esprits et propager sa philosophie par sa morale? Préoccupé d'une lutte contemporaine, n'a-t-il pas porté les passions et l'esprit railleur dans l'histoire des vieux temps? Ami sincère de l'humanité, de la justice et de tout ce qui embellit la vie, n'a-t-il pas miné la société par un scepticisme épicurien qui vaut encore moins pour la liberté que pour le pouvoir? Cette grande gloire est bien mêlée; cette statue d'or a des pieds d'argile, et cependant.... la puissance de Voltaire sur l'esprit humain ne peut être méconnue. (*Cours de littérature*.)

AUGUSTE COMTE.

Malgré leur utilité passagère, les services négatifs de ces hommes (*Luther, Calvin, Rousseau, Voltaire*, etc.) exigent trop peu de valeur intellectuelle, et supposent de trop vicieuses dispositions morales pour admettre la consécration personnelle.

Je n'attendis jamais que des entraves, spontanées ou concertées, chez les débris arriérés des sectes superficielles immorales émanées de Voltaire et de Rousseau.

LITTRÉ.

Entre les notions absolues et les notions relatives, ce qui est décisif, c'est la démonstration toujours impossible dans les premières, à côté de la démonstration toujours présente dans les autres.

Ce caractère, respectivement propre aux notions positives et aux notions absolues, a été saisi et signalé par Voltaire dans son admirable conte de *Micromégas*... (*Conservation, Révolution et Positivisme.*)

VICTOR COUSIN.

Qu'est-ce en effet que Voltaire? Le bon sens un peu superficiel; or, à ce degré, le bon sens mène toujours au doute. Voilà comment la philosophie habituelle de Voltaire consiste à n'épouser aucun système, et à se moquer un peu de tous; c'est le scepticisme sous sa livrée la plus brillante et la plus légère.

Avant que Voltaire connût l'Angleterre et Locke, il n'était pas Voltaire, et le XVIIIe siècle se cherchait encore... Voltaire reçut ses premières impressions de la société de Ninon et de la tradition affaiblie de la minorité sceptique du XVIIe siècle. Il ne fut d'abord qu'un bel esprit frondeur. Pour convertir son humeur malicieuse en une opposition systématique et lui inspirer la passion infatigable, l'unité, le sérieux même sous le voile de la plaisanterie, qui firent de Voltaire un chef d'école, il fallut qu'il rencontrât dans un pays voisin... un grand parti en possession de toute une doctrine.

... En arrivant en Angleterre, Voltaire n'était qu'un poëte mécontent; l'Angleterre nous le rendit philosophe, ami de l'humanité, soldat déclaré d'une grande cause; elle lui donna une direction déterminée et un fonds d'idées sérieuses en tout genre, capable de défrayer une longue vie d'écrits solides et aussi d'épigrammes.

... Voltaire a répandu, popularisé la philosophie de Locke. Il n'a, par lui-même, trouvé aucun principe ni même aucun argument nouveau, général ou particulier. Ce serait prendre trop au sérieux ce charmant esprit, ce prince des gens de lettres, que d'en faire un métaphysicien, encore bien moins un métaphysicien original.

Voltaire, nous l'avons dit, c'est le bon sens superficiel. Il n'avait guère étudié la philosophie. Incapable de longues réflexions, un instinct heureux le portait d'abord du côté du vrai. Toutes les extrémités répugnaient à sa raison. Il avait un sentiment trop vif de la réalité pour se payer d'hypothèses, et trop de goût pour s'accommoder d'une doctrine qui eût le moins du monde l'apparence pédantesque. Il ne lui fallait pas même de bien hautes conceptions, des spéculations très-profondes... Tout ce qui dépasse un certain point que peut atteindre d'une première vue un esprit prompt et juste le surpasse. Son bon sens incline au doute. Le doute devient-il à son tour dogmatique, il l'abandonne; il ne s'engage pas; il craint le chimérique, et, par-dessus tout, le ridicule. Ajoutez à ces dispositions une âme naturellement amie du bien, quoique la passion et cette malheureuse vanité d'homme de lettres l'égarent souvent.

... Il avait trouvé ce qu'il cherchait, une vérité philosophique un peu mondaine, ennemie des abstractions, des chimères de toute sorte, pleine de faits, d'observations intéressantes et judicieuses, et sceptique sans excès.

... Rendons-lui cette justice que dans ses plus mauvais jours il n'a jamais douté de Dieu. Il a même pleinement admis la liberté... A quels excès ne l'a pas conduit la déplorable habitude de tourner tout en moquerie! (*Histoire générale de la philosophie.*)

PIERRE LEROUX et JEAN REYNAUD.

Considéré comme homme appartenant à son temps et à son pays, Voltaire représente évidemment la bourgeoisie, ou le tiers état arrivant à supplanter la noblesse, le clergé, la monarchie. Il fut imprégné de bonne heure de tout le ferment de liberté, d'ambition et d'audace qui était dans cette bourgeoisie, et qui, après lui, et grâce à lui, se révéla au monde par la Révolution de 89. Alors on vit clairement que Voltaire représentait la bourgeoisie; l'Assemblée constituante fut voltairienne, mais la Convention fut disciple de Rousseau.

... L'éducation, la fortune, tout le favorisa.

... En comparaison des hommes de son temps, de quoi donc accuse-t-on Voltaire? L'accusera-t-on de l'immoralité qui régnait autour de lui? Est-ce lui, par hasard, qui a produit la Régence? Est-ce lui qui a produit la cour de Louis XV? De quel prince, de quel roi, de quel ministre de ce temps a-t-il été le corrupteur? Il a eu de l'influence sur les souverains du Nord, sur Frédéric, sur Catherine; mais lisez l'histoire, et vous verrez si c'est lui qui les a corrompus. Une horrible barbarie, source d'épouvantables crimes, régnait alors dans ces cours du Nord, de même qu'une corruption raffinée régnait en France.

Voltaire, supérieur par ses aspirations à tout ce grand troupeau vulgaire, papes, rois, princes, ministres, nobles et prêtres, qui s'agitaient autour de lui, n'avait pourtant pas, dans cette vague religion qu'il nommait, d'après ses maîtres, *déisme*, une base assez solide pour n'être pas lui-même ébranlé; et souvent la nuée lumineuse disparaissait à ses yeux. Alors il n'était plus qu'un destructeur. Est-ce complétement sa faute? et ne remplissait-il pas, avec la mesure de vérité qu'il possédait, un rôle nécessaire, un rôle utile? La vieille religion n'était plus qu'un nuage fétide sur un étang bourbeux : il fallait bien que la foudre éclatât dans ce nuage pour le dissiper et renouveler l'atmosphère.

Et afin que l'œuvre nécessaire s'accomplît, il ne manquait pas de persécuteurs acharnés après Voltaire pour aiguillonner son courage, pour l'enflammer de colère, et produire sur lui cet enivrement et cette fureur aveugle que les toréadors, quand ils veulent faire combattre leur ennemi, excitent à plaisir.

... Certes, Voltaire a fait faire un grand pas à la science de l'histoire. C'est à lui, puisque les tentatives avortées de Vico restèrent sans éclat et sans retentissement, c'est à lui, après Bossuet (qui fut en effet, comme il le dit, non pas son modèle, mais son initiateur), que nous devons d'avoir conçu l'histoire sous un point de vue plus vaste que les anciens.

Hume, Robertson, Gibbon, sortirent de son école. Il a préparé ainsi cette science vraiment nouvelle, qui sera une des colonnes fondamentales de la doctrine dogmatique de l'avenir, la *philosophie de l'histoire*...

Qu'est-ce que Voltaire? quel fut son vrai rôle dans le développement de l'humanité? quel est son vrai caractère?

Voltaire n'est pas fondamentalement un prophète de l'avenir, il est fondamentalement un critique du passé : son œuvre principale ne fut pas de fonder, mais de détruire. Je l'ai appelé plus haut l'Antechrist nécessaire. Ce mot le résume en effet pour moi...

Voltaire, au XVIIIe siècle, fut l'orateur du genre humain, qui demandait à briser ses chaînes.

Ce qu'on peut donc uniquement demander à Voltaire, c'est s'il avait en lui le principe, le germe de la vie nouvelle. Avec quoi a-t-il détruit, et virtuellement détruisait-il pour reconstruire? Voilà la vraie question.

Il y a des admirateurs de Voltaire qui ont fait du néant sa gloire. Rien n'est beau, à leurs yeux, comme le néant. N'avoir dans le cœur ni foi, ni espérance, ni charité, voilà le sublime, selon eux, et, selon eux, tel fut Voltaire... Mais, à leur tour, les défenseurs obstinés du passé se sont attachés à la portion nécessaire de scepticisme qui était dans Voltaire pour ne voir en lui qu'un pur sceptique.

Il fut sceptique en effet, mais il fut religieux, car il fut déiste. Son double rôle fut de détruire et de préparer. Il fut sceptique pour détruire et déiste pour préparer. (*Encyclopédie nouvelle*.)

J. DE MAISTRE.

Le Chevalier. — Oh! mon cher ami, vous êtes trop rancunier envers François-Marie Arouet. Cependant il n'existe plus. Comment peut-on conserver tant de rancune contre les morts?

Le Comte. — Mais ses œuvres ne sont pas mortes, elles vivent, *elles nous tuent;* il nous semble que ma haine est suffisamment justifiée.

Le Chevalier. — A la bonne heure; mais il ne faut pas que ce sentiment nous rende injuste envers un si beau génie, et ferme nos yeux sur ce talent universel qu'on doit regarder comme une brillante propriété de la France.

Le Comte. — Beau génie tant qu'il vous plaira, monsieur le chevalier; il n'en est pas moins vrai qu'en louant Voltaire il ne faut le louer qu'avec une certaine retenue, j'ai presque dit à contre-cœur. L'admiration effrénée dont trop de gens l'entourent est le signe infaillible d'une âme corrompue.

Qu'on ne se fasse point illusion; si quelqu'un, en parcourant sa bibliothèque, se sent attiré vers les œuvres de Ferney, *Dieu ne l'aime pas*. Souvent on s'est moqué de l'autorité ecclésiastique, qui condamnait les livres *in odium auctoris*: en vérité, rien n'est plus juste. Refusez les honneurs du génie à celui qui abuse de ses dons. Si cette loi était sévèrement observée, on verrait bientôt disparaître les livres empoisonnés. Mais, puisqu'il ne dépend pas de nous de la promulguer, gardons-nous au moins de donner dans l'excès, bien plus répréhensible qu'on ne le croit, d'exalter sans mesure les écrivains coupables, et celui-là surtout. Il a prononcé contre lui-même, et sans s'en apercevoir, un arrêt terrible; car c'est lui qui a dit:

Un esprit corrompu ne fut jamais sublime.

Rien n'est plus vrai, et voilà pourquoi Voltaire avec ses cent volumes ne fut jamais que *joli*. J'excepte la tragédie... Du reste, je ne puis souffrir l'exagération qui le nomme *universel*. Il est nul dans l'ode. Et qui pourrait s'en étonner? L'impiété réfléchie avait tué chez lui la flamme divine de l'enthousiasme; il est encore nul, et même jusqu'au ridicule, dans le drame lyrique, son oreille ayant été fermée absolument aux beautés harmoniques comme ses yeux l'étaient à celles de l'art.

Dans les genres qui paraissent les plus analogues à son talent naturel, il se traîne: ainsi il est médiocre, froid, et souvent (qui le croirait?) lourd et grossier, dans la comédie; car le méchant n'est jamais comique. Par la même raison, il n'a pas su faire une épigramme, la moindre gorgée de son fiel ne pouvant couvrir moins de cent vers. S'il essaye la satire, il glisse dans le libelle. Il est insupportable dans l'histoire, en dépit de son art, de son élégance et des grâces de son style, aucune qualité ne pouvant remplacer celles qui lui manquent et qui sont la vie de l'histoire, la gravité, la bonne foi et la dignité. Quant à son poëme épique, je n'ai pas le droit d'en parler; car, pour juger un livre, il faut l'avoir lu, et, pour le lire, il faut être éveillé. Une monotonie assoupissante plane sur la plupart de ses écrits, qui n'ont que deux sujets, la Bible et ses ennemis: il blasphème ou il insulte. Sa plaisanterie si vantée est cependant loin d'être irréprochable; le rire qu'elle excite n'est pas légitime; c'est une grimace. N'avez-vous jamais remarqué que l'anathème divin fût écrit sur son visage? Après tant d'années, il est temps encore d'en faire l'expérience. Allez contempler sa figure au palais de l'Ermitage: jamais je ne la regarde sans me féliciter de ce qu'elle ne nous a point été transmise par quelque ciseau héritier des Grecs, qui aurait su peut-être y répandre un certain beau idéal. Ici tout est naturel. Il y a autant de vérité dans cette tête qu'il y en aurait dans un plâtre pris sur le cadavre. Voyez ce front abject que la pudeur ne colora jamais, ces deux cratères éteints où semblent bouillonner encore la luxure et la haine, cette bouche, — je dis mal peut-être, mais ce n'est pas ma faute, — ce *rictus* épouvantable courant d'une oreille à l'autre, et ces lèvres pincées par la cruelle malice comme un ressort prêt à se détendre pour lancer le blasphème ou le sarcasme. Ne me parlez pas de cet homme, je ne puis en soutenir l'idée. Ah! qu'il nous a fait du mal! Semblable à cet insecte, le fléau des jardins, qui n'adresse ses morsures qu'à la racine des plantes les plus précieuses, Voltaire, avec son aiguillon, ne cesse de piquer les deux racines de la société, les femmes et les jeunes gens ; il les imbibe de ses poisons, qu'il transmet d'une génération à l'autre. C'est en vain que, pour voiler d'inexprimables attentats, ses stupides admirateurs nous assourdissent de tirades sonores où il a parlé supérieurement des objets les plus vénérés. Ces aveugles volontaires ne voient pas qu'ils achèvent ainsi la condamnation de ce coupable écrivain. Si Fénelon, avec la même plume qui peignit les joies de l'Élysée, avait écrit le livre du *Prince*, il serait mille fois plus vil et plus coupable que Machiavel. Le grand crime de Voltaire est l'abus du talent et la prostitution d'un génie créé pour célébrer Dieu et la vertu. Il ne saurait alléguer, comme tant d'autres, la jeunesse, l'inconsidération, l'entraînement des passions et, pour terminer enfin, la triste faiblesse de notre nature. Rien ne l'absout : sa corruption est d'un genre qui n'appartient qu'à lui ; elle s'enracine dans les dernières fibres de son cœur, et se fortifie de toutes les forces de son entendement. Toujours alliée au sacrilège, elle brave Dieu en perdant les hommes. Avec une fureur qui n'a pas d'exemple, cet insolent blasphémateur en vient à se déclarer l'ennemi personnel du Sauveur des hommes ; il ose, du fond de son néant, lui donner un nom ridicule ; et cette loi admirable que l'Homme-Dieu apporta sur la terre, il l'appelle l'*infâme*. Abandonné de Dieu, qui punit en se retirant, il ne connaît plus de frein. D'autres cyniques étonnèrent la vertu, Voltaire étonne le vice. Il se plonge dans la fange, il s'y roule, il s'en abreuve ; il livre son imagination à l'enthousiasme de l'enfer, qui lui prête toutes ses forces pour le traîner jusqu'aux limites du mal. Il invente des prodiges, des monstres qui font pâlir. Paris le couronna, Sodome l'eût banni. Profanateur effronté de la langue universelle et de ses plus grands noms, le dernier des hommes après ceux qui l'aiment! Comment vous peindrais-je ce qu'il me fait éprouver? Quand je vois ce qu'il pouvait faire et ce qu'il a fait, ses inimitables talents ne m'inspirent plus qu'une espèce de rage sainte qui n'a pas de nom. Suspendu entre l'admiration et l'horreur, quelquefois je voudrais lui faire élever une statue... par la main du bourreau. (*Soirées de Saint-Pétersbourg.* IVe Entretien.)

LORD BROUGHAM.

A la mention de Voltaire, la première idée qui se présente à l'esprit n'est pas celle d'un philosophe que ses investigations ont conduit au doute sur les bases de la religion ou même jusqu'à l'incrédulité en fait de vérités religieuses. On s'imagine plutôt un implacable ennemi de toute croyance quant à l'évidence des choses invisibles, ennemi dont les assauts ont été dirigés par des passions malicieuses, aidées de moyens peu scrupuleux, et surtout se servant des armes illégales du ridicule, au lieu de la noble arme de l'argument ; en un mot, il est regardé comme un railleur, non comme un penseur...

Dans la philosophie expérimentale... je suis enclin à croire que sa perspicacité, son ardeur au travail, sa sagacité, et par-dessus tout son courageux mépris de toute opinion reçue, ainsi que son habitude si profondément enracinée de juger chaque proposition à sa propre valeur, l'auraient placé par ses découvertes scientifiques à la tête de son siècle.

Si grands qu'aient été ses services littéraires, et aucun homme de lettres n'en a rendu de plus éminents, — ils sont encore d'une valeur bien inférieure aux bienfaits qui ont résulté de sa longue et ardente lutte contre l'oppression, et surtout contre la tyrannie dans sa forme la plus détestable, la persécution des opinions.

Toutes ses grossièretés... tout ce qui rend la lecture de ses ouvrages dégoûtante en beaucoup d'endroits et blessante pour la décence la plus commune dans certains autres... est pardonné, — non, oublié, — quand on contemple cet homme dont on peut dire : Il a brisé nos chaînes. (*Article* VOLTAIRE.)

A. VINET.

C'est par le nombre et l'immensité de leurs travaux que Bossuet et Voltaire ont chacun dominé leur siècle.... Il y a entre leurs deux destinées, entre leurs deux rôles, plus d'un contraste et plus d'un rapport....

... Ils ont fait, l'un et l'autre, de leur temps et de leurs facultés, tout ce qu'un homme en peut faire.... Bossuet paraît au juste moment, sur tous les points attaqués; Voltaire, l'envahisseur, se répand, si l'on peut dire ainsi, dans toutes les directions, occupe tous les postes, ou, vingt fois abandonnant chaque position, vingt fois l'attaque et la reprend....

Bossuet eut des disciples respectueux, Voltaire des partisans dévoués; Bossuet s'associa des collaborateurs, Voltaire des agents et presque des complices : l'un gouvernait, l'autre conspirait.... La grande différence, c'est qu'il (Bossuet) eut un public, et que Voltaire eut un peuple. Ce peuple, Voltaire le créa, ou plutôt ses écrits l'évoquèrent.

Voltaire n'a pas eu ce miroir intérieur où l'homme se réfléchit; il ne connut jamais le repentir, qui est une réflexion sur soi-même; il a persisté dans sa longue carrière sans conscience de soi. Il a été l'homme naturel sans résistance ni contre-poids.

Voltaire a une autre force...., il est le seul qui ait été, je ne dis pas *universel*, je dis encore moins *étendu*, mais le seul qui ait été flexible à ce degré, et brillant là même où il est moins solide et moins fort que tel autre.... Nulle part peut-être il n'est le premier, sinon dans la poésie fugitive, où il demeure sans égal; mais il est partout, et partout il étincelle. Sa spécialité, c'est de n'être pas spécial.

Voltaire a introduit un élément nouveau : la manière de comprendre la vie....

Le caractère de Voltaire n'offre point la dignité des existences harmonieuses, mais il a la force qui se joint à l'irrégularité d'une nature vivement contrastée. Aucun homme n'a été composé d'antithèses plus répétées.

... Il veut des améliorations dans le régime social; mais il rejette avec colère tout ce qui pourrait atteindre à la racine des maux contre lesquels il réclame.... La grossière indécence de ses attaques est devenue proverbiale. Il fait continuellement appel aux préjugés, au lieu d'élever les esprits aux généralités où il avait pu parvenir lui-même....

Véritablement le Dieu de Voltaire est un Dieu inventé, un Dieu imaginé pour les besoins de la société. Le peuple ne peut se passer de cette croyance; elle paraît à Voltaire raisonnable, spécieuse; l'idée de Dieu a de l'importance : conservons l'idée de Dieu. Ce théisme-là est une affaire de bon sens. C'est le bon sens de Voltaire, et non son âme, qui demande un Dieu. Quand il l'a, il n'en sait que faire.

La force de Voltaire fut de donner la passion pour interprète au bon sens.... Voltaire a été, non pas savant, mais instruit.... Jamais, chez lui, la répétition n'est fastidieuse. Voltaire fut le pamphlétaire par excellence. Ce mot l'exprime tout entier. Poëte épique, tragique, comique, satirique, Voltaire est pamphlétaire par-dessus tout....

En second lieu, Voltaire a eu le sentiment de la justice sociale, et plus généralement l'instinct de la civilisation....

Toute l'œuvre de Voltaire a été une nécessité et une préparation....

Voltaire littérateur n'existe plus que dans l'histoire littéraire. Le siècle, en fait d'art, ne se réclame plus de lui.... Maintenant l'incrédulité même de Voltaire fait pitié à l'incrédulité savante de notre époque; il a fallu creuser plus avant.

Personne n'a mieux servi la cause du prince des ténèbres que Voltaire; mais si nous rentrons dans l'intérieur de son être...., nous n'y trouvons qu'un homme semblable à beaucoup d'autres hommes. (*Introduction à l'Histoire de la littérature française.*)

TROISIÈME ÉPOQUE

LOUIS BLANC.

Voltaire! Est-il permis de porter la main sur cette grande idole?... Car, enfin, la route où marchent les générations vivantes, bonne ou mauvaise, c'est Voltaire qui l'a tracée; et il a été tel que, soit par l'amour, soit par la haine, le monde entier se trouve engagé dans les intérêts de sa gloire. Quelle destinée! être pendant soixante ans tout l'esprit de l'Europe, être l'histoire d'un siècle; écrire, et par là régner!... du fond d'une retraite studieuse et enchantée, tenir les peuples en haleine, mettre leurs dominateurs en émoi;... noter la persécution d'infamie, lui faire peur; proclamer la tolérance ; combattre et vaincre pour l'humanité ; dans une conspiration sans égale, se donner tous les prêtres pour ennemis, tous les rois pour complices ; ce que Luther n'avait ébranlé que par des prodiges de colère, l'abattre en souriant et vivre heureux !...

Pourquoi ne dirions-nous pas de Voltaire que, d'une main puissante, il aida au progrès en renversant l'ancienne forme de l'oppression et en avançant ainsi l'heure de l'universelle délivrance, mais que, par ses opinions, ses instincts, son but direct, il fut l'homme de la bourgeoisie, et de la bourgeoisie seulement ? S'il est juste qu'on le glorifie pour avoir avec tant d'éclat renversé la tyrannie qui s'exerçait par voie d'autorité, il l'est aussi qu'on le blâme d'avoir contribué à établir la tyrannie qui s'exerce par voie d'individualisme... Le génie mérite qu'on le salue, mais il doit souffrir qu'on le juge...

Non, Voltaire n'aima pas assez le peuple. Qu'on eût allégé le poids de leurs misères à tant de travailleurs infortunés, Voltaire eût applaudi sans nul doute, par humanité ; mais sa pitié n'eut jamais rien d'actif et qui vînt d'un sentiment démocratique ; c'était une pitié de grand seigneur, mêlée de hauteur et de mépris.

... Avoir un cordonnier dans sa famille était presque, aux yeux de Voltaire, une flétrissure.

Il ne pouvait comprendre que l'auteur d'*Émile* eût fait de l'état de menuisier le complément d'une éducation philosophique...

Voltaire n'était pas fait, on le voit, pour chercher dans une révolution politique et sociale le salut du peuple. Changer hardiment, profondément, les conditions matérielles de l'État et de la société, il n'y songeait même pas, et ne commença à s'en inquiéter que sur la fin de sa carrière, aux cris poussés par Diderot, d'Holbach et Raynal.

Mais cette heure solennelle surprit Voltaire et le fit tressaillir. Comme Luther, il fut longtemps à découvrir la pente qui conduisait des abus religieux aux abus politiques, de la philosophie spéculative à la transformation matérielle de la société.

... Il est permis de croire que, s'il eût siégé à la Convention, il se serait violemment opposé à la condamnation de Louis XVI.

Ainsi, à l'exemple de Luther, à l'exemple de Calvin, Voltaire prêchait à la fois la révolte contre les autorités spirituelles et la soumission aux pouvoirs temporels. Révolutionnaire en religion, il n'entendait pas qu'on le fût en politique.

... Voltaire eut ce rare bonheur que ses idées furent toujours servies par les événements. Pendant qu'il pensait pour son siècle, son siècle agissait pour lui. (*Histoire de la Révolution française.*)

P.-J. PROUDHON.

Ce qui manque à notre génération, ce n'est ni un Mirabeau, ni un Robespierre, ni un Bonaparte ; c'est un Voltaire. Nous ne savons rien apprécier avec le regard d'une raison indépendante et moqueuse... (*Confession d'un Révolutionnaire.*)

Nos vrais poëmes sociaux, nos révélations révolutionnaires sont *Pantagruel*, *Roland furieux*, *Don Quichotte*, *Gil Blas*, *Candide*, et, toute licence à part, *la Pucelle*.

..... Ce que j'estime surtout en Voltaire, c'est l'excessive médiocrité de sa *Henriade*. Je douterais de lui si, dans ce genre devenu impraticable, il avait égalé seulement Dante ou le Tasse. Le poëme de Voltaire se résume en un mot : *Écrasez l'infâme*.

Les cent hommes de goût pour lesquels Voltaire se vantait d'écrire seraient cent mille, si Voltaire écrivait encore. (*De la justice dans la Révolution.*)

EDGAR QUINET.

Je suis des yeux, pendant quarante années, le règne d'un homme qui est à lui seul la direction spirituelle, non de son pays, mais de son époque. Du fond de sa chambre, il gouverne le royaume des esprits; les intelligences se règlent chaque jour sur la sienne; une parole écrite de sa main parcourt en un moment l'Europe. Les princes l'aiment, les rois le craignent; ils ne croient pas être sûrs de leur royaume, s'il n'est pas avec eux. Les peuples, de leur côté, adoptent sans discuter, et répètent à l'envi chacune des syllabes qui tombent de sa plume. Qui exerce cette incroyable puissance que l'on n'avait vue nulle part depuis le moyen âge? est-ce un autre Grégoire VII? est-ce un pape? non, c'est Voltaire.

Comment la puissance des premiers a-t-elle passé à l'autre? Se peut-il que la terre tout entière ait été dupe d'un mauvais génie, envoyé par l'enfer? Pourquoi cet homme s'est-il assis sans contestation sur le trône des esprits? C'est que d'abord il faisait bien souvent l'œuvre réservée dans le moyen âge à la papauté. Partout où éclate la violence, l'injustice, je le vois qui la frappe de l'anathème de l'esprit. Qu'importait que la violence s'appelât Inquisition, Saint-Barthélemy, guerre Sacrée? il se plaçait dans une région supérieure à la papauté du moyen âge. Dominant toutes les sectes, tous les cultes, c'était la première fois qu'on voyait la justice idéale frapper la violence ou le mensonge partout où ils apparaissaient.

... Voltaire est l'ange d'extermination, envoyé par Dieu contre son Église pécheresse.

Il ébranle, avec un rire, les portes de l'Église..... C'est le rire de l'esprit universel qui prend en dédain toutes les formes particulières, comme autant de difformités; c'est l'idéal qui se joue du réel. Au nom des générations muettes..... il s'arme de tout le sang qu'elle (l'Église) a versé, de tous les bûchers, de tous les échafauds qu'elle a élevés, et qui devaient tôt ou tard se retourner contre elle..... Ce qui fait de la colère de Voltaire un grand acte de la Providence, c'est qu'il frappe, il bafoue, il accable l'Église infidèle, par les armes de l'esprit chrétien. Humanité, charité, fraternité, ne sont-ce pas là les sentiments révélés par l'Évangile? il les retourne avec une force irrésistible contre les violences des faux docteurs de l'Évangile...

L'esprit de Voltaire se promène ainsi sur la face de la cité divine; il frappe à la fois de l'éclair, du glaive, du sarcasme; il verse le fiel, l'ironie et la cendre. Quand il est las, une voix le réveille et lui crie : Continue! Alors il recommence; il s'acharne; il creuse ce qu'il a déjà creusé; il ébranle ce qu'il a déjà ébranlé; il brise ce qu'il a déjà brisé! Car une œuvre si longue, jamais interrompue et toujours heureuse, ce n'est pas l'affaire seulement d'un individu; c'est la vengeance de Dieu trompé, qui a pris l'ironie de l'homme pour instrument de colère.

Non, cet homme ne s'appartient pas; il est conduit par une force supérieure. En même temps qu'il renverse d'une main il fonde de l'autre; et là est la merveille de sa destinée. Il emploie toutes ses facultés railleuses à renverser les barrières des Églises particulières; mais il y a chez lui un autre homme; plein de ferveur, celui-ci établit sur les ruines l'orthodoxie du sens commun.

Il sent de toutes ses fibres le faux, le mensonge, l'injustice, non pas seulement dans un moment du temps, mais dans chacune des pulsations du genre humain.... Voltaire fait du droit chrétien le droit commun de l'humanité..... Voltaire enveloppe la terre entière dans le droit de l'Évangile.

... Où a-t-il appris à se sentir contemporain de tous les siècles, à être blessé jusque dans le plus intime de son être par telle violence individuelle commise il y a quinze cents ans? Que signifie cette protestation universelle de chaque jour contre la force? cette indignation que ni l'éloignement de l'espace, ni les siècles des siècles ne peuvent calmer? Que veut ce vieillard, qui n'a que le souffle, et qui se fait le concitoyen, l'avocat, le journaliste de toutes les sociétés présentes et passées?

..... Quel est cet étrange instinct qui pousse cet homme à être partout sensible et présent dans le passé? D'où vient cette charité nouvelle qui traverse les temps et l'espace?

Qu'est-ce que cela, je vous prie, si ce n'est l'esprit chrétien lui-même, l'esprit universel de solidarité, de fraternité, de vigilance, qui vit, sent, souffre, et reste dans une étroite communion avec toute l'humanité présente et passée? Voilà pourquoi la terre a proclamé cet homme comme la parole vivante de l'humanité dans le xviiie siècle. On ne s'est pas trompé sur les apparences; il déchirait la lettre; il faisait éclater l'esprit universel. Voilà pourquoi nous le proclamons encore.

..... Quelques personnes se sont écriées avec joie : Voltaire a disparu; il a péri dans le gouffre avec toute sa renommée. Mais c'était là un des artifices de la gloire véritable, les médiocres seuls en sont la dupe. La poussière retombe, l'esprit de lumière que l'on croyait éteint reparaît; il rit de la fausse joie des ténèbres. Comme un ressuscité, il brille d'un plus pur éclat, et le siècle, qui avait commencé par le renier du bout des lèvres, s'achève en le confirmant dans tout ce qu'il a d'immortel. (*Les Jésuites, l'Ultramontanisme.*)

MICHELET.

Voltaire est celui qui souffre, celui qui a pris pour lui toutes les douleurs des hommes, qui ressent, poursuit toute iniquité. Tout ce que le fanatisme et la tyrannie ont jamais fait de mal au monde, c'est à Voltaire qu'ils l'ont fait. Martyr, victime universelle, c'est lui qu'on égorgea à la Saint-Barthélemy, lui qu'on brûla à Séville, lui que le parlement de Toulouse roua avec Calas... Il pleure, il rit, dans les souffrances, rire terrible, auquel s'écroulent les bastilles des tyrans, les temples des pharisiens.....

Voltaire est le terrain du droit, son apôtre et son martyr. Il a tranché la vieille question posée dès l'origine du monde : Y a-t-il religion sans justice, sans humanité?

Voltaire, presque octogénaire,... ressuscite..... Une voix l'a tiré, vivant, du tombeau, celle qui l'avait toujours fait vivre : la voix de l'humanité.

Vieil athlète, à toi la couronne!..... te voici encore, vainqueur des vainqueurs. Un siècle durant, par tous les combats, par toute arme et toute doctrine....., tu as poursuivi, sans te détourner jamais, un intérêt, une cause, l'humanité sainte..... et ils t'ont appelé sceptique! et ils t'ont dit variable!..... Ta foi aura pour sa couronne l'œuvre même de la foi. Les autres ont dit la justice; toi, tu la feras; tes paroles sont des actes, des réalités..... Tu as vaincu pour la liberté religieuse, et tout à l'heure pour la liberté civile, avocat des derniers serfs, pour la réforme de nos procédures barbares, de nos lois criminelles, qui elles-mêmes étaient des crimes.

Quand ces deux hommes sont passés (Voltaire et Rousseau), la Révolution est faite..... (*Histoire de la Révolution.*)

SAINT-MARC GIRARDIN.

Jamais personne n'a plus aimé les lettres et ne les a plus cultivées; jamais personne n'a donné plus d'ascendant à l'esprit; mais la littérature n'est pas tout pour Voltaire; il a les goûts et les affections qui honorent les hommes et qui rendent heureux; il aime la nature, il aime ses amis.

Cette chaleur de sentiment que Voltaire a dans ses affections privées, cette généreuse sincérité de cœur qu'il a avec ses amis, il l'a aussi dans ses opinions politiques et philosophiques, et dans le chef de parti en lui je retrouve l'homme... Voltaire a bien fait aussi quelques sacrifices à son parti; il a souvent loué des sots qui prenaient la cocarde de la philosophie, et cela devait coûter à son goût et à sa malice naturelle. Mais il n'a jamais sacrifié les bonnes et grandes opinions, même à la faveur des salons et du public. Est-ce que Voltaire n'aimait pas les hommes et le peuple? Il les aimait beaucoup et très-sincèrement, sans affectation, sans charlatanisme; mais il les jugeait. Il les voulait éclairés et heureux; il détestait leur ignorance et leur grossièreté.

... En lui le poëte et l'écrivain étaient irritables; le philosophe était patient et presque modeste, plus soucieux du succès de la cause que du succès de son nom....

Ce qui me frappe dans la politique de Voltaire...., c'est sa sagacité. Cette sagacité vient d'une sorte d'instinct juste et vrai qui lui révèle la marche générale des choses humaines dans son siècle.... Il ne se moque pas de l'avenir; il espère le bien; il croit à la civilisation. (*Préface des Lettres inédites.*)

SAINTE-BEUVE.

Voltaire, du premier jour qu'il débuta dans le monde et dans la vie, semble avoir été lui tout entier et n'avoir pas eu besoin d'école. Sa grâce, son brillant, sa pétulance, le sérieux et parfois le pathétique qui se cachaient sous ces dehors légers, du premier jour il eut tout cela. Pourtant, il n'acquit toute sa vigueur de talent et son ressort de caractère que lorsqu'il eut connu l'injustice et le malheur.... Voltaire, malheureux pour la première fois, s'exila en Angleterre...., et il revint de là tout entier formé et avec sa trempe dernière. La pétulance de son instinct ne se corrigea sans doute jamais, mais il y mêle dès lors une réflexion, un fond de prudence, auquel il revenait à travers et nonobstant toutes les infractions et les mésaventures. Il était de ceux à qui le plaisir de penser et d'écrire en liberté tient lieu de tout....

... Il avait pour principe qu'il faut dévorer les choses pour qu'elles ne nous dévorent pas, et pour ne pas se dévorer soi-même...

Ce n'est pas un démocrate que Voltaire.... Voltaire est contre les majorités et les méprise; en fait de raison, les masses lui paraissent naturellement bêtes; il ne croit au bon sens que chez un petit nombre, et c'est assez pour lui si l'on parvient à grossir peu à peu le petit troupeau. (*Causeries du Lundi.*)

PHILARÈTE CHASLES.

Fixé à la terre de Ferney, il s'abandonna pendant les vingt dernières années de sa vie à cette impiété terrible qui passa les proportions de la passion humaine. Mais, comme pour faire ressortir ce trait de caractère par le contraste, en même temps que la haine des choses saintes remplissait son âme et le poussait à des excès inouïs, il faisait avec plaisir, avec passion même, un grand bien matériel. L'amour de l'humanité, cette partie intégrante de l'amour de Dieu, en restait fort indépendant dans les idées de Voltaire. Il s'occupa vivement, puissamment, des misérables qu'il appelait ses vassaux. Il leur bâtit des maisons, leur fit défricher des terres, dessécher des marais...

Sa haine contre le christianisme excitait d'abord l'horreur, puis l'étonnement. Jamais Dieu n'avait eu tant à souffrir d'un homme. Le mensonge, la calomnie, le cynisme, la bêtise même, tout, dans ses écrits de vieillard, témoignait d'un inexplicable amour du mal, d'une fécondité de pensées et de sentiments coupables qu'on n'eût pas attendue d'un âge propre aux passions. Renverser la religion, telle était sa pensée de nuit et de jour. (*Le Plutarque français.* Vie de Voltaire.)

QUATRIÈME ÉPOQUE

BERSOT.

Voltaire n'a jamais eu qu'un seul client, la raison...

... Il préparait ainsi la grande révolution de 1789...

Après cela on peut, si l'on veut, l'accuser de n'avoir pas de cœur...; les consciences perverties, l'honnêteté opprimée, la raison terrassée par la force; voilà les misères dont il est touché. Ces misères, Voltaire les voit, les entend et les sent avec une énergie incomparable, et avec une énergie incomparable aussi il les combat. C'est son honneur immortel et l'honneur de la France, à laquelle il appartient, de représenter la réclamation éternelle et universelle de l'esprit indigné, de l'âme émue, contre l'odieux et l'absurde de ce monde, et, dans les plus mauvais jours, quand tout effort semble vain, il faut se répéter à soi-même la maxime de bonne espérance : « La raison finira par avoir raison. »

Un reproche plus mérité à lui adresser est d'avoir été injuste pour le christianisme. Jaloux des droits de la raison, il suspecte ce qui la dépasse, et combat ce qui la choque...

On ne fait pas de Voltaire un mystique, parce que d'autres en ont fait un athée ; on reconnaît en lui un esprit altéré de lumière, qui affirme là où elle inonde les yeux, et doute dès qu'elle s'obscurcit ; assuré sur trois ou quatre points, Dieu, la liberté et le devoir, flottant sur le reste ; un esprit juste qui a trouvé à peu près toutes les vérités, et n'a failli qu'en ne leur donnant pas leur nom ; un chef de parti habile, qui, pour rétablir la philosophie discréditée par les systèmes, a rejeté les systèmes et réintégré le sens commun ; un esprit sage qui a réglé ses croyances sur les nécessités de la morale ; une âme sensible à la justice, courageuse et infatigable pour la défendre ; un apôtre de l'humanité. (*Dictionnaire des sciences philosophiques.* Art. Voltaire.)

ERNEST RENAN.

Le rôle de controversiste est un rôle facile, en ce qu'il concilie à l'écrivain une faveur assurée auprès des personnes qui croient devoir opposer la guerre à la guerre. A cette polémique, dont je suis loin de contester la nécessité, mais qui n'est ni dans mes goûts ni dans mes aptitudes, Voltaire suffit. On ne peut être à la fois bon controversiste et bon historien. Voltaire, si faible comme érudit, Voltaire, qui nous semble si dénué du sentiment de l'antiquité..., Voltaire est vingt fois victorieux d'adversaires encore plus dépourvus de critique qu'il ne l'est lui-même. Une nouvelle édition des œuvres de ce grand homme satisferait au besoin que le moment présent semble éprouver de faire une réponse aux envahissements de la théologie: réponse mauvaise en soi, mais accommodée à ce qu'il s'agit de combattre; réponse arriérée à une science arriérée. (*Les Apôtres.* Introduction.)

H. TAINE.

La philosophie a besoin d'un écrivain qui se donne pour premier emploi le soin de la répandre, qui ne puisse la contenir en lui-même, qui l'épanche hors de soi à la façon d'une fontaine regorgeante, qui la verse à tous, tous les jours et sous toutes les formes, à larges flots, en fines gouttelettes, sans jamais tarir ni se ralentir, par tous les orifices et tous les canaux, prose, poésie, grands et petits vers, théâtre, histoire, romans, pamphlets, plaidoyers, traités, brochures, dictionnaire, correspondance, en public, en secret, pour qu'elle pénètre à toute profondeur et dans tous les terrains; c'est Voltaire. « J'ai fait plus en mon temps, dit-il quelque part, que Luther et Calvin »; et en cela il se trompe. La vérité est pourtant qu'il a quelque chose de leur esprit.

Il veut comme eux changer la religion régnante, il se conduit en fondateur de secte, il recrute et ligue des prosélytes, il écrit des lettres d'exhortation, de prédication et de direction; il fait circuler des mots d'ordre, il donne « aux frères » une devise; sa passion ressemble au zèle d'un apôtre et d'un prophète. Un pareil esprit n'est pas capable de réserve; il est par nature militant et emporté; il apostrophe, il injurie, il improvise, il écrit sous la dictée de son impression, il se permet tous les mots, au besoin les plus crus. Il pense par explosions; ses émotions sont des sursauts, ses images sont des étincelles; il se lâche tout entier, il se livre au lecteur, c'est pourquoi il le prend. Impossible de lui résister, la contagion est trop forte. Créature d'air et de flamme, la plus excitable qui fut jamais, composée d'atomes plus éthérés et plus vibrants que ceux des autres hommes, il n'y en a point dont la structure mentale soit plus fine ni dont l'équilibre soit à la fois plus instable et plus juste. On peut le comparer à ces balances de précision qu'un souffle dérange, mais auprès desquelles tous les autres appareils de mesure sont inexacts et grossiers.

Dans cette balance délicate, il ne faut mettre que des poids très-légers, de petits échantillons; c'est à cette condition qu'elle pèse rigoureusement toutes les substances; ainsi fait Voltaire, involontairement, par besoin d'esprit et pour lui-même autant que pour ses lecteurs. Une philosophie complète, une bibliothèque spéciale, une grande branche de l'érudition, de l'expérience ou de l'invention humaine, se réduit ainsi sous sa main à une phrase ou à un vers. De l'énorme masse rugueuse et empâtée de scories, il a extrait tout l'essentiel, un grain d'or ou de cuivre, spécimen du reste, et il nous le présente sous la forme la plus maniable et la plus commode, dans une comparaison, dans une métaphore, dans une épigramme qui devient un proverbe.

En ceci, nul écrivain ancien ou moderne n'approche de lui; pour simplifier et vulgariser, il n'a pas son égal au monde. Sans sortir du ton de la conversation ordinaire et comme en se jouant, il met en petites phrases portatives les plus grandes découvertes et les plus grandes hypothèses de l'esprit humain, les théories de Descartes, Malebranche, Leibnitz, Locke et Newton, les diverses religions de l'antiquité et des temps modernes, tous les systèmes connus de physique, de physiologie, de géologie, de morale, de droit naturel, d'économie politique; bref, en tout ordre de connaissances, toutes les conceptions d'ensemble que l'espèce humaine au xviiie siècle avait atteintes.

Sa pente est si forte de ce côté qu'elle l'entraîne trop loin ; il rapetisse les grandes choses à force de les rendre accessibles. On ne peut mettre ainsi en menue monnaie courante la religion la légende, l'antique poésie populaire, les créations spontanées de l'instinct, les demi-visions des âges primitifs ; elles ne sont pas des sujets de conversation amusante et vive, un mot piquant ne peut pas en être l'expression; il n'en est que la parodie. Mais quel attrait pour des Français, pour des gens du monde, et quel lecteur s'abstiendra d'un livre où tout le savoir humain est rassemblé en mots piquants? Car c'est bien tout le savoir humain, et je ne vois pas quelle idée importante manquerait à un homme qui aurait pour bréviaire les Dialogues, le Dictionnaire et les Romans. Relisez-les cinq ou six fois, et alors seulement vous vous rendrez compte de tout ce qu'ils contiennent.

Non-seulement les vues sur le monde et sur l'homme, les idées générales de toute espèce y abondent, mais encore les renseignements positifs et même techniques y fourmillent; petits faits semés par milliers, détails multipliés et précis sur l'astronomie, la physique, la géographie, la physiologie, la statistique, l'histoire de tous les peuples, expériences innombrables et personnelles d'un homme qui, par lui-même, a lu des textes, manié les instruments, visité les pays, touché les industries, pratiqué les hommes, et qui, par la netteté de sa merveilleuse mémoire, par la vivacité de son imagination toujours flambante, revoit ou voit, comme avec les yeux de la tête, tout ce qu'il dit, à mesure qu'il le dit.

Talent unique, le plus rare en un siècle classique, le plus précieux de tous, puisqu'il consiste à se représenter les êtres, non pas à travers le voile grisâtre des phrases générales, mais en eux-mêmes, tels qu'ils sont dans la nature et dans l'histoire, avec leur couleur et leur forme sensibles, avec leur saillie et leur relief individuels, avec leurs accessoires et leurs alentours dans le temps et dans l'espace, un paysan à sa charrue, un quaker dans sa congrégation, un baron allemand dans son château, des Hollandais, des Anglais, des Espagnols, des Italiens, des Français chez eux, une grande dame, une intrigante, des provinciaux, des soldats, des filles, et le reste du pêle-mêle humain, à tous les degrés de l'escalier social, chacun en raccourci et dans la lumière fuyante d'un éclair.

Car, c'est là le trait le plus frappant de ce style, la rapidité prodigieuse, le défilé éblouissant et vertigineux de choses toujours nouvelles, idées, images, événements, paysages, récits, dialogues, petites peintures abréviatives, qui se suivent en courant comme dans une lanterne magique, presque aussitôt retirées que présentées par le magicien impatient qui, en un clin d'œil, fait le tour du monde, et qui, enchevêtrant coup sur coup l'histoire, la fable, la vérité, la fantaisie, le temps présent, le temps passé, encadre son œuvre tantôt dans une parade aussi saugrenue que celles de la foire, tantôt dans une féerie plus magnifique que toutes celles de l'Opéra. Amuser, s'amuser, « faire passer son âme par tous les modes imaginables », comme un foyer ardent où l'on jette tour à tour les substances les plus diverses pour lui faire rendre toutes les flammes, tous les petillements et tous les parfums, voilà son premier instinct. « La vie, dit-il encore, est un enfant qu'il faut bercer jusqu'à ce qu'il s'endorme. »

Il n'y eut jamais de créature mortelle plus exaltée et plus excitante, plus impropre au silence et plus hostile à l'ennui, mieux douée pour la conversation, plus visiblement destinée à devenir la reine d'un siècle où, avec six jolis contes, trente bons mots et un peu d'usage, un homme avait son passeport mondain et la certitude d'être bien accueilli partout. Il n'y eut jamais d'écrivain qui ait possédé à un si haut degré et en pareille abondance tous les dons du causeur, l'art d'animer et d'égayer la parole, le talent de plaire aux gens du monde. Du meilleur ton, quand il veut, et s'enfermant sans gêne dans les plus exactes bienséances, d'une politesse achevée, d'une galanterie exquise, respectueux sans bassesse, caressant sans fadeur, et toujours aisé, il lui suffit d'être en public pour prendre naturellement l'accent mesuré, les façons discrètes, le demi-sourire engageant de l'homme bien élevé qui, introduisant les lecteurs dans sa pensée, leur fait les honneurs du logis.

Êtes-vous familier avec lui, et du petit cercle intime dans lequel il s'épanche en toute liberté, portes closes? Le rire ne vous quittera plus. Brusquement, d'une main sûre et sans avoir l'air d'y toucher, il enlève le voile qui couvre un abus, un préjugé, une sottise, bref quelqu'une des idoles humaines. Sous cette lumière subite, la vraie figure, difforme, vitreuse et plate, apparaît. C'est le rire de la raison, agile et victorieuse. En voici un autre, celui du tempérament gai de l'improvisateur bouffon, de l'homme qui reste jeune, enfant, et même gamin, jusqu'à son dernier jour et « fait des gambades sur son tombeau ». Il aime les caricatures, il charge les traits des visages, il met en scène des grotesques, il les promène en tous sens comme des marionnettes. Il n'est jamais las de les reprendre et de les faire danser sous de nouveaux costumes. Au plus fort de sa philosophie, de sa propagande et de sa polémique, il installe en plein vent son théâtre de poche, ses fantoches: un bachelier, un moine, un inquisiteur, Maupertuis, Pompignan, Nonotte, Fréron, le roi David, et tant d'autres, qui viennent devant nous pirouetter et gesticuler en habit de Scaramouche et d'Arlequin.

Quand le talent de la farce s'ajoute ainsi au besoin de la vérité, la plaisanterie devient toute-puissante, car elle donne satisfaction à des instincts universels et profonds de la nature humaine, à la curiosité maligne, à l'esprit de dénigrement, à l'aversion pour la gêne, à ce fonds de mauvaise humeur que laissent en nous la convention, l'étiquette et l'obligation sociale de porter le lourd manteau de la décence et du respect. Il y a des moments dans la vie où le plus sage n'est pas fâché de le rejeter à demi, et même tout à fait. — A chaque page, tantôt avec un mouvement rude de naturaliste hardi, tantôt avec un geste preste de singe polisson, Voltaire écarte la draperie sérieuse ou solennelle, et nous montre l'homme, pauvre bimane, dans quelles attitudes! Swift seul a risqué de pareils tableaux.

A l'origine ou au terme de tous nos sentiments exaltés, quelles crudités physiologiques, quelle disproportion entre notre raison si faible et nos instincts si forts! Dans quel bas-fonds de garde-robe la politique et la religion vont-elles cacher leur linge sale!

De tout cela, il faut rire pour ne pas pleurer, et encore, sous ce rire, il y a des larmes; il finit en ricanement; il recouvre la tristesse profonde, la pitié douloureuse. A ce degré et en de tels sujets, il n'est plus qu'un effet de l'habitude et du parti pris, une manie de la verve, un état fixe de la machine nerveuse lancée à travers tout, sans frein et à toute vitesse. — Prenons-y garde, pourtant : la gaieté est encore un ressort, le dernier en France qui maintienne l'homme debout, le meilleur pour garder à l'âme son ton, sa résistance et sa force, le plus intact dans un siècle où les hommes, les femmes elles-mêmes, se croyaient tenus de mourir en personnes de bonne compagnie, avec un sourire et sur un bon mot. (*Les Origines de la France contemporaine,* tome Ier.)

E. VACHEROT.

L'ancien régime était encore debout, malgré sa décadence croissante depuis trois siècles. Il s'agissait non de comprendre et de juger, mais de combattre et de détruire ces institutions qui pesaient encore sur la raison et la conscience de la société moderne, et qui faisaient obstacle aux réformes les plus justes et les plus urgentes, dans l'ordre religieux, politique et social. *Écrasons l'infâme* ne fut point seulement un cri de colère échappé au plus irritable de nos grands écrivains; ce fut le mot d'ordre de tout un peuple de philosophes, de publicistes et de pamphlétaires. Écrasons l'infâme, c'est-à-dire guerre à l'ennemi, avec toutes les armes que la passion met dans les mains, avec la déclamation, avec l'injure, avec l'outrage, avec la calomnie, *furor arma ministrat.* « Mentez, mentez toujours, mes amis, pour la bonne cause! » criait Voltaire. C'est dans cet esprit que furent jugées et dénoncées à l'opinion publique toutes les doctrines, toutes les institutions du passé, religion, philosophie, monarchie, noblesse et clergé. Dans ce furieux assaut la religion et le clergé reçurent les plus rudes coups. Nulle étude sérieuse, embrassant tous les côtés de son objet. Nulle véritable critique, faisant équitablement la part du vrai et du faux, du bien et du mal, de la raison et de la superstition. *L'infâme,* c'est tout ce qui touche à ce passé avec lequel on veut en finir à tout prix. (*Lettre au Courrier du Dimanche,* septembre 1881.)

PAUL ALBERT.

Un écrivain qui en tout est l'opposé de Bossuet, Voltaire, publie son *Essai sur les Mœurs et l'Esprit des nations*. Dans cet ouvrage, il ne se propose pas d'expliquer les révolutions des empires par l'intervention de la Providence. « Trois choses, dit-il, influent sans cesse sur l'esprit des hommes, le climat, le gouvernement, la religion. C'est la seule manière d'expliquer l'énigme du monde. » Il ne bornera donc pas l'histoire au récit des événements; mais il essaiera de montrer comment la plupart de ces événements sont sortis, pour ainsi dire, comme une conséquence naturelle, du climat et des institutions politiques et religieuses. Point de vue tout nouveau, comme vous le voyez, et purement humain. Plus d'hypothèse grandiose, plus de surnaturel, et surtout plus d'exclusion. Les peuples, que Bossuet avait pour ainsi dire retranchés de l'humanité, rentrent dans leurs droits et reprennent la place qui leur revient...

Mais ce qui importe dans un ouvrage de ce genre, c'est l'idée générale. Quelle est celle qui a guidé et soutenu Voltaire dans cette vaste revue des peuples? Plus d'une fois il a détourné les yeux avec horreur du spectacle que lui présentaient les choses humaines. Que de guerres atroces! que de crimes! que de folies! Il semble que les hommes n'aient été créés que pour se déchirer : l'ambition, la cupidité, la vanité, le fanatisme surtout, exercen en tout temps, en tous lieux, les plus cruels ravages. Quoi! l'histoire du monde ne serait-elle que l'inventaire des maux que les hommes se sont faits les uns aux autres? Gardons-nous de le croire. Divisés et ennemis sur tant de points, ils sont unis sur un point essentiel, la loi morale. Celle-ci n'est pas arbitraire et variable comme les lois écrites; elle n'élève pas entre les peuples des barrières artificielles, elle les fait tomber; elle doit peu à peu se communiquer pour ainsi dire de la conscience à l'intelligence, et préparer ainsi une harmonie universelle. (*La Prose*, huitième leçon.)

FIN DES JUGEMENTS SUR VOLTAIRE.

ŒUVRES

AUTOBIOGRAPHIQUES

ARTICLE DE VOLTAIRE

SUR VOLTAIRE[1]

VOLTAIRE (François-Marie AROUET de), né en 1694, le 20 novembre, de François Arouet, trésorier de la chambre des comptes, et de Catherine Daumart; historiographe de France en 1745, gentilhomme ordinaire de la chambre du roi en 1747, et surnuméraire en 1749, membre de l'Académie française de la Crusca, de la Société royale de Londres, de Bologne, de Pétersbourg. Il a composé pour le théâtre les pièces suivantes : *Œdipe*, tragédie, 18 novembre 1718; *Artémire*, tragédie, 15 février 1720 ; *Mariamne*, tragédie, 6 mars 1724, retouchée et redonnée sous le titre de *Hérode et Mariamne*, tragédie, 10 avril 1725 ; *l'Indiscret*, comédie en un acte et en vers, 18 août 1725; *Brutus*, tragédie, 11 décembre 1730 ; *Ériphyle*, tragédie, 7 mars 1732 ; *Zaïre*, tragédie, 13 août 1732; *Adélaïde*, tragédie, 18 janvier 1734; *Alzire*, tragédie, 27 janvier 1736; *l'Enfant prodigue ou l'École de la jeunesse*, comédie en cinq actes et en vers de dix syllabes, le 10 octobre 1736; *Zulime*, tragédie, 8 juin 1740 ; *Mahomet*, tragédie, 9 août 1742 ; *Mérope*, tragédie, 20 février 1743 ; *la Mort de César*, tragédie, 29 août 1743 ; *la Princesse de Navarre*, comédie en trois actes, en vers libres, avec un prologue et des divertissements (musique de M. Rameau), composée à l'occasion du mariage de monseigneur le dauphin avec Marie-Thérèse, infante d'Espagne, et représentée à Versailles les mardi 23 et samedi 27 février 1745; *Sémiramis*, tra-

---

1. Extrait du *Dictionnaire des Théâtres* des frères Parfaict.
C'est dans une lettre à Voltaire lui-même, du 16 juillet 1773, que Parfaict dit lui être redevable de l'article ci-dessus, qu'il avait fait imprimer *mot pour mot*, tel qu'il l'avait reçu de la part de Voltaire. La lettre de Parfaict est imprimée pages 19-24 de la *Lettre au public sur la mort de MM. de Crébillon, Gresset, Parfaict* (par le chevalier du Coudray), 1777, in-8°.
Cet article semble avoir été rédigé en 1755, avant les représentations de *l'Orphelin de la Chine*, pendant l'impression de l'édition des Œuvres de Voltaire publiée, en 1756, par les frères Cramer, en dix-sept volumes in-8°.

gédie, 29 août 1748; *Nanine*, comédie en trois actes et en vers, 16 juin 1749; *Oreste*, tragédie, 12 janvier 1750; *Rome sauvée*, tragédie, 24 février 1752; *le Duc de Foix*, tragédie, 17 août 1752; — au théâtre de l'Académie royale de musique : *le Temple de la Gloire*, ballet héroïque en trois actes, avec un prologue, représenté à Versailles le 27 novembre 1745, et à Paris le 10 décembre.

La préface d'une des éditions de *la Henriade* nous apprend que ce poëme fut d'abord imprimé par les soins de l'abbé Desfontaines, qui y mêla quelques vers de sa façon : on cite surtout ceux-ci :

> Et, malgré les Perraults et malgré les Houdarts,
> On verra le bon goût fleurir de toutes parts.

L'auteur fit ensuite imprimer *la Henriade* sous son véritable nom en 1727, à Londres. Il y en eut plusieurs éditions; M. l'abbé Lenglet-Dufresnoy recueillit toutes les variantes et les notes, et les fit imprimer en 1736.

On s'est conformé à cette édition dans toutes les suivantes, jusqu'à celle qui a été faite à Leipsick en 1752. On y trouve beaucoup de changements et d'additions dans *la Henriade*, ainsi que dans les pièces de théâtre et les œuvres diverses. Les opéras intitulés *Samson* et *Pandore* sont dans ce recueil, et dans ceux qu'on a faits à Paris et à Rouen sous le titre de Londres. *Samson* avait été mis en musique par M. Rameau. Des considérations particulières empêchèrent qu'on ne le représentât.

M. Royer a mis *Pandore* en musique; mais comme l'auteur ne s'était pas asservi à la méthode ordinaire de l'opéra, le musicien a engagé un autre auteur à changer les scènes et à faire les ariettes; de sorte que cet opéra mis en musique n'est pas celui de M. de Voltaire.

Il a donné beaucoup d'ouvrages en prose, comme l'*Histoire de Charles XII roi de Suède*, le *Siècle de Louis XIV*, dont il y a plusieurs éditions. On a mis sous son nom beaucoup d'ouvrages qui ne sont point de lui; d'autres dont le fond lui appartient, mais qu'on a entièrement défigurés : tels sont deux volumes d'une *Histoire universelle depuis Charlemagne jusqu'à Charles VII, roi de France*. On prépare actuellement une édition magnifique de tous ses véritables ouvrages.

MÉMOIRES

POUR SERVIR

A LA VIE DE M. DE VOLTAIRE

ÉCRITS PAR LUI-MÊME

1759

AVERTISSEMENT

DE BEUCHOT

Le marquis de Villette écrivait, en 1787, au comte de Guibert [1] :

« Il est malheureusement certain que M. de Voltaire est l'auteur de ces *Mémoires* ; mais il est en même temps certain qu'il en avait brûlé le manuscrit longtemps avant sa mort.

« Voici le fait. Après le séjour de M. de Voltaire à Colmar et à Lausanne, il vint s'établir auprès de Genève. Dégoûté des intrigues des cours, lassé de la faveur des rois, il y vivait avec un très-petit nombre d'amis, et n'y recevait que les voyageurs distingués qui faisaient le pèlerinage des Délices.

« C'est là que, le cœur gros de l'aventure de Francfort, il épanchait son âme, comme malgré lui, dans le sein de l'amitié, et racontait, avec cette grâce que vous lui connaissiez, les détails très-piquants de la vie privée et de l'intérieur domestique de votre héros, qui avait été si longtemps le sien. Ces auditeurs intimes, ravis de l'originalité qu'il mettait dans le récit de ces anecdotes, l'invitèrent à les écrire. En cédant à leurs instances, il obéit à un ancien mouvement d'humeur.

« Il serre avec grand soin son manuscrit ; mais ce beau génie n'a jamais eu l'esprit de rien enfermer, ni l'adresse de cacher une clef, pas même celle de ses doubles louis. On a fait à son insu deux copies de cet ouvrage. Peu de temps après, il se réconcilie avec le roi de Prusse, et brûle lui-même ces *Mémoires* écrits de sa propre main ; bien persuadé que, de cette manière, il anéantit pour jamais jusqu'à la trace de ses vieilles querelles.

« Après la mort de Voltaire, l'une des deux copies, remise en des mains augustes, loin de Paris et de la France, est restée secrète ; l'autre copie, livrée avec les manuscrits qui devaient composer ses *Œuvres posthumes*, est celle qui a vu le jour. On a attendu cinq ans pour se résoudre à une si horrible trahison.

« On n'a donc rien à reprocher à la mémoire de M. de Voltaire. »

Tout n'est pas exact dans le récit du marquis de Villette. Il est hors de doute que ces *Mémoires* sont de Voltaire ; il est certain qu'il les composa en 1759 et à plusieurs reprises [2] ainsi qu'on le voit par les dates qu'il a

---

1. *OEuvres du marquis de Villette*, 1788, in-8°, pages 248-249.
2. Voyez ci-après une note (Documents biographiques, n° XLI) qui pourrait faire croire que ces *Mémoires* avaient été commencés avant le départ de Voltaire pour la Prusse. (L. M.)

mises aux additions qui les terminent. Il n'est pas moins certain que Voltaire ne les a pas publiés. Il en avait brûlé l'original, mais il en avait fait faire deux copies par son secrétaire Wagnière. La Harpe ayant, en 1768, dérobé l'un de ces manuscrits, fut expulsé de Ferney. Mme Denis, qui était sa complice et qui prenait sa défense, fut aussi renvoyée; il faut que lorsque cette dame revint chez son oncle, elle ait rapporté le manuscrit, puisque des deux copies faites par Wagnière l'une fut envoyée par lui à l'impératrice Catherine, et que l'autre se trouvait, en 1783, entre les mains de Beaumarchais, provenant de Mme Denis. Beaumarchais, entrepreneur des éditions de Kehl, pour se conformer aux intentions de Voltaire, ne voulait pas publier ces *Mémoires* du vivant du roi de Prusse; mais il en faisait des lectures dans de petites réunions. Ainsi faisait, de son côté, La Harpe, qui, avant de rendre à Mme Denis le manuscrit dérobé, en avait pris copie à l'insu ou du consentement de cette dame. Ce qui prouve que l'intention des éditeurs de Kehl n'était pas de comprendre les *Mémoires* dans les *Œuvres de Voltaire*, c'est le parti qu'ils avaient pris de fondre dans le *Commentaire historique sur les œuvres de l'auteur de la Henriade* [1], en les altérant quelquefois, d'assez longs passages des *Mémoires*. Mais, en 1784, il en parut plusieurs éditions séparées [2]; alors les éditeurs de Kehl se décidèrent à ne pas priver leurs souscripteurs de ces *Mémoires*, et les donnèrent dans leur dernier volume (tome LXX de l'édition in-8° ou tome XCII de l'édition in-12), à la suite de la *Vie de Voltaire* par Condorcet.

Voltaire fit imprimer dans le *Mercure* une *Déclaration* [3] pour justifier La Harpe de l'accusation du vol de manuscrits dont parlèrent des journaux en 1768. C'était générosité de la part du philosophe de Ferney. Mais le témoignage de Wagnière et la publication de 1784 ne laissent aucun doute sur la soustraction des manuscrits en 1768.

1. Les éditeurs de Kehl avaient placé ce *Commentaire* dans les *Mélanges littéraires;* on le trouvera ci-après.
2. J'en possède quatre, toutes au même millésime, sous le titre de : *Mémoires pour servir à la Vie de Voltaire, écrits par lui-même*, savoir, in-8° de 80 pages; petit in-8° de 166 pages; petit in-8° de 117 pages; in-8° de 174 pages, plus l'*errata*. Cette dernière édition est terminée par l'*Épître* en vers de Frédéric (*au maréchal Keith, sur les vaines terreurs de la mort et les frayeurs de l'autre vie*. (B.)
3. Voyez tome XXVII, page 17.

MÉMOIRES

POUR SERVIR

A LA VIE DE M. DE VOLTAIRE

J'étais las de la vie oisive et turbulente de Paris, de la foule des petits-maîtres, des mauvais livres imprimés avec approbation et privilége du roi, des cabales des gens de lettres, des bassesses et du brigandage des misérables qui déshonoraient la littérature. Je trouvai, en 1733, une jeune dame qui pensait à peu près comme moi, et qui prit la résolution d'aller passer plusieurs années à la campagne pour y cultiver son esprit, loin du tumulte du monde : c'était Mme la marquise du Châtelet, la femme de France qui avait le plus de disposition pour toutes les sciences.

Son père, le baron de Breteuil, lui avait fait apprendre le latin, qu'elle possédait comme Mme Dacier ; elle savait par cœur les plus beaux morceaux d'Horace, de Virgile, et de Lucrèce ; tous les ouvrages philosophiques de Cicéron lui étaient familiers. Son goût dominant était pour les mathématiques et pour la métaphysique. On a rarement uni plus de justesse d'esprit et plus de goût avec plus d'ardeur de s'instruire ; elle n'aimait pas moins le monde, et tous les amusements de son âge et de son sexe. Cependant elle quitta tout pour aller s'ensevelir dans un château délabré sur les frontières de la Champagne et de la Lorraine, dans un terrain très-ingrat et très-vilain. Elle embellit ce château[1], qu'elle orna de jardins assez agréables. J'y bâtis une galerie ; j'y formai un très-beau cabinet de physique. Nous eûmes une bibliothèque nombreuse. Quelques savants vinrent philosopher dans notre retraite. Nous eûmes deux ans entiers le célèbre Koënig, qui est mort professeur à la Haye[2], et bibliothécaire de Mme la princesse d'Orange. Maupertuis vint avec Jean

---

1. Cirey.
2. Voyez la note, tome XXIII, page 560.

Bernouilli ; et dès lors Maupertuis, qui était né le plus jaloux des hommes, me prit pour l'objet de cette passion qui lui a été toujours très-chère.

J'enseignai l'anglais à Mme du Châtelet, qui au bout de trois mois le sut aussi bien que moi, et qui lisait également Locke, Newton et Pope. Elle apprit l'italien aussi vite ; nous lûmes ensemble tout le Tasse et tout l'Arioste. De sorte que quand Algarotti vint à Cirey, où il acheva son *Neutonianismo per le dame*[1], il la trouva assez savante dans sa langue pour lui donner de très-bons avis dont il profita. Algarotti était un Vénitien fort aimable, fils d'un marchand fort riche ; il voyageait dans toute l'Europe, savait un peu de tout, et donnait à tout de la grâce.

Nous ne cherchions qu'à nous instruire dans cette délicieuse retraite, sans nous informer de ce qui se passait dans le reste du monde. Notre plus grande attention se tourna longtemps du côté de Leibnitz et de Newton. Mme du Châtelet s'attacha d'abord à Leibnitz, et développa une partie de son système dans un livre très-bien écrit, intitulé *Institutions de physique*[2]. Elle ne chercha point à parer cette philosophie d'ornements étrangers : cette afféterie n'entrait point dans son caractère mâle et vrai. La clarté, la précision et l'élégance, composaient son style. Si jamais on a pu donner quelque vraisemblance aux idées de Leibnitz, c'est dans ce livre qu'il la faut chercher. Mais on commence aujourd'hui à ne plus s'embarrasser de ce que Leibnitz a pensé.

Née pour la vérité, elle abandonna bientôt les systèmes, et s'attacha aux découvertes du grand Newton. Elle traduisit en français tout le livre des *Principes mathématiques* ; et depuis, lorsqu'elle eut fortifié ses connaissances, elle ajouta à ce livre, que si peu de gens entendent, un commentaire algébrique, qui n'est pas davantage à la portée du commun des lecteurs. M. Clairaut, l'un de nos meilleurs géomètres, a revu exactement ce commentaire. On en a commencé une édition ; il n'est pas honorable pour notre siècle qu'elle n'ait pas été achevée[3].

Nous cultivions à Cirey tous les arts. J'y composai *Alzire*, *Mérope*, *l'Enfant prodigue*, *Mahomet*. Je travaillai pour elle à un *Essai sur l'Histoire générale* depuis Charlemagne jusqu'à nos

---

1. 1737, un volume in-4°, traduit en français par Duperron de Castéra, 1738, in-12.
2. 1740, in-8°.
3. L'impression ayant duré plusieurs années, Voltaire a cru qu'elle n'a pas été achevée ; mais voyez la note, tome XXIII, page 515.

jours : je choisis cette époque de Charlemagne, parce que c'est celle où Bossuet s'est arrêté, et que je n'osais toucher à ce qui avait été traité par ce grand homme. Cependant elle n'était pas contente de l'*Histoire universelle* de ce prélat. Elle ne la trouvait qu'éloquente ; elle était indignée que presque tout l'ouvrage de Bossuet roulât sur une nation aussi méprisable que celle des Juifs.

Après avoir passé six années dans cette retraite, au milieu des sciences et des arts, il fallut que nous allassions à Bruxelles, où la maison du Châtelet avait depuis longtemps un procès considérable contre la maison de Honsbrouk. J'eus le bonheur d'y trouver un petit-fils de l'illustre et infortuné grand-pensionnaire de Witt, qui était premier président de la chambre des comptes. Il avait une des plus belles bibliothèques de l'Europe, qui me servit beaucoup pour l'*Histoire générale;* mais j'eus à Bruxelles un bonheur plus rare, et qui me fut plus sensible : j'accommodai le procès pour lequel les deux maisons se ruinaient en frais depuis soixante ans. Je fis avoir à M. le marquis du Châtelet deux cent vingt mille livres, argent comptant, moyennant quoi tout fut terminé.

Lorsque j'étais encore à Bruxelles, en 1740, le gros roi de Prusse Frédéric-Guillaume, le moins endurant de tous les rois[1], sans contredit le plus économe et le plus riche en argent comptant, mourut à Berlin. Son fils, qui s'est fait une réputation si singulière, entretenait un commerce assez régulier avec moi depuis plus de quatre années. Il n'y a jamais eu peut-être au monde de père et de fils qui se ressemblassent moins que ces deux monarques. Le père était un véritable Vandale, qui dans tout son règne n'avait songé qu'à amasser de l'argent, et à entretenir à moins de frais qu'il se pouvait les plus belles troupes de l'Europe. Jamais sujets ne furent plus pauvres que les siens, et jamais roi ne fut plus riche. Il avait acheté à vil prix une grande partie des terres de sa noblesse, laquelle avait mangé bien vite le peu d'argent qu'elle en avait tiré, et la moitié de cet argent était rentrée encore dans les coffres du roi par les impôts sur la consommation. Toutes les terres royales étaient affermées à des receveurs qui étaient en même temps exacteurs et juges, de façon que quand un cultivateur n'avait pas payé au fermier à jour nommé, ce fermier prenait son habit de juge, et condamnait le

---

1. La fin de cet alinéa et les seize qui le suivent avaient été (voyez page 6) refondus, par les éditeurs de Kehl, dans le *Commentaire historique*.

délinquant au double. Il faut observer que, quand ce même juge ne payait pas le roi le dernier du mois, il était lui-même taxé au double le premier du mois suivant.

Un homme tuait-il un lièvre, ébranchait-il un arbre dans le voisinage des terres du roi, ou avait-il commis quelque autre faute, il fallait payer une amende. Une fille faisait-elle un enfant, il fallait que la mère, ou le père, ou les parents, donnassent de l'argent au roi pour la façon.

Mme la baronne de Kniphausen, la plus riche veuve de Berlin, c'est-à-dire qui possédait sept à huit mille livres de rente, fut accusée d'avoir mis au monde un sujet du roi dans la seconde année de son veuvage : le roi lui écrivit de sa main que, pour sauver son honneur, elle envoyât sur-le-champ trente mille livres à son trésor ; elle fut obligée de les emprunter, et fut ruinée.

Il avait un ministre à la Haye, nommé Luiscius : c'était assurément de tous les ministres des têtes couronnées le plus mal payé ; ce pauvre homme, pour se chauffer, fit couper quelques arbres dans le jardin d'Hors-Lardik, appartenant pour lors à la maison de Prusse ; il reçut bientôt après des dépêches du roi son maître qui lui retenaient une année d'appointements. Luiscius, désespéré, se coupa la gorge avec le seul rasoir qu'il eût : un vieux valet vint à son secours, et lui sauva malheureusement la vie. J'ai retrouvé depuis Son Excellence à la Haye, et je lui ai fait l'aumône à la porte du palais nommé *la vieille Cour*, palais appartenant au roi de Prusse, et où ce pauvre ambassadeur avait demeuré douze ans.

Il faut avouer que la Turquie est une république en comparaison du despotisme exercé par Frédéric-Guillaume. C'est par ces moyens qu'il parvint, en vingt-huit ans de règne, à entasser dans les caves de son palais de Berlin environ vingt millions d'écus bien enfermés dans des tonneaux garnis de cercles de fer. Il se donna le plaisir de meubler tout le grand appartement du palais de gros effets d'argent massif, dans lesquels l'art ne surpassait pas la matière[1]. Il donna aussi à la reine sa femme, en compte, un cabinet dont tous les meubles étaient d'or, jusqu'aux pommeaux des pelles et pincettes, et jusqu'aux cafetières.

Le monarque sortait à pied de ce palais, vêtu d'un méchant habit de drap bleu, à boutons de cuivre, qui lui venait à la moitié des cuisses ; et, quand il achetait un habit neuf, il faisait servir ses vieux boutons. C'est dans cet équipage que Sa Majesté,

---

1. « Materiam superabat opus. » Ovide, *Mét.*, II, 5.

armée d'une grosse canne de sergent, faisait tous les jours la revue de son régiment de géants. Ce régiment était son goût favori et sa plus grande dépense. Le premier rang de sa compagnie était composé d'hommes dont le plus petit avait sept pieds de haut : il les faisait acheter aux bouts de l'Europe et de l'Asie. J'en vis encore quelques-uns après sa mort. Le roi, son fils, qui aimait les beaux hommes, et non les grands hommes, avait mis ceux-ci chez la reine sa femme en qualité d'heiduques. Je me souviens qu'ils accompagnèrent un vieux carrosse de parade qu'on envoya au-devant du marquis de Beauvau, qui vint complimenter le nouveau roi au mois de novembre 1740. Le feu roi Frédéric-Guillaume, qui avait autrefois fait vendre tous les meubles magnifiques de son père, n'avait pu se défaire de cet énorme carrosse dédoré. Les heiduques, qui étaient aux portières pour le soutenir, en cas qu'il tombât, se donnaient la main par-dessus l'impériale.

Quand Frédéric-Guillaume avait fait sa revue, il allait se promener par la ville ; tout le monde s'enfuyait au plus vite ; s'il rencontrait une femme, il lui demandait pourquoi elle perdait son temps dans la rue : « Va-t'en chez toi, gueuse ; une honnête femme doit être dans son ménage. » Et il accompagnait cette remontrance ou d'un bon soufflet, ou d'un coup de pied dans le ventre, ou de quelques coups de canne. C'est ainsi qu'il traitait aussi les ministres du saint Évangile, quand il leur prenait envie d'aller voir la parade.

On peut juger si ce Vandale était étonné et fâché d'avoir un fils plein d'esprit, de grâces, de politesse, et d'envie de plaire, qui cherchait à s'instruire, et qui faisait de la musique et des vers. Voyait-il un livre dans les mains du prince héréditaire, il le jetait au feu ; le prince jouait-il de la flûte, le père cassait la flûte, et quelquefois traitait Son Altesse royale comme il traitait les dames et les prédicants à la parade.

Le prince, lassé de toutes les attentions que son père avait pour lui, résolut un beau matin, en 1730, de s'enfuir, sans bien savoir encore s'il irait en Angleterre ou en France. L'économie paternelle ne le mettait pas à portée de voyager comme le fils d'un fermier général ou d'un marchand anglais. Il emprunta quelques centaines de ducats.

Deux jeunes gens fort aimables, Kat et Keith, devaient l'accompagner. Kat était le fils unique d'un brave officier général. Keith était gendre de cette même baronne de Kniphausen à qui il en avait coûté dix mille écus pour faire des enfants. Le jour et l'heure étaient déterminés; le père fut informé de tout : on arrêta en même temps le prince et ses deux compagnons de voyage. Le roi crut d'abord que la princesse Guillelmine[1], sa fille, qui depuis a épousé le prince margrave de Baireuth, était du complot; et, comme il était très-expéditif en fait de justice, il la jeta à coups de pied par une fenêtre qui s'ouvrait jusqu'au plancher. La reine mère, qui se trouva à cette expédition dans le temps que Guillelmine allait faire le saut, la retint à peine par ses jupes. Il en resta à la princesse une contusion au-dessous du teton gauche, qu'elle a conservée toute sa vie comme une marque des sentiments paternels, et qu'elle m'a fait l'honneur de me montrer.

Le prince avait une espèce de maîtresse[2], fille d'un maître d'école de la ville de Brandebourg, établie à Potsdam. Elle jouait du clavecin assez mal, le prince royal l'accompagnait de la flûte. Il crut être amoureux d'elle, mais il se trompait; sa vocation n'était pas pour le sexe. Cependant, comme il avait fait semblant de l'aimer, le père fit faire à cette demoiselle le tour de la place de Potsdam, conduite par le bourreau, qui la fouettait sous les yeux de son fils.

Après l'avoir régalé de ce spectacle, il le fit transférer à la citadelle de Custrin, située au milieu d'un marais. C'est là qu'il fut enfermé six mois, sans domestiques, dans une espèce de cachot; et, au bout de six mois, on lui donna un soldat pour le servir. Ce soldat, jeune, beau, bien fait, et qui jouait de la flûte, servit en plus d'une manière à amuser le prisonnier[3]. Tant de belles qualités ont fait depuis sa fortune. Je l'ai vu à la fois valet de chambre et premier ministre, avec toute l'insolence que ces deux postes peuvent inspirer.

Le prince était depuis quelques semaines dans son château de Custrin, lorsqu'un vieil officier, suivi de quatre grenadiers, entra dans sa chambre, fondant en larmes. Frédéric ne douta pas qu'on ne vînt lui couper le cou. Mais l'officier, toujours pleurant, le fit prendre par les quatre grenadiers qui le placèrent à la fenêtre, et qui lui tinrent la tête, tandis qu'on coupait celle de son ami Kat sur un échafaud dressé immédiatement sous la croisée. Il tendit la main à Kat, et s'évanouit. Le père était présent à ce spectacle, comme il l'avait été à celui de la fille fouettée.

---

1. Née le 3 juillet 1709, morte le 14 septembre 1758; voyez tome VIII, l'*Ode sur sa mort*.
2. Depuis Mme Shommers : voyez page 29.
3. Il s'appelait Fredersdorff; voyez page 27.

Quant à Keith, l'autre confident, il s'enfuit en Hollande. Le roi dépêcha des soldats pour le prendre : il ne fut manqué que d'une minute, et s'embarqua pour le Portugal, où il demeura jusqu'à la mort du clément Frédéric-Guillaume.

Le roi n'en voulait pas demeurer là. Son dessein était de faire couper la tête à son fils. Il considérait qu'il avait trois autres garçons dont aucun ne faisait des vers, et que c'était assez pour la grandeur de la Prusse. Les mesures étaient déjà prises pour faire condamner le prince royal à la mort, comme l'avait été le czarowitz, fils aîné du czar Pierre I[er][1].

Il ne paraît pas bien décidé par les lois divines et humaines qu'un jeune homme doive avoir le cou coupé pour avoir voulu voyager. Mais le roi aurait trouvé à Berlin des juges aussi habiles que ceux de Russie. En tout cas, son autorité paternelle aurait suffi. L'empereur Charles VI, qui prétendait que le prince royal, comme prince de l'empire, ne pouvait être jugé à mort que dans une diète, envoya le comte de Seckendorff au père pour lui faire les plus sérieuses remontrances. Le comte de Seckendorff, que j'ai vu depuis en Saxe, où il s'est retiré, m'a juré qu'il avait eu beaucoup de peine à obtenir qu'on ne tranchât pas la tête au prince. C'est ce même Seckendorff qui a commandé les armées de Bavière, et dont le prince, devenu roi de Prusse, fait un portrait affreux dans l'histoire de son père, qu'il a insérée dans une trentaine d'exemplaires des *Mémoires de Brandebourg*[2]. Après cela, servez les princes, et empêchez qu'on ne leur coupe la tête.

Au bout de dix-huit mois, les sollicitations de l'empereur et les larmes de la reine de Prusse obtinrent la liberté du prince héréditaire, qui se mit à faire des vers et de la musique plus que jamais. Il lisait Leibnitz, et même Wolf, qu'il appelait un compilateur de fatras, et il donnait tant qu'il pouvait dans toutes les sciences à la fois.

Comme son père lui accordait peu de part aux affaires, et que même il n'y avait point d'affaires dans ce pays, où tout consistait

---

1. Voyez tome XVI, page 571.
2. J'ai donné à l'électeur p... l'exemplaire dont le roi de Prusse m'avait fait présent. (*Note de Voltaire.* — Le portrait de Seckendorff, qu'on lit dans les *Mémoires de Brandebourg*, an é... 20 (page 235 du tome II des *OEuvres primitives de Frédéric II*, Amsterda... 1790, in-8°), doit être celui dont parle Voltaire; le voici : « Il (Seckendorff) était d'un intérêt sordide; ses manières étaient grossières et rustres; le mensong... était si habituel qu'il en avait perdu l'usage de la vérité. C'était l'âme d'u... surier qui passait tantôt dans le corps d'un militaire, tantôt dans celui d'un n... ...teur. »

en revues, il employa son loisir à écrire aux gens de lettres en France qui étaient un peu connus dans le monde. Le principal fardeau tomba sur moi. C'était des lettres en vers; c'était des traités de métaphysique, d'histoire, de politique. Il me traitait d'homme divin : je le traitais de Salomon. Les épithètes ne nous coûtaient rien. On a imprimé quelques-unes de ces fadaises dans le recueil de mes œuvres; et heureusement on n'en a pas imprimé la trentième partie. Je pris la liberté de lui envoyer une très-belle écritoire de Martin : il eut la bonté de me faire présent de quelques colifichets d'ambre[1]. Et les beaux esprits des cafés de Paris s'imaginèrent, avec horreur, que ma fortune était faite.

Un jeune Courlandais, nommé Keyserlingk, qui faisait aussi des vers français tant bien que mal, et qui en conséquence était alors son favori, nous fut dépêché à Cirey des frontières de la Poméranie. Nous lui donnâmes une fête : je fis une belle illumination, dont les lumières dessinaient les chiffres et le nom du prince royal, avec cette devise: *L'espérance du genre humain*. Pour moi, si j'avais voulu concevoir des espérances personnelles, j'en étais très en droit : car on m'écrivait *Mon cher ami*, et on me parlait souvent, dans les dépêches, des marques solides d'amitié qu'on me destinait quand on serait sur le trône. Il y monta enfin lorsque j'étais à Bruxelles[2], et il commença par envoyer en France, en ambassade extraordinaire, un manchot, nommé Camas, ci-devant Français réfugié, et alors officier dans ses troupes. Il disait qu'il y avait un ministre de France à Berlin à qui il manquait une main[3], et que pour s'acquitter de tout ce qu'il devait au roi de France, il lui envoyait un ambassadeur qui n'avait qu'un bras. Camas, en arrivant au cabaret, me dépêcha un jeune homme qu'il avait fait son page, pour me dire qu'il était trop fatigué pour venir chez moi; qu'il me priait de me rendre chez lui sur l'heure, et qu'il avait le plus grand et le plus magnifique présent à me faire de la part du roi son maître. « Courez vite, dit Mᵐᵉ du Châtelet; on vous envoie sûrement les diamants de la couronne. » Je courus, je trouvai l'ambassadeur, qui, pour toute valise, avait derrière sa chaise un quartaut de vin de la cave du feu roi, que le roi régnant m'ordonnait de boire. Je m'épuisai en protestations d'étonnement et de reconnaissance sur les marques liquides des

---

1. Voyez, dans la *Correspondance*, la lettre de Voltaire, décembre 1738, et celle de Frédéric, mai 1739.
2. 31 mai 1740.
3. Le marquis de Valori avait eu deux doigts de la main gauche emportés par un biscayen au siège de Douai en 1710.

bontés de Sa Majesté, substituées aux solides dont elle m'avait flatté, et je partageai le quartaut avec Camas.

Mon Salomon était alors à Strasbourg. La fantaisie lui avait pris, en visitant ses longs et étroits États qui allaient depuis Gueldres jusqu'à la mer Baltique, de voir *incognito* les frontières et les troupes de France.

Il se donna ce plaisir dans Strasbourg, sous le nom du comte du Four, riche seigneur de Bohême. Son frère le prince royal, qui l'accompagnait, avait pris aussi son nom de guerre ; et Algarotti, qui s'était déjà attaché à lui, était le seul qui ne fût pas en masque.

Le roi m'envoya à Bruxelles une relation de son voyage moitié prose et moitié vers, dans un goût approchant de Bachaumont et de Chapelle, c'est-à-dire autant qu'un roi de Prusse peut en approcher. Voici quelques endroits de sa lettre [1] :

« Après des chemins affreux, nous avons trouvé des gîtes plus affreux encore,

> Car des hôtes intéressés,
> De la faim nous voyant pressés,
> D'une façon plus que frugale,
> Dans une cuisine infernale,
> En nous empoisonnant nous volaient nos écus.
> O siècle différent du temps de Lucullus !

« Des chemins affreux, mal nourris, mal abreuvés ; ce n'était pas tout : nous essuyâmes encore bien des accidents ; et il faut assurément que notre équipage ait un air bien singulier, puisqu'en chaque endroit où nous passâmes on nous prit pour quelque chose d'autre.

> Les uns nous prenaient pour des rois ;
> D'autres, pour des filous courtois ;
> D'autres, pour gens de connaissance.
> Parfois le peuple s'attroupait,
> Entre les yeux nous regardait
> En badauds curieux remplis d'impertinence.

« Le maître de la poste de Kehl nous ayant assuré qu'il n'y avait point de salut sans passe-port, et voyant que le cas nous mettait dans la nécessité absolue d'en faire nous-mêmes, ou de

---

1. On n'a de cette relation que le fragment transcrit ici. Il en est mention toutefois dans la lettre du roi du 2 septembre 1740.

ne point entrer à Strasbourg, il fallut prendre le premier parti, à quoi les armes prussiennes que j'avais sur mon cachet nous secondèrent merveilleusement.

« Nous arrivâmes à Strasbourg, et le corsaire de la douane et le visiteur parurent contents de nos preuves.

> Ces scélérats nous épiaient ;
> D'un œil le passe-port lisaient,
> De l'autre lorgnaient notre bourse.
> L'or, qui toujours fut de ressource,
> Par lequel Jupin jouissait
> De Danaé, qu'il caressait ;
> L'or, par qui César gouvernait
> Le monde, heureux sous son empire ;
> L'or, plus dieu que Mars et l'Amour ;
> Ce même or sut nous introduire
> Le soir dans les murs de Strasbourg. »

On voit par cette lettre qu'il n'était pas encore devenu le meilleur de nos poëtes, et que sa philosophie ne regardait pas avec indifférence le métal dont son père avait fait provision.

De Strasbourg il alla voir ses États de la Basse-Allemagne, et me manda qu'il viendrait *incognito* me voir à Bruxelles. Nous lui préparâmes une belle maison ; mais étant tombé malade dans le petit château de Meuse, à deux lieues de Clèves, il m'écrivit qu'il comptait que je ferais les avances. J'allai donc lui présenter mes profonds hommages. Maupertuis, qui avait déjà ses vues, et qui était possédé de la rage d'être président d'une académie, s'était présenté de lui-même, et logeait avec Algarotti et Keyserlingk dans un grenier de ce palais. Je trouvai à la porte de la cour un soldat pour toute garde. Le conseiller privé Rambonet, ministre d'État, se promenait dans la cour en soufflant dans ses doigts. Il portait de grandes manchettes de toile, sales, un chapeau troué, une vieille perruque de magistrat, dont un côté entrait dans une de ses poches, et l'autre passait à peine l'épaule. On me dit que cet homme était chargé d'une affaire d'État importante, et cela était vrai.

Je fus conduit dans l'appartement de Sa Majesté. Il n'y avait que les quatre murailles. J'aperçus dans un cabinet, à la lueur d'une bougie, un petit grabat de deux pieds et demi de large, sur lequel était un petit homme affublé d'une robe de chambre de gros drap bleu : c'était le roi, qui suait et qui tremblait sous une méchante couverture, dans un accès de fièvre violent. Je lui fis la révérence, et commençai la connaissance par lui tâter le pouls, comme si j'avais été son premier médecin. L'accès passé, il s'habilla et se mit à table. Algarotti, Keyserlingk, Maupertuis et le ministre du roi auprès des États-Généraux, nous fûmes du souper, où l'on traita à fond de l'immortalité de l'âme, de la liberté, et des androgynes de Platon.

Le conseiller Rambonet était, pendant ce temps-là, monté sur un cheval de louage : il alla toute la nuit, et le lendemain arriva aux portes de Liége, où il instrumenta au nom du roi son maître, tandis que deux mille hommes des troupes de Vesel mettaient la ville de Liége à contribution. Cette belle expédition avait pour prétexte quelques droits que le roi prétendait sur un faubourg. Il me chargea même de travailler à un manifeste [1], et j'en fis un tant bon que mauvais, ne doutant pas qu'un roi avec qui je soupais, et qui m'appelait son ami, ne dût avoir toujours raison. L'affaire s'accommoda bientôt, moyennant un million qu'il exigea en ducats de poids, et qui servirent à l'indemniser des frais de son voyage de Strasbourg, dont il s'était plaint dans sa poétique lettre.

Je ne laissai pas de me sentir attaché à lui, car il avait de l'esprit, des grâces, et, de plus, il était roi : ce qui fait toujours une grande séduction, attendu la faiblesse humaine. D'ordinaire ce sont nous autres gens de lettres qui flattons les rois ; celui-là me louait depuis les pieds jusqu'à la tête, tandis que l'abbé Desfontaines et d'autres gredins me diffamaient dans Paris, au moins une fois la semaine.

Le roi de Prusse, quelque temps avant la mort de son père, s'était avisé d'écrire contre les principes de Machiavel. Si Machiavel avait eu un prince pour disciple, la première chose qu'il lui eût recommandée aurait été d'écrire contre lui. Mais le prince royal n'y avait pas entendu tant de finesse, il avait écrit de bonne foi dans le temps qu'il n'était pas encore souverain, et que son père ne lui faisait pas aimer le pouvoir despotique. Il louait alors de tout son cœur la modération, la justice ; et, dans son enthousiasme, il regardait toute usurpation comme un crime. Il m'avait envoyé son manuscrit à Bruxelles, pour le corriger et le faire imprimer ; et j'en avais déjà fait présent à un libraire de Hollande, nommé Van Duren, le plus insigne fripon de son espèce. Il me vint enfin un remords de faire imprimer *l'Anti-Machiavel*, tandis que le roi de Prusse, qui avait cent millions dans ses coffres, en

---

1. Ce manifeste est imprimé tome XXIII, page 153.

prenait un aux pauvres Liégeois, par la main du conseiller Rambonet. Je jugeai que mon Salomon ne s'en tiendrait pas là. Son père lui avait laissé soixante et six mille quatre cents hommes complets d'excellentes troupes; il les augmentait, et paraissait avoir envie de s'en servir à la première occasion.

Je lui représentai qu'il n'était peut-être pas convenable d'imprimer son livre précisément dans le temps même qu'on pourrait lui reprocher d'en violer les préceptes. Il me permit d'arrêter l'édition. J'allai en Hollande uniquement pour lui rendre ce petit service; mais le libraire demanda tant d'argent que le roi, qui d'ailleurs n'était pas fâché dans le fond du cœur d'être imprimé, aima mieux l'être pour rien que de payer pour ne l'être pas.

Lorsque j'étais en Hollande, occupé de cette besogne, l'empereur Charles VI mourut, au mois d'octobre 1740, d'une indigestion de champignons qui lui causa une apoplexie; et ce plat de champignons changea la destinée de l'Europe. Il parut bientôt que Frédéric II, roi de Prusse, n'était pas aussi ennemi de Machiavel que le prince royal avait paru l'être. Quoi qu'il roulât déjà dans sa tête le projet de son invasion en Silésie, il ne m'appela pas moins à sa cour.

Je lui avais déjà signifié que je ne pouvais m'établir auprès de lui, que je devais préférer l'amitié à l'ambition, que j'étais attaché à Mme du Châtelet, et que, philosophe pour philosophe, j'aimais mieux une dame qu'un roi.

Il approuvait cette liberté, quoiqu'il n'aimât pas les femmes. J'allai lui faire ma cour au mois d'octobre. Le cardinal de Fleury m'écrivit une longue lettre pleine d'éloges pour *l'Anti-Machiavel*, et pour l'auteur; je ne manquai pas de la lui montrer. Il rassemblait déjà ses troupes, sans qu'aucun de ses généraux ni de ses ministres pût pénétrer son dessein. Le marquis de Beauvau, envoyé auprès de lui pour le complimenter, croyait qu'il allait se déclarer contre la France en faveur de Marie-Thérèse, reine de Hongrie et de Bohême, fille de Charles VI; qu'il voulait appuyer l'élection à l'empire de François de Lorraine, grand-duc de Toscane, époux de cette reine; qu'il pouvait y trouver de grands avantages.

Je devais croire plus que personne qu'en effet le nouveau roi de Prusse allait prendre ce parti, car il m'avait envoyé, trois mois auparavant, un écrit politique de sa façon, dans lequel il regardait la France comme l'ennemie naturelle et déprédatrice de l'Allemagne. Mais il était dans sa nature de faire toujours tout le contraire de ce qu'il disait et de ce qu'il écrivait, non par dissimulation, mais parce qu'il écrivait et parlait avec une espèce d'enthousiasme, et agissait ensuite avec une autre.

Il partit au 15 de décembre, avec la fièvre quarte, pour la conquête de la Silésie, à la tête de trente mille combattants, bien pourvus de tout, et bien disciplinés; il dit au marquis de Beauvau, en montant à cheval : « Je vais jouer votre jeu; si les as me viennent nous partagerons. »

Il a écrit depuis l'histoire de cette conquête ; il me l'a montrée tout entière. Voici un des articles curieux du début de ces annales : j'eus soin de le transcrire de préférence, comme un monument unique.

« Que l'on joigne à ces considérations des troupes toujours prêtes d'agir, mon épargne bien remplie, et la vivacité de mon caractère : c'étaient les raisons que j'avais de faire la guerre à Marie-Thérèse, reine de Bohême et de Hongrie. » Et quelques lignes ensuite, il y avait ces propres mots : « L'ambition, l'intérêt, le désir de faire parler de moi, l'emportèrent; et la guerre fut résolue. »

Depuis qu'il y a des conquérants ou des esprits ardents qui ont voulu l'être, je crois qu'il est le premier qui se soit ainsi rendu justice. Jamais homme peut-être n'a plus senti la raison, et n'a plus écouté ses passions. Ces assemblages de philosophie et de dérèglements d'imagination ont toujours composé son caractère.

C'est dommage que je lui aie fait retrancher ce passage[1] quand je corrigeai depuis tous ses ouvrages : un aveu si rare devait passer à la postérité, et servir à faire voir sur quoi sont fondées presque toutes les guerres. Nous autres gens de lettres, poëtes, historiens, déclamateurs d'académie, nous célébrons ces beaux exploits : et voilà un roi qui les fait, et qui les condamne.

Ses troupes étaient déjà en Silésie, quand le baron de Gotter, son ministre à Vienne, fit à Marie-Thérèse la proposition incivile de céder de bonne grâce au roi électeur son maître les trois quarts de cette province, moyennant quoi le roi de Prusse lui prêterait trois millions d'écus, et ferait son mari empereur.

Marie-Thérèse n'avait alors ni troupes, ni argent, ni crédit, et cependant elle fut inflexible. Elle aima mieux risquer de tout perdre que de fléchir sous un prince qu'elle ne regardait que

---

[1]. On ne trouve plus, en effet, ce passage dans l'*Histoire de mon temps,* qui fait partie des *OEuvres posthumes de Frédéric.*

comme le vassal de ses ancêtres, et à qui l'empereur son père avait sauvé la vie. Ses généraux assemblèrent à peine vingt mille hommes; son maréchal Neuperg, qui les commandait, força le roi de Prusse de recevoir la bataille sous les murs de Neiss, à Molwitz[1]. La cavalerie prussienne fut d'abord mise en déroute par la cavalerie autrichienne; et dès le premier choc, le roi, qui n'était pas encore accoutumé à voir des batailles, s'enfuit jusqu'à Opeleim, à douze grandes lieues du champ où l'on se battait. Maupertuis, qui avait cru faire une grande fortune, s'était mis à sa suite dans cette campagne, s'imaginant que le roi lui ferait au moins fournir un cheval. Ce n'était pas la coutume du roi. Maupertuis acheta un âne deux ducats le jour de l'action, et se mit à suivre Sa Majesté sur son âne, du mieux qu'il put. Sa monture ne put fournir la course; il fut pris et dépouillé par les housards.

Frédéric passa la nuit couché sur un grabat dans un cabaret de village près de Ratibor, sur les confins de la Pologne. Il était désespéré, et se croyait réduit à traverser la moitié de la Pologne pour rentrer dans le nord de ses États, lorsqu'un de ses chasseurs arriva du camp de Molwitz, et lui annonça qu'il avait gagné la bataille. Cette nouvelle lui fut confirmée un quart d'heure après par un aide de camp. La nouvelle était vraie. Si la cavalerie prussienne était mauvaise, l'infanterie était la meilleure de l'Europe. Elle avait été disciplinée pendant trente ans par le vieux prince d'Anhalt. Le maréchal de Schwerin, qui la commandait, était un élève de Charles XII; il gagna la bataille aussitôt que le roi de Prusse se fut enfui. Le monarque revint le lendemain, et le général vainqueur fut à peu près disgracié.

Je retournai philosopher dans la retraite de Cirey. Je passai les hivers à Paris, où j'avais une foule d'ennemis : car m'étant avisé d'écrire, longtemps auparavant, l'*Histoire de Charles XII*, de donner plusieurs pièces de théâtre, de faire même un poëme épique, j'avais, comme de raison, pour persécuteurs tous ceux qui se mêlaient de vers et de prose. Et, comme j'avais même poussé la hardiesse jusqu'à écrire sur la philosophie[2], il fallait bien que les gens qu'on appelle *dévots* me traitassent d'athée, selon l'ancien usage.

J'avais été le premier qui eût osé développer à ma nation les

---

1. 10 avril 1741.
2. Voltaire veut sans doute parler de ses *Lettres philosophiques;* voyez tome XXII, page 75.

découvertes de Newton, en langage intelligible. Les préjugés cartésiens, qui avaient succédé en France aux préjugés péripatéticiens, étaient alors tellement enracinés que le chancelier Daguesseau regardait comme un homme ennemi de la raison et de l'État quiconque adoptait des découvertes faites en Angleterre. Il ne voulut jamais donner de privilége pour l'impression des *Éléments de la Philosophie de Newton*[1].

J'étais grand admirateur de Locke: je le regardais comme le seul métaphysicien raisonnable; je louai surtout cette retenue si nouvelle, si sage en même temps, et si hardie, avec laquelle il dit que nous n'en saurons jamais assez par les lumières de notre raison pour affirmer que Dieu ne peut accorder le don du sentiment et de la pensée à l'être appelé *matière*.

On ne peut concevoir avec quel acharnement et avec quelle intrépidité d'ignorance on se déchaîna contre moi sur cet article. Le sentiment de Locke n'avait point fait de bruit en France auparavant, parce que les docteurs lisaient saint Thomas et Quesnel, et que le gros du monde lisait des romans. Lorsque j'eus loué Locke, on cria contre lui et contre moi. Les pauvres gens qui s'emportaient dans cette dispute ne savaient sûrement ni ce que c'est que la *matière*, ni ce que c'est que l'*esprit*. Le fait est que nous ne savons rien de nous-mêmes, que nous avons le mouvement, la vie, le sentiment et la pensée, sans savoir comment; que les éléments de la matière nous sont aussi inconnus que le reste; que nous sommes des aveugles qui marchons et raisonnons à tâtons; et que Locke a été très-sage en avouant que ce n'est pas à nous à décider de ce que le Tout-Puissant ne peut pas faire.

Cela, joint à quelques succès de mes pièces de théâtre, m'attira une bibliothèque immense de brochures dans lesquelles on prouvait que j'étais un mauvais poëte athée et fils d'un paysan[2].

On imprima l'histoire de ma vie, dans laquelle on me donna cette belle généalogie. Un Allemand n'a pas manqué de ramasser tous les contes de cette espèce, dont on avait farci les libelles qu'on imprimait contre moi. On m'imputait des aventures avec des personnes que je n'avais jamais connues, et avec d'autres qui n'avaient jamais existé.

Je trouve, en écrivant ceci, une lettre de M. le maréchal de Richelieu qui me donnait avis d'un gros libelle où il était prouvé

---

1. Voyez tome XXII, page 393.
2. Voyez tome XXIII, pages 34 et 61.

que sa femme m'avait donné un beau carrosse, et quelque autre chose, dans le temps qu'il n'avait point de femme. Je m'étais d'abord donné le plaisir de faire un recueil de ces calomnies ; mais elles se multiplièrent au point que j'y renonçai.

C'était là tout le fruit que j'avais tiré de mes travaux. Je m'en consolais aisément, tantôt dans la retraite de Cirey, et tantôt dans la bonne compagnie de Paris.

Tandis que les excréments de la littérature me faisaient ainsi la guerre, la France la faisait à la reine de Hongrie, et il faut avouer que cette guerre n'était pas plus juste, car, après avoir solennellement stipulé, garanti, juré la pragmatique sanction de l'empereur Charles VI, et la sanction et la succession de Marie-Thérèse à l'héritage de son père ; après avoir eu la Lorraine[1] pour prix de ces promesses, il ne paraissait pas trop conforme au droit des gens de manquer à un tel engagement. On entraîna le cardinal de Fleury hors de ces mesures. Il ne pouvait pas dire, comme le roi de Prusse, que c'était la vivacité de son tempérament qui lui faisait prendre les armes. Cet heureux prêtre[2] régnait à l'âge de quatre-vingt-six ans, et tenait les rênes de l'État d'une main très-faible. On s'était uni avec le roi de Prusse dans le temps qu'il prenait la Silésie ; on avait envoyé en Allemagne deux armées pendant que Marie-Thérèse n'en avait point. L'une de ces armées avait pénétré jusqu'à cinq lieues de Vienne sans trouver d'ennemis : on avait donné la Bohême à l'électeur de Bavière, qui fut élu empereur, après avoir été nommé lieutenant général des armées du roi de France. Mais on fit bientôt toutes les fautes qu'il fallait pour tout perdre[3].

Le roi de Prusse ayant, pendant ce temps-là, mûri son courage et gagné des batailles, faisait sa paix avec les Autrichiens. Marie lui abandonna, à son très grand regret, le comté de Glatz avec la Silésie. S'étant détaché de la France sans ménagement, à ces conditions, au mois de juin 1742, il me manda qu'il s'était mis dans les remèdes et qu'il conseillait aux autres malades de se rétablir.

Ce prince se voyait alors au comble de sa puissance, ayant à ses ordres cent trente mille hommes de troupes victorieuses, dont il avait formé la cavalerie, tirant de la Silésie le double de ce qu'elle avait produit à la maison d'Autriche, affermi dans sa nouvelle conquête, et d'autant plus heureux que toutes

---

1. Voyez tome XV, le chapitre IV du *Précis du Siècle de Louis XV*.
2. Voyez tome XV, le chapitre III du *Précis du Siècle de Louis XV*.
3. Voyez tome XV, le *Précis du Siècle de Louis XV*, chapitre VI et suivants.

les autres puissances souffraient. Les princes se ruinent aujourd'hui par la guerre : il s'y était enrichi.

Ses soins se tournèrent alors à embellir la ville de Berlin, à bâtir une des plus belles salles d'opéra qui soient en Europe, à faire venir des artistes en tout genre : car il voulait aller à la gloire par tous les chemins, et au meilleur marché possible.

Son père avait logé à Potsdam dans une vilaine maison ; il en fit un palais. Potsdam devint une jolie ville. Berlin s'agrandissait ; on commençait à y connaître les douceurs de la vie que le feu roi avait très-négligées : quelques personnes avaient des meubles ; la plupart même portaient des chemises, car, sous le règne précédent, on ne connaissait guère que des devants de chemise qu'on attachait avec des cordons ; et le roi régnant n'avait pas été élevé autrement. Les choses changeaient à vue d'œil : Lacédémone devenait Athènes. Des déserts furent défrichés, cent trois villages furent formés dans des marais desséchés. Il n'en faisait pas moins de la musique et des livres : ainsi il ne fallait pas me savoir si mauvais gré de l'appeler le Salomon du Nord. Je lui donnais dans mes lettres ce sobriquet, qui lui demeura longtemps.

Les affaires de la France n'étaient pas alors si bonnes que les siennes. Il jouissait du plaisir secret de voir les Français périr en Allemagne, après que leur diversion lui avait valu la Silésie. La cour de France perdait ses troupes, son argent, sa gloire et son crédit, pour avoir fait Charles VII empereur ; et cet empereur perdait tout pour avoir cru que les Français le soutiendraient.

[1] Le cardinal de Fleury mourut, le 29 de janvier 1743, âgé de quatre-vingt-dix ans : jamais personne n'était parvenu plus tard au ministère, et jamais ministre n'avait gardé sa place plus longtemps. Il commença sa fortune à l'âge de soixante-treize ans par être roi de France, et le fut jusqu'à sa mort sans contradiction ; affectant toujours la plus grande modestie, n'amassant aucun bien, n'ayant aucun faste, et se bornant uniquement à régner. Il laissa la réputation d'un esprit fin et aimable plutôt que d'un génie, et passa pour avoir mieux connu la cour que l'Europe.

J'avais eu l'honneur de le voir beaucoup chez Mme la maréchale de Villars, quand il n'était qu'ancien évêque de la petite vilaine ville de Fréjus, dont il s'était toujours intitulé *évêque par*

---

1. Les éditeurs de Kehl avaient aussi placé dans le *Commentaire historique* cet alinéa et les trente-sept qui le suivent.

l'indignation divine, comme on le voit dans quelques-unes de ses lettres. Fréjus était une très-laide femme qu'il avait répudiée le plus tôt qu'il avait pu. Le maréchal de Villeroi, qui ne savait pas que l'évêque avait été longtemps l'amant de la maréchale sa femme, le fit nommer par Louis XIV précepteur de Louis XV ; de précepteur il devint premier ministre, et ne manqua pas de contribuer à l'exil du maréchal son bienfaiteur. C'était, à l'ingratitude près, un assez bon homme. Mais, comme il n'avait aucun talent, il écartait tous ceux qui en avaient, dans quelque genre que ce pût être.

Plusieurs académiciens voulurent que j'eusse sa place à l'Académie française. On demanda, au souper du roi, qui prononcerait l'oraison funèbre du cardinal à l'Académie. Le roi répondit que ce serait moi. Sa maîtresse, la duchesse de Châteauroux, le voulait ; mais le comte de Maurepas, secrétaire d'État, ne le voulut point : il avait la manie de se brouiller avec toutes les maîtresses de son maître, et il s'en est trouvé mal[1].

Un vieil imbécile, précepteur du dauphin, autrefois théatin, et depuis évêque de Mirepoix, nommé Boyer[2], se chargea, par principe de conscience, de seconder le caprice de M. de Maurepas. Ce Boyer avait la feuille des bénéfices ; le roi lui abandonnait toutes les affaires du clergé : il traita celle-ci comme un point de discipline ecclésiastique. Il représenta que c'était offenser Dieu qu'un profane comme moi succédât à un cardinal. Je savais que M. de Maurepas le faisait agir ; j'allai trouver ce ministre, je lui dis : « Une place à l'Académie n'est pas une dignité bien importante ; mais, après avoir été nommé, il est triste d'être exclu. Vous êtes brouillé avec Mme de Châteauroux, que le roi aime, et avec M. le duc de Richelieu, qui la gouverne ; quel rapport y a-t-il, je vous prie, de vos brouilleries avec une pauvre place à l'Académie française ? Je vous conjure de me répondre franchement : en cas que Mme de Châteauroux l'emporte sur M. l'évêque de Mirepoix, vous y opposerez-vous ?... » Il se recueillit un moment et me dit : *Oui, et je vous écraserai.*

Le prêtre enfin l'emporta sur la maîtresse ; et je n'eus point une place dont je ne me souciais guère. J'aime à me rappeler cette aventure, qui fait voir les petitesses de ceux qu'on appelle grands, et qui marque combien les bagatelles sont quelquefois importantes pour eux.

---

1. Il avait été disgracié et exilé en 1749, sous le gouvernement de Mme de Pompadour.
2. Voyez tome XXIV, page 19.

Cependant les affaires publiques n'allaient pas mieux depuis la mort du cardinal que dans ses deux dernières années. La maison d'Autriche renaissait de sa cendre. La France était pressée par elle et par l'Angleterre. Il ne nous restait alors d'autre ressource que dans le roi de Prusse, qui nous avait entraînés dans la guerre, et qui nous avait abandonnés au besoin.

On imagina de m'envoyer secrètement chez ce monarque pour sonder ses intentions, pour voir s'il ne serait pas d'humeur à prévenir les orages qui devaient tomber tôt ou tard de Vienne sur lui, après avoir tombé sur nous, et s'il ne voudrait pas nous prêter cent mille hommes, dans l'occasion, pour mieux assurer sa Silésie. Cette idée était tombée dans la tête de M. de Richelieu et de Mme de Châteauroux. Le roi l'adopta; et M. Amelot, ministre des affaires étrangères, mais ministre très-subalterne, fut chargé seulement de presser mon départ.

Il fallait un prétexte. Je pris celui de ma querelle avec l'ancien évêque de Mirepoix. Le roi approuva cet expédient. J'écrivis au roi de Prusse[1] que je ne pouvais plus tenir aux persécutions de ce théatin, et que j'allais me réfugier auprès d'un roi philosophe, loin des tracasseries d'un bigot. Comme ce prélat signait toujours : *l'anc. évéq. de Mirepoix*, en abrégé, et que son écriture était assez incorrecte, on lisait : *L'âne de Mirepoix*, au lieu de *l'ancien*; ce fut un sujet de plaisanteries; et jamais négociation ne fut plus gaie.

Le roi de Prusse, qui n'y allait pas de main morte quand il fallait frapper sur les moines et sur les prélats de cour, me répondit avec un déluge de railleries sur l'âne de Mirepoix[2] et me pressa de venir. J'eus grand soin de faire lire mes lettres et les réponses. L'évêque en fut informé. Il alla se plaindre à Louis XV de ce que je le faisais passer, disait-il, pour un sot dans les cours étrangères. Le roi lui répondit que c'était une chose dont on était convenu, et qu'il ne fallait pas qu'il y prît garde.

Cette réponse de Louis XV, qui n'est guère dans son caractère, m'a toujours paru extraordinaire. J'avais à la fois le plaisir de me venger de l'évêque qui m'avait exclu de l'Académie, celui de faire un voyage très-agréable, et celui d'être à portée de rendre service au roi et à l'État. M. de Maurepas entrait même avec chaleur dans cette aventure, parce qu'alors il gouvernait M. Amelot, et qu'il croyait être le ministre des affaires étrangères.

---

1. Cette lettre de Voltaire n'est point imprimée.
2. Voyez les lettres du roi de Prusse, des 6 avril, 21 mai, 15 et 25 juin 1743.

Ce qu'il y eut de plus singulier, c'est qu'il fallut mettre Mme du Châtelet de la confidence. Elle ne voulait point, à quelque prix que ce fût, que je la quittasse pour le roi de Prusse ; elle ne trouvait rien de si lâche et de si abominable dans le monde que de se séparer d'une femme pour aller chercher un monarque. Elle aurait fait un vacarme horrible. On convint, pour l'apaiser, qu'elle entrerait dans le mystère, et que les lettres passeraient par ses mains.

J'eus tout l'argent que je voulus pour mon voyage, sur mes simples reçus, de M. de Montmartel. Je n'en abusai pas. Je m'arrêtai quelque temps en Hollande, pendant que le roi de Prusse courait d'un bout à l'autre de ses États pour faire des revues. Mon séjour ne fut pas inutile à la Haye. Je logeai dans le palais de la vieille cour, qui appartenait alors au roi de Prusse par ses partages avec la maison d'Orange. Son envoyé, le jeune comte de Podewils, amoureux et aimé de la femme d'un des principaux membres de l'État, attrapait par les bontés de cette dame des copies de toutes les résolutions secrètes de leurs Hautes Puissances très-malintentionnées contre nous. J'envoyais ces copies à la cour ; et mon service était très-agréable.

Quand j'arrivai à Berlin, le roi me logea chez lui, comme il avait fait dans mes précédents voyages. Il menait à Potsdam la vie qu'il a toujours menée depuis son avénement au trône. Cette vie mérite quelque petit détail.

Il se levait à cinq heures du matin en été, et à six en hiver. Si vous voulez savoir les cérémonies royales de ce lever, quelles étaient les grandes et les petites entrées, quelles étaient les fonctions de son grand-aumônier, de son grand-chambellan, de son premier gentilhomme de la chambre, de ses huissiers, je vous répondrai qu'un laquais venait allumer son feu, l'habiller, et le raser ; encore s'habillait-il presque tout seul. Sa chambre était assez belle ; une riche balustrade d'argent, ornée de petits amours très-bien sculptés, semblait fermer l'estrade d'un lit dont on voyait les rideaux ; mais derrière les rideaux était, au lieu de lit, une bibliothèque : et quant au lit du roi, c'était un grabat de sangles avec un matelas mince, caché par un paravent. Marc-Aurèle et Julien, ses deux apôtres, et les plus grands hommes du stoïcisme, n'étaient pas plus mal couchés.

Quand Sa Majesté était habillée et bottée, le stoïque donnait quelques moments à la secte d'Épicure : il faisait venir deux ou trois favoris, soit lieutenants de son régiment, soit pages, soit heiduques, ou jeunes cadets. On prenait le café. Celui à qui on jetait le mouchoir restait demi-quart d'heure tête à tête. Les choses n'allaient pas jusqu'aux dernières extrémités, attendu que le prince, du vivant de son père, avait été fort maltraité dans ses amours de passade, et non moins mal guéri. Il ne pouvait jouer le premier rôle : il fallait se contenter des seconds.

Ces amusements d'écoliers étant finis, les affaires d'État prenaient la place. Son premier ministre arrivait par un escalier dérobé, avec une grosse liasse de papiers sous le bras. Ce premier ministre était un commis qui logeait au second étage dans la maison de Frédersdorff, ce soldat devenu valet de chambre et favori, qui avait autrefois servi le roi prisonnier dans le château de Custrin. Les secrétaires d'État envoyaient toutes leurs dépêches au commis du roi. Il en apportait l'extrait : le roi faisait mettre les réponses à la marge, en deux mots. Toutes les affaires du royaume s'expédiaient ainsi en une heure. Rarement les secrétaires d'État, les ministres en charge, l'abordaient : il y en a même à qui il n'a jamais parlé. Le roi son père avait mis un tel ordre dans les finances, tout s'exécutait si militairement, l'obéissance était si aveugle, que quatre cents lieues de pays étaient gouvernées comme une abbaye.

Vers les onze heures, le roi, en bottes, faisait dans son jardin la revue de son régiment des gardes ; et, à la même heure, tous les colonels en faisaient autant dans toutes les provinces. Dans l'intervalle de la parade et du dîner, les princes ses frères, les officiers généraux, un ou deux chambellans mangeaient à sa table, qui était aussi bonne qu'elle pouvait l'être dans un pays où il n'y a ni gibier, ni viande de boucherie passable, ni une poularde, et où il faut tirer le froment de Magdebourg.

Après le repas, il se retirait seul dans son cabinet, et faisait des vers jusqu'à cinq ou six heures. Ensuite venait un jeune homme nommé Darget, ci-devant secrétaire de Valori, envoyé de France, qui faisait la lecture. Un petit concert commençait à sept heures : le roi y jouait de la flûte aussi bien que le meilleur artiste. Les concertants exécutaient souvent de ses compositions : car il n'y avait aucun art qu'il ne cultivât, et il n'eût pas essuyé chez les Grecs la mortification qu'eut Épaminondas d'avouer qu'il ne savait pas la musique.

On soupait dans une petite salle dont le plus singulier ornement était un tableau dont il avait donné le dessin à Pesne, son peintre, l'un de nos meilleurs coloristes. C'était une belle priapée. On voyait des jeunes gens embrassant des femmes, des nymphes sous des satyres, des amours qui jouaient au jeu des Encolpes et des Gitons, quelques personnes qui se pâmaient en regardant ces combats, des tourterelles qui se baisaient, des boucs sautant sur des chèvres, et des béliers sur des brebis.

Les repas n'étaient pas souvent moins philosophiques. Un survenant qui nous aurait écoutés, en voyant cette peinture, aurait cru entendre les sept sages de la Grèce au bordel. Jamais on ne parla en aucun lieu du monde avec tant de liberté de toutes les superstitions des hommes, et jamais elles ne furent traitées avec plus de plaisanteries et de mépris. Dieu était respecté, mais tous ceux qui avaient trompé les hommes en son nom n'étaient pas épargnés.

Il n'entrait jamais dans le palais ni femmes ni prêtres. En un mot, Frédéric vivait sans cour, sans conseil, et sans culte.

Quelques juges de province voulurent faire brûler je ne sais quel pauvre paysan accusé par un prêtre d'une intrigue galante avec son ânesse : on n'exécutait personne sans que le roi eût confirmé la sentence, loi très-humaine qui se pratique en Angleterre et dans d'autres pays ; Frédéric écrivit au bas de la sentence qu'il donnait dans ses États *liberté de conscience et de v...*

Un prêtre d'auprès de Stettin, très-scandalisé de cette indulgence, glissa, dans un sermon sur Hérode, quelques traits qui pouvaient regarder le roi son maître : il fit venir ce ministre de village à Potsdam en le citant au consistoire, quoiqu'il n'y eût à la cour pas plus de consistoire que de messe. Le pauvre homme fut amené : le roi prit une robe et un rabat de prédicant ; d'Argens, l'auteur des *Lettres juives,* et un baron de Pöllnitz, qui avait changé trois ou quatre fois de religion, se revêtirent du même habit ; on mit un tome du *Dictionnaire* de Bayle sur une table, en guise d'évangile, et le coupable fut introduit par deux grenadiers devant ces trois ministres du Seigneur. « Mon frère, lui dit le roi, je vous demande au nom de Dieu sur quel Hérode vous avez prêché... — Sur Hérode qui fit tuer tous les petits enfants, répondit le bonhomme. — Je vous demande, ajouta le roi, si c'était Hérode premier du nom, car vous devez savoir qu'il y en a eu plusieurs. » Le prêtre de village ne sut que répondre. « Comment ! dit le roi, vous osez prêcher sur un Hérode, et vous ignorez quelle était sa famille ! vous êtes indigne du saint ministère. Nous vous pardonnons cette fois ; mais sachez que nous vous excommunierons si jamais vous prêchez quelqu'un sans le connaître. » Alors on lui délivra sa sentence et son pardon. On signa trois noms ridicules, inventés à plaisir. « Nous allons demain à Berlin, ajouta le roi ; nous demanderons grâce pour vous à nos frères : ne manquez pas de nous venir parler. » Le prêtre alla dans Berlin chercher les trois ministres : on se moqua de lui ; et le roi, qui était plus plaisant que libéral, ne se soucia pas de payer son voyage.

Frédéric gouvernait l'Église aussi despotiquement que l'État. C'était lui qui prononçait les divorces quand un mari et une femme voulaient se marier ailleurs. Un ministre lui cita un jour l'Ancien Testament, au sujet d'un de ces divorces : « Moïse, lui dit-il, menait ses Juifs comme il voulait, et moi je gouverne mes Prussiens comme je l'entends. »

Ce gouvernement singulier, ces mœurs encore plus étranges, ce contraste de stoïcisme et d'épicuréisme, de sévérité dans la discipline militaire, et de mollesse dans l'intérieur du palais, des pages avec lesquels on s'amusait dans son cabinet, et des soldats qu'on faisait passer trente-six fois par les baguettes sous les fenêtres du monarque qui les regardait, des discours de morale, et une licence effrénée, tout cela composait un tableau bizarre que peu de personnes connaissaient alors, et qui depuis a percé dans l'Europe.

La plus grande économie présidait dans Potsdam à tous ses goûts. Sa table et celle de ses officiers et de ses domestiques étaient réglées à trente-trois écus par jour, indépendamment du vin. Et au lieu que chez les autres rois ce sont des officiers de la couronne qui se mêlent de cette dépense, c'était son valet de chambre Frédersdorff qui était à la fois son grand maître d'hôtel, son grand échanson, et son grand panetier.

Soit économie, soit politique, il n'accordait pas la moindre grâce à ses anciens favoris, et surtout à ceux qui avaient risqué leur vie pour lui quand il était prince royal. Il ne payait pas même l'argent qu'il avait emprunté alors, et comme Louis XII ne vengeait pas les injures du duc d'Orléans, le roi de Prusse oubliait les dettes du prince royal.

Cette pauvre maîtresse, qui avait été fouettée pour lui par la main du bourreau était alors mariée, à Berlin, au commis du bureau des fiacres : car il y avait dix-huit fiacres dans Berlin, et son amant lui faisait une pension de soixante et dix écus qui lui a toujours été très-bien payée. Elle s'appelait Mme Shommers, grande femme, maigre, qui ressemblait à une sibylle, et n'avait nullement l'air d'avoir mérité d'être fouettée pour un prince.

Cependant, quand il allait à Berlin, il y étalait une grande magnificence dans les jours d'appareil. C'était un très-beau spectacle pour les hommes vains, c'est-à-dire pour presque tout le monde, de le voir à table, entouré de vingt princes de l'empire, servi dans la plus belle vaisselle d'or de l'Europe, et trente beaux pages, et autant de jeunes heiduques superbement parés, portant de grands plats d'or massif. Les grands officiers paraissaient alors, mais hors de là on ne les connaissait point.

On allait après dîner à l'opéra, dans cette grande salle de trois cents pieds de long, qu'un de ses chambellans, nommé Knobelsdorff[1], avait bâtie sans architecte. Les plus belles voix, les meilleurs danseurs, étaient à ses gages. La Barbarini dansait alors sur son théâtre : c'est elle qui depuis épousa le fils de son chancelier. Le roi avait fait enlever à Venise cette danseuse par des soldats, qui l'emmenèrent par Vienne même jusqu'à Berlin. Il en était un peu amoureux, parce qu'elle avait les jambes d'un homme. Ce qui était incompréhensible, c'est qu'il lui donnait trente-deux mille livres d'appointements.

Son poëte italien, à qui il faisait mettre en vers les opéras dont lui-même faisait toujours le plan, n'avait que douze cents livres de gages ; mais aussi il faut considérer qu'il était fort laid, et qu'il ne dansait pas. En un mot, la Barbarini touchait à elle seule plus que trois ministres d'État ensemble. Pour le poëte italien, il se paya un jour par ses mains. Il décousit, dans une chapelle du premier roi de Prusse, de vieux galons d'or dont elle était ornée. Le roi, qui jamais ne fréquenta de chapelle, dit qu'il ne perdait rien. D'ailleurs il venait d'écrire une Dissertation en faveur des voleurs, qui est imprimée dans les recueils de son Académie[2], et il ne jugea pas à propos cette fois-là de détruire ses écrits par les faits.

Cette indulgence ne s'étendait par sur le militaire. Il y avait dans les prisons de Spandau un vieux gentilhomme de Franche-Comté, haut de six pieds, que le feu roi avait fait enlever pour sa belle taille ; on lui avait promis une place de chambellan, et on lui en donna une de soldat. Ce pauvre homme déserta bientôt avec quelques-uns de ses camarades ; il fut saisi et ramené devant le roi, auquel il eut la naïveté de dire qu'il ne se repentait que de n'avoir pas tué un tyran comme lui. On lui coupa, pour réponse, le nez et les oreilles ; il passa pas les baguettes trente-six fois ; après quoi il alla traîner la brouette à Spandau. Il la traînait encore quand M. de Valori, notre envoyé, me pressa

---

1. Le même dont Frédéric parle dans sa lettre du 7 avril 1737.
2. Je n'ai pas trouvé cette *Dissertation* dans les *Mémoires de l'Académie de Berlin*. (B.)

de demander sa grâce au très-clément fils du très-dur Frédéric-Guillaume. Sa Majesté se plaisait à dire que c'était pour moi qu'il faisait jouer *la Clemenza di Tito*, opéra plein de beautés, du célèbre Metastasio, mis en musique par le roi lui-même, aidé de son compositeur. Je pris mon temps pour recommander à ses bontés ce pauvre Franc-Comtois sans oreilles et sans nez, et je lui détachai cette semonce[1] :

> Génie universel, âme sensible et ferme,
> Quoi ! lorsque vous régnez, il est des malheureux !
> Aux tourments d'un coupable il vous faut mettre un terme,
> Et n'en mettre jamais à vos soins généreux.
>
> Voyez autour de vous les Prières tremblantes,
> Filles du repentir, maîtresses des grands cœurs,
> S'étonner d'arroser de larmes impuissantes
> Les mains qui de la terre ont dû sécher les pleurs.
>
> Ah ! pourquoi m'étaler avec magnificence
> Ce spectacle étonnant où triomphe Titus !
> Pour achever la fête, égalez sa clémence,
> Et l'imitez en tout, ou ne le vantez plus.

La requête était un peu forte ; mais on a le privilége de dire ce qu'on veut en vers. Le roi promit quelque adoucissement ; et même, plusieurs mois après, il eut la bonté de mettre le gentilhomme dont il s'agissait à l'hôpital, à six sous par jour. Il avait refusé cette grâce à la reine sa mère, qui apparemment ne l'avait demandée qu'en prose.

Au milieu des fêtes, des opéras, des soupers, ma négociation secrète avançait. Le roi trouva bon que je lui parlasse de tout ; et j'entremêlais souvent des questions sur la France et sur l'Autriche à propos de *l'Énéide* et de *Tite-Live*. La conversation s'animait quelquefois ; le roi s'échauffait, et me disait que tant que notre cour frapperait à toutes les portes pour obtenir la paix, il ne s'aviserait pas de se battre pour elle. Je lui envoyais de ma chambre à son appartement mes réflexions sur un papier à mi-marge. Il répondait sur une colonne à mes hardiesses. J'ai encore ce papier où je lui disais : « Doutez-vous que la maison d'Au-

---

1. Voyez une autre version de cette pièce dans le tome VIII (*Stances*, année 1743).

triche ne vous redemande la Silésie à la première occasion ? »
Voici sa réponse en marge :

> Ils seront reçus, biribi,
> A la façon de barbari,
> Mon ami [1].

Cette négociation d'une espèce nouvelle finit par un discours qu'il me tint dans un de ses mouvements de vivacité contre le roi d'Angleterre, son cher oncle. Ces deux rois ne s'aimaient pas. Celui de Prusse disait : « George est l'oncle de Frédéric, mais George ne l'est pas du roi de Prusse. » Enfin il me dit : « Que la France déclare la guerre à l'Angleterre, et je marche. »

Je n'en voulais pas davantage. Je retournai vite à la cour de France : je rendis compte de mon voyage. Je lui donnai l'espérance qu'on m'avait donnée à Berlin. Elle ne fut point trompeuse, et le printemps suivant le roi de Prusse fit en effet un nouveau traité avec le roi de France. Il s'avança en Bohême avec cent mille hommes, tandis que les Autrichiens étaient en Alsace.

Si j'avais conté à quelque bon Parisien mon aventure, et le service que j'avais rendu, il n'eût pas douté que je fusse promu à quelque beau poste. Voici quelle fut ma récompense.

La duchesse de Châteauroux fut fâchée que la négociation n'eût pas passé immédiatement par elle ; il lui avait pris envie de chasser M. Amelot, parce qu'il était bègue, et que ce petit défaut lui déplaisait : elle haïssait de plus cet Amelot, parce qu'il était gouverné par M. de Maurepas ; il fut renvoyé au bout de huit jours, et je fus enveloppé dans sa disgrâce.

[2] Il arriva, quelque temps après, que Louis XV fut malade à l'extrémité dans la ville de Metz : M. de Maurepas et sa cabale prirent ce temps pour perdre Mme de Châteauroux. L'évêque de Soissons, Fitz-James [3], fils du bâtard de Jacques II, regardé comme un saint, voulut, en qualité de premier aumônier, convertir le roi, et lui déclara qu'il ne lui donnerait ni absolution ni communion s'il ne chassait sa maîtresse et sa sœur la duchesse de Lauraguais, et leurs amis. Les deux sœurs partirent chargées

---

1. Voyez cette pièce, dans la *Correspondance*, octobre 1743.
2. Cet alinéa et les trois qui le suivent avaient été mis dans le *Commentaire historique*, par les éditeurs de Kehl.
3. C'est le même Fitz-James dont ailleurs Voltaire fait l'éloge pour un mandement : voyez tome XIV, page 165 ; tome XX, page 524 ; et la lettre à d'Alembert, du mois d'avril 1757.

de l'exécration du peuple de Metz. Ce fut pour cette action que le peuple de Paris, aussi sot que celui de Metz, donna à Louis XV le surnom de *Bien-Aimé*[1]. Un polisson, nommé Vadé, imagina ce titre, que les almanachs prodiguèrent. Quand ce prince se porta bien, il ne voulut être que le bien-aimé de sa maîtresse. Ils s'aimèrent plus qu'auparavant. Elle devait rentrer dans son ministère ; elle allait partir de Paris pour Versailles, quand elle mourut subitement des suites de la rage que sa démission lui avait causée. Elle fut bientôt oubliée.

Il fallait une maîtresse. Le choix tomba sur la demoiselle Poisson, fille d'une femme entretenue et d'un paysan de la Ferté-sous-Jouarre, qui avait amassé quelque chose à vendre du blé aux entrepreneurs des vivres. Ce pauvre homme était alors en fuite, condamné pour quelque malversation. On avait marié sa fille au sous-fermier Le Normand, seigneur d'Étiole, neveu du fermier général Le Normand de Tournehem, qui entretenait la mère. La fille était bien élevée, sage, aimable, remplie de grâces et de talents, née avec du bon sens et un bon cœur. Je la connaissais assez : je fus même le confident de son amour. Elle m'avouait qu'elle avait toujours eu un secret pressentiment qu'elle serait aimée du roi, et qu'elle s'était senti une violente inclination pour lui.

Cette idée, qui aurait pu paraître chimérique dans sa situation, était fondée sur ce qu'on l'avait souvent menée aux chasses que faisait le roi dans la forêt de Sénars. Tournehem, l'amant de sa mère, avait une maison de campagne dans le voisinage. On promenait Mme d'Étiole dans une jolie calèche. Le roi la remarquait, et lui envoyait souvent des chevreuils. Sa mère ne cessait de lui dire qu'elle était plus jolie que Mme de Châteauroux, et le bonhomme Tournehem s'écriait souvent : « Il faut avouer que la fille de Mme Poisson est un morceau de roi. » Enfin, quand elle eut tenu le roi entre ses bras, elle me dit qu'elle croyait fermement à la destinée ; et elle avait raison. Je passai quelques mois avec elle à Étiole, pendant que le roi faisait la campagne de 1746.

Cela me valut des récompenses qu'on n'avait jamais données ni à mes ouvrages ni à mes services. Je fus jugé digne d'être l'un des quarante membres inutiles de l'Académie. Je fus nommé historiographe de France ; et le roi me fit présent d'une

---

1. Voyez la note, tome XXIII, pages 268-269.

charge de gentilhomme ordinaire de sa chambre. Je conclus que, pour faire la plus petite fortune, il valait mieux dire quatre mots à la maîtresse d'un roi que d'écrire cent volumes.

Dès que j'eus l'air d'un homme heureux, tous mes confrères les beaux esprits de Paris se déchaînèrent contre moi avec toute l'animosité et l'acharnement qu'ils devaient avoir contre quelqu'un à qui on donnait toutes les récompenses qu'ils méritaient.

[1] J'étais toujours lié avec la marquise du Châtelet par l'amitié la plus inaltérable et par le goût de l'étude. Nous demeurions ensemble à Paris et à la campagne. Cirey est sur les confins de la Lorraine : le roi Stanislas tenait alors sa petite et agréable cour à Lunéville. Tout vieux et tout dévot qu'il était, il avait une maîtresse : c'était Mme la marquise de Boufflers. Il partageait son âme entre elle et un jésuite nommé Menou, le plus intrigant et le plus hardi prêtre que j'aie jamais connu. Cet homme avait attrapé au roi Stanislas, par les importunités de sa femme, qu'il avait gouvernée, environ un million, dont partie fut employée à bâtir une magnifique maison pour lui et pour quelques jésuites, dans la ville de Nancy. Cette maison était dotée de vingt-quatre mille livres de rente, dont douze pour la table de Menou, et douze pour donner à qui il voudrait.

La maîtresse n'était pas, à beaucoup près, si bien traitée. Elle tirait à peine alors du roi de Pologne de quoi avoir des jupes ; et cependant le jésuite enviait sa portion, et était furieusement jaloux de la marquise. Ils étaient ouvertement brouillés. Le pauvre roi avait tous les jours bien de la peine, au sortir de la messe, à rapatrier sa maîtresse et son confesseur.

Enfin notre jésuite ayant entendu parler de Mme du Châtelet, qui était très-bien faite, et encore assez belle, imagina de la substituer à Mme de Boufflers. Stanislas se mêlait quelquefois de faire d'assez mauvais petits ouvrages : Menou crut qu'une femme auteur réussirait mieux qu'une autre auprès de lui. Et le voilà qui vient à Cirey pour ourdir cette belle trame : il cajole Mme du Châtelet, et nous dit que le roi Stanislas sera enchanté de nous voir ; il retourne dire au roi que nous brûlons d'envie de venir lui faire notre cour : Stanislas recommande à Mme de Boufflers de nous amener.

Et en effet, nous allâmes passer à Lunéville toute l'année 1749.

---

1. Cet alinéa et quelques passages des suivants avaient été insérés, par les éditeurs de Kehl, dans le *Commentaire historique*.

Il arriva tout le contraire de ce que voulait le révérend père. Nous nous attachâmes à M¹ᵐᵉ de Boufflers; et le jésuite eut deux femmes à combattre.

La vie de la cour de Lorraine était assez agréable, quoiqu'il y eût, comme ailleurs, des intrigues et des tracasseries. Poncet [1], évêque de Troyes, perdu de dettes et de réputation, voulut sur la fin de l'année augmenter notre cour et nos tracasseries : quand je dis qu'il était perdu de réputation, entendez aussi la réputation de ses oraisons funèbres et de ses sermons. Il obtint, par nos dames, d'être grand aumônier du roi, qui fut flatté d'avoir un évêque à ses gages, et à de très-petits gages.

Cet évêque ne vint qu'en 1750. Il débuta par être amoureux de M¹ᵐᵉ de Boufflers, et fut chassé. Sa colère retomba sur Louis XV, gendre de Stanislas : car, étant retourné à Troyes, il voulut jouer un rôle dans la ridicule affaire des billets de confession [2], inventés par l'archevêque de Paris, Beaumont ; il tint tête au parlement, et brava le roi. Ce n'était pas le moyen de payer ses dettes ; mais c'était celui de se faire enfermer. Le roi de France l'envoya prisonnier en Alsace, dans un couvent de gros moines allemands. Mais il faut revenir à ce qui me touche.

M¹ᵐᵉ du Châtelet mourut [3] dans le palais de Stanislas, après deux jours de maladie. Nous étions tous si troublés que personne de nous ne songea à faire venir ni curé, ni jésuite, ni sacrement. Elle n'eut point les horreurs de la mort : il n'y eut que nous qui les sentîmes. Je fus saisi de la plus douloureuse affliction. Le bon roi Stanislas vint dans ma chambre me consoler, et pleurer avec moi. Peu de ses confrères en font autant en de pareilles occasions. Il voulut me retenir : je ne pouvais plus supporter Lunéville, et je retournai à Paris.

Ma destinée était de courir de roi en roi, quoique j'aimasse ma liberté avec idolâtrie. Le roi de Prusse, à qui j'avais souvent signifié que je ne quitterais jamais M¹ᵐᵉ du Châtelet pour lui, voulut à toute force m'attraper quand il fut défait de sa rivale. Il jouissait alors d'une paix qu'il s'était acquise par des victoires, et son loisir était toujours employé à faire des vers, ou à écrire l'histoire de son pays et de ses campagnes. Il était bien sûr, à la vérité, que ses vers et sa prose étaient fort au-dessus de ma prose

---

1. Voyez la note, tome XVI, page 88.
2. Voyez tomes XVI, 80; XVIII, 230; XXI, 358; XXIV, 19.
3. Le 10 septembre 1749; voyez tome XXIII, page 521.

et de mes vers, quant au fond des choses ; mais il croyait que, pour la forme, je pouvais, en qualité d'académicien, donner quelque tournure à ses écrits ; il n'y eut point de séduction flatteuse qu'il n'employât pour me faire venir.

Le moyen de résister à un roi victorieux, poëte, musicien, et philosophe, et qui faisait semblant de m'aimer! Je crus que je l'aimais. Enfin je pris encore le chemin de Potsdam au mois de juin 1750. Astolphe ne fut pas mieux reçu dans le palais d'Alcine[1]. Être logé dans l'appartement qu'avait eu le maréchal de Saxe, avoir à ma disposition les cuisiniers du roi quand je voulais manger chez moi, et les cochers quand je voulais me promener, c'étaient les moindres faveurs qu'on me faisait. Les soupers étaient très-agréables. Je ne sais si je me trompe, il me semble qu'il y avait bien de l'esprit ; le roi en avait et en faisait avoir ; et, ce qu'il y a de plus extraordinaire, c'est que je n'ai jamais fait de repas si libres. Je travaillais deux heures par jour avec Sa Majesté ; je corrigeai tous ses ouvrages, ne manquant jamais de louer beaucoup ce qu'il y avait de bon, lorsque je raturais tout ce qui ne valait rien. Je lui rendais raison par écrit de tout, ce qui composa une rhétorique et une poétique à son usage ; il en profita, et son génie le servit encore mieux que mes leçons. Je n'avais nulle cour à faire, nulle visite à rendre, nul devoir à remplir. Je m'étais fait une vie libre, et je ne concevais rien de plus agréable que cet état.

Alcine-Frédéric, qui me voyait déjà la tête un peu tournée, redoubla ses potions enchantées pour m'enivrer tout à fait. La dernière séduction fut une lettre qu'il m'écrivit de son appartement au mien. Une maîtresse ne s'explique pas plus tendrement; il s'efforçait de dissiper dans cette lettre la crainte que m'inspiraient son rang et son caractère : elle portait ces mots singuliers :

« Comment pourrais-je jamais causer l'infortune d'un homme que j'estime, que j'aime, et qui me sacrifie sa patrie, et tout ce que l'humanité a de plus cher?... Je vous respecte comme mon maître en éloquence. Je vous aime comme un ami vertueux. Quel esclavage, quel malheur, quel changement y a-t-il à craindre dans un pays où l'on vous estime autant que dans votre patrie, et chez un ami qui a un cœur reconnaissant? J'ai respecté l'amitié qui vous liait à Mme du Châtelet; mais, après elle, j'étais un de

---

1. La fée Alcine est un des personnages du *Roland furieux* d'Arioste.

vos plus anciens amis. Je vous promets que vous serez heureux ici autant que je vivrai. »

Voilà une lettre telle que peu de majestés en écrivent. Ce fut le dernier verre qui m'enivra. Les protestations de bouche furent encore plus fortes que celles par écrit. Il était accoutumé à des démonstrations de tendresse singulières avec des favoris plus jeunes que moi ; et oubliant un moment que je n'étais pas de leur âge, et que je n'avais pas la main belle, il me la prit pour la baiser. Je lui baisai la sienne, et je me fis son esclave. Il fallait une permission du roi de France pour appartenir à deux maîtres. Le roi de Prusse se chargea de tout.

Il écrivit pour me demander au roi mon maître. Je n'imaginai pas qu'on fût choqué à Versailles qu'un gentilhomme ordinaire de la chambre, qui est l'espèce la plus inutile de la cour, devînt un inutile chambellan à Berlin. On me donna toute permission. Mais on fut très-piqué ; et on ne me le pardonna point. Je déplus fort au roi de France, sans plaire davantage à celui de Prusse, qui se moquait de moi dans le fond de son cœur.

Me voilà donc avec une clef d'argent doré pendue à mon habit, une croix au cou, et vingt mille francs de pension. Maupertuis en fut malade, et je ne m'en aperçus pas. Il y avait alors un médecin à Berlin, nommée La Mettrie, le plus franc athée de toutes les facultés de médecine de l'Europe ; homme d'ailleurs gai, plaisant, étourdi, tout aussi instruit de la théorie qu'aucun de ses confrères, et, sans contredit, le plus mauvais médecin de la terre dans la pratique : aussi, grâce à Dieu, ne pratiquait-il point. Il s'était moqué de toute la faculté à Paris, et avait même écrit contre les médecins beaucoup de personnalités qu'ils ne pardonnèrent point ; ils obtinrent contre lui un décret de prise de corps[1]. La Mettrie s'était donc retiré à Berlin, où il amusait assez par sa gaieté ; écrivant d'ailleurs, et faisant imprimer tout ce qu'on peut imaginer de plus effronté sur la morale. Ses livres plurent au roi, qui le fit, non pas son médecin, mais son lecteur.

Un jour, après la lecture, La Mettrie, qui disait au roi tout ce qui lui venait dans la tête, lui dit qu'on était bien jaloux de ma

---

1. La Mettrie (Julien-Jean Offray de), né à Saint-Malo le 19 décembre 1709, mort à Berlin en 1751, est auteur d'une *Histoire naturelle de l'âme*, que le parlement de Paris condamna au feu le 7 juillet 1746. La Mettrie cependant resta en France, grâce à la protection d'un Grammont ; mais sa *Pénélope ou le Machiavel en médecine*, 1748, deux volumes in-12, souleva contre lui la Faculté de médecine ; et il lui fallut sortir de France.

faveur et de ma fortune. « Laissez faire, lui dit le roi, on presse l'orange, et on la jette quand on a avalé le jus ». La Mettrie ne manqua pas de me rendre ce bel apophthegme, digne de Denys de Syracuse.

Je résolus dès lors de mettre en sûreté les pelures de l'orange. J'avais environ trois cent mille livres à placer. Je me gardai bien de mettre ce fonds dans les Etats de mon Alcine; je le plaçai avantageusement sur les terres que le duc de Wurtemberg possède en France. Le roi, qui ouvrait toutes mes lettres, se douta bien que je ne prétendais pas rester auprès de lui. Cependant la fureur de faire des vers le possédait comme Denys. Il fallait que je rabotasse continuellement, et que je revisse encore son *Histoire de Brandebourg*[1], et tout ce qu'il composait.

La Mettrie mourut après avoir mangé chez milord Tyrconnel, envoyé de France, tout un pâté farci de truffes, après un très-long dîner. On prétendit qu'il s'était confessé avant de mourir; le roi en fut indigné : il s'informa exactement si la chose était vraie; on l'assura que c'était une calomnie atroce, et que La Mettrie était mort comme il avait vécu, en reniant Dieu et les médecins. Sa Majesté, satisfaite, composa sur-le-champ son oraison funèbre, qu'il fit lire en son nom à l'assemblée publique de l'Académie par Darget, son secrétaire; et il donna six cents livres de pension à une fille de joie que La Mettrie avait amenée de Paris, quand il avait abandonné sa femme et ses enfants.

Maupertuis, qui savait l'anecdote de l'écorce d'orange, prit son temps pour répandre le bruit que j'avais dit que la charge d'athée du roi était vacante. Cette calomnie ne réussit pas; mais il ajouta ensuite que je trouvais les vers du roi mauvais, et cela réussit.

Je m'aperçus que depuis ce temps-là les soupers du roi n'étaient plus si gais; on me donnait moins de vers à corriger : ma disgrâce était complète.

Algarotti, Darget, et un autre Français nommé Chazot, qui était un de ses meilleurs officiers, le quittèrent tous à la fois. Je me disposais à en faire autant. Mais je voulus auparavant me donner le plaisir de me moquer d'un livre que Maupertuis venait d'imprimer. L'occasion était belle; on n'avait jamais rien écrit de si ridicule et de si fou. Le bonhomme proposait sérieusement

---

1. Publiée sous le titre de *Mémoires pour servir à l'Histoire de Brandebourg*, 1750, deux volumes in-8°; le commencement de cet ouvrage a été imprimé, en 1748, dans le tome second des *Mémoires de l'Académie de Berlin*.

de faire un voyage droit aux deux pôles; de disséquer des têtes de géants pour connaître la nature de l'âme par leurs cervelles; de bâtir une ville où l'on ne parlerait que latin; de creuser un trou jusqu'au noyau de la terre; de guérir les maladies en enduisant les malades de poix résine; et enfin de prédire l'avenir en exaltant son âme.

Le roi rit du livre, j'en ris, tout le monde en rit. Mais il se passait alors une scène plus sérieuse, à propos de je ne sais quelle fadaise de mathématique que Maupertuis voulait ériger en découverte. Un géomètre plus savant, nommé Koenig, bibliothécaire de la princesse d'Orange à la Haye, lui fit apercevoir qu'il se trompait, et que Leibnitz, qui avait autrefois examiné cette vieille idée, en avait démontré la fausseté dans plusieurs de ses lettres, dont il lui montra des copies.

Maupertuis, président de l'Académie de Berlin, indigné qu'un associé étranger lui prouvât ses bévues, persuada d'abord au roi que Koenig, en qualité d'homme établi en Hollande, était son ennemi, et avait dit beaucoup de mal de la prose et de la poésie de Sa Majesté à la princesse d'Orange.

Cette première précaution prise, il aposta quelques pauvres pensionnaires de l'Académie qui dépendaient de lui, et fit condamner Koenig, comme faussaire, à être rayé du nombre des académiciens. Le géomètre de Hollande avait pris les devants, et avait renvoyé sa patente de la dignité d'académicien de Berlin.

Tous les gens de lettres de l'Europe furent aussi indignés des manœuvres de Maupertuis qu'ennuyés de son livre. Il obtint la haine et le mépris de ceux qui se piquaient de philosophie, et de ceux qui n'y entendaient rien. On se contentait à Berlin de lever les épaules, car le roi ayant pris parti dans cette malheureuse affaire, personne n'osait parler; je fus le seul qui élevai la voix[1]. Koenig était mon ami; j'avais à la fois le plaisir de défendre la liberté des gens de lettres avec la cause d'un ami, et celui de mortifier un ennemi qui était autant l'ennemi de la modestie que le mien. Je n'avais nul dessein de rester à Berlin; j'ai toujours préféré la liberté à tout le reste. Peu de gens de lettres en usent ainsi. La plupart sont pauvres; la pauvreté énerve le courage; et tout philosophe à la cour devient aussi esclave que le premier officier de la couronne. Je sentis combien ma liberté devait déplaire à un roi plus absolu que le Grand Turc. C'était un

---

1. Voyez tome XXIII, page 559, l'*Histoire du docteur Akakia et du natif de Saint-Malo*.

plaisant roi dans l'intérieur de sa maison, il le faut avouer. Il protégeait Maupertuis, et se moquait de lui plus que de personne. Il se mit à écrire contre lui, et m'envoya son manuscrit dans ma chambre par un des ministres de ses plaisirs secrets, nommé Marvits; il tourna beaucoup en ridicule le trou au centre de la terre, sa méthode de guérir avec un enduit de poix résine, le voyage au pôle austral, la ville latine, et la lâcheté de son Académie, qui avait souffert la tyrannie exercée sur le pauvre Koenig. Mais comme sa devise était : *Point de bruit, si je ne le fais*, il fit brûler[1] tout ce qu'on avait écrit sur cette matière, excepté son ouvrage.

Je lui renvoyai son ordre, sa clef de chambellan, ses pensions; il fit alors tout ce qu'il put pour me garder, et moi tout ce que je pus pour le quitter. Il me rendit sa croix et sa clef[2], il voulut que je soupasse avec lui ; je fis donc encore un souper de Damoclès, après quoi je partis avec promesse de revenir, et avec le ferme dessein de ne le revoir de ma vie.

Ainsi nous fûmes quatre qui nous échappâmes en peu de temps, Chazot, Darget, Algarotti, et moi. Il n'y avait pas en effet moyen d'y tenir. On sait bien qu'il faut souffrir auprès des rois ; mais Frédéric abusait un peu trop de sa prérogative. La société a ses lois, à moins que ce ne soit la société du lion et de la chèvre[3]. Frédéric manquait toujours à la première loi de la société, de ne rien dire de désobligeant à personne. Il demandait souvent à son chambellan Pöllnitz s'il ne changerait pas volontiers de religion pour la quatrième fois, et il offrait de payer cent écus comptant pour sa conversion. « Eh, mon Dieu! mon cher Pöllnitz, lui disait-il, j'ai oublié le nom de cet homme que vous volâtes à la Haye, en lui vendant de l'argent faux pour du fin ; aidez un peu ma mémoire, je vous prie. » Il traitait à peu près de même le pauvre d'Argens. Cependant ces deux victimes restèrent. Pöllnitz, ayant mangé tout son bien, était obligé d'avaler ces couleuvres pour vivre : il n'avait pas d'autre pain ; et d'Argens n'avait pour tout bien dans le monde que ses *Lettres juives*, et sa femme, nommée Cochois, mauvaise comédienne de province, si laide qu'elle ne pouvait rien gagner à aucun métier, quoiqu'elle en fît plusieurs. Pour Maupertuis, qui avait été assez malavisé pour placer son bien à Berlin, ne songeant pas qu'il vaut mieux avoir cent pistoles dans un pays libre que mille dans

---

1. Le 24 décembre 1752 ; voyez tome XXIII, page 561.
2. Voyez la note, tome XV, page 131.
3. La Fontaine, livre Ier, fable vi.

un pays despotique, il fallait bien qu'il restât dans les fers qu'il s'était forgés.

En sortant de mon palais d'Alcine, j'allai passer un mois auprès de Mme la duchesse de Saxe-Gotha, la meilleure princesse de la terre, la plus douce, la plus sage, la plus égale, et qui, Dieu merci, ne faisait point de vers. De là je fus quelques jours à la maison de campagne du landgrave de Hesse, qui était beaucoup plus éloigné de la poésie que la princesse de Gotha. Je respirais. Je continuai doucement mon chemin par Francfort. C'était là que m'attendait ma très-bizarre destinée.

Je tombai malade à Francfort; une de mes nièces[1], veuve d'un capitaine au régiment de Champagne, femme très-aimable, remplie de talents, et qui de plus était regardée à Paris comme bonne compagnie, eut le courage de quitter Paris pour venir me trouver sur le Mein ; mais elle me trouva prisonnier de guerre. Voici comme cette belle aventure s'était passée. Il y avait à Francfort un nommé Freytag, banni de Dresde après y avoir été mis au carcan et condamné à la brouette, devenu depuis dans Francfort agent du roi de Prusse, qui se servait volontiers de tels ministres parce qu'ils n'avaient de gages que ce qu'ils pouvaient attraper aux passants.

Cet ambassadeur et un marchand nommé Smith, condamné ci-devant à l'amende pour fausse monnaie, me signifièrent, de la part de Sa Majesté le roi de Prusse, que j'eusse à ne point sortir de Francfort jusqu'à ce que j'eusse rendu les effets précieux que j'emportais à Sa Majesté. « Hélas! messieurs, je n'emporte rien de ce pays-là, je vous jure, pas même les moindres regrets. Quels sont donc les joyaux de la couronne brandebourgeoise que vous redemandez? — *C'être, monsir*, répondit Freytag, *l'œuvre de poëshie du roi mon gracieux maître.* — Oh! je lui rendrai sa prose et ses vers de tout mon cœur, lui répliquai-je, quoique après tout j'aie plus d'un droit à cet ouvrage. Il m'a fait présent d'un bel exemplaire imprimé à ses dépens. Malheureusement cet exemplaire est à Leipsick avec mes autres effets ». Alors Freytag me proposa de rester à Francfort jusqu'à ce que le trésor qui était à Leipsick fût arrivé ; et il me signa ce beau billet :

« Monsir, sitôt le gros ballot de Leipsick sera ici, où est l'œuvre de *poëshie* du roi mon maître, que Sa Majesté demande ; et l'œuvre de *poëshie* rendu à moi, vous pourrez partir où vous pa-

---

1. Louise Mignot, née vers 1710, veuve, en 1744, de Denis, se remaria, en 1779, avec Duvivier, et mourut en 1790.

raîtra bon. A Francfort, 1ᵉʳ de juin 1753. FREYTAG, résident du roi mon maître. »

J'écrivis au bas du billet : *Bon pour l'œuvre de poëshie du roi votre maître;* de quoi le résident fut très-satisfait.

Le 17 de juin arriva le grand ballot de *poëshie.* Je remis fidèlement ce sacré dépôt, et je crus pouvoir m'en aller sans manquer à aucune tête couronnée ; mais, dans l'instant que je partais, on m'arrête, moi, mon secrétaire, et mes gens ; on arrête ma nièce ; quatre soldats la traînent au milieu des boues chez le marchand Smith, qui avait je ne sais quel titre de conseiller privé du roi de Prusse. Ce marchand de Francfort se croyait alors un général prussien : il commandait douze soldats de la ville dans cette grande affaire, avec toute l'importance et la grandeur convenables. Ma nièce avait un passe-port du roi de France, et, de plus, elle n'avait jamais corrigé les vers du roi de Prusse. On respecte d'ordinaire les dames dans les horreurs de la guerre ; mais le conseiller Smith et le résident Freytag, en agissant pour Frédéric, croyaient lui faire leur cour en traînant le pauvre beau sexe dans les boues.

On nous fourra tous dans une espèce d'hôtellerie, à la porte de laquelle furent postés douze soldats ; on en mit quatre autres dans ma chambre, quatre dans un grenier où l'on avait conduit ma nièce, quatre dans un galetas ouvert à tous les vents, où l'on fit coucher mon secrétaire sur de la paille. Ma nièce avait, à la vérité, un petit lit ; mais ses quatre soldats, avec la baïonnette au bout du fusil, lui tenaient lieu de rideaux et de femmes de chambre.

Nous avions beau dire que nous en appelions à César, que l'empereur avait été élu dans Francfort, que mon secrétaire était Florentin[1] et sujet de Sa Majesté impériale, que ma nièce et moi nous étions sujets du roi très-chrétien, et que nous n'avions rien à démêler avec le margrave de Brandebourg : on nous répondit que le margrave avait plus de crédit dans Francfort que l'empereur. Nous fûmes douze jours prisonniers de guerre, et il nous fallut payer cent quarante écus par jour.

Le marchand Smith s'était emparé de tous mes effets, qui me furent rendus plus légers de moitié. On ne pouvait payer plus chèrement *l'œuvre de poëshie du roi de Prusse.* Je perdis environ la somme qu'il avait dépensée pour me faire venir chez lui, et pour prendre de mes leçons. Partant nous fûmes quittes.

---

1. C'était Colini : voyez la note, tome XIV, page 268.

Pour rendre l'aventure complète, un certain Van Duren, libraire à la Haye, fripon de profession, et banqueroutier par habitude, était alors retiré à Francfort. C'était le même homme à qui j'avais fait présent, treize ans auparavant, du manuscrit de *l'Anti-Machiavel* de Frédéric. On retrouve ses amis dans l'occasion. Il prétendit que Sa Majesté lui redevait une vingtaine de ducats, et que j'en étais responsable. Il compta l'intérêt, et l'intérêt de l'intérêt. Le sieur Fichard, bourgmestre de Francfort, qui était même le bourgmestre régnant, comme cela se dit, trouva, en qualité de bourgmestre, le compte très-juste, et, en qualité de régnant, il me fit débourser trente ducats, en prit vingt-six pour lui, et en donna quatre au fripon de libraire.

Toute cette affaire d'Ostrogoths et de Vandales étant finie, j'embrassai mes hôtes, et je les remerciai de leur douce réception.

Quelque temps après, j'allai prendre les eaux de Plombières ; je bus surtout celles du Léthé, bien persuadé que les malheurs, de quelque espèce qu'ils soient, ne sont bons qu'à oublier. Ma nièce, Mme Denis, qui faisait la consolation de ma vie, et qui s'était attachée à moi par son goût pour les lettres, et par la plus tendre amitié, m'accompagna de Plombières à Lyon. J'y fus reçu avec des acclamations par toute la ville, et assez mal par le cardinal de Tencin, archevêque de Lyon, si connu par la manière dont il avait fait sa fortune en rendant catholique ce Law ou Lass, auteur du Système, qui bouleversa la France. Son concile d'Embrun[1] acheva la fortune que la conversion de Lass avait commencée. Le Système le rendit si riche qu'il eut de quoi acheter un chapeau de cardinal. Il fut ministre d'État; et, en qualité de ministre, il m'avoua confidemment qu'il ne pouvait me donner à dîner en public, parce que le roi de France était fâché contre moi de ce que je l'avais quitté pour le roi de Prusse. Je lui dis que je ne dînais jamais, et qu'à l'égard des rois j'étais l'homme du monde qui prenais le plus aisément mon parti, aussi bien qu'avec les cardinaux. On m'avait conseillé les eaux d'Aix en Savoie; quoiqu'elles fussent sous la domination d'un roi, je pris ma route pour aller en boire. Il fallait passer par Genève : le fameux médecin Tronchin, établi à Genève depuis peu, me déclara que les eaux d'Aix me tueraient, et qu'il me ferait vivre.

J'acceptai le parti qu'il me proposait. Il n'est permis à aucun catholique de s'établir à Genève, ni dans les cantons suisses

---

1. Voyez tome XV, page 60.

protestants. Il me parut plaisant d'acquérir des domaines dans les seuls pays de la terre où il ne m'était pas permis d'en avoir.

J'achetai par un marché singulier, et dont il n'y avait point d'exemple dans le pays, un petit bien[1] d'environ soixante arpents, qu'on me vendit le double de ce qu'il eût coûté auprès de Paris ; mais le plaisir n'est jamais trop cher : la maison est jolie et commode ; l'aspect en est charmant ; il étonne et ne lasse point. C'est d'un côté le lac de Genève, c'est la ville de l'autre ; le Rhône en sort à gros bouillons, et forme un canal au bas de mon jardin ; la rivière d'Arve, qui descend de la Savoie, se précipite dans le Rhône ; plus loin on voit encore une autre rivière. Cent maisons de campagne, cent jardins riants, ornent les bords du lac et des rivières ; dans le lointain s'élèvent les Alpes, et à travers leurs précipices on découvre vingt lieues de montagnes couvertes de neiges éternelles. J'ai encore une plus belle maison[2], et une vue plus étendue à Lausanne ; mais ma maison auprès de Genève est beaucoup plus agréable. J'ai dans ces deux habitations ce que les rois ne donnent point, ou plutôt ce qu'ils ôtent, le repos et la liberté ; et j'ai encore ce qu'ils donnent quelquefois, et que je ne tiens pas d'eux ; je mets en pratique ce que j'ai dit dans *le Mondain* :

Oh ! le bon temps que ce siècle de fer !

Toutes les commodités de la vie en ameublements, en équipages, en bonne chère, se trouvent dans mes deux maisons ; une société douce et de gens d'esprit remplit les moments que l'étude et le soin de ma santé me laissent. Il y a là de quoi faire crever de douleur plus d'un de mes chers confrères les gens de lettres : cependant je ne suis pas né riche, il s'en faut de beaucoup. On me demande par quel art je suis parvenu à vivre comme un fermier général ; il est bon de le dire, afin que mon exemple serve. J'ai vu tant de gens de lettres pauvres et méprisés que j'ai conclu dès longtemps que je ne devais pas en augmenter le nombre.

Il faut être, en France, enclume ou marteau : j'étais né enclume. Un patrimoine court devient tous les jours plus court, parce que tout augmente de prix à la longue, et que souvent le gouvernement a touché aux rentes et aux espèces. Il faut être

1. Voltaire acheta, en 1754, un petit bien nommé Sur-Saint-Jean, et qu'il appela les *Délices*. Il s'en défit quelques années après.
2. Monriond, acheté en 1755, et qu'il revendit en 1757.

attentif à toutes les opérations que le ministère, toujours obéré et toujours inconstant, fait dans les finances de l'État. Il y en a toujours quelqu'une dont un particulier peut profiter, sans avoir obligation à personne; et rien n'est si doux que de faire sa fortune par soi-même : le premier pas coûte quelques peines; les autres sont aisés. Il faut être économe dans sa jeunesse ; on se trouve dans sa vieillesse un fonds dont on est surpris. C'est le temps où la fortune est le plus nécessaire, c'est celui où je jouis ; et, après avoir vécu chez des rois, je me suis fait roi chez moi, malgré des pertes immenses.

Depuis que je vis dans cette opulence paisible et dans la plus extrême indépendance, le roi de Prusse est revenu à moi ; il m'envoya, en 1755, un opéra qu'il avait fait de ma tragédie de *Mérope* : c'était sans contredit ce qu'il avait jamais fait de plus mauvais. Depuis ce temps il a continué à m'écrire ; j'ai toujours été en commerce de lettres avec sa sœur la margrave de Baireuth, qui m'a conservé des bontés inaltérables.

[1] Pendant que je jouissais dans ma retraite de la vie la plus douce qu'on puisse imaginer, j'eus le petit plaisir philosophique de voir que les rois de l'Europe ne goûtaient pas cette heureuse tranquillité, et de conclure que la situation d'un particulier est souvent préférable à celle des plus grands monarques, comme vous allez voir.

L'Angleterre fit une guerre de pirates à la France[2], pour quelques arpents de neige, en 1756; dans le même temps l'impératrice, reine de Hongrie, parut avoir quelque envie de reprendre, si elle pouvait, sa chère Silésie, que le roi de Prusse lui avait arrachée. Elle négociait dans ce dessein avec l'impératrice de Russie et avec le roi de Pologne, seulement en qualité d'électeur de Saxe, car on ne négocie point avec les Polonais. Le roi de France, de son côté, voulait se venger sur les États de Hanovre du mal que l'électeur de Hanovre, roi d'Angleterre, lui faisait sur mer. Frédéric, qui était alors allié avec la France, et qui avait un profond mépris pour notre gouvernement, préféra l'alliance de l'Angleterre à celle de la France, et s'unit avec la maison de Hanovre, comptant empêcher d'une main les Russes d'avancer dans sa Prusse, et de l'autre les Français de venir en Allemagne : il se trompa dans ces deux idées; mais il en avait

---

1. Les éditeurs de Kehl avaient répété, dans le *Commentaire historique*, cet alinéa et les neuf qui le suivent.
2. Voyez tome XV, le chapitre XXXI du *Précis du Siècle de Louis XV*.

une troisième dans laquelle il ne se trompa point : ce fut d'envahir la Saxe sous prétexte d'amitié, et de faire la guerre à l'impératrice, reine de Hongrie, avec l'argent qu'il pilla chez les Saxons.

Le marquis de Brandebourg, par cette manœuvre singulière, fit seul changer tout le système de l'Europe. Le roi de France, voulant le retenir dans son alliance, lui avait envoyé le duc de Nivernais, homme d'esprit, et qui faisait de très-jolis vers. L'ambassade d'un duc et pair et d'un poète semblait devoir flatter la vanité et le goût de Frédéric ; il se moqua du roi de France, et signa son traité avec l'Angleterre le jour même que l'ambassadeur arriva à Berlin ; joua très-poliment le duc et pair, et fit une épigramme contre le poëte.

C'était alors le privilége de la poésie de gouverner les États. Il y avait un autre poëte à Paris, homme de condition, fort pauvre, mais très-aimable, en un mot l'abbé de Bernis, depuis cardinal. Il avait débuté par faire des vers contre moi, et ensuite était devenu mon ami, ce qui ne lui servait à rien ; mais il était devenu celui de Mᵐᵉ de Pompadour, et cela lui fut plus utile. On l'avait envoyé du Parnasse en ambassade à Venise ; il était alors à Paris avec un très-grand crédit.

Le roi de Prusse, dans ce beau livre de *poëshies* que ce M. Freytag redemandait à Francfort avec tant d'instance, avait glissé un vers contre l'abbé de Bernis :

Évitez de Bernis la stérile abondance.

Je ne crois pas que ce livre et ce vers fussent parvenus jusqu'à l'abbé ; mais, comme Dieu est juste, Dieu se servit de lui pour venger la France du roi de Prusse. L'abbé conclut[1] un traité offensif et défensif avec M. de Staremberg, ambassadeur d'Autriche, en dépit de Rouillé, alors ministre des affaires étrangères. Mᵐᵉ de Pompadour présida à cette négociation : Rouillé fut obligé de signer le traité conjointement avec l'abbé de Bernis, ce qui était sans exemple. Ce ministre Rouillé, il faut l'avouer, était le plus inepte secrétaire d'État que jamais roi de France ait eu, et le pédant le plus ignorant qui fût dans la robe. Il avait demandé un jour si la Vétéravie était en Italie. Tant qu'il n'y eut point d'affaires épineuses à traiter, on le souffrit ;

---

[1]. Le 1ᵉʳ mai 1757.

mais, dès qu'on eut de grands objets, on sentit son insuffisance, on le renvoya, et l'abbé de Bernis eut sa place.

Mlle Poisson, dame Le Normand, marquise de Pompadour, était réellement premier ministre d'État. Certains termes outrageants, lâchés contre elle par Frédéric, qui n'épargnait ni les femmes ni les poëtes, avaient blessé le cœur de la marquise, et ne contribuèrent pas peu à cette révolution dans les affaires qui réunit en un moment les maisons de France et d'Autriche, après plus de deux cents d'une haine réputée immortelle. La cour de France, qui avait prétendu, en 1741, écraser l'Autriche, la soutint en 1756 ; et enfin l'on vit la France, la Russie, la Suède, la Hongrie, la moitié de l'Allemagne, et le fiscal de l'empire, déclarés contre le seul marquis de Brandebourg.

Ce prince, dont l'aïeul pouvait à peine entretenir vingt mille hommes, avait une armée de cent mille fantassins et de quarante mille cavaliers, bien composée, encore mieux exercée, pourvue de tout ; mais enfin il y avait plus de quatre cent mille hommes en armes contre le Brandebourg.

Il arriva, dans cette guerre, que chaque parti prit d'abord tout ce qu'il était à portée de prendre. Frédéric prit la Saxe, la France prit les États de Frédéric depuis la ville de Gueldres jusqu'à Minden, sur le Veser, et s'empara pour un temps de tout l'électorat de Hanovre et de la Hesse, alliée de Frédéric ; l'impératrice de Russie prit toute la Prusse ; ce roi, battu d'abord par les Russes, battit les Autrichiens, et ensuite en fut battu dans la Bohême, le 18 de juin 1757 [1].

La perte d'une bataille semblait devoir écraser ce monarque ; pressé de tous côtés par les Russes, par les Autrichiens, et par la France, lui-même se crut perdu. Le maréchal de Richelieu venait de conclure près de Stade un traité avec les Hanovriens et les Hessois, qui ressemblait à celui des Fourches-Caudines. Leur armée ne devait plus servir ; le maréchal était prêt d'entrer dans la Saxe avec soixante mille hommes ; le prince de Soubise allait y entrer d'un autre côté avec plus de trente mille, et était secondé de l'armée des Cercles de l'empire ; de là on marchait à Berlin. Les Autrichiens avaient gagné un second combat, et étaient déjà dans Breslau ; un de leurs généraux même avait fait une course jusqu'à Berlin, et l'avait mis à contribution : le trésor du roi de Prusse était presque épuisé, et bientôt il ne devait plus lui rester un village ; on allait le mettre au ban de

---

1. A Kollin.

l'empire ; son procès était commencé : il était déclaré rebelle ; et, s'il était pris, l'apparence était qu'il aurait été condamné à perdre la tête.

Dans ces extrémités, il lui passa dans l'esprit de vouloir se tuer. Il écrivit à sa sœur, Mme la margrave de Baireuth, qu'il allait terminer sa vie : il ne voulut point finir la pièce sans quelques vers ; la passion de la poésie était encore plus forte en lui que la haine de la vie. Il écrivit donc au marquis d'Argens [1] une longue épître en vers, dans laquelle il lui faisait part de sa résolution, et lui disait adieu. Quelque singulière que soit cette épître par le sujet et par celui qui l'a écrite, et par le personnage à qui elle est adressée, il n'y a pas moyen de la transcrire ici tout entière, tant il y a de répétitions ; mais on y trouve quelques morceaux assez bien tournés pour un roi du Nord ; en voici plusieurs passages :

> Ami, le sort en est jeté.
> Las de plier dans l'infortune,
> Sous le joug de l'adversité,
> J'accourcis le temps arrêté
> Que la nature notre mère
> A mes jours remplis de misère
> A daigné prodiguer par libéralité.
> D'un cœur assuré, d'un œil ferme,
> Je m'approche de l'heureux terme
> Qui va me garantir contre les coups du sort,
> Sans timidité, sans effort [2].

---

[1]. Erfurt, 23 septembre 1757.

[2]. Les diverses éditions des *Mémoires* diffèrent ici pour la ponctuation. Toutes sont d'accord pour le texte ; mais il fallait, ou supprimer ce dernier vers, ou en transcrire quelques-uns de plus. Voici ce qu'on lit dans les *OEuvres* du roi de Prusse :

> . . . . . . Contre les coups du sort.
> Sans timidité, sans effort,
> J'entreprends de couper dans les mains de la parque
> Le fil trop allongé de ses tardifs fuseaux ;
> Et sûr de l'appui d'Atropos
> Je vais m'élancer dans la barque
> Où sans distinction le berger, le monarque,
> Passent dans le séjour de l'éternel repos.
> Adieu, lauriers trompeurs, couronne des héros.
> Il n'en coûte que trop pour vivre dans l'histoire ;
> Souvent quarante ans de travaux
> Ne valent qu'un instant de gloire
> Et la haine de cent rivaux.
> Adieu, grandeurs, etc.

J'indiquerai par des points les endroits où il y a lacune, et passerai sous silence toutes les variantes (hors une) qu'il y a entre le texte rapporté par Voltaire et le texte des *OEuvres de Frédéric*. (B.)

Adieu, grandeurs, adieu, chimères ;
De vos bluettes passagères
Mes yeux ne sont plus éblouis.
Si votre faux éclat de ma naissante aurore
Fit trop imprudemment éclore
Des désirs indiscrets, longtemps évanouis,
Au sein de la philosophie,
École de la vérité,
Zénon me détrompa de la frivolité
Qui produit les erreurs du songe de la vie....
Adieu, divine volupté,
Adieu, plaisirs charmants, qui flattez la mollesse,
Et dont la troupe enchanteresse
Par des liens de fleurs enchaîne la gaîté....
Mais que fais-je, grand Dieu ! courbé sous la tristesse,
Est-ce à moi de nommer les plaisirs, l'allégresse ?
Et sous la griffe du vautour
Voit-on la tendre tourterelle
Et la plaintive Philomèle
Chanter ou respirer l'amour ?
Depuis longtemps pour moi l'astre de la lumière
N'éclaira que des jours signalés par mes maux ;
Depuis longtemps Morphée, avare de pavots,
N'en daigne plus jeter sur ma triste paupière.
Je disais ce matin, les yeux couverts de pleurs :
Le jour, qui dans peu va paraître,
M'annonce de nouveaux malheurs ;
Je disais à la nuit : Tu vas bientôt renaître
Pour éterniser mes douleurs....
Vous, de la liberté héros que je révère,
O mânes de Caton, ô mânes de Brutus !
Votre illustre exemple m'éclaire
Parmi l'erreur et les abus ;
C'est votre flambeau funéraire
Qui m'instruit du chemin, peu connu du vulgaire,
Que nous avaient tracé vos antiques vertus....
J'écarte les romans et les pompeux fantômes
Qu'engendra de ses flancs la Superstition ;
Et pour approfondir la nature des hommes,
Pour connaître ce que nous sommes,
Je ne m'adresse point à la Religion [1].
J'apprends de mon maître Épicure
Que du temps la cruelle injure
Dissout les êtres composés ;

---

[1]. Dans les *OEuvres* du roi de Prusse, on lit ici : *à la Dévotion.*

Que ce souffle, cette étincelle,
Ce feu vivifiant des corps organisés,
N'est point de nature immortelle.
Il naît avec le corps, s'accroît dans les enfants,
Souffre de la douleur cruelle;
Il s'égare, il s'éclipse, il baisse avec les ans.
Sans doute il périra quand la nuit éternelle
Viendra nous arracher du nombre des vivants....
Vaincu, persécuté, fugitif dans le monde,
Trahi par des amis pervers,
Je souffre, en ma douleur profonde,
Plus de maux dans cet univers
Que, dans les fictions de la fable féconde,
N'en a jamais souffert Prométhée aux enfers.
Ainsi, pour terminer mes peines,
Comme ces malheureux au fond de leurs cachots,
Las d'un destin cruel, et trompant leurs bourreaux,
D'un noble effort brisent leurs chaînes;
Sans m'embarrasser des moyens,
Je romps les funestes liens
Dont la subtile et fine trame
A ce corps rongé de chagrins
Trop longtemps attacha mon âme.
Tu vois, dans ce cruel tableau,
De mon trépas la juste cause.
Au moins ne pense pas du néant du caveau,
Que j'aspire à l'apothéose....
Mais lorsque le printemps, paraissant de nouveau,
De son sein abondant t'offre des fleurs écloses,
Chaque fois d'un bouquet de myrtes et de roses
Souviens-toi d'orner mon tombeau.

Il m'envoya cette épître écrite de sa main. Il y a plusieurs hémistiches pillés de l'abbé de Chaulieu et de moi. Les idées sont incohérentes, les vers en général mal faits, mais il y en a de bons; et c'est beaucoup pour un roi de faire une épître de deux cents mauvais vers dans l'état où il était. Il voulait qu'on dît qu'il avait conservé toute la présence et toute la liberté de son esprit dans un moment où les hommes n'en ont guère.

La lettre qu'il m'écrivit[1] témoignait les mêmes sentiments; mais il y avait moins de myrtes et de roses, et d'Ixion et de douleur profonde. Je combattis en prose[2] la résolution qu'il

---

1. Voyez, dans la *Correspondance*, la lettre de Frédéric, du 9 octobre 1757.
2. Voyez la lettre de Voltaire, du 13 novembre 1757.

disait avoir prise de mourir, et je n'eus pas de peine à le déterminer à vivre. Je lui conseillai d'entamer une négociation avec le maréchal de Richelieu, d'imiter le duc de Cumberland; je pris enfin toutes les libertés qu'on peut prendre avec un poëte désespéré, qui était tout prêt de n'être plus roi. Il écrivit en effet au maréchal de Richelieu; mais, n'ayant pas de réponse, il résolut de nous battre. Il me manda qu'il allait combattre le prince de Soubise; sa lettre finissait par des vers plus dignes de sa situation, de sa dignité, de son courage et de son esprit :

> Quand on est voisin du naufrage,
> Il faut, en affrontant l'orage,
> Penser, vivre, et mourir en roi.

[1] En marchant aux Français et aux Impériaux, il écrivit à Mme la margrave de Baireuth, sa sœur, qu'il se ferait tuer; mais il fut plus heureux qu'il ne le disait et qu'il ne le croyait. Il attendit, le 5 de novembre 1757, l'armée française et impériale dans un poste assez avantageux, à Rosbach, sur les frontières de la Saxe; et, comme il avait toujours parlé de se faire tuer, il voulut que son frère le prince Henri acquittât sa promesse à la tête de cinq bataillons prussiens qui devaient soutenir le premier effort des armées ennemies, tandis que son artillerie les foudroierait, et que sa cavalerie attaquerait la leur.

En effet le prince Henri fut légèrement blessé à la gorge d'un coup de fusil; et ce fut, je crois, le seul Prussien blessé à cette journée. Les Français et les Autrichiens s'enfuirent à la première décharge. Ce fut la déroute la plus inouïe et la plus complète dont l'histoire ait jamais parlé. Cette bataille de Rosbach sera longtemps célèbre. On vit trente mille Français et vingt mille Impériaux prendre une fuite honteuse et précipitée devant cinq bataillons et quelques escadrons. Les défaites d'Azincourt, de Crécy, de Poitiers, ne furent pas si humiliantes.

La discipline et l'exercice militaire que son père avait établis, et que le fils avait fortifiés, furent la véritable cause de cette étrange victoire. L'exercice prussien s'était perfectionné pendant cinquante ans. On avait voulu l'imiter en France comme dans tous les autres États; mais on n'avait pu faire en trois ou quatre

---

1. Les éditeurs de Kehl avaient répété, dans le *Commentaire historique*, cet alinéa et les dix qui le suivent.

ans, avec des Français peu disciplinables, ce qu'on avait fait pendant cinquante ans avec des Prussiens; on avait même changé les manœuvres en France presque à chaque revue, de sorte que les officiers et les soldats, ayant mal appris des exercices nouveaux, et tous différents les uns des autres, n'avaient rien appris du tout, et n'avaient réellement aucune discipline ni aucun exercice. En un mot, à la seule vue des Prussiens, tout fut en déroute, et la fortune fit passer Frédéric, en un quart d'heure, du comble du désespoir à celui du bonheur et de la gloire.

Cependant il craignait que ce bonheur ne fût très-passager ; il craignait d'avoir à porter tout le poids de la puissance de la France, de la Russie, et de l'Autriche, et il aurait bien voulu détacher Louis XV de Marie-Thérèse.

La funeste journée de Rosbach faisait murmurer toute la France contre le traité de l'abbé de Bernis avec la cour de Vienne. Le cardinal de Tencin, archevêque de Lyon, avait toujours conservé son rang de ministre d'État, et une correspondance particulière avec le roi de France ; il était plus opposé que personne à l'alliance avec la cour autrichienne. Il m'avait fait à Lyon une réception dont il pouvait croire que j'étais peu satisfait : cependant l'envie de se mêler d'intrigues, qui le suivait dans sa retraite, et qui, à ce qu'on prétend, n'abandonne jamais les hommes en place, le porta à se lier avec moi pour engager Mme la margrave de Baireuth à s'en remettre à lui, et à lui confier les intérêts du roi son frère. Il voulait réconcilier le roi de Prusse avec le roi de France, et croyait procurer la paix. Il n'était pas bien difficile de porter Mme de Baireuth et le roi son frère à cette négociation ; je m'en chargeai avec d'autant plus de plaisir que je voyais très-bien qu'elle ne réussirait pas.

Mme la margrave de Baireuth écrivit de la part du roi son frère. C'était par moi que passaient les lettres de cette princesse et du cardinal : j'avais en secret la satisfaction d'être l'entremetteur de cette grande affaire, et peut-être encore un autre plaisir, celui de sentir que mon cardinal se préparait un grand dégoût. Il écrivit une belle lettre au roi en lui envoyant celle de la margrave ; mais il fut tout étonné que le roi lui répondit assez sèchement que le secrétaire d'État des affaires étrangères l'instruirait de ses intentions.

En effet l'abbé de Bernis dicta au cardinal la réponse qu'il devait faire : cette réponse était un refus net d'entrer en négociation. Il fut obligé de signer le modèle de la lettre que lui envoyait l'abbé de Bernis ; il m'envoya cette triste lettre qui finissait tout, et il en mourut de chagrin au bout de quinze jours [1].

Je n'ai jamais trop conçu comment on meurt de chagrin, et comment des ministres et de vieux cardinaux, qui ont l'âme si dure, ont pourtant assez de sensibilité pour être frappés à mort par un petit dégoût : mon dessein avait été de me moquer de lui, de le mortifier, et non pas de le faire mourir.

Il y avait une espèce de grandeur dans le ministère de France à refuser la paix au roi de Prusse, après avoir été battu et humilié par lui ; il y avait de la fidélité et bien de la bonté de se sacrifier encore pour la maison d'Autriche : ces vertus furent longtemps mal récompensées par la fortune.

Les Hanovriens, les Brunsvickois, les Hessois, furent moins fidèles à leurs traités, et s'en trouvèrent mieux. Ils avaient stipulé avec le maréchal de Richelieu qu'ils ne serviraient plus contre nous ; qu'ils repasseraient l'Elbe, au delà duquel on les avait renvoyés ; ils rompirent leur marché des Fourches-Caudines, dès qu'ils surent que nous avions été battus à Rosbach. L'indiscipline, la désertion, les maladies, détruisirent notre armée, et le résultat de toutes nos opérations fut, au printemps de 1758, d'avoir perdu trois cents millions et cinquante mille hommes en Allemagne pour Marie-Thérèse, comme nous avions fait dans la guerre de 1741 en combattant contre elle.

Le roi de Prusse, qui avait battu notre armée dans la Thuringe, à Rosbach [2], s'en alla combattre l'armée autrichienne à soixante lieues de là. Les Français pouvaient encore entrer en Saxe, les vainqueurs marchaient ailleurs ; rien n'aurait arrêté les Français ; mais ils avaient jeté leurs armes, perdu leur canon, leurs munitions, leurs vivres, et surtout la tête. Ils s'éparpillèrent. On rassembla leurs débris difficilement. Frédéric, au bout d'un mois, remporte à pareil jour une victoire plus signalée et plus disputée sur l'armée d'Autriche, auprès de Breslau [3] ; il reprend Breslau, il y fait quinze mille prisonniers ; le reste de la Silésie rentre sous ses lois : Gustave-Adolphe n'avait pas fait de si grandes choses. Il fallut bien alors lui pardonner ses vers, ses plaisanteries, ses petites malices, et même ses péchés contre le sexe féminin. Tous les défauts de l'homme disparurent devant la gloire du héros.

---

1. Le 2 mars 1758.
2. Le 5 novembre 1757.
3. Le 5 décembre fut remportée la victoire de Lissa.

Aux Délices, 6 de novembre 1759.

J'avais laissé là mes *Mémoires*, les croyant aussi inutiles que les *Lettres* de Bayle à madame sa chère mère, et que la *Vie de Saint-Évremond* écrite par Desmaiseaux, et que celle de l'abbé de Montgon[1] écrite par lui-même ; mais bien des choses qui me paraissent ou neuves ou plaisantes me ramènent au ridicule de parler de moi à moi-même.

[2] Je vois de mes fenêtres la ville où régnait Jean Chauvin, le Picard, dit Calvin, et la place où il fit brûler Servet pour le bien de son âme. Presque tous les prêtres de ce pays-ci pensent aujourd'hui comme Servet, et vont même plus loin que lui. Ils ne croient point du tout Jésus-Christ Dieu ; et ces messieurs, qui ont fait autrefois main basse sur le purgatoire, se sont humanisés jusqu'à faire grâce aux âmes qui sont en enfer. Ils prétendent que leurs peines ne seront point éternelles, que Thésée ne sera pas toujours dans son fauteuil, que Sisyphe ne roulera pas toujours son rocher : ainsi de l'enfer, auquel ils ne croient plus, ils ont fait le purgatoire, auquel ils ne croyaient pas. C'est une assez jolie révolution dans l'histoire de l'esprit humain. Il y avait là de quoi se couper la gorge, allumer des bûchers, faire des Saint-Barthélemy ; cependant on ne s'est pas même dit d'injures, tant les mœurs sont changées. Il n'y a que moi[3] à qui un de ces prédicants en ait dit, parce que j'avais osé avancer que le Picard Calvin était un esprit dur qui avait fait brûler Servet fort mal à propos. Admirez, je vous prie, les contradictions de ce monde : voilà des gens qui sont presque ouvertement sectateurs de Servet, et qui m'injurient pour avoir trouvé mauvais que Calvin l'ait fait brûler à petit feu avec des fagots verts !

Ils ont voulu me prouver en forme que Calvin était un bonhomme ; ils ont prié le conseil de Genève de leur communiquer les pièces du procès de Servet : le conseil, plus sage qu'eux, les a refusées ; il ne leur a pas été permis d'écrire contre moi dans Genève. Je regarde ce petit triomphe comme le plus bel exemple des progrès de la raison dans ce siècle.

---

1. Le *Recueil des Lettres et Mémoires écrits par M. l'abbé de ****, 1732, a un seul volume. Les dernières éditions ont huit volumes in-12, souvent reliés en neuf : Voltaire en a déjà parlé tome XVI, page 385.

2. Cet alinéa et les dix qui le suivent avaient été insérés, par les éditeurs de Kehl, dans le *Commentaire historique*.

3. Voyez la note, tome XII, page 308.

La philosophie a remporté encore une plus grande victoire sur ses ennemis à Lausanne. Quelques ministres s'étaient avisés dans ce pays-là de compiler je ne sais quel mauvais livre contre moi, pour l'honneur, disaient-ils, de la religion chrétienne. J'ai trouvé sans peine le moyen de faire saisir les exemplaires, et de les supprimer par autorité du magistrat [1] : c'est peut-être la première fois qu'on ait forcé des théologiens à se taire, et à respecter un philosophe [2]. Jugez si je ne dois pas aimer passionnément ce pays-ci. Êtres pensants, je vous avertis qu'il est très-agréable de vivre dans une république aux chefs de laquelle on peut dire : Venez dîner demain chez moi. Cependant je ne me suis pas encore trouvé assez libre ; et ce qui est, à mon gré, digne de quelque attention, c'est que, pour l'être parfaitement, j'ai acheté des terres en France. Il y en avait deux à ma bienséance, à une lieue de Genève, qui avaient joui autrefois de tous les priviléges de cette ville. J'ai eu le bonheur d'obtenir du roi un brevet par lequel ces priviléges me sont conservés. Enfin j'ai tellement arrangé ma destinée que je me trouve indépendant à la fois en Suisse, sur le territoire de Genève, et en France.

J'entends parler beaucoup de liberté, mais je ne crois pas qu'il y ait eu en Europe un particulier qui s'en soit fait une comme la mienne. Suivra mon exemple qui voudra ou qui pourra.

Je ne pouvais certainement mieux prendre mon temps pour chercher cette liberté et le repos loin de Paris. On y était alors aussi fou et aussi acharné dans des querelles puériles que du

---

1. Il s'agit du volume intitulé *la Guerre littéraire ;* Voltaire en avait demandé la suppression, mais ne l'obtint pas : voyez tome XIV, page XI.
2. Cela était cependant arrivé une fois en France, et sous le règne de François Ier. Voici un extrait d'une lettre qu'il écrivit au parlement de Paris, en date du 9 avril 1526 :

« Et parce que nous sommes duement accertenés qu'indifféremment ladite faculté (la Sorbonne) et ses suppôts écrivent contre un chacun en dénigrant leur honneur, état et renommée, comme ont fait contre Érasme, et pourraient s'efforcer à faire le semblable contre autres, nous vous commandons qu'ils n'aient en général rien particulier à écrire, ni composer, et imprimer choses quelconques qu'elles n'aient été premièrement revues et approuvées par vous ou vos commis, et en pleine chambre délivrées. » François Ier ne conserva pas longtemps cette sage politique, et son intolérance prépara les malheurs qui désolèrent la France sous le règne de ses petits-fils, et causèrent la ruine et la destruction de sa famille. Cet ordre donné au parlement ne renfermait rien de contraire à la loi naturelle ; la Sorbonne jouissant en France d'un privilége exclusif pour le commerce de théologie, le gouvernement était en droit de soumettre ce privilége à toutes les restrictions qu'il jugeait convenables. (K.)

temps de la Fronde ; il n'y manquait que la guerre civile; mais, comme Paris n'avait ni un roi des halles tel que le duc de Beaufort, ni un coadjuteur donnant la bénédiction avec un poignard, il n'y eut que des tracasseries civiles : elles avaient commencé par des billets de banque pour l'autre monde, inventés, comme j'ai déjà dit[1], par l'archevêque de Paris, Beaumont, homme opiniâtre, faisant le mal de tout son cœur par excès de zèle, un fou sérieux, un vrai saint dans le goût de Thomas de Cantorbéry. La querelle s'échauffa pour une place à l'hôpital, à laquelle le parlement de Paris prétendait nommer, et que l'archevêque réputait place sacrée, dépendante uniquement de l'Église. Tout Paris prit parti ; les petites factions janséniste et moliniste ne s'épargnèrent pas ; le roi les voulut traiter comme on fait quelquefois les gens qui se battent dans la rue ; on leur jette des seaux d'eau pour les séparer. Il donna le tort aux deux partis, comme de raison ; mais ils n'en furent que plus envenimés : il exila l'archevêque, il exila le parlement ; mais un maître ne doit chasser ses domestiques que quand il est sûr d'en trouver d'autres pour les remplacer ; la cour fut enfin obligée de faire revenir le parlement, parce qu'une chambre nommée royale, composée de conseillers d'État et de maîtres des requêtes, érigée pour juger les procès, n'avait pu trouver pratique. Les Parisiens s'étaient mis dans la tête de ne plaider que devant cette cour de justice qu'on appelle parlement. Tous ses membres furent donc rappelés, et crurent avoir remporté une victoire signalée sur le roi. Ils l'avertirent paternellement, dans une de leurs remontrances, qu'il ne fallait pas qu'il exilât une autre fois son parlement, attendu, disaient-ils, *que cela était de mauvais exemple*. Enfin ils en firent tant que le roi résolut au moins de casser une de leurs chambres, et de réformer les autres. Alors ces messieurs donnèrent tous leur démission, excepté la grand'chambre ; les murmures éclatèrent : on déclamait publiquement au Palais contre le roi. Le feu qui sortait de toutes les bouches prit malheureusement à la cervelle d'un laquais, nommé Damiens, qui allait souvent dans la grand'salle. Il est prouvé par le procès de ce fanatique de la robe qu'il n'avait pas l'idée de tuer le roi, mais seulement celle de lui infliger une petite correction. Il n'y a rien qui ne passe par la tête des hommes. Ce misérable avait été cuistre au collége des jésuites, collége où j'ai vu quelquefois les écoliers

---

1. Voyez page 35.

donner des coups de canif, et les cuistres leur en rendre. Damiens alla donc à Versailles dans cette résolution, et blessa le roi au milieu de ses gardes et de ses courtisans, avec un de ces petits canifs dont on taille des plumes [1].

On ne manqua pas, dans la première horreur de cet accident, d'imputer le coup aux jésuites, qui étaient, disait-on, en possession par un ancien usage. J'ai lu une lettre d'un Père Griffet, dans laquelle il disait : « Cette fois-ci ce n'est pas nous, c'est à présent le tour de messieurs. » C'était naturellement au grand prévôt de la cour à juger l'assassin, puisque le crime avait été commis dans l'enceinte du palais du roi. Le malheureux commença par accuser sept membres des enquêtes : il n'y avait qu'à laisser subsister cette accusation, et exécuter le criminel ; par là le roi rendait le parlement à jamais odieux, et se donnait sur lui un avantage aussi durable que la monarchie. On croit que M. d'Argenson porta le roi à donner à son parlement la permission de juger l'affaire : il en fut bien récompensé, car huit jours après il fut dépossédé et exilé [2].

Le roi eut la faiblesse de donner de grosses pensions aux conseillers qui instruisirent le procès de Damiens, comme s'ils avaient rendu quelque service signalé et difficile [3]. Cette conduite acheva d'inspirer à messieurs des enquêtes une confiance nouvelle ; ils se crurent des personnages importants ; et leurs chimères de représenter la nation et d'être les tuteurs des rois se réveillèrent : cette scène passée, et n'ayant plus rien à faire, ils s'amusèrent à persécuter les philosophes.

Omer Joly de Fleury, avocat général du parlement de Paris, étala, devant les chambres assemblées, le triomphe le plus complet que l'ignorance, la mauvaise foi, et l'hypocrisie, aient jamais remporté [4]. Plusieurs gens de lettres, très-estimables par leur science et par leur conduite, s'étaient associés pour composer un dictionnaire immense de tout ce qui peut éclairer l'esprit humain : c'était un très-grand objet de commerce pour la librairie de France ; le chancelier, les ministres, encourageaient une si belle entreprise. Déjà sept volumes avaient paru ; on les traduisait en italien, en anglais, en allemand, en hollandais ; et ce trésor, ouvert à toutes les nations par les Français, pouvait être

1. Le 5 janvier 1757. Sur l'attentat de Damiens, voyez tome XV, le chapitre xxxvii du *Précis du Siècle de Louis XV;* et tome XVI, page 92.
2. Voyez tome XII, page 140; et tome XVI, page 96.
3. Voyez tome XVI, page 99.
4. Voyez tome XXIV une des notes sur le premier des *Dialogues chrétiens.*

regardé comme ce qui nous faisait alors le plus d'honneur, tant les excellents articles du *Dictionnaire encyclopédique* rachetaient les mauvais, qui sont pourtant en assez grand nombre. On ne pouvait rien reprocher à cet ouvrage que trop de déclamations puériles, malheureusement adoptées par les auteurs du recueil, qui prenaient à toute main pour grossir l'ouvrage; mais tout ce qui part de ces auteurs est excellent.

Voilà Omer Joly de Fleury qui, le 23 de février 1759, accuse ces pauvres gens d'être athées, déistes, corrupteurs de la jeunesse, rebelles au roi, etc. Omer, pour prouver ces accusations, cite saint Paul, le procès de Théophile, et Abraham Chaumeix[1]. Il ne lui manquait que d'avoir lu le livre contre lequel il parla; ou, s'il l'avait lu, Omer était un étrange imbécile. Il demande justice à la cour contre l'article *Ame*, qui, selon lui, est le matérialisme tout pur. Vous remarquerez que cet article *Ame*, l'un des plus mauvais du livre, est l'ouvrage d'un pauvre docteur de Sorbonne[2] qui se tue à déclamer à tort et à travers contre le matérialisme. Tout le discours d'Omer Joly de Fleury fut un tissu de bévues pareilles. Il défère donc à la justice le livre qu'il n'a point lu ou qu'il n'a point entendu; et tout le parlement, sur la réquisition d'Omer, condamne l'ouvrage, non-seulement sans aucun examen, mais sans en avoir lu une page. Cette façon de rendre justice est fort au-dessous de celle de Bridoye, car au moins Bridoye pouvait rencontrer juste[3].

Les éditeurs avaient un privilége du roi. Le parlement n'a pas certainement le droit de réformer les priviléges accordés par Sa Majesté; il ne lui appartient de juger ni d'un arrêt du conseil, ni de rien de ce qui est scellé à la chancellerie : cependant il se donna le droit de condamner ce que le chancelier avait approuvé; il nomma des conseillers pour décider des objets de géométrie et de métaphysique contenus dans *l'Encyclopédie*. Un chancelier un peu ferme aurait cassé l'arrêt du parlement comme très-incompétent : le chancelier de Lamoignon se contenta de révoquer le privilége, afin de n'avoir pas la honte de voir juger et condamner ce qu'il avait revêtu du sceau de l'autorité suprême. On croirait que cette aventure est du temps du

---

1. Abraham Chaumeix, ci-devant vinaigrier, s'étant fait janséniste et convulsionnaire, était alors l'oracle du parlement de Paris. Omer Fleury le cita comme un père de l'Église. Chaumeix a été depuis maître d'école à Moscou.

2. L'abbé Yvon.

3. Bridoye est un juge qui, dans Rabelais (*Pantagruel*, livre III, chapitre XXXVII et suiv.), « sentenciait les procès au sort des dés ».

Père Garasse, et des arrêts contre l'émétique; cependant elle est arrivée dans le seul siècle éclairé qu'ait eu la France : tant il est vrai qu'il suffit d'un sot pour déshonorer une nation. On avouera sans peine que, dans de telles circonstances, Paris ne devait pas être le séjour d'un philosophe, et qu'Aristote fut très-sage de se retirer à Chalcis lorsque le fanatisme dominait dans Athènes. D'ailleurs l'état d'homme de lettres à Paris est immédiatement au-dessus de celui d'un bateleur : l'état de gentilhomme ordinaire de Sa Majesté, que le roi m'avait conservé, n'est pas grand'chose. Les hommes sont bien sots, et je crois qu'il vaut mieux bâtir un beau château, comme j'ai fait, y jouer la comédie, et y faire bonne chère, que d'être levraudé à Paris, comme Helvétius[1], par les gens tenant la cour du parlement, et par les gens tenant l'écurie de la Sorbonne. Comme je ne pouvais assurément ni rendre les hommes plus raisonnables, ni le parlement moins pédant, ni les théologiens moins ridicules, je continuai à être heureux loin d'eux.

Je suis quasi honteux de l'être, en contemplant du port tous les orages : je vois l'Allemagne inondée de sang, la France ruinée de fond en comble; nos armées, nos flottes, battues; nos ministres renvoyés l'un après l'autre, sans que nos affaires en aillent mieux; le roi de Portugal assassiné, non pas par un laquais, mais par les grands du pays, et cette fois-ci les jésuites ne peuvent pas dire : *Ce n'est pas nous*. Ils avaient conservé leur droit, et il a été bien prouvé depuis que les bons pères avaient saintement mis le couteau dans les mains des parricides. Ils disent pour leurs raisons qu'ils sont souverains au Paraguay, et qu'ils ont traité avec le roi de Portugal de couronne à couronne.

Voici une petite aventure aussi singulière qu'on en ait vu depuis qu'il y a eu des rois et des poëtes sur la terre : Frédéric ayant passé un temps assez long à garder les frontières de la Silésie dans un camp inexpugnable, s'y est ennuyé, et, pour passer le temps, il a fait une ode contre la France et contre le roi. Il m'envoya, au commencement de mai 1759, son ode signée *Frédéric*, et accompagnée d'un paquet énorme de vers et de prose. J'ouvre le paquet, et je m'aperçois que je ne suis pas le premier qui l'ait ouvert : il était visible qu'en chemin il avait été décacheté. Je fus transi de frayeur en lisant dans l'ode les strophes suivantes :

> O nation folle et vaine,
> Quoi! sont-ce là ces guerriers

---

1. Arrêt du 6 février 1759.

> Sous Luxembourg, sous Turenne,
> Couverts d'immortels lauriers ;
> Qui, vrais amants de la gloire,
> Affrontaient pour la victoire
> Les dangers et le trépas ?
> Je vois leur vil assemblage
> Aussi vaillant au pillage
> Que lâche dans les combats.
>
> Quoi ! votre faible monarque,
> Jouet de la Pompadour,
> Flétri par plus d'une marque
> Des opprobres de l'amour,
> Lui qui, détestant les peines,
> Au hasard remet les rênes
> De son empire aux abois,
> Cet esclave parle en maître [1] !
> Ce céladon sous un hêtre
> Croit dicter le sort des rois !

Je tremblai donc en voyant ces vers, parmi lesquels il y en a de très-bons, ou du moins qui passeront pour tels. J'ai malheureusement la réputation méritée d'avoir jusqu'ici corrigé les vers du roi de Prusse. Le paquet a été ouvert en chemin, les vers transpireront dans le public, le roi de France les croira de moi, et me voilà criminel de lèse-majesté, et, qui pis est, coupable envers Mme de Pompadour.

Dans cette perplexité, je priai le résident de France à Genève [2] de venir chez moi ; je lui montre le paquet ; il convient qu'il a été décacheté avant de me parvenir. Il juge qu'il n'y a pas d'autre parti à prendre, dans une affaire où il y allait de ma tête, que d'envoyer le paquet à M. le duc de Choiseul, ministre en France : en toute autre circonstance je n'aurais point fait cette démarche ; mais j'étais obligé de prévenir ma ruine ; je faisais connaître à la cour tout le fond du caractère de son ennemi. Je savais bien que le duc de Choiseul n'en abuserait pas, et qu'il se bornerait à persuader le roi de France que le roi de Prusse était un ennemi irréconciliable, qu'il fallait écraser si on pouvait. Le duc de Choi-

---

1. Palissot, que le ministère français chargea de répondre par une ode à celle du roi de Prusse, rapporte ainsi ces trois derniers vers :

> Ce Céladon sous un hêtre
> Prétend nous parler en maître,
> Et dicter le sort des rois.

2. M. de Montpéroux.

seul ne se borna pas là ; c'est un homme de beaucoup d'esprit, il fait des vers, il a des amis qui en font : il paya le roi de Prusse en même monnaie, et m'envoya une ode contre Frédéric, aussi mordante, aussi terrible que l'était celle de Frédéric contre nous. En voici des échantillons détachés :

> Ce n'est plus cet heureux génie [1]
> Qui des arts, dans la Germanie,
> Devait allumer le flambeau ;
> Époux, fils, et frère coupable,
> C'est celui qu'un père équitable
> Voulut étouffer au berceau.

1. Palissot (voyez la note, page 60) a fait imprimer son ode en entier, à la suite d'une édition de la *Dunciade*, Paris, Barrois l'aîné, an V (1797), in-18. Elle ne se trouve dans aucune édition des œuvres complètes de cet auteur, pas même dans celle qu'il a donnée en 1809, six volumes in-8°. Palissot remarque que parmi les quatre strophes rapportées par Voltaire, « une de ces strophes est défigurée au point de n'avoir aucun sens, soit par une inadvertance d'imprimeur, soit que la copie adressée furtivement à Voltaire fût très-infidèle ». Voici ces strophes, telles que l'auteur les a données :

5.

> Ce n'est plus cet heureux génie
> Qui des arts, dans la Germanie,
> Devait allumer le flambeau :
> Époux, fils, et frère coupable,
> C'est *lui que son* père équitable
> Voulut étouffer au berceau.

14.

> *Jaloux d'une double couronne,*
> *Il ose, infidèle à Bellone,*
> *Courir sur les pas d'Apollon ;*
> *Dût-il des sommets du Parnasse,*
> *Pour expier sa folle audace,*
> *Subir le sort de Phaéton.*

16.

> Vois, malgré la garde romaine,
> Néron poursuivi sur la scène
> Par le mépris des légions ;
> Vois l'oppresseur de Syracuse,
> *Denis*, prostituant sa muse
> Aux insultes des nations.

19.

> Jusque-là, censeur moins sauvage,
> Souffre l'innocent badinage
> De la Nature et des Amours.
> Peux-tu condamner la tendresse,
> Toi qui n'en as connu l'ivresse
> Que dans les bras de tes tambours ?

> Cependant c'est lui, dont l'audace
> Des neuf Sœurs et du dieu de Thrace
> Croit réunir les attributs;
> Lui qui, chez Mars comme au Parnasse,
> N'a jamais occupé de place
> Qu'entre Zoïle et Mévius [1].
>
> Vois, malgré la garde romaine,
> Néron poursuivi sur la scène
> Par les mépris des légions;
> Vois l'oppresseur de Syracuse
> Sans fruit prostituant sa muse
> Aux insultes des nations.
>
> Jusque-là, censeur moins sauvage,
> Souffre l'innocent badinage
> De la Nature et des Amours.
> Peux-tu condamner la tendresse,
> Toi qui n'en as connu l'ivresse
> Que dans les bras de tes tambours?

Le duc de Choiseul, en me faisant parvenir cette réponse, m'assura qu'il allait la faire imprimer si le roi de Prusse publiait son ouvrage, et qu'on battrait Frédéric à coups de plume comme on espérait le battre à coups d'épée. Il ne tenait qu'à moi, si j'avais voulu me réjouir, de voir le roi de France et le roi de Prusse faire la guerre en vers : c'était une scène nouvelle dans le monde. Je me donnai un autre plaisir, celui d'être plus sage que Frédéric : je lui écrivis que son ode était fort belle, mais qu'il ne devait pas la rendre publique, qu'il n'avait pas besoin de cette gloire, qu'il ne devait pas se fermer toutes les voies de réconciliation avec le roi de France, l'aigrir sans retour, et le forcer à faire les derniers efforts pour tirer de lui une juste vengeance. J'ajoutai que ma nièce avait brûlé son ode, dans la crainte mortelle qu'elle ne me fût imputée. Il me crut, me remercia, non sans quelques reproches d'avoir brûlé les plus beaux

---

[1]. Il y a vingt strophes dans la leçon donnée par l'auteur dans le *Génie de Voltaire apprécié dans tous ses ouvrages* (Paris, 1806). La quinzième débute ainsi :

> Abjure un espoir téméraire :
> En vain la muse de Voltaire
> T'enivra d'un coupable encens...

Voltaire l'a remplacée par celle-ci, qui est toute de sa façon. (*Voltaire aux Délices*, par G. Desnoiresterres, page 365.)

vers qu'il eût faits en sa vie[1]. Le duc de Choiseul, de son côté, tint parole, et fut discret.

Pour rendre la plaisanterie complète, j'imaginai de poser les premiers fondements de la paix de l'Europe sur ces deux pièces, qui devaient perpétuer la guerre jusqu'à ce que Frédéric fût écrasé. Ma correspondance avec le duc de Choiseul me fit naître cette idée ; elle me parut si ridicule, si digne de tout ce qui se passait alors, que je l'embrassai ; et je me donnai la satisfaction de prouver par moi-même sur quels petits et faibles pivots roulent les destinées des royaumes. M. de Choiseul m'écrivit plusieurs lettres ostensibles tellement conçues que le roi de Prusse pût se hasarder à faire quelques ouvertures de paix, sans que l'Autriche pût prendre ombrage du ministère de France ; et Frédéric m'en écrivit de pareilles, dans lesquelles il ne risquait pas de déplaire à la cour de Londres. Ce commerce très-délicat dure encore ; il ressemble aux mines que font deux chats qui montrent d'un côté patte de velours, et des griffes de l'autre. Le roi de Prusse, battu par les Russes, et ayant perdu Dresde, a besoin de la paix ; la France, battue sur terre par les Hanovriens, et sur mer par les Anglais, ayant perdu son argent très-mal à propos, est forcée de finir cette guerre ruineuse.

Voilà, belle Émilie, à quel point nous en sommes.

(*Cinna*, I, III.)

Aux Délices, ce 27 de novembre 1759.

Je continue, et ce sont toujours des choses singulières. Le roi de Prusse m'écrit du 17 de décembre[2] : « Je vous en manderai davantage de Dresde, où je serai dans trois jours ; » et le troisième jour il est battu par le maréchal Daun, et il perd dix-huit mille hommes[3]. Il me semble que tout ce que je vois est la fable du *Pot au lait*[4]. Notre grand marin Berryer, ci-devant lieutenant de police à Paris, et qui a passé de ce poste à celui de secrétaire d'État et de ministre des mers, sans avoir jamais vu d'autre flotte que

---

1. La lettre du roi de Prusse en envoyant son ode, et la réponse de Voltaire, ne sont point dans la *Correspondance*, mais il y en a trace : « Pour votre nièce, qu'elle me brûle ou qu'elle me rôtisse, cela m'est assez indifférent, » dit le roi de Prusse, dans sa lettre à Voltaire du 18 juillet 1759.

2. Lisez : du 17 novembre.

3. La victoire de Daun sur les Prussiens, à Maxen en Saxe, est du 20 novembre 1759.

4. La Fontaine, fable VII, livre X.

la galiote de Saint-Cloud et le coche d'Auxerre; notre Berryer[1], dis-je, s'était mis dans la tête de faire un bel armement naval pour opérer une descente en Angleterre à peine notre flotte a-t-elle mis le nez hors de Brest qu'elle a été battue par les Anglais, brisée par les rochers, détruite par les vents, ou engloutie dans la mer.

Nous avons eu pour contrôleur général des finances un Silhouette que nous ne connaissions que pour avoir traduit en prose quelques vers de Pope[2]: il passait pour un aigle ; mais, en moins de quatre mois, l'aigle s'est changé en oison. Il a trouvé le secret d'anéantir le crédit, au point que l'État a manqué d'argent tout d'un coup pour payer les troupes. Le roi a été obligé d'envoyer sa vaisselle à la Monnaie ; une bonne partie du royaume a suivi cet exemple.

12 février 1760.

Enfin, après quelques perfidies du roi de Prusse, comme d'avoir envoyé à Londres des lettres que je lui avais confiées, d'avoir voulu semer la zizanie entre nous et nos alliés, toutes perfidies très-permises à un grand roi, surtout en temps de guerre, je reçois des propositions de paix de la main du roi de Prusse, non sans quelques vers : il faut toujours qu'il en fasse. Je les envoie à Versailles ; je doute qu'on les accepte ; il ne veut rien céder, et il propose, pour dédommager l'électeur de Saxe, qu'on lui donne Erfurth, qui appartient à l'électeur de Mayence: il faut toujours qu'il dépouille quelqu'un ; c'est sa façon. Nous verrons ce qui résultera de ces idées, et surtout de la campagne qu'on va faire.

Comme cette grande et horrible tragédie est toujours mêlée de comique, on vient d'imprimer à Paris les *Poëshies du roi mon maître*[3], comme disait Freytag ; il y a une épître au maréchal Keith[4], dans laquelle il se moque beaucoup de l'immortalité de

---

1. Nicolas-René Berryer, lieutenant général de police en 1747, fut, le 1er novembre 1758, nommé ministre de la marine, et, le 13 octobre 1761, garde des sceaux : il mourut le 15 août 1762.

2. Étienne de Silhouette, nommé contrôleur général le 8 mars 1759, se retira le 21 novembre de la même année. Sa traduction en prose de l'*Essai sur l'homme* avait paru pour la première fois en 1736. Il est mort le 22 janvier 1767.

3. Voyez page 41. Il parut, en 1760, diverses éditions des *Poésies diverses, ou OEuvres du philosophe de Sans-Souci*.

4. C'est l'épître dix-huitième, intitulée : *Au maréchal Keith; imitation du livre III de Lucrèce, sur les vaines terreurs de la mort et les frayeurs d'une autre vie*.

l'âme et des chrétiens. Les dévots n'en sont pas contents, les prêtres calvinistes murmurent; ces pédants le regardaient comme le soutien de la bonne cause; ils l'admiraient quand il jetait dans des cachots les magistrats de Leipsick, et qu'il vendait leurs lits pour avoir leur argent. Mais depuis qu'il s'est avisé de traduire quelques passages de Sénèque, de Lucrèce, et de Cicéron, ils le regardent comme un monstre. Les prêtres canoniseraient Cartouche dévot.

FIN DES MÉMOIRES

COMMENTAIRE

HISTORIQUE

SUR LES OEUVRES

DE L'AUTEUR DE LA HENRIADE

1776.

AVERTISSEMENT
DE BEUCHOT

Ce n'est point au nom de Voltaire, mais c'est sous sa dictée, qu'a été écrit le *Commentaire historique*. Cependant Wagnière, pendant son voyage en Russie, s'en disait l'auteur, et depuis son retour en France il parlait de son *Commentaire historique* [1]. Voici même comme il s'exprime dans deux copies autographes que je possède d'un *Avis préliminaire*, pour ses remarques ou additions au *Commentaire historique* :

> Ce petit précis historique fut composé au commencement de 1776, tant sur ce que j'avais entendu dire à M. de Voltaire que sur les papiers qu'il m'avait donnés en propre en 1772. Je le priai de me permettre d'en faire usage, et il eut cette bonté. Je le communiquai à mon maître, qui eut la complaisance de le revoir et de me fournir encore quelques instructions. Je suppliai aussi M. de Voltaire de me faire donner un certificat ; et, après la communication et la vérification sur les originaux, il demanda lui-même à MM. Durey et Christin les deux déclarations signées qui se trouvent à la tête de cet ouvrage [2].

C'est à une autre personne que M. G. Feydel [3] fait honneur du *Commentaire historique*. Il assure que cet écrit est de l'avocat Christin [4].

Voilà deux opinions bien contradictoires. Je les crois fausses toutes les deux. L'auteur du *Commentaire* dit (page 75) : « J'étais, en 1732, à la première représentation de *Zaïre* ; » et (page 122) il ajoute : « J'ai entendu, il y a quarante ans (à Bruxelles), cette belle chanson. » Voltaire peut avoir, dans ces deux passages, oublié que, dans le *Commentaire historique*, il parlait à la troisième personne ; il peut même avoir employé à dessein ces expressions. Mais elles ne peuvent être échappées à Wagnière, né en 1740, ni à Christin, né en 1744, en parlant de faits antérieurs à leur naissance.

La première édition parut en 1776 avec l'adresse de : *A Basle, chez les héritiers de Paul Duker*. C'est Wagnière lui-même qui le dit, et sur cela il n'a aucun motif d'altérer la vérité.

J'ai sous les yeux cette édition [5]; au verso du frontispice on lit les deux

---

1. Page 6 de l'*Avertissement de l'éditeur* des *Mémoires sur Voltaire et sur ses ouvrages*, par Longchamp et Wagnière, ses secrétaires; Paris, Aimé-André, 1826, deux volumes in-8°.

2. Ce passage est tout différent dans l'impression faite en 1826, conforme à la copie que j'avais reçue de la main de feu Decroix. (B.)

3. *Un Cahier d'histoire littéraire*, 1818, in-8°, pages 1-11.

4. Voyez la note, tome XIX, page 445.

5. C'est sur un exemplaire d'une autre édition, et dont le titre est encadré, sous l'adresse de Neufchâtel et la date de 1776 (mais que je crois de Genève), in-8° de IV et 232 pages, que Wagnière avait commencé à écrire quelques notes.

certificats dont parle Wagnière [1], et qui ont été reproduits dans quelques réimpressions.

Ces certificats prouvent incontestablement que la première édition du *Commentaire historique* n'est point antérieure au mois de juin 1776. Les *Mémoires secrets* en parlent, pour la première fois, à la date du 3 septembre.

Les éditeurs de Kehl avaient placé le *Commentaire historique* dans les *Mélanges littéraires*.

Lorsque les éditeurs de Kehl ont imprimé le volume où ils ont placé le *Commentaire historique*, ils ne croyaient pas pouvoir publier les *Mémoires pour servir à la Vie de M. de Voltaire*. Le roi de Prusse Frédéric II, qui n'y est pas toujours flatté, existait encore. Ils imaginèrent de coudre au *Commentaire historique* tout ce qu'ils purent des *Mémoires*. Pour cela faire, il fallut d'abord mettre à la troisième personne le récit qui, dans les *Mémoires*, est à la première. Quelquefois même des passages furent plus ou moins altérés. Leur édition n'était pas achevée quand le roi de Prusse mourut, et quand, par suite de l'infidélité de La Harpe, ainsi que je l'ai dit, il parut plusieurs éditions des *Mémoires*, que les éditeurs de Kehl se décidèrent alors à mettre dans le dernier volume de leur édition.

Il était tout naturel, en donnant depuis les deux ouvrages, de faire disparaître du *Commentaire historique* les passages qu'on y avait intercalés, et qui faisaient double emploi. A cet égard, mes devanciers m'ont laissé peu de chose à faire.

A la suite de la première édition et des réimpressions antérieures aux éditions de Kehl, étaient, sous le titre de *Lettres véritables*, etc., vingt-neuf morceaux en prose, et le conte en vers intitulé *Sésostris* [2].

La plus grande partie des vingt-neuf morceaux en prose est dans les éditions de Kehl, comme dans toutes celles qui les ont suivies, y compris la mienne, à leurs dates dans la *Correspondance;* le reste, dans les *Mélanges.*

Wagnière, secrétaire de Voltaire pendant vingt-quatre ans, pouvait mieux que personne donner des développements à certains passages du *Commentaire historique*. Les notes qu'il avait rédigées ont été imprimées sous le titre de : *Additions au Commentaire historique*, dans les *Mémoires sur la Vie de Voltaire*, etc., *par Longchamp et Wagnière*, 1826, deux volumes in-8°. J'y renvoie quelquefois le lecteur.

BEUCHOT.

Juin 1832.

---

1. Voici ces certificats :

« J'ai vu les pièces originales et les preuves qui sont dans le Commentaire, et je les ai remises entre les mains du sieur Wagn.... Le 1er mai 1776.

« *Signé :* DUREY, avocat. »

« J'ai confronté les mêmes pièces, et je les ai trouvées entièrement conformes aux originaux. Le 1er juin 1776.

« *Signé :* CHRISTIN. »

2. Voyez ce conte, tome X, page 68.

COMMENTAIRE
HISTORIQUE

Je tâcherai, dans ces Commentaires sur un homme de lettres, de ne rien dire que d'un peu utile aux lettres, et surtout de ne rien avancer que sur des papiers originaux. Nous ne ferons aucun usage ni des satires, ni des panégyriques presque innombrables, qui ne seront pas appuyés sur des faits authentiques.

Les uns font naître François de Voltaire le 20 février 1694; les autres, le 20 novembre de la même année. Nous avons des médailles de lui qui portent ces deux dates ; il nous a dit plusieurs fois qu'à sa naissance on désespéra de sa vie, et qu'ayant été ondoyé, la cérémonie de son baptême fut différée plusieurs mois[1].

Quoique je pense que rien n'est plus insipide que les détails de l'enfance et du collége, cependant je dois dire, d'après ses propres écrits, et d'après la voix publique, qu'à l'âge d'environ douze ans, ayant fait des vers qui paraissaient au-dessus de cet âge, l'abbé de Châteauneuf, intime ami de la célèbre Ninon de Lenclos, le mena chez elle, et que cette fille si singulière lui légua, par son testament, une somme de deux mille francs pour acheter des livres, laquelle somme lui fut exactement payée. Cette petite pièce de vers, qu'il avait faite au collége, est probablement celle qu'il composa pour un invalide qui avait servi dans le régiment Dauphin, sous Monseigneur, fils unique de Louis XIV. Ce vieux soldat était allé au collége des jésuites prier un régent de vouloir bien lui faire un placet en vers pour Monseigneur : le régent lui dit qu'il était alors trop occupé, mais qu'il y avait un

---

[1]. Dans sa lettre à Damilaville, du 20 février 1765, Voltaire dit : « Je suis né en 1694, le 20 février, et non le 20 novembre, comme le disent les commentateurs mal instruits. » Il se vieillissait ainsi de près d'une année.
L'acte de baptême de Voltaire à la paroisse Saint-André-des-Arcs à Paris est du 22 novembre 1694, et porte que l'enfant était *né le jour précédent*, sans aucune mention conséquemment de l'ondoiement dont parle l'auteur du *Commentaire historique*. — (B.) Voyez cet acte ci-après, dans les *Documents biographiques*.

jeune écolier qui pouvait faire ce qu'il demandait. Voici les vers que cet enfant composa :

> Digne fils du plus grand des rois [1],
> Son amour et notre espérance,
> Vous qui, sans régner sur la France,
> Régnez sur le cœur des François,
> Souffrez-vous que ma vieille veine,
> Par un effort ambitieux,
> Ose vous donner une étrenne,
> Vous qui n'en recevez que de la main des dieux ?
> On a dit qu'à votre naissance
> Mars vous donna la vaillance,
> Minerve, la sagesse ; Apollon, la beauté :
> Mais un dieu bienfaisant, que j'implore en mes peines
> Voulut aussi me donner mes étrennes,
> En vous donnant la libéralité.

Cette bagatelle d'un jeune écolier valut quelques louis d'or à l'invalide, et fit quelque bruit à Versailles et à Paris. Il est à croire que dès lors le jeune homme fut déterminé à suivre son penchant pour la poésie. Mais je lui ai entendu dire à lui-même que ce qui l'y engagea plus fortement fut qu'au sortir du collége, ayant été envoyé aux écoles de droit par son père, trésorier de la chambre des comptes, il fut si choqué de la manière dont on y enseignait la jurisprudence que cela seul le tourna entièrement du côté des belles-lettres.

Tout jeune qu'il était, il fut admis dans la société de l'abbé de Chaulieu, du marquis de La Fare, du duc de Sully, de l'abbé Courtin; et il nous a dit plusieurs fois que son père l'avait cru perdu, parce qu'il voyait bonne compagnie et qu'il faisait des vers.

Il avait commencé dès l'âge de dix-huit ans la tragédie d'*Œdipe*, dans laquelle il voulut mettre des chœurs à la manière des anciens [2]. Les comédiens eurent beaucoup de répugnance à

---

1. Cette pièce, qui est de 1706 ou 1707, présente ici quelques différences avec le texte qui est au tome X, page 213.

2. Nous avons une lettre du savant Dacier, de 1713, dans laquelle il exhorte l'auteur, qui avait déjà fait sa pièce, à y joindre des chœurs chantants, à l'exemple des Grecs. Mais la chose était impraticable sur le théâtre français. (*Note de Voltaire.*) — Lorsqu'en 1769, M. de Voltaire obtint justice à Toulouse pour le malheureux Sirven, M. de Merville, avocat chargé de cette cause, refusa toute espèce d'honoraires, et demanda pour toute reconnaissance à M. de Voltaire qu'il voulût bien ajouter des chœurs à son *Œdipe*. (K.)

jouer une tragédie traitée par Corneille, en possession du théâtre ; ils ne la représentèrent qu'en 1718 ; et encore fallut-il de la protection. Le jeune homme[1], qui était fort dissipé et plongé dans les plaisirs de son âge, ne sentit point le péril, et ne s'embarrassait point que sa pièce réussît ou non : il badinait sur le théâtre, et s'avisa de porter la queue du grand prêtre, dans une scène où ce même grand prêtre faisait un effet très-tragique. Mme la maréchale de Villars, qui était dans la première loge, demanda quel était ce jeune homme qui faisait cette plaisanterie, apparemment pour faire tomber la pièce : on lui dit que c'était l'auteur. Elle le fit venir dans sa loge ; et depuis ce temps il fut attaché à monsieur le maréchal et à madame jusqu'à la fin de leur vie, comme on peut le voir par cette épître imprimée :

> Je me flattais de l'espérance
> D'aller goûter quelque repos
> Dans votre maison de plaisance ; etc.[2].

Ce fut à Villars qu'il fut présenté à M. le duc de Richelieu, dont il acquit la bienveillance, qui ne s'est point démentie pendant soixante années.

Ce qui est aussi rare, et ce qui à peine a été connu, c'est que le prince de Conti, père de celui qui a été si célèbre par les journées de la barricade de Démont et de Château-Dauphin, fit pour lui des vers dont voici les derniers :

> Ayant puisé ses vers aux eaux de l'Aganipe,
> Pour son premier projet il fait le choix d'Œdipe ;
> Et quoique dès longtemps ce sujet fût connu,
> Par un style plus beau cette pièce changée
> Fit croire des enfers Racine revenu,
> Ou que Corneille avait la sienne corrigée[3].

Je n'ai pu retrouver la réponse de l'auteur d'*Œdipe*. Je lui demandai un jour s'il avait dit au prince en plaisantant : « Monseigneur, vous serez un grand poète ; il faut que je vous fasse donner une pension par le roi. » On prétend aussi qu'à souper il lui dit : « Sommes-nous tous princes ou tous poètes ? » Il me répondit : *Delicta juventutis meæ ne memineris, Domine.*

1. En 1718, lors des premières représentations d'*Œdipe*, Voltaire avait vingt-quatre ans.
2. Voyez le texte entier de cette épître, tome X, année 1721.
3. La pièce entière du prince de Conti est parmi les *Pièces justificatives*.

Il commença *la Henriade* à Saint-Ange, chez M. de Caumartin, intendant des finances, après avoir fait *Œdipe*, et avant que cette pièce fût jouée. Je lui ai entendu dire plus d'une fois que quand il entreprit ces deux ouvrages, il ne comptait pas les pouvoir finir, et qu'il ne savait ni les règles de la tragédie ni celles du poème épique ; mais qu'il fut saisi de tout ce que M. de Caumartin, très-savant dans l'histoire, lui contait de Henri IV, dont ce respectable vieillard était idolâtre ; et qu'il commença cet ouvrage par pur enthousiasme, sans presque y faire réflexion [1]. Il lut un jour plusieurs chants de ce poëme chez le jeune président de Maisons, son intime ami. On l'impatienta par des objections ; il jeta son manuscrit dans le feu. Le président Hénault l'en retira avec peine. « Souvenez-vous, lui dit M. Hénault dans une de ses lettres, que c'est moi qui ai sauvé *la Henriade*, et qu'il m'en a coûté une belle paire de manchettes. » Plusieurs copies de ce poëme, qui n'était qu'ébauché, coururent quelques années après dans le public ; il fut imprimé avec beaucoup de lacunes sous le titre de *la Ligue*.

Tous les poëtes de Paris et plusieurs savants se déchaînèrent contre lui ; on lui décocha vingt brochures ; on joua *la Henriade* à la Foire [2] ; on dit à l'ancien évêque de Fréjus [3], précepteur du roi, qu'il était indécent et même criminel de louer l'amiral de Coligny et la reine Élisabeth. La cabale fut si forte qu'on engagea le cardinal de Bissy, alors président de l'assemblée du clergé, à censurer juridiquement l'ouvrage ; mais une si étrange procédure n'eut pas lieu. Le jeune auteur fut également étonné et piqué de ces cabales. Sa vie très-dissipée l'avait empêché de se faire des amis parmi les gens de lettres ; il ne savait point opposer intrigue à intrigue : ce qui est, dit-on, absolument nécessaire dans Paris quand on veut réussir, en quelque genre que ce puisse être.

Il donna la tragédie de *Mariamne* en 1722 [4]. Mariamne était

---

1. M. de Voltaire recueillit dès lors une partie des matériaux qu'il a employés depuis dans l'histoire du *Siècle de Louis XIV*. L'évêque de Blois, Caumartin, avait passé une grande partie de sa vie à s'amuser de ces petites intrigues qui sont pour le commun des courtisans une occupation si grave et si triste. Il en connaissait les plus petits détails, et les racontait avec beaucoup de gaieté. Ce que M. de Voltaire a cru devoir imprimer est exact ; mais il s'est bien gardé de dire tout ce qu'il savait. (K.)

2. Voltaire fut plusieurs fois en butte aux traits des auteurs qui travaillaient pour le théâtre de la Foire. Plusieurs de ses tragédies y furent parodiées.

3. Le cardinal de Fleury.

4. La première représentation de *Mariamne* est du 6 mars 1724.

empoisonnée par Hérode ; lorsqu'elle but la coupe, la cabale cria : *La reine boit!* et la pièce tomba. Ces mortifications continuelles le déterminèrent à faire imprimer en Angleterre *la Henriade*[1], pour laquelle il ne pouvait obtenir en France ni privilége ni protection. Nous avons vu une lettre de sa main, écrite à M. Dumas d'Aigueberre, depuis conseiller au parlement de Toulouse, dans laquelle il parle ainsi de ce voyage :

> Je ne dois pas être plus fortuné
> Que le héros célébré sur ma vielle :
> Il fut proscrit, persécuté, damné,
> Par les dévots et leur douce séquelle :
> En Angleterre il trouva du secours,
> J'en vais chercher.....[2]

Le reste des vers est déchiré ; elle finit par ces mots : « Je n'ai pas le nez tourné à être prophète en mon pays. » Il avait raison. Le roi George Ier, et surtout la princesse de Galles, qui depuis fut reine, lui firent une souscription immense[3] : ce fut le commencement de sa fortune, car, étant revenu en France en 1728, il mit son argent à une loterie établie par M. Desforts, contrôleur général des finances. On recevait des rentes sur l'Hôtel de Ville pour billets, et on payait les lots argent comptant ; de sorte qu'une société qui aurait pris tous les billets aurait gagné un million. Il s'associa avec une compagnie nombreuse, et fut heureux. C'est un des associés qui m'a certifié cette anecdote, dont j'ai vu la preuve sur ses registres. M. de Voltaire lui écrivait : « Pour faire sa fortune dans ce pays-ci, il n'y a qu'à lire les arrêts du conseil. Il est rare qu'en fait de finances le ministère ne soit forcé à faire des arrangements dont les particuliers profitent. »

Cela ne l'empêcha pas de cultiver les belles-lettres, qui étaient sa passion dominante. Il donna, en 1730, son *Brutus*, que je regarde comme sa tragédie la plus fortement écrite, sans même en excepter *Mahomet*. Elle fut très-critiquée. J'étais, en 1732, à la première représentation de *Zaïre* ; et, quoiqu'on y pleurât beaucoup, elle fut sur le point d'être sifflée. On la parodia

---

1. Il éprouva bien une autre mortification. On refusa la dédicace qu'il voulait faire de sa *Henriade* à Louis XV, alors âgé d'environ seize ans.
2. La suite de ces vers et la lettre dans laquelle ils étaient ne nous sont pas parvenues.
3. On en porte le produit à 150,000 francs.

à la comédie italienne, à la Foire ; on l'appela la pièce des *Enfants trouvés, Arlequin au Parnasse*[1].

Un académicien l'ayant proposé en ce temps-là pour remplir une place vacante à laquelle notre auteur ne songeait point, M. de Boze déclara que l'auteur de *Brutus* et de *Zaïre* ne pouvait jamais devenir un sujet académique.

Il était lié alors avec l'illustre marquise du Châtelet, et ils étudiaient ensemble les principes de Newton et les systèmes de Leibnitz. Ils se retirèrent plusieurs années à Cirey en Champagne ; M. Koenig, grand mathématicien, y vint passer deux ans entiers. M. de Voltaire y fit bâtir une galerie, où l'on fit toutes les expériences alors connues sur la lumière et sur l'électricité. Ces occupations ne l'empêchèrent pas de donner, le 27 janvier 1736, la tragédie d'*Alzire* ou des *Américains,* qui eut un grand succès. Il attribua cette réussite à son absence ; il disait : *Laudantur ubi non sunt, sed cruciantur ubi sunt*[2].

Celui qui se déchaîna le plus contre *Alzire* fut l'ex-jésuite Desfontaines. Cette aventure est assez singulière : ce Desfontaines avait travaillé au *Journal des Savants* sous M. l'abbé Bignon, et en avait été exclu en 1723. Il s'était mis à faire des espèces de journaux pour son compte : il était ce que M. de Voltaire appelle un *folliculaire*. Ses mœurs étaient assez connues. Il avait été pris en flagrant délit avec de petits savoyards, et mis en prison à Bicêtre. On commençait à instruire son procès, et on voulait le faire brûler, parce qu'on disait que Paris avait besoin d'un exemple. M. de Voltaire employa pour lui la protection de Mme la marquise de Prie. Nous avons encore une des lettres que Desfontaines écrivit à son libérateur : elle a été imprimée parmi les *Lettres du marquis d'Argens*[3], page 228, tome Ier : « Je n'oublierai jamais les obligations que je vous ai ; votre bon cœur est encore au-dessus de votre esprit, ma vie doit être employée à vous marquer ma reconnaissance. Je vous conjure d'obtenir encore que la lettre de cachet qui m'a tiré de Bicêtre, et qui m'exile à trente lieues de Paris, soit levée, etc. »

Quinze jours après, le même homme imprime un libelle diffamatoire contre celui pour lequel il devait employer sa vie. C'est ce que je découvre par une lettre de M. Thieriot, du 16 août,

---

1. Sur ces deux parodies, voyez la note, tome II, page 536.
2. Phrase de saint Augustin.
3. Cette lettre est du 31 mai. La date de l'année n'y est pas ; mais elle est de 1724. (*Note de Voltaire*). — Voyez cette lettre dans la *Correspondance*.

tirée du même recueil. Cet abbé Desfontaines est celui-là même qui, pour se justifier, disait à M. le comte d'Argenson : *Il faut que je vive;* et à qui M. le comte d'Argenson répondit : *Je n'en vois pas la nécessité.*

Ce prêtre ne s'adressait plus à des ramoneurs depuis son aventure de Bicêtre. Il élevait de jeunes Français dans ces deux métiers de non-conformiste et de folliculaire ; il leur montrait à faire des satires; il composa avec eux des libelles diffamatoires, intitulés *Voltairomanie*[1] et *Voltairiana*[2]. C'était un ramas de contes absurdes ; on en peut juger par une des lettres de M. le duc de Richelieu, signée de sa main, dont nous avons retrouvé l'original. Voici les propres mots : « Ce livre est bien ridicule et bien plat. Ce que je trouve d'admirable, c'est que l'on y dit que Mme de Richelieu vous avait donné cent louis et un carrosse, avec des circonstances dignes de l'auteur et non pas de vous ; mais cet homme admirable oublie que j'étais veuf en ce temps-là, et que je ne me suis remarié que plus de quinze ans après, etc. *Signé :* le duc DE RICHELIEU, 8 février 1739. »

M. de Voltaire ne se prévalait pas même de tant de témoignages authentiques ; et ils seraient perdus pour sa mémoire, si nous ne les avions retrouvés avec peine dans le chaos de ses papiers.

Je tombe encore sur une lettre du marquis d'Argenson, ministre des affaires étrangères : « C'est un vilain homme que cet abbé Desfontaines ; son ingratitude est encore pire que ses crimes, qui vous avaient donné lieu de l'obliger. 7 février 1739. »

Voilà les gens à qui M. de Voltaire avait affaire, et qu'il appelait *la canaille de la littérature. Ils vivent,* disait-il, *de brochures et de crimes.*

Nous voyons qu'en effet un homme de cette trempe, nommé l'abbé Mac-Carthy, qui se disait des nobles Mac-Carthy d'Irlande, et qui se disait aussi homme de lettres, lui emprunta une somme assez considérable, et alla avec cet argent se faire mahométan à Constantinople ; sur quoi M. de Voltaire dit : « Mac-Carthy n'est allé qu'au Bosphore ; mais Desfontaines s'est réfugié plus loin vers le lac de Sodome[3]. »

Il paraît que les contradictions, les perversités, les calomnies

---

1. Voyez la note, tome XXII, page 371.
2. L'ouvrage est intitulé *Voltariana;* voyez la note, tome XXII, page 76.
3. Nous avons vu une obligation de 500 livres d'argent prêté chez Perret, notaire, 1er juillet 1730; mais nous n'avons pu trouver celle de 2,000 livres. (*Note de Voltaire.*) — Voyez tome XXXIII, pages 252 et 398.

qu'il essuyait à chaque pièce qu'il faisait représenter ne pouvaient l'arracher à son goût, puisqu'il donna la comédie de *l'Enfant prodigue* le 10 octobre 1736 ; mais il ne la donna point sous son nom, et il en laissa le profit à deux jeunes élèves qu'il avait formés, MM. Linant[1] et Lamare[2], qui vinrent à Cirey, où il était avec Mme du Châtelet. Il donna Linant pour précepteur au fils de Mme du Châtelet, qui a été depuis lieutenant général des armées, et ambassadeur à Vienne et à Londres. La comédie de *l'Enfant prodigue* eut un grand succès. L'auteur écrivit à Mlle Quinault[3] : « Vous savez garder les secrets d'autrui comme les vôtres. Si l'on m'avait reconnu, la pièce aurait été sifflée. Les hommes n'aiment pas qu'on réussisse en deux genres. Je me suis fait assez d'ennemis par *Œdipe* et *la Henriade*. »

Cependant il embrassait dans ce temps-là même un genre d'étude tout différent : il composait les *Éléments de la philosophie de Newton*, philosophie qu'alors on ne connaissait presque point en France. Il ne put obtenir un privilége du chancelier d'Aguesseau, magistrat d'une science universelle, mais qui, ayant été élevé dans le système cartésien, écartait les nouvelles découvertes autant qu'il pouvait. L'attachement de notre auteur pour les principes de Newton et de Locke lui attira une foule de nouveaux ennemis. Il écrivait à M. Falkener, le même auquel il avait dédié *Zaïre* : « On croit que les Français aiment la nouveauté, mais c'est en fait de cuisine et de modes : car pour les vérités nouvelles, elles sont toujours proscrites parmi nous : ce n'est que quand elles sont vieilles qu'elles sont bien reçues, etc. »

Nous avons recouvré une lettre qu'il écrivit longtemps après à M. Clairaut sur ces matières abstraites ; elle paraît mériter d'être conservée. On la trouvera à son rang dans ce recueil[4].

Pour se délasser des travaux de la physique, il s'amusa à faire le poëme de *la Pucelle*. Nous avons des preuves que cette plaisanterie fut presque composée tout entière à Cirey. Mme du Châtelet aimait les vers autant que la géométrie, et s'y connais-

1. Voyez tome XXXIII, page 243.
2. Voyez tome XXXIII, page 574.
3. La lettre à Mlle Quinault, où se trouvait le passage rapporté ici, n'a point été imprimée.
4. Cette lettre se trouvait parmi celles qui sont à la suite du *Commentaire historique* dans la première édition de cet écrit. Elle y était sans date, je lui ai mis celle du 27 août 1759. (B.) — Voyez tome XL, page 158.

sait parfaitement. Quoique ce poëme ne fût que comique, on y trouva beaucoup plus d'imagination que dans *la Henriade* ; mais *la Pucelle* fut indignement violée par des polissons grossiers, qui la firent imprimer avec des ordures intolérables. Les seules bonnes éditions sont celles de MM. Cramer.

Il fallut quitter Cirey pour aller solliciter à Bruxelles un procès que la maison du Châtelet y soutenait depuis longtemps contre la maison de Honsbrouck, procès qui pouvait les ruiner l'une et l'autre. M. de Voltaire, conjointement avec M. Raesfeld, président de Clèves, accommoda enfin cet ancien différend, moyennant cent trente mille francs[1], argent de France, qui furent payés à M. le marquis du Châtelet.

Le malheureux et célèbre Rousseau était alors à Bruxelles. Mme du Châtelet ne voulut point le voir; elle savait que Rousseau avait fait autrefois une satire[2] contre le baron de Breteuil son père, dans le temps qu'il était son domestique; et nous en avons la preuve dans un papier écrit tout entier de la main de Mme du Châtelet.

Les deux poëtes se virent, et bientôt conçurent une assez forte aversion l'un pour l'autre. Rousseau ayant montré à son antagoniste une *Ode à la postérité*, celui-ci lui dit : « Mon ami, *voilà une lettre qui ne sera jamais reçue à son adresse.* » Cette raillerie ne fut jamais pardonnée. Il y a une lettre de M. de Voltaire à M. Linant[3], dans laquelle il dit : « Rousseau me méprise, parce que je néglige quelquefois la rime; et moi je le méprise, parce qu'il ne sait que rimer [4]. »

---

1. Dans ses *Mémoires*, Voltaire avait dit *deux cent vingt mille francs.*
2. Voyez tome XXII, page 330; et aussi, tome X, page 286, une note de l'Épître à Mme du Châtelet *sur la Calomnie* (1733), et tome X, page 78, une note de la satire intitulée *la Crépinade.*
3. La collection des lettres de Voltaire ne contient encore aucune lettre adressée au Linant dont on parle ici.
4. Nous observons qu'une lettre d'un sieur de Médine à un sieur de Missy, du 17 février 1737, prouve assez que le poëte Rousseau ne s'était pas corrigé à Bruxelles. La voici : « Vous allez être étonné du malheur qui m'arrive; il m'est revenu des lettres protestées; on m'enlève mercredi au soir et on me met en prison : croiriez-vous que ce coquin de Rousseau, cet indigne, ce monstre, qui depuis six mois n'a bu et mangé que chez moi, à qui j'ai rendu les plus grands services, et en nombre, a été la cause qu'on m'a pris? C'est lui qui a irrité contre moi le porteur des lettres; enfin ce monstre, vomi des enfers, achevant de boire avec moi à ma table, de me baiser, de m'embrasser, a servi d'espion pour me faire enlever à minuit. Non, jamais trait n'a été si noir ; je ne puis y penser sans horreur. Si vous saviez tout ce que j'ai fait pour lui! Patience, je compte que notre correspondance n'en sera pas altérée. »

Il faut avouer qu'une telle action sert beaucoup à justifier Saurin, et la

Les extrêmes bontés avec lesquelles le roi de Prusse l'avait prévenu lui firent bien oublier la haine de Rousseau. Ce monarque était poëte aussi ; mais il avait tous les talents de sa place, et tous ceux qui n'en étaient pas. Une correspondance suivie était établie depuis longtemps entre lui et notre auteur, lorsqu'il était prince royal héréditaire. On a imprimé quelques-unes de leurs lettres dans les recueils qu'on a faits des ouvrages de M. de Voltaire.

Ce prince venait, à son avénement à la couronne, de visiter toutes les frontières de ses États. Son désir de voir les troupes françaises, et d'aller *incognito* à Strasbourg et à Paris, lui fit entreprendre le voyage de Strasbourg, sous le nom du comte du Four ; mais, ayant été reconnu par un soldat qui avait servi dans les armées de son père, il retourna à Clèves.

Plus d'un curieux a conservé dans son portefeuille une lettre en prose et en vers, dans le goût de Chapelle, écrite par ce prince sur ce voyage de Strasbourg. L'étude de la langue et de la poésie française, celle de la musique italienne, de la philosophie et de l'histoire, avaient fait sa consolation dans les chagrins qu'il avait essuyés pendant sa jeunesse. Cette lettre est un monument singulier d'un homme qui a gagné depuis tant de batailles ; elle est écrite avec grâce et légèreté ; en voici quelques morceaux [1] :

« Je viens de faire un voyage entremêlé d'aventures singulières, quelquefois fâcheuses, et souvent plaisantes. Vous savez que j'étais parti pour Bruxelles afin de revoir une sœur que j'aime autant que je l'estime. Chemin faisant, Algarotti et moi, nous consultions la carte géographique pour régler notre retour par Vesel. Strasbourg ne nous détournait pas beaucoup, nous choisîmes cette route par préférence : l'*incognito* fut résolu ; enfin, tout arrangé et concerté au mieux, nous crûmes aller en trois jours à Strasbourg ;

> Mais le ciel, qui de tout dispose,
> Régla différemment la chose.
> Avec des coursiers efflanqués,
> En droite ligne issus de Rossinante,

---

sentence et l'arrêt qui bannirent Rousseau. Mais nous n'entrons pas dans les profondeurs de cette affaire, si funeste et si déshonorante. (*Note de Voltaire.*)

Dans cette note la lettre de Rousset de Missy est abrégée ; elle est entière, tome XXII, page 354.

1. Un autre fragment de cette lettre est rapporté dans les *Mémoires*.

> Des paysans en postillons masqués,
> Butords de race impertinente,
> Nos carrosses cent fois dans la route accrochés,
> Nous allions gravement d'une allure indolente. »

On dit qu'il écrivait tous les jours de ces lettres agréables au courant de la plume. Mais il venait de composer un ouvrage bien plus sérieux et plus digne d'un grand prince : c'était la réfutation de Machiavel. Il l'avait envoyé à M. de Voltaire pour le faire imprimer : il lui donna rendez-vous dans un petit château appelé Meuse, auprès de Clèves. Celui-ci lui dit : « Sire, si j'avais été Machiavel, et si j'avais eu quelque accès auprès d'un jeune roi, la première chose que j'aurais faite aurait été de lui conseiller d'écrire contre moi. » Depuis ce temps, les bontés du monarque prussien redoublèrent pour l'homme de lettres français, qui alla lui faire sa cour à Berlin sur la fin de 1740, avant que le roi se préparât à entrer en Silésie.

Alors le cardinal de Fleury lui prodigua les cajoleries les plus flatteuses, dont il ne paraît pas que notre voyageur fût la dupe. Voici sur cette matière une anecdote bien singulière, et qui pourrait jeter un grand jour sur l'histoire de ce siècle. Le cardinal écrivit à M. de Voltaire, le 14 novembre 1740, une grande lettre ostensible dont j'ai copie ; on y trouve ces propres mots :

« La corruption est si générale, et la bonne foi est si indécemment bannie de tous les cœurs dans ce malheureux siècle, que, si on ne se tenait pas bien ferme dans les motifs supérieurs qui nous obligent à ne point nous en départir, on serait quelquefois tenté d'y manquer dans de certaines occasions. Mais le roi mon maître fait voir du moins qu'il ne se croit point en droit d'avoir de cette espèce de représailles ; et dans le moment de la mort de l'empereur, il assura M. le prince de Lichtenstein qu'il garderait fidèlement tous ses engagements. »

Ce n'est point à moi d'examiner comment, après une telle lettre, on put, en 1741, entreprendre de dépouiller la fille et l'héritière de l'empereur Charles VI. Ou le cardinal de Fleury changea d'avis, ou cette guerre se fit malgré lui. Mon commentaire ne regarde point la politique, à laquelle je suis absolument étranger ; mais, en qualité de littérateur, je ne puis dissimuler ma surprise de voir un homme de cour et un académicien dire « qu'on se tient ferme dans des motifs qui obligent à ne se point départir de ces motifs ; qu'on serait tenté de manquer à ces mo-

tifs, et qu'on est en droit d'avoir de ces espèces de représailles. »
Voilà bien des fautes contre la langue en peu de mots.

Quoi qu'il en soit, je vois très-clairement que mon auteur n'avait aucune envie de faire fortune par la politique, puisque, de retour à Bruxelles, il ne s'occupa que de ses chères belles-lettres. Il y fit la tragédie de *Mahomet*, et alla bientôt après avec Mme du Châtelet faire jouer cette pièce à Lille, où il y avait une fort bonne troupe dirigée par le sieur Lanoue, auteur et comédien. La fameuse demoiselle Clairon y jouait, et montrait déjà les plus grands talents. Mme Denis, nièce de l'auteur, femme d'un commissaire ordonnateur des guerres, ancien capitaine au régiment de Champagne, tenait un assez grand état dans Lille, qui était du département de son mari. Mme du Châtelet logea chez elle ; je fus témoin de toutes ces fêtes : *Mahomet* fut très-bien joué.

Dans un entr'acte, on apporta à l'auteur une lettre du roi de Prusse, qui lui apprenait la victoire de Molvitz[1] ; il la lut à l'assemblée ; on battit des mains. « Vous verrez, dit-il, que cette pièce de Molvitz fera réussir la mienne. »

Elle fut représentée à Paris le 19 août de la même année[2]. Ce fut là qu'on vit plus que jamais à quel excès se peut porter la jalousie des gens de lettres, surtout en fait de théâtre. L'abbé Desfontaines et un nommé Bonneval, que M. de Voltaire avait secouru dans ses besoins, ne pouvant faire tomber la tragédie de *Mahomet*, la déférèrent, comme une pièce contre la religion chrétienne, au procureur général. La chose alla si loin que le cardinal de Fleury conseilla à l'auteur de la retirer. Ce conseil avait force de loi ; mais l'auteur la fit imprimer, et la dédia au pape Benoît XIV, Lambertini, qui avait déjà beaucoup de bontés pour lui. Il avait été recommandé à ce pape par le cardinal Passionei, homme de lettres célèbre, avec lequel il était depuis longtemps en correspondance. Nous avons quelques lettres de ce pape à M. de Voltaire[3]. Sa Sainteté voulut l'attirer à Rome ; et il ne s'est jamais consolé de n'avoir point vu cette ville, qu'il appelait la capitale de l'Europe.

Mahomet ne fut rejoué que longtemps après, par le crédit de Mme Denis, malgré Crébillon, alors approbateur des pièces de théâtre sous les ordres du lieutenant de police. On fut obligé de

---

1. 10 avril 1741 ; voyez page 20.
2. Ce fut en 1742 et le 9 août qu'on donna à Paris la première représentation de *Mahomet*.
3. Voyez tome IV, page 102.

prendre M. d'Alembert pour approbateur. Cette manœuvre de Crébillon parut assez malhonnête à la bonne compagnie. La pièce est restée en possession du théâtre, dans le temps même où ce spectacle a été le plus négligé. L'auteur avouait qu'il se repentait d'avoir fait Mahomet beaucoup plus méchant que ce grand homme ne le fut ; « mais si je n'en avais fait qu'un héros politique, écrivait-il à un de ses amis, la pièce était sifflée. Il faut dans une tragédie de grandes passions et de grands crimes. Au reste, dit-il quelques lignes après, le *genus implacabile vatum* me persécute plus que l'on ne persécuta Mahomet à la Mecque. On parle de la jalousie et des manœuvres qui troublent les cours; il y en a plus chez les gens de lettres ».

Après toutes ces tracasseries, MM. de Réaumur et de Mairan lui conseillèrent de renoncer à la poésie, qui n'attirait que de l'envie et des chagrins ; de se donner tout entier à la physique, et de demander une place à l'Académie des sciences, comme il en avait une à la Société royale de Londres, et à l'Institut de Bologne. Mais M. de Formont, son ami, homme de lettres infiniment aimable, lui ayant écrit une lettre en vers pour l'exhorter à ne pas enfouir son talent, voici ce qu'il lui répondit (23 décembre 1737) :

> A mon très-cher ami Formont,
> Demeurant sur le double mont,
> Au-dessus de Vincent Voiture,
> Vers la taverne où Bachaumont
> Buvait et chantait sans mesure,
> Où le plaisir et la raison
> Ramenaient le temps d'Épicure [1].

Et aussitôt il travailla à sa *Mérope*. La tragédie de *Mérope*, première pièce profane qui réussit sans le secours d'une passion amoureuse, et qui fit à notre auteur plus d'honneur qu'il n'en espérait, fut représentée le 20 février 1743. Je ne puis mieux faire connaître ce qui se passa de singulier sur cette tragédie qu'en rapportant la lettre qu'il écrivit, le 4 avril suivant, à son ami M. d'Aigueberre, qui était à Toulouse [2] :

« La *Mérope* n'est pas encore imprimée : je doute qu'elle réus-

---

1. Voyez la suite de ces vers et la prose qui vient après, tome XXXIV, pages 365 et suiv.
2. Cette lettre est dans la *Correspondance* sous le n° 1569, tome XXXVI, page 197 ; mais le texte présente des différences.

sisse à la lecture autant qu'à la représentation. Ce n'est point moi qui ai fait la pièce ; c'est Mlle Dumesnil. Que dites-vous d'une actrice qui fait pleurer pendant trois actes de suite? Le public a pris un peu le change : il a mis sur mon compte une partie du plaisir extrême que lui ont fait les acteurs. La séduction a été au point que le parterre a demandé à grands cris à me voir. On m'est venu prendre dans une cache où je m'étais tapi ; on m'a mené de force dans la loge[1] de Mme la maréchale de Villars, où était sa belle-fille. Le parterre était fou : il a crié à la duchesse de Villars de me baiser ; et il a tant fait de bruit qu'elle a été obligée d'en passer par là, par l'ordre de sa belle-mère. J'ai été baisé publiquement, comme Alain Chartier par la princesse Marguerite d'Écosse ; mais il dormait, et j'étais fort éveillé. Cette faveur populaire, qui probablement passera bientôt, m'a un peu consolé de la petite persécution de Boyer, ancien évêque de Mirepoix, toujours plus théatin qu'évêque. L'Académie, le roi, le public, m'avaient désigné pour succéder au cardinal de Fleury parmi les quarante. Boyer n'a pas voulu ; et il a trouvé à la fin, après deux mois et demi, un prélat pour remplir la place d'un prélat, selon les canons de l'Église[2]. Je n'ai pas l'honneur d'être prêtre ; je crois qu'il convient à un profane comme moi de renoncer à l'Académie.

« Les lettres ne sont pas extrêmement favorisées. Le théatin m'a dit que l'éloquence expirait ; qu'il avait en vain voulu la ressusciter par ses sermons ; que personne ne l'avait *secondé :* il voulait dire *écouté.*

« On vient de mettre à la Bastille l'abbé Lenglet, pour avoir publié des mémoires déjà très-connus, qui servent de supplément à l'histoire de notre célèbre de Thou. L'infatigable et malheureux Lenglet rendait un signalé service aux bons citoyens et aux amateurs des recherches historiques. Il méritait des récompenses ; on l'emprisonne cruellement à l'âge de soixante-huit ans. Cela est tyrannique.

Insere nunc, Meliboee, piros! pone ordine vites[3] !

---

1. C'est de là qu'est venue la mode ridicule de crier : *l'auteur ! l'auteur !* quand une pièce, bonne ou mauvaise, réussit à la première représentation. (*Note de Voltaire.*)

2. Je trouve une lettre du 3 mars 1743, de M. l'archevêque de Narbonne, qui se désiste en faveur de M. de Voltaire. (*Id.*)

3. Virgile, églog. I, vers 74.

« Mᵐᵉ du Châtelet vous fait ses compliments. Elle marie sa fille à M. le duc de Montenero, Napolitain au grand nez, à la taille courte, à la face maigre et noire, à la poitrine enfoncée. Il est ici, et va nous enlever une Française aux joues rebondies. *Vale et me ama.*

« Voltaire. »

Nous le voyons bientôt après faire un nouveau voyage auprès du roi de Prusse, qui l'appelait toujours à Berlin, mais pour lequel il ne pouvait quitter longtemps ses anciens amis. Il rendit dans ce voyage au roi son maître un signalé service, comme nous le voyons par sa correspondance avec M. Amelot, ministre d'État. Mais ces particularités ne sont pas l'objet de notre Commentaire; nous n'avons en vue que l'homme de lettres.

Le fameux comte de Bonneval, devenu bacha turc, et qu'il avait vu autrefois chez le grand prieur de Vendôme, lui écrivait alors de Constantinople, et fut en correspondance avec lui pendant quelque temps. On n'a trouvé de ce commerce épistolaire qu'un seul fragment, que nous transcrivons :

« Aucun saint, avant moi, n'avait été livré à la discrétion du prince Eugène. Je sentais qu'il y avait une espèce de ridicule à me faire circoncire ; mais on m'assura bientôt qu'on m'épargnerait cette opération en faveur de mon âge. Le ridicule de changer de religion ne laissait pas encore de m'arrêter : il est vrai que j'ai toujours pensé qu'il est fort indifférent à Dieu qu'on soit musulman, ou chrétien, ou juif, ou guèbre; j'ai toujours eu sur ce point l'opinion du duc d'Orléans régent, des ducs de Vendôme, de mon cher marquis de La Fare, de l'abbé de Chaulieu, et de tous les honnêtes gens avec qui j'ai passé ma vie. Je savais bien que le prince Eugène pensait comme moi, et qu'il en aurait fait autant à ma place; enfin il fallait perdre ma tête, ou la couvrir d'un turban. Je confiai ma perplexité à Lamira, qui était mon domestique, mon interprète, et que vous avez vu depuis en France avec Saïd-effendi : il m'amena un iman qui était plus instruit que les Turcs ne le sont d'ordinaire. Lamira me présenta à lui comme un catéchumène fort irrésolu. Voici ce que ce bon prêtre lui dicta en ma présence; Lamira le traduisit en français; je le conserverai toute ma vie :

« Notre religion est incontestablement la plus ancienne et la
« plus pure de l'univers connu; c'est celle d'Abraham sans
« aucun mélange; et c'est ce qui est confirmé dans notre saint
« livre, où il est dit : *Abraham était fidèle; il n'était ni juif, ni chré-*

« *tien, ni idolâtre.* Nous ne croyons qu'un seul Dieu comme lui ;
« nous sommes circoncis comme lui, et nous ne regardons la
« Mecque comme une ville sainte que parce qu'elle l'était du
« temps même d'Ismaël, fils d'Abraham.

« Dieu a certainement répandu ses bénédictions sur la race
« d'Ismaël, puisque sa religion est étendue dans presque toute
« l'Asie et dans presque toute l'Afrique, et que la race d'Isaac n'y
« a pas pu seulement conserver un pouce de terrain.

« Il est vrai que notre religion est peut-être un peu morti-
« fiante pour les sens ; Mahomet a réprimé la licence que se
« donnaient tous les princes de l'Asie d'avoir un nombre indéter-
« miné d'épouses. Les princes de la secte abominable des Juifs
« avaient poussé cette licence plus loin que les autres : David
« avait dix-huit femmes ; Salomon, selon les Juifs, en avait jus-
« qu'à sept cents ; notre prophète réduisit le nombre à quatre.

« Il a défendu le vin et les liqueurs fortes, parce qu'elles dé-
« rangent l'âme et le corps, qu'elles causent des maladies, des
« querelles, et qu'il est bien plus aisé de s'abstenir tout à fait
« que de se contenir.

« Ce qui rend surtout notre religion sainte et admirable, c'est
« qu'elle est la seule où l'aumône soit de droit étroit. Les autres
« religions conseillent d'être charitables ; mais, pour nous, nous
« l'ordonnons expressément, sous peine de damnation éternelle.

« Notre religion est aussi la seule qui défend les jeux de
« hasard, sous les mêmes peines ; et c'est ce qui prouve bien
« la profonde sagesse de Mahomet. Il savait que le jeu rend
« les hommes incapables de travail, et qu'il transforme trop
« souvent la société en un assemblage de dupes et de fripons, etc.

(Il y a ici plusieurs lignes si blasphématoires que nous n'osons les copier. On peut les passer à un Turc ; mais une main chrétienne ne peut les transcrire.)

« Si donc ce chrétien ci-présent veut abjurer sa secte idolâtre,
« et embrasser celle des victorieux musulmans, il n'a qu'à pro-
« noncer devant moi notre sainte formule, et faire les prières
« et les ablutions prescrites. »

« Lamira, m'ayant lu cet écrit, me dit : « Monsieur le comte,
« ces Turcs ne sont pas si sots qu'on le dit à Vienne, à Rome, et à
« Paris... » Je lui répondis que je sentais un mouvement de grâce turque intérieur, et que ce mouvement consistait dans la ferme espérance de donner sur les oreilles au prince Eugène quand je commanderais quelques bataillons turcs.

« Je prononçai mot à mot, d'après l'iman, la formule : *Alla*, *illa, alah, Mohammed resoul allah.* Ensuite on me fit dire la prière qui commence par ces mots : *Benamiezdam Bakshaeïer dadar,* au nom de Dieu clément et miséricordieux, etc.

« Cette cérémonie se fit en présence de deux musulmans qui allèrent sur-le-champ en rendre compte au bacha de Bosnie. Pendant qu'ils faisaient leur message, je me fis raser la tête, et l'iman me la couvrit d'un turban, etc. »

Je pourrais joindre à ce fragment curieux quelques chansons du comte bacha; mais quoique ces couplets soient fort gais[1], ils ne sont pas si intéressants que sa prose.

Je n'aurai rien à dire de l'année 1744, sinon que mon auteur fut admis dans presque toutes les académies de l'Europe, et, ce qui est singulier, dans celle de la Crusca. Il avait fait une étude sérieuse de la langue italienne, témoin une lettre de l'éloquent cardinal Passionei[2], qui commence par ces mots :

« J'ai lu et relu, toujours avec un nouveau plaisir, votre lettre italienne belle et savante. Il est difficile de concevoir comment un homme qui possède à fond d'autres langues a pu atteindre à la perfection de celle-ci. . . . .
. . . .
La remarque qui est dans votre lettre sur les erreurs des plus grands hommes vient fort à propos : car le soleil a ses taches et ses éclipses; celles-ci sont observées dans le dernier des almanachs; et, comme vous le pensez très-bien, les censeurs trop sévères ont souvent besoin que nous ayons pour eux plus d'indulgence que pour ceux qu'ils reprennent. Homère, Virgile, le Tasse, et plusieurs autres, perdront peu sur une petite et légère faute qui est couverte par mille beautés; mais les Zoïles seront toujours ridicules, et ne sauront pas distinguer les perles du fumier d'Ennius, etc. »

Ce cardinal écrivait, comme on voit, en français presque aussi bien qu'en italien, et pensait très-judicieusement. Nos Zoïles ne lui échappaient pas.

M. de Voltaire, sur la fin de 1744, eut un brevet d'historiographe de France, qu'il qualifie de *magnifique bagatelle;* il était déjà connu par son *Histoire de Charles XII,* dont on a fait tant d'éditions. Cette histoire fut principalement composée en An-

---

1. Wagnière en rapporte quelques-uns, page 28 de ses *Additions au Commentaire historique,* qui sont au tome Ier des *Mémoires sur Voltaire,* etc., par Longchamp et Wagnière, 1826, deux volumes in-8°.
2. Voyez la note, tome XXXVI, page 421.

gleterre, à la campagne, avec M. Fabrice, chambellan de George Ier, électeur de Hanovre, roi d'Angleterre, qui avait résidé sept ans auprès de Charles XII, après la journée de Pultawa.

C'est ainsi que *la Henriade* avait été commencée à Saint-Ange, d'après les conversations avec M. de Caumartin.

Cette histoire fut très-louée pour le style, et très-critiquée pour les faits incroyables. Mais les critiques et les incrédules cessèrent, lorsque le roi Stanislas envoya à l'auteur, par M. le comte de Tressan, lieutenant général, une attestation authentique conçue en ces termes[1] : « M. de Voltaire n'a oublié ni déplacé aucun fait, aucune circonstance; tout est vrai, tout est dans son ordre. Il a parlé sur la Pologne, et sur tous les événements qui sont arrivés, comme s'il avait été témoin oculaire. Fait à Commercy, le 11 juillet 1759. »

Dès qu'il eut un de ces titres d'historiographe, il ne voulut pas que ce titre fût vain, et qu'on dît de lui ce qu'un commis du trésor royal disait de Racine et de Boileau : *Nous n'avons encore vu de ces messieurs que leur signature*. Il écrivit la guerre de 1741, qui était alors dans toute sa force, et que vous retrouvez dans le *Siècle de Louis XIV* et de *Louis XV*[2].

Il était alors à Étiole avec cette belle Mme d'Étiole qui fut depuis la marquise de Pompadour. La cour ordonna des fêtes pour le commencement de l'année 1745, où l'on devait marier le dauphin avec l'infante d'Espagne. On voulut des ballets avec de la musique chantante, et une espèce de comédie qui servît de liaison aux airs. M. de Voltaire en fut chargé, quoique un tel spectacle ne fût point de son goût. Il prit pour sujet une princesse de Navarre[3]. La pièce est écrite avec légèreté. M. de La Popelinière, fermier général, mais lettré, y mêla quelques ariettes; la musique fut composée par le fameux Rameau.

Mme d'Étiole obtint alors pour M. de Voltaire le don gratuit d'une charge de gentilhomme ordinaire de la chambre. C'était un présent d'environ soixante mille livres, et présent d'autant plus agréable que, peu de temps après, il obtint la grâce singulière de vendre cette place, et d'en conserver le titre, les priviléges et les fonctions.

---

1. Voyez tome XVI, page 142.
2. Elle a été imprimée séparément, et ridiculement falsifiée. (*Note de Voltaire.*) — Voyez l'Avertissement de Beuchot, en tête du *Précis du Siècle de Louis XV*, tome XV.
3. Voyez *la Princesse de Navarre*, tome IV, page 271.

Peu de personnes connaissent le petit impromptu qu'il fit sur cette grâce, qui lui avait été accordée sans qu'il l'eût sollicitée.

> Mon *Henri Quatre* et ma *Zaïre,*
> Et mon Américaine *Alzire,*
> Ne m'ont valu jamais un seul regard du roi ;
> J'avais mille ennemis avec très-peu de gloire :
> Les honneurs et les biens pleuvent enfin sur moi
> Pour une farce de la Foire.

Il avait eu cependant, longtemps auparavant, une pension du roi de deux mille livres, et une de quinze cents de la reine ; mais il n'en sollicita jamais le payement.

L'histoire étant devenue un de ses devoirs, il commença quelque chose du *Siècle de Louis XIV* ; mais il différa de le continuer ; il écrivit la campagne de 1744, et la mémorable bataille de Fontenoy. Il entra dans tous les détails de cette journée intéressante. On y trouve jusqu'au nombre des morts de chaque régiment. Le comte d'Argenson, ministre de la guerre, lui avait communiqué les lettres de tous les officiers. Le maréchal de Noailles et le maréchal de Saxe lui avaient confié des mémoires.

Je crois faire un grand plaisir à ceux qui veulent connaître les événements et les hommes, de transcrire ici la lettre que M. le marquis d'Argenson, ministre des affaires étrangères, et frère aîné du secrétaire d'État de la guerre, écrivit du champ de bataille à M. de Voltaire [1].

C'est ce même marquis d'Argenson que quelques courtisans un peu frivoles appelaient *d'Argenson la bête.* On voit par cette lettre qu'il était d'un esprit agréable, et que son cœur était humain. Ceux qui le connaissaient voyaient en lui un philosophe plus qu'un politique, mais surtout un excellent citoyen. On en peut juger par son livre intitulé *Considérations sur le Gouvernement,* imprimé, en 1764, chez Marc-Michel Rey. Voyez surtout le chapitre *de la Vénalité des charges.* Je ne puis me défendre du plaisir d'en citer quelques passages :

« Il est étonnant qu'on ait accordé une approbation générale au livre intitulé *Testament politique du cardinal de Richelieu* [2], ouvrage de quelque pédant ecclésiastique, et indigne du grand

---

1. Nous avons placé cette lettre de d'Argenson à Voltaire dans la *Correspondance,* tome XXXVI pages 361 et suiv.
2. Voyez la note, tome XVII, page 211.

génie auquel on l'attribue, ne fût-ce que pour le chapitre où l'on canonise la vénalité des charges. Misérable invention qui a produit tout le mal qui est à redresser aujourd'hui, et par où les moyens en sont devenus si pénibles : car il faudrait les revenus de l'État pour rembourser seulement les principaux officiers qui nuisent le plus. »

Ce passage important semble avoir annoncé de loin l'abolition[1] de cette honteuse vénalité, opérée en 1771, à l'étonnement de toute la France, qui croyait cette réforme impossible. J'y découvre aussi une uniformité de pensée avec M. de Voltaire, qui a démontré les erreurs absurdes dont fourmille le libelle si ridiculement attribué au cardinal de Richelieu, et qui a lavé la mémoire de cet habile et redoutable ministre de la souillure dont on couvrait son nom en lui imputant cet impertinent ouvrage.

Transcrivons encore un partie du tableau que le marquis d'Argenson fait des malheurs des agriculteurs :

« A commencer par le roi, plus on est grand à la cour, moins on se persuade aujourd'hui la misère de la campagne : les seigneurs des grandes terres en entendent bien parler quelquefois; mais leurs cœurs endurcis n'envisagent dans ce malheur que la diminution de leurs revenus. Ceux qui arrivent des provinces, touchés de ce qu'ils ont vu, l'oublient bientôt par l'abondance des délices de la capitale. *Il nous faut des âmes fermes et des cœurs tendres pour persévérer dans une pitié dont l'objet est absent.* »

Ce ministre citoyen avait toujours eu dès son enfance une tendre amitié pour M. de Voltaire. J'ai vu une très-grande quantité de lettres de l'un et de l'autre; il en résulte que le secrétaire d'État employa l'homme de lettres dans plusieurs affaires considérables, pendant les années 1745, 1746 et 1747. C'est probablement la raison pour laquelle nous n'avons aucune pièce de théâtre de notre auteur pendant le cours de ces années.

Nous voyons, par ses papiers, que l'entreprise d'une descente en Angleterre, en 1746, lui fut confiée[2]. Le duc de Richelieu devait commander l'armée. Le prétendant avait déjà gagné deux batailles, et on attendait une révolution. M. de Voltaire fut chargé de faire le manifeste. Le voici tel que nous l'avons trouvé minuté de sa main[3].

On voit, par les expressions de cette pièce, quelle fut, dans

---

1. Cette abolition, en 1771, n'a été que passagère. (*Note de Voltaire.*)
2. Voyez *Précis du Siècle de Louis XV*, tome XV, page 293.
3. Voyez ce *Manifeste*, tome XXIII, page 203.

tous les temps, l'estime et l'inclination de l'auteur pour la nation anglaise ; et il a toujours persisté dans ces sentiments.

Ce fut l'infortuné comte de Lally qui avait fait le projet et le plan de cette descente, laquelle ne fut point effectuée. Il était né Irlandais, et il haïssait les Anglais autant que notre auteur les aimait et les estimait. Cette haine était même chez Lally une passion violente, à ce que nous a dit plusieurs fois M. de Voltaire : nous ne pouvons nous empêcher de témoigner notre profond étonnement que le général Lally ait été accusé d'avoir depuis livré Pondichéry aux Anglais. L'arrêt qui l'a condamné à la mort est un des jugements les plus extraordinaires qui aient été rendus dans notre siècle ; c'est une suite des malheurs de la France. Cet exemple, et celui du maréchal de Marillac, font assez voir que quiconque est à la tête des armées ou des affaires est rarement sûr de mourir dans son lit, ou au lit d'honneur.

Ce fut en 1746[1] que M. de Voltaire entra dans l'Académie française. Il fut le premier qui dérogea à l'usage fastidieux de ne remplir un discours de réception que des louanges rebattues du cardinal de Richelieu. Il releva sa harangue par des remarques nouvelles sur la langue française et sur le goût. Ceux qui ont été reçus après lui ont, pour la plupart, suivi et perfectionné cette méthode utile.

Il était, en 1748, avec Mme du Châtelet à Lunéville, auprès du roi Stanislas, lorsqu'il envoya à la Comédie *Nanine*, qui fut représentée le 17 juillet de cette année. Elle réussit peu d'abord ; mais elle eut ensuite un succès aussi grand que durable. Je ne puis attribuer cette bizarrerie qu'à la secrète inclination qu'on a d'humilier un homme qui a trop de renommée. Mais avec le temps on se laisse entraîner à son plaisir.

Il arriva la même chose à la première représentation de *Sémiramis*, le 29 août de la même année 1748 ; mais à la fin elle fit encore plus d'effet au théâtre que *Mérope* et *Mahomet*.

Une chose, à mon avis, singulière, c'est qu'il ne donna point sous son nom le *Panégyrique de Louis XV*, imprimé en 1749, et traduit en latin, en italien, en espagnol et en anglais[2].

La maladie qui avait tant fait craindre pour la vie du roi Louis XV, et la bataille de Fontenoy, qui avait fait craindre encore plus pour lui et pour la France, rendaient l'ouvrage intéressant. L'auteur ne loue que par les faits, et on y trouve un ton de philo-

---

1. Voyez son *Discours de réception*, tome XXIII, page 205.
2. Ce *Panégyrique* est de 1748 ; voyez tome XXIII, page 263.

sophie qui caractérise tout ce qui est sorti de sa main. Ce Panégyrique était celui des officiers[1] autant que de Louis XV : cependant il ne le présenta à personne, pas même au roi. Il savait bien qu'il ne vivait pas dans le siècle de Pellisson. Aussi écrivait-il à M. de Formont, l'un de ses amis :

> Cet éloge a très-peu d'effet ;
> Nul mortel ne m'en remercie :
> Celui qui le moins s'en soucie
> Est celui pour qui je l'ai fait.

[2] Cette même année 1749 il était encore dans le palais de Lunéville avec la marquise du Châtelet. Cette dame illustre y mourut.

Le roi de Prusse alors appela M. de Voltaire auprès de lui. Je vois qu'il ne se résolut à quitter la France et à s'attacher à Sa Majesté prussienne pour le reste de sa vie que vers la fin du mois d'août ou auguste 1750. Il était parti après avoir combattu pendant plus de six mois contre toute sa famille et contre tous ses amis, qui le dissuadaient fortement de cette transplantation ; mais, sans avoir pris l'engagement de se fixer auprès du roi de Prusse, il ne put résister à cette lettre que ce prince lui écrivit de son appartement à la chambre de son nouvel hôte dans le palais de Berlin, le 23 août ; lettre qui a tant couru depuis, et qui a été souvent imprimée[3].

Le roi de Prusse, après cette lettre, fit demander au roi de France son agrément par son ministre ; le roi de France le donna. Notre auteur eut à Berlin la croix de Mérite, la clef de chambellan, et vingt mille francs de pension. Cependant il ne quitta jamais sa maison de Paris ; et j'ai vu, par les comptes de M. Delaleu, notaire à Paris, qu'il y dépensait trente mille livres par an. Il était attaché au roi de Prusse par la plus respectueuse tendresse et par la conformité des goûts. Il a dit cent fois que ce monarque était aussi aimable dans la société que redoutable à la tête d'une armée ; qu'il n'avait jamais fait de soupers plus agréables à Paris que ceux auxquels ce prince voulait bien l'admettre tous les jours. Son enthousiasme pour le roi de Prusse allait

---

1. Voltaire a fait aussi un *Éloge funèbre des officiers qui sont morts dans la guerre de* 1741 ; voyez tome XXIII, page 249.

2. Dans les éditions de Kehl, au lieu de cet alinéa on lisait un extrait assez long tiré des *Mémoires*.

3. Voyez cette lettre de Frédéric, du 23 août 1750, tome XXXVII, page 159.

jusqu'à la passion. Il couchait au-dessous de son appartement, et ne sortait de sa chambre que pour souper. Le roi composait en haut des ouvrages de philosophie, d'histoire, et de poésie; et son favori cultivait en bas les mêmes arts et les mêmes talents. Ils s'envoyaient l'un à l'autre leurs ouvrages. Le monarque prussien fit à Potsdam son *Histoire de Brandebourg;* et l'écrivain français y fit le *Siècle de Louis XIV,* ayant apporté avec lui tous ses matériaux. Ses jours coulaient ainsi dans un repos animé par des occupations si agréables. On représentait à Paris son *Oreste* et *Rome sauvée. Oreste* fut joué sur la fin de 1749 [1], et *Rome sauvée* en 1750 [2].

Ces deux pièces sont absolument sans intrigue d'amour, ainsi que *Mérope* et *la Mort de César.* Il aurait voulu purger le théâtre de tout ce qui n'est point *passion* et aventure tragique. Il regardait *Électre* amoureuse comme un monstre orné de rubans sales; et il a manifesté ce sentiment dans plus d'un ouvrage.

Nous avons retrouvé une lettre en vers au roi de Prusse, en lui envoyant le manuscrit d'*Oreste* [3].

Il faut avouer que rien n'était plus doux que cette vie, et que rien ne faisait plus d'honneur à la philosophie et aux belles-lettres. Ce bonheur aurait été plus durable, et n'aurait point fait place enfin à un bonheur encore plus grand, sans une malheureuse dispute de physique-mathématique élevée entre Maupertuis, qui était aussi auprès du roi de Prusse, et Koenig, bibliothécaire de Mme la princesse d'Orange à la Haye. Cette querelle était une suite de celle qui divisa longtemps les mathématiciens sur les forces vives et les forces mortes. On ne peut nier qu'il n'entre dans tout cela un peu de charlatanisme, ainsi qu'en théologie et en médecine. La question était au fond très-frivole, puisque, de quelque manière qu'on l'embrouille, on finit toujours par trouver les mêmes formules de calcul. Les esprits s'aigrirent; Maupertuis fit condamner Koenig, en 1752, par l'Académie de Berlin, où il dominait, comme s'étant appuyé d'une lettre de feu Leibnitz, sans pouvoir produire l'original de cette lettre, que pourtant M. Wolff avait vu. Il fit plus, il écrivit à Mme la princesse d'Orange pour la prier d'ôter à Koenig la place de son bibliothé-

---

1. La première représentation est du 12 janvier 1750.
2. La première représentation sur le Théâtre-Français est du 24 février 1752; mais l'auteur avait fait jouer *Rome sauvée* sur son théâtre de la rue Traversière à Paris, le 8 juin 1750.
3. Voyez cette lettre, qui est du 17 mars 1750, tome XXXVII, page 114.

caire, et le déféra au roi de Prusse comme un homme qui lui avait manqué de respect. Voltaire, qui avait passé deux années entières avec Koenig à Cirey, et qui était son ami intime, crut devoir prendre hautement le parti de son ami.

La querelle s'envenima; l'étude de la philosophie dégénéra en cabale et en faction. Maupertuis eut soin de répandre à la cour qu'un jour le général Manstein étant dans la chambre de Voltaire, où celui-ci mettait en français les *Mémoires sur la Russie* composés par cet officier, le roi lui envoya une pièce de vers de sa façon à examiner, et que Voltaire dit à Manstein : « Mon ami, à une autre fois. Voilà le roi qui m'envoie son linge sale à blanchir; je blanchirai le vôtre ensuite. » Un mot suffit quelquefois pour perdre un homme à la cour; Maupertuis lui imputa ce mot, et le perdit.

Précisément dans ce temps-là même Maupertuis faisait imprimer ses *Lettres*[1] philosophiques, fort singulières, dans lesquelles il proposait de bâtir une ville latine; d'aller faire des découvertes droit au pôle par mer; de percer un trou jusqu'au centre de la terre; d'aller au détroit de Magellan disséquer des cervelles de Patagons, pour connaître la nature de l'âme; d'enduire tous les malades de poix-résine, pour arrêter le danger de la transpiration, et surtout de ne point payer le médecin.

M. de Voltaire releva ces idées philosophiques avec toutes les railleries[2] auxquelles on donnait si beau jeu; et malheureusement ces railleries réjouirent l'Europe littéraire. Maupertuis eut soin de joindre la cause du roi à la sienne. La plaisanterie fut regardée comme un manque de respect à Sa Majesté. Notre auteur renvoya respectueusement au roi sa clef de chambellan et la croix de son ordre, avec ces vers :

> Je les reçus avec tendresse,
> Je vous les rends avec douleur,
> Comme un amant jaloux, dans sa mauvaise humeur[3],
> Rend le portrait de sa maîtresse.

Le roi lui renvoya sa clef et son ruban. Il s'en alla faire une visite à Son Altesse la duchesse de Gotha, qui l'a toujours honoré

---

1. *Lettre sur le progrès des sciences*, par *M. de Maupertuis*, 1752, in-12 de IV et 124 pages. Elle est la vingt-troisième dans les *Lettres de M. de Maupertuis*, *seconde édition*, 1753, petit in-12.
2. Voyez la *Diatribe du docteur Akakia*, tome XXIII, page 560.
3. Colini, dans *Mon Séjour*, page 48, rapporte ainsi le troisième vers :
    C'est ainsi qu'un amant, dans son extrême ardeur,

d'une amitié constante jusqu'à sa mort. C'est pour elle qu'il écrivit, un an après, les *Annales de l'Empire*.

Pendant qu'il était à Gotha, Maupertuis eut tout le temps de dresser ses batteries contre le voyageur, qui s'en aperçut quand il fut à Francfort-sur-le-Mein. Mme Denis, sa nièce, lui avait donné rendez-vous dans cette ville.

Un bon Allemand [1], qui n'aimait ni les Français ni leurs vers, vint le premier juin lui redemander les *Œuvres de Poëshie* du roi son maître. Notre voyageur répondit que les *Œuvres de Poëshie* étaient à Leipsick avec ses autres effets. L'Allemand lui signifia qu'il était consigné à Francfort, et qu'on ne lui permettrait d'en partir que quand les œuvres seraient arrivées. M. de Voltaire lui remit sa clef de chambellan et sa croix, et promit de lui rendre ce qu'on lui demandait; moyennant quoi le messager lui signa ce billet.

« M..., sitôt le gros ballot de Leipsick sera ici, où est l'*Œuvre de Poëshie* du roi mon maître, vous pourrez partir où vous paraîtra bon. A Francfort, premier juin 1753. »

Le prisonnier signa au bas du billet : *Bon pour l'Œuvre de Poëshie du roi votre maître*.

Mais quand les vers revinrent, on supposa des lettres de change qui ne venaient point. Les voyageurs furent arrêtés quinze jours au cabaret du *Bouc* pour ces lettres de change prétendues. Cela [2] ressemblait à l'aventure de l'évêque de Valence, Cosnac, que M. de Louvois fit arrêter en chemin comme faux-monnayeur, à ce que l'abbé de Choisy raconte.

Enfin ils ne purent sortir qu'en payant une rançon très-considérable [3]. Ces détails ne sont jamais sus des rois.

---

1. Freytag.
2. La phrase qui termine cet alinéa ne se trouve dans aucune édition antérieure aux éditions de Kehl. (B.)
3. Ce fut alors aussi que Voltaire signa la pièce que voici :

Déclaration de M. de Voltaire au roi de Prusse, remise de sa main au ministre de Sa Majesté à Francfort, 1753.

« Je suis mourant; je proteste, devant Dieu et devant les hommes, que, n'étant plus au service de Sa Majesté le roi de Prusse, je ne lui suis pas moins attaché, ni moins soumis à ses volontés pour le peu de temps que j'ai à vivre.

« Il m'arrête à Francfort pour le livre de ses poésies, dont il m'avait fait présent. Je reste en prison jusqu'à ce que le livre revienne de Hambourg. J'ai rendu au ministre de Sa Majesté prussienne à Francfort toutes les lettres que j'avais conservées de Sa Majesté, comme des marques chères des bontés dont elle m'avait honoré. Je rendrai à Paris toutes les autres lettres qu'elle pourra me redemander.

« Sa Majesté veut ravoir un contrat qu'elle avait daigné faire avec moi; je

Tout cela fut bientôt oublié de part et d'autre, comme de raison. Le roi rendit ses vers à son ancien admirateur, et en renvoya bientôt de nouveaux et en très-grand nombre. C'était une querelle d'amants : les tracasseries des cours passent, mais le caractère d'une belle passion dominante subsiste longtemps.

Le voyageur français, en relisant avec attendrissement la lettre éloquente et touchante du roi, que nous avons transcrite, disait : *Après une telle lettre, je ne peux qu'avoir eu un très-grand tort.*

L'échappé de Berlin avait un petit bien en Alsace sur des terres qui appartiennent à monseigneur le duc de Wurtemberg. Il y alla, et s'amusa, comme je l'ai déjà dit, à faire imprimer les *Annales de l'Empire,* dont il fit présent à Jean-Frédéric Schœpflin, libraire à Colmar, frère du célèbre Schœpflin [1], professeur en histoire à Strasbourg. Ce libraire était mal dans ses affaires ; M. de Voltaire lui prêta dix mille livres ; sur quoi je ne puis assez m'étonner de la bassesse avec laquelle tant de barbouilleurs de papier ont imprimé qu'il avait fait une fortune immense par la vente continuelle de ses ouvrages.

suis assurément prêt à le rendre comme tout le reste : et, dès qu'il sera retrouvé, je le rendrai ou le ferai rendre. Cet écrit, qui n'était point un contrat, mais un pur effet de la bonté du roi, ne tirant à aucune conséquence, était sur un papier de la moitié plus petit que celui que Darget porta de ma chambre à l'appartement du roi à Potsdam. Il ne contenait autre chose que des remercîments de ma part de la pension dont Sa Majesté le roi de Prusse me gratifiait avec la permission du roi mon maître, de celle qu'il accordait à ma nièce après ma mort, et de la croix et de la clef de chambellan.

« Le roi de Prusse avait daigné mettre au bas de ce petit feuillet, autant qu'il m'en souvient : « Je signe de grand cœur le marché que j'avais envie de faire il « y a plus de quinze ans. » Ce papier, absolument inutile à Sa Majesté, à moi, au public, sera certainement rendu dès qu'il sera retrouvé parmi mes autres papiers. Je ne peux ni ne veux en faire le moindre usage. Pour lever tout soupçon, je me déclare criminel de lèse-majesté envers le roi de France, mon maître, et le roi de Prusse, si je ne rends le papier à l'instant qu'il sera entre mes mains.

« Ma nièce, qui est auprès de moi dans ma maladie, s'engage, sous le même serment, à le rendre si elle le retrouve. En attendant que je puisse avoir communication de mes papiers à Paris, j'annulle entièrement ledit écrit ; je déclare ne prétendre rien de Sa Majesté le roi de Prusse, et je n'attends rien, dans l'état cruel où je suis, que la compassion que doit sa grandeur d'âme à un homme mourant, qui avait tout sacrifié et qui a tout perdu pour s'attacher à lui, qui l'a servi avec zèle, qui lui a été utile, qui n'a jamais manqué à sa personne, et qui comptait sur la bonté de son cœur.

« Je suis obligé de dicter, ne pouvant écrire. Je signe avec le plus profond respect, la plus pure innocence, et la douleur la plus vive.

« VOLTAIRE. »

1. Jean-Daniel Schœpflin, né à Salzbourg en 1694 ; mort en 1771. Voltaire a fait mention de son *Alsatia illustrata* (1751-61, 2 vol. in-fol.), dans une note des *Lois de Minos,* tome VII, page 182.

Lorsqu'il était à Colmar, M. Vernet[1], Français réfugié, ministre de l'Évangile à Genève, et MM. Cramer, anciens citoyens de cette ville fameuse, lui écrivirent pour le prier d'y venir faire imprimer ses ouvrages. Les frères Cramer, qui étaient à la tête d'une librairie, obtinrent la préférence, et il la leur donna aux mêmes conditions qu'il l'avait donnée au sieur Schœpflin, c'est-à-dire très-gratuitement.

Il alla donc à Genève[2] avec sa nièce et M. Colini son ami, qui lui servait de secrétaire, et qui a été depuis celui de monseigneur l'électeur palatin et son bibliothécaire.

Il acheta une jolie maison de campagne à vie auprès de cette ville, dont les environs sont infiniment agréables, et où l'on jouit du plus bel aspect qui soit en Europe. Il en acheta une autre à Lausanne, et toutes les deux à condition qu'on lui rendrait une certaine somme quand il les quitterait. Ce fut la première fois, depuis Zuingle et Calvin, qu'un catholique romain eut des établissements dans ces cantons.

Il fit aussi l'acquisition de deux terres à une lieue de Genève, dans le pays de Gex : sa principale habitation fut à Ferney, dont il fit présent à Mme Denis. C'était une seigneurie absolument franche et libre de tous droits envers le roi et de tout impôt depuis Henri IV. Il n'y en avait pas deux dans les autres provinces du royaume qui eussent de pareils priviléges. Le roi les lui conserva par brevet. Ce fut à M. le duc de Choiseul, le plus généreux et le plus magnanime des hommes, qu'il eut cette obligation, sans avoir l'honneur d'en être particulièrement connu.

Le petit pays de Gex n'était presque alors qu'un désert sauvage. Quatre-vingts charrues étaient à bas depuis la révocation de l'édit de Nantes ; des marais couvraient la moitié du pays, et y répandaient les infections et les maladies. La passion de notre auteur avait toujours été de s'établir dans un canton abandonné, pour le vivifier. Comme nous n'avançons rien que sur des preuves authentiques, nous nous bornerons à transcrire ici une de ses lettres à un évêque d'Annecy, dans le diocèse duquel Ferney est situé. Nous n'avons pu retrouver la date de la lettre ; mais elle doit être de 1759[3].

---

1. Jacob Vernet.
2. Il y arriva le 12 (et non le 22) décembre 1754 ; voyez la note, tome XXXVIII, page 298. La date du 12 est aussi celle que donne Wagnière dans ses *Additions au Commentaire historique*.
3. Ici Voltaire donnait le premier alinéa de sa lettre à Biort, du 15 décembre 1758, qui est tout entière tome XXXIX, page 550.

Cette lettre et la suite de cette affaire peuvent fournir des réflexions bien importantes. M. de Voltaire termina ce procès et ce procédé en payant de ses deniers la vexation qui opprimait ses pauvres vassaux ; et ce canton misérable changea bientôt de face.

Il se tira plus gaiement d'une querelle plus délicate dans le pays protestant, où il avait deux domaines assez agréables : l'un à Genève, qu'on appelle encore la *maison des Délices*; l'autre à Lausanne [1].

On sait assez combien la liberté lui était chère, à quel point il détestait toute persécution, et quelle horreur il montra dans tous les temps pour ces scélérats hypocrites qui osent faire périr au nom de Dieu, dans les plus affreux supplices, ceux qu'ils accusent de ne pas penser comme eux. C'est surtout sur ce point qu'il répétait quelquefois :

Je ne décide point entre Genève et Rome [2].

Une de ses lettres [3], dans laquelle il disait que le Picard Jean Chauvin, dit Calvin, assassin véritable de Servet, *avait une âme atroce*, ayant été rendue publique par une indiscrétion trop ordinaire, quelques cafards s'irritèrent ou feignirent de s'irriter de ces paroles. Un Genevois homme d'esprit, nommé Rival [4], lui adressa les vers suivants à cette occasion :

> Servet eut tort, et fut un sot
> D'oser, dans un siècle falot,
> S'avouer anti-trinitaire [5] :
> Et notre illustre atrabilaire
> Eut tort d'employer le fagot
> Pour réfuter son adversaire :
> Et tort notre antique sénat
> D'avoir prêté son ministère
> A ce dévot assassinat [6].

1. Monrion ou Montriond.
2. *Henriade*, chant II, vers 5.
3. Celle à Thieriot, du 26 mars 1757 ; voyez tome XXXIX, page 194.
4. Dans sa lettre à Vernes, du 24 décembre 1757, Voltaire dit que les vers de l'horloger Rival ont été *un peu rajustés*; probablement par Voltaire lui-même (B.)
5. Servet pouvait se reposer sur les propres paroles de Calvin, qui dit dans son ouvrage : « En cas que quelqu'un soit hétérodoxe, et qu'il fasse scrupule de se servir des mots *trinité* et *personne*, nous ne croyons point que ce soit une raison pour rejeter cet homme, etc. » (*Note de Voltaire.*)
6. Il y a dans quelques éditions : *à ce dangereux coup d'État*. Nous ne savons

Quelle barbare inconséquence !
O malheureux siècle ignorant !
Nous osions abhorrer en France
Les horreurs de l'intolérance,
Tandis qu'un zèle intolérant
Nous faisait brûler un errant !

Pour notre prêtre épistolaire,
Qui de son pétulant essor,
Pour exhaler sa bile amère,
Vient réveiller le chat qui dort,
Et dont l'inepte commentaire
Met au jour ce qu'il eût dû taire,
Je laisse à juger s'il a tort.
Quant à vous, célèbre Voltaire,
Vous eûtes tort; c'est mon avis.
Vous vous plaisez dans ce pays,
Fêtez le saint qu'on y révère.
Vous avez à satiété
Les biens où la raison aspire :
L'opulence, la liberté,
La paix, qu'en cent lieux on désire ;
Des droits à l'immortalité,
Cent fois plus qu'on ne saurait dire
On a du goût, on vous admire ;
Tronchin veille à votre santé.
Cela vaut bien, en vérité,
Qu'on immole à sa sûreté
Le plaisir de pincer sans rire.

Notre auteur répondit à ces jolis vers par ceux-ci :

Non, je n'ai point tort d'oser dire
Ce que pensent les gens de bien ;
Et le sage qui ne craint rien
A le beau droit de tout écrire [1].

On voit par cette réponse qu'il n'était ni à Apollo, ni à Céphas, et qu'il prêchait la tolérance aux églises protestantes ainsi qu'aux églises romaines. Il disait toujours que c'était le seul moyen de

---

pas pourquoi le poëte genevois aurait appelé le supplice de Servet un coup d'État ; le terme propre est assassinat, et la rime est plus riche. (K.) — Les éditeurs de Kehl, auteurs de cette note, le sont peut-être aussi de la correction. L'édition originale du *Commentaire historique,* et toutes celles du vivant de l'auteur que j'ai pu voir, portent :

    A ce dangereux coup d'État. (B.)

1. Voyez les six autres stances de cette pièce dans le tome VIII, page 529.

rendre la vie tolérable, et qu'il mourrait content s'il pouvait établir ces maximes dans l'Europe. On peut dire qu'il n'a pas été tout à fait trompé dans ce dessein, et qu'il n'a pas peu contribué à rendre le clergé plus doux, plus humain, depuis Genève jusqu'à Madrid, et surtout à éclairer les laïques.

Bien persuadé que les spectacles des jeux d'esprit amollissent la férocité autant que les spectacles des gladiateurs l'endurcissaient autrefois, il fit bâtir à Ferney un joli théâtre. Il y joua quelquefois lui-même, malgré sa mauvaise santé ; et Mme Denis, sa nièce, qui possédait supérieurement le talent de la déclamation comme celui de la musique, y joua plusieurs rôles. Mlle Clairon et le célèbre Lekain y vinrent représenter quelques pièces; on accourait de vingt lieues à la ronde pour les entendre. Il y eut plus d'une fois des soupers de cent couverts, et des bals ; mais, malgré le tumulte d'une vie qui paraissait si dissipée, et malgré son âge, il travaillait sans relâche. Il donna, dès l'an 1755, au théâtre de Paris, *l'Orphelin de la Chine*, représenté le 20 août; et *Tancrède*, le 3 septembre 1760. Mlle Clairon et Lekain déployèrent tous leurs talents dans ces deux pièces.

Le Café, ou *l'Écossaise*, comédie en prose, n'était point destinée à être jouée; mais elle le fut aussi la même année[1] avec un grand succès. Il s'était amusé à composer cette pièce pour corriger le folliculaire Fréron, qu'il mortifia beaucoup, mais qu'il ne corrigea pas. Cette comédie, traduite en anglais par M. Colman, eut le même succès à Londres qu'à Paris : ces ouvrages ne lui coûtaient point de temps. *L'Écossaise* avait été faite en huit jours, et *Tancrède* en un mois.

Ce fut au milieu de ces occupations et de ces amusements que M. Titon du Tillet, ancien maître d'hôtel ordinaire de la reine, âgé de quatre-vingt-cinq ans, lui recommanda la petite nièce du grand Corneille, qui, étant absolument sans fortune, était abandonnée de tout le monde. C'est ce même Titon du Tillet qui, aimant passionnément les beaux-arts sans les cultiver, fit élever, avec de grandes dépenses, un Parnasse en bronze où l'on voit les figures de quelques poëtes et de quelques musiciens français. Ce monument est dans la bibliothèque du roi de France. Il avait élevé Mlle Corneille chez lui; mais, voyant dépérir son bien, il ne pouvait plus rien faire pour elle. Il imagina que M. de Voltaire pourrait se charger d'une demoiselle d'un

---

1. *L'Écossaise* avait été jouée plus d'un mois avant *Tancrède;* voyez tome V, pages 399 et 489.

nom si respectable. M. Dumolard, membre de plusieurs académies, connu par une dissertation savante et judicieuse sur les tragédies d'*Électre* ancienne et moderne [1], et M. Le Brun, secrétaire du prince de Conti, se joignirent à lui, et écrivirent à M. de Voltaire. Il les remercia de l'honneur qu'ils lui faisaient de jeter les yeux sur lui, en leur mandant que *c'était en effet à un vieux soldat de servir la petite-fille de son général* [2]. La jeune personne vint donc, en 1760, aux Délices, maison de campagne auprès de Genève, et de là au château de Ferney. Mme Denis voulut bien achever son éducation; et, au bout de trois ans, M. de Voltaire la maria à M. Dupuits, du pays de Gex, capitaine de dragons, et depuis officier de l'état-major. Outre la dot qu'il leur donna, et le plaisir qu'il eut de les garder chez lui, il proposa de commenter les œuvres de Pierre Corneille au profit de sa nièce, et de les faire imprimer par souscription. Le roi de France voulut bien souscrire pour huit mille francs ; d'autres souverains l'imitèrent. M. le duc de Choiseul, dont la générosité était si connue, Mme la duchesse de Grammont, Mme de Pompadour, souscrivirent pour des sommes considérables. M. de La Borde, banquier du roi, non-seulement prit plusieurs exemplaires, mais il en fit débiter un si grand nombre qu'il fut le premier mobile de la fortune de Mlle Corneille par son zèle et par sa magnificence ; de sorte qu'en très-peu de temps elle eut cinquante mille francs pour présent de noces.

Il y eut dans cette souscription si prompte une chose fort remarquable de la part de Mme Geoffrin, femme célèbre par son mérite et par son esprit. Elle avait été exécutrice du testament du fameux Bernard de Fontenelle, neveu de Pierre Corneille ; et malheureusement il avait oublié cette parente, qui lui fut présentée trop peu de temps avant sa mort, mais qui fut rebutée avec son père et sa mère : on les regardait comme des inconnus qui usurpaient le nom de Corneille. Des amis de cette famille, touchés de son sort, mais fort indiscrets et fort mal instruits, intentèrent un procès téméraire à Mme Geoffrin, trouvèrent un avocat qui, abusant de la liberté du barreau, publia contre cette dame un *factum* injurieux. Mme Geoffrin, très-injustement attaquée, gagna le procès tout d'une voix. Malgré ce mauvais procédé, qu'elle eut la noblesse d'oublier, elle fut la première à souscrire pour une somme considérable.

1. Elle est imprimée à la fin de la tragédie d'*Oreste* (tome V, page 167).
2. Lettre à Le Brun, du 7 novembre 1760.

L'Académie en corps, M. le duc de Choiseul, Mme la duchesse de Grammont, Mme de Pompadour, et plusieurs seigneurs, donnèrent pouvoir à M. de Voltaire de signer pour eux au contrat de mariage. C'est une des plus belles époques de la littérature.

Dans le temps qu'il préparait ce mariage, qui a été très-heureux, il goûtait une autre satisfaction, celle de faire rendre à six gentilshommes, presque tous mineurs, leur bien paternel, que les jésuites venaient d'acheter à vil prix. Il faut reprendre la chose de plus haut. L'affaire est d'autant plus intéressante que son commencement avait précédé la fameuse banqueroute du jésuite La Valette et consorts, et qu'elle fut en quelque façon le premier signal de l'abolition des jésuites en France.

MM. Desprez de Crassy, d'une ancienne noblesse du pays de Gex, sur la frontière de la Suisse, étaient six frères, tous au service du roi. L'un d'eux, capitaine au régiment de Deux-Ponts, en causant avec M. de Voltaire son voisin, lui conta le triste état de la fortune de sa famille. Une terre de quelque valeur, et qui aurait pu être une ressource, était engagée depuis longtemps à des Genevois.

Les jésuites avaient acquis tout auprès de ce domaine des possessions qui composaient environ deux mille écus de rente, dans un lieu nommé *Ornex*. Ils voulurent joindre à leur domaine celui de MM. de Crassy. Le supérieur de la maison des jésuites, dont le véritable nom était Fesse, qu'il avait changé en celui de Fessy, s'arrangea avec les créanciers genevois pour acheter cette terre : il obtint une permission du conseil, et il était sur le point de la faire entériner à Dijon. On lui dit qu'il y avait des mineurs, et que, malgré la permission du conseil, ils pourraient rentrer dans leurs biens. Il répondit, et même il écrivit, que les jésuites ne risquaient rien, et que jamais MM. de Crassy ne seraient en état de payer la somme nécessaire pour rentrer dans le bien de leurs aïeux.

A peine M. de Voltaire fut-il instruit de cette étrange manière dont le Père Fesse voulait servir la compagnie de Jésus, qu'il alla sur-le-champ déposer au greffe du bailliage de Gex la somme moyennant laquelle la famille Crassy devait payer les anciens créanciers et reprendre ses droits. Les jésuites furent obligés de se désister ; et, par un arrêt du parlement de Dijon, la famille fut mise en possession, et y est encore [1].

---

1. Voyez tome XVI, page 100, la variante du chapitre LXIX de *l'Histoire du parlement*.

Le bon de l'affaire, c'est que, peu de temps après, lorsqu'on délivra la France des révérends pères jésuites, ces mêmes gentilshommes, dont les bons pères avaient voulu ravir le bien, achetèrent celui des jésuites, qui était contigu. M. de Voltaire, qui avait toujours combattu les athées et les jésuites, écrivit qu'il fallait reconnaître une Providence.

Ce n'était assurément ni par haine pour le Père Fesse, ni par aucune envie de mortifier les jésuites, qu'il avait entrepris cette affaire ; puisque, après la dissolution de la société, il recueillit un jésuite chez lui [1], et que plusieurs autres lui ont écrit pour le supplier de les recevoir aussi dans sa maison. Mais il s'est trouvé parmi les ex-jésuites quelques esprits qui n'ont point été si équitables et si accommodants. Deux d'entre eux, nommés Patouillet et Nonotte, ont gagné quelque argent par des libelles contre lui ; et ils n'ont pas manqué, selon l'usage, d'appeler la religion catholique à leur secours. Un Nonotte surtout s'est signalé par une demi-douzaine de volumes [2], dans lesquels il a prodigué moins de science que de zèle, et moins de zèle que d'injures. M. Damilaville, l'un des meilleurs coopérateurs de l'*Encyclopédie*, a daigné le confondre, comme autrefois Pasquier s'abaissa jusqu'à réprimer l'insolence absurde du jésuite Garasse.

Mais voici la plus étrange et la plus fatale aventure qui soit arrivée depuis longtemps, et en même temps la plus glorieuse au roi, à son conseil, et à messieurs les maîtres des requêtes. Qui aurait cru que ce serait des glaces du mont Jura et des frontières de la Suisse que partiraient les premières lumières et les premiers secours qui ont vengé l'innocence des célèbres Calas? Un enfant de quinze ans, Donat Calas, le dernier des fils de l'infortuné Calas, était apprenti chez un marchand de Nîmes, lorsqu'il apprit par quel horrible supplice sept juges de Toulouse, malheureusement prévenus, avaient fait périr son vertueux père.

La clameur populaire contre cette famille était si violente en Languedoc que tout le monde s'attendait à voir rouer tous les enfants de Calas, et brûler la mère. Telles avaient été même les conclusions du procureur général, tant on prétend que cette famille innocente s'était mal défendue, accablée de son malheur,

---

1. Le Père Adam.
2. Les *Erreurs de Voltaire*, en deux volumes, et le *Dictionnaire philosophique de la religion*, en quatre volumes.

et incapable de rappeler ses esprits à la lueur des bûchers et à l'aspect des roues et des tortures.

On fit craindre au jeune Donat Calas d'être traité comme le reste de sa famille ; on lui conseilla de s'enfuir en Suisse ; il vint trouver M. de Voltaire, qui ne put d'abord que le plaindre et le secourir, sans oser porter un jugement sur son père, sa mère et ses frères.

Bientôt après, un de ses frères, n'ayant été condamné qu'au bannissement, vint aussi se jeter entre les bras de M. de Voltaire. J'ai été témoin qu'il prit, pendant plus d'un mois, toutes les précautions imaginables pour s'assurer de l'innocence de la famille. Dès qu'il fut parvenu à s'en convaincre, il se crut obligé en conscience d'employer ses amis, sa bourse, sa plume, son crédit, pour réparer la méprise funeste des sept juges de Toulouse, et pour faire revoir le procès au conseil du roi. L'affaire dura trois années. On sait quelle gloire MM. de Crosne et de Bacquencourt acquirent en rapportant cette cause mémorable. Cinquante maîtres des requêtes déclarèrent, d'une voix unanime, toute la famille Calas innocente, et la recommandèrent à l'équité bienfaisante du roi. M. le duc de Choiseul, qui n'a jamais perdu une occasion de signaler la magnanimité de son caractère, non-seulement secourut de son argent cette famille malheureuse, mais obtint de Sa Majesté trente-six mille francs pour elle.

Ce fut le 9 mars 1765 que fut rendu cet arrêt authentique qui justifia les Calas, et qui changea leur destinée ; ce neuvième de mars était précisément le même jour où ce vertueux père de famille avait été supplicié. Tout Paris courut en foule les voir sortir de prison, et battit des mains en versant des larmes[1]. La famille entière a toujours été depuis ce temps attachée tendrement à M. de Voltaire, qui s'est fait un grand honneur de demeurer leur ami.

On remarqua en ce temps qu'il n'y eut dans toute la France que le nommé Fréron, auteur de je ne sais quelle brochure périodique intitulée *Lettres à la Comtesse*[2], et ensuite *Année litté-*

---

1. On sait que M. de Voltaire, treize ans après, revint à Paris. Lorsqu'il sortait à pied, il était toujours entouré par une foule d'hommes de tout état et de tout âge. On demandait un jour à une femme du peuple quel était cet homme que l'on suivait avec tant d'empressement : « C'est le sauveur des Calas, » répondit-elle. (K.)

2. Le titre est : *Lettres de madame la comtesse* *** ; voyez la note, tome XVIII, page 558.

raire, qui osa jeter des doutes, dans ses ridicules feuilles, sur l'innocence de ceux que le roi, tout son conseil, et tout le public, avaient justifiés si pleinement.

Plusieurs gens de bien engagèrent alors M. de Voltaire à écrire son *Traité de la Tolérance* [1], qui fut regardé comme un de ses meilleurs ouvrages en prose, et qui est devenu le catéchisme de quiconque a du bon sens et de l'équité.

Dans ce temps-là même l'impératrice Catherine II, dont le nom sera immortel, donnait des lois à son empire, qui contient la cinquième partie du globe; et la première de ses lois est l'établissement d'une tolérance universelle.

C'était la destinée de notre solitaire des frontières helvétiques de venger l'innocence accusée et condamnée en France. La position de sa retraite entre la France, la Suisse, Genève et la Savoie, lui attirait plus d'un infortuné. Toute la famille Sirven, condamnée à la mort dans un bourg auprès de Castres par les juges les plus ignorants et les plus cruels, se réfugia auprès de ses terres. Il fut occupé huit années entières à leur faire rendre justice, et ne se rebuta jamais. Il en vint enfin à bout.

Nous croyons très-utile de remarquer ici qu'un magistrat de village nommé Trinquet, procureur du roi dans la juridiction qui condamna la famille Sirven à la mort, donna ainsi ses conclusions : « Je requiers, pour le roi, que N. Sirven et N. sa femme, dûment atteints et convaincus d'avoir étranglé et noyé leur fille, soient bannis de la paroisse. »

Rien ne fait mieux voir l'effet que peut avoir dans un royaume la vénalité des charges de judicature.

Son bonheur, qui voulait, à ce qu'il dit, qu'il fût l'avocat des causes perdues, voulut encore qu'il arrachât des flammes une citoyenne de Saint-Omer, nommée Montbailli, condamnée à être brûlée vive par le tribunal d'Arras. On n'attendait que l'accouchement de cette femme pour la transporter au lieu de son supplice. Son mari avait déjà expiré sur la roue. Qui étaient ces deux victimes? deux exemples de l'amour conjugal et de l'amour maternel, deux âmes les plus vertueuses dans la pauvreté. Ces innocentes et respectables créatures avaient été accusées de parricide, et jugées sur des allégations qui auraient paru ridicules aux condamnateurs mêmes de Calas. M. de Voltaire fut assez heureux pour obtenir de M. le chancelier de Maupeou qu'il fît revoir le procès. La dame Montbailli fut déclarée inno-

---

1. Voyez ce *Traité*, tome XXV, page 13.

cente ; la mémoire de son mari réhabilitée ; misérable réhabilitation sans vengeance et sans dédommagement ! Quelle a donc été la jurisprudence criminelle parmi nous ? quelle suite infernale d'horribles assassinats, depuis la boucherie des templiers jusqu'à la mort du chevalier de La Barre ! On croit lire l'histoire des sauvages ; on frémit un moment, et on va à l'Opéra.

La ville de Genève était plongée alors dans des troubles qui augmentèrent toujours depuis 1763. Cette importunité détermina M. de Voltaire à laisser à M. Tronchin sa maison des Délices, et à ne plus quitter le château de Ferney, qu'il avait fait bâtir de fond en comble, et orné de jardins d'une agréable simplicité.

La discorde fut enfin si vive à Genève qu'un des partis fit feu sur l'autre, le 15 février 1770. Il y eut du monde tué : plusieurs familles d'artistes cherchèrent un asile chez lui, et le trouvèrent. Il en logea quelques-unes dans son château ; et en peu d'années il fit bâtir cinquante maisons de pierre de taille pour les autres. De sorte que le village de Ferney, qui n'était, lorsqu'il acquit cette terre, qu'un misérable hameau où croupissaient quarante-neuf malheureux paysans dévorés par la pauvreté, par les écrouelles, et par les commis des fermes, devint bientôt un lieu de plaisance peuplé de douze cents personnes, toutes à leur aise, et travaillant avec succès pour elles et pour l'État. M. le duc de Choiseul protégea de tout son pouvoir cette colonie naissante, qui établit un très-grand commerce.

Une chose qui mérite, je crois, de l'attention, c'est que, cette colonie se trouvant composée de catholiques et de protestants, il aurait été impossible de deviner qu'il y eût dans Ferney deux religions différentes. J'ai vu les femmes des colons genevois et suisses préparer de leurs mains trois reposoirs pour la procession de la fête du Saint-Sacrement. Elles assistèrent à cette procession avec un profond respect ; et M. Hugonet[1], nouveau curé de Ferney, homme aussi tolérant que généreux, les en remercia publiquement dans son prône. Quand une catholique était malade, les protestantes allaient la garder, et en recevaient à leur tour la même assistance.

C'était le fruit des principes d'humanité que M. de Voltaire a répandus dans tous ses ouvrages, et surtout dans le livre de *la Tolérance*, dont nous avons parlé[2]. Il avait toujours dit que les

---

1. Hugonet fut le successeur de Gros, qui était mort d'ivrognerie, comme Voltaire le dit un peu plus loin (page 115).

2. Page 105.

hommes sont frères, et il le prouva par les faits. Les Guyon, les Nonotte, les Patouillet, les Paulian, et autres zélés, le lui ont bien reproché ; c'est qu'ils n'étaient pas ses frères.

« Voyez-vous, disait-il aux voyageurs qui venaient le voir, cette inscription au-dessus de l'église que j'ai fait bâtir? *Deo erexit Voltaire.* C'est au Dieu père commun de tous les hommes. En effet, c'était peut-être parmi nous la seule église dédiée à Dieu seul.

Parmi ces étrangers qui vinrent en foule à Ferney, on compta plus d'un prince souverain. Il fut honoré d'une correspondance très-suivie avec plusieurs d'entre eux, dont les lettres sont entre mes mains. La moins interrompue fut celle de Sa Majesté le roi de Prusse et de Mme Wilhelmine, margrave de Baireuth, sa sœur.

Le temps qui s'écoula entre la bataille de Kollin, le 18 juin 1757, que le roi de Prusse perdit, et la journée de Rosbach, du 5 novembre, où il fut vainqueur, est le temps le plus intéressant de cette correspondance rare entre une maison royale de héros et un simple homme de lettres. En voici une grande preuve dans cette lettre mémorable [1].

On voit par cette lettre, aussi attendrissante que bien écrite, quelle était la belle âme de la margrave de Baireuth, et combien elle méritait les éloges que lui donna M. de Voltaire en pleurant sa mort, dans une ode imprimée parmi ses autres ouvrages [2]. Mais on voit surtout quels désastres épouvantables attirent sur les peuples des guerres légèrement entreprises par les rois ; on voit à quoi ils s'exposent eux-mêmes, et à quel point ils sont malheureux de faire le malheur des nations.

Le solitaire de Ferney donna dès ce moment, et dans la suite de cette guerre funeste, toutes les marques possibles de son attachement à madame la margrave, de son zèle pour le roi son frère, et de son amour pour la paix. Il engagea le cardinal de Tencin, retiré alors à Lyon, à entrer en correspondance avec Mme de Baireuth pour ménager cette paix si désirable. Les lettres de cette princesse, et celles du cardinal, passaient par Genève dans un pays neutre, et par les mains de M. de Voltaire.

Ce sera une époque singulière que la résolution prise par le roi de Prusse, après tous ses malheurs, qui furent les suites de la bataille de Kollin, d'aller affronter vers la Saxe, auprès de

---

1. Ici était transcrite la lettre de la princesse Wilhelmine, du 12 septembre 1757, qui est au tome XXXIX, page 263.
2. Voyez tome VIII, page 462.

Mersbourg, les armées française et autrichienne combinées, fort supérieures en nombre, tandis que le maréchal de Richelieu n'était pas loin avec une armée victorieuse. Ce monarque avait eu assez de présence d'esprit, et fut assez maître de ses idées, au milieu de ses infortunes, pour écrire au marquis d'Argens une longue épître en vers[1] dans laquelle il lui faisait part de la résolution qu'il avait prise de mourir s'il était battu, et lui disait adieu.

Nous avons cette pièce, qui est un monument sans exemple, écrite tout entière de sa main.

Nous avons un monument encore plus héroïque de ce prince philosophe : c'est une lettre à M. de Voltaire, du 9 octobre 1757, vingt-cinq jours[2] avant sa victoire de Rosbach :

« Je suis homme, il suffit, et né pour la souffrance ;
Aux rigueurs du destin j'oppose ma constance.

« Mais avec ces sentiments, je suis bien loin de condamner Caton et Othon. Le dernier n'a eu de beau moment en sa vie que celui de sa mort.

« Croyez que si j'étais Voltaire,
Et particulier comme lui,
Me contentant du nécessaire,
Je verrais voltiger la fortune légère,
Et m'en moquerais aujourd'hui.
. . . .
Je connais l'ennui des grandeurs,
Le fardeau des devoirs, le jargon des flatteurs ;
Ces misères de toute espèce,
Et ces détails de petitesse,
Dont il faut s'occuper dans le sein des grandeurs.
Je méprise la vaine gloire,
Quoique poëte et souverain.
Quand du ciseau fatal retranchant mon destin,
Atropos m'aura vu plongé dans la nuit noire,
Qu'importe l'honneur incertain
De vivre après ma mort au temple de Mémoire ?
Un instant de bonheur vaut mille ans dans l'histoire.

---

1. Voltaire en transcrit plusieurs passages dans ses *Mémoires*.
2. La bataille de Rosbach étant du 5 novembre 1757 est antérieure de 27 jours à la lettre du 9 octobre, qui est tome XXXIX, page 280, mais que l'on a répétée ici parce que cela est nécessaire par les premiers mots qui la suivent.

Nos destins sont-ils donc si beaux ?
Le doux plaisir et la mollesse,
La vive et naïve allégresse,
Ont toujours fui des grands la pompe et les travaux.
Ainsi la fortune volage
N'a jamais causé mes ennuis ;
Soit qu'elle me flatte ou m'outrage,
Je dormirai toutes les nuits
En lui refusant mon hommage.
Mais notre état fait notre loi ;
Il nous oblige, il nous engage
A mesurer notre courage
Sur ce qu'exige notre emploi.
Voltaire, dans son ermitage,
Dans un pays dont l'héritage
Est son antique bonne foi,
Peut s'adonner en paix à la vertu du sage
Dont Platon nous marqua la loi.
Pour moi, menacé du naufrage,
Je dois, en affrontant l'orage,
Penser, vivre, et mourir en roi. »

Rien n'est plus beau que ces derniers vers ; rien n'est plus grand. Corneille dans son beau temps ne les eût pas mieux faits. Et quand, après de tels vers, on gagne une bataille, le sublime ne peut aller plus loin.

Le cardinal de Tencin continua toujours, mais en vain, ses négociations secrètes pour la paix, comme on le voit par ses lettres. Ce fut enfin le duc de Choiseul qui entama ce grand ouvrage si nécessaire[1], et le duc de Praslin qui l'accomplit ; service signalé qu'ils rendirent à la France appauvrie et désolée.

Elle était dans un état si déplorable que, pendant douze années de paix qui suivirent cette guerre funeste, de tous les ministres des finances qui se succédèrent rapidement il n'y en eut pas un qui, avec la meilleure volonté, et les travaux les plus assidus, pût parvenir à pallier seulement les plaies de l'État. La disette d'argent était au point qu'un contrôleur général fut obligé, dans une nécessité pressante, de saisir chez M. Magon, banquier du roi, tout l'argent que des citoyens y avaient mis en dépôt.

---

1. Il s'était formé une autre négociation à Paris, par l'entremise du bailli de Froulai, autrefois ambassadeur de France à Berlin, et on avait consenti à recevoir un envoyé secret du roi de Prusse ; mais, sur les plaintes de la cour de Vienne, cet envoyé fut arrêté, mis à la Bastille, et ses papiers saisis. On prétend que ces choses-là sont permises en politique. (K.)

On prit à notre solitaire deux cent mille francs. C'était une perte énorme ; il s'en consola à la manière française, par un madrigal qu'il fit sur-le-champ en apprenant cette nouvelle :

>Au temps de la grandeur romaine,
>Horace disait à Mécène :
>Quand cesserez-vous de donner?
>Ce discours peut vous étonner;
>Chez le Welche on n'est pas si tendre
>Je dois dire, mais sans douleur,
>A monseigneur le contrôleur :
>Quand cesserez-vous de me prendre ?

On ne cessa point. M. le duc de Choiseul, qui faisait construire alors un port magnifique à Versoy, sur le lac Léman, qu'on appelle le lac de Genève, y ayant fait bâtir une petite frégate, cette frégate fut saisie par des Savoyards créanciers des entrepreneurs, dans un port de Savoie près du fameux Ripaille. M. de Voltaire racheta incontinent ce bâtiment royal de ses propres deniers, et ne put en être remboursé par le gouvernement : car M. le duc de Choiseul perdit en ce temps-là même tous ses emplois, et se retira à sa terre de Chanteloup, regretté non-seulement de tous ses amis, mais de toute la France, qui admirait son caractère bienfaisant, la noblesse de son âme, et qui rendait justice à son esprit supérieur.

Notre solitaire lui était tendrement attaché par les liens de la reconnaissance. Il n'y a sorte de grâce que M. le duc de Choiseul n'eût accordée à sa recommandation : il avait fait un neveu de M. de Voltaire, nommé de La Houlière, brigadier des armées du roi ; pensions, gratifications, brevets, croix de Saint-Louis, avaient été données dès qu'elles avaient été demandées.

Rien ne fut plus douloureux pour un homme qui lui avait tant de grandes obligations, et qui venait d'établir une colonie d'artistes et de manufacturiers sous ses auspices. Déjà sa colonie travaillait avec succès pour l'Espagne, pour l'Allemagne, pour la Hollande, l'Italie. Il la crut ruinée ; mais elle se soutint. La seule impératrice de Russie acheta bientôt après, dans le fort de sa guerre contre les Turcs, pour cinquante mille francs de montres de Ferney. On ne cesse de s'étonner, quand on voit, dans le même temps, cette souveraine acheter pour un million de tableaux tant en Hollande qu'en France, et pour quelques millions de pierreries.

Elle avait fait un présent de cinquante mille livres à M. Diderot, avec une grâce et une circonspection qui relevaient bien le prix de son présent. Elle avait offert à M. d'Alembert de le mettre à la tête de l'éducation de son fils[1], avec soixante mille livres de rente. Mais ni la santé, ni la philosophie de M. d'Alembert ne lui avaient permis d'accepter à Pétersbourg un emploi égal à celui du duc de Montausier à Versailles. Elle envoya M. le prince de Koslouski présenter de sa part, à M. de Voltaire, les plus magnifiques pelisses, et une boîte tournée de sa main même, ornée de son portrait et de vingt diamants. On croirait que c'est l'histoire d'Aboulcassem dans *les Mille et une Nuits*.

M. de Voltaire lui mandait qu'il fallait qu'elle eût pris tout le trésor de Moustapha dans une de ses victoires ; et elle lui répondit[2] « qu'avec de l'ordre on est toujours riche, et qu'elle ne manquerait, dans cette grande guerre, ni d'argent, ni de soldats ». Elle a tenu parole.

Cependant le fameux sculpteur M. Pigalle travaillait dans Paris à la statue du solitaire caché dans Ferney. Ce fut une étrangère qui proposa un jour, en 1770, à quelques véritables gens de lettres de lui faire cette galanterie, pour le venger de tous les plats libelles et des calomnies ridicules que le fanatisme et la basse littérature ne cessaient d'accumuler contre lui. Mme Necker, femme du résident de Genève, conçut ce projet la première. C'était une dame d'un esprit très-cultivé, et d'un caractère supérieur, s'il se peut, à son esprit. Cette idée fut saisie avidement par tous ceux qui venaient chez elle, à condition qu'il n'y aurait que des gens de lettres qui souscriraient pour cette entreprise[3].

Le roi de Prusse, en qualité d'homme de lettres, et ayant assurément plus que personne droit à ce titre et à celui d'homme de génie, écrivit au célèbre M. d'Alembert, et voulut être des premiers à souscrire. Sa lettre, du 28 juillet 1770, est consignée dans les archives de l'Académie :

« Le plus beau monument de Voltaire est celui qu'il s'est érigé lui-même : ses ouvrages. Ils subsisteront plus longtemps que la basilique de Saint-Pierre, le Louvre, et tous ces bâtiments que la vanité consacre à l'éternité. On ne parlera plus français,

---

1. Devenu empereur sous le nom de Paul Ier.
2. Voyez, dans la *Correspondance*, la lettre de Voltaire à Catherine, du 10 mars 1770.
3. M. de Voltaire était mal informé. Il faut restituer aux gens de lettres français l'honneur d'avoir rendu cet hommage à M. de Voltaire. (K.)

que Voltaire sera encore traduit dans la langue qui lui aura succédé. Cependant, rempli du plaisir que m'ont fait ses productions si variées, et chacune si parfaite en son genre, je ne pourrais sans ingratitude me refuser à la proposition que vous me faites de contribuer au monument que lui élève la reconnaissance publique. Vous n'avez qu'à m'informer de ce qu'on exige de ma part, je ne refuserai rien pour cette statue, plus glorieuse pour les gens de lettres qui la lui consacrent que pour Voltaire même. On dira que dans ce xviiie siècle, où tant de gens de lettres se déchiraient par envie, il s'en est trouvé d'assez nobles, d'assez généreux, pour rendre justice à un homme doué de génie et de talents supérieurs à tous les siècles; que nous avons mérité de posséder Voltaire : et la postérité la plus reculée nous enviera encore cet avantage. Distinguer les hommes célèbres, rendre justice au mérite, c'est encourager les talents et la vertu ; c'est la seule récompense des belles âmes ; elle est bien due à tous ceux qui cultivent supérieurement les lettres; elles nous procurent les plaisirs de l'esprit, plus durables que ceux du corps; elles adoucissent les mœurs les plus féroces ; elles répandent leur charme sur tout le cours de la vie ; elles rendent notre existence supportable, et la mort moins affreuse. Continuez donc, messieurs, de protéger et de célébrer ceux qui s'y appliquent, et qui ont le bonheur, en France, d'y réussir : ce sera ce que vous pourrez faire de plus glorieux pour votre nation, et qui obtiendra grâce du siècle futur pour quelques autres Welches et Hérules qui pourraient flétrir votre patrie.

« Adieu, mon cher d'Alembert : portez-vous bien, jusqu'à ce qu'à votre tour votre statue vous soit élevée. Sur ce, je prie Dieu qu'il vous ait en sa sainte et digne garde.

« FÉDÉRIC[1]. »

---

[1]. On a cru devoir placer ici les deux lettres suivantes de M. d'Alembert :

Lettre de M. d'Alembert au roi de Prusse.

« Sire, je supplie très-humblement Votre Majesté de pardonner la liberté que je vais prendre, à la respectueuse confiance que ses bontés m'ont inspirée, et qui m'encouragent à lui demander une nouvelle grâce.

« Une société considérable de philosophes et d'hommes de lettres a résolu, sire, d'ériger une statue à M. de Voltaire, comme à celui de tous nos écrivains à qui la philosophie et les lettres sont le plus redevables. Les philosophes et les gens de lettres de toutes les nations vous regardent, sire, depuis longtemps comme leur chef et leur modèle. Qu'il serait flatteur et honorable pour nous qu'en cette occasion Votre Majesté voulût bien permettre que son auguste et respectable nom fût à la tête des nôtres! Elle donnerait à M. de Voltaire, dont elle

Le roi de Prusse fit plus. Il fit exécuter une statue de son ancien serviteur dans sa belle manufacture de porcelaine, et la lui

aime tant les ouvrages, une marque éclatante d'estime dont il serait infiniment touché, et qui lui rendrait cher ce qui lui reste de jours à vivre. Elle ajouterait beaucoup et à la gloire de cet illustre écrivain, et à celle de la littérature française, qui en conserverait une reconnaissance éternelle. Permettez-moi, sire, d'ajouter que dans l'état de faiblesse et de maladie où m'a réduit en ce moment l'excès du travail, et qui ne me permet que des vœux pour les lettres, la nouvelle marque de distinction que j'ose vous demander en leur faveur serait pour moi la plus douce consolation. Elle augmenterait encore, s'il est possible, l'admiration dont je suis pénétré pour votre personne, le sentiment profond que je conserverai toute ma vie de vos bienfaits, et la tendre vénération avec laquelle je serai jusqu'à mon dernier soupir, sire, de Votre Majesté le très-humble et très-obéissant serviteur.

« D'ALEMBERT.

« A Paris, le 15 juillet 1770. »

Réponse de M. d'Alembert à la lettre du roi de Prusse.

« Sire, je n'ai pas perdu un moment pour apprendre à M. de Voltaire l'honneur signalé que Votre Majesté veut bien lui faire, et celui qu'elle fait en sa personne à la littérature et à la nation française. Je ne doute point qu'il ne témoigne à Votre Majesté sa vive et éternelle reconnaissance. Mais comment, sire, pourrais-je vous exprimer toute la mienne ? Comment pourrais-je vous dire à quel point je suis touché et pénétré de l'éloge si grand et si noble que Votre Majesté fait de la philosophie et de ceux qui la cultivent ? Je prends la liberté, sire, et j'ose espérer que Votre Majesté ne m'en désavouera pas, de faire part de sa lettre à tous ceux qui sont dignes de l'entendre ; et je ne puis assez dire à Votre Majesté avec quelle admiration, et, j'ose le dire, avec quelle tendresse respectueuse, ils voient tant de justice et de bonté unies à tant de gloire. Vous étiez, sire, le chef et le modèle de tous ceux qui écrivent et qui pensent ; vous êtes à présent pour eux (je rends à Votre Majesté leurs propres expressions) l'être rémunérateur et vengeur : car les récompenses accordées au génie sont le supplice de ceux qui le persécutent. Je voudrais que la lettre de Votre Majesté pût être gravée au bas de la statue : elle serait bien plus flatteuse que la statue même pour M. de Voltaire et pour les lettres. Quant à moi, sire, à qui Votre Majesté a la bonté de parler aussi de statue, je n'ai pas l'impertinente vanité de croire mériter jamais un pareil monument : je ne demande qu'une pierre sur ma tombe, avec ces mots : *Le grand Frédéric l'honora de ses bienfaits et de ses bontés.*

« Votre Majesté demande ce que nous désirons d'elle pour ce monument ? Un écu, sire, et votre nom, qu'elle nous accorde d'une manière si digne et si généreuse. Les souscriptions ne nous manquent pas ; mais elles ne seraient rien sans la vôtre, et nous recevrons avec reconnaissance ce qu'il plaira à Votre Majesté de donner.

« L'Académie française, sire, vient d'arrêter d'une voix unanime que la lettre de Votre Majesté serait insérée dans ses registres, comme un monument également honorable pour un de ses plus illustres membres et pour la littérature française. Elle me charge de mettre aux pieds de Votre Majesté son profond respect et sa très-humble reconnaissance.

« C'est avec les mêmes sentiments, et avec la plus vive admiration, que je serai toute ma vie, sire, etc.

« A Paris, le 13 août 1770. » (K.)

envoya avec ce mot gravé sur la base : *Immortali*. M. de Voltaire écrivit au-dessous :

> Vous êtes généreux : vos bontés souveraines
> Me font de trop nobles présents;
> Vous me donnez sur mes vieux ans
> Une terre dans vos domaines.

M. Pigalle se chargea d'exécuter la statue en France, avec le zèle d'un artiste qui en immortalisait un autre. Cette aventure, alors unique, deviendra bientôt commune. On érigera des statues ou du moins des bustes aux artistes, comme la mode est venue de crier : *l'auteur! l'auteur!* dans le parterre. Mais celui à qui l'on faisait cet honneur prévoyait bien que ses ennemis n'en seraient que plus acharnés. Voici ce qu'il en écrivit à M. Pigalle, d'un style peut-être un peu trop burlesque :

> Monsieur Pigal, votre statue
> Me fait mille fois trop d'honneur.
> Jean-Jacque a dit avec candeur
> Que c'est à lui qu'elle était due[1].
> Quand votre ciseau s'évertue
> A sculpter votre serviteur,
> Vous agacez l'esprit railleur
> De certain peuple rimailleur
> Qui depuis si longtemps me hue, etc.[2]

Il avait bien raison de dire que cet honneur inespéré qu'on lui faisait déchaînerait contre lui les écrivains du Pont-Neuf et du fanatisme. Il écrivit à M. Thieriot[3] : « Tous ces messieurs méritent bien mieux des statues que moi, et j'avoue qu'il en est quelques-uns très-dignes d'être en effigie dans la place publique. »

Les Nonotte, les Fréron, les Sabatier, et consorts, jetèrent les

---

1. Jean-Jacques Rousseau de Genève, dans une lettre à M. l'archevêque de Paris, qu'il intitule *Jean-Jacques à Christophe*, dit modestement qu'il est devenu homme de lettres par son mépris pour cet état. Et après avoir prié Christophe de lire son roman de la Suissesse *Héloïse*, qui, étant fille, accouche d'un faux germe, il conclut, page 127, que tous les gouvernements bien policés lui doivent élever des statues. (*Note de Voltaire.*)
— Jean-Jacques Rousseau souscrivit pour la statue de M. de Voltaire. (K.)
2. Voltaire a depuis corrigé cette épître, et c'est avec les nouvelles corrections qu'on la trouve dans les *Épîtres*, tome X.
3. La lettre à Thieriot où étaient les mots rapportés par Voltaire ne m'est pas connue. (B.)

hauts cris. Celui qui le persécutait avec le plus de cruauté et d'absurdité était un montagnard étranger[1], plus propre à ramoner des cheminées qu'à diriger des consciences. Cet homme, qui était très-familier, écrivit cordialement au roi de France, de couronne à couronne : il le pria de lui faire le plaisir de chasser un vieillard de soixante et quinze ans, et très-malade, de la propre maison qu'il avait fait bâtir, des champs qu'il avait fait défricher, et de l'arracher à cent familles qui ne subsistaient que par lui. Le roi trouva la proposition très-malhonnête et peu chrétienne, et le fit dire au capelan.

Le solitaire de Ferney étant malade, et n'ayant rien à faire, ne voulut se venger de cette petite manœuvre que par le plaisir de se faire donner l'extrême-onction par exploit, selon l'usage qui se pratiquait alors. Il se comporta comme ceux qu'on appelait jansénistes à Paris : il fit signifier par un huissier à son curé, nommé Gros (bon ivrogne qui s'est tué depuis à force de boire), que ledit curé eût à le venir oindre dans sa chambre au premier avril sans faute. Le curé vint, et lui remontra qu'il fallait d'abord commencer par la communion, et qu'ensuite il lui donnerait tant de saintes huiles qu'il voudrait. Le malade accepta la proposition ; il se fit apporter la communion dans sa chambre le premier avril ; et là, en présence de témoins, il déclara par-devant notaire *qu'il pardonnait à son calomniateur, qui avait tenté de le perdre, et qui n'avait pu y réussir*. Le procès-verbal en fut dressé.

Il dit après cette cérémonie : « J'ai eu la satisfaction de mourir comme Guzman dans *Alzire*, et je m'en porte mieux. Les plaisants de Paris croiront que c'est un poisson d'avril. »

L'ennemi, un peu étonné de cette aventure, ne se piqua pas de l'imiter : il ne pardonna point, et n'y sut autre chose que faire supposer une déclaration du malade toute différente de celle qui était authentique[1], faite par-devant notaire, signée du testateur et des témoins, dûment légalisée et contrôlée. Deux faussaires rédigèrent donc, quinze jours après, une contre-profession de foi en patois savoyard ; mais on n'osa pas supposer le seing de celui auquel on avait eu la bêtise de l'attribuer. Voici la lettre que M. de Voltaire écrivit sur ce sujet :

---

1. Biort, évêque d'Annecy. (K.)
2. Wagnière, dans ses *Additions au Commentaire historique*, a transcrit, page 75, la *Déclaration* authentique, et, page 83, la *Profession de foi* supposée. Wagnière donne à cette occasion quelques détails piquants. (B.)

« Je ne sais point mauvais gré à ceux qui m'ont fait parler saintement dans un style si barbare et si impertinent. Ils ont pu mal exprimer mes sentiments véritables, ils ont pu redire dans leur jargon ce que j'ai publié si souvent en français ; ils n'en ont pas moins exprimé la substance de mes opinions. Je suis d'accord avec eux : je m'unis à leur foi ; mon zèle éclairé seconde leur zèle ignorant ; je me recommande à leurs prières savoyardes. Je supplie humblement les pieux faussaires qui ont fait rédiger l'acte du 15 avril de vouloir bien considérer qu'il ne faut jamais faire d'actes faux en faveur de la vérité. Plus la religion catholique est vraie (comme tout le monde le sait), moins on doit mentir pour elle. Ces petites libertés trop communes autoriseraient d'autres impostures plus funestes : bientôt on se croirait permis de fabriquer de faux testaments, de fausses donations, de fausses accusations, pour la gloire de Dieu. De plus horribles falsifications ont été employées autrefois.

« Quelques-uns de ces prétendus témoins ont avoué qu'ils avaient été subornés, mais qu'ils avaient cru bien faire. Ils ont signé qu'ils n'avaient menti qu'à bonne intention.

« Tout cela s'est opéré charitablement, sans doute à l'exemple des rétractations imputées à MM. de Montesquieu, de La Chalotais, de Monclar, et de tant d'autres. Ces fraudes pieuses sont à la mode depuis environ seize cents ans. Mais quand cette bonne œuvre va jusqu'au crime de faux, on risque beaucoup dans ce monde, en attendant le royaume des cieux. »

Notre solitaire continua donc gaiement à faire un peu de bien quand il le pouvait, en se moquant de ceux qui faisaient tristement du mal, et en fortifiant, souvent par des plaisanteries, les vérités les plus sérieuses.

Il avoua qu'il avait poussé trop loin cette raillerie contre quelques-uns de ses ennemis. « J'ai tort, dit-il dans une de ses lettres ; mais ces messieurs m'ayant attaqué pendant quarante ans, la patience m'a échappé dix ans de suite. »

La révolution faite dans tous les parlements du royaume, en 1771, devait l'embarrasser. Il avait deux neveux, dont l'un[1] entrait au parlement de Paris, tandis que l'autre[2] en sortait ; tous deux d'un mérite distingué, et d'une probité incorruptible, mais engagés l'un et l'autre dans des partis opposés. Il ne cessa de les aimer également tous deux, et d'avoir pour eux les mêmes at-

---

1. L'abbé Mignot.
2. D'Hornoy.

tentions. Mais il se déclara hautement pour l'abolissement de la vénalité, contre laquelle nous avons déjà cité[1] les paroles énergiques du marquis d'Argenson. Le projet de rendre la justice gratuitement, comme saint Louis, lui paraissait admirable. Il écrivit surtout en faveur des malheureux plaideurs qui étaient depuis quatre siècles obligés de courir à cent cinquante lieues de leurs chaumières pour achever de se ruiner dans la capitale, soit en perdant leur procès, soit même en le gagnant. Il avait toujours manifesté ces sentiments dans plusieurs de ses écrits : il fut fidèle à ses principes sans faire sa cour à personne.

Il avait alors soixante et dix-huit ans; et cependant en une année il refit la *Sophonisbe*[2] de Mairet tout entière, et composa la tragédie des *Lois de Minos*[3]. Il ne regardait pas ces ouvrages, faits à la hâte pour le théâtre de son château, comme de bonnes pièces. Les connaisseurs ne dirent pas beaucoup de mal des *Lois de Minos*. Mais il faut avouer que les ouvrages dramatiques qui n'ont pas paru sur la scène, et ceux qui n'en sont pas restés longtemps en possession, ne servent qu'à grossir inutilement la foule des brochures dont l'Europe est surchargée, de même que les tableaux et les estampes qui n'entrent point dans les cabinets des amateurs restent comme s'ils n'étaient pas.

L'an 1774, il eut une occasion singulière[4] d'employer le même empressement qu'il avait eu le bonheur de signaler dans les funestes aventures des Calas et des Sirven.

Il apprit qu'il y avait à Vesel, dans les troupes du roi de Prusse, un jeune gentilhomme français d'un mérite modeste et d'une sagesse rare. Ce jeune homme n'était que simple volontaire. C'était le même qui avait été condamné dans Abbeville au supplice des parricides avec le chevalier de La Barre, pour ne s'être pas mis à genoux, pendant la pluie, devant une procession de capucins, laquelle avait passé à cinquante ou soixante pas d'eux.

On avait ajouté à cette charge celle d'avoir chanté une chanson grivoise de corps de garde, faite depuis environ cent ans, et d'avoir récité l'*Ode à Priape* de Piron. Cette ode de Piron était une débauche d'esprit et de jeunesse, dont l'emportement fut

---

1. Page 89.
2. Voyez tome VII, page 29.
3. Voyez tome VII, page 163.
4. Voyez, tome XXIX, page 375, le *Cri du sang innocent*.

jugé si pardonnable par le roi de France Louis XV, qu'ayant su que l'auteur était très-pauvre, il le gratifia d'une pension sur sa cassette. Ainsi celui qui avait fait la pièce fut récompensé par un bon roi, et ceux qui l'avaient récitée furent condamnés par des barbares de village au plus épouvantable supplice.

Trois juges d'Abbeville avaient conduit la procédure : leur sentence portait que le chevalier de La Barre, et son jeune ami, dont je parle, seraient appliqués à la torture ordinaire et extraordinaire ; qu'on leur couperait le poing, qu'on leur arracherait la langue avec des tenailles, et qu'on les jetterait vivants dans les flammes.

Des trois juges qui rendirent cette sentence deux étaient absolument incompétents : l'un, parce qu'il était l'ennemi déclaré des parents de ces jeunes gens ; l'autre, parce que s'étant fait autrefois recevoir avocat, il avait depuis acheté et exercé un emploi de procureur dans Abbeville ; que son principal métier était celui de marchand de bœufs et de cochons ; qu'il y avait contre lui des sentences des consuls de la ville d'Abbeville, et que depuis il fut déclaré par la cour des aides incapable d'exercer aucune charge municipale dans le royaume.

Le troisième juge, intimidé par les deux autres, eut la faiblesse de signer, et en eut ensuite des remords aussi cuisants qu'inutiles.

Le chevalier de La Barre fut exécuté, à l'étonnement de toute l'Europe, qui en frissonne encore d'horreur[1]. Son ami fut condamné par contumace, ayant toujours été dans le pays étranger avant le commencement du procès.

Ce jugement si exécrable et en même temps si absurde, qui a fait un tort éternel à la nation française, était bien plus condamnable que celui qui fit rouer l'innocent Calas : car les juges de Calas ne firent d'autre faute que celle de se tromper, et le crime des juges d'Abbeville fut d'être barbares en ne se trompant pas. Ils condamnèrent deux enfants innocents à une mort aussi cruelle que celle de Ravaillac et de Damiens, pour une légèreté qui ne méritait pas huit jours de prison. L'on peut dire que depuis la Saint-Barthélemy il ne s'était rien passé de plus affreux. Il est triste de rapporter cet exemple d'une férocité brutale, qu'on ne trouverait pas chez les peuples les plus sauvages ; mais la vérité nous y oblige. On doit surtout remarquer que c'est dans

---

1. Voyez, tome XXV, page 501, la *Relation de la mort du chevalier de La Barre*.

les temps du plus grand luxe, sous l'empire de la mollesse et de la dissolution la plus effrénée, que ces horreurs ont été commises par piété.

M. de Voltaire ayant donc su qu'un de ces jeunes gens, victime du plus détestable fanatisme qui ait jamais souillé la terre, était dans un régiment du roi de Prusse, en donna avis à ce monarque, qui sur-le-champ eut la générosité de le faire officier. Le roi de Prusse s'informa plus particulièrement de la conduite du jeune gentilhomme : il sut qu'il avait appris sans maître l'art du génie et du dessin; il sut combien il était sage, réservé, vertueux ; combien sa conduite condamnait ses prétendus juges d'Abbeville. Il daigna l'appeler auprès de sa personne, lui donna une compagnie, le créa son ingénieur, l'honora d'une pension, et répara ainsi, par la bienfaisance, le crime de la barbarie et de la sottise. Il écrivit à M. de Voltaire, dans les termes les plus touchants, tout ce qu'il daignait faire pour ce militaire aussi estimable qu'infortuné. Nous avons été tous témoins de cette aventure si horriblement déshonorante pour la France, et si glorieuse pour un roi philosophe. Ce grand exemple instruira les hommes, mais les corrigera-t-il?

Immédiatement après, notre vieillard réchauffa les glaces de son âge pour profiter des vues patriotiques d'un nouveau ministre[1], qui, le premier en France, débuta par être le père du peuple. La patrie que M. de Voltaire s'était choisie dans le pays de Gex est une langue de terre de cinq à six lieues sur deux, entre le mont Jura, le lac de Genève, les Alpes, et la Suisse. Ce pays était infesté par environ quatre-vingts sbires des aides et gabelles, qui abusaient de la dignité de leur bandoulière pour vexer horriblement le peuple à l'insu de leurs maîtres. Le pays était dans la plus effroyable misère. Il fut assez heureux pour obtenir du bienfaisant ministre un traité par lequel cette solitude (je n'ose pas dire province) fut délivrée de toute vexation : elle devint libre et heureuse. « Je devrais mourir après cela, dit-il, car je ne puis monter plus haut. »

Il ne mourut pourtant pas cette fois-là ; mais son noble émule, son illustre adversaire, Catherin Fréron, mourut[2]. Une chose assez plaisante à mon gré, c'est que M. de Voltaire reçut de Paris une invitation de se trouver à l'enterrement de ce pauvre diable. Une femme, qui était apparemment de la famille, lui

---

1. Turgot.
2. 10 mars 1776.

écrivit une lettre anonyme que j'ai entre les mains ; elle lui proposait très-sérieusement de marier la fille de Fréron, puisqu'il avait marié la descendante de Corneille. Elle l'en conjurait avec beaucoup d'instance ; et elle lui indiquait le curé de la Madeleine à Paris, auquel il devait s'adresser pour cette affaire. M. de Voltaire me dit : « Si Fréron a fait *le Cid, Cinna* et *Polyeucte*, je marierai sa fille sans difficulté. »

Il ne recevait pas toujours des lettres anonymes. Un M. Clément lui en adressait plusieurs au bas desquels il mettait son nom[1]. Ce Clément, maître de quartier dans un collège de Dijon, et qui se donnait pour maître dans l'art de raisonner et dans l'art d'écrire, était venu à Paris vivre d'un métier qu'on peut faire sans apprentissage. Il se fit folliculaire. M. l'abbé de Voisenon écrivit : *Zoïle genuit Mævium, Mævius genuit Guyot-Desfontaines, Guyot autem genuit Freron, Freron autem genuit Clement* ; et voilà comme on dégénère dans les grandes maisons. Ce M. Clément avait attaqué le marquis de Saint-Lambert, M. Delille, et plusieurs autres membres de l'Académie, avec une véhémence que n'ont pas les plaideurs les plus acharnés quand il s'agit de toute leur fortune. De quoi s'agissait-il ? De quelques vers. Cela ressemble au docteur de Molière, qui écume de colère de ce qu'on a dit *forme* de chapeau, et non pas *figure* de chapeau. Voici ce que M. de Voltaire en écrivit à M. l'abbé de Voisenon[2] :

« . . . .
Il est bien vrai que l'on m'annonce
Les lettres de maître Clément.
Il a beau m'écrire souvent,
Il n'obtiendra point de réponse.
Je ne serai pas assez sot
Pour m'embarquer dans ces querelles.
Si c'eût été Clément Marot,
Il aurait eu de mes nouvelles.

« Mais pour M. Clément tout court, qui, dans un volume beaucoup plus gros que *la Henriade*[3], me prouve que *la Henriade* ne

---

1. Voyez quatre lettres de Clément, dans la *Correspondance*.
2. Le passage rapporté ici est tout ce qui reste de cette lettre de Voltaire à Voisenon.
3. Clément publia, en 1773, une *Première lettre à M. de Voltaire*, qui fut suivie de huit autres sous le titre de *Seconde, Troisième*, etc. C'est dans les septième et huitième, qui ont plus de 550 pages, qu'il critique *la Henriade*.

vaut pas grand'chose ; hélas ! il y a soixante ans que je le savais comme lui. J'avais débuté à vingt ans par le second chant de *la Henriade*. J'étais alors tel qu'est aujourd'hui M. Clément, je ne savais de quoi il était question. Au lieu de faire un gros livre contre moi, que ne fait-il une *Henriade* meilleure? Cela est si aisé ! »

Il y a des sortes d'esprits qui, ayant contracté l'habitude d'écrire, ne peuvent y renoncer dans la plus extrême vieillesse : tels furent Huet et Fontenelle. Notre auteur, quoique accablé d'années et de maladies, travailla toujours gaiement. L'*Épître à Boileau*[1], l'*Épître à Horace*[2], *la Tactique*[3], *le Dialogue de Pégase et du Vieillard*[4], *Jean qui pleure et qui rit*[5], et plusieurs petites pièces dans ce goût, furent écrites à quatre-vingt-deux ans. Il fit aussi les *Questions sur l'Encyclopédie*[6]. On faisait plusieurs éditions à la fois de chaque volume à mesure qu'il en paraissait un. Ils sont tous imprimés assez incorrectement.

Il y a sur l'article *Messie* un fait assez étrange, et qui montre que les yeux de l'envie ne sont pas toujours clairvoyants. Cet article *Messie*[7], déjà imprimé dans la grande *Encyclopédie* de Paris, est de M. Polier de Bottens, premier pasteur de l'Église de Lausanne, homme aussi respectable par sa vertu que par son érudition. L'article est sage, profond, instructif. Nous en possédons l'original, écrit de la propre main de l'auteur. On crut qu'il était de M. de Voltaire, et on y trouva cent erreurs. Dès qu'on sut qu'il était d'un prêtre, l'ouvrage fut très-chrétien.

Parmi ceux qui tombèrent dans ce piége, il faut daigner compter l'ex-jésuite Nonotte. C'est ce même homme qui s'avisa de nier qu'il y eût dans le Dauphiné une petite ville de Livron[8], assiégée par l'ordre de Henri III ; qui ne savait pas que des rois de la première race avaient eu plusieurs femmes à la fois[9] ; qui ignorait qu'Eucherius était le premier auteur de la fable de la légion thébaine[10]. C'est lui qui écrivit deux volumes contre l'*Essai sur les Mœurs et l'Esprit des nations*, et qui se méprit à chaque page

---

1. Voyez tome X.
2. Voyez *ibid.*
3. Voyez tome X, page 187.
4. Voyez *ibid.*, page 195.
5. Voyez tome IX, page 556.
6. Les *Questions sur l'Encyclopédie* parurent de 1770 à 1772.
7. Voyez tome XX, page 62.
8. Voyez tome XXVII, page 402.
9. Voyez tome XIX, page 100; XXIV, 489; XXVI, 144.
10. Voyez tome XXIV, page 487; XXVI, 142.

de ces deux volumes. Son livre se vendit, parce qu'il attaquait un homme connu.

Le fanatisme de ce Nonotte était si parfait que, dans je ne sais quel dictionnaire philosophique religieux [1] ou antiphilosophique, il assure, à l'article *Miracle*, qu'une hostie, percée à coups de canif dans la ville de Dijon, répandit vingt palettes de sang; et qu'une autre hostie, ayant été jetée au feu dans Dôle, s'en alla voltigeant sur l'autel. Frère Nonotte, pour démontrer la vérité de ces deux faits, cite deux vers latins d'un président Boisvin, Franc-Comtois :

> Impie, quid dubitas hominemque Deumque fateri ?
> Se probat esse hominem sanguine, et igne Deum.

Ce qui signifie, en réduisant ces deux vers impertinents à un sens clair : « Impie, pourquoi hésites-tu à confesser un homme Dieu? Il prouve qu'il est homme par le sang, et Dieu par les flammes. »

On ne peut mieux prouver : et c'est sur cette preuve que Nonotte s'extasie, en disant : « Telle est la manière dont on doit procéder pour régler sa créance sur les miracles. »

Mais ce bon Nonotte, en réglant sa créance sur des injures de théologien et sur des raisonnements de petites-maisons, ne savait pas qu'il y a plus de soixante villes en Europe où le peuple prétend qu'autrefois les juifs donnèrent des coups de couteau à des hosties qui répandirent du sang: il ne sait pas qu'on fait encore aujourd'hui commémoration à Bruxelles d'une pareille aventure; et j'y ai entendu, il y a quarante ans, cette belle chanson :

> Gaudissons-nous, bons chrétiens, au supplice
> Du vilain juif appelé Jonathan,
> Qui sur l'autel a, par grande malice,
> Assassiné le très-saint sacrement.

Il ne connaît pas le miracle de la rue aux Ours à Paris, où le peuple brûle tous les ans la figure d'un Suisse ou d'un Franc-Comtois qui assassina la sainte Vierge et l'enfant Jésus au bout de la rue; et le miracle des Carmes nommés Billettes [2], et cent

---

1. *Dictionnaire philosophique de la religion*, 1772, quatro volumes in-12. L'abbé Chaudon est le principal auteur du *Dictionnaire antiphilosophique*, 1767, in-8°.
2. Ce miracle est de 1290, sous Philippe IV ou le Bel; voyez l'*Histoire de Paris*, par J.-A. Dulaure, seconde édition, tome III, page 64.

autres miracles dans ce goût, célébrés par la lie du peuple, et mis en évidence par la lie des écrivains, qui veulent qu'on croie à ces fadaises comme au miracle des noces de Cana et à celui des cinq pains.

Tous ces pères de l'Église, les uns en sortant de Bicêtre, les autres en sortant du cabaret, quelques-uns en lui demandant l'aumône, lui envoyaient continuellement des libelles et des lettres anonymes; il les jetait au feu sans les lire. C'est en réfléchissant sur l'infâme et déplorable métier de ces malheureux soi-disant gens de lettres qu'il avait composé la petite pièce de vers intitulée *le Pauvre Diable*, dans laquelle il fait voir évidemment qu'il vaut mille fois mieux être laquais ou portier dans une bonne maison que de traîner dans les rues, dans un café, et dans un galetas, une vie indigente qu'on soutient à peine, en vendant à des libraires des libelles où l'on juge les rois, où l'on outrage les femmes, où l'on gouverne les États, et où l'on dit à son prochain des injures sans esprit.

Dans les derniers temps il avait une profonde indifférence pour ses propres ouvrages, dont il fit toujours peu de cas, et dont il ne parlait jamais. On les réimprimait continuellement sans même l'en instruire. Une édition de *la Henriade*, ou des tragédies, ou de l'histoire, ou de ses pièces fugitives, était-elle sur le point d'être épuisée, une autre édition lui succédait sur-le-champ. Il écrivait souvent aux libraires : « N'imprimez pas tant de volumes de moi; on ne va point à la postérité avec un si gros bagage[1]. » On ne l'écoutait pas : on le réimprimait à la hâte ; on ne le consultait point; et, ce qui est presque incroyable et très-vrai, c'est qu'on fit à Genève une magnifique édition in-4° dont il ne vit jamais une seule feuille, et dans laquelle on inséra plusieurs ouvrages qui ne sont pas de lui, et dont les auteurs sont connus. C'est à propos de toutes ces éditions qu'il disait et qu'il écrivait à ses amis : « Je me regarde comme un homme mort dont on vend les meubles[2]. »

---

[1]. Voltaire avait dit, en 1773, dans son *Dialogue de Pégase et du Vieillard* :

On ne va point, mon fils, fût-on sur toi monté,
Avec ce gros bagage à la postérité.

[2]. Cette édition in-4° pèche par le désordre qui défigure plusieurs tomes, par le ridicule de faire suivre une pièce composée en 1770 par une faite en 1720, par la profusion de cent petits ouvrages de société qui ne sont pas de l'auteur, et qui sont indignes du public; enfin par beaucoup de fautes typographiques. Cependant elle peut être recherchée pour la beauté du papier, du caractère et des estampes. (*Note de Voltaire*.) — Cette note, conservée dans le tome XXX de l'édition

Le premier magistrat et le premier pasteur évangélique de Lausanne ayant établi une imprimerie dans cette ville, on y fit, sous le nom de Londres, une édition appelée complète. Les éditeurs y ont inséré plus de cent petites pièces en prose et en vers qui ne peuvent être ni de lui, ni d'un homme de goût, ni d'un homme du monde, telles que celle-ci, qui se trouve dans les opuscules de l'abbé de Grécourt[1] :

>Belle maman, soyez l'arbitre
>Si la fièvre n'est pas un titre
>Suffisant pour me disculper.
>Je suis au lit comme un bélitre,
>Et c'est à force de lamper ;
>Mais j'espère d'en réchapper,
>Puisqu'en recevant cette épître
>L'Amour me dresse mon pupitre.

Telle est une apothéose de Mlle Lecouvreur, faite par un précepteur nommé Bonneval :

>Quel contraste frappe mes yeux !
>Melpomène ici désolée
>Élève, avec l'aveu des dieux,
>Un magnifique mausolée.

Telle est cette pièce misérable :

>Adieu, ma pauvre tabatière,
>Adieu, doux fruit de mes écus.

Telle est cette autre, intitulée le Loup moraliste.
Telle est je ne sais quelle ode, qui semble être d'un cocher de Vertamon devenu capucin, intitulée le vrai Dieu.

Ces bêtises étaient soigneusement recueillies dans l'édition complète, d'après les livres nouveaux de Mme Oudot[2], les *Almanachs des Muses*, le *Portefeuille retrouvé*[3], et les autres ouvrages

---

in-4º, et que je rétablis d'après l'édition originale, avait été omise dans les éditions de Kehl et dans beaucoup d'autres. (B.)

1. Les pièces que Voltaire désavoue ici avaient été déjà désavouées par lui, en 1773, dans une des notes de son *Dialogue de Pégase et du Vieillard*.

2. Imprimeur à Troyes, dont les presses reproduisaient les romans des *Quatre fils Aymon*, de *Huon de Bordeaux*, de *Jean de Paris*, les *Faits et prouesses du noble et vaillant Hercules*, et autres faisant partie de ce qu'on appelle la *Bibliothèque bleue*.

3. L'ouvrage dont parle Voltaire est intitulé *le Portefeuille trouvé*: voyez la note, tome VI, page 337.

de génie qui bordent à Paris le Pont-Neuf et le quai des Théatins. Elles se trouvent en très-grand nombre dans le vingt-troisième tome de cette édition de Lausanne. Tout ce fatras est fait pour les halles. Les éditeurs ont eu encore la bonté d'imprimer à la tête de ces platitudes dégoûtantes : *Le tout revu et corrigé par l'auteur même,* qui assurément n'en avait rien vu. Ce n'est pas ainsi que Robert Estienne imprimait. L'antique disette de livres était bien préférable à cette multitude accablante d'écrits qui inondent aujourd'hui Paris et Londres, et aux sonnets qui pleuvent dans l'Italie.

Quand on falsifia quelques-unes de ses lettres qu'on imprima en Hollande, sous le titre de *Lettres secrètes*[1], il parodia cette ancienne épigramme :

> Voici donc mes lettres secrètes,
> Si secrètes que pour lecteur
> Elles n'ont que leur imprimeur,
> Et ces messieurs qui les ont faites.

Nous voulons bien ne pas dire quel est le galant homme qui fit imprimer en 1766, à Amsterdam, sous le titre de Genève, les *Lettres de M. de Voltaire à ses amis du Parnasse*[2], avec des notes historiques et critiques. Cet éditeur compte parmi ces amis du Parnasse la reine de Suède, l'électeur Palatin, le roi de Pologne, le roi de Prusse. Voilà de bons amis intimes et un beau Parnasse. L'éditeur, non content de cette extrême impertinence, y ajouta, pour vendre son livre, la friponnerie dont La Beaumelle avait donné le premier exemple. Il falsifia quelques lettres qui avaient en effet couru, et entre autres une lettre sur les langues française et italienne, écrite en 1761 à M. Tovazzi Deodati[3], dans laquelle ce faussaire déchire, avec la plus plate grossièreté, les plus grands seigneurs de France. Heureusement il prêtait son style à l'auteur sous le nom duquel il écrivait pour le perdre. Il fait dire à M. de Voltaire que les dames de Versailles sont d'agréables commères, et que J.-J. Rousseau est leur toutou[4]. C'est ainsi qu'en France nous avons eu de puissants génies à deux sous la feuille, qui ont fait les lettres de Ninon, de Main-

---

1. Voyez tome XXVI, page 135.
2. Voyez, sur ces *Lettres*, l'*Appel au public*, tome XXV, page 579.
3. Voyez tome XLI, page 166.
4. Voyez une note, tome XXV, page 581.

tenon, du cardinal Albéroni, de la reine Christine, de Mandrin, etc. Le plus naturel de ces beaux esprits[1] était celui qui disait : « Je m'occupe à présent à faire des pensées de La Rochefoucauld[2]. »

1. Capron, dentiste très-connu dans son temps. (K.)
2. L'édition originale et quelques réimpressions se terminaient ainsi :
« Nous allons donner quelques véritables lettres de M. de Voltaire, d'après ses propres minutes, que nous conservons : nous ne publions que celles dont on peut retirer quelque utilité. »
Et sous le titre de *Lettres véritables de M. de Voltaire*, on donnait vingt-neuf lettres ou morceaux ayant la forme épistolaire, qui sont soit dans la *Correspondance*, soit dans les *Mélanges* de la présente édition.

FIN DU COMMENTAIRE HISTORIQUE.

ÉLOGES
DE VOLTAIRE

AVERTISSEMENT

DES ÉDITEURS DE L'ÉDITION DE KEHL

On a cru devoir imprimer ici ces deux Éloges, consacrés à la mémoire de Voltaire par deux de ses disciples.

L'Éloge prononcé solennellement dans l'Académie de Prusse est une assez belle réparation de la tyrannie exercée à Francfort. Ce n'est pas, comme les hommes puissants sont trop tentés de le croire, que des louanges expient des injustices, et qu'ils n'aient plus rien à se reprocher lorsqu'ils ont daigné dire quelque bien de ceux qui ont été opprimés par leurs ordres. Cette contradiction coûte moins à leur amour-propre que le noble aveu d'une erreur ; et nous sommes fâchés que le roi de Prusse ne se soit pas élevé au-dessus de cette petitesse commune.

Le discours de M. de La Harpe est un monument élevé par l'admiration et par la reconnaissance. Aucun des hommes de lettres dont Voltaire a été le maître et le modèle n'a plus hérité de la justesse et de la pureté de son goût, et ne s'est montré plus digne, par ses propres ouvrages, de louer en lui l'écrivain et le poëte.

Autrefois chaque auteur mettait bonnement à la tête de ses livres les éloges en vers que ses amis s'étaient hâtés d'en faire d'avance; et depuis peu on a grossi les éditions de plusieurs écrivains célèbres d'un fatras de critiques, de réfutations, et d'apologies. Nous sommes loin d'approuver ces petites ruses de la vanité des auteurs et de l'avarice des éditeurs ; mais il n'en est pas moins vrai que les ouvrages dont un homme célèbre est l'objet sont mieux placés dans la collection de ses œuvres, lorsque le nom de leur auteur ou leur mérite réel les en rend dignes, que dans les œuvres de ceux mêmes qui les ont faits. C'est un défaut dans un ouvrage d'être plus recherché pour l'auteur que pour le sujet. Cela prouve ou que le sujet a été mal choisi, ou que l'auteur l'a traité avec plus de prétention que de raison ou de goût.

ÉLOGE
DE VOLTAIRE

LU A L'ACADÉMIE ROYALE DES SCIENCES ET BELLES-LETTRES DE BERLIN,
DANS UNE ASSEMBLÉE PUBLIQUE EXTRAORDINAIRE
CONVOQUÉE POUR CET OBJET, LE 26 NOVEMBRE 1778[1].

Messieurs,

Dans tous les siècles, surtout chez les nations les plus ingénieuses et les plus polies, les hommes d'un génie élevé et rare ont été honorés pendant leur vie, et encore plus après leur mort. On les considérait comme des phénomènes qui répandaient leur éclat sur leur patrie. Les premiers législateurs qui apprirent aux hommes à vivre en société; les premiers héros qui défendirent leurs concitoyens; les philosophes qui pénétrèrent dans les abîmes de la nature, et qui découvrirent quelques vérités; les poëtes qui transmirent les belles actions de leurs contemporains aux races futures: tous ces hommes furent regardés comme des êtres supérieurs à l'espèce humaine.

---

1. Tel est le titre de cet *Éloge*, dans les éditions séparées qui en furent faites en 1778, et dans les *OEuvres de Frédéric II, roi de Prusse*, qui en est l'auteur. Dans les éditions de Kehl, cet *Éloge* est imprimé dans le dernier volume (tome LXX, in-8°, ou tome XCII, in-12). Depuis lors on l'a imprimé le plus souvent dans le même volume que la *Vie de Voltaire*, disposition que nous avons suivie.

Frédéric l'avait composé au camp de Schazlar, pendant la guerre de 1778 pour la succession de la Bavière.

Grimm, en annonçant cet *Éloge*, dit dans sa *Correspondance* (janvier 1779) :

« S'il était beau de voir, comme le dit M. de Voltaire, le grand Condé pleurant aux vers du grand Corneille, il est encore plus beau de voir le grand Frédéric au milieu du tumulte des armes consacrer quelques-unes de ses veilles à la mémoire du grand Voltaire.

« Toute l'Europe sait que cet éloge est du roi de Prusse, et ce titre seul suffirait pour en faire un monument éternellement précieux aux lettres. Si l'on s'est permis de désirer quelque chose dans cet ouvrage, c'est que la forme en fût moins oratoire, moins académique; on croit qu'un style plus abandonné lui eût laissé davantage l'empreinte du caractère et du génie de son auguste auteur. Le plus grand prix dont cet éloge pouvait être susceptible, c'était de montrer sans cesse Frédéric à côté de Voltaire, le héros à côté de l'homme de lettres, unis par la même passion pour les arts, et se couvrant mutuellement de l'éclat de leur gloire. »

On les croyait favorisés d'une inspiration particulière de la Divinité. De là vint qu'on éleva des autels à Socrate, qu'Hercule passa pour un dieu, que la Grèce honorait Orphée, et que sept villes se disputèrent la gloire d'avoir vu naître Homère. Le peuple d'Athènes, dont l'éducation était la plus perfectionnée, savait *l'Iliade* par cœur, et célébrait avec sensibilité la gloire de ses anciens héros dans les chants de ce poëme. On voit également que Sophocle, qui remporta la palme du théâtre, fut en grande estime pour ses talents; et de plus, que la république d'Athènes le revêtit des charges les plus considérables. Tout le monde sait combien Eschine, Périclès, Démosthène, furent estimés; et que Périclès sauva deux fois la vie à Diagoras; la première, en le garantissant contre la fureur des sophistes, et la seconde fois, en l'assistant par ses bienfaits. Quiconque en Grèce avait des talents était sûr de trouver des admirateurs, et même des enthousiastes : ces puissants encouragements développaient le génie, et donnaient à l'esprit cet essor qui l'élève, et lui fait franchir les bornes de la médiocrité. Quelle émulation n'était-ce pas pour les philosophes d'apprendre que Philippe de Macédoine choisit Aristote comme le seul précepteur digne d'élever Alexandre ! Dans ce beau siècle, tout mérite avait sa récompense, tout talent ses honneurs. Les bons auteurs étaient distingués; les ouvrages de Thucydide, de Xénophon, se trouvaient entre les mains de tout le monde; enfin chaque citoyen semblait participer à la célébrité de ces génies qui élevèrent alors le nom de la Grèce au-dessus de celui de tous les autres peuples.

Bientôt après, Rome nous fournit un spectacle semblable. On y voit Cicéron qui, par son esprit philosophique et par son éloquence, s'éleva au comble des honneurs. Lucrèce ne vécut pas assez pour jouir de sa réputation. Virgile et Horace furent honorés des suffrages de ce peuple roi; ils furent admis aux familiarités d'Auguste, et participèrent aux récompenses que ce tyran adroit répandait sur ceux qui, célébrant ses vertus, faisaient illusion sur ses vices.

A l'époque de la renaissance des lettres dans notre Occident, l'on se rappelle avec plaisir l'empressement avec lequel les Médicis et quelques souverains pontifes accueillirent les gens de lettres. On sait que Pétrarque fut couronné poëte, et que la mort ravit au Tasse l'honneur d'être couronné dans ce même Capitole où jadis avaient triomphé les vainqueurs de l'univers. Louis XIV, avide de tout genre de gloire, ne négligea pas celui de récompenser ces hommes extraordinaires que la nature produisit sous son règne. Il ne se borna pas à combler de bienfaits Bossuet, Fénelon, Racine, Despréaux; il étendit sa munificence sur tous les gens de lettres, en quelque pays qu'ils fussent [1], pour peu que leur réputation fût parvenue jusqu'à lui.

Tel est le cas qu'ont fait tous les âges de ces génies heureux qui semblent ennoblir l'espèce humaine, et dont les ouvrages nous délassent et nous consolent des misères de la vie. Il est donc bien juste que nous payions aux mânes du grand homme dont l'Europe déplore la perte le tribut d'éloges et d'admiration qu'il a si bien mérité.

---

1. Voyez tome XIV, page 443.

Nous ne nous proposons pas, messieurs, d'entrer dans le détail de la vie privée de M. de Voltaire. L'histoire d'un roi doit consister dans l'énumération des bienfaits qu'il a répandus sur ses peuples; celle d'un guerrier, dans ses campagnes; celle d'un homme de lettres, dans l'analyse de ses ouvrages : les anecdotes peuvent amuser la curiosité; les actions instruisent. Mais comme il est impossible d'examiner en détail la multitude d'ouvrages que nous devons à la fécondité de M. de Voltaire, vous voudrez bien, messieurs, vous contenter de l'esquisse légère que je vous en tracerai, me bornant d'ailleurs à n'effleurer qu'en passant les événements principaux de sa vie. Ce serait donc déshonorer M. de Voltaire que de s'appesantir sur des recherches qui ne concernent que sa famille. A l'opposé de ceux qui doivent tout à leurs ancêtres, et rien à eux-mêmes, il devait tout à la nature : il fut seul l'instrument de sa fortune et de sa réputation. On doit se contenter de savoir que ses parents, qui avaient des emplois dans la robe, lui donnèrent une éducation honnête; il étudia au collège de Louis-le-Grand, sous les Pères Porée et Tournemine, qui furent les premiers à découvrir les étincelles de ce feu brillant dont ses ouvrages sont remplis.

Quoique jeune, M. de Voltaire n'était pas regardé comme un enfant ordinaire ; sa verve s'était déjà fait connaître. C'est ce qui l'introduisit dans la maison de Mme de Rupelmonde[1] : cette dame, charmée de la vivacité d'esprit et des talents du jeune poëte, le produisit dans les meilleures sociétés de Paris. Le grand monde devint pour lui l'école où son goût acquit ce tact fin, cette politesse, et cette urbanité à laquelle n'atteignent jamais ces savants érudits et solitaires qui jugent mal de ce qui peut plaire à la société raffinée, trop éloignée de leur vue pour qu'ils puissent la connaître. C'est principalement au ton de la bonne compagnie, à ce vernis répandu dans les ouvrages de M. de Voltaire, que ceux-ci doivent la vogue dont ils jouissent.

Déjà sa tragédie d'*Œdipe* et quelques vers agréables de société avaient paru dans le public, lorsqu'il se débita à Paris une satire en vers indécents contre le duc d'Orléans, alors régent de France. Un certain Lagrange[2], auteur de cette œuvre de ténèbres, pour éviter d'être soupçonné, trouva le moyen de la faire passer sous le nom de M. de Voltaire. Le gouvernement agit avec précipitation ; le jeune poëte, tout innocent qu'il était, fut arrêté, et conduit à la Bastille, où il demeura quelques mois[3]. Mais, comme le propre de la vérité est de se faire jour tôt ou tard, le coupable fut puni[4], et M. de Voltaire justifié et relâché. Croiriez-vous, messieurs, que ce fut à

---

1. A qui Voltaire adressa l'*Épître à Uranie*; voyez tome IX, page 358.
2. Lagrange-Chancel est auteur des *Philippiques*, odes pour lesquelles il fut emprisonné plusieurs années, mais qui n'ont jamais été attribuées à Voltaire. La pièce qui fit, dit-on, mettre Voltaire à la Bastille était intitulée *Les j'ai vu;* elle est dans les *Documents biographiques*, n° III, à la suite de la *Vie de Voltaire*, dans le présent volume.
3. Entré à la Bastille le 17 mai 1717, Voltaire n'en sortit que le 11 avril 1718.
4. Il ne paraît pas que Le Brun ait été puni. Mais Frédéric croyait que c'était l'ouvrage de Lagrange qu'on avait attribué à Voltaire.

la Bastille même que notre jeune poëte composa les deux premiers chants de sa *Henriade*? cependant cela est vrai : sa prison devint un Parnasse pour lui, où les muses l'inspirèrent. Ce qu'il y a de certain, c'est que le second chant est demeuré tel qu'il l'avait d'abord minuté : faute de papier et d'encre, il en apprit les vers par cœur, et les retint.

Peu après son élargissement, soulevé contre les indignes traitements et les opprobres dont il avait enduré la honte dans sa patrie, il se retira en Angleterre [1], où il éprouva non-seulement l'accueil le plus favorable du public, mais où bientôt il forma un nombre d'enthousiastes. Il mit à Londres la dernière main à *la Henriade,* qu'il publia alors sous le nom du *Poëme de la Ligue.* Notre jeune poëte, qui savait tout mettre à profit, pendant qu'il fut en Angleterre s'appliqua principalement à l'étude de la philosophie. Les plus sages et les plus profonds philosophes y fleurissaient alors. Il saisit le fil avec lequel le circonspect Locke s'était conduit dans le dédale de la métaphysique, et, refrénant son imagination impétueuse, il l'assujettit aux calculs laborieux de l'immortel Newton. Il s'appropria si bien les découvertes de ce philosophe, et ses progrès furent tels, que, dans un abrégé [2], l exposa si clairement le système de ce grand homme qu'il le mit à la portée de tout le monde.

Avant lui, M. de Fontenelle était l'unique philosophe qui, répandant des fleurs sur l'aridité de l'astronomie, l'eût rendue susceptible d'amuser le loisir du beau sexe. Les Anglais étaient flattés de trouver un Français qui, non content d'admirer leurs philosophes, les traduisait dans sa langue. Tout ce qu'il y avait de plus illustre à Londres s'empressait à le posséder ; jamais étranger ne fut accueilli plus favorablement de cette nation ; mais, quelque flatteur que fût ce triomphe pour l'amour-propre, l'amour de la patrie l'emporta dans le cœur de notre poëte, et il retourna en France.

Les Parisiens, éclairés par les suffrages qu'une nation aussi savante que profonde avait donnés à notre jeune auteur, commencèrent à se douter que dans leur sein il était né un grand homme. Alors parurent les *Lettres sur les Anglais* [3], où l'auteur peint avec des traits forts et rapides les mœurs, les arts, les religions, et le gouvernement de cette nation. La tragédie de *Brutus* [4], faite pour plaire à ce peuple libre, succéda bientôt après, ainsi que *Mariamne,* et une foule d'autres pièces [5].

Il se trouvait alors en France une dame célèbre par son goût pour les arts et pour les sciences. Vous devinez bien, messieurs, que c'est de l'illustre marquise du Châtelet dont nous voulons parler. Elle avait lu les ouvrages philosophiques de notre jeune auteur; bientôt elle fit sa connaissance ; le désir de s'instruire, et l'ardeur d'approfondir le peu de vérités qui sont à la portée de l'esprit humain, resserra les liens de cette amitié, et

---

1. Le voyage de Voltaire en Angleterre n'est que de 1726.
2. Les *Éléments de la Philosophie de Newton;* voyez tome XXII, page 393.
3. Ou *Lettres philosophiques;* voyez tome XXII, page 75.
4. Tome II, page 301.
5. *Mariamne,* jouée le 6 mars 1724, est antérieure de deux ans au voyage de Voltaire à Londres.

la rendit indissoluble. Mme du Châtelet abandonna tout de suite la *Théodicée* de Leibnitz, et les romans ingénieux de ce philosophe, pour adopter à leur place la méthode circonspecte et prudente de Locke, moins propre à satisfaire une curiosité avide qu'à contenter la raison sévère. Elle apprit assez de géométrie pour suivre Newton dans les calculs abstraits; son application fut même assez persévérante pour composer un abrégé de ce système à l'usage de son fils. Cirey devint bientôt la retraite philosophique de ces deux amis. Ils y composaient, chacun de son côté, des ouvrages de genres différents qu'ils se communiquaient, tâchant, par des remarques réciproques, de porter leurs productions au degré de perfection où elles pouvaient probablement atteindre. Là furent composés *Zaïre*[1], *Alzire*, *Mérope*, *Sémiramis*, *Catilina*, *Électre* ou *Oreste*.

M. de Voltaire, qui faisait tout entrer dans la sphère de son activité, ne se bornait pas uniquement au plaisir d'enrichir le théâtre par ses tragédies. Ce fut proprement pour l'usage de la marquise du Châtelet qu'il composa son *Essai sur les Mœurs et l'Esprit des nations;* l'*Histoire de Louis XIV*, et l'*Histoire de Charles XII*, avaient déjà paru[2].

Un auteur d'autant de génie, aussi varié que correct, n'échappa point à l'Académie française; elle le revendiqua comme un bien qui lui appartenait. Il devint membre de ce corps illustre[3], dont il fut un des plus beaux ornements. Louis XV l'honora de la charge de son gentilhomme ordinaire, et de celle d'historiographe de France, qu'il avait, pour ainsi dire, déjà remplie, en écrivant l'*Histoire de Louis XIV*.

Quoique M. de Voltaire fût sensible à des marques d'approbation aussi éclatantes, il l'était pourtant davantage à l'amitié. Inséparablement lié avec Mme du Châtelet, le brillant d'une grande cour n'offusqua par ses yeux au point de lui faire préférer la splendeur de Versailles au séjour de Lunéville, bien moins à la retraite champêtre de Cirey. Ces deux amis y jouissaient paisiblement de la portion de bonheur dont l'humanité est susceptible, quand la mort de la marquise du Châtelet mit fin à cette belle union. Ce fut un coup assommant pour la sensibilité de M. de Voltaire, qui eut besoin de toute sa philosophie pour y résister.

Précisément dans le temps qu'il faisait usage de toutes ses forces pour apaiser sa douleur, il fut appelé à la cour de Prusse. Le roi, qui l'avait vu en l'année 1740, désirait de posséder ce génie aussi rare qu'éminent; ce fut en 1752 qu'il vint à Berlin[4]. Rien n'échappait à ses connaissances; sa conversation était aussi instructive qu'agréable, son imagination aussi brillante que variée, son esprit aussi prompt que présent; il suppléait par les grâces de la fiction à la stérilité des matières; en un mot, il faisait les délices

---

1. *Zaïre* fut jouée en 1732 : Voltaire ne connut Mme du Châtelet que l'année suivante.
2. L'*Histoire de Charles XII* parut en 1731 (voyez tome XVI). Le *Siècle de Louis XIV* ne parut que lors du voyage de Voltaire à Berlin, après la mort de Mme du Châtelet.
3. Son *Discours de réception* est tome XXIII, page 205.
4. Le voyage de Voltaire est de 1750.

de toutes les sociétés. Une malheureuse dispute qui s'éleva entre lui et M. de Maupertuis brouilla ces deux savants, qui étaient faits pour s'aimer, et non pour se haïr ; et la guerre qui survint en 1756 inspira à M. de Voltaire [1] le désir de fixer son séjour en Suisse. Il se rendit à Genève, à Lausanne ; ensuite il fit l'acquisition des Délices [2], et enfin il s'établit à Ferney. Son loisir se partageait entre l'étude et l'ouvrage ; il lisait et composait. Il occupait ainsi, par la fécondité de son génie, tous les libraires de ces cantons.

La présence de M. de Voltaire, l'effervescence de son génie, la facilité de son travail, persuada à tout son voisinage qu'il n'y avait qu'à le vouloir pour être bel esprit. Ce fut comme une espèce de maladie épidémique dont les Suisses, qui passent d'ailleurs pour n'être pas des plus déliés, furent atteints ; ils n'exprimaient plus les choses les plus communes que par antithèses ou en épigrammes. La ville de Genève fut le plus vivement atteinte de cette contagion ; les bourgeois, qui se croyaient au moins des Lycurgues, étaient tout disposés à donner de nouvelles lois à leur patrie ; mais aucun ne voulait obéir à celles qui subsistaient. Ces mouvements, causés par un zèle de liberté mal entendu, donnèrent lieu à une espèce d'émeute ou de guerre qui ne fut que ridicule. M. de Voltaire ne manqua pas d'immortaliser cet évènement en chantant cette soi-disant guerre [3], sur le ton que celle des rats et des grenouilles l'avait été autrefois par Homère. Tantôt sa plume féconde enfantait des ouvrages de théâtre, tantôt des mélanges de philosophie et d'histoire, tantôt des romans allégoriques et moraux ; mais, en même temps qu'il enrichissait ainsi la littérature de ses nouvelles productions, il s'appliquait à l'économie rurale. On voit combien un bon esprit est susceptible de toute sorte de formes. Ferney était une terre presque dévastée quand notre philosophe l'acquit : il la remit en culture ; non-seulement il la repeupla, mais il y établit encore quantité de manufacturiers et d'artistes.

Ne rappelons pas, messieurs, trop promptement les causes de notre douleur ; laissons encore M. de Voltaire tranquillement à Ferney, et jetons, en attendant, un regard plus attentif et plus réfléchi sur la multitude de ses différentes productions. L'histoire rapporte que Virgile, en mourant, peu satisfait de *l'Énéide,* qu'il n'avait pu autant perfectionner qu'il aurait désiré, voulait la brûler. La longue vie dont jouit M. de Voltaire lui permit de limer et de corriger son poëme de *la Ligue,* et de le porter à la perfection où il est parvenu maintenant sous le nom de *la Henriade.*

Les envieux de notre auteur lui reprochèrent que son poëme n'était qu'une imitation de *l'Énéide ;* et il faut convenir qu'il y a des chants dont les sujets se ressemblent ; mais ce ne sont pas des copies serviles. Si Virgile dépeint la destruction de Troie, Voltaire étale les horreurs de la Saint-Barthélemy ; aux amours de Didon et d'Énée, on compare les amours d'Henri IV

---

1. Le départ de Voltaire de la cour de Prusse est de mars 1753.
2. En février 1755.
3. Voyez la *Guerre civile de Genève,* tome IX, page 515.

et de la belle Gabrielle d'Estrées ; à la descente d'Énée aux enfers, où Anchise lui découvre la postérité qui doit naître de lui, l'on oppose le songe d'Henri IV, et l'avenir que saint Louis dévoile en lui annonçant le destin des Bourbons. Si j'osais hasarder mon sentiment, j'adjugerais l'avantage de deux de ces chants au Français : savoir, celui de la Saint-Barthélemy et du songe de Henri IV. Il n'y a que les amours de Didon où il paraît que Virgile l'emporte sur Voltaire, parce que l'auteur latin intéresse et parle au cœur, et que l'auteur français n'emploie que des allégories.

Mais si l'on veut examiner ces deux poëmes de bonne foi, sans préjugés pour les anciens ni pour les modernes, on conviendra que beaucoup de détails de *l'Énéide* ne seraient pas tolérés de nos jours dans les ouvrages de nos contemporains ; comme par exemple les honneurs funèbres qu'Énée rend à son père Anchise, la fable des Harpies, la prophétie qu'elles font aux Troyens qu'ils seront réduits à manger leurs assiettes, et cette prophétie qui s'accomplit ; la truie avec ses neuf petits, qui désigne le lieu d'établissement où Énée doit trouver la fin de ses travaux ; ses vaisseaux changés en nymphes ; un cerf tué par Ascagne qui occasionne la guerre des Troyens et des Rutules ; la haine que les dieux mettent dans le cœur d'Amate et de Lavinie contre cet Énée, que Lavinie épouse à la fin. Ce sont peut-être ces défauts, dont Virgile était lui-même mécontent, qui l'avaient déterminé à brûler son ouvrage, et qui, selon le sentiment des censeurs judicieux, doivent placer *l'Énéide* au-dessous de *la Henriade*.

Si les difficultés vaincues font le mérite d'un auteur, il est certain que M. de Voltaire en trouva plus à surmonter que Virgile. Le sujet de *la Henriade* est la réduction de Paris, due à la conversion de Henri IV. Le poëte n'avait donc pas la liberté de mouvoir à son gré le système merveilleux ; il était réduit à se borner aux mystères des chrétiens, bien moins féconds en images agréables et pittoresques que n'était la mythologie des gentils. Toutefois on ne saurait lire le dixième chant de *la Henriade* sans convenir que les charmes de la poésie ont le don d'ennoblir tous les sujets qu'elle traite. M. de Voltaire fut le seul mécontent de son poëme ; il trouvait que son héros n'était pas exposé à d'assez grands dangers, et que par conséquent il devait intéresser moins qu'Énée, qui ne sort jamais d'un péril sans retomber dans un autre.

En portant le même esprit d'impartialité à l'examen des tragédies de M. de Voltaire, l'on conviendra qu'en quelques points il est supérieur à Racine, et que dans d'autres il est inférieur à ce célèbre dramatique. Son *Œdipe* fut la première pièce qu'il composa ; son imagination s'était empreinte des beautés de Sophocle et d'Euripide, et sa mémoire lui rappelait sans cesse l'élégance continue et fluide de Racine : fort de ce double avantage, sa première production passa au théâtre comme un chef-d'œuvre. Quelques censeurs, peut-être trop sourcilleux, trouvèrent à redire qu'une vieille Jocaste sentît renaître à la présence de Philoctète une passion presque éteinte ; mais si l'on avait élagué le rôle de Philoctète, on n'aurait pas joui des beautés que produit le contraste de son caractère avec celui d'Œdipe.

On jugea que son *Brutus* était plutôt propre à être représenté sur le théâtre de Londres que sur celui de Paris, parce qu'en France un père qui de sang-froid condamne son fils à la mort est envisagé comme un barbare ; et qu'en Angleterre un consul qui sacrifie son propre sang à la liberté de sa patrie est regardé comme un dieu.

Sa *Mariamne* et un nombre d'autres pièces signalèrent encore l'art et la fécondité de sa plume. Cependant il ne faut pas déguiser que des critiques, peut-être trop sévères, reprochèrent à notre poète que la contexture de ses tragédies n'approchait pas du naturel et de la vraisemblance de celles de Racine. Voyez, disent-ils, représenter *Iphigénie*, *Phèdre*, *Athalie* : vous croyez assister à une action qui se développe sans peine devant vos yeux ; au lieu qu'au spectacle de *Zaïre* il faut vous faire illusion sur la vraisemblance, et couler légèrement sur certains défauts qui vous choquent. Ils ajoutent que le second acte est un hors-d'œuvre : vous êtes obligé d'endurer le radotage du vieux Lusignan, qui, se retrouvant dans son palais, ne sait où il est ; qui parle de ses anciens faits d'armes comme un lieutenant-colonel du régiment de Navarre, devenu gouverneur de Péronne : on ne sait pas trop comment il reconnaît ses enfants ; pour rendre sa fille chrétienne, il lui raconte qu'elle est sur la montagne où Abraham sacrifia ou voulut sacrifier son fils Isaac au Seigneur ; il l'engage à se faire baptiser, après que Châtillon atteste l'avoir baptisée lui-même ; et c'est là le nœud de la pièce. Après que Lusignan a rempli cet acte froid et languissant, il meurt d'apoplexie, sans que personne s'intéresse à son sort. Il semble, puisqu'il fallait un prêtre et un sacrement pour former cette intrigue, qu'on aurait pu substituer au baptême la communion.

Mais quelque solides que puissent être ces remarques, on les perd de vue au cinquième acte : l'intérêt, la pitié, la terreur, que ce grand poète a l'art d'exciter si supérieurement, entraînent l'auditeur, qui, agité de passions aussi fortes, oublie de petits défauts en faveur d'aussi grandes beautés.

On conviendra donc que M. Racine a l'avantage d'avoir quelque chose de plus naturel, de plus vraisemblable dans la texture de ses drames, et qu'il règne une élégance continue, une mollesse, un fluide dans sa versification, dont aucun poëte n'a pu approcher depuis. D'autre part, en exceptant quelques vers trop épiques dans les pièces de M. de Voltaire, il faut convenir qu'au cinquième acte près de *Catilina*, il a possédé l'art d'accroître l'intérêt de scène en scène, d'acte en acte, et de le pousser au plus haut point à la catastrophe : c'est bien là le comble de l'art.

Son génie universel embrassait tous les genres. Après s'être essayé contre Virgile, et l'avoir peut-être surpassé, il voulait se mesurer avec l'Arioste ; il composa *la Pucelle* dans le goût du *Roland furieux*. Ce poëme n'est point une imitation de l'autre ; la fable, le merveilleux, les épisodes, tout y est original, tout y respire la gaieté d'une imagination brillante.

Ses vers de société faisaient les délices de toutes les personnes de goût. L'auteur seul n'en tenait aucun compte, quoique Anacréon, Horace, Ovide, Tibulle, ni tous les auteurs de la belle antiquité, ne nous aient laissé aucun modèle en ces genres qu'il n'eût égalé. Son esprit enfantait ces ouvrages sans peine ; cela ne le satisfaisait point ; il croyait que, pour posséder une réputation bien méritée, il fallait l'acquérir en vainquant les plus grands obstacles.

Après vous avoir fait un précis des talents du poëte, passons à ceux de l'historien. L'*Histoire de Charles XII* fut la première qu'il composa ; il devint le Quinte-Curce de cet Alexandre. Les fleurs qu'il répand sur sa matière n'altèrent point le fond de la vérité : il peint la valeur brillante du héros du Nord avec les plus vives couleurs, sa fermeté dans de certaines occasions, son obstination en d'autres, sa prospérité et ses malheurs.

Après avoir éprouvé ses forces sur Charles XII, il essaya de hasarder l'histoire du *Siècle de Louis XIV*. Ce n'est plus le style romanesque de Quinte-Curce qu'il emploie : il y substitua celui de Cicéron, qui, plaidant pour la loi Manilia, fait l'éloge de Pompée. C'est un auteur français qui relève avec enthousiasme les événements fameux de ce beau siècle ; qui expose dans le jour le plus brillant les avantages qui donnèrent alors à sa nation une prépondérance sur d'autres peuples, les grands génies en foule qui se trouvèrent sous la main de Louis XIV, le règne des arts et des sciences protégés par une cour polie, les progrès de l'industrie en tout genre, et cette puissance intrinsèque de la France qui rendait en quelque sorte son roi l'arbitre de l'Europe.

Cet ouvrage unique méritait d'attirer à M. de Voltaire l'attachement et la reconnaissance de toute la nation française, qu'il a mieux relevée qu'elle ne l'a été par aucun de ses autres écrivains.

C'est encore un style différent qu'il emploie dans son *Essai sur les Mœurs et l'Esprit des nations* ; le style en est fort et simple ; le caractère de son esprit se manifeste plus dans la façon dont il a traité cette histoire que dans ses autres écrits. On y voit la fougue d'un génie supérieur qui voit tout dans le grand, qui s'attache à ce qu'il y a d'important, et néglige tous les petits détails. Cet ouvrage n'est pas composé pour apprendre l'histoire à ceux qui ne l'ont pas étudiée, mais pour en rappeler les faits principaux dans la mémoire de ceux qui la savent. Il s'attache à la première loi de l'histoire, qui est de dire la vérité ; et les réflexions qu'il y sème ne sont pas des hors-d'œuvre, elles naissent de la matière même.

Il nous reste une foule d'autres traités de M. de Voltaire qu'il est presque impossible d'analyser. Les uns roulent sur des sujets de critique ; dans d'autres ce sont des matières métaphysiques qu'il éclaircit ; dans d'autres encore, d'astronomie, d'histoire, de physique, d'éloquence, de poétique, de géométrie. Ses romans mêmes portent un caractère original : *Zadig, Micromégas, Candide*, sont des ouvrages qui, semblant respirer la frivolité, contiennent des allégories morales ou des critiques de quelques systèmes modernes, où l'utile est inséparablement uni à l'agréable.

Tant de talents, tant de connaissances diverses réunies en une seule personne, jettent les lecteurs dans un étonnement mêlé de surprise.

Récapitulez, messieurs, la vie des grands hommes de l'antiquité dont les noms nous sont parvenus, vous trouverez que chacun d'eux se bornait à son seul talent. Aristote et Platon étaient philosophes ; Eschine et Démosthène, orateurs ; Homère, poëte épique ; Sophocle, poëte tragique ; Anacréon, poëte agréable; Thucydide et Xénophon, historiens ; de même que, chez les Romains, Virgile, Horace, Ovide, Lucrèce, n'étaient que poëtes, Tite-Live et Varron, historiens ; Crassus, le vieil Antoine, et Hortensius, s'en tenaient à leurs harangues. Cicéron, ce consul orateur, défenseur et père de la patrie, est le seul qui ait réuni des talents et des connaissances diverses : il joignait au grand art de la parole, qui le rendait supérieur à tous ses contemporains, une étude approfondie de la philosophie, telle qu'elle était connue de son temps. C'est ce qui paraît par ses *Tusculanes*, par son admirable traité *de la Nature des Dieux*, par celui des *Offices*, qui est peut-être le meilleur ouvrage de morale que nous ayons. Cicéron fut même poëte ; il traduisit en latin les vers d'Aratus, et l'on croit que ses corrections perfectionnèrent le poëme de Lucrèce.

Il nous a donc fallu parcourir l'espace de dix-sept siècles pour trouver, dans la multitude des hommes qui composent le genre humain, le seul Cicéron dont nous puissions comparer les connaissances avec celles de notre illustre auteur. L'on peut dire, s'il m'est permis de m'exprimer ainsi, que M. de Voltaire valait seul toute une académie. Il y a de lui des morceaux où l'on croit reconnaître Bayle armé de tous les arguments de sa dialectique; d'autres, où l'on croit lire Thucydide ; ici, c'est un physicien qui découvre les secrets de la nature; là, c'est un métaphysicien qui, s'appuyant sur l'analogie et l'expérience, suit à pas mesurés les traces de Locke. Dans d'autres ouvrages vous trouvez l'émule de Sophocle ; là, vous le voyez répandre des fleurs sur ses traces ; ici, il chausse le brodequin comique ; mais il semble que l'élévation de son esprit ne se plaisait pas à borner son essor à égaler Térence ou Molière. Bientôt vous le voyez monter sur Pégase, qui, en étendant ses ailes, le transporte au haut de l'Hélicon, où le dieu des muses lui adjuge sa place entre Homère et Virgile.

Tant de productions différentes et d'aussi grands efforts de génie produisirent à la fin une vive sensation sur les esprits; et l'Europe applaudit aux talents supérieurs de M. de Voltaire. Il ne faut pas croire que la jalousie et l'envie l'épargnassent ; elles aiguisèrent tous leurs traits pour l'accabler. Cet esprit d'indépendance, inné dans les hommes, qui leur inspire une aversion contre l'autorité la plus légitime, les révoltait avec bien plus d'aigreur contre une supériorité de talents à laquelle leur faiblesse ne put atteindre. Mais les cris de l'envie étaient étouffés par de plus forts applaudissements; les gens de lettres s'honoraient de la connaissance de ce grand homme. Quiconque était assez philosophe pour n'estimer que le mérite personnel plaçait M. de Voltaire bien au-dessus de ceux dont les ancêtres, les titres, l'orgueil et les richesses, font tout le mérite. M. de Voltaire était du petit nombre des philosophes qui pouvaient dire : *Omnia mea mecum porto*. Des princes, des souverains, des rois, des impératrices, le comblèrent des marques de leur estime et de leur admiration. Ce n'est pas que nous prétendions insinuer que les grands de la terre soient les meilleurs appréciateurs du mérite, mais cela prouve au moins que la réputation de notre auteur était si généralement établie que les chefs des peuples, loin de contredire la voix publique, croyaient devoir s'y conformer.

Cependant, comme dans ce monde le mal se trouve partout mêlé au bien, il arrivait que M. de Voltaire, sensible à l'applaudissement universel dont il jouissait, ne l'était pas moins aux piqûres de ces insectes qui croupissent dans les fanges de l'Hippocrène. Loin de les punir, il les immortalisait en plaçant leurs noms obscurs dans ses ouvrages. Mais il ne recevait d'eux que des éclaboussures légères, en comparaison des persécutions plus violentes qu'il eut à souffrir des ecclésiastiques, qui, par état, n'étant que des ministres de paix, n'auraient dû pratiquer que la charité et la bienfaisance : aveuglés par un faux zèle autant qu'abrutis par le fanatisme, ils s'acharnèrent sur lui, et voulurent l'accabler en le calomniant. Leur ignorance fit échouer leur projet ; faute de lumières, ils confondaient les idées les plus claires ; de sorte que les passages où notre auteur insinue la tolérance furent interprétés par eux comme contenant les dogmes de l'athéisme. Et ce même Voltaire, qui avait employé toutes les ressources de son génie pour prouver avec force l'existence d'un Dieu, s'entendit accuser, à son grand étonnement, d'en avoir nié l'existence.

Le fiel que ces âmes dévotes répandirent si maladroitement sur lui trouva des approbateurs chez les gens de leur espèce, et non pas chez ceux qui avaient la moindre teinture de dialectique. Son crime véritable consistait en ce qu'il n'avait pas lâchement déguisé dans son histoire les vices de tant de pontifes qui ont déshonoré l'Église ; de ce qu'il avait dit avec Fra-Paolo, avec Fleury, et tant d'autres, que souvent les passions influent plus sur la conduite des prêtres que l'inspiration du Saint-Esprit ; que dans ses ouvrages il inspire de l'horreur contre ces massacres abominables qu'un faux zèle a fait commettre, et qu'enfin il traitait avec mépris ces querelles inintelligibles et frivoles auxquelles les théologiens de toute secte attachent tant d'importance. Ajoutons à ceci, pour achever ce tableau, que tous les ouvrages de M. de Voltaire se débitaient aussitôt qu'ils sortaient de la presse, et que, dans ce même temps, les évêques voyaient avec un saint dépit leurs mandements rongés des vers, ou pourrir dans les boutiques de leurs libraires.

Voilà comme raisonnent des prêtres imbéciles. On leur pardonnerait leur bêtise, si leurs mauvais syllogismes n'influaient pas sur le repos des particuliers : tout ce que la vérité oblige de dire, c'est qu'une aussi fausse dialectique suffit pour caractériser ces êtres vils et méprisables qui, faisant profession de captiver leur raison, font ouvertement divorce avec le bon sens.

Puisqu'il s'agit ici de justifier M. de Voltaire, nous ne devons dissimuler aucune des accusations dont on le chargea. Les cagots lui imputèrent donc encore d'avoir exposé les sentiments d'Épicure, de Hobbes, de Woolston, du lord Bolingbroke, et d'autres philosophes. Mais n'est-il pas clair que, loin de fortifier ces opinions par ce que tout autre y aurait pu ajouter, il se contente d'être le rapporteur d'un procès dont il abandonne la décision à ses lecteurs ? Et de plus, si la religion a pour fondement la vérité, qu'a-t-elle à appréhender de tout ce que le mensonge peut inventer contre elle ? M. de Voltaire en était si convaincu qu'il ne croyait pas que les doutes de quelques philosophes pussent l'emporter sur les inspirations divines.

Mais allons plus loin, comparons la morale répandue dans ses ouvrages à celle de ses persécuteurs : Les hommes doivent s'aimer comme des frères, dit-il ; leur devoir est de s'aider mutuellement à supporter le fardeau de la vie, où la somme des maux l'emporte sur celle des biens ; leurs opinions sont aussi différentes que leurs physionomies ; loin de se persécuter parce qu'ils ne pensent pas de même, ils doivent se borner à rectifier le jugement de ceux qui sont dans l'erreur, par le raisonnement, sans substituer aux arguments le fer et les flammes ; en un mot, ils doivent se conduire envers leur prochain comme ils voudraient qu'il en usât envers eux. Est-ce M. de Voltaire qui parle ? ou est-ce l'apôtre saint Jean, ou est-ce le langage de l'Évangile ?

Opposons à ceci la morale pratique de l'hypocrisie ou du faux zèle ; elle s'exprime ainsi : Exterminons ceux qui ne pensent pas ce que nous voulons qu'ils pensent, accablons ceux qui dévoilent notre ambition et nos vices ; que Dieu soit le bouclier de nos iniquités, que les hommes se déchirent, que le sang coule, qu'importe, pourvu que notre autorité s'accroisse ? Rendons Dieu implacable et cruel, pour que la recette des douanes du purgatoire et du paradis augmente nos revenus.

Voilà comme la religion sert souvent de prétexte aux passions des hommes, et comme par leur perversité la source la plus pure du bien devient celle du mal !

La cause de M. de Voltaire étant aussi bonne que nous venons de l'exposer, il emporta les suffrages de tous les tribunaux où la raison était plus écoutée que les sophismes mystiques. Quelque persécution qu'il endurât de la haine théologale, il distingua toujours la religion de ceux qui la déshonorent ; il rendait justice aux ecclésiastiques dont les vertus ont été le véritable ornement de l'Église ; il ne blâmait que ceux dont les mœurs perverses les rendirent l'abomination publique.

M. de Voltaire passa donc ainsi sa vie entre les persécutions de ses envieux et l'admiration de ses enthousiastes, sans que les sarcasmes des uns l'humiliassent, et que les applaudissements des autres accrussent l'opinion qu'il avait de lui-même ; il se contentait d'éclairer le monde, et d'inspirer par ses ouvrages l'amour des lettres et de l'humanité. Non content de donner des préceptes de morale, il prêchait la bienfaisance par son exemple. Ce fut lui dont l'appui courageux vint au secours de la malheureuse famille des Calas ; qui plaida la cause des Sirven, et les arracha des mains barbares de leurs juges ; il aurait ressuscité le chevalier de La Barre, s'il avait eu le don des miracles. Il est beau qu'un philosophe, du fond de sa retraite, élève sa voix, et que l'humanité, dont il est l'organe, force les juges à réformer des arrêts iniques. Si M. de Voltaire n'avait par devers lui que cet unique trait, il mériterait d'être placé parmi le petit nombre des véritables bienfaiteurs de l'humanité.

La philosophie et la religion enseignent donc de concert le chemin de la vertu. Voyez lequel est le plus chrétien, ou le magistrat qui force cruellement une famille à s'expatrier, ou le philosophe qui la recueille et la soutient ; le juge qui se sert du glaive de la loi pour assassiner un étourdi, ou le sage qui veut sauver la vie du jeune homme pour le corriger ; le bourreau de Calas, ou le protecteur de sa famille désolée ?

Voilà, messieurs, ce qui rendra la mémoire de M. de Voltaire à jamais chère à ceux qui sont nés avec un cœur sensible et des entrailles capables de s'émouvoir. Quelque précieux que soient les dons de l'esprit, de l'imagination, l'élévation du génie, et les vastes connaissances, ces présents, que la nature ne prodigue que rarement, ne l'emportent cependant jamais sur les actes de l'humanité et de la bienfaisance : on admire les premiers, et l'on bénit et vénère les seconds.

Quelque peine que j'aie, messieurs, de me séparer à jamais de M. de Voltaire, je sens cependant que le moment approche où je dois renouveler la douleur que vous cause sa perte. Nous l'avons laissé tranquille à Ferney ; des affaires d'intérêt l'engagèrent à se transporter à Paris, où il espérait venir encore assez à temps pour sauver quelques débris de sa fortune d'une banqueroute dans laquelle il se trouvait enveloppé. Il ne voulut pas reparaître dans sa patrie les mains vides ; son temps, qu'il partageait entre la philosophie et les belles-lettres, fournissait un nombre d'ouvrages dont il avait toujours quelques-uns en réserve : ayant composé une nouvelle tragédie dont Irène est le sujet, il voulut la produire sur le théâtre de Paris.

Son usage était d'assujettir ses pièces à la critique la plus sévère, avant de les exposer en public. Conformément à ses principes, il consulta à Paris tout ce qu'il y avait de gens de goût de sa connaissance, sacrifiant un vain amour-propre au désir de rendre ses travaux dignes de la postérité. Docile aux avis éclairés qu'on lui donna, il se porta avec un zèle et une ardeur singulière à la correction de cette tragédie ; il passa des nuits entières à refondre son ouvrage, et soit pour dissiper le sommeil, soit pour ranimer ses sens, il fit un usage immodéré du café : cinquante tasses [1] par jour lui suffirent à peine. Cette liqueur, qui mit son sang dans la plus violente agitation, lui causa un échauffement si prodigieux que, pour calmer cette espèce de fièvre chaude, il eut recours aux opiates, dont il prit de si fortes doses que, loin de soulager son mal, elles accélérèrent sa fin. Peu après ce remède pris avec si peu de ménagement, se manifesta une espèce de paralysie qui fut suivie du coup d'apoplexie qui termina ses jours.

Quoique M. de Voltaire fût d'une constitution faible ; quoique le chagrin, le souci, et une grande application, aient affaibli son tempérament, il poussa pourtant sa carrière jusqu'à la quatre-vingt-quatrième année. Son existence était telle qu'en lui l'esprit l'emportait en tout sur la matière. C'était une âme forte qui communiquait sa vigueur à un corps presque diaphane : sa mémoire était étonnante, et il conserva toutes les facultés de la pensée et de l'imagination jusqu'à son dernier soupir. Avec quelle joie vous

---

1. A la séance de l'Académie française où Voltaire lut le plan d'un dictionnaire (voyez tome XXXI, page 161), il prit, en cinq fois, deux tasses et demie de café. « On a induit le roi de Prusse en erreur, ajoute Wagnière ; et j'ai eu l'honneur de le dire à Sa Majesté » (voyez page 153 du tome Ier des *Mémoires sur Voltaire*, 1826, deux volumes in-8°).

rappellerai-je, messieurs, les témoignages d'admiration et de reconnaissance que les Parisiens rendirent à ce grand homme durant son dernier séjour dans sa patrie ! Il est rare, mais il est beau que le public soit équitable, et qu'il rende justice de leur vivant à ces êtres extraordinaires que la nature ne se complaît de produire que de loin en loin, afin qu'ils recueillent de leurs contemporains mêmes les suffrages qu'ils sont sûrs d'obtenir de la postérité !

L'on devait s'attendre qu'un homme qui avait employé toute la sagacité de son génie à célébrer la gloire de sa nation en verrait rejaillir quelques rayons sur lui-même : les Français l'ont senti, et, par leur enthousiasme, ils se sont rendus dignes de partager le lustre que leur compatriote a répandu sur eux et sur le siècle. Mais croirait-on que ce Voltaire, auquel la profane Grèce aurait élevé des autels, qui eût eu dans Rome des statues, auquel une grande impératrice[1], protectrice des sciences, voulait ériger un monument à Pétersbourg ; qui croira, dis-je, qu'un tel être pensa manquer dans sa patrie d'un peu de terre pour couvrir ses cendres ? Eh quoi ! dans le dix-huitième siècle, où les lumières sont plus répandues que jamais, où l'esprit philosophique a tant fait de progrès, il se trouve des hiérophantes plus barbares que les Hérules, plus dignes de vivre avec les peuples de la Taprobane qu'au milieu de la nation française ! Aveuglés par un faux zèle, ivres de fanatisme, ils empêchent qu'on ne rende les derniers devoirs de l'humanité à un des hommes les plus célèbres que jamais la France ait portés. Voilà cependant ce que l'Europe a vu avec une douleur mêlée d'indignation.

Mais, quelle que soit la haine de ces frénétiques, et la lâcheté de leur vengeance de s'acharner ainsi sur des cadavres, ni les cris de l'envie, ni leurs hurlements sauvages, ne terniront la mémoire de Voltaire. Le sort le plus doux qu'ils peuvent attendre est qu'eux et leurs vils artifices demeurent ensevelis à jamais dans les ténèbres de l'oubli ; tandis que la mémoire de Voltaire s'accroîtra d'âge en âge, et transmettra son nom à l'immortalité.

1. Catherine II survécut vingt ans à cet éloge.

FIN DE L'ÉLOGE DE VOLTAIRE PAR LE ROI DE PRUSSE.

ÉLOGE
DE VOLTAIRE

PAR LA HARPE [1]

———

Cujus gloriæ neque profuit quisquam laudando,
nec vituperando quisquam nocuit. (Tit. Liv.)

Heureux, sans doute, celui qui n'aura pas attendu pour célébrer le génie que les hommages qu'on lui doit ne puissent plus s'adresser qu'à des cendres insensibles ; celui qui s'est acquis le droit de lui rendre témoignage devant la postérité, après avoir osé le lui rendre en présence de l'envie ! Heureux encore jusque dans ce devoir douloureux le panégyriste et l'ami

---

1. On n'a presque point mis de notes à ce discours, précisément parce qu'il en comportait trop. Tout le personnel de M. de Voltaire, sa vie, qui tient à tout, son histoire littéraire si fertile en événements, l'examen réfléchi de ses innombrables ouvrages, la foule d'anecdotes et de commentaires dont ils sont susceptibles, tous ces objets si étendus et si intéressants auraient été morcelés dans des notes, et sont réservés pour un autre cadre, dans lequel ils occuperont un juste espace. Les personnes dont la curiosité empressée chercherait ici ces détails doivent songer que la nature de l'ouvrage devait les exclure, et qu'il ne fallait pas que l'orateur empiétât sur le critique, ni le panégyriste sur l'historien. (*Avertissement de l'auteur.*)

— La première édition de l'*Éloge de Voltaire*, par La Harpe, est de 1780. Cet ouvrage n'a été composé pour aucun concours; mais l'auteur en avait lu des fragments dans une séance de l'Académie française, du 20 décembre 1779.

Grimm écrit dans sa *Correspondance* (avril 1780) : « L'*Éloge de Voltaire,* par M. de La Harpe, mérite d'être distingué, à plus d'un titre, de la foule des panégyriques dont on n'a pas encore cessé de fatiguer les mânes de Voltaire. Si dans l'éloge qu'en a fait M. Thomas, sous le nom de M. Ducis (Discours de réception de ce dernier), il y a plus d'idées et d'originalité, on a cru trouver dans celui-ci une éloquence plus touchante et plus soutenue. Ce n'est pas sans doute le plus glorieux monument qui ait été consacré à la mémoire du grand homme, puisqu'il en existe un de la main de Frédéric, et qu'il en est un autre que lui destine l'amitié de Catherine II. Mais de tous les ouvrages où l'on a tâché de présenter le tableau du génie de M. de Voltaire, il n'en est, ce me semble, aucun où le mérite de ses différents travaux ait été développé avec plus d'admiration, d'intérêt et de goût. De l'avis de l'auteur lui-même, cet éloge est ce qu'il a jamais écrit de mieux en prose, et le public paraît fort disposé à l'en croire, au moins cette fois-ci, sur parole. »

d'un grand homme, si, en approchant de son tombeau (quel qu'il soit, hélas !), il peut dire : « La louange que je t'ai offerte a toujours été pure ; jamais elle ne fut ni souillée par l'intérêt, ni exagérée par la complaisance ; et comme l'adulation n'y ajouta rien tant que tu as vécu, l'équité n'en retranchera rien quand tu n'es plus ! »

Je vais parcourir cette longue suite de travaux qui ont rempli la vie de Voltaire. L'éclat de ses talents paraîtra s'augmenter de celui de ses succès, et l'intérêt qu'ils inspirent s'accroîtra par les contradictions qu'ils ont éprouvées. Cet homme extraordinaire s'agrandira encore plus à nos yeux par cette influence si marquée qu'il a eue sur son siècle, et qui s'étendra dans la postérité. En considérant sa destinée, nous aurons lieu quelquefois de plaindre celui qu'il faudra si souvent admirer ; nous reconnaîtrons le sort de l'humanité dans l'homme qui s'est le plus élevé au-dessus d'elle. Ce tableau du génie, fait pour rassembler tant de leçons et tant d'exemples, montrera tout ce qu'il peut obtenir de gloire et rencontrer d'obstacles ; et, en voyant tout ce qu'il peut avoir à souffrir, peut-être on sentira davantage tout ce qu'il faut lui pardonner.

PREMIÈRE PARTIE

Il était passé ce siècle que l'on peut appeler celui de la France, puisqu'il fut l'époque de nos grandeurs, et qu'il a gardé le nom d'un de nos monarques. Déjà commençait à pâlir cette lumière des arts qui s'était levée au milieu de nous et répandue dans l'Europe ; ses clartés les plus brillantes s'étaient toutes éteintes dans la nuit de la tombe. La mort avait frappé les héros, les artistes, les écrivains. Fénelon avait fini ses jours dans l'exil ; la cendre de Molière n'avait trouvé qu'à peine où reposer obscurément ; Corneille avait survécu quinze ans à son génie ; Racine avait lui-même marqué un terme au sien ; et, enlevé avant le temps, il n'avait rempli ni toute la carrière de son talent, ni celle de la vie. Deux hommes seuls alors pouvaient rappeler encore la splendeur de cet âge qui venait de finir. On eût dit que Rousseau avait hérité de Despréaux même la science si difficile d'écrire en vers. L'âme tragique de Crébillon, après avoir jeté quelques lueurs sombres dans *Atrée*, et les plus beaux traits de lumière dans *Électre*, s'était enfin élevée dans *Rhadamiste* aux plus grands effets de l'art ; mais, après cet effort, il était tombé au-dessous de lui-même, il ne donnait plus que *Sémiramis* et *Xerxès* ; et Rousseau, sur nos frontières, corrompant de plus en plus son style, semblait avoir quitté le Parnasse en quittant la France ; lorsqu'*Œdipe* et *la Henriade*, qui se suivirent de près, annoncèrent au monde littéraire le véritable héritier du grand siècle, celui qui devait être l'ornement du nôtre, et qui, remarquable par la hardiesse de ses premiers pas, s'ouvrait déjà plus d'un chemin vers la gloire.

La nature, que nous voulons en vain assujettir à l'uniformité de nos calculs, et qui se plaît si souvent à les démentir par la diversité de ses procédés ; la nature, en produisant les grands hommes, sait varier ses moyens autant que leurs caractères. Tantôt elle les mûrit à loisir dans le silence et l'obscurité ; et les humains, levant les yeux avec surprise, aperçoivent tout à coup à une hauteur immense celui qu'ils ont vu longtemps à côté d'eux ; tantôt elle marque le génie naissant d'un trait de grandeur qui est pour lui comme le signe de sa mission, et alors elle semble dire aux hommes, en le leur donnant : Voilà votre maître. C'est avec cet éclat qu'elle montra Voltaire au monde. Destiné à être extraordinaire en tout, il le fut dès son enfance ; et, par un double privilége, son esprit était mûr dès ses premières années, comme il fut jeune dans ses dernières. A peine eut-il fait des vers qu'ils parurent être la langue qui lui appartenait. A peine eut-il reçu quelques leçons de ses maîtres qu'ils le crurent capable d'en donner. La force de son jugement l'élevait déjà au-dessus de ses contemporains, lorsqu'à dix-huit ans il conçut, malgré l'exemple de Corneille et la contagion générale, que l'amour ne devait point se mêler aux horreurs du sujet d'*Œdipe*; et, s'il fut forcé de céder au préjugé, le courage qu'il eut de se condamner sur cette faute involontaire était une nouvelle espèce de gloire, celle de l'homme supérieur, qui instruit les autres en se jugeant lui-même. C'était quelque chose sans doute de l'emporter sur un ouvrage que défendait le nom de Corneille ; mais qu'il était beau surtout de balancer Sophocle dans l'un de ses chefs-d'œuvre ; d'annoncer, dès le premier moment, ce goût des beautés antiques que Racine n'eut qu'après plusieurs essais ; enfin de posséder de si bonne heure le grand art de l'éloquence tragique ! Tout se réunit alors pou faire de ce brillant coup d'essai le présage des plus hautes destinées : Corneille vaincu, Sophocle égalé, la scène française relevée, l'envie déjà avertie et poussant un long cri, comme le monstre qui a senti sa proie ; la voix des hommes justes nommant un successeur à Racine ; enfin, au milieu de tant d'honneurs, le jeune auteur s'élevant, par l'aveu de ses fautes, au-dessus de son propre ouvrage et à la hauteur de l'art.

La muse de l'épopée avait paru jusque-là nous être encore étrangère ; et même dans ce siècle mémorable, où il semblait que la gloire n'eût rien à refuser à Louis XIV et à la France, c'était la seule exception qu'elle eût mise à ses faveurs. On en accusait à la fois et le génie de notre langue et celui de notre nation. Voltaire conçut à vingt ans le projet de venger l'un et l'autre. Cette heureuse audace de la jeunesse, qu'animait encore en lui le sentiment de ses forces, ne fut point épouvantée par tant d'exemples faits pour le décourager. Au milieu de toutes les voix du préjugé qui lui criaient : Arrête, il entendit la voix plus impérieuse et plus forte du talent créateur qui lui criait : Ose ; et, guidé par cet instinct irrésistible qui repousse la réflexion timide, il s'abandonna sans crainte sur une mer inconnue, dont on ne racontait que des naufrages. Il trouva cette terre ignorée où nul Français n'était abordé avant lui ; et tandis qu'on répétait encore de toutes parts que nous n'étions pas faits pour l'épopée, la France avait un poëme épique.

Je sais que la critique s'est élevée contre le choix d'un sujet trop voisin de nous pour permettre à l'auteur la ressource séduisante des fictions. On a dit, et non sans fondement, que pour nous l'épopée doit être placée dans ce favorable éloignement, dans cette perspective magique d'où naît l'illusion de tous les arts ; que la muse épique ne doit nous apparaître que dans le lointain, couverte du voile des allégories, entourée du cortége des fables, ainsi que d'un nuage religieux, d'où sa voix semble sortir plus imposante et plus majestueuse, comme ces divinités antiques, cachées dans la sombre horreur des forêts, semblaient plus augustes et plus vénérables, à mesure qu'on les adorait de plus loin.

Je ne rejetterai point ces idées fondées sur le pouvoir de l'imagination ; mais aussi quel Français peut reprocher à Voltaire d'avoir choisi Henri IV pour son héros ? N'eut-il pas, au moins pour ses concitoyens, le mérite si précieux d'avoir chanté le seul de leurs rois dont la gloire soit devenue pour ainsi dire populaire ? n'eut-il pas, pour les connaisseurs de toutes les nations, cet autre mérite si rare de suppléer par des beautés nouvelles à celles qui lui étaient interdites ? C'est là qu'il déclare à la tyrannie, aux préjugés, à la superstition, au fanatisme, cette haine inexpiable, cette guerre généreuse qui n'admit jamais ni traité ni trêve, et qui n'a eu de terme que celui de sa vie. Pour la première fois, l'humanité entendit plaider sa cause en beaux vers, et vit ses intérêts confiés à l'éloquence poétique. Celle-ci avait plus d'une fois consacré dans Louis XIV les victoires remportées sur le monstre de l'hérésie, victoires trop souvent déshonorées par la violence, que la religion même a pleurées : Voltaire lui apprit à célébrer d'autres triomphes, ceux de la raison sur le monstre de l'intolérance : triomphes purs, et qui ne coûtent de larmes qu'aux ennemis du genre humain.

Des vérités d'un autre ordre ont paru dans ce même ouvrage revêtues des couleurs de la poésie. Uranie s'est étonnée de parler la même langue que Calliope. Ce n'était pas Lucrèce chantant les erreurs d'Épicure ; c'étaient les grands secrets de la nature, longtemps inconnus et récemment découverts, tracés dans le style de l'épopée avec autant d'exactitude qu'ils auraient pu l'être sous le compas de la philosophie[1]. Dans le même temps, et par un

---

1. Lorsque, dans *les Muses rivales*, je fis dire à Uranie, en parlant de Voltaire :

> J'empruntai de ses vers la parure pompeuse ;
> Je parus étalant des vêtements nouveaux,
> Et gardant, sous les traits dont m'ornaient ses pinceaux,
>   Une beauté majestueuse,
> Je ne dus qu'à lui seul ces brillants attributs.
>   C'est par lui que la poésie
> Fit entendre des sons aux mortels inconnus,
>   Et que le voile d'Uranie
>   Devint l'écharpe de Vénus.

M. Marmontel (à qui d'ailleurs je ne dois que des remerciements du compte tres-avantageux qu'il rendit de la pièce dans le *Mercure*) observa que *l'éloge était trop exclusif*, et que *Lucrèce et Pope, avant Voltaire, avaient fait parler Uranie en beaux vers*. La remarque serait juste s'il eût été question de vérités morales et métaphysiques : elles ont été traitées par Pope d'une manière supérieure ; mais il est ici question du système de Newton, et par conséquent de physique. Il est vrai que Lucrèce a mis en vers celle d'Épicure ; mais cette philosophie erronée

effet de la même magie, il chantait en vers sublimes les merveilles révélées à Newton, le principe universel qui meut et attire les corps, la grande révolution des mondes dans la carrière de l'espace et de la durée. Il étalait, sous des pinceaux avant lui inconnus aux muses, l'éclatant tissu de la robe du soleil et les rayons de sa lumière [1]; et cette poésie était sans modèle, comme les découvertes de Newton étaient sans exemple.

Avec des beautés si neuves et si frappantes, avec l'intérêt attaché au nom du héros, avec un style toujours élégant et harmonieux, tour à tour plein de force ou de charme, faut-il s'étonner que *la Henriade*, quoique destituée de l'ancienne mythologie, ait triomphé de toutes les attaques, se soit encore affermie par le temps dans l'opinion des connaisseurs, et soit devenue un ouvrage national? L'honneur d'avoir fait le seul poëme épique dont notre langue se glorifie n'est peut-être pas encore la récompense la plus flatteuse que l'auteur ait obtenue. Il eut le plaisir de voir que son ouvrage avait ajouté quelque chose à cet amour si vrai que les Français gardent à la mémoire du meilleur de leurs rois. On s'est accoutumé à

---

ne lui a guère fourni que des vers durs et raboteux; et son poëme ne serait point au rang des monuments précieux de l'antiquité, s'il n'y eût joint des morceaux de poésie morale ou descriptive qui en ont fait le mérite. Au contraire, dans *la Henriade*, c'est une beauté absolument neuve que le système planétaire de Copernic et l'attraction de Newton, détaillés en très-beaux vers, et avec des expressions exactes en même temps que magnifiques :

> Dans le centre éclatant de ces orbes immenses,
> Qui n'ont pu nous cacher leur marche et leurs distances,
> Luit cet astre du jour par Dieu même allumé,
> Qui tourne autour de soi sur son axe enflammé.
> De lui partent sans fin des torrents de lumière;
> Il donne en se montrant la vie à la matière,
> Et dispense les jours, les saisons, et les ans,
> A des mondes divers autour de lui flottants.
> Ces astres, asservis à la loi qui les presse,
> S'attirent dans leur course, et s'évitent sans cesse,
> Et, servant l'un à l'autre et de règle et d'appui,
> Se prêtent les clartés qu'ils reçoivent de lui.
> Par delà tous les cieux le Dieu des cieux réside, etc.

C'est là sans doute mêler le sublime de la poésie aux principes de la plus saine physique; et qui a eu ce mérite avant Voltaire? Ce mérite se trouve à un degré encore plus étonnant dans le discours en vers adressé à Mme du Châtelet, à la tête des *Éléments de Newton*. Il n'y a point de morceau pareil dans aucune langue connue. (*Note de l'auteur.*)

1. Voyez, dans la dédicace des *Éléments de Newton*, citée ci-dessus, ces vers admirables :

> Il découvre à mes yeux, par une main savante,
> De l'astre des saisons la robe étincelante :
> L'émeraude, l'azur, le pourpre, le rubis,
> Sont l'immortel tissu dont brillent ses habits.
> Chacun de ses rayons, dans sa substance pure,
> Porte en soi les couleurs dont se peint la nature;
> Et, confondus ensemble, ils éclairent nos yeux,
> Ils animent le monde, ils remplissent les cieux.

(*Note de l'auteur*).

joindre ensemble les noms du poëte et du héros. Quel honorable assemblage ! et n'est-ce pas une immortalité bien douce que celle qu'on partage avec Henri IV ?

Mais s'il était difficile d'atteindre le premier parmi nous jusqu'à l'épopée, il l'était peut-être encore plus de trouver une place parmi les deux fondateurs et les deux maîtres de la scène française, qui semblaient n'y pouvoir plus admettre que des disciples, et non pas des concurrents. L'opinion, aussi empressée à resserrer les limites des arts que le génie est ardent à les reculer, si prompte à donner des rivaux aux grands hommes vivants, mais, dès qu'ils ne sont plus, si lente à leur reconnaître des successeurs ; l'opinion, qui s'assied comme un épouvantail à l'entrée du champ où le talent va s'élancer, oppose à ses premiers pas une barrière qui lui coûte souvent plus à renverser que la carrière ne lui coûte ensuite à parcourir. Rien n'était plus à respecter que l'admiration qui consacrait les noms de Corneille et de Racine ; mais rien n'était plus à craindre que le préjugé qui renfermait dans la sphère de leurs travaux l'étendue de l'art dramatique. Quelque difficulté qu'il y ait à revenir sur un sujet presque épuisé, la gloire du grand homme que je célèbre m'oblige de jeter un coup d'œil sur ceux qui l'ont précédé. Comment pourrai-je retracer ce qu'a fait Voltaire, sans rappeler ce qui a été fait avant lui ? Comment mesurer ses pas dans la lice, sans y rechercher les traces de ses prédécesseurs ?

Écartons d'abord ces préventions générales, si vaguement conçues et si légèrement adoptées ; ces idées si exagérées de l'influence des mœurs et du siècle sur les fruits du génie, qui lui-même en eut toujours une bien plus marquée sur ce qui l'environnait, et qui est plus fait pour donner la loi que pour la recevoir. Je conçois sans peine que la lecture d'un écrivain tel que Corneille, la représentation de ses tragédies, ait accoutumé la classe la plus choisie de ses concitoyens à penser et à parler avec noblesse ; que Racine leur ait appris à mettre plus de délicatesse et de pureté dans leurs sentiments et dans leurs expressions ; mais je ne crois point que les troubles de la Fronde aient fait naître la tragédie de *Cinna* [1] ; que les chansons contre

---

1. Il serait inutile de dissimuler que ces idées, qui me paraissent dénuées de fondement, ont été renouvelées dans le discours de M. Ducis, d'ailleurs rempli de beautés supérieures. En lui rendant toute la justice qu'il mérite, et que je lui ai déjà rendue ailleurs, je crois pouvoir observer, pour l'intérêt de la vérité, que les définitions qu'il trace du talent tragique de Corneille, de Racine, de Crébillon, sont plus subtiles que réfléchies, et plus brillantes que solides. « Corneille, dit-il, fit la tragédie de sa nation... Racine fit la tragédie de la cour de Louis XIV ; Crébillon fit la tragédie de son caractère et de son génie. » Ces résultats peuvent paraître éblouissants ; mais n'est-ce pas plutôt une recherche d'antithèses qu'un jugement sain et motivé ? Quel rapport y a-t-il entre la nation française, même du temps de Corneille, et le génie de cet écrivain ? et comment l'un aurait-il déterminé le caractère de l'autre ? N'a-t-on pas dit, avec beaucoup de justesse, qu'il semblait que Corneille fût né Romain, et qu'il eût écrit à Rome ? et dans quel temps les Français ont-ils ressemblé aux Romains ? Quoi ! c'est aux inconséquences, aux folies, aux ridicules de la Fronde, que nous serions redevables de *Cinna* et des *Horaces !* Trouverait-on le rapport le plus éloigné entre le

Mazarin aient éveillé le talent qui a produit *les Horaces,* ni qu'il y eût rien de commun entre les harangues du coadjuteur et les scènes de Sévère et de Pauline.

Je ne crois pas davantage que la cour de Louis XIV ait mis dans la main de Racine le pinceau qui a tracé la cour de Néron ; que les faiblesses d'un grand roi, les intrigues de ses maîtresses et de ses favoris, l'esprit de ses courtisans, aient inspiré la muse qui a peint les égarements de Phèdre, les fureurs d'Hermione, et la vertu de Burrhus ; et si le faible sujet de *Bérénice* fut traité pour plaire à une princesse aimable et malheureuse[1], souvenons-nous que le sévère Corneille eut la même condescendance, bien plus dangereuse pour lui que pour son jeune et fortuné rival.

Revenons donc à la vérité, et ne voyons surtout dans les ouvrages des grands écrivains que la trempe de leur caractère, qui toujours détermina plus ou moins celle de leur génie. Avec une âme élevée et une conception forte, Corneille donna à la tragédie française l'énergie de ses sentiments et de ses idées. Le sublime de la pensée fut sa qualité distinctive ; l'abus du

---

caractère de ces compositions mâles et sublimes, et l'esprit léger et follement factieux des Français de ce temps-là ? Comment cette fermentation passagère cette épidémie politique, qui ne dura qu'un moment, et qui fut remplacée aussitôt par l'idolâtrie prodiguée à Louis XIV, aurait-elle décidé le genre de tragédie qu'a choisi Corneille, Corneille qui, pendant longtemps, ne fit qu'imiter les Espagnols, et qui, depuis *Cinna* jusqu'à *Agésilas,* eut constamment la même trempe de génie, la même tournure d'idées et de style, à des époques très-différentes ? Est-il plus vraisemblable que Racine n'ait écrit que pour la cour de Louis XIV, Racine, nourri de la lecture des anciens, idolâtre des Grecs, évidemment formé par eux, épris d'Euripide et de Sophocle, comme Corneille l'était de Lucain et de Sénèque ; entraîné par la pureté de son goût vers les peintres de la nature, comme Corneille l'était, par son caractère, vers tout ce qui était grand, ou ressemblait à la grandeur ? Comment d'ailleurs se permet-on de rétrécir à ce point la sphère d'un esprit tel que celui de Racine ? Quoi ! *Andromaque, Phèdre, Iphigénie, Athalie,* ces chefs-d'œuvre faits pour toutes les nations éclairées, ne seraient que les *tragédies de la cour de Louis XIV !* Et pourquoi n'accorderait-on pas à Racine ce qu'on donne à Crébillon ? Celui-ci, dit-on, *fit la tragédie de son caractère et de son génie.* Je n'examine point si cette manière de parler est bien exacte ; j'entends ce que l'auteur a voulu dire, et cela me suffit. Oui, sans doute, Crébillon a puisé ses ouvrages dans son génie, et leur a donné la teinte de son caractère ; et en cela il a fait comme Racine et Corneille ; et Voltaire a fait comme tous les trois. Voilà la vérité, et M. Ducis l'a reconnue lui-même lorsqu'il rappelle, dans un autre endroit de son discours, ce principe généralement admis par tous ceux qui ont réfléchi sur les arts, que « le caractère particulier que leur imprime un grand homme dépend toujours de l'empreinte originale et primitive qu'il a reçue des mains de la nature ».

Au reste, je le répète, forcé de combattre en ce point un de mes confrères dont j'honore le plus les talents, si je le contredis sur des idées essentielles au sujet que je traite, je ne puis m'en consoler qu'en le remerciant encore de l'extrême plaisir que m'a fait son discours, qui m'aurait fait tomber la plume des mains si cet ouvrage n'avait été, pour ainsi dire, voué d'avance à la mémoire d'un grand homme, à qui même je fais de cette manière un sacrifice de plus, celui de mon amour-propre. *(Note de l'auteur.)*

1. Henriette d'Angleterre.

raisonnement fut son défaut principal. Ainsi l'expression de la grandeur, la noblesse des caractères, la précision du dialogue, cette espèce de force qui consiste à suivre le jeu compliqué d'une multitude de ressorts, comme dans *Héraclius* et *Rodogune;* cette autre force beaucoup plus heureuse, qui amène de grands effets par des moyens simples, comme dans *Cinna* et *les Horaces :* voilà le genre de mérite qu'il signala sur le théâtre dont il fut le père. Racine, né avec une imagination tendre et flexible, l'esprit le plus juste, le goût le plus délicat, nous offrit la peinture la plus vraie et la plus approfondie de nos passions. Il régna surtout par le charme d'un style dont un siècle entier n'a pas encore suffi à découvrir toutes les beautés. Il renouvela dans l'art des vers cette perfection qui, avant lui, n'avait été connue que de Virgile ; et, joignant la sagesse du plan à celle des détails, il est demeuré le modèle des écrivains.

Je m'écarte encore ici des sentiers battus ; et, malgré la coutume et le préjugé, je n'associerai point aux deux hommes rares qui se partageaient la scène avant Voltaire un écrivain qui eut du génie sans doute, puisqu'il a fait *Rhadamiste,* mais que trop de défauts excluent du rang des maîtres de l'art ; et je ne parlerai de Crébillon que lorsque, racontant les injustices de l'envie, je rappellerai les rivaux trop faibles qu'elle se fit un jeu cruel d'opposer tour à tour à celui qui n'eut plus de rival du moment où il eut donné *Zaïre.*

Mais avant de parvenir à cette époque, qui est celle de sa plus grande force, observons ce qui l'arrêta dans ses premiers efforts, et ce que le caractère et le bonheur de son talent lui permirent d'ajouter à un art déjà porté si haut avant lui.

Tout écrivain est d'abord plus ou moins entraîné par tout ce qui l'a précédé. Cette admiration sensible pour les vraies beautés, si prompte et si vive dans ceux qui sont faits pour en produire eux-mêmes, les conduit de l'enthousiasme à l'imitation ; et c'est le premier hommage que rend aux grands hommes celui qui est né pour les remplacer. Un peintre prend d'abord la touche de son maître, avant d'en avoir une qui lui soit propre ; et les plus fameux écrivains ont suivi des modèles avant d'en servir. Molière commença par nous apporter les dépouilles du théâtre italien avant d'élever sur le nôtre des monuments tels que *le Tartuffe* et *le Misanthrope.* Corneille, déjà si grand dans *le Cid,* était cependant encore l'imitateur des Espagnols, avant d'avoir produit les compositions originales de *Cinna* et des *Horaces,* marquées de l'empreinte d'un esprit créateur. Racine, si différent de Corneille, chercha pourtant à l'imiter dans ses deux premières tragédies, jusqu'au moment où son génie s'empara de lui, et lui dicta son chef-d'œuvre d'*Andromaque,* dont les Grecs pouvaient réclamer le sujet, mais dont l'exécution donnait la première idée d'un art également inconnu aux anciens et aux modernes. Voltaire, constant admirateur de Racine, affecta de se rapprocher de sa manière dans *Œdipe* et dans *Mariamne;* mais en même temps, doué par la nature d'une facilité prodigieuse à saisir tous les tons et à profiter de tous les esprits, en conservant la marque particulière du sien, il lutta, dans *Brutus* et dans *la Mort de César,* contre l'élévation et l'énergie de Corneille ; et, ce qui est très-remarquable, il soutint mieux ce parallèle que celui de la perfection de Racine.

La littérature anglaise, qui commençait à être connue en France, et qu'il fut un des premiers à étudier, lui donna aussi des pensées nouvelles sur la tragédie. Il distingua, dans cet amas informe d'horreurs et d'extravagances, des traits de force et des lueurs de vérité, comme au fond des abîmes où l'avarice industrieuse va chercher les métaux on aperçoit, parmi le sable et la fange, l'or brut qui doit servir aux merveilles que fait naître la main de l'artiste. Le spectre d'*Hamlet* amena sur la scène le spectre d'*Éryphile*, qui ne réussit pas alors, mais qui depuis a produit dans *Sémiramis* un des plus grands effets de la terreur et de l'illusion théâtrales.

Enfin, après des essais multipliés, parvenu à cet âge où un esprit heureux s'est affermi par l'expérience, sans être encore refroidi par les années, riche à la fois des secours de l'étranger et des trésors de l'antiquité, éclairé par ses réflexions, ses succès et ses disgrâces, Voltaire est en état d'interroger en même temps et l'art et son génie ; et, du point où tous les deux sont montés, il lève la vue, et découvre d'un regard sûr et vaste jusqu'où il peut les élever encore. Une imagination ardente et passionnée lui montre de nouvelles ressources dans le pathétique ; et ses vues justes et lumineuses qu'il porte dans tous les arts lui apprennent à fortifier celui du théâtre par l'alliance de la philosophie. Des effets plus profonds, plus puissants, plus variés à tirer de la terreur et de la pitié; des mœurs nouvelles à étaler sur la scène, en soumettant toutes les nations au domaine de la tragédie ; un plus grand appareil de représentation à donner à Melpomène, qui exerce une double puissance quand elle peut frapper les yeux en remuant les cœurs ; enfin les grandes vérités de la morale, mêlées habilement à l'intérêt des grandes situations : voilà ce que l'art pouvait acquérir, voilà ce que Voltaire a su lui donner.

Il s'avance dès lors dans la carrière du théâtre comme dans un champ de conquête, et tous ses pas sont des triomphes. Y en eut-il jamais de plus éclatant que celui de *Zaïre* ? Ce moment marqua dans la vie de Voltaire comme *Andromaque* dans celle de Racine, comme *le Cid* dans celle de Corneille ; et observons cette singularité qui peut donner lieu à plus d'une réflexion, que, du côté de l'intérêt tragique, aucun des trois n'est allé plus loin que dans l'ouvrage qui a été pour chacun d'eux le premier sceau de leur supériorité. Corneille n'a rien de plus touchant que *le Cid* ; Racine, qu'*Andromaque ;* et Voltaire, que *Zaïre*. Serait-ce que la perfection du pathétique fût celle où le génie atteint plus aisément ? ou plutôt n'est-ce pas qu'en effet il y a des sujets si heureux que, lorsqu'il les a rencontrés, il doit les regarder, non pas comme le dernier terme de ses efforts, mais comme celui de son bonheur ?

Zaïre est la tragédie du cœur et le chef-d'œuvre de l'intérêt. Mais à quoi tient cet attrait universel qui en a fait l'ouvrage de préférence que redemandent les spectateurs de tout âge et de toute condition ? Aurait-on cru qu'après Racine on pût sur la scène ajouter quelque chose aux triomphes de l'amour ? Ah ! c'est que, parmi ses victimes, on n'a jamais montré deux êtres plus intéressants, plus aimables que Zaïre et son amant. La douleur de Bérénice est tendre, mais la passion de Titus est faible. Hermione, Roxane, Phèdre, sont fortement passionnées : mais les deux premières parlent d'amour le poignard à la main ; l'autre ne peut en parler qu'en rougissant. Tout l'effort de l'auteur ne peut aller qu'à faire plaindre ces femmes malheureuses et forcenées ; et c'est tout l'effet que peut produire sur le théâtre un amour qui n'est pas partagé. Mais jamais on n'y plaça deux personnages aussi chers aux spectateurs qu'Orosmane et son amante ; jamais il n'y en eut dont on désirât plus ardemment l'union et le bonheur. Tous deux entraînés l'un vers l'autre par le premier choix de leur cœur ; tous deux dans cet âge où l'amour, à force d'ardeur et de vérité, semble avoir le charme de l'innocence ; tous deux prêts à s'unir par le nœud le plus saint et le plus légitime ; Orosmane enivré du bonheur de couronner sa maîtresse ; Zaïre toute remplie de ce plaisir plus délicat peut-être encore de devoir tout à ce qu'elle aime : quel tableau ! et quel terrible pouvoir exerce le génie dramatique quand tout à coup, à ce que l'amour a de plus séduisant et de plus tendre, il vient opposer ce que la nature a de plus sacré, ce que la religion a de plus auguste ! A-t-il jamais fait mouvoir ensemble de plus puissants ressorts ? et n'est-ce pas là que, se changeant pour ainsi dire en tyran, tourmentant à la fois et l'auteur qu'il inspire et le spectateur qu'il subjugue, il se plaît à nous faire passer par toutes les angoisses de la crainte, du désir, de la douleur, de la pitié, et à régner parmi les larmes et les sanglots ? Quel moment que celui où l'infortuné Orosmane, dans la nuit, le poignard à la main, entendant la voix de Zaïre..... Mais prétendrais-je retracer un tableau fait de la main de Voltaire avec les crayons de Melpomène ?

C'est à l'imagination des spectateurs à se reporter au théâtre et dans cette nuit de désolation ; c'est aux cœurs qui ont aimé à lire dans celui d'Orosmane, à comparer ses souffrances et les leurs, à juger de cet état épouvantable où l'âme, mortellement atteinte, ne peut être soulagée ni par les pleurs, ni par le sang, ne trouve dans la vengeance qu'un malheur de plus, et, pour se sauver de l'abîme du désespoir, se jette dans les bras de la mort.

Melpomène, déjà redevable à l'auteur de *Zaïre* des situations les plus déchirantes, et des plus profondes émotions que l'on eût connues au théâtre, va lui devoir encore de nouveaux attributs faits pour la décorer et l'enrichir. *Alzire, Mahomet, Mérope, Sémiramis, Adélaïde, l'Orphelin, Tancrède,* vont marquer à la fois et les pas de Voltaire et ceux de l'art dramatique. Avec Zamore et Gusman, avec Zopire et Séide, avec Idamé et Zamti, montera pour la première fois sur la scène cette philosophie touchante et sublime qui ne s'était pas encore montrée aux hommes sous des formes si brillantes, et qui jamais n'avait parlé aux cœurs avec tant de force et de pouvoir. Elle va donner des leçons qui pénétreront dans l'âme avec l'attendrissement que la magie des vers fixera dans la mémoire, et que le spectateur remportera avec le souvenir de ses plaisirs et de ses larmes. Laissons l'injustice et l'envie, qui quelquefois aperçoivent les fautes, mais qui toujours oublient les beautés ; laissons-les reprocher à cette philosophie d'être celle de l'auteur, et non pas celle du sujet; mais nous, admirons avec l'équitable postérité, qui ne nous démentira pas, admirons le talent créateur qui a tiré cette morale des situations et des caractères, qui souvent en a fait le fond même des scènes les plus attachantes, et a fondé le précepte dans l'intérêt et dans l'action. Reconnaissons la voix de la nature qui crie contre la tyrannie et l'oppression; ces idées primitives d'égalité et de justice qui semblent faire de la vengeance un droit sacré, reconnaissons-les, lorsque Zamore, aux pieds d'Alvarez, et lui présentant le glaive teint du sang de Gusman, dit, avec le ton et le langage d'un habitant des tribus du Canada : J'ai tué ton fils, et j'ai fait mon devoir; ais le tien, et tue-moi. Quelle vérité dans cette terrible répartition des droits de la force et du fer, dans ce code de représailles, qui est la morale des hordes sauvages! mais quel triomphe pour cette religion qui est le complément de la nature perfectionnée, quand, élevant l'homme au-dessus de lui-même, elle dicte à Gusman ces paroles mémorables que le génie a empruntées à la vertu [1] pour les transmettre aux générations les plus reculées; cette belle leçon de clémence qui nous fait tomber avec Alzire aux pieds du chrétien qui pardonne à son meurtrier; ce rare exemple de générosité qui fait sentir à Zamore lui-même qu'il y a une autre grandeur que celle de se venger, une autre justice que celle qui compense le meurtre par le meurtre, et rend le sang pour le sang!

Est-ce donc, comme on l'a répété si souvent, et avec si peu d'équité, est-ce une philosophie factice et déplacée qui a mis dans la bouche d'Alzire cette prière qu'elle adresse au Père commun de tous les hommes, ces vers si touchants et si simples :

<blockquote>
Les vainqueurs, les vaincus, tous ces faibles humains,
Sont tous également l'ouvrage de tes mains?
</blockquote>

Ces vers sont-ils des maximes recherchées, ou l'expression d'un sentiment qui est dans tous les cœurs justes et dans tous les esprits éclairés? ne parle-t-elle pas le langage qui lui est propre, lorsqu'elle distingue cet honneur qui tient à l'opinion, de la vertu qui tient à la conscience? Quand Idamé défend les jours de son fils contre l'héroïsme patriotique de Zamti, qui le sacrifie à son roi; quand elle s'écrie avec tant d'éloquence :

<blockquote>
La nature et l'hymen, voilà les lois premières,
Les devoirs, les liens des nations entières :
Ces lois viennent des dieux, le reste est des humains;
</blockquote>

est-ce là le faste des sentences qui appartient à un rhéteur, ou le cri de la nature qui s'échappe d'un cœur maternel? Ces vers seraient beaux sans doute dans une épître morale; mais combien est-il plus beau de les avoir fait sortir pour ainsi dire des entrailles d'une mère! et quel ordre de beautés

---

[1]. Les paroles du duc de Guise : « Ta religion t'a ordonné de m'assassiner; la mienne m'ordonne de pardonner à mon assassin. » (*Note de l'auteur de l'Éloge.*)

neuves que de faire naître de la situation la plus pathétique ces traits de la plus haute philosophie; que de faire douter dans *Mahomet* lequel est le plus terrible du tableau ou de la leçon! Oh! quel autre que l'ardent et courageux ennemi du fanatisme a pu traîner ainsi ce monstre sur la scène, lui arracher son masque imposteur, le montrer infectant de ses poisons l'âme la plus innocente, souillant la vertu même du plus affreux des crimes, et plaçant dans la main la plus pure le poignard du parricide! Si vous doutez que cette image soit aussi fidèle qu'elle est effrayante, rappelez-vous que, comme autrefois l'hypocrisie s'était débattue contre Molière, qui la peignait dans toute sa bassesse, le fanatisme s'est efforcé d'échapper à Voltaire, qui le peignait dans toute son horreur.

Mais cette horreur s'arrête au terme que l'art lui a prescrit; et ce même art sait la tempérer par la pitié. S'il serre l'âme, il la soulage. Le poëte, semblable à ce guerrier dont la lance guérissait les blessures qu'elle avait faites, sait mêler aux sentiments amers qui déchirent le cœur un sentiment plus doux qui le console; il nous attendrit après nous avoir fait frémir, et nous délivre par les larmes de l'oppression qui nous tourmentait. Ce mélange heureux des émotions les plus douloureuses et les plus douces; ce passage continuel et rapide de la terreur à l'attendrissement, de l'impression violente des peintures atroces au charme consolant des affections les plus chères de la nature; ce secret de la tragédie, qui l'a jamais possédé comme l'auteur de *Mahomet* et de *Sémiramis*? Si vous avez entendu Zopire s'écrier d'une voix mourante :

. . . . J'embrasse mes enfants;

si vous avez vu Sémiramis aux genoux de son fils, arrosant ses mains de larmes en lui demandant la mort, rappelez-vous comme à ce moment se sont échappés de vos yeux les pleurs que vous aviez besoin de répandre, et combien ils ont adouci l'horreur profonde et la sombre épouvante que vous avaient inspirées Mahomet armant le fils contre le père, et les mânes de Ninus menaçant Sémiramis.

C'est dans ce drame auguste et pompeux, rempli d'une terreur religieuse, et sur lequel semble s'arrêter, dès la première scène, un nuage qui renferme les secrets du ciel et des enfers, et d'où sort enfin la vengeance; c'est dans cette tragédie sublime, aussi imposante qu'*Athalie*, et plus intéressante; c'est dans le troisième acte de *Tancrède*, dans le cinquième de *Mérope*, dans le premier de *Brutus*, que la scène s'est agrandie par un appareil qu'elle avait eu bien rarement depuis les Grecs.

Eh! n'était-ce pas encore une nouvelle richesse que cette peinture des nations qui a donné aux ouvrages de Voltaire un coloris si brillant et si varié? Sans doute ce mérite ne fut pas étranger au peintre de la grandeur romaine [1], encore moins à celui [2] qui traça avec tant de fidélité et d'énergie

---

1. Corneille.
2. Racine.

les mœurs grecques, les mœurs du sérail, l'avilissement de Rome sous les tyrans, la théocratie toujours si puissante chez les Juifs. Mais combien cette partie du drame a-t-elle eu encore plus d'effet et plus d'étendue entre les mains de l'écrivain fécond qui a mis sous nos yeux le contraste savant et théâtral des Espagnols et des Américains, des Chinois et des Tartares; qui a su attacher l'intérêt de ses tragédies aux grandes époques de l'histoire, à la naissance du mahométisme, qui depuis a étendu sur tant de peuples le voile de l'ignorance et le joug d'un despotisme stupide ; à l'invasion d'un nouveau monde, devenu la proie du nôtre ; à ce triomphe, unique dans les annales du genre humain, de la raison sur la force, et des lois sur les armes, qui a soumis les sauvages conquérants de l'Asie aux tranquilles législateurs du Katay; à ce règne de la chevalerie qui, seule en Europe, au dixième siècle, balançait la férocité des mœurs, épurait l'héroïsme guerrier, le seul que l'on connût alors, et suppléait aux lois par les principes de l'honneur !

Ces caractères, esquissés dans *Zaïre*, ont été reproduits avec le plus grand éclat dans *Tancrède*, dernier monument où l'auteur, plus que sexagénaire, ait empreint sa force dramatique, et dans lequel il eut la gloire de donner, trente ans après *Zaïre*, le seul ouvrage qui puisse être comparé, pour l'intérêt théâtral, au plus attendrissant de ses chefs-d'œuvre.

Mais si l'amour n'a jamais été plus tendre et plus éloquent que dans *Zaïre* et *Tancrède*, la nature n'a jamais été plus touchante que dans *Mérope*. S'il peut être intéressant pour ceux qui étudient l'esprit humain d'observer des époques dans l'histoire du génie, j'en remarquerai quatre principales dans celui de Voltaire : *Œdipe*, qui a été le moment de sa naissance ; *Zaïre*, celui de sa force ; *Mérope*, celui de sa maturité ; *Tancrède*, où il a fini.

Mérope, qui de tous ses ouvrages eut le succès le plus universel, excita le plus d'enthousiasme, et fut pour lui le temps de la justice, des honneurs, et des récompenses ; *Mérope* est aussi ce qu'il a composé de plus parfait, de plus irréprochable dans le plan, de plus sévère dans la diction. Elle respire cette simplicité antique, la tradition la plus précieuse que nous ayons reçue des Grecs, ce naturel si aimable, encore perfectionné par ce goût délicat, cette élégance moderne qui tient à des mœurs plus épurées. Le poëte n'y prend jamais la place de ses personnages, et le style a cette espèce de sagesse qui n'exclut point la douceur et les grâces, mais qui écarte le luxe des ornements. Enfin, c'est le premier drame, depuis *Athalie*, où l'on ait su intéresser sans amour ; et Voltaire eut encore une fois cette gloire dans la belle tragédie d'*Oreste*, que le goût de l'antique, l'éloquence du rôle d'Électre, l'art admirable de celui de Clytemnestre, ont rendue chère aux juges éclairés des arts et aux amateurs des anciens.

Supérieur à tous les écrivains dramatiques par la réunion des grands effets et des grandes leçons, par l'illusion du spectacle et la vérité des mœurs, en est-il qui l'emporte sur lui pour la beauté des caractères ? Dans les deux *Brutus*, la fermeté romaine, la rigidité républicaine et stoïque, l'amour des lois et de la liberté ; dans *Cicéron*, l'enthousiasme de la patrie et de la vertu ; dans *César naissant*, une âme dévorée de tous les désirs de la domination, mais une âme sublime qui ne veut être au-dessus des autres que parce qu'elle se sent digne de commander ; dans Zopire, la haine des forfaits et le zèle d'un citoyen ; dans Mahomet, la scélératesse altière et réfléchie qui ne trompe et ne subjugue les hommes qu'à force de les mépriser ; dans Alvarez, la bonté compatissante ; dans Couci, l'amitié ferme et magnanime ; dans Vendôme, cette sensibilité passionnée et impétueuse qui ne met qu'un instant entre la fureur et le crime, entre le crime et les remords ; dans Zamti, le dévouement héroïque d'un sujet qui sacrifie tout à son roi ; dans Idamé, une âme pure et maternelle, attachée à tous ses devoirs, mais n'en reconnaissant aucun avant ceux de la nature ; dans Tancrède, le cœur d'un chevalier qui ne respire que pour la gloire et pour sa maîtresse, et qui ne peut supporter la vie s'il faut que l'une lui soit infidèle, ou qu'il soit lui-même infidèle à l'autre. Que peut-on mettre au-dessus de cette foule de portraits qui prouvent à la fois tant de fécondité dans l'invention, tant de force dans le jugement, et qui brillent de ce singulier éclat que, par une expression transportée de la peinture à la poésie, on a nommé le coloris de Voltaire ?

Le talent du style a toujours été regardé comme la qualité distinctive des hommes supérieurs dans les lettres et dans les arts de l'esprit ; c'est lui qui fait l'orateur et le poëte. La manière de s'exprimer tient à celle de sentir ; les grandes beautés de diction appartiennent à une grande force de tête ; et l'homme qui excelle dans l'art d'écrire ne peut pas être médiocre dans la faculté de concevoir. On peut apprendre à être correct et pur ; mais c'est la nature seule qui donne à ses favoris cette sensibilité active et féconde qui se répand de l'âme de l'écrivain, et anime tout ce qu'il compose.

C'est en effet le même feu qui fait vivre les ouvrages et l'auteur ; c'est de là qu'on a dit avec tant de vérité que l'on se peint dans ses productions. Comment, en effet, ces enfants du génie ne porteraient-ils pas l'empreinte de la ressemblance paternelle ? comment n'offriraient-ils pas les mêmes traits, étant formés de la même substance ? C'est la naïveté de La Fontaine que j'aime dans celle de ses vers. Je reconnais dans ceux de Molière le grand sens et la simplicité de mœurs de leur auteur ; dans ceux de Racine, le goût exquis et les grâces qui le distinguaient dans la société ; dans ceux de Boileau, la raison sévère qui le faisait craindre ; dans ceux de Voltaire, ce feu d'imagination qui a été proprement son caractère autant que celui de ses ouvrages.

Par une suite de cette faculté, la plus prompte de toutes et la plus agissante, avec quelle flexibilité son style se variait incessamment d'un genre à l'autre, et se pliait à tous les tons ! Quel charme dans *Zaïre* ! quelle énergie dans *Brutus* ! quelle douce simplicité dans *Mérope* ! quelle élévation dans *Mahomet* ! quelle pompe étrangère et sauvage dans *Alzire* ! quelle magnificence orientale dans *Sémiramis* et dans *l'Orphelin* !

Il s'offre encore ici un de ces parallèles séduisants qu'entraîne toujours l'éloge d'un grand homme. Le style de Voltaire rappelle aussitôt celui de Racine ; et c'est un honneur égal pour ces deux poëtes immortels, de ne pouvoir être comparés que l'un à l'autre. Pourquoi d'ailleurs se refuser à ces rapprochements que l'on aime, et qui peuvent être une nouvelle source de vérités et d'idées, lorsqu'on n'en fait pas une vaine affectation d'esprit ? Nos jugements ne sont guère que des comparaisons et des préférences : heureux quand ils ne sont pas des exclusions !

Tous deux ont possédé ce mérite si rare de l'élégance continue et de l'harmonie, sans lequel, dans une langue formée, il n'y a point d'écrivain [1] ; mais l'élégance de Racine est plus égale, celle de Voltaire est plus brillante. L'une plaît davantage au goût, l'autre à l'imagination. Dans l'un le travail, sans se faire sentir, a effacé jusqu'aux imperfections les plus légères ; dans l'autre, la facilité se fait apercevoir à la fois et dans les beautés et dans les fautes. Le premier a corrigé son style, sans en refroidir l'intérêt ; l'autre y a laissé des taches, sans en obscurcir l'éclat. Ici les effets tiennent plus

---

1. Quoiqu'on se soit proposé de ne faire que très-peu de notes, il s'en présente une ici qui peut être utile à ceux qui la liront avec réflexion. De jeunes têtes exaltées par la vaine prétention de trouver du neuf avant de chercher le raisonnable ont mis en avant un principe fort dangereux, celui de se faire en poésie *une autre langue*, disent-ils, que celle de Despréaux, de Racine et de Voltaire, qui leur semble *usée*. En conséquence les uns tâchent de rajeunir celle de Ronsard et de du Bartas ; les autres se font un jargon composé de barbarismes et de figures incohérentes et insensées, et croient s'être bien défendus contre la critique en disant qu'il faut encourager ces hardiesses en poésie, et que ce sont ces fautes mêmes qui prouvent le talent. Ils sont égarés par un faux principe. Sans doute il faut chercher des beautés neuves, et c'est la marque du vrai talent que de les rencontrer. Mais il y a des règles universelles, des données, pour ainsi dire, dans l'art d'écrire, comme dans tous les autres ; et il faut avant tout s'être accoutumé à les observer, parce que sans elles il n'y a point de style. Ce n'est point la violation de ces règles indispensables qui défendent de blesser jamais ni la justesse des idées ni celle des images et des expressions ; ce n'est point l'infraction si facile d'un précepte si important qui peut donner à la diction un caractère de nouveauté. Si cela était, il suffirait d'être bizarre pour être neuf, et extravagant pour être sublime. C'est dans une imagination sensible qu'il faut chercher les beautés d'expression qui ont pu échapper à nos prédécesseurs. Voltaire n'écrit pas comme Racine : ces deux manières sont fort différentes ; mais toutes deux sont subordonnées aux mêmes principes. La combinaison nouvelle et des idées et des termes, voilà ce qui distingue l'écrivain supérieur, en vers comme en prose ; mais il ne doit ni la chercher toujours, ni surtout laisser trop sentir cette recherche. Le grand mérite est de paraître toujours naturel, même lorsqu'on est le plus neuf ; c'est celui de Racine ; et quoique Voltaire ne l'ait pas eu au même degré, parce que le caractère de son génie ne le portait pas à travailler autant ses vers, il s'en faut beaucoup que ce genre de beauté lui soit étranger, comme l'ont dit des censeurs passionnés. Quand il fait dire à Idamé, dans *l'Orphelin de la Chine* :

> Il vous souvient du temps et de la vie obscure
> Où le ciel *enfermait* votre grandeur future,

cette expression est neuve ; mais en est-elle moins juste ? paraît-elle extraordinaire ? Il n'y a même que les connaisseurs qui fassent remarquer ces sortes de beautés ; mais tous les lecteurs les sentent sans les analyser ; et c'est ce qui fait lire et vivre les bons ouvrages longtemps avant que l'on ait reconnu tout leur prix. (*Note de l'auteur de l'Éloge.*)

souvent à la phrase poétique ; là ils appartiennent plus à un trait isolé, à un vers saillant. L'art de Racine consiste plus dans le rapprochement nouveau des expressions ; celui de Voltaire, dans de nouveaux rapports d'idées. L'un ne se permet rien de ce qui peut nuire à la perfection ; l'autre ne se refuse rien de ce qui peut ajouter à l'ornement. Racine, à l'exemple de Despréaux, a étudié tous les effets de l'harmonie, toutes les formes du vers, toutes les manières de le varier. Voltaire, sensible surtout à cet accord si nécessaire entre le rhythme et la pensée, semble regarder le reste comme un art subordonné, qu'il rencontre plutôt qu'il ne le cherche. L'un s'attache plus à finir le tissu de son style, l'autre à en relever les couleurs. Dans l'un, le dialogue est plus lié ; dans l'autre, il est plus rapide. Dans Racine, il y a plus de justesse ; dans Voltaire, plus de mouvement. Le premier l'emporte pour la profondeur et la vérité ; le second, pour la véhémence et l'énergie. Ici, les beautés sont plus sévères, plus irréprochables ; là, elles sont plus variées, plus séduisantes. On admire dans Racine cette perfection toujours plus étonnante à mesure qu'elle est plus examinée ; on adore dans Voltaire cette magie qui donne de l'attrait même à ses défauts. L'un vous paraît toujours plus grand par la réflexion ; l'autre ne vous laisse pas le maître de réfléchir. Il semble que l'un ait mis son amour-propre à défier la critique, et l'autre à la désarmer. Enfin, si l'on ose hasarder un résultat sur des objets livrés à jamais à la diversité des opinions, Racine, lu par les connaisseurs, sera regardé comme le poëte le plus parfait qui ait écrit ; Voltaire, aux yeux des hommes rassemblés au théâtre, sera le génie le plus tragique qui ait régné sur la scène.

Quand il n'aurait mérité que ce titre, joint à celui du seul poëte épique qu'ait eu la France, combien ne serait-il pas déjà grand dans la postérité ! Mais quelle idée doit-on se former de cet homme prodigieux, puisque nous n'avons jusqu'ici considéré que la moitié de sa gloire, et que, des autres monuments qui lui restent, on formerait encore une vaste dépouille pour l'ambition de tant de concurrents qui aspirent à se partager son héritage !

Et d'abord, pour ne pas sortir de la poésie, ce brillant rival de Racine n'est-il pas encore celui de l'Arioste et de Pope ? Oublions quelques traits que lui-même a effacés ; effaçons-en même d'autres, échappés à l'intempérance excusable d'un génie ardent : que la France ne soit pas plus sévère que l'Italie, qui a pardonné tant d'écarts au chantre de Roland ; ne jugeons pas dans toute la sévérité de la raison ce qui a été composé dans des accès de verve et de gaieté. Peignons, s'il le faut, au devant de ce poëme où le talent a mérité tant d'éloges, s'il a besoin de quelques excuses ; peignons l'Imagination à genoux, présentant le livre aux Grâces, qui le recevront en baissant les yeux, et en marquant du doigt quelques pages à déchirer ; et après avoir obtenu pardon (car les Grâces sont indulgentes), osons dire, en leur présence et de leur aveu, que nous n'avons point dans notre langue d'ouvrage semé de détails plus piquants et plus variés, où la plaisanterie satirique ait plus de sel, où les peintures de la volupté aient plus de séduction, où l'on ait mieux saisi cet esprit original qui a été celui de l'Arioste, cet esprit qui se joue si légèrement des objets qu'il trace, qui mêle un trait de plaisanterie à une image terrible, un trait de morale à une peinture grotesque, et confond ensemble le rire et les larmes, la folie et la raison[1].

Si ce mélange ne peut être goûté par ces juges trop rigoureux, à qui la raison seule est en droit de plaire, qu'ils lisent les *Discours sur l'Homme, la Loi naturelle, le Désastre de Lisbonne;* et s'ils n'y trouvent pas l'étendue de plan, le sublime des idées, la rapidité de style que l'on admire dans les poésies philosophiques de Pope, ils y sentiront du moins une raison plus intéressante, plus aimable, plus rapprochée de nous; ils ne résisteront pas à cette réunion si rare, et jusque-là si peu connue, d'une philosophie consolante, et de la plus belle poésie. Ils applaudiront à ces richesses nouvelles, et pour ainsi dire étrangères, apportées par Voltaire dans le trésor de la littérature nationale, et qui ont donné à notre poésie un caractère qu'elle n'avait pas avant lui.

Mais celui de tous les genres où il a été le plus original, qu'il s'est le plus particulièrement approprié, dans lequel il a eu un ton que personne ne lui avait donné, et que tout le monde a voulu prendre; enfin, où il a prédominé, de l'aveu même de l'envie, qui consent quelquefois à vous reconnaître un mérite, pour paraître moins injuste quand elle vous refuse tous les autres; ce genre est celui des poésies que l'on appelle fugitives, parce qu'elles semblent s'échapper avec la même facilité, et de la plume qui les produit, et des mains qui les recueillent; mais qui, après avoir couru de bouche en bouche, restent dans la mémoire des amateurs, et sont consacrées par le goût.

Il serait également difficile, ou de se rappeler toutes les siennes, ou de choisir dans la foule, ou d'en rejeter aucune. Ce n'est ni la finesse d'Hamilton, ni la douceur naïve de Deshoulières, ni la gaieté de Chapelle, ni la mollesse de Chaulieu; c'est l'ensemble et la perfection de tous les tons; c'est la facilité brillante d'un esprit toujours supérieur, et aux sujets qu'il traite, et aux personnes à qui il s'adresse. S'il parle aux rois, aux grands, aux femmes, aux beaux esprits, c'est le tact le plus sûr de toutes les convenances, avec l'air d'être au-dessus de toutes les formes; c'est cette familiarité libre, et pourtant décente, qui laisse au rang toutes ses prérogatives, et au talent toute sa dignité.

Il est le premier qui, dans cette correspondance, ait mis une espèce d'égalité qui ne peut pas blesser la grandeur, et qui honore le génie; et cet art, qui peut être aussi celui de l'amour-propre, est caché du moins sous l'agrément des tournures. C'est là, surtout, qu'il fait voir que la grâce était un des caractères de son esprit. La grâce distingue sa politesse et ses éloges. Chez lui, la flatterie n'est que ce désir de plaire, dont on est convenu de faire un des liens de la société. Il se joue avec la louange; et quand il caresse la vanité, sûr qu'alors le seul moyen d'avoir la mesure juste, c'est de la passer un peu, jamais du moins il ne paraît ni être dupe lui-même, ni

---

1. Voyez tome IX, page 12, un tout autre jugement de La Harpe sur *la Pucelle*.

prétendre qu'on le soit. Il écrit à la fois en poëte et en homme du monde, mais de manière à faire croire qu'il est aussi naturellement l'un que l'autre. Il loue d'un mot, il peint d'un trait. Il effleure une foule d'objets, et rapproche les plus éloignés ; mais ses contrastes sont piquants, et non pas bizarres. Il n'exagère point le sentiment, et ne charge pas la plaisanterie.

Cette imagination dont le vol est si rapide, le goût ne la perd jamais de vue. Le goût lui a appris comme par instinct que, si les fautes disparaissent dans un grand ouvrage, une bagatelle doit être finie ; que le talent, qui peut être inégal dans ses efforts, doit être toujours le même dans ses jeux, et qu'il ne peut se permettre d'autre négligence que celle qui est une grâce de plus, et qui ne peut appartenir qu'à lui.

Tant de succès et de chefs-d'œuvre semblent caractériser un homme que la nature appelle de préférence à être poëte : une seule chose pourrait en faire douter, c'est sa prose. Quoique parmi les qualités qu'exigent ces deux genres d'écrire il y en ait nécessairement de communes à tous ceux qui ont excellé dans l'un et dans l'autre ; quoiqu'il soit vrai même que la prose, quand elle s'élève au sublime, peut avoir quelque ressemblance avec la poésie, et que la poésie à son tour doit, pour être parfaite, se rapprocher de la régularité de la prose ; cependant on a observé que de tout temps les prosateurs et les poëtes ont formé deux classes très-distinctes, et que les lauriers de ces deux espèces de gloire ne s'entrelaçaient point sur un même front. Sans s'étendre ici sur l'inutile énumération des noms célèbres dans les lettres, il suffit de pouvoir affirmer que, jusqu'à nos jours, il n'avait été donné à aucun homme d'être grand dans les deux genres ; et c'était donc à Voltaire qu'était réservé l'honneur de cette exception, unique dans les annales des arts !

La nature a-t-elle assez accumulé de dons et de faveurs sur cet être privilégié ? a-t-elle voulu honorer notre espèce en faisant voir une fois tout ce qu'un mortel pouvait rassembler de talents ? ou bien a-t-elle prétendu marquer elle-même les dernières limites de son pouvoir et de l'esprit humain ? a-t-elle fait pour Voltaire ce qu'autrefois la fortune avait fait pour Rome ? Faut-il qu'il y ait dans chaque ordre de choses des destinées à ce point prédominantes, et que, comme après la chute de la reine des nations, toutes les grandeurs n'ont été que des portions de sa dépouille, de même, après la mort du dominateur des arts, désormais toute gloire ne puisse être qu'un débris de la sienne !

Fait pour appliquer à tous les objets une main hardie et réformatrice, et pour remuer toutes les bornes posées par l'impérieux préjugé et l'imitation servile, il s'empare de l'histoire comme d'un champ neuf, à peine effleuré par des mains faibles et timides. Bientôt il y fera germer, pour le bien du genre humain, ces vérités fécondes et salutaires, ces fruits de la philosophie, que l'ignorance aveugle et l'hypocrisie à gages font passer pour des poisons, et que les ennemis de la liberté et de la raison voudraient arracher ; mais qui, malgré leurs efforts, renaissent sous les pieds qui les écrasent, et croissent enfin sous l'abri d'une autorité éclairée, comme l'aliment des meilleurs esprits, et l'antidote de la superstition et de la tyrannie.

Il lutte d'abord, dans le premier sujet qu'il choisit, contre l'éloquence antique, contre les Quinte-Curce et les Tite-Live ; il donne à notre langue toute la richesse et la majesté de leur style. On sera surpris peut-être qu'un historien philosophe ait commencé par écrire la vie d'un conquérant ; mais la singularité du sujet pouvait plaire à une imagination poétique, et la renommée décida son choix. L'Europe s'entretenait encore de ce fameux Suédois, plus fait pour être l'étonnement de ses contemporains que l'admiration des âges suivants ; qui ne connut ni la mesure des vertus ni celle des prospérités ; fit plus d'un roi, et ne sut pas l'être ; se trompa également, et sur la gloire qu'il idolâtrait, et sur un ennemi qu'il méprisait ; qui, envahissant tant de pays, ne fit à aucun tant de mal qu'au sien ; dont l'héroïsme ne fut qu'un excès, et la fortune une illusion ; enfin qui, après avoir voulu tout forcer, la nature et les événements, alla porter chez des barbares une réputation éclipsée, une existence précaire, une royauté captive et insultée, et fut réduit à n'être plus célèbre que comme un aventurier, et à mourir comme un soldat.

A ce portrait achevé par la main de Voltaire, succéda celui d'un monarque supérieur à Charles XII, autant que les héros de l'histoire sont au-dessus de ceux de la fable ; de Louis XIV, mémorable à double titre, et pour avoir donné son nom à un siècle, et pour en avoir reçu celui de grand. Nul prince n'a obtenu plus de louanges pendant sa vie, ni essuyé plus de reproches après sa mort ; mais la postérité équitable a couvert ses fautes de tout le bien qu'il a fait ; elle l'absout d'avoir été conquérant, parce qu'en même temps il sut être roi. Son courage dans le malheur a expié l'orgueil de ses victoires, et sa grandeur ne lui sera point ôtée, parce qu'elle est attachée à la grandeur française, qui fut son ouvrage. Voltaire a rendu le nom de Louis XIV plus respectable, comme il avait rendu celui de Henri IV plus cher ; et cet âge brillant, si souvent peint dans le nôtre, ne l'a jamais été sous des traits plus intéressants et plus magnifiques que dans cet ouvrage, placé parmi les monuments de notre histoire au même rang que *la Henriade* parmi ceux de notre poésie.

Le même homme qui avait étendu et enrichi l'art de la tragédie agrandit alors la carrière nouvelle où il venait d'entrer ; il y laissa, comme dans toutes les autres, des traces neuves et profondes, sur lesquelles tout s'est empressé de marcher après lui ; et il était bien juste que celui qui, le premier, avait mis la philosophie sur la scène l'introduisît dans l'histoire. L'histoire dès lors fut tracée sur un plan plus vaste, et dirigée vers un but plus utile et plus moral ; elle ne se borna plus à satisfaire l'imagination avide des grands événements : elle sut contenter aussi cette autre curiosité plus sage qui cherche des objets d'instruction.

Ce ne fut plus seulement le récit des calamités de tant de peuples et des fautes de tant de souverains, ce fut surtout la peinture de l'esprit humain au milieu de ses secousses politiques, le résultat de ses connaissances et de ses erreurs, de ses acquisitions et de ses pertes. Clio, accoutumée auparavant à n'habiter que les champs de bataille et les conseils des rois, entra dans la demeure des sages et dans les ateliers des artistes ; elle assista à ces rares travaux du génie qui ont illustré les nations, à ces découvertes nombreuses qui ont fait de tous nos besoins les sources de toutes nos jouissances, et qui, des instruments d'utilité première, sont parvenus jusqu'aux derniers raffinements de la mollesse, et aux plus séduisantes inventions du luxe. Ces images de la destruction et du malheur qui remplissent les annales du monde, ces teintes tristes et sanglantes, ces touches lugubres, furent variées et adoucies par les images consolantes de la civilisation et des progrès de la société.

Ce nouveau système historique, si attachant et si fécond, déjà développé dans la peinture brillante du règne de Louis XIV, eut encore plus d'étendue dans ce vaste tableau des mœurs et de l'esprit des nations [1]; entreprise unique en ce genre, et dont on chercherait en vain le modèle dans l'antiquité. Tacite a dessiné de ses crayons énergiques les mœurs d'un peuple agreste et guerrier, mais peut-être moins avec le désir de montrer ce qu'étaient les Germains qu'avec l'affectation satirique d'opposer la simplicité sauvage à la corruption civilisée, et de faire de la Germanie le contraste et la leçon de Rome.

Mais cette haute et sublime idée d'interroger tous les siècles et de demander à chacun d'eux ce qu'il a fait pour le genre humain ; de suivre, dans ce chaos de révolutions et de crimes, les pas lents et pénibles de la raison et des arts, qui l'avait conçue avant Voltaire? Si nous avions recueilli de quelque ancien de simples fragments d'un semblable ouvrage, avec quel respect religieux, avec quelle admiration superstitieuse on consacrerait ces restes informes et mutilés ! quelle opinion ils nous donneraient de l'élévation et de l'immensité de l'édifice ! combien de fois nous nous écrierions dans nos regrets : Quel devait être le génie qui l'a conçu et achevé ! que de reproches adressés au temps et à la barbarie, qui ne nous en auraient laissé que les ruines ! Eh quoi ! faudra-t-il donc toujours que l'imagination adulatrice ajoute à la majesté d'un débris antique, et que l'œil des contemporains ne s'arrête qu'avec indifférence, et même avec insulte, sur les chefs-d'œuvre de nos jours ? Y a-t-il cette contrariété nécessaire entre le regard de l'esprit et l'organe de la vue ? et, comme pour celui-ci tout s'accroît en se rapprochant, et tout diminue par la distance, faut-il que pour l'autre les monuments du génie s'agrandissent en s'enfonçant dans la nuit des siècles, et soient à peine aperçus quand ils s'élèvent auprès de nous ?

Dans le même temps où Voltaire écrivait l'histoire et la tragédie en philosophe, il embrassait cette autre partie de la philosophie qui comprend les sciences exactes, et mêlait ainsi l'étude de la nature à celle de l'homme. Ce n'est pas que je veuille compter parmi les efforts de son talent ces spéculations mathématiques, fruits du temps et du travail, ni que je veuille tourner cette louange en reproche contre ceux qui se sont contentés de n'être que de grands écrivains. Corneille, Racine, Despréaux, n'en sont

---

[1]. *Essai sur les Mœurs et l'Esprit des nations*, tome XI à XIII de la présente édition.

pas moins immortels, ne sont pas moins les bienfaiteurs de la langue française, et l'honneur éternel de leur nation, quoiqu'ils n'aient pas expliqué les découvertes de Galilée, ni disputé à Pascal la gloire de ses recherches géométriques. Mais ne devons-nous pas un tribut particulier d'admiration à ce génie si avide et si mobile qui composait à la fois *Brutus* et les *Lettres sur la Métaphysique de Locke, Zaïre* et l'*Histoire de Charles XII*, et envoyait à Paris, avec *Alzire*, les *Éléments de Newton?*

Quelle est cette trempe d'esprit extraordinaire que rien ne peut ni émousser ni affaiblir; cette chaleur d'imagination que rien ne refroidit; cette force constante et flexible d'une tête que rien ne peut ni épuiser ni remplir? Enfin, quel est cet homme qui, d'un moment à l'autre, passe avec tant de facilité des élans du génie qui enfante, au travail de la raison qui calcule; quitte les illusions de la scène pour les vérités de l'histoire; et, rendant Racine aux Français, leur fait connaître en même temps Locke, Shakespeare et Newton?

Y avait-il, parmi tant de travaux, des délassements et des loisirs? oui; et c'était une foule de productions de tout genre qui auraient encore été pour tout autre des travaux et des titres, mais qui n'étaient que les jeux de son inépuisable facilité, et semblaient se perdre dans l'immensité de sa gloire : des contes charmants, des romans d'une originalité piquante, où la raison consent à amuser la frivolité française, pour obtenir le droit de l'instruire, nous fait rire de nos travers, de nos inconséquences, de nos injustices, et nous conduit par degrés à rougir et à nous corriger; des essais dans chaque partie de la littérature, toujours reconnaissables à cet agrément qui embellit tous les sujets, et qui attache tous les lecteurs; des morceaux pleins de grâce ou d'intérêt, ou de bonne plaisanterie, ou d'éloquence : *Zadig, Nanine, Candide,* le *Traité de la Tolérance;* mille autres dont les titres innombrables n'ont été retenus que parce que les presses de l'Europe ne se sont point lassées de les reproduire, ni les lecteurs de toutes les nations de les dévorer.

De cette hauteur où nous a portés la contemplation de son génie, abaissons maintenant nos regards sur les effets qu'il a produits. Nous avons suivi l'astre dans son cours; examinons les objets éclairés de sa lumière. En regardant autour de nous, reconnaissons les traces de la pensée législatrice, et cette influence de l'écrivain supérieur qui a instruit la postérité, et dominé ses contemporains.

SECONDE PARTIE.

Cette domination, qui naît de l'ascendant d'un grand homme, a, comme toute autre espèce d'empire, ses dangers et ses abus, qu'il ne faut pas reprocher à celui qui l'exerce : ce serait lui interdire la liberté de rien tenter que de le rendre garant des fautes de ses imitateurs. Ainsi les révolutions que Voltaire a faites dans les lettres, dans l'histoire et le théâtre, et dont je viens de suivre le cours en même temps que celui de ses travaux, ont pu, je l'avoue, en étendant la carrière des arts, en multiplier les écueils : les richesses qu'il est venu apporter ont pu introduire un luxe contagieux ; ses hardiesses heureuses ont pu préparer de dangereuses licences ; et la séduction de ses beautés, qui sont par elles-mêmes si près de l'abus, ce charme qui se retrouve jusque dans ses défauts, a pu contribuer à la corruption de ce goût dont il a été si longtemps le défenseur et le modèle.

Mais cet effet du talent, inséparable de son pouvoir sur la foule imitatrice, est le tort de la nature, et non pas le sien. Reprocherons-nous à Voltaire d'avoir mis sur la scène une philosophie intéressante, parce qu'on y a maladroitement substitué une morale déplacée, factice, et déclamatoire; d'avoir soutenu une grande action par un magnifique appareil, et proportionné la pompe du théâtre à celle de ses vers, parce que, depuis, on a cru pouvoir se passer de vraisemblance et de style à la faveur du spectacle et des décorations?

Le blâmerons-nous d'avoir été éloquent dans l'histoire, parce que d'autres y ont été rhéteurs; d'y avoir eu souvent la sagesse du doute, parce que d'autres l'ont remplacée par la folie des paradoxes? La légèreté et la grâce de ses poésies familières perdront-elles de leur mérite parce que des esprits faux et frivoles, en voulant lui ressembler, ont pris le jargon pour de la gaieté, la déraison pour de la saillie, et l'indécence pour le bon ton? La flexibilité de sa diction rapide et variée, et l'art piquant de ses contrastes, ont-ils moins de prix, parce que la multitude, qui croit le copier, a dénaturé tous les genres et confondu tous les styles? Enfin lui aurons-nous moins d'obligation d'avoir mêlé dans son coloris tragique quelques teintes sombres et fortes du pinceau des Anglais, parce que l'on s'est efforcé depuis de noircir la scène française d'horreurs dégoûtantes et d'atrocités froides, de faire parler à Melpomène le langage de la populace, et de dégrader Corneille et Racine devant Shakespeare? Ces écarts du vulgaire, toujours prêt à s'égarer en voulant aller plus loin que ceux qui le mènent, peuvent-ils balancer tant de leçons utiles et frappantes, qui perpétueront dans l'avenir le nom et l'ascendant de Voltaire?

Sans doute il ne faut pas s'attendre à voir renaître rien de semblable à lui : car, avec les mêmes talents, il faudrait encore la même activité pour les mettre en œuvre, et la même indépendance pour les exercer; et comment se flatter de voir une seconde fois la même réunion de circonstances fortuites et d'attributs naturels? Cependant, comme il ne faut jamais désespérer ni de la nature ni de la fortune, supposons un moment que toutes deux paraissent d'intelligence pour lui donner un successeur et un rival capable d'égaler tant de travaux et de succès, il restera toujours à Voltaire une gloire particulière qui ne peut plus être ni partagée ni remplacée, celle d'avoir imprimé un grand mouvement à l'esprit humain.

Descartes avait fait une révolution dans la philosophie spéculative; Voltaire en a fait une bien plus étendue dans la morale des nations et dans les idées sociales. L'un a secoué le joug de l'école, qui ne pesait que sur les savants; l'autre a brisé le sceptre du fanatisme, qui pesait sur l'univers.

Les arts, dont la lumière douce et consolante est comme l'aurore qui devance le grand jour de la raison, avaient commencé à adoucir les mœurs, en polissant les esprits. Telle est la marche ordinaire de l'homme ; il jouit avant de réfléchir, et imagine avant de penser. Souvenons-nous qu'il n'y a pas plus de deux cents ans que l'Europe est sortie de la barbarie, et ne nous étonnons pas de voir la société si perfectionnée, et l'économie politique encore si imparfaite. Cette dernière est pourtant le but auquel tout doit tendre, et la base sur laquelle tout doit s'affermir ; mais c'est le plus lent ouvrage de l'homme et du temps. Pour fonder l'empire des arts, il suffit que la nature fasse naître des talents ; mais, pour que l'existence politique de chaque citoyen soit la meilleure possible, il faut que la raison se propage de tout côté, que les lumières deviennent générales, et que la force qui combat les préjugés et les abus devienne d'abord égale, et ensuite supérieure à celle qui les défend.

Il suffit de consulter un moment l'histoire et le cœur humain, pour voir combien cette lutte doit être longue et pénible. Mais au milieu de tant d'oppresseurs de toute espèce, dont l'existence est attachée à des abus absurdes et cruels, qui se sentira fait pour les attaquer? Des hommes capables de préférer l'ambition d'éclairer leurs semblables à celle de les asservir, et l'honneur dangereux d'être leurs bienfaiteurs et leurs guides, à la facilité d'être leurs tyrans ; des hommes qui aimeront mieux la reconnaissance des peuples que leurs dépouilles, et leurs louanges que leur soumission. Et qui donc, j'ose le dire, sera plus susceptible de cette généreuse ambition que ceux qui se sont voués à la culture des lettres? La plupart, éloignés, par ce dévouement même, de toutes les places qui flattent la vanité ou qui tentent l'avarice, n'attendent rien des autres qu'un suffrage, et de leur travail que l'honneur. Ils ne peuvent avoir d'intérêt à tromper, car leur gloire est fondée sur la raison. Aussi, depuis ce grand art de l'imprimerie, si favorable aux progrès de l'esprit humain, leur influence a été de plus en plus sensible, et a préparé celle de Voltaire.

La dialectique de Bayle avait aiguisé le raisonnement, et accoutumé au doute et à la discussion ; les agréments de Fontenelle avaient tempéré la sévérité que l'on portait en tous sens dans les matières abstraites ; Montesquieu surtout avait agité les têtes pensantes ; mais tous ces différents effets avaient été plus ou moins circonscrits, et par le nombre des lecteurs, et par la nature des objets. Voltaire parla de tout et à tous. Il dut au charme particulier de son style et à la tournure de ses ouvrages d'être plus lu qu'aucun écrivain ne l'avait jamais été ; et la mode se mêlant à tout, et chacun voulant lire Voltaire, il rendit l'ignorance honteuse, et le goût de l'instruction général. Ce fut là le premier fondement de sa puissance. L'éloquence et le ridicule en furent les armes. Il émeut une nation douce et sensible par des peintures touchantes, et amusa un peuple frivole et gai par des plaisanteries. Il fit retentir à nos oreilles le mot d'humanité ; et si quelques déclamateurs en ont fait depuis un mot parasite, il sut le rendre sacré.

Cette dureté intolérante, née de l'habitude des querelles, fut adoucie par la morale persuasive que respirent ses écrits ; et cette malheureuse importance que la médiocrité cherche à se donner par l'esprit de parti tomba devant le ridicule. Il reproduisait sous toutes les formes ces maximes d'indulgence fraternelle et réciproque, devenues le code des honnêtes gens; ces anathèmes lancés contre l'espèce de tyrannie qui veut tourmenter les âmes et assujettir les opinions; ce mépris mêlé d'horreur pour la basse hypocrisie qui se fait un mérite et un revenu de la délation et de la calomnie.

Le persécuteur fut livré à l'opprobre, et l'enthousiaste à la risée. La méchanceté puissante craignit une plume qui écrivait pour le monde entier, et qui fixait l'opinion; et alors s'établit une nouvelle magistrature dont le tribunal était à Ferney, et dont les oracles, rendus en prose éloquente et en vers charmants, se faisaient entendre au delà des mers, dans les capitales, dans les cours, dans les tribunaux, et dans les conseils des rois. Le pouvoir inique, ou prévenu, ou oppresseur, qui essayait d'échapper à cette juridiction suprême, se trouvait de toute part heurté, investi par cette force qu'exerce la société chez un peuple où elle est le premier besoin. Partout on rencontrait Voltaire, partout on entendait sa voix; et il n'y avait personne qui ne dût craindre d'être inscrit sur ces tables de justice et de vengeance, où la main du génie gravait pour l'immortalité.

Cette autorité extraordinaire devait naturellement être appuyée sur une considération personnelle, aussi rare que les talents qui en étaient la source. Les tributs de l'Europe entière apportés chaque jour à Ferney; le marbre taillé par Pigalle, et chargé de reproduire à la postérité, et les traits de Voltaire, et l'hommage aussi libre qu'honorable de l'admiration des gens de lettres; le commerce intime, les présents, les caresses, les visites des souverains, le prix qu'ils semblaient attacher à ses louanges, l'empressement qu'ils montraient à l'honorer, le concours de toutes les grandeurs, de toutes les réputations, et, ce qui est plus respectable, de tous les plus opprimés, dans l'asile d'un vieillard retiré au pied des Alpes : tout contribuait à donner du poids à son suffrage, tout consacrait une vieillesse qui était l'appui de l'infortune et de l'innocence, et une demeure qui en était le refuge.

C'est là que vous vîntes, couverts des haillons de l'indigence et baignés des larmes du désespoir, déplorables enfants de Calas, et toi, malheureux Sirven, victimes d'un fanatisme atroce et d'une jurisprudence barbare! c'est là que vous vîntes embrasser ses genoux, lui raconter vos désastres, et implorer ses secours et sa pitié. Hélas! et qui vous amenait dans la solitude champêtre d'un philosophe chargé d'années? On ne vous avait point dit que ce fût un homme puissant par ses places ou par ses titres; vous ne vîtes autour de lui aucune de ces marques imposantes des fonctions publiques, qui annoncent un soutien et une sauvegarde à quiconque fuit l'oppression; et vous êtes à ses pieds! et vous venez l'invoquer comme un dieu tutélaire! Peut-être ne connaissiez-vous de lui que son nom et sa renommée; vous aviez seulement entendu dire que la nature l'avait créé supérieur aux autres hommes; et vous avez pensé que, fait pour les éclairer, il l'était aussi pour les secourir. Sans autre recommandation que votre malheur, sans autre soutien que votre conscience, vous avez espéré de trouver en lui un juge au-dessus de tous les préjugés, un défenseur au-dessus de toutes les craintes.

Vous ne vous êtes pas trompés. Jouissez déjà des pleurs qu'il mêla à ceux que vous versez. Reçus dans ses bras, dans son sein, vous êtes désormais sacrés; et la persécution va s'éloigner de vous. Ah! ce moment lui est plus doux et plus cher que celui où il voyait triompher *Zaïre* et *Mérope,* et l'agrandit davantage à nos yeux. Oui, s'il est beau de voir le génie donnant aux hommes rassemblés de puissantes émotions, oh! qu'il paraît encore plus auguste quand il s'attendrit lui-même sur le malheur, et qu'il jure de venger l'innocence!

Et combien il savait mettre à profit jusqu'à ces attentats du fanatisme, grâce à lui devenus si rares! comme il se servait des derniers crimes pour lui arracher les restes de sa puissance! Alors le monstre épouvanté se cachait longtemps dans les ténèbres et le silence, semblable à la bête farouche et dévorante qui, s'élançant de la profondeur des forêts pour enlever une proie, a porté dans les habitations l'alarme et la terreur : bientôt tout est en armes pour la poursuivre et la combattre; mais elle se retire sans bruit et sans menace, et, tranquille dans son repaire, elle attend le moment d'en sortir encore pour détruire et dévorer.

Mais Voltaire goûta du moins dans sa vieillesse cette satisfaction consolante de voir que l'ennemi qu'il avait tant combattu était enfin ou désarmé ou enchaîné, et presque réduit parmi nous à une entière impuissance. Il osa s'applaudir de cette victoire : et pourquoi lui eût-il été défendu de jouir du bien qu'il avait fait? Ce fut pour lui un des avantages d'une longue vie. Il vit succéder à ceux qui, nourris dans les préjugés, avaient repoussé la vérité, une génération nouvelle qui ne demandait qu'à la recevoir, et qui croissait en s'instruisant dans ses écrits; il vit la lumière pénétrer partout, et des hommes de tous les états, des hommes supérieurs par leur mérite ou par leurs emplois, la porter dans tous les genres d'administration. C'est alors qu'il se félicita d'avoir longtemps vécu. En effet, parmi les bienfaiteurs de l'humanité, combien peu ont eu assez de vie pour voir à la fois et toute leur gloire et toute leur influence! Ce n'est pas la destinée ordinaire du génie. On ne lui a donné qu'un instant d'existence pour laisser une trace éternelle : et qu'il est rare qu'il en aperçoive autour de lui les premières empreintes, et qu'il emporte dans la tombe les premiers fruits de ses bienfaits!

Ce bonheur fut celui de Voltaire. Ses yeux furent témoins de la révolution qui était son ouvrage. Il vit naître dans les esprits cette activité éclairée qui cherche dans tous les objets le bien possible, et ne se repose plus qu'elle ne l'ait trouvé. L'inquiétude naturelle à un peuple ardent et ingénieux, si longtemps consumé dans de tristes et frivoles querelles, se porta vers tous les moyens d'adoucir et d'améliorer la condition humaine, assez affligée de maux inévitables pour n'y en pas ajouter de volontaires.

Il ne vit pas, il est vrai, disparaître entièrement ces restes honteux de la barbarie qui déshonorent une nation policée, et qu'il nous a tant reprochés; mais du moins il les vit attaquer de toutes parts, et dut espérer avec nous leur anéantissement.

Il ne vit pas abolir cet usage absurde et funeste d'entasser les sépultures des morts dans les demeures des vivants, de faire du lieu saint un amas d'infection et de pourriture, de changer les temples en cimetières, et de placer les autels sur des cadavres; mais il entendit la voix des prélats les plus illustres, et des tribunaux les plus respectables, s'élever avec lui contre la force de la coutume, qui leur a résisté jusqu'ici, et qui sans doute doit céder un jour.

Il ne vit pas une réforme absolue et régulière retrancher les abus odieux de notre jurisprudence, simplifier les procédures civiles, adoucir les lois criminelles, supprimer ces tortures autrefois inventées par les tyrans contre les esclaves, et employées par les sauvages contre leurs captifs; et ces supplices recherchés, ajoutés à l'horreur de la mort, qui, sous prétexte de venger les lois, violent la première de toutes, l'humanité; mais il vit la sagesse des juges suppléer souvent aux défauts de la législation, et tempérer les ordonnances par leurs arrêts.

Il ne vit pas combler ces cachots abominables qui rappellent les cruautés tant reprochées aux Caligula, aux Tibère; ces retraites infectes où des hommes enferment des hommes, sans songer que le coupable, quel qu'il soit, ne doit mourir qu'une fois, et qu'enchaîné par la loi vengeresse il doit respirer l'air des vivants, jusqu'à ce qu'elle lui ait ôté la vie. Il ne vit pas fermer au milieu de nous ces demeures non moins destructives et meurtrières, fondées pour être l'asile de l'infirmité et de la maladie, et qui ne sont que des gouffres où vont incessamment s'engloutir des milliers d'hommes, victimes de la contagion qu'ils se communiquent.

Il ne vit pas remédier aux vices mortels de cette autre institution, si précieuse dans son origine, destinée à assurer les premiers secours à ces malheureux enfants qui n'ont de père que l'État, institution faite pour l'honorer et l'enrichir, et qui, soit négligence dans les fonctions, soit défaut dans les moyens, éteint dans leur germe les générations naissantes, et tarit le sang de la patrie; mais au regret qu'il dut sentir de voir des maux si grands attendre encore les derniers remèdes, combien il se mêla de consolation! Il versa des larmes d'attendrissement quand il jeta les yeux sur le tableau de ces calamités, exposé dans la chaire de vérité par de dignes et éloquents ministres de la parole évangélique, présenté dans Versailles à l'âme pure et sensible d'un jeune roi qui en fut ému, et qui, ne se bornant pas à une pitié stérile, donna sur-le-champ des ordres pour arrêter le cours de ces fléaux que son règne doit voir finir. Hélas! le bien est toujours si difficile, même aux souverains! L'or, nécessairement prodigué contre les ennemis de la France, ne peut être dispensé qu'avec tant de réserve, même pour les réformes les plus pressantes.

Tu les achèveras sans doute, ô toi l'héritier du génie de Colbert[1], dont tu as été le panégyriste! toi que la reconnaissance publique a dû naturaliser Français lorsque, par des moyens dont le secret n'a été connu que de toi seul, tu as su créer tout à coup ces trésors destinés à faire régner le pavil-

---

1. Necker, contrôleur général des finances lorsque La Harpe publia l'*Éloge de Voltaire*, est auteur d'un *Éloge de Colbert*, couronné en 1773 par l'Académie française.

on français sur les mers des deux mondes! C'est la première fois, depuis les jours de Sully et de Henri IV, qu'on a su illustrer la nation sans charger le peuple, et que la gloire n'a point coûté de larmes. C'est la première fois qu'on a vu l'administration, portant de tout côté la lumière et la réforme, exécuter au milieu de la guerre tout le bien qu'on n'aurait pas osé espérer même dans la paix. Ah! le grand homme que je célèbre s'applaudirait sans doute de voir associer ton éloge au sien; mais que n'a-t-il pu lire cet édit [1] qu'il avait tant désiré; cet édit mémorable, émané d'un souverain qui, se glorifiant de commander à un peuple libre, sûr de trouver partout des enfants dans ses sujets, ne veut point d'esclaves dans ses domaines! Oh! comme, en voyant remplir l'un des vœux qu'il a le plus souvent formés, Voltaire se serait écrié dans sa joie: « Je ne m'étais pas trompé quand j'ai regardé ce nouveau règne comme le présage des plus heureux changements! La vertu du jeune monarque a devancé l'expérience; l'expérience a été suppléée en lui par cet amour du bien qui est l'instinct des belles âmes. »

Ainsi se réalisent tôt ou tard les vœux et les pensées du génie; ainsi croît et s'établit de jour en jour ce juste respect pour l'homme, respect qui seul peut apprendre aux maîtres de ses destinées à assurer son bonheur. Ce sentiment sublime dut être inconnu dans les siècles d'ignorance, où tous les droits étant fondés sur la force et la conquête, il semblait qu'il n'y eût de condition dans l'humanité que celle de vainqueur ou de vaincu, de maître ou d'esclave; mais il devait naître à la voix de la philosophie, et s'affermir par l'étude et le progrès des lettres. La considération de ceux qui les cultivent a dû s'augmenter avec le pouvoir des vérités qu'ils ont enseignées, et s'est encore fortifiée du nom et de la gloire de Voltaire: car si nul homme n'a tiré des lettres un plus grand éclat, nul aussi ne leur a donné plus de lustre. Les écrivains distingués, les hommes d'un mérite véritable, apprirent de lui à mieux sentir leurs droits et leur dignité, et surent plus que jamais ennoblir leur existence. Ils apprirent à substituer aux dédicaces serviles, qui avaient été si longtemps de mode, des hommages désintéressés et volontaires, rendus à la vraie supériorité, ou des tributs plus nobles encore payés à la simple amitié. En étendant l'usage de leurs talents, ils conçurent une ambition plus relevée; ils sentirent que le temps était venu pour eux d'être les interprètes des vérités utiles, plutôt que les modèles d'une flatterie élégante; les organes des nations, plutôt que les adulateurs des princes, et des philosophes indépendants, plutôt que des complaisants titrés. Il est vrai qu'irritée de leur gloire nouvelle, la haine a employé contre eux de nouvelles armes; mais la raison, qu'il est difficile d'étouffer quand une fois elle s'est fait entendre, confond à tout moment et livre au mépris ces calomniateurs hypocrites, ces déclamateurs à gages, qui représentent les gens de lettres comme les ennemis des puissances, parce qu'ils sont les défenseurs de l'humanité; et comme les détracteurs de toute autorité légitime, parce qu'ils aspirent à l'honneur de l'éclairer.

---

1. L'édit portant abolition du droit de mainmorte dans les domaines du roi. (*Note de l'auteur de l'Éloge.*)

Si Voltaire a été égaré par un sentiment trop vif des maux qu'a faits à l'humanité l'abus d'une religion qui doit la protéger; si, en retranchant des branches empoisonnées, il n'a pas assez respecté le tronc sacré qui rassemble tant de nations sous son ombre immense, je laisse à l'Arbitre suprême, à celui qui seul lit dans les consciences, à juger ses intentions et ses erreurs, ses fautes et ses excuses, les torts qu'il eut et le bien qu'il fit; mais je dis à ceux qui s'alarment de ces atteintes impuissantes : Fiez-vous à la balance déposée dans les mains du temps, qui d'un côté retient et affermit tout ce qu'a fait le génie sous les yeux de la raison, et secoue de l'autre tout ce que les passions humaines ont pu mêler à son ouvrage. Le mal que vous craignez est passager, et le bien sera durable.

Voltaire fut du moins un des plus constants adorateurs de la Divinité :

Si Dieu n'existait pas, il faudrait l'inventer.

Ce beau vers fut une des pensées de sa vieillesse[1], et c'est le vers d'un philosophe. Quand on ira visiter le séjour qu'il a longtemps embelli et vivifié, on lira son nom sur le frontispice d'un temple simple et rustique, élevé, par son ordre et sous ses yeux, au Dieu qu'il avait chanté[2]. Ses vassaux, qui l'ont perdu, leurs enfants, héritiers de ses bienfaits, diront au voyageur qui se sera détourné pour voir Ferney : « Voilà les maisons qu'il a bâties, les retraites qu'il a données aux arts utiles, les terres qu'il a rendues à la culture, et dérobées à l'avidité des exacteurs. Cette colonie nombreuse et florissante est née sous ses auspices et a remplacé un désert. Voilà les bois, les avenues, les sentiers où nous l'avons vu tant de fois. C'est ici que s'arrêta le chariot qui portait la famille désolée de Calas; c'est là que tous ces infortunés l'environnèrent en embrassant ses genoux. Regardez cet arbre consacré par la reconnaissance, et que le fer n'abattra point; c'est celui sous lequel il était assis quand des laboureurs ruinés vinrent implorer ses secours, qu'il leur accorda en pleurant, et qui leur rendirent la vie. Cet autre endroit est celui où nous le vîmes pour la dernière fois... » Et à ce récit le voyageur qui aura versé des larmes en lisant *Zaïre* en donnera peut-être de plus douces à la mémoire des bienfaits.

Voilà ce qu'a fait Voltaire : quel a été son sort? ces talents chéris à tant de titres, et qui ont été les délices et l'instruction de tant de peuples, qu'ont-ils pu pour son bonheur? en prenant tant de pouvoir sur les âmes, quel était celui qu'ils exerçaient sur la sienne? cette gloire qui remplissait le monde avait-elle rempli son cœur? eut-il, dans le long cours de cette vie laborieuse et illustre, plus de jours sereins que de jours orageux? a-t-il obtenu plus de récompenses qu'il n'a essuyé de persécutions? enfin, dans la balance

---

1. Voltaire avait soixante-quatorze ou soixante-quinze ans quand il fit ce vers, qui est dans l'*Épître à l'auteur du livre Des trois Imposteurs;* voyez tome X, page 402.

2. Il avait fait mettre cette inscription : DEO EREXIT VOLTAIRE; voyez page 107.

de ses destinées, les honneurs amassés sur lui par la renommée l'ont-ils emporté sur les outrages accumulés par la haine?... Ici un sentiment de tristesse, un trouble involontaire me saisit, et m'arrête un moment; il suspend cet enthousiasme qui, dans l'éloge d'un grand homme, entraînait vers lui toutes mes facultés. Cette image que j'aimais à contempler, si pure et si brillante, semble déjà se couvrir de nuages et s'envelopper de ténèbres. Ah! viens les dissiper; lève-toi dans ton éclat, ô divinité consolante, fille du temps, ô justice! toi que j'ai vue sortir de la poussière de quatre générations ensevelies, et venir, les lauriers dans la main, placer sur cette tête octogénaire la couronne qu'un moment après a renversée la faux de la mort! Prêt à passer à travers tant d'orages, j'ai besoin d'entrevoir de loin ce jour si beau que tu fis luire sur sa vieillesse; et je me souviendrai alors que les épreuves du génie ne servent pas moins que ses triomphes, et à l'instruction des hommes, et à sa propre grandeur.

TROISIÈME PARTIE

L'amour de la gloire n'appartient qu'aux âmes faites pour la mériter. La médiocrité vaine et inquiète s'agite dans ses prétentions pénibles et trompées; elle cherche de petits succès par de petits moyens; mais la première pensée du grand écrivain est celle d'exercer sur les esprits l'empire du talent et de la vérité. Cette ardente passion de la gloire, l'infatigable activité qui en est la suite nécessaire, un besoin toujours égal et du travail et de la louange; c'était là le double ressort qui remuait si puissamment l'âme de Voltaire; ce fut le mobile et le tourment de sa vie. La nature et la fortune le serviront comme de concert, et aplanirent sa route. L'une l'avait doué de cette rare facilité pour qui l'étude et l'application sont des jouissances et non pas des efforts, et qui ne laisse sentir que le plaisir et jamais la fatigue de produire; l'autre lui procura cette précieuse indépendance qui élève l'âme et affranchit le talent, lui permet le choix de ses travaux, et ne met aucune borne à son essor.

Malheur à toi, qui que tu sois, à qui le ciel a départi à la fois le génie et la pauvreté! celle-ci, par un mélange funeste, altérera souvent ce que l'autre a de plus pur, et avilira même ce qu'il a de plus noble. Si elle ne réduit pas ta vieillesse comme celle d'Homère aux affronts de la mendicité; si elle ne t'arrache pas comme à Corneille des ouvrages précipités, et des flatteries serviles également indignes de toi; si elle ne plie pas la fermeté de ton âme jusqu'à l'intrigue et la souplesse, du moins elle embarrassera tes premiers pas dans ses pièges, multipliera devant toi les barrières et les obstacles, et jettera des nuages sur tes plus beaux jours, qui en seront longtemps obscurcis. Dans la culture des arts, l'imagination inconstante n'a qu'un certain nombre de moments heureux qu'il faut pouvoir attendre et saisir, et souvent tu ne pourras ni l'un ni l'autre. Ton âme sera préoccupée ou asservie, et tes heures ne seront pas à toi. Tu seras détourné dans des sentiers longs et pénibles avant de pouvoir tendre au but que tu cherches;

et l'envie, toujours occupée à t'empêcher d'y parvenir, t'attendra à tous les passages pour insulter ta marche et la retarder. Tu consumeras, dans de tristes et infructueux combats, une partie des forces destinées pour un meilleur usage; et lorsqu'enfin, rendu à toi-même, tu verras la carrière ouverte, tu n'y entreras que fatigué de tant d'assauts, et ne pouvant plus donner à la gloire que la moitié de ton talent et de ta vie.

Celle de Voltaire ne fut point chargée de ce fardeau, toujours si difficile à secouer; il put la dévouer librement, la consacrer tout entière à cette gloire qu'il idolâtrait, et aux travaux qu'il avait choisis, si l'on peut appeler travaux les productions faciles de cette tête agissante et féconde, qui semblait répandre ses idées comme le soleil répand ses rayons. On a demandé plus d'une fois si cette facilité extrême était une marque essentiellement distinctive de la supériorité : c'en est du moins un des plus beaux attributs, mais ce n'en est pas un des caractères indispensables. Je l'ai déjà dit : ne soumettons point la nature à des procédés uniformes; elle est aussi sublime et aussi magnifique dans la formation de ces métaux lentement durcis et élaborés sous le poids des rochers et sous le torrent des âges, que dans la reproduction si prompte et si continuelle des substances animales, et dans l'abondance d'une végétation rapide. Il est des philosophes, des orateurs, des poëtes, dont l'éloquence est plus travaillée, et dont la perfection a plus coûté; mais cette différence, analogue à celle des caractères, serait-elle la mesure du génie?

Si Voltaire composait en un mois une tragédie, et si Racine y employait une année, établirai-je sur cette disproportion celle de leur mérite? non; mais, d'un autre côté, si Voltaire, qui n'avait pas moins de goût que Racine, a pourtant un style moins châtié; si, pouvant balancer les beautés de son rival, il offre plus de défauts, je chercherai seulement pourquoi, de deux écrivains nés avec la même facilité, l'un s'est fait une loi de la restreindre, et l'autre s'y est laissé emporter; et je verrai dans l'un le grand poëte qui n'a voulu faire que des tragédies, et qui de bonne heure a cessé d'en faire; dans l'autre, l'esprit vaste et hardi dont l'entrée dans le pays des arts a été une invasion, et qui a embrassé à la fois l'épopée, le drame, la philosophie et l'histoire. Le travail que le premier mettait dans un ouvrage, celui-ci l'étendait sur tous les genres; et si leur ambition n'a pas été la même, est-ce à nous de nous en plaindre, nous qui en recueillons les fruits? Racine, tranquille et modéré, pouvait se reposer à loisir sur un ouvrage qui se perfectionnait sous ses mains; Voltaire, impatient et fougueux, voulait achever aussitôt qu'il avait conçu, concevait ensemble plusieurs ouvrages, et remplissait encore les intervalles de l'un à l'autre par des productions différentes.

Il composait avec enthousiasme, corrigeait avec vitesse, et revenait aussi facilement sur ses corrections. Il fallait sans cesse de nouveaux aliments à cette ardeur dévorante. Les jours, qu'il savait étendre et multiplier par l'usage qu'il en faisait, lui paraissaient toujours trop courts et trop rapides pour celui qu'il en eût voulu faire. Le temps, qu'il regardait comme le trésor du génie, il le dispensait avec une économie scrupuleuse, et le mettait en œuvre de toutes les manières, comme l'avarice tourmente ses richesses pour les augmenter. Chacun de ses moments devait un tribut à sa renommée, et chaque portion de la durée, un titre à son immortalité. Il eût voulu qu'il n'y eût pas une de ses heures stérile pour le monde ni pour lui. Jamais le loisir ne parut nécessaire à cette tête robuste, qui n'avait besoin que de changer de travaux. Jamais son action ne fut interrompue ni ralentie par les distractions de la société, ni par l'embarras des affaires, ni dans le tumulte des voyages, ni dans la dissipation des cours, ni même au milieu des séductions du plaisir et parmi les orages des passions. Elles ne furent pas sans doute étrangères à cette imagination bouillante et impétueuse; mais toujours elles furent subordonnées à l'ascendant de la gloire, qui absorbait tout. Il ne restait de ces tempêtes passagères que l'impression qui sert à les mieux peindre, comme l'excellente compagnie où il fut admis dès sa jeunesse, sans l'amollir et l'enchaîner par ses charmes, ne fit qu'épurer son goût et lui donner cette politesse noble qui le distingua toujours, et qui semblait un des heureux attributs qu'il avait hérités du siècle de Louis XIV.

Je sais que la raison vulgaire n'a souvent jeté qu'un regard de pitié sur cette agitation continuelle, élément de tout ce qui est né pour les grandes choses; qu'elle affecte de n'y voir que les faiblesses humiliantes de l'humanité. Elle nous représente un homme tel que Voltaire incessamment entraîné par un fantôme impérieux auquel il s'est soumis, et qui lui a dit, au moment où il lui apparut pour la première fois : Tu ne reposeras plus. Elle nous le montre courant sans relâche sur les traces de ce spectre qui lui commande, le suivant dans les villes, dans les campagnes, dans les cours; le retrouvant dans la solitude, au fond des bois, et sur le bord des fontaines; elle nous retrace, avec une compassion insultante, les angoisses d'un homme battu par tous les vents de l'opinion, veillant jour et nuit, l'oreille ouverte au moindre bruit de la renommée, et ne respirant qu'au gré des caprices d'une multitude aveugle et inconstante; cette inquiétude, que rien ne peut calmer; cette soif, que rien ne peut éteindre; des succès toujours incertains et toujours empoisonnés; une lutte éternelle contre l'injustice et la haine; des fatigues sans terme, et une vieillesse sans repos; et, après cette affligeante peinture, on nous demande avec dédain si c'est là le partage de ces hommes que l'on appelle grands!

Ames communes, de quel droit vous faites-vous les juges des destinées du génie? Avez-vous assisté à ses pensées, et vous est-il permis de vous mettre à sa place? Vous voyez ses épreuves et ses sacrifices; connaissez-vous ses besoins et ses dédommagements? savez-vous ce que vaut un jour de véritable gloire, quel espace il occupe dans la vie d'un grand homme et dans le souvenir de l'envie, quel poids il a dans la balance de la postérité? Tel est, si vous l'ignorez, tel est le calcul de toute passion forte : des moments de jouissance et des années de tourments. Cette compensation ne peut pas exister pour le commun des hommes; mais s'il n'y en eût pas eu de faits pour la connaître, le monde serait encore dans l'enfance, et les arts dans le néant.

Oui, je l'avoue, et l'on ne saurait le nier sans démentir l'expérience; au moment où le talent supérieur se présente aux hommes pour obtenir leurs suffrages, il doit s'attendre à une résistance égale à ses prétentions. La sévérité des jugements sera proportionnée à l'opinion qu'il aura donnée de lui; car, si on loue avec complaisance quelques beautés dans ce qui n'est que médiocre, on recherche avec une curiosité maligne quelques fautes dans ce qui est excellent. D'ailleurs l'admiration est un hommage involontaire; et à peine est-il arraché qu'on regarde comme un soulagement tout ce qui peut nous en affranchir. C'est là le soin dont se charge l'envie, presque toujours sûre que sa voix sera entendue par le génie et écoutée par la multitude : elle s'applaudit de ce double avantage; il faut bien le lui laisser, elle est toujours si malheureuse, même lorsqu'elle jouit! Quand elle parviendrait à égarer pour un temps l'opinion publique, elle ne peut ni s'ôter à elle-même le sentiment de sa bassesse, ni ôter au talent celui de sa force. Quand elle insultait avec une joie si lâche et si furieuse aux disgrâces qu'essuya Voltaire au théâtre dans ses premières années; quand elle voyait d'un œil si content *Amasis*[1] applaudi trois mois, et *Brutus* abandonné; quand les plus beaux esprits du temps[2], devenus les échos de la prévention et de la malignité, conseillaient à l'auteur d'*Œdipe* de renoncer à un art qu'il devait porter si loin, que faisait alors le grand homme méconnu? il faisait *Zaïre*. *Zaïre* était déchirée dans vingt libelles, mais on ne se lassait pas plus de la voir que de la censurer. La chute d'*Adélaïde,* injure qui ne fut expiée que trente ans après, consola les ennemis de Voltaire; *Alzire* vint renouveler leurs douleurs. Ils s'en vengèrent, en réduisant à l'exil l'auteur de la charmante bagatelle du *Mondain*. *Zulime* fut encore pour eux une consolation. Ils eurent surtout le plaisir si digne d'eux, et si honteux pour la France, d'arrêter les représentations de *Mahomet; Mérope* les accabla.

La haine ne se lasse jamais, il est vrai; mais il vient un temps où la foule, qu'elle fait mouvoir d'ordinaire, se lasse de la croire et de la seconder. L'intérêt qu'excite à la longue le talent persécuté l'emporte alors sur les clameurs du préjugé et de la calomnie. On veut être juste, au moins un moment; la justice devient faveur, la faveur devient enthousiasme. Un pareil instant devait se rencontrer dans la vie de Voltaire. Il est appelé au théâtre par les acclamations publiques, et à la cour par des honneurs, des récompenses et des titres. Un monarque étranger[3] le dispute à son souverain. Berlin veut déjà l'enlever à la France; et enfin l'on permet à l'Académie française[4] de compter parmi ses membres un grand homme de plus.

Cependant, si l'envie avait été forcée de souffrir qu'il obtînt la justice qui lui était due, elle était loin de consentir qu'il en jouît en paix, et n'y était encore ni résignée ni réduite. Elle connaît trop les hommes pour s'opposer à cette ivresse passagère, à ce torrent rapide qu'elle ne se flatte pas d'arrêter; et dans ces jours brillants et rares, où le génie semble avoir toute

---

1. Tragédie de Lagrange, jouée en 1701; voyez tome IV, page 181, et XXXIV, 408.
2. Fontenelle.
3. Frédéric II, roi de Prusse.
4. En 1746; voyez la note, tome XXIII, page 205.

sa puissance naturelle, elle souffre, se tait, et attend. Bientôt, plus il a été élevé, plus elle a de moyens de l'attaquer. Les hommes sont si prompts à s'armer contre tout ce qu'on veut placer au-dessus d'eux ! Supportera-t-on volontiers cette prééminence qui semble reconnue et établie ? laissera-t-on dans la capitale et à la cour un homme qui doit faire ombrage à tant d'autres ? Mais comment l'en écarter ? comment forcer à la fuite celui qui a déjà résisté à tant de contradictions et de dégoûts ? et d'ailleurs qui lui opposer ? Rousseau, longtemps son antagoniste, n'était plus [1] ; et nul autre que lui n'ayant alors illustré ce nom, devenu depuis célèbre dans la prose comme dans la poésie ; Rousseau, assez honoré d'être le lyrique de la France, n'avait pas encore été appelé *grand*. Piron, prodiguant les sarcasmes et les satires ; Piron, qui avait fait moins de bonnes épigrammes que Voltaire n'avait fait de chefs-d'œuvre, affectait en vain une rivalité qui n'était que ridicule, et à laquelle lui-même ne croyait pas.

Mais alors vivait à Paris, dans une obscurité volontaire, dans une oisiveté que l'on pouvait reprocher à ses goûts, et dans une indigence qu'on pouvait reprocher à sa patrie, un homme d'un génie brut et de mœurs agrestes, qui, après s'être fait, quoique un peu tard, une réputation acquise par plus d'un succès, depuis trente ans s'était laissé oublier, en oubliant son talent. Cet homme était Crébillon, écrivain mâle et tragique, qui, avec plus de verve que de goût, un style énergique et dur, des beautés fortes, et une foule de défauts, avait pourtant eu la gloire de remplir l'intervalle entre la mort de Racine et la naissance de Voltaire. Mais ce feu sombre et dévorant dont il avait pour ainsi dire noirci ses premières compositions n'avait depuis jeté de loin en loin que de pâles étincelles, et paraissait même entièrement consumé : semblable à ces volcans éteints qui, après quelques explosions subites et terribles, se sont refroidis et refermés, et sur lesquels le voyageur passe, en demandant où ils étaient.

A Dieu ne plaise que je veuille accuser les bienfaits si légitimes et si noblement répandus sur la vieillesse pauvre d'un homme de génie ! Que les libéralités royales soient venues le chercher dans sa retraite, qu'on ait voulu l'en tirer déjà presque octogénaire, le produire à la cour, pour laquelle il était si peu fait, et ressusciter un talent qui n'était plus ; que ses drames, si imparfaits, et la plupart déjà condamnés, aient été confiés aux presses du Louvre, tandis que toutes celles de l'Europe reproduisaient à l'envi les immortelles tragédies de Voltaire : je souscris à ces honneurs, peut-être d'autant plus exagérés qu'ils étaient tardifs. Si le crédit qui les attira sur lui ne fut pas dirigé par des intentions pures, au moins les effets en furent louables ; et si l'envie méditait le mal, au moins, pour la première fois peut-être, elle commença par faire le bien. Mais bientôt ses fureurs, en éclatant, manifestèrent quelle avait été sa politique ; bientôt l'intérêt qu'avait inspiré le mérite que l'on tirait de l'oubli se tourna contre celui qu'on voulait détruire, parce qu'il jetait trop d'éclat.

Des voix passionnées, des plumes mercenaires, pour rendre odieux les

---

[1]. J.-B. Rousseau est mort en 1741.

succès de Voltaire, comme usurpés par la cabale, peignaient la vieillesse de Crébillon, si longtemps délaissée et ensevelie dans l'ombre. « C'était là l'homme de la France, l'Eschyle et le Sophocle du siècle, le dieu de la tragédie, le seul et digne rival de Corneille et de Racine; et, après nos trois tragiques, marchait un *bel esprit,* que quelques beautés, le caprice du public, et la faveur de la cour, avaient mis à la mode. »

Voilà ce qu'on répétait dans vingt brochures, avec toute l'amertume et tous les emportements de la haine. La France demandait à grands cris un *Catilina* qui allait tout effacer. Paris retentissait des lectures de *Catilina*, et en pressait la représentation. Au milieu de cette effervescence générale des esprits, Voltaire prend une résolution noble et hardie, que le préjugé condamna, la seule pourtant qui convînt à la supériorité méconnue. Il ne veut combattre ses détracteurs et ses adversaires qu'avec les armes du talent. On lui préfère un rival; il offre de se mesurer avec lui corps à corps, en traitant les mêmes sujets; mais ce qui pour les Grecs, pour les vrais juges de la gloire, n'était qu'une généreuse émulation, digne des Euripide et des Sophocle, fut dans nos idées étroites et pusillanimes une basse jalousie, et aux yeux de l'esprit de parti un crime atroce. Dès lors le déchaînement fut au comble.

Quand des ennemis ardents et adroits ont, sous un prétexte spécieux, échauffé les têtes du vulgaire, il n'y a plus ni frein ni mesure. Le mouvement une fois donné se communique de proche en proche, et acquiert une force irrésistible. L'homme innocent, que la calomnie hypocrite poursuit au nom de la morale et de la vertu, n'est plus qu'une victime dévouée à l'anathème; contre lui toutes les attaques sont légitimes, et toutes ses défenses sont coupables. Le mensonge a raison dans la bouche de ses persécuteurs, et la vérité a menti dans la sienne. Tous les faits sont altérés et tous les principes confondus. Le méchant, si satisfait de pouvoir prononcer le mot d'honnêteté, au moment où il en viole toutes les lois; le plus vil détracteur, flatté de jouer un rôle; tous viennent lancer leurs traits dans la foule. Les libelles, les diffamations, les invectives, se succèdent et se renouvellent. C'est une sorte de vertige qui agit sur tous les esprits, jusqu'à ce qu'enfin cette rage épidémique s'épuise par ses propres excès, comme un incendie s'arrête faute d'aliment.

Cette époque était le règne de l'injustice : elle triompha. Dans la même année, un drame insensé et barbare, *Catilina,* est accueilli avec des transports affectés; et la sublime tragédie de *Sémiramis* ne recueille que le mépris et l'outrage. *Nanine*, l'ouvrage des Grâces, est à peine supportée; *Oreste* est à peine entendu; *Oreste,* ce beau monument de l'antique simplicité, et dix ans après si justement applaudi. La haine jouit de tant de victoires; Voltaire lui cède enfin, et abandonne sa patrie.

Sa renommée lui préparait un asile illustre; et comme l'amitié l'avait autrefois fixé à Cirey, la reconnaissance l'attirait à Berlin. Sans doute il fallait que la destinée rapprochât les deux hommes les plus extraordinaires de leur siècle. On citera souvent ce commerce d'un monarque et d'un homme de lettres, et cette confiance intime et familière qui peut-être n'avait jamais eu d'exemple, et qui honorait encore plus, s'il est possible, le souverain que le poëte : car quel prince ose ainsi descendre de la majesté, si ce n'est celui qui se sent au-dessus d'elle? Le séjour de Voltaire à Berlin, les soirées de Potsdam et de Sans-Souci, occuperont sans doute une place brillante dans l'histoire des lettres. On rappellera quels nuages passagers vinrent obscurcir cette union si honorable pour la royauté et le talent. Sans prétendre juger entre les deux, j'observerai seulement deux faits peu communs dans l'ordre des choses et des destinées : l'un, qu'après l'éclat d'une rupture, ce fut le prince qui revint le premier; l'autre, qu'après cette liaison renouée, que rien n'altéra plus entre le monarque et l'homme de lettres, ce fut le premier qui fit l'oraison funèbre de l'autre.

Une leçon plus importante qui se présente ici, c'est que, pour l'écrivain et le philosophe, une cour, quelle qu'elle soit, ne saurait valoir la retraite. La retraite appelait Voltaire à son déclin : là il commença à respirer pour la première fois; là, après tant de courses et d'agitations, après les succès et les disgrâces, la faveur et les exils, après avoir habité les palais des rois, et éprouvé leurs caresses et leurs vengeances, il entendit la voix de la liberté, qui, des vallées riantes que baigne le Léman, invitait sa vieillesse à venir chercher la tranquillité et la paix, si pourtant la paix était faite pour cette âme dont la sensibilité toujours si prompte se portait sur tous les objets, et recherchait toutes les émotions. Mais alors du moins l'instabilité de sa vie, longtemps errante et troublée, fut fixée sans retour, jusqu'au moment où son destin, le tirant de sa solitude, le ramena dans Paris pour triompher et mourir.

A ce long séjour dans les campagnes de Genève, commence un nouvel ordre de choses. Les jours de Voltaire vont être plus libres et plus calmes, ses pensées plus hardies et plus vastes, et la sphère de ses travaux va s'étendre sous les auspices de la liberté. Si chère à tout être qui pense, de quel prix elle devait être pour lui! Qui sait tout ce qu'il a dû, et ce que nous devons nous-mêmes à cette entière indépendance, l'un des premiers besoins de son esprit, et l'un des premiers vœux de son cœur, mais dont il n'a joui que dans son asile des Délices et dans celui de Ferney?

Jusque-là il n'avait pu que lutter, avec plus ou moins de hardiesse et de danger, contre les entraves arbitraires, les convenances impérieuses, et la vigilance menaçante des délateurs; mais alors il n'eut plus à respecter et à craindre que cette censure, la seule peut-être que l'on dût imposer à l'écrivain, celle du public honnête et de la postérité équitable, qui applaudissent à l'usage de la liberté, et qui en condamnent l'abus. En m'élevant contre l'esclavage sous lequel une politique mal entendue voudrait enchaîner les esprits, contre cette tyrannie futile et importune, qui n'est faite que pour flétrir le talent, intimider la raison, et arrêter les progrès de tous les deux, je suis loin d'invoquer la licence et l'oubli de toutes les lois.

Mais quel avantage est sans inconvénient, et quel bien sans mélange? Je connais les jugements des hommes; je sais que, par une inconséquence établie, ils exigent, dans l'exercice des qualités les plus susceptibles d'abus et les plus voisines de l'excès, une mesure qu'eux-mêmes ne gardent pas dans leurs opinions : ils voudraient que la sensibilité qui anime les ouvrages n'égarât jamais l'auteur ; que l'imagination qui lui fait franchir un espace immense ne l'emportât jamais hors des bornes ; qu'il fût passionné pour la gloire, et impassible aux injustices ; ils voudraient que l'astre qui, en échauffant la terre, pompe et attire tant de vapeurs, nous dispensât des jours sans nuages, et que les vents qui portent les vaisseaux ne les jetassent jamais hors de leur route ; ils voudraient, en un mot, que l'éloge des grands hommes n'eût jamais besoin d'en être l'apologie. Il n'entre point de superstition dans le culte que je leur rends. Persuadé qu'un des premiers avantages de leur grandeur est de pouvoir avouer des fautes, je ne croirai point celle de M. de Voltaire affaiblie par un semblable aveu ; je ne veux point le refuser à ceux qui peuvent en jouir ; et je ne m'arrête qu'à ce singulier effet de l'âge et de la retraite, qui redoublèrent son activité laborieuse, lorsqu'il semblait que le temps eût dû la diminuer, et qui accrurent ses travaux avec ses ans.

C'est une remarque qui n'a échappé à personne, que la dernière moitié de sa vie est celle où il a composé la plus nombreuse partie de ses ouvrages, et qu'il n'a jamais travaillé plus qu'à l'époque où les autres hommes se reposent. Il s'offre plusieurs causes de cette espèce de singularité. Dans une vieillesse saine et robuste, la raison est la faculté qui conserve le plus de vigueur ; elle s'enrichit des pertes de l'imagination et des progrès de l'expérience. L'esprit d'un vieillard imagine moins, mais il réfléchit plus ; l'habitude a plus de pouvoir sur lui, et celle de Voltaire était de penser et d'écrire. Pour lui l'occupation était devenue plus nécessaire que jamais, parce que les distractions étaient plus rares. Sa composition était moins difficile, et par la nature des sujets qui demandaient moins d'invention, et par une suite de l'âge où l'on devient moins sévère pour soi-même. Cet âge au reste ne lui avait guère ôté que la force qui invente, et le travail qui perfectionne ; car d'ailleurs, si l'on excepte les grands ouvrages d'imagination, qui peut-être, passé un certain temps, ne sont plus permis à l'homme, sa facilité n'avait jamais eu plus d'éclat, son style plus d'agrément et de charme. Toujours prêt à traiter toutes les matières, à saisir tous les événements, à marquer tous les ridicules et tous les abus, à combattre toute iniquité, sa plume courait avec une rapidité piquante et une négligence aimable, avouée par ce goût qui ne l'abandonna pas jusqu'à son dernier moment.

Chaque jour voyait naître une production nouvelle. Heureux du seul droit de tout dire, il jetait sur tous les objets ce coup d'œil libre et hardi d'un observateur octogénaire, retiré dans une solitude, retranché dans sa gloire, et sur le bord de sa tombe. Cette gloire qu'il avait tant aimée, et qu'il aimait alors plus que jamais, dont il était toujours rassasié et toujours avide ; cette gloire, qui protégeait sa vieillesse, était encore le dernier aliment de son existence défaillante, le dernier ressort d'une vie usée. A mesure qu'il sentait la vie lui échapper, il embrassait plus fortement la gloire, comme le seul lien qui pût l'y attacher ; il ne respirait plus que pour elle et par elle, il n'avait plus que ce seul sentiment ; et à la vue de la mort, qui s'approchait, il se hâtait de remplir les moments qu'il pouvait lui dérober, et de les ajouter à sa renommée.

Mais il n'était plus en son pouvoir d'y rien ajouter, et l'envie même ne lui en contestait plus ni l'étendue ni la durée. L'absence avait commencé à affermir parmi nous l'édifice de sa réputation, et ses longues années l'avaient achevé. Vieilli loin de nous, Voltaire s'était agrandi à nos yeux. Il semble que le génie, quand nous le voyons de près, tienne trop à l'humanité : il faut qu'il y ait une distance entre lui et nous, pour ne laisser voir que ce qu'il a de divin. Il faut le placer dans l'éloignement, comme la Divinité dans les temples : tant il est vrai qu'en tout genre les hommes ont besoin de barrières pour sentir le respect !

Le temps, qui mûrit tout, avait enfin mis Voltaire à sa place, et c'était celle du premier des êtres pensants. Le temps avait moissonné tout ce qui pouvait prétendre à quelque concurrence, tout ce qui portait un nom fait pour servir de ralliement à l'inimitié et à la jalousie. Il restait bien peu de ceux qui, l'ayant vu naître, pouvaient être moins accoutumés à son élévation, parce qu'ils avaient été témoins de ses commencements et de ses progrès. Tout ce qui, depuis quarante ans, était entré dans le monde, l'avait trouvé déjà rempli du nom et des écrits de Voltaire. La scène ne retentissait que de ses vers. Les femmes, dont il flattait la sensibilité vive et le goût délicat ; la jeunesse, qu'il instruisait à penser ; les vrais connaisseurs, dont la voix avait entraîné tous les suffrages, qu'à la longue elle maîtrise toujours ; en un mot, tous les hommes éclairés et justes lui rendaient un hommage dont l'expression était un enthousiasme : car il ne pouvait pas inspirer un sentiment médiocre ; à son égard l'admiration était un culte, et la haine était de la rage. Mais les ennemis qu'il avait encore étaient d'une espèce propre à rehausser sa gloire, loin de l'altérer. Ce n'étaient plus des hommes qui eussent le moindre prétexte de lui rien disputer ; c'étaient de vils satiriques en prose plate et grossière, et en vers froids et durs[1], qui n'avaient d'autre instinct que celui de la méchanceté impuissante, d'autre moyen de subsister que le mal qu'ils disaient de lui ; son nom seul donnait quelque cours à leurs satires éphémères. Ces malheureux, vendus à un parti assez maladroit pour les encourager, désavoués par le bon sens, la vérité et le public, osaient, pour dernière ressource, invoquer la religion, en violant le premier de ses préceptes ; ils mêlaient la sainteté de ce nom à l'horreur de leurs libelles, et, mal couverts du masque de l'hypocrisie, ne cachaient pas même la bassesse de leurs motifs, en défendant une cause respectable.

O vous, qui avez fait revivre l'éloquence des Bossuet et des Massillon, c'est vous, ô dignes pasteurs ! dont la plume vraiment évangélique nous a montré la loi éternelle et immuable, telle qu'elle est née dans le ciel et gravée dans les âmes pures. Votre doctrine est consolante, comme celle du maître dont vous répétez les leçons ; votre zèle éclaire et n'insulte pas ; vous parlez aux cœurs, bien loin de révolter les esprits, et vous n'opposez aux

---

1. C'est surtout Clément, de Dijon, que La Harpe désigne ici.

écarts d'une raison audacieuse, aux sinistres influences de l'irréligion, que la vérité et la vertu [1].

Il eût été à souhaiter sans doute que Voltaire lui-même n'opposât à ses ennemis que le mépris qu'il leur devait. Élevé assez haut pour ne pas les apercevoir, il daigna descendre jusqu'à s'en venger, et se compromit en les accablant. L'opprobre de leur nom, qui ne souillera point cet éloge, est attaché à l'immortalité de ses écrits; et, ce qui peut donner une idée de leur ignominie, ils se sont enorgueillis plus d'une fois de lui devoir cette flétrissante renommée. Mais en reconnaissant que le parti du silence est en général le plus noble et le plus sage, en regrettant même que Voltaire, qui sut donner à la satire une forme dramatique si piquante et si neuve, ne l'ait pas toujours restreinte dans de justes limites, sera-t-il permis de tempérer par quelques réflexions la rigueur de cette loi qui prescrit ce silence si rarement gardé, et d'affaiblir les reproches si sévères que l'on fait aux transgresseurs?

Cette loi, aujourd'hui établie par l'opinion, n'a-t-elle été dictée que par un sentiment de vénération pour le génie, et par la haute idée de ce qu'il se doit à lui-même? Les hommes ont-ils en effet pour lui ce respect si épuré et si religieux? ne serait-ce pas plutôt une suite de cette espèce d'ostracisme dont le principe est dans leurs cœurs, et de ce plaisir secret qu'ils goûtent à entendre médire de ce qu'ils sont forcés d'estimer? n'est-ce pas qu'ils veulent jouir à la fois des travaux du grand écrivain et des assauts qu'on lui livre ; qu'ils croient que ce double spectacle leur appartient également, et qu'ils regardent la résistance comme un attentat à leurs droits? Ils ne pardonnent pas, s'il faut les en croire, qu'on réfute ce qui est méprisable; mais ne sont-ils pas toujours prêts à accueillir avec complaisance la plus méprisable censure? Ils ne conçoivent pas cette sensibilité de Racine, qui avouait le mal que lui faisait la plus mauvaise critique; mais qu'est-ce autre chose, après tout, que l'indignation d'un cœur droit et d'un bon esprit contre tout ce qui est faux et injuste? Et qu'a donc ce sentiment de si étrange et de si répréhensible? Ils s'étonnent que parmi tant de suffrages on entende les contradictions, qu'au milieu de tant de gloire on s'aperçoive des offenses; mais n'est-ce pas ainsi que l'homme est fait? n'est-il pas d'ordinaire plus touché de ce qui lui manque que de ce qu'il obtient? toutes les jouissances ne sont-elles pas faciles à troubler? et quel bonheur enfin n'est pas aisément altéré par la méchanceté et la calomnie?

Que l'on ait amèrement reproché à Voltaire une sensibilité trop irritable. ce n'est qu'un excès de sévérité. Mais cette espèce d'inquisition si terrible et souvent si odieuse que l'on porte sur la vie des hommes célèbres, et jusque dans les replis de leur conscience, a chargé sa mémoire d'un reproche plus grave. Ce même homme, que j'ai représenté toujours en butte à

---

1. Le public instruit et juste nommera sans peine les personnes respectables à qui s'adresse cet éloge. (*Note de l'auteur de* l'Éloge.)

— Je pense que les prélats dont La Harpe parle sont Beauvais, évêque de Senez, et de La Luzerne,   que de Langres, depuis cardinal. (B.)

l'envie, est accusé de l'avoir sentie lui-même. On a prétendu que cette passion forcenée pour la gloire ne pouvait pas être exempte de jalousie; qu'attachant un si grand prix à l'opinion, il ne pouvait souffrir rien de ce qui partageait ou occupait la renommée. Ses jugements sévères ou passionnés sur des écrivains illustres ont appuyé cette accusation; mais sa manière de juger ne peut-elle pas tenir d'un côté à la délicatesse de son goût, et de l'autre à sa préférence exclusive pour la poésie, et surtout pour la poésie dramatique, mérite devant qui tous les autres s'effaçaient à ses yeux?

Quand la passion l'a emporté jusqu'à l'injustice, n'était-ce pas un ressentiment particulier qui l'animait, et n'était-il pas alors irrité plutôt qu'envieux? Rappelons-nous son admiration constante pour Racine, celui de tous les écrivains dont il doit le plus redouter la comparaison; le témoignage si flatteur et si éclatant qu'il rendit dans l'Académie française aux talents de Crébillon; ce sentiment profond des beautés sublimes de Corneille, exprimé à tout moment dans ce même *Commentaire* où il a relevé tant de défauts. Enfin, si j'étais forcé de croire que cet homme, qui ne pouvait regarder qu'au-dessous de lui, a eu le regard de l'envie; que celui à qui l'on peut appliquer si justement ce vers d'une de ses tragédies [1],

> De qui dans l'univers peut-il être jaloux?

a pourtant été jaloux lui-même; si des indices toujours suspects, des apparences toujours trompeuses, quand il s'agit de juger le cœur humain, pouvaient se changer en démonstration, je détournerais les yeux avec confusion et avec douleur de cette triste et affligeante vérité : car il y a pour l'homme de bien une sorte de religion à baisser la vue, pour ne rencontrer ni les faiblesses du génie, ni les fautes de la vertu.

Mais parmi ces faiblesses heureusement il en est de bien pardonnables, et qu'on peut avouer sans peine : par exemple, celle qu'il eut de prétendre encore à la force tragique dans un âge à qui elle n'est plus possible, et d'oublier les leçons qu'il donnait à cette vieillesse, qui *n'est faite,* disait-il lui-même dans *le Temple du Goût, que pour le bon sens.* La sienne, il est vrai, était faite pour les Grâces; elle pouvait se couronner de fleurs: il voulut l'armer du poignard de Melpomène. Et quel homme, après tout, devait aimer le théâtre plus que Voltaire, et plus longtemps? Sans doute sa carrière théâtrale, si *Tancrède* l'avait fermée, aurait été sans égale; toutes les traces en étaient lumineuses, et la gloire sans mélange. Rival de Sophocle à vingt ans, il voulut l'être à quatre-vingts, et finir, comme lui, par remporter la palme dramatique. Plein de cette idée séduisante, il souriait avec complaisance à ces nombreux enfants de sa vieillesse, qui n'offraient plus que les traits presque effacés d'une belle nature affaiblie. Sophocle, avec deux scènes, avait pu, *à cent ans, charmer encore Athènes* [2]; mais Vol-

---

1. *Tancrède,* acte IV, scène v.
2. C'est Corneille qui, dans son Discours au roi (1676), a dit :

> Tel Sophocle à cent ans charmait encore Athènes;
> Tel bouillonnait encor son vieux sang dans ses veines.

taire lui-même, après Racine, nous avait accoutumés à être plus difficiles sur nos plaisirs, et la pénible étendue de nos cinq actes ne pouvait pas être embrassée par une tête octogénaire.

C'est pourtant, il faut l'avouer, cette ambition d'occuper encore le théâtre qui peut-être a précipité ses derniers moments, et qui a fait que le favori de la gloire a fini par en être la victime. Elle le tira de sa retraite, malgré les infirmités de l'âge; mais aussi elle lui préparait une journée qui valait seule une vie entière. Il vient, il apporte sur la scène sa dernière tragédie, *Irène*.... Mais qu'importe alors *Irène* ? il vient, après trente ans d'absence : c'est lui ! c'est Voltaire ! O vous, adorateurs des arts et de la gloire, vous qui auriez suivi le Tasse au Capitole, hélas ! où il n'a point monté; vous qui avez été chercher parmi les ronces d'un champ désert la pierre oubliée qui couvre Racine[1]; vous qui avez laissé tomber quelques larmes sur le coin de terre[2] où reposent ensemble Molière et La Fontaine; qui vous êtes prosternés aux pieds des statues qu'une reconnaissance tardive vient enfin de leur décerner; venez, c'est pour vous que ce spectacle est fait. Voyez cette foule qui s'empresse sous ces portiques, ces avenues pleines d'un peuple immense; entendez ces cris qui annoncent l'approche du char, de ce char vraiment triomphal qui porte l'objet des adorations publiques. Le voilà !... Les acclamations redoublent; tous veulent le contempler, le suivre, le toucher; et tous, respectant la caducité fragile et tremblante qui peut succomber au milieu de tant de gloire, le couvrent, le protègent contre leurs propres transports, assurent sa marche, et lui ouvrent la route. Tout retentit du bruit des applaudissements, tout est emporté par la même ivresse. On porte devant lui les lauriers, les couronnes : il les écarte de son front, elles tombent à ses pieds....

O quel jour pour l'humanité que celui où les rangs, les titres, les richesses, le crédit, le pouvoir, toutes les décorations extérieures, toutes les distinctions passagères, tout est ensemble confondu dans la foule qu'un grand homme entraîne après lui ! En ce moment il n'y a plus ici que Voltaire et la nation.

Et où donc est l'envie ? où se cache-t-elle ? où fuit-elle devant toute cette pompe ? a-t-elle encore une voix que l'on distingue parmi ces cris et ces transports ? Qu'elle se console pourtant : bientôt elle sera trop vengée.

Un jour viendra que ceux qui, témoins dans leur enfance de ce triomphe

---

1. J. Racine étant mort le 21 avril 1699, son corps fut porté à Saint-Sulpice, et mis en dépôt, pendant la nuit, dans le chœur de cette église, puis transporté à Port-Royal des Champs. Après la destruction de ce monastère, la famille obtint la permission de faire exhumer son corps, qui fut apporté à Paris le 2 décembre 1711, et placé dans l'église de Saint-Étienne-du-Mont, derrière le maître-autel. La pierre contenant l'épitaphe a été retrouvée, et replacée le 21 avril 1818.

2. Le cimetière Saint-Joseph, dans le faubourg Montmartre. La tradition disait que c'était aussi là que fut enterré La Fontaine, ce qui est très-douteux. Des os qu'on en retira en 1792, comme étant ceux de Molière et de La Fontaine, furent en 1799, installés dans le musée des Petits-Augustins, et, en 1817, transportés au cimetière du Père-Lachaise.

inouï, n'en auront pu conserver que des traces confuses, se rappelleront, après de longues années, cet étonnant spectacle, et le raconteront à nos neveux. « Nous y étions, diront-ils; nous l'avons vu. Il était comme porté par tout un peuple. On couronna sa tête. Il pleurait... et un moment après il n'était plus... »

Il n'était plus! cet éclatant appareil était dressé sur une tombe !... Que dis-je, une tombe ?... Voix souveraine et inexorable de la postérité! toi, que nulle puissance ne peut ni prévenir ni étouffer, qui révèles au monde entier ce que l'on croit cacher à une nation, et redis dans tous les âges ce qu'on a voulu taire un moment; le temps n'est pas éloigné où tu raconteras ce que je craindrais de retracer; tu ne m'imputeras point mon silence, et ce sera même une injure de plus que tu auras à venger.

Et moi, tandis que la haine faisait servir ton nom à la calomnie qui m'outrageait, ô grand homme! je n'adressais mes plaintes qu'à ton ombre. Elle était présente à mes yeux quand je lui préparais en silence ces tributs secrets, alors seul objet de mes veilles, seul adoucissement de tant d'amertumes. Je t'appelais sur ce théâtre où t'attendaient les honneurs funèbres que je t'offris au nom et en présence de la nation [1]. La pompe dont tes yeux avaient joui se renouvela pour tes mânes, qui peut-être n'y furent pas insensibles, s'il est vrai que le sentiment de la vraie gloire soit immortel en nous, comme l'esprit qui nous anime. J'ai chanté la tienne sur tous les tons [2] qu'a pu essayer ma faible voix, qui du moins s'est fait entendre; et ce n'est enfin qu'après m'être acquitté ainsi de tout ce que mon cœur destinait à ta mémoire, que je pouvais pardonner à l'injustice.

1. Les comédiens français avaient représenté, le 1er février 1779, les *Muses rivales, ou l'Apothéose de Voltaire,* en un acte et en vers libres, par La Harpe.
2. L'Académie française ayant, pour le sujet du prix de poésie de 1779, proposé l'éloge de Voltaire, La Harpe, membre de l'Académie, avait, contrairement aux statuts et usages, envoyé au concours un *Dithyrambe aux mânes de Voltaire,* qui obtint le prix; mais le billet cacheté joint à l'ouvrage ne contenait aucun nom, et d'Argental ayant déclaré que l'auteur du *Dithyrambe* ne voulait point être connu, le montant du prix fut donné à Murville, dont la pièce avait eu l'accessit.
Ce n'est pas tout encore. La Harpe avait, du vivant de Voltaire, composé, pour la *Galerie universelle,* un *Précis historique sur M. de Voltaire,* qui a aussi été imprimé in-8°.

FIN DE L'ÉLOGE DE VOLTAIRE PAR LA HARPE.

VIE
DE VOLTAIRE

PAR CONDORCET

VIE
DE VOLTAIRE

La vie de Voltaire doit être l'histoire des progrès que les arts ont dus à son génie, du pouvoir qu'il a exercé sur les opinions de son siècle, enfin de cette longue guerre contre les préjugés, déclarée dès sa jeunesse, et soutenue jusqu'à ses derniers moments.

Mais lorsque l'influence d'un philosophe s'étend jusque sur le peuple, qu'elle est prompte, qu'elle se fait sentir à chaque instant, il la doit à son caractère, à sa manière de voir, à sa conduite, autant qu'à ses ouvrages. D'ailleurs ces détails sont encore utiles pour l'étude de l'esprit humain. Peut-on espérer de le connaître, si on ne l'a pas observé dans ceux en qui la nature a déployé toutes ses richesses et toute sa puissance; si même on n'a pas recherché en eux ce qui leur est commun avec les autres hommes, aussi bien que ce qui les en distingue ? L'homme ordinaire reçoit d'autrui ses opinions, ses passions, son caractère; il tient tout des lois, des préjugés, des usages de son pays, comme la plante reçoit tout du sol qui la nourrit et de l'air qui l'environne. En observant l'homme vulgaire, on apprend à connaître l'empire auquel la nature nous a soumis, et non le secret de nos forces et les lois de notre intelligence.

François-Marie Arouet, qui a rendu le nom de Voltaire si célèbre, naquit à Chatenay le 20 de février 1694, et fut baptisé à Paris, dans l'église de Saint-André-des-Arcs, le 22 de novembre de la même année[2]. Son exces-

---

1. Cette *Vie de Voltaire* a paru, pour la première fois, en 1789, dans le tome LXX de l'édition in-8° des *OEuvres de Voltaire* faite à Kehl. C'est un vaste et très-bon tableau de l'esprit de Voltaire, plus peut-être que sa vie. Le plan de l'auteur ne lui permettait pas de suivre rigoureusement la chronologie; ce qui m'a obligé d'y mettre quelques notes. (B.)

Jal dit qu'elle fut imprimée d'abord à Genève, en 1787. Mais cette édition n'est pas connue jusqu'ici des bibliographes.

2. Voltaire donne lui-même trois dates différentes de sa naissance. Dans un article envoyé par lui, en 1755 ou 1756, aux frères Parfaict pour leur *Dictionnaire des théâtres de Paris*, il dit être né le 20 novembre. Dans la lettre à Damilaville, du 20 février 1765, il parle du 20 février 1694; dans sa lettre au roi de Prusse, du 25 novembre 1777, il dit : J'ai *aujourd'hui* quatre-vingt-quatre ans. »

Aucune de ces dates n'est exacte : la dernière n'a été adoptée, ni même remarquée, par personne. Beaucoup de personnes ont regardé comme bonne celle

sive faiblesse fut la cause de ce retard, qui pendant sa vie a répandu des nuages sur le lieu et sur l'époque de sa naissance. On fut aussi obligé de baptiser Fontenelle dans la maison paternelle, parce qu'on désespérait de la vie d'un enfant si débile. Il est assez singulier que les deux hommes célèbres de ce siècle, dont la carrière a été la plus longue, et dont l'esprit s'est conservé tout entier le plus longtemps, soient nés tous deux dans un état de faiblesse et de langueur.

Le père de M. de Voltaire exerçait la charge de trésorier de la chambre des comptes [1] ; sa mère, Marguerite Daumard, était d'une famille noble du Poitou. On a reproché à leur fils d'avoir pris ce nom de Voltaire, c'est-à-dire d'avoir suivi l'usage alors généralement établi dans la bourgeoisie riche, où les cadets, laissant à l'aîné le nom de famille, portaient celui d'un fief, ou même d'un bien de campagne [2]. Dans une foule de libelles on a cherché à

---

du 20 février. Mais M. Berriat Saint-Prix, dans son édition des OEuvres de Boileau (tome I*er*, *Essai sur Boileau*, pages xj et suivantes), établit qu'elle est inadmissible. L'acte de baptême, du 22 novembre 1694, porte : *né le jour précédent*. Cet acte est signé du père, alors notaire, et qui, en cette qualité, eût senti tous les inconvénients qu'il pouvait y avoir à ne pas donner la date précise de la naissance de l'enfant. Cet acte ne fait pas mention de l'ondoiement qu'on prétend avoir eu lieu en février, d'où M. Berriat conclut encore contre la date du 20 février. Il observe que le frère aîné de Voltaire avait été ondoyé, circonstance rappelée, suivant l'usage, dans l'acte de baptême ; et il est porté à croire qu'il y a confusion à attribuer à Voltaire l'ondoiement de son frère. Il pense que c'était pour détourner la persécution qu'il redoutait que Voltaire se vieillissait de quelques mois. Il est donc persuadé que Voltaire est né le 21 novembre 1694, à Paris même, et non à Chatenay (B.) — Voyez ci-après les *Documents biographiques*.

M. Benjamin Fillon, dans ses *Lettres écrites de la Vendée* (Paris, Tross, 1861, in-8°), cite une lettre de Pierre Bailly, cousin issu de germain du nouveau-né, datée de Paris du 24 novembre 1694, et adressée à son père, fabricant d'étoffes à la Châtaigneraye : « Mon père, nos cousins ont un autre fils, né d'il y a trois jours. M*me* Arouet me donnera pour vous et pour la famille des dragées du baptême. Elle a esté très-malade ; mais on espère qu'elle va mieux. L'enfant n'a pas grosse mine, s'estant senti de la cheute de sa mère. »

1. Lors de la naissance de Voltaire, son père n'était pas encore trésorier de la chambre des comptes. Il n'eut cette charge que le 10 octobre 1696. On a dit que François Arouet, père de Voltaire, était né à Saint-Loup, bourg sur les bords du Thouet (aujourd'hui département des Deux-Sèvres). En 1811 et 1812 il existait encore, à Saint-Loup et dans les environs, des Arouet. François Arouet avait environ trente-deux ans quand il se maria, le 7 juin 1683 ; il est mort en 1723 ou 1724. (B.)

Le père de Voltaire était encore notaire au Châtelet à l'époque de sa naissance. Il devint ensuite (il fut admis au serment en 1701) receveur alternatif et triennal des épices, vacations et amendes de la chambre des comptes de Paris.

2. Voltaire est le nom d'un petit bien de famille qui appartenait à la mère de l'auteur de *la Henriade*. On a prétendu que le nom de Voltaire était l'anagramme de la signature qu'il avait dans sa jeunesse, *Arouet L. J.* (Arouet le jeune). Je suis porté à croire que ce n'était pas là sa signature, et qu'il s'appelait *Arouet le cadet*. C'est sous ce nom qu'il écrivait à M*lle* Dunoyer, le 6 décembre 1713, de lui adresser ses lettres. La dédicace d'*OEdipe* à Madame, femme du régent, est signée Arouet de Voltaire (voyez tome II, page 8). Cette dédicace est de 1719 ; l'auteur

rabaisser sa naissance. Les gens de lettres, ses ennemis, semblaient craindre que les gens du monde ne sacrifiassent trop aisément leurs préjugés aux agréments de sa société, à leur admiration pour ses talents, et qu'ils ne traitassent un homme de lettres avec trop d'égalité. Ces reproches sont un hommage : la satire n'attaque point la naissance d'un homme de lettres, à moins qu'un reste de conscience qu'elle ne peut étouffer ne lui apprenne qu'elle ne parviendra point à diminuer sa gloire personnelle.

La fortune dont jouissait M. Arouet procura deux grands avantages à son fils : d'abord celui d'une éducation soignée, sans laquelle le génie n'atteint jamais la hauteur où il aurait pu s'élever. Si on parcourt l'histoire moderne, on verra que tous les hommes du premier ordre, tous ceux dont les ouvrages ont approché de la perfection, n'avaient pas eu à réparer le défaut d'une première éducation.

L'avantage de naître avec une fortune indépendante n'est pas moins précieux. Jamais M. de Voltaire n'éprouva le malheur d'être obligé ni de renoncer à sa liberté pour assurer sa subsistance, ni de soumettre son génie à un travail commandé par la nécessité de vivre, ni de ménager les préjugés ou les passions d'un protecteur. Ainsi son esprit ne fut point enchaîné par cette habitude de la crainte, qui non-seulement empêche de produire, mais imprime à toutes les productions un caractère d'incertitude et de faiblesse. Sa jeunesse, à l'abri des inquiétudes de la pauvreté, ne l'exposa point à contracter ou cette timidité servile que fait naître dans une âme faible le besoin habituel des autres hommes, ou cette âpreté et cette inquiète et soupçonneuse irritabilité, suite infaillible pour les âmes fortes de l'opposition entre la dépendance à laquelle la nécessité les soumet, et la liberté que demandent les grandes pensées qui les occupent.

Le jeune Arouet fut mis au collége des jésuites, où étaient élevés les enfants de la première noblesse, excepté ceux des jansénistes ; et les jansénistes, odieux à la cour, étaient rares parmi les hommes qui, alors obligés par l'usage de choisir une religion sans la connaître, adoptaient naturellement la plus utile à leurs intérêts temporels. Il eut pour professeurs de rhétorique le Père Porée, qui, étant à la fois un homme d'esprit et un bon homme, voyait dans le jeune Arouet le germe d'un grand homme ; et le Père Lejay [1], qui, frappé de la hardiesse de ses idées et de l'indépendance de ses opinions, lui prédisait qu'*il serait en France le coryphée du déisme;* prophéties que l'événement a également justifiées [2].

---

avait vingt-cinq ans. La réunion des deux noms prouve que ce n'était pas pour faire oublier le premier qu'il avait pris le second. (B.)

On n'a jamais pu dire où était situé le petit bien d'où François Arouet aurait tiré son pseudonyme. (JAL.)

1. Gabriel-François Lejay, né à Paris vers 1660, mort le 21 février 1734.

2. Le roi de Prusse, dans son *Éloge de Voltaire* (voyez ci-dessus, page 133), dit que le Père Tournemine fut un des professeurs de Voltaire, ce qui est confirmé par une lettre de Voltaire à ce jésuite (voyez tome XXXIII, page 520). Voltaire dit ailleurs (voyez tome XXIX, page 530) avoir eu le Père Charlevoix pour préfet.

Voltaire eut ce qu'on appelle des succès de collège. J.-B. Rousseau, qui assis-

Au sortir du collége, il retrouva dans la maison paternelle l'abbé de Châteauneuf son parrain, ancien ami de sa mère. C'était un de ces hommes qui, s'étant engagés dans l'état ecclésiastique par complaisance, ou par un mouvement d'ambition étrangère à leur âme, sacrifient ensuite à l'amour d'une vie libre la fortune et la considération des dignités sacerdotales, ne pouvant se résoudre à garder toujours sur leur visage le masque de l'hypocrisie.

L'abbé de Châteauneuf était lié avec Ninon, à laquelle sa probité, son

---

tait à une distribution de prix, fut frappé d'entendre appeler souvent le nom d'Arouet, et en parla au Père Tarteron, qui lui présenta le jeune écolier.

Le Constitutionnel du 15 décembre 1833 contient cette singulière annonce :

« PREMIER GRAND PRIX DE DISCOURS LATIN remporté par Voltaire en 1710. Cet ouvrage sera livré à la personne qui aura mis la plus forte enchère, d'ici au 15 janvier 1834, midi précis, sur la mise à prix de 2,000 fr. Une notice sur cet ouvrage, rare et unique sous un rapport, auquel est joint un certificat authentique, sera envoyée aux personnes qui la désireraient. S'adresser, franc de port, à M. Cartier, artiste, rue des Ursulines, n° 38, à Saint-Germain-en-Laye. »

Les chalands ne se présentant pas, le volume fut compris dans un *Catalogue de livres où se trouvent quelques ouvrages en langue italienne, espagnole et allemande, provenant de la bibliothèque de M. ***, dont la vente se fera le jeudi 13 mars 1834 et jours suivants, à six heures de relevée, rue des Bons-Enfants, n° 30, maison Silvestre*.

Voici ce qu'on lit à la page 43 de ce catalogue :

« 448. *Histoire des guerres civiles de France*, par Davila ; in-fol., v. dent. »

Et en note :

« Ce volume paraît avoir appartenu à Voltaire, auquel il aurait été donné comme premier prix de discours latin au collége des jésuites de Louis-le-Grand. A la page 655 de ce volume sont deux vers alexandrins manuscrits, attribués aussi à Voltaire. »

A ce volume était jointe l'attestation d'un prix à François Arouet, le 1er janvier 1710, pour *vers latins (strictæ orationis)*. Le frontispice du volume est enlevé, mais par l'*achevé d'imprimer* on voit qu'il est de l'édition de 1657. Rien ne prouve l'identité de ce volume avec celui qui doit avoir été donné en prix à Voltaire, si ce n'est que le volume a le monogramme des jésuites.

A la page 655, on lit en marge et en majuscules ces deux vers manuscrits :

DE MA GLOIRE PASSÉE ILLUSTRE TÉMOIGNAGE,
POUR CINQUANTE-DEUX SOLS JE T'AI MIS EN OTAGE.

N'ayant jamais vu de l'écriture moulée de Voltaire, je ne puis que douter que ces deux vers soient de sa main. Ce que je puis affirmer, c'est que, le 17 mars, le livre, mis sur table, a été adjugé pour six francs. (B.)

Dans une note de M. Desnoiresterres, page 183 de la *Jeunesse de Voltaire*, la même anecdote est appliquée, d'une manière un peu dubitative il est vrai, à l'*Histoire d'Italie* de Guichardin. Les deux vers sont cités, mais non tout à fait de même :

De mes premiers succès illustre témoignage,
Pour trois livres dix sous je te mis en otage.

Ces divergences nous ont fait renoncer à recueillir, malgré le vœu de M. Bengesco (*Voltaire, Bibliographie de ses œuvres*, tome Ier, page 321), ce distique dans notre Supplément aux Poésies.

esprit, sa liberté de penser, avaient fait pardonner depuis longtemps les aventures un peu trop éclatantes de sa jeunesse. La bonne compagnie lui avait su gré d'avoir refusé son ancienne amie, Mme de Maintenon, qui lui avait offert de l'appeler à la cour, à condition qu'elle se ferait dévote. L'abbé de Châteauneuf avait présenté à Ninon Voltaire enfant, mais déjà poëte, désolant déjà par de petites épigrammes *son janséniste de frère*[1], et récitant avec complaisance la *Moïsade*[2] de Rousseau.

Ninon avait goûté l'élève de son ami, et lui avait légué, par testament, deux mille francs pour acheter des livres. Ainsi, dès son enfance, d'heureuses circonstances lui apprenaient, même avant que sa raison fût formée, à regarder l'étude, les travaux de l'esprit, comme une occupation douce et honorable; et, en le rapprochant de quelques êtres supérieurs aux opinions vulgaires, lui montraient que l'esprit de l'homme est né libre, et qu'il a droit de juger tout ce qu'il peut connaître; tandis que, par une lâche condescendance pour les préjugés, les éducations ordinaires ne laissent voir aux enfants que les marques honteuses de la servitude.

L'hypocrisie et l'intolérance régnaient à la cour de Louis XIV; on s'y occupait à détruire le jansénisme, beaucoup plus qu'à soulager les maux du peuple. La réputation d'incrédulité avait fait perdre à Catinat la confiance due à ses vertus et à son talent pour la guerre. On reprochait au duc de Vendôme de manquer à la messe quelquefois, et on attribuait à son indévotion les succès de l'hérétique Marlborough et de l'incrédule Eugène. Cette hypocrisie avait révolté ceux qu'elle n'avait pu corrompre, et, par aversion pour la sévérité de Versailles, les sociétés de Paris les plus brillantes affectaient de porter la liberté et le goût du plaisir jusqu'à la licence.

L'abbé de Châteauneuf introduisit le jeune Voltaire dans ces sociétés, et particulièrement dans celle du duc de Sully, du marquis de La Fare, de l'abbé Servien, de l'abbé de Chaulieu, de l'abbé Courtin. Le prince de Conti, le grand prieur de Vendôme, s'y joignaient souvent.

M. Arouet crut son fils perdu en apprenant qu'il faisait des vers, et qu'il voyait bonne compagnie. Il voulait en faire un magistrat, et il le voyait occupé d'une tragédie[3]. Cette querelle de famille finit par faire envoyer le jeune Voltaire chez le marquis de Châteauneuf, ambassadeur de France en Hollande.

---

1. C'est Voltaire lui-même qui, dans une épître au maréchal de Villars, a dit:
   Et mon janséniste de frère.
Voyez tome X, page 252.

2. La *Moïsade*, pièce de vers que Rousseau attribuait à Voltaire et que Voltaire attribuait à Rousseau, est de Lourdet; voyez *Jugements sur quelques ouvrages nouveaux*, I, 273. La *Moïsade* commence ainsi:
   Votre impertinente leçon,
   Ne détruit pas mon pyrrhonisme, etc.
Elle est dans quelques éditions de Rousseau. (B.)

3. C'était probablement *Amulius et Numitor*; voyez tome XXXII, page 379.

Son exil ne fut pas long. Mme Dunoyer, qui s'y était réfugiée avec ses deux filles, pour se séparer de son mari, plus que par zèle pour la religion protestante, vivait alors à la Haye d'intrigues et de libelles, et prouvait, par sa conduite, que ce n'était pas la liberté de conscience qu'elle y était allée chercher.

M. de Voltaire devint amoureux d'une de ses filles; la mère, trouvant que le seul parti qu'elle pût tirer de cette passion était d'en faire du bruit, se plaignit à l'ambassadeur, qui défendit à son jeune protégé de conserver des liaisons avec Mlle Dunoyer, et le renvoya dans sa famille pour n'avoir pas suivi ses ordres.

Mme Dunoyer ne manqua pas de faire imprimer cette aventure, avec les lettres[1] du jeune Arouet à sa fille, espérant que ce nom, déjà très-connu, ferait mieux vendre le livre; et elle eut soin de vanter sa sévérité maternelle et sa délicatesse dans le libelle même où elle déshonorait sa fille.

On ne reconnaît point dans ces lettres la sensibilité de l'auteur de *Zaïre* et de *Tancrède*. Un jeune homme passionné sent vivement, mais ne distingue pas lui-même les nuances des sentiments qu'il éprouve; il ne sait ni choisir les traits courts et rapides qui caractérisent la passion, ni trouver des termes qui peignent à l'imagination des autres le sentiment qu'il éprouve, et le fassent passer dans leur âme. Exagéré ou commun, il paraît froid lorsqu'il est dévoré de l'amour le plus vrai et le plus ardent. Le talent de peindre les passions sur le théâtre est même un des derniers qui se développe dans les poëtes. Racine n'en avait pas même montré le germe dans *les Frères ennemis* et dans *Alexandre*; et *Brutus* a précédé *Zaïre* : c'est que, pour peindre les passions, il faut non-seulement les avoir éprouvées, mais avoir pu les observer, en juger les mouvements et les effets dans un temps où, cessant de dominer notre âme, elles n'existent plus que dans nos souvenirs. Pour les sentir, il suffit d'avoir un cœur; il faut, pour les exprimer avec énergie et avec justesse, une âme longtemps exercée par elles, et perfectionnée par la réflexion.

Arrivé à Paris, le jeune homme oublia bientôt son amour, mais il n'oublia point de faire tous ses efforts pour enlever une jeune personne estimable et née pour la vertu à une mère intrigante et corrompue. Il employa le zèle du prosélytisme. Plusieurs évêques, et même des jésuites, s'unirent à lui. Ce projet manqua; mais Voltaire eut dans la suite le bonheur d'être utile à Mlle Dunoyer, alors mariée au baron de Winterfeld[2].

Cependant son père, le voyant toujours obstiné à faire des vers et à vivre dans le monde, l'avait exclu de sa maison. Les lettres les plus soumises ne le touchaient point : il lui demandait même la permission de passer en Amérique, pourvu qu'avant son départ il lui permît d'embrasser ses genoux. Il fallut se résoudre, non à partir pour l'Amérique, mais à entrer chez un procureur[3].

---

1. Voyez tome XXXIII, pages 9 et suiv.
2. Voyez tome XV, page 127.
3. Ce procureur s'appelait Alain. Voltaire le nomme dans ses lettres 13 et 14.

VIE DE VOLTAIRE.

Il n'y resta pas longtemps. M. de Caumartin[1], ami de M. Arouet, fut touché du sort de son fils, et demanda la permission de le mener à Saint-Ange[2], où, loin de ces sociétés alarmantes pour la tendresse paternelle, il devait réfléchir sur le choix d'un état. Il y trouva le vieux Caumartin[3], vieillard respectable, passionné pour Henri IV et pour Sully, alors trop oubliés de la nation. Il avait été lié avec les hommes les plus instruits du règne de Louis XIV, savait les anecdotes les plus secrètes, les savait telles qu'elles s'étaient passées, et se plaisait à les raconter. Voltaire revint de Saint-Ange, occupé de faire un poëme épique dont Henri IV serait le héros, et plein d'ardeur pour l'étude de l'histoire de France. C'est à ce voyage que nous devons *la Henriade* et *le Siècle de Louis XIV*.

Ce prince venait de mourir[4]. Le peuple, dont il avait été si longtemps l'idole; ce même peuple qui lui avait pardonné ses profusions, ses guerres, et son despotisme, qui avait applaudi à ses persécutions contre les protestants, insultait à sa mémoire par une joie indécente. Une bulle sollicitée à Rome contre un livre de dévotion[5] avait fait oublier aux Parisiens cette gloire dont ils avaient été si longtemps idolâtres. On prodigua les satires à la mémoire de Louis le Grand, comme on lui avait prodigué les panégyriques pendant sa vie. Voltaire, accusé d'avoir fait une de ces satires, fut mis à la Bastille : elle finissait par ce vers :

J'ai vu ces maux, et je n'ai pas vingt ans[6].

Il en avait un peu plus de vingt-deux[7]; et la police regarda cette espèce de conformité d'âge comme une preuve suffisante pour le priver de sa liberté.

à Mlle Dunoyer. Ce fut chez ce procureur que Voltaire connut Thieriot et Bainast, à qui est adressée la lettre 347, tome XXXIII, page 358.

1. Voyez la note, tome XIV, page 52.
2. Château à trois lieues de Fontainebleau; voyez la note, tome VIII, page 274, et aussi les jolis vers de Voltaire sur ce château, dans son épître au prince de Vendôme, tome X, page 241.
3. Voyez la note, tome XXXVIII, page 336.
4. Le 1er septembre 1715.
5. *Explication des Maximes des saints sur la vie intérieure, par Fénelon;* voyez tome XV, page 67.
6. Voyez la pièce entière parmi les *Documents biographiques*.
7. Voltaire, né en 1694, avait plus de vingt-deux ans en 1717; il n'en avait pas encore vingt-deux lorsqu'en mai 1716 il fut exilé à Tulle; mais Arouet père obtint que son fils fût envoyé à Sully-sur-Loire, où il avait des parents. Cette première persécution eut lieu à cause des vers sur le duc d'Orléans et la duchesse de Berry (qui sont tome X, page 473).

Ce fut le jour de la Pentecôte 1717 que Voltaire fut arrêté, comme il le dit dans sa pièce intitulée *la Bastille* (voyez tome IX, page 353). Or, en 1717, la Pentecôte tombait le 16 mai; mais il paraît qu'il ne fut mis à la Bastille que le 17. Il y avait plus de vingt mois que Louis XIV était mort. Les *J'ai vu* de Le Brun doivent être de 1715, et devaient être oubliés en 1717. Voltaire, en parlant de la persécution qu'il essuya alors, dit que la cause fut la pièce de Le Brun. J'en doute, et je pense que le sujet de la détention de Voltaire était la pièce commençant par

C'est à la Bastille que le jeune poëte ébaucha le poëme de *la Ligue*, corrigea sa tragédie d'*Œdipe,* commencée longtemps auparavant, et fit une pièce de vers [1] fort gaie sur le malheur d'y être. M. le duc d'Orléans, instruit de son innocence, lui rendit sa liberté, et lui accorda une gratification.

« Monseigneur, lui dit Voltaire, je remercie Votre Altesse royale de vouloir bien continuer à se charger de ma nourriture; mais je la prie de ne plus se charger de mon logement. »

La tragédie d'*Œdipe* fut jouée en 1718 [2]. L'auteur n'était encore connu que par des pièces fugitives, par quelques épîtres où l'on trouve la philosophie de Chaulieu, avec plus d'esprit et de correction, et par une ode [3] qui avait disputé vainement le prix de l'Académie française. On lui avait préféré une pièce ridicule de l'abbé du Jarry. Il s'agissait de la décoration de l'autel de Notre-Dame, car Louis XIV s'était souvenu, après soixante et dix ans de règne, d'accomplir cette promesse de Louis XIII; et le premier ouvrage en vers sérieux que Voltaire ait publié fut un ouvrage de dévotion.

Né avec un goût sûr et indépendant, il n'aurait pas voulu mêler l'amour à l'horreur du sujet d'*Œdipe,* et il osa même présenter sa pièce aux comédiens, sans avoir payé ce tribut à l'usage; mais elle ne fut pas reçue. L'assemblée trouva mauvais que l'auteur osât réclamer contre son goût. « Ce jeune homme mériterait bien, disait Dufresne, qu'en punition de son orgueil on jouât sa pièce avec cette grande vilaine scène traduite de Sophocle. »

Il fallut céder, et imaginer un amour épisodique et froid. La pièce réussit; mais ce fut malgré cet amour, et la scène de Sophocle en fit le succès. Lamotte, alors le premier homme de la littérature, dit, dans son approbation [4], que cette tragédie promettait un digne successeur de Corneille et de

---

ces mots : *Regnante puero*. Il faut convenir que si Voltaire est auteur de ce morceau, il a bien changé depuis d'opinion sur le compte du régent, car il n'a cessé de le défendre des accusations odieuses répandues contre lui (voyez tome XIV, page 477; XV, 125; XXVII, 265). (B.)

C'était sur la dénonciation d'un nommé Beauregard (voyez, dans les *Documents biographiques*, le *Mémoire instructif,* etc).

Il paraît que la police mit une grande activité dans ses recherches. Le commissaire Ysabeau fut chargé d'aller fouiller les latrines de la maison où demeurait Voltaire. Il n'y trouva rien (voyez *Documents biographiques*).

Ce n'est que le 11 avril 1718 que fut donné l'ordre de mise en liberté de Voltaire, et en même temps de son exil à Chatenay.

Ainsi cette première détention de Voltaire dura près de onze mois.

Le 19 mai 1718, il demanda la permission de venir Paris pour deux heures seulement. Le 29 mai, il obtint d'y venir vingt-quatre heures. D'autres permissions, pour un plus long temps, lui furent accordées. Enfin son exil fut levé le 12 octobre 1718 (voyez la *Revue rétrospective*, tome II, pages 124 et suiv.).

1. *La Bastille;* voyez tome IX, page 353.
2. Le 18 novembre.
3. L'*Ode sur le vœu de Louis XIII* est de 1712 ; voyez tome VIII, page 407. L'*Ode sur sainte Geneviève* est de 1709; voyez tome VIII, page 403.
4. Voici le texte de cette approbation : « J'ai lu, par ordre de monseigneur le garde des sceaux, OEdipe, *tragédie*. Le public, à la représentation de cette pièce, s'est promis un digne successeur de Corneille et de Racine ; et je crois

Racine; et cet hommage rendu par un rival dont la réputation était déjà faite, et qui pouvait craindre de se voir surpasser, doit à jamais honorer le caractère de Lamotte.

Mais Voltaire, dénoncé comme un homme de génie et comme un philosophe à la foule des auteurs médiocres et aux fanatiques de tous les partis, réunit dès lors les mêmes ennemis dont les générations, renouvelées pendant soixante ans, ont fatigué et trop souvent troublé sa longue et glorieuse carrière. Ces vers si célèbres [1] :

> Nos prêtres ne sont pas ce qu'un vain peuple pense :
> Notre crédulité fait toute leur science,

furent le premier cri d'une guerre que la mort même de Voltaire n'a pu éteindre

A une représentation d'*Œdipe* [2], il parut sur le théâtre, portant la queue du grand prêtre. La maréchale de Villars demanda qui était ce jeune homme qui voulait faire tomber la pièce. On lui dit que c'était l'auteur. Cette étourderie, qui annonçait un homme si supérieur aux petitesses de l'amour-propre, lui inspira le désir de le connaître. Voltaire, admis dans sa société, eut pour elle une passion, la première et la plus sérieuse qu'il ait éprouvée. Elle ne fut pas heureuse, et l'enleva pendant assez longtemps à l'étude, qui était déjà son premier besoin; il n'en parla jamais depuis qu'avec le sentiment du regret et presque du remords.

Délivré de son amour, il continua *la Henriade,* et fit la tragédie d'*Artémire.* Une actrice formée par lui [3], et devenue à la fois sa maîtresse et son élève, joua le principal rôle. Le public, qui avait été juste pour *Œdipe,* fut au moins sévère pour *Artémire* [4] : effet ordinaire de tout premier succès. Une aversion secrète pour une supériorité reconnue n'en est pas la seule cause, mais elle sait profiter d'un sentiment naturel, qui nous rend d'autant moins faciles que nous espérons davantage.

Cette tragédie ne valut à Voltaire que la permission de revenir à Paris [5], dont une nouvelle calomnie et ses liaisons avec les ennemis du régent, et

---

qu'à la lecture il ne rabattra rien de ses espérances. A Paris, ce 2 décembre 1718. HOUDARD DE LAMOTTE. »

Voyez, tome II, page 47, une autre approbation de Lamotte, qui lui fait aussi honneur.

1. *OEdipe,* acte IV, scène I.

2. A l'occasion de cette pièce, le prince de Conti adressa une pièce de vers à Voltaire; voyez les *Documents biographiques.* On n'a pas la réponse de Voltaire aux vers du prince.

3. Mlle de Corsembleu, probablement de la famille du poëte Desmahis.

4. Jouée le 15 février 1720, et dont on n'a que des fragments; voyez tome II page 121.

5. La permission de venir à Paris quand bon lui semblera fut accordée à Voltaire le 12 octobre 1718 (voyez *Revue rétrospective,* tome II, page 127), plus d'un mois avant la première représentation d'*OEdipe.*

entre autres avec le duc de Richelieu et le fameux baron de Gortz [1], l'avaient fait éloigner. Ainsi cet ambitieux, dont les vastes projets embrassaient l'Europe et menaçaient de la bouleverser, avait choisi pour ami, et presque pour confident, un jeune poëte : c'est que les hommes supérieurs se devinent et se cherchent, qu'ils ont une langue commune qu'eux seuls peuvent parler et entendre.

En 1722, Voltaire accompagna Mme de Rupelmonde [2] en Hollande. Il voulait voir, à Bruxelles, Rousseau, dont il plaignait les malheurs, et dont il estimait le talent poétique. L'amour de son art l'emportait sur le juste mépris que le caractère de Rousseau devait lui inspirer. Voltaire le consulta sur son poëme de *la Ligue*, lui lut l'*Épitre à Uranie*, faite pour Mme de Rupelmonde, et premier monument de sa liberté de penser, comme de son talent pour traiter en vers et rendre populaires les questions de métaphysique ou de morale. De son côté, Rousseau lui récita une *Ode à la Postérité, qui,* comme Voltaire le lui dit alors, à ce qu'on prétend, *ne devait pas aller à son adresse;* et le *Jugement de Pluton,* allégorie satirique, et cependant aussi promptement oubliée que l'ode. Les deux poëtes se séparèrent ennemis irréconciliables. Rousseau se déchaîna contre Voltaire, qui ne répondit qu'après quinze ans de patience. On est étonné de voir l'auteur de tant d'épigrammes licencieuses, où les ministres de la religion sont continuellement livrés à la risée et à l'opprobre, donner sérieusement, pour cause de sa haine contre Voltaire, sa contenance évaporée pendant la messe et l'*Épitre à Uranie* [3]. Mais Rousseau avait pris le masque de la dévotion : elle était alors un asile honorable pour ceux que l'opinion mondaine avait flétris, asile sûr et commode que malheureusement la philosophie, qui a fait tant d'autres maux, leur a fermé depuis sans retour [4].

En 1724, Voltaire donna *Mariamne* [5]. C'était le sujet d'*Artémire* sous des noms nouveaux, avec une intrigue moins compliquée et moins romanesque; mais c'était surtout le style de Racine. La pièce fut jouée quarante fois. L'auteur combattit, dans la préface, l'opinion de Lamotte [6], qui, né avec beaucoup d'esprit et de raison, mais peu sensible à l'harmonie, ne trouvait dans les vers d'autre mérite que celui de la difficulté vaincue, et ne voyait dans la poésie qu'une forme de convention, imaginée pour soulager la mémoire, et à laquelle l'habitude seule faisait trouver des charmes. Dans ses lettres imprimées à la fin d'*Œdipe* [7], il avait déjà combattu le

---

1. Voyez sur ce personnage le livre VIII de l'*Histoire de Charles XII*, tome XVI, pages 335 et suiv.
2. Voyez la note sur cette dame, tome IX, page 357.
3. Voyez cette pièce, tome IX, page 358.
4. Voltaire était de retour en France à la fin de 1722. Ce fut à la fin de 1723 qu'il eut la petite vérole, au château de Maisons, près de Saint-Germain-en-Laye ; voyez sa lettre au baron de Breteuil, tome XXXIII, page 100.
5. Le 6 mars; voyez tome II, page 157.
6. Ce n'est pas dans la préface de *Mariamne*, mais dans la seconde préface d'*Œdipe* (1730), que Voltaire combat les sentiments de Lamotte; voyez tome II, page 47.
7. Voyez ces *Lettres* en tête d'*Œdipe*, tome II, page 11.

même poëte, qui regardait la règle des trois unités comme un autre préjugé.

On doit savoir gré à ceux qui osent, comme Lamotte, établir dans les arts des paradoxes contraires aux idées communes. Pour défendre les règles anciennes, on est obligé de les examiner : si l'opinion reçue se trouve vraie, on a l'avantage de croire par raison ce qu'on croyait par habitude ; si elle est fausse, on est délivré d'une erreur.

Cependant il n'est pas rare de montrer de l'humeur contre ceux qui nous forcent à examiner ce que nous avons admis sans réflexion. Les esprits qui, comme Montaigne, s'endorment tranquillement sur l'oreiller du doute, ne sont pas communs ; ceux qui sont tourmentés du désir d'atteindre à la vérité sont plus rares encore. Le vulgaire aime à croire, même sans preuve, et chérit sa sécurité dans son aveugle croyance, comme une partie de son repos.

C'est vers la même époque que parut *la Henriade,* sous le nom de *la Ligue.* Une copie imparfaite, enlevée à l'auteur, fut imprimée furtivement; et non-seulement il y était resté des lacunes, mais on en avait rempli quelques-unes.

La France eut donc enfin un poëme épique. On peut regretter sans doute que Voltaire, qui a mis tant d'action dans ses tragédies, qui y fait parler aux passions un langage si naturel et si vrai, qui a su également les peindre, et par l'analyse des sentiments qu'elles font éprouver, et par les traits qui leur échappent, n'ait point déployé dans *la Henriade* ces talents que nul homme n'a encore réunis au même degré ; mais un sujet si connu, si près de nous, laissait peu de liberté à l'imagination du poëte. La passion sombre et cruelle du fanatisme, s'exerçant sur les personnages subalternes, ne pouvait exciter que l'horreur. Une ambition hypocrite était la seule qui animât les chefs de la Ligue. Le héros, brave, humain et galant, mais n'éprouvant que les malheurs de la fortune, et les éprouvant seul, ne pouvait intéresser que par sa valeur et sa clémence ; enfin il était impossible que la conversion un peu forcée de Henri IV formât jamais un dénoûment bien héroïque.

Mais si, pour l'intérêt des événements, pour la variété, pour le mouvement, *la Henriade* est inférieure aux poëmes épiques qui étaient alors en possession de l'admiration générale, par combien de beautés neuves cette infériorité n'est-elle point compensée! Jamais une philosophie si profonde et si vraie a-t-elle été embellie par des vers plus sublimes ou plus touchants ? quel autre poëme offre des caractères dessinés avec plus de force et de noblesse, sans rien perdre de leur vérité historique ? quel autre renferme une morale plus pure, un amour de l'humanité plus éclairé, plus libre des préjugés et des passions vulgaires ? Que le poëte fasse agir ou parler ses personnages, qu'il peigne les attentats du fanatisme ou les charmes et les dangers de l'amour, qu'il transporte ses lecteurs sur un champ de bataille ou dans le ciel que son imagination a créé, partout il est philosophe, partout il paraît profondément occupé des vrais intérêts du genre humain. Du milieu même des fictions on voit sortir de grandes vérités, sous un pinceau toujours brillant et toujours pur.

Parmi tous les poëmes épiques, *la Henriade* seule a un but moral; non qu'on puisse dire qu'elle soit le développement d'une seule vérité, idée pédantesque à laquelle un poëte ne peut assujettir sa marche, mais parce qu'elle respire partout la haine de la guerre et du fanatisme, la tolérance, et l'amour de l'humanité. Chaque poëme prend nécessairement la teinte du siècle qui l'a vu naître, et *la Henriade* est née dans le siècle de la raison. Aussi plus la raison fera de progrès parmi les hommes, plus ce poëme aura d'admirateurs.

On peut comparer *la Henriade* à *l'Énéide* : toutes deux portent l'empreinte du génie dans tout ce qui a dépendu du poëte, et n'ont que les défauts d'un sujet dont le choix a également été dicté par l'esprit national. Mais Virgile ne voulait que flatter l'orgueil des Romains, et Voltaire eut le motif plus noble de préserver les Français du fanatisme, en leur retraçant les crimes où il avait entraîné leurs ancêtres.

La Henriade, *Œdipe*, et *Mariamne*, avaient placé Voltaire bien au-dessus de ses contemporains, et semblaient lui assurer une carrière brillante, lorsqu'un événement fatal vint troubler sa vie. Il avait répondu par des paroles piquantes au mépris que lui avait témoigné un homme de la cour[1],

---

1. Du Vernet ayant, à ce sujet, demandé des renseignements à Voltaire, Voltaire lui répondit de s'adresser à Thieriot (voyez tome XLVIII, page 36); et voici comment s'exprime du Vernet : « Le chevalier de Rohan-Chabot (plante dégénérée; on lui reprochait un défaut de courage et le métier d'usurier)... dînait quelquefois chez le duc de Sully, où Voltaire dînait très-souvent. Un jour, il trouva fort mauvais que Voltaire ne fût pas de son sentiment : « Quel est ce « jeune homme, demande-t-il, qui, pour me contredire, parle si haut ? — Monsieur « le chevalier, reprit Voltaire, c'est un homme qui ne traîne pas un grand nom, « mais qui honore celui qu'il porte. » Le chevalier de Rohan sortit en se levant de table, et les convives applaudirent à Voltaire. Le duc de Sully lui dit hautement : « Nous sommes heureux si vous nous en avez délivrés. »

« Peu de jours après cette scène, Voltaire, étant encore à dîner chez le duc de Sully, fut demandé à la porte pour une bonne œuvre : à ce mot de bonne œuvre, il se lève avec précipitation, et, tenant sa serviette à la main, il court à la porte, où était un fiacre, et dans ce fiacre deux hommes qui, d'un ton dolent, le prient de monter à la portière. A peine y fut-il que l'un d'eux le retint par son habit, tandis que l'autre lui appliquait sur les épaules cinq ou six coups d'une petite baguette. Le chevalier de Rohan, qui, à dix pas de là, était dans sa voiture, leur crie : *C'est assez*.... Voltaire, rentré dans l'hôtel, demande au duc de Sully de regarder cet outrage fait à l'un de ses convives comme fait à lui-même. Il le sollicite de se joindre à lui pour poursuivre la vengeance, et de venir chez le commissaire en certifier la déposition. Le duc de Sully se refuse à tout. Cette indifférence de la part d'un homme qui depuis dix ans le traitait en ami, l'irrita encore davantage : il sort, et depuis ce moment il ne voulut ni voir ni entendre parler du duc de Sully.

« Voltaire, outragé,... n'a recours qu'à son seul courage... Un maître d'armes vient tous les matins lui donner des leçons ; quand il a acquis toute la dextérité nécessaire, il se rend au Théâtre-Français, entre dans la loge où était le chevalier de Rohan : « Monsieur, lui dit-il, si quelque affaire d'intérêt ne vous a point « fait oublier l'outrage dont j'ai à me plaindre, j'espère que vous m'en rendrez « raison. » Thieriot, dont nous tenons le fait, était resté à la porte de la loge.

« Le chevalier de Rohan accepte le défi pour le lendemain à 9 heures, assigne

qui s'en vengea en le faisant insulter par ses gens, sans compromettre sa sûreté personnelle. Ce fut à la porte de l'hôtel de Sully, où il dînait, qu'il reçut cet outrage, dont le duc de Sully ne daigna témoigner aucun ressentiment, persuadé sans doute que les descendants des Francs ont conservé droit de vie et de mort sur ceux des Gaulois. Les lois furent muettes ; le parlement de Paris, qui a puni ou fait punir de moindres outrages lorsqu'ils ont eu pour objet quelqu'un de ses subalternes, crut ne rien devoir à un simple citoyen qui n'était que le premier homme de la nation, et garda le silence.

Voltaire voulut prendre les moyens de venger l'honneur outragé, moyens autorisés par les mœurs des nations modernes, et proscrits par leurs lois : la Bastille, et au bout de six mois[1] l'ordre de quitter Paris, furent la punition de ses premières démarches. Le cardinal de Fleury n'eut pas même la petite politique de donner à l'agresseur la plus légère marque de mécontentement. Ainsi, lorsque les lois abandonnaient les citoyens, le pouvoir arbitraire les punissait de chercher une vengeance que ce silence rendait légitime, et que les principes de l'honneur prescrivaient comme nécessaire. Nous osons croire que de notre temps la qualité d'homme serait plus respectée, que les lois ne seraient plus muettes devant le ridicule préjugé de la naissance, et que, dans une querelle entre deux citoyens, ce ne serait pas à l'offensé que le ministère enlèverait sa liberté et sa patrie.

Voltaire fit encore à Paris un voyage secret et inutile[2] ; il vit trop qu'un adversaire, qui disposait à son gré de l'autorité ministérielle et du pouvoir judiciaire, pourrait également l'éviter et le perdre. Il s'ensevelit dans la retraite, et dédaigna de s'occuper plus longtemps de sa vengeance, ou plutôt il ne voulut se venger qu'en accablant son ennemi du poids de sa gloire, et en le forçant d'entendre répéter, au bruit des acclamations de l'Europe, le nom qu'il avait voulu avilir.

lui-même le rendez-vous à la porte Saint-Antoine, et le soir même fait part à sa famille du cartel qu'il a reçu. Tous les Rohans se mettent en mouvement ; ils courent à Versailles... et Voltaire est envoyé à la Bastille. »

Guy-Auguste de Rohan-Chabot, né en 1683, nommé maréchal de camp en 1719, lieutenant général en 1734, est mort le 13 septembre 1760. Il avait épousé la fille de Mme Guyon, dont Voltaire parle dans son *Siècle de Louis XIV*, chapitre xxxviii ; voyez tome XV, page 63.

Voltaire fut mis à la Bastille le 17 avril 1726. Il demanda la permission d'aller en Angleterre, et le 29 avril fut donné l'ordre de son élargissement, sous la condition d'aller en Angleterre. Il dut partir le 2 mai, sous la conduite d'un nommé Condé, qui avait mission de l'accompagner jusqu'à Calais (voyez l'*Histoire de la détention des philosophes*, etc., par J. Delort, 1829, tome II, pages 34 et suiv.). Cette seconde détention de Voltaire fut donc, tout au plus, de seize jours.

Voltaire, pour punir le duc de Sully de l'indifférence qu'il avait montrée lors de l'insulte faite par Rohan, supprima, dans *la Henriade*, le personnage de Sully qu'il y avait d'abord placé, et le remplaça par Mornay ; voyez tome VIII, page 62.

1. La détention ne fut pas de six mois, mais de quelques jours ; voyez la note précédente.

2. Pour tâcher d'avoir raison du chevalier de Rohan ; voyez sa lettre à Thieriot, du 12 août 1726, tome XXXIII, page 159.

L'Angleterre fut son asile. Newton n'était plus [1], mais son esprit régnait sur ses compatriotes, qu'il avait instruits à ne reconnaître pour guides, dans l'étude de la nature, que l'expérience et le calcul. Locke, dont la mort était encore récente, avait donné le premier une théorie de l'âme humaine, fondée sur l'expérience, et montré la route qu'il faut suivre en métaphysique pour ne point s'égarer. La philosophie de Shaftesbury, commentée par Bolingbroke, embellie par les vers de Pope, avait fait naître en Angleterre un déisme qui annonçait une morale fondée sur des motifs faits pour émouvoir les âmes élevées, sans offenser la raison.

Cependant, en France, les meilleurs esprits cherchaient encore à substituer, dans nos écoles, les hypothèses de Descartes aux absurdités de la physique scolastique; une thèse où l'on soutenait soit le système de Copernic, soit les tourbillons, était une victoire sur les préjugés. Les idées innées étaient devenues presque un article de foi aux yeux des dévots, qui d'abord les avaient prises pour une hérésie. Malebranche, qu'on croyait entendre, était le philosophe à la mode. On passait pour un esprit fort, lorsqu'on se permettait de regarder l'existence de *cinq propositions*, dans le livre illisible de Jansénius, comme un fait indifférent au bonheur de l'espèce humaine, ou qu'on osait lire Bayle sans la permission d'un docteur en théologie.

Ce contraste devait exciter l'enthousiasme d'un homme qui, comme Voltaire, avait dès son enfance secoué tous les préjugés. L'exemple de l'Angleterre lui montrait que la vérité n'est pas faite pour rester un secret entre les mains de quelques philosophes, et d'un petit nombre de gens du monde instruits, ou plutôt endoctrinés par les philosophes, riant avec eux des erreurs dont le peuple est la victime, mais s'en rendant eux-mêmes les défenseurs lorsque leur état ou leur place leur y fait trouver un intérêt chimérique ou réel, et prêts à laisser proscrire ou même à persécuter leurs précepteurs, s'ils osent dire ce qu'eux-mêmes pensent en secret.

Dès ce moment Voltaire se sentit appelé à détruire les préjugés de toute espèce dont son pays était l'esclave. Il sentit la possibilité d'y réussir par un mélange heureux d'audace et de souplesse, en sachant tantôt céder aux temps, tantôt en profiter, ou les faire naître; en se servant tour à tour, avec adresse, du raisonnement, de la plaisanterie, du charme des vers, ou des effets du théâtre; en rendant enfin la raison assez simple pour devenir populaire, assez aimable pour ne pas effrayer la frivolité, assez piquante pour être à la mode. Ce grand projet de se rendre, par les seules forces de son génie, le bienfaiteur de tout un peuple, en l'arrachant à ses erreurs, enflamma l'âme de Voltaire, échauffa son courage. Il jura d'y consacrer sa vie, et il a tenu parole.

La tragédie de *Brutus* [2] fut le premier fruit de son voyage en Angleterre.

---

1. Newton n'est mort que le 20 mars 1727; Voltaire était alors en Angleterre depuis plus de dix mois.
2. Cette tragédie ne fut jouée à Paris que le 11 décembre 1730; voyez tome II, page 301.

Depuis *Cinna* notre théâtre n'avait point retenti des fiers accents de la liberté ; et, dans *Cinna*, ils étaient étouffés par ceux de la vengeance. On trouva dans *Brutus* la force de Corneille avec plus de pompe et d'éclat, avec un naturel que Corneille n'avait pas, et l'élégance soutenue de Racine. Jamais les droits d'un peuple opprimé n'avaient été exposés avec plus de force, d'éloquence, de précision même, que dans la seconde scène de *Brutus*. Le cinquième acte est un chef-d'œuvre de pathétique.

On a reproché au poëte d'avoir introduit l'amour dans ce sujet si imposant et si terrible, et surtout un amour sans un grand intérêt ; mais Titus, entraîné par un autre motif que l'amour, eût été avili ; la sévérité de Brutus n'eût plus déchiré l'âme des spectateurs ; et si cet amour eût trop intéressé, il était à craindre que leur cœur n'eût trahi la cause de Rome. Ce fut après cette pièce que Fontenelle dit à Voltaire, « qu'il ne le croyait point propre à la tragédie ; que son style était trop fort, trop pompeux, trop brillant. — Je vais donc relire vos *Pastorales,* » lui répondit Voltaire.

Il crut alors pouvoir aspirer à une place à l'Académie française, et on pouvait le trouver modeste d'avoir attendu si longtemps ; mais il n'eut pas même l'honneur de balancer les suffrages. Le Gros de Boze prononça, d'un ton doctoral, que Voltaire ne serait jamais un personnage académique.

Ce de Boze, oublié aujourd'hui [1], était un de ces hommes qui, avec peu d'esprit et une science médiocre, se glissent dans les maisons des grands et des gens en place, et y réussissent parce qu'ils ont précisément ce qu'il faut pour satisfaire la vanité d'avoir chez soi des gens de lettres, et que leur esprit ne peut ni inspirer la crainte ni humilier l'amour-propre. De Boze était d'ailleurs un personnage important ; il exerçait alors à Paris l'emploi d'inspecteur de la librairie, que depuis la magistrature a usurpé sur les gens de lettres, à qui l'avidité des hommes riches ou accrédités ne laisse que les places dont les fonctions personnelles exigent des lumières et des talents.

Après *Brutus*, Voltaire fit *la Mort de César* [2], sujet déjà traité par Shakespeare, dont il imita quelques scènes en les embellissant. Cette tragédie ne fut jouée qu'au bout de quelques années, et dans un collège. Il n'osait risquer sur le théâtre une pièce sans amour, sans femmes, et une tragédie en trois actes ; car les innovations peu importantes ne sont pas toujours celles qui soulèvent le moins les ennemis de la nouveauté. Les petits esprits doivent être plus frappés des petites choses. Cependant un style noble, hardi, figuré, mais toujours naturel et vrai ; un langage digne du vainqueur et des libérateurs du monde ; la force et la grandeur des caractères, le sens profond qui règne dans les discours de ces derniers Romains, occupent et attachent les spectateurs faits pour sentir ce mérite, les hommes qui ont dans

---

1. Claude Gros de Boze, né à Lyon en 1680, fut, à vingt-six ans, élu secrétaire perpétuel de l'Académie des inscriptions et belles-lettres, et, en 1715, nommé membre de l'Académie française, à la place de Fénelon. Il est mort le 10 septembre 1753, et malgré lui confrère de Voltaire depuis plus de six ans. Voyez, dans les *Mémoires* de l'abbé Barthélemy, ce qu'il dit de de Boze.

2. Voyez tome III, page 297.

le cœur ou dans l'esprit quelque rapport avec ces grands personnages, ceux qui aiment l'histoire, les jeunes gens enfin, encore pleins de ces objets que l'éducation a mis sous leurs yeux.

Les tragédies historiques, comme *Cinna, la Mort de Pompée, Brutus, Rome sauvée, le Triumvirat,* de Voltaire, ne peuvent avoir l'intérêt du *Cid,* d'*Iphigénie,* de *Zaïre,* ou de *Mérope.* Les passions douces et tendres du cœur humain ne pourraient s'y développer sans distraire du tableau historique qui en est le sujet; les événements ne peuvent y être disposés avec la même liberté pour les faire servir à l'effet théâtral. Le poëte y est bien moins maître des caractères. L'intérêt, qui est celui d'une nation ou d'une grande révolution, plutôt que celui d'un individu, est dès lors bien plus faible, parce qu'il dépend de sentiments moins personnels et moins énergiques.

Mais, loin de proscrire ce genre comme plus froid, comme moins favorable au génie dramatique du poëte, il faudrait l'encourager, parce qu'il ouvre un champ vaste au génie poétique, qui peut y développer toutes les grandes vérités de la politique ; parce qu'il offre de grands tableaux historiques, et qu'enfin c'est celui qu'on peut employer avec plus de succès à élever l'âme et à la former. On doit sans doute placer au premier rang les poëmes qui, comme *Mahomet,* comme *Alzire,* sont à la fois des tragédies intéressantes ou terribles, et de grands tableaux ; mais ces sujets sont très-rares, et ils exigent des talents que Voltaire seul a réunis jusqu'ici.

On ne voulut point permettre d'imprimer *la Mort de César.* On fit un crime à l'auteur des sentiments républicains répandus dans sa pièce, imputation d'autant plus ridicule que chacun parle son langage, que Brutus n'en est pas plus le héros que César; que le poëte, dans un genre purement historique, en traçant ses portraits d'après l'histoire, en a conservé l'impartialité. Mais, sous le gouvernement à la fois tyrannique et pusillanime du cardinal de Fleury, le langage de la servitude était le seul qui pût paraître innocent.

Qui croirait aujourd'hui que l'élégie sur la mort de Mlle Lecouvreur[1] ait été pour Voltaire le sujet d'une persécution sérieuse, qui l'obligea de quitter la capitale, où il savait qu'heureusement l'absence fait tout oublier, même la fureur de persécuter!

Les théâtres sont une institution vraiment utile: c'est par eux qu'une jeunesse inappliquée et frivole conserve encore quelque habitude de sentir et de penser, que les idées morales ne lui deviennent point absolument étrangères, que les plaisirs de l'esprit existent pour elle. Les sentiments qu'excite la représentation d'une tragédie élèvent l'âme, l'épurent, la tirent de cette apathie, de cette personnalité, maladies auxquelles l'homme riche et dissipé est condamné par la nature. Les spectacles forment en quelque sorte un lien entre la classe des hommes qui pensent et celle des hommes qui ne pensent point. Ils adoucissent l'austérité des uns, et tempèrent dans

---

1. Tome IX, page 369.

les autres la dureté qui naît de l'orgueil et de la légèreté. Mais, par une fatalité singulière, dans le pays où l'art du théâtre a été porté au plus haut degré de perfection, les acteurs, à qui le public doit le plus noble de ses plaisirs, condamnés par la religion, sont flétris par un préjugé ridicule.

Voltaire osa le combattre. Indigné qu'une actrice célèbre, longtemps l'objet de l'enthousiasme, enlevée par une mort prompte et cruelle, fût, en qualité d'excommuniée, privée de la sépulture, il s'éleva et contre la nation frivole qui soumettait lâchement sa tête à un joug honteux, et contre la pusillanimité des gens en place, qui laissaient tranquillement flétrir ce qu'ils avaient admiré. Si les nations ne se corrigent guère, elles souffrent du moins les leçons avec patience. Mais les prêtres, à qui les parlements ne laissaient plus excommunier que les sorciers et les comédiens, furent irrités qu'un poëte osât leur disputer la moitié de leur empire, et les gens en place ne lui pardonnèrent point de leur avoir reproché leur indigne faiblesse.

Voltaire sentit qu'un grand succès au théâtre pouvait seul, en lui assurant la bienveillance publique, le défendre contre le fanatisme. Dans les pays où il n'existe aucun pouvoir populaire, toute classe d'hommes qui a un point de ralliement devient une sorte de puissance. Un auteur dramatique est sous la sauvegarde des sociétés pour lesquelles le spectacle est un amusement ou une ressource. Ce public, en applaudissant à des allusions, blesse ou flatte la vanité des gens en place, décourage ou ranime les partis élevés contre eux, et ils n'osent le braver ouvertement. Voltaire donna donc *Ériphyle*[1], qui ne remplit point son but ; mais, loin de se laisser abattre par ce revers, il saisit le sujet de *Zaïre*, en conçoit le plan, achève l'ouvrage en dix-huit jours, et elle paraît sur le théâtre quatre mois après *Ériphyle*[2].

Le succès passa ses espérances. Cette pièce est la première où, quittant les traces de Corneille et de Racine, il ait montré un art, un talent, et un style qui n'étaient plus qu'à lui. Jamais un amour plus vrai, plus passionné, n'avait arraché de si douces larmes ; jamais aucun poëte n'avait peint les fureurs de la jalousie dans une âme si tendre, si naïve, si généreuse. On aime Orosmane, lors même qu'il fait frémir ; il immole Zaïre, cette Zaïre si intéressante, si vertueuse, et on ne peut le haïr. Et, s'il était possible de se distraire d'Orosmane et de Zaïre, combien la religion n'est-elle pas imposante dans le vieux Lusignan ! quelle noblesse le fanatique Nérestan met dans ses reproches ! avec quel art le poëte a su présenter ces chrétiens qui viennent troubler une union si touchante ! Une femme sensible et pieuse pleure sur Zaïre qui a sacrifié à son Dieu son amour et sa vie, tandis qu'un homme étranger au christianisme pleure Zaïre, dont le cœur, égaré par sa tendresse pour son père, s'immole au préjugé superstitieux qui lui défend d'aimer un homme d'une secte étrangère : et c'est là le chef-d'œuvre de l'art. Pour quiconque ne croit point aux livres juifs, *Athalie* n'est que

---

1. Le 7 mars 1732 ; voyez tome II, page 455.
2. *Zaïre* fut jouée le 13 août 1732.

l'école du fanatisme, de l'assassinat et du mensonge. *Zaïre* est, dans toutes les opinions, comme pour tous les pays, la tragédie des cœurs tendres et des âmes pures.

Elle fut suivie d'*Adélaïde du Guesclin*[1], également fondée sur l'amour, et où, comme dans *Zaïre*, des héros français, des événements de notre histoire, rappelés en beaux vers, ajoutaient encore à l'intérêt ; mais c'était le patriotisme d'un citoyen qui se plaît à rappeler des noms respectés et de grandes époques, et non ce *patriotisme d'antichambre*, qui depuis a tant réussi sur la scène française.

Adélaïde n'eut point de succès. Un plaisant du parterre avait empêché de finir *Mariamne*, en criant : *La reine boit!* un autre fit tomber *Adélaïde* en répondant : *Coussi, coussi*, à ce mot si noble, si touchant de Vendôme : *Es-tu content, Couci ?*

Cette même pièce reparut sous le nom du *Duc de Foix*[2], corrigée moins d'après le sentiment de l'auteur que sur les jugements des critiques ; elle réussit mieux. Mais lorsque, longtemps après, les trois coups de marteau du *Philosophe sans le savoir*[3] eurent appris qu'on ne sifflerait plus le coup de canon d'*Adélaïde*; lorsqu'elle se remontra sur la scène, malgré Voltaire, qui se souvenait moins des beautés de sa pièce que des critiques qu'elle avait essuyées; alors elle enleva tous les suffrages, alors on sentit toute la beauté du rôle de Vendôme, aussi amoureux qu'Orosmane : l'un, jaloux par la suite d'un caractère impérieux; l'autre, par l'excès de sa passion; l'un, tyrannique par l'impétuosité et la hauteur naturelle de son âme; l'autre, par un malheur attaché à l'habitude du pouvoir absolu. Orosmane, tendre, désintéressé dans son amour, se rend coupable dans un moment de délire où le plonge une erreur excusable, et s'en punit en s'immolant lui-même; Vendôme, plus personnel, appartenant à sa passion plus qu'à sa maîtresse, forme, avec une fureur plus tranquille, le projet de son crime, mais l'expie par ses remords et par le sacrifice de son amour. L'un montre les excès et les malheurs où la violence des passions entraîne les âmes généreuses ; l'autre, ce que peuvent le repentir et le sentiment de la vertu sur les âmes fortes, mais abandonnées à leurs passions.

On prétend que *le Temple du Goût*[4] nuisit beaucoup au succès d'*Adélaïde*. Dans cet ouvrage charmant, Voltaire jugeait les écrivains du siècle passé, et même quelques-uns de ses contemporains. Le temps a confirmé tous ses jugements; mais alors ils parurent autant de sacriléges. En observant cette intolérance littéraire, cette nécessité imposée à tout écrivain qui veut conserver son repos, de respecter les opinions établies sur le mérite d'un orateur ou d'un poëte; cette fureur avec laquelle le public poursuit ceux qui osent, sur les objets même les plus indifférents, ne penser que d'après

---

1. Jouée le 18 janvier 1734 ; voyez tome III, page 75.
2. En 1752 ; voyez tome III, page 197.
3. Comédie ou drame de Sedaine, jouée le 2 décembre 1765; *Adélaïde du Guesclin* avait été reprise dès le 9 septembre de la même année.
4. Publié en mars ou avril 1733 ; voyez, tome VIII, page 549.

eux-mêmes, on serait tenté de croire que l'homme est intolérant par sa nature. L'esprit, le génie, la raison, ne garantissent pas toujours de ce malheur. Il est bien peu d'hommes qui n'aient pas en secret quelques idoles dont ils ne voient point de sang-froid qu'on ose affaiblir ou détruire le culte.

Dans le grand nombre, ce sentiment a pour origine l'orgueil et l'envie. On regarde comme affectant sur nous une supériorité qui nous blesse l'écrivain qui, en critiquant ceux que nous admirons, a l'air de se croire supérieur à eux, et dès lors à nous-mêmes. On craint qu'en abattant la statue de l'homme qui n'est plus, il ne prétende élever à sa place celle d'un homme vivant, dont la gloire est toujours un spectacle affligeant pour la médiocrité. Mais si des esprits supérieurs s'abandonnent à cette espèce d'intolérance, cette faiblesse excusable et passagère, née de la paresse et de l'habitude, cède bientôt à la vérité, et ne produit ni l'injustice ni la persécution.

Dans sa retraite, Voltaire avait conçu l'heureux projet de faire connaître à sa nation la philosophie, la littérature, les opinions, les sectes de l'Angleterre; et il fit ses *Lettres sur les Anglais* [1]. Newton, dont on ne connaissait en France ni les opinions philosophiques, ni le système du monde, ni presque même les expériences sur la lumière; Locke, dont le livre traduit en français [2] n'avait été lu que par un petit nombre de philosophes; Bacon, qui n'était célèbre que comme chancelier; Shakespeare, dont le génie et les fautes grossières sont un phénomène dans l'histoire de la littérature; Congrève, Wicherley, Addison, Pope, dont les noms étaient presque inconnus même de nos gens de lettres; ces quakers [3], fanatiques sans être persécuteurs, insensés dans leur dévotion, mais les plus raisonnables des chrétiens dans leur croyance et dans leur morale, ridicules aux yeux du reste des hommes pour avoir outré deux vertus, l'amour de la paix et celui de l'égalité; les autres sectes qui se partageaient l'Angleterre; l'influence qu'un esprit général de liberté y exerce sur la littérature, sur la philosophie, sur les arts, sur les opinions, sur les mœurs; l'histoire de l'insertion de la petite vérole reçue presque sans obstacle, et examinée sans prévention, malgré la singularité et la nouveauté de cette pratique : tels furent les objets principaux traités dans cet ouvrage.

Fontenelle avait le premier fait parler à la raison et à la philosophie un langage agréable et piquant; il avait su répandre sur les sciences la lumière d'une philosophie toujours sage, souvent fine, quelquefois profonde : dans les *Lettres* de Voltaire, on trouve le mérite de Fontenelle avec plus de goût, de naturel, de hardiesse, et de gaieté. Un vieil attachement aux erreurs de Descartes n'y vient pas répandre sur la vérité des ombres qui la cachent ou la défigurent. C'est la logique et la plaisanterie des *Provinciales*, mais s'exerçant sur de plus grands objets, n'étant jamais corrompues par un vernis de dévotion monacale.

Cet ouvrage fut parmi nous l'époque d'une révolution; il commença à y

---

1. Ou *Lettres philosophiques*, voyez tome XXII, page 75.
2. L'*Essai sur l'entendement humain* avait été traduit par Coste en 1700.
3. Les quatre premières *Lettres philosophiques* sont consacrées aux quakers.

faire naître le goût de la philosophie et de la littérature anglaise ; à nous intéresser aux mœurs, à la politique, aux connaissances commerciales de ce peuple ; à répandre sa langue parmi nous. Depuis, un engouement puéril a pris la place de l'ancienne indifférence ; et, par une singularité remarquable, Voltaire a eu encore la gloire de le combattre, et d'en diminuer l'influence.

Il nous avait appris à sentir le mérite de Shakespeare, et à regarder son théâtre comme une mine d'où nos poëtes pourraient tirer des trésors ; et lorsqu'un ridicule enthousiasme a présenté comme un modèle à la nation de Racine et de Voltaire ce poëte éloquent, mais sauvage et bizarre, et a voulu nous donner pour des tableaux énergiques et vrais de la nature ses toiles chargées de compositions absurdes et de caricatures dégoûtantes et grossières, Voltaire a défendu la cause du goût et de la raison [1]. Il nous avait reproché la trop grande timidité de notre théâtre ; il fut obligé de nous reprocher d'y vouloir porter la licence barbare du théâtre anglais.

La publication de ces *Lettres* excita une persécution [2] dont, en les lisant aujourd'hui, on aurait peine à concevoir l'acharnement ; mais il y combattait les idées innées [3], et les docteurs croyaient alors que, s'ils n'avaient point d'idées innées, il n'y aurait pas de caractères assez sensibles pour distinguer leur âme de celle des bêtes. D'ailleurs il y soutenait avec Locke qu'il n'était pas rigoureusement prouvé que Dieu n'aurait pas le pouvoir, s'il le voulait absolument, de donner à un élément de la matière la faculté de penser ; et c'était aller contre le privilége des théologiens, qui prétendent savoir à point nommé, et savoir seuls, tout ce que Dieu a pensé, tout ce qu'il a fait ou pu faire depuis et même avant le commencement du monde.

Enfin, il y examinait quelques passages des *Pensées* de Pascal [4], ouvrage que les jésuites mêmes étaient obligés de respecter malgré eux, comme ceux de saint Augustin ; on fut scandalisé de voir un poëte, un laïque, oser juger Pascal. Il semblait qu'attaquer le seul des défenseurs de la religion chrétienne qui eût auprès des gens du monde la réputation d'un grand homme, c'était attaquer la religion même, et que ses preuves seraient affaiblies si le géomètre, qui avait promis de se consacrer à sa défense, était convaincu d'avoir souvent mal raisonné.

Le clergé demanda la suppression des *Lettres sur les Anglais,* et l'ob-

---

1. Voyez *Appel à toutes les nations de l'Europe des jugements d'un écrivain anglais, ou Manifeste au sujet des honneurs du pavillon entre les théâtres de Londres et de Paris,* tome XXIV, page 191 ; *Lettre à l'Académie française* (en 1776), tome XXX, page 349, et la dédicace d'*Irène* (*Lettre à l'Académie française,* en 1778), tome VII, page 325.

2. Elles furent brûlées par la main du bourreau le 10 juin 1734 ; voyez tome XXII, pages 77-78.

3. Voyez tome XXII, pages 122 et 390.

4. Les *Remarques sur les Pensées de Pascal* formaient, en 1734, la 25e des *Lettres philosophiques ;* mais ces *Remarques* sont de 1728 ; voyez tome XXII, page 27.

tint par un arrêt du conseil [1]. Ces arrêts se donnent sans examen, comme une espèce de dédommagement du subside que le gouvernement obtient des assemblées du clergé, et une récompense de leur facilité à l'accorder. Les ministres oublient que l'intérêt de la puissance séculière n'est pas de maintenir, mais de laisser détruire, par les progrès de la raison, l'empire dont les prêtres ont si longtemps abusé avec tant de barbarie, et qu'il n'est pas d'une bonne politique d'acheter la paix de ses ennemis, en leur sacrifiant ses défenseurs.

Le parlement brûla le livre, suivant un usage jadis inventé par Tibère, et devenu ridicule depuis l'invention de l'imprimerie ; mais il est des gens auxquels il faut plus de trois siècles pour commencer à s'apercevoir d'une absurdité.

Toute cette persécution s'exerçait dans le temps même où les miracles du diacre Pâris [2] et ceux du Père Girard [3] couvraient les deux partis de ridicule et d'opprobre. Il était juste qu'ils se réunissent contre un homme qui osait prêcher la raison. On alla jusqu'à ordonner des informations contre l'auteur [4] des *Lettres philosophiques*. Le garde des sceaux fit exiler Voltaire, qui, alors absent, fut averti à temps, évita les gens envoyés pour le conduire au lieu de son exil, et aima mieux combattre de loin et d'un lieu sûr. Ses amis prouvèrent qu'il n'avait pas manqué à sa promesse de ne point publier ses *Lettres* en France, et qu'elles n'avaient paru que par l'infidélité d'un relieur. Heureusement le garde des sceaux était plus zélé pour son autorité que pour la religion, et beaucoup plus ministre que dévot. L'orage s'apaisa, et Voltaire eut la permission de reparaître à Paris.

Le calme ne dura qu'un instant. L'*Épître à Uranie* [5], jusqu'alors renfermée dans le secret, fut imprimée ; et, pour échapper à une persécution ouvelle, Voltaire fut obligé de la désavouer, et de l'attribuer à l'abbé de Chaulieu, mort depuis plusieurs années. Cette imputation lui faisait honneur comme poëte, sans nuire à sa réputation de chrétien [6].

La nécessité de mentir pour désavouer un ouvrage est une extrémité qui

---

1. Cet arrêt du conseil m'est inconnu. Condorcet confond peut-être ici l'arrêt du conseil d'État du 4 décembre 1739, portant suppression du *Recueil de pièces fugitives en prose et en vers, par M. de V**** (voyez tome XXIII, page 127). (B.)
2. En 1727 et années suivantes.
3. Le procès du Père Girard et de la Cadière est de 1731.
4. Une lettre de cachet du 3 ou 4 mai fut envoyée à l'intendant de Dijon pour faire arrêter Voltaire, alors à Montjeu, aux noces du duc de Richelieu avec Mlle de Guise. Mais Voltaire était parti de Montjeu (voyez dans la présente édition, tome XXXIII, pages 422, 434 ; X, 290, et la *Revue rétrospective*, II, 130). On fit aussi une perquisition dans le domicile de Voltaire à Paris (voyez tome XXXIII, page 429)
5. L'*Épître à Uranie* avait été imprimée dès le commencement de 1732 ; voyez tome IX, page 358.
6. Voyez les *OEuvres de Chaulieu*. (K.) — Voyez surtout la pièce de vers adressée *au marquis de La Fare* en 1708, commençant par

Plus j'approche du terme, et moins je le redoute.

Dans l'édition de 1740 des *OEuvres de Chaulieu*, la pièce n'est imprimée dans le

répugne également à la conscience et à la noblesse du caractère; mais le crime est pour les hommes injustes qui rendent ce désaveu nécessaire à la sûreté de celui qu'ils y forcent. Si vous avez érigé en crime ce qui n'en est pas un, si vous avez porté atteinte, par des lois absurdes ou par des lois arbitraires, au droit naturel qu'ont tous les hommes, non-seulement d'avoir une opinion, mais de la rendre publique, alors vous méritez de perdre celui qu'a chaque homme d'entendre la vérité de la bouche d'un autre, droit qui fonde seul l'obligation rigoureuse de ne pas mentir. S'il n'est pas permis de tromper, c'est parce que tromper quelqu'un c'est lui faire un tort, ou s'exposer à lui en faire un; mais le tort suppose un droit, et personne n'a celui de chercher à s'assurer les moyens de commettre une injustice.

Nous ne disculpons point Voltaire d'avoir donné son ouvrage à l'abbé de Chaulieu; une telle imputation, indifférente en elle-même, n'est, comme on sait, qu'une plaisanterie. C'est une arme qu'on donne aux gens en place, lorsqu'ils sont disposés à l'indulgence sans oser en convenir, et dont ils se servent pour repousser les persécuteurs plus sérieux et plus acharnés.

L'indiscrétion avec laquelle les amis de Voltaire récitèrent quelques fragments de *la Pucelle* fut la cause d'une nouvelle persécution [1]. Le garde des sceaux menaça le poète d'*un cul de basse-fosse, si jamais il paraissait rien de cet ouvrage*. A une longue distance du temps où ces tyrans subalternes, si bouffis d'une puissance éphémère, ont osé tenir un tel langage à des hommes qui sont la gloire de leur patrie et de leur siècle, le sentiment de mépris qu'on éprouve ne laisse plus de place à l'indignation. L'oppresseur et l'opprimé sont également dans la tombe; mais le nom de l'opprimé, porté par la gloire aux siècles à venir, préserve seul de l'oubli, et dévoue à une honte éternelle celui de ses lâches persécuteurs.

Ce fut dans le cours de ces orages que le lieutenant de police Hérault dit un jour à Voltaire : « Quoi que vous écriviez, vous ne viendrez pas à bout de détruire la religion chrétienne. — C'est ce que nous verrons, » répondit-il [2].

Dans un moment où l'on parlait beaucoup d'un homme arrêté, sur une lettre de cachet suspecte de fausseté, il demanda au même magistrat ce qu'on faisait à ceux qui fabriquaient de fausses lettres de cachet. « On les pend. — C'est toujours bien fait, en attendant qu'on traite de même ceux qui en signent de vraies. »

Fatigué de tant de persécutions, Voltaire crut alors devoir changer sa manière de vivre. Sa fortune lui en laissait la liberté. Les philosophes anciens vantaient la pauvreté comme la sauvegarde de l'indépendance. Voltaire voulut devenir riche pour être indépendant; et il eut également raison. On

---

volume qu'avec des lacunes; mais elle est reproduite entière à la fin du volume pages 225-28.

1. A la fin de 1735 et au commencement de 1736. Le garde des sceaux, persécuteur de Voltaire, était Germain-Louis Chauvelin, garde des sceaux de 1727 à 1737, mort en 1762.

2. L'anecdote est rapportée par Voltaire dans une lettre à d'Alembert (voyez tome XL, page 431), comme concernant *un des frères*.

ne connaissait point chez les anciens ces richesses secrètes qu'on peut s'assurer à la fois dans différents pays, et mettre à l'abri de tous les orages. L'abus des confiscations y rendait les richesses aussi dangereuses par elles-mêmes que la gloire ou la faveur populaire. L'immensité de l'empire romain, et la petitesse des républiques grecques, empêchaient également de soustraire à ses ennemis ses richesses et sa personne. La différence des mœurs entre les nations voisines, l'ignorance presque générale de toute langue étrangère, une moins grande communication entre les peuples, étaient autant d'obstacles au changement de patrie.

D'un autre côté, les anciens connaissaient moins ces aisances de la vie, nécessaires parmi nous à tous ceux qui ne sont point nés dans la pauvreté. Leur climat les assujettissait à moins de besoins réels, et les riches donnaient plus à la magnificence, aux raffinements de la débauche, aux excès, aux fantaisies, qu'aux commodités habituelles et journalières. Ainsi, en même temps qu'il leur était à la fois plus facile d'être pauvres, et plus difficile d'être riches sans danger, les richesses n'étaient pas chez eux, comme parmi nous, un moyen de se soustraire à une oppression injuste.

Ne blâmons donc point un philosophe d'avoir, pour assurer son indépendance, préféré les ressources que les mœurs de son siècle lui présentaient, à celles qui convenaient à d'autres mœurs et à d'autres temps.

Voltaire avait hérité de son père et de son frère une fortune honnête; l'édition de *la Henriade*, faite à Londres, l'avait augmentée; des spéculations heureuses dans les fonds publics y ajoutèrent encore : ainsi, à l'avantage d'avoir une fortune qui assurait son indépendance, il joignit celui de ne la devoir qu'à lui-même. L'usage qu'il en fit aurait dû la lui faire pardonner.

Des secours à des gens de lettres, des encouragements à des jeunes gens en qui il croyait apercevoir le germe du talent, en absorbaient une grande partie. C'est surtout à cet usage qu'il destinait le faible profit qu'il tirait de ses ouvrages ou de ses pièces de théâtre, lorsqu'il ne les abandonnait pas aux comédiens. Jamais auteur ne fut cependant plus cruellement accusé d'avoir eu des torts avec ses libraires; mais ils avaient à leurs ordres toute la canaille littéraire, avide de calomnier la conduite de l'homme dont ils savaient trop qu'ils ne pouvaient étouffer les ouvrages. L'orgueilleuse médiocrité, quelques hommes de mérite blessés d'une supériorité trop incontestable; les gens du monde toujours empressés d'avilir des talents et des lumières, objets secrets de leur envie; les dévots intéressés à décrier Voltaire pour avoir moins à le craindre; tous s'empressaient d'accueillir les calomnies des libraires et des Zoïles. Mais les preuves de la fausseté de ces imputations subsistent encore avec celles des bienfaits [1] dont Voltaire a comblé quelques-uns de ses calomniateurs : et nous n'avons pu les voir sans gémir, et sur le malheur du génie condamné à la calomnie, triste compen-

---

1. Voyez les lettres de Jore, tome XXXV, pages 77, 84; XXXVI, 134; XLVI, 145, 316; XLVIII, 466; — les lettres de Mannory, tome XXXVI, pages 294, 329, 480; — Celle de Bonneval, tome XXXVI, page 189.

sation de la gloire, et sur cette honteuse facilité à croire tout ce qui peut dispenser d'admirer.

Voltaire n'ayant donc besoin pour sa fortune ni de cultiver des protecteurs, ni de solliciter des places, ni de négocier avec des libraires, renonça au séjour de la capitale. Jusqu'au ministère du cardinal de Fleury, et jusqu'à son voyage en Angleterre, il avait vécu dans le plus grand monde. Les princes, les grands, ceux qui étaient à la tête des affaires, les gens à la mode, les femmes les plus brillantes, étaient recherchés par lui et le recherchaient. Partout il plaisait, il était fêté; mais partout il inspirait l'envie et la crainte. Supérieur par ses talents, il l'était encore par l'esprit qu'il montrait dans la conversation; il y portait tout ce qui rend aimables les gens d'un esprit frivole, et y mêlait les traits d'un esprit supérieur. Né avec le talent de la plaisanterie, ses mots étaient souvent répétés, et c'en était assez pour qu'on donnât le nom de méchanceté à ce qui n'était que l'expression vraie de son jugement, rendue piquante par la tournure naturelle de son esprit.

A son retour d'Angleterre, il sentit que, dans les sociétés où l'amour-propre et la vanité rassemblent les hommes, il trouverait peu d'amis; et il cessa de s'y répandre, sans cependant rompre avec elles. Le goût qu'il y avait pris pour la magnificence, pour la grandeur, pour tout ce qui est brillant et recherché, était devenu une habitude; il le conserva même dans la retraite; ce goût embellit souvent ses ouvrages : il influa quelquefois sur ses jugements. Rendu à sa patrie, il se réduisit à ne vivre habituellement qu'avec un petit nombre d'amis. Il avait perdu M. de Génonville et M. de Maisons, dont il a pleuré la mort dans des vers si touchants [1], monuments de cette sensibilité vraie et profonde que la nature avait mise dans son cœur, que son génie répandit dans ses ouvrages, et qui fut le germe heureux de ce zèle ardent pour le bonheur des hommes, noble et dernière passion de sa vieillesse. Il lui restait M. d'Argental [2], dont la longue vie n'a été qu'un sentiment de tendresse et d'admiration pour Voltaire, et qui en fut récompensé par son amitié et sa confiance; il lui restait MM. de Formont et de Cideville, qui étaient les confidents de ses ouvrages et de ses projets.

Mais, vers le temps de ses persécutions, une autre amitié vint lui offrir des consolations plus douces, et augmenter son amour pour la retraite. C'était celle de la marquise du Châtelet, passionnée comme lui pour l'étude et pour la gloire; philosophe, mais de cette philosophie qui prend sa source dans une âme forte et libre, ayant approfondi la métaphysique et la géométrie assez pour analyser Leibnitz et pour traduire Newton; cultivant les arts, mais sachant les juger, et leur préférer la connaissance de la nature et des hommes; n'aimant de l'histoire que les grands résultats qui portent la lumière sur les secrets de la nature humaine; supérieure à tous les préjugés par la force de son caractère comme par celle de sa raison, et n'ayant

---

1. Voyez l'*Épître aux mânes de Génonville*, tome X, page 265; et *le Temple du Goût*, tome VIII, page 549.
2. Voyez les notes qui le concernent, tome XXXIII, page 419, et L, 389.

pas la faiblesse de cacher combien elle les dédaignait; se livrant aux frivolités de son sexe, de son état, et de son âge, mais les méprisant et les abandonnant sans regret pour la retraite, le travail et l'amitié; excitant enfin par sa supériorité la jalousie des femmes, et même de la plupart des hommes avec lesquels son rang l'obligeait de vivre, et leur pardonnant sans effort. Telle était l'amie que choisit Voltaire pour passer avec lui des jours remplis par le travail, et embellis par leur amitié commune.

Fatigué de querelles littéraires, révolté de voir la ligue que la médiocrité avait formée contre lui, soutenue en secret par des hommes que leur mérite eût dû préserver de cette indigne association; trouvant, depuis qu'il avait osé dire des vérités, autant de délateurs qu'il avait de critiques, et les voyant armer sans cesse contre lui la religion et le gouvernement, parce qu'il faisait bien des vers, il chercha dans les sciences une occupation plus tranquille.

Il voulut donner une exposition élémentaire [1] des découvertes de Newton sur le système du monde et sur la lumière, les mettre à la portée de tous ceux qui avaient une légère teinture des sciences mathématiques, et faire connaître en même temps les opinions philosophiques de Newton, et ses idées sur la chronologie ancienne.

Lorsque ces *Éléments* parurent, le cartésianisme dominait encore, même dans l'Académie des sciences de Paris. Un petit nombre de jeunes géomètres avaient eu seuls le courage de l'abandonner; et il n'existait dans notre langue aucun ouvrage où l'on pût prendre une idée des grandes découvertes publiées en Angleterre depuis un demi-siècle.

Cependant on refusa un privilège à l'auteur. Le chancelier d'Aguesseau s'était fait cartésien dans sa jeunesse, parce que c'était alors la mode parmi ceux qui se piquaient de s'élever au-dessus des préjugés vulgaires; et ses sentiments politiques et religieux s'unissaient contre Newton à ses opinions philosophiques. Il trouvait qu'un chancelier de France ne devait pas souffrir qu'un philosophe anglais, à peine chrétien, l'emportât sur un Français qu'on supposait orthodoxe. D'Aguesseau avait une mémoire immense; une application continue l'avait rendu très-profond dans plusieurs genres d'érudition; mais sa tête, fatiguée à force de recevoir et de retenir les opinions des autres, n'avait la force ni de combiner ses propres idées, ni de se former des principes fixes et précis. Sa superstition, sa timidité, son respect pour les usages anciens, son indécision, rétrécissaient ses vues pour la réforme des lois, et arrêtaient son activité. Il mourut après un long ministère, ne laissant à la France que le regret de voir ses grandes vertus demeurées inutiles, et ses rares qualités perdues pour la nation.

Sa sévérité pour les *Éléments de la Philosophie de Newton* n'est pas la seule petitesse qui ait marqué son administration de la librairie : il ne voulait point donner de priviléges pour les romans, et il ne consentit à laisser imprimer *Cleveland* qu'à condition que le héros changerait de religion.

Voltaire se livrait en même temps à l'étude de la physique, interrogeait

---

1. Voyez *Éléments de la philosophie de Newton*, tome XXII.

les savants dans tous les genres, répétait leurs expériences, ou en imaginait de nouvelles.

Il concourut pour le prix de l'Académie des sciences sur la nature et la propagation du feu [1], prit pour devise ce distique, qui, par sa précision et son énergie, n'est pas indigne de l'auteur de *la Henriade :*

Ignis ubique latet, naturam amplectitur omnem,
Cuncta parit, renovat, dividit, unit, alit [2].

Le prix fut donné à l'illustre Euler, par qui, dans la carrière des sciences, il n'était humiliant pour personne d'être vaincu. Mme du Châtelet avait concouru en même temps que son ami, et ces deux pièces obtinrent une mention très-honorable.

La dispute sur la mesure des forces occupait alors les mathématiciens. Voltaire, dans un mémoire présenté à l'Académie [3], et approuvé par elle [4], prit le parti de Descartes et de Newton contre Leibnitz et les Bernouilli, et même contre Mme du Châtelet, qui était devenue leibnitzienne.

Nous sommes loin de prétendre que ces ouvrages puissent ajouter à la gloire de Voltaire, ou même qu'ils puissent lui mériter une place parmi les savants ; mais le mérite d'avoir fait connaître aux Français qui ne sont pas géomètres, Newton, le véritable système du monde, et les principaux phénomènes de l'optique, peut être compté dans la vie d'un philosophe.

Il est utile de répandre dans les esprits des idées justes sur des objets qui semblent n'appartenir qu'aux sciences, lorsqu'il s'agit ou de faits généraux importants dans l'ordre du monde, ou de faits communs qui se présentent à tous les yeux. L'ignorance absolue est toujours accompagnée d'erreurs, et les erreurs en physique servent souvent d'appui à des préjugés d'une espèce plus dangereuse. D'ailleurs les connaissances physiques de Voltaire ont servi son talent pour la poésie. Nous ne parlons pas seulement ici des pièces où il a eu le mérite rare d'exprimer en vers des vérités précises sans les défigurer, sans cesser d'être poëte, de s'adresser à l'imagination et de flatter l'oreille ; l'étude des sciences agrandit la sphère des idées poétiques, enrichit les vers de nouvelles images ; sans cette ressource, la poésie, nécessairement resserrée dans un cercle étroit, ne serait plus que l'art de rajeunir avec adresse, et en vers harmonieux, des idées communes et des peintures épuisées.

Sur quelque genre que l'on s'exerce, celui qui a dans un autre des lumières étendues ou profondes aura toujours un avantage immense. Le génie poétique de Voltaire aurait été le même ; mais il n'aurait pas été un si grand poëte s'il n'eût point cultivé la physique, la philosophie, l'histoire. Ce n'est

---

1. *Essai sur la nature du feu et sur sa propagation*, tome XXII.
2. Ces deux vers sont de Voltaire ; voyez sa lettre à d'Alembert, du 1er juillet 1766, tome XLIV, page 322.
3. *Doutes sur la mesure des forces motrices et sur leur nature, présentés à l'Académie des sciences de Paris en* 1741, tome XXIII, page 165.
4. Voyez *Documents biographiques*.

pas seulement en augmentant le nombre des idées que ces études étrangères sont utiles, elles perfectionnent l'esprit même, parce qu'elles en exercent d'une manière plus égale les diverses facultés.

Après avoir donné quelques années à la physique, Voltaire consulta sur ses progrès Clairaut, qui eut la franchise de lui répondre qu'avec un travail opiniâtre il ne parviendrait qu'à devenir un savant médiocre, et qu'il perdrait inutilement pour sa gloire un temps dont il devait compte à la poésie et à la philosophie. Voltaire l'entendit, et céda au goût naturel qui sans cesse le ramenait vers les lettres, et au vœu de ses amis, qui ne pouvaient le suivre dans sa nouvelle carrière. Aussi cette retraite de Cirey ne fut-elle point tout entière absorbée par les sciences.

C'est là qu'il fit *Alzire, Zulime, Mahomet* ; qu'il acheva ses *Discours sur l'Homme*[1] ; qu'il écrivit l'*Histoire de Charles XII*[2], prépara le *Siècle de Louis XIV*, et rassembla des matériaux pour son *Essai sur les Mœurs et l'Esprit des nations*, depuis Charlemagne jusqu'à nos jours.

Alzire et *Mahomet* sont des monuments immortels de la hauteur à laquelle la réunion du génie de la poésie à l'esprit philosophique peut élever l'art de la tragédie. Cet art ne se borne point dans ces pièces à effrayer par le tableau des passions, à les réveiller dans les âmes, à faire couler les douces larmes de la pitié ou de l'amour ; il y devient celui d'éclairer les hommes, et de les porter à la vertu. Ces citoyens oisifs, qui vont porter au théâtre le triste embarras de finir une inutile journée, y sont appelés à discuter les plus grands intérêts du genre humain. On voit dans *Alzire* les vertus nobles, mais sauvages et impétueuses de l'homme de la nature, combattre les vices de la société corrompue par le fanatisme et l'ambition, et céder à la vertu perfectionnée par la raison, dans l'âme d'Alvarès ou de Guzman mourant et désabusé. On y voit à la fois comment la société corrompt l'homme en mettant des préjugés à la place de l'ignorance, et comment elle le perfectionne, dès que la vérité prend celle des erreurs. Mais le plus funeste des préjugés est le fanatisme ; et Voltaire voulut immoler ce monstre sur la scène, et employer, pour l'arracher des âmes, ces effets terribles que l'art du théâtre peut seul produire.

Sans doute il était aisé de rendre un fanatique odieux ; mais que ce fanatique soit un grand homme ; qu'en l'abhorrant on ne puisse s'empêcher de l'admirer ; qu'il descende à d'indignes artifices sans être avili ; qu'occupé d'établir une religion et d'élever un empire il soit amoureux sans être ridicule ; qu'en commettant tous les crimes il ne fasse pas éprouver cette horreur pénible qu'inspirent les scélérats ; qu'il ait à la fois le ton d'un prophète et le langage d'un homme de génie ; qu'il se montre supérieur au fanatisme dont il enivre ses ignorants et intrépides disciples, sans que jamais la bassesse attachée à l'hypocrisie dégrade son caractère ; qu'enfin ses crimes soient couronnés par le succès ; qu'il triomphe, et qu'il paraisse assez puni

---

1. Tome IX, page 379.
2. L'*Histoire de Charles XII* parut en 1731. Voltaire ne connut Mme du Châtelet qu'en 1733.

par ses remords : voilà ce que le talent dramatique n'eût pu faire s'il n'avait été joint à un esprit supérieur.

Mahomet [1] fut d'abord joué à Lille en 1741. On remit à Voltaire, pendant la première représentation, un billet du roi de Prusse qui lui mandait la victoire de Molwitz; il interrompit la pièce pour le lire aux spectateurs. *Vous verrez,* dit-il à ses amis réunis autour de lui, *que cette pièce de Molwitz fera réussir la mienne.* On osa la risquer à Paris; mais les cris des fanatiques obtinrent de la faiblesse du cardinal de Fleury d'en faire défendre la représentation. Voltaire prit le parti d'envoyer sa pièce à Benoît XIV, avec deux vers latins [2] pour son portrait. Lambertini, pontife tolérant, prince facile, mais homme de beaucoup d'esprit, lui répondit avec bonté, et lui envoya des médailles. Crébillon fut plus scrupuleux que le pape. Il ne voulut jamais consentir à laisser jouer une pièce qui, en prouvant qu'on pouvait porter la terreur tragique à son comble, sans sacrifier l'intérêt et sans revolter par des horreurs dégoûtantes, était la satire du genre dont il avait l'orgueil de se croire le créateur et le modèle.

Ce ne fut qu'en 1751 que M. d'Alembert, nommé par M. le comte d'Argenson pour examiner *Mahomet,* eut le courage de l'approuver, et de s'exposer en même temps à la haine des gens de lettres ligués contre Voltaire, et à celle des dévots; courage d'autant plus respectable que l'approbateur d'un ouvrage n'en partageant pas la gloire, il ne pouvait avoir aucun autre dédommagement du danger auquel il s'exposait que le plaisir d'avoir servi l'amitié, et préparé un triomphe à la raison.

Zulime [3] n'eut point de succès; et tous les efforts de l'auteur pour la corriger et pour en pallier les défauts ont été inutiles. *Une tragédie est une expérience sur le cœur humain,* et cette expérience ne réussit pas toujours, même entre les mains les plus habiles. Mais le rôle de Zulime est le premier au théâtre où une femme passionnée, et entraînée à des actions criminelles, ait conservé la générosité et le désintéressement de l'amour. Ce caractère si vrai, si violent, et si tendre, eût peut-être mérité l'indulgence des spectateurs, et les juges du théâtre auraient pu, en faveur de la beauté neuve de ce rôle, pardonner à la faiblesse des autres, sur laquelle l'auteur s'était condamné lui-même avec tant de sévérité et de franchise.

Les *Discours sur l'Homme* [4] sont un des plus beaux monuments de la poésie française. S'ils n'offrent point un plan régulier comme les épîtres de Pope [5], ils ont l'avantage de renfermer une philosophie plus vraie, plus douce, plus usuelle. La variété des tons, une sorte d'abandon, une sensibi-

---

1. Tome IV, page 93.
2. La dédicace de *Mahomet* à Benoît XIV est du 17 août 1745, et c'est dans une lettre du même jour au même pape que Voltaire envoya son distique latin. La réponse de Benoît XIV à la dédicace et à la lettre est tome IV, page 102.
3. Tome IV, page 3.
4. Ils sont au nombre de sept; voyez tome IX, pages 379 et suiv.
5. Elles sont intitulées *Essay on Man* (*Essai sur l'Homme*). Voltaire, dans sa lettre à Thibouville, du 20 février 1769, avoue avoir fait la moitié des vers de la traduction de Pope par l'abbé du Resnel.

lité touchante, un enthousiasme toujours noble, toujours vrai, leur donnent un charme que l'esprit, l'imagination, et le cœur, goûtent tour à tour : charme dont Voltaire a seul connu le secret ; et ce secret est celui de toucher, de plaire, d'instruire sans fatiguer jamais, d'écrire pour tous les esprits comme pour tous les âges. Souvent on y voit briller des éclairs d'une philosophie profonde qui, presque toujours exprimée en sentiment ou en image, paraît simple et populaire : talent aussi utile, aussi rare que celui de donner un air de profondeur à des idées fausses et triviales est commun et dangereux.

En quittant la lecture de Pope, on admire son talent, et l'adresse avec laquelle il défend son système ; mais l'âme est tranquille, et l'esprit retrouve bientôt toutes ses objections plutôt éludées que détruites. On ne peut quitter Voltaire sans être encouragé ou consolé, sans emporter, avec le sentiment douloureux des maux auxquels la nature a condamné les hommes, celui des ressources qu'elle leur a préparées.

La *Vie de Charles XII* est le premier morceau d'histoire que Voltaire ait publié [1]. Le style, aussi rapide que les exploits du héros, entraîne dans une suite non interrompue d'expéditions brillantes, d'anecdotes singulières, d'événements romanesques qui ne laissent reposer ni la curiosité ni l'intérêt. Rarement quelques réflexions viennent interrompre le récit : l'auteur s'est oublié lui-même pour faire agir ses personnages. Il semble qu'il ne fasse que raconter ce qu'il vient d'apprendre sur son héros. Il n'est question que de combats, de projets militaires ; et cependant on y aperçoit partout l'esprit d'un philosophe, et l'âme d'un défenseur de l'humanité.

Voltaire n'avait écrit que sur des mémoires originaux fournis par les témoins mêmes des événements; et son exactitude a eu pour garant le témoignage respectable de Stanislas [2], l'ami, le compagnon, la victime de Charles XII.

Cependant on accusa cette histoire de n'être qu'un roman, parce qu'elle en avait tout l'intérêt. Si peut-être jamais aucun homme n'excita autant d'enthousiasme, jamais peut-être personne ne fut traité avec moins d'indulgence que Voltaire. Comme en France la réputation d'esprit est de toutes la plus enviée, et qu'il était impossible que la sienne en ce genre n'effaçât toutes les autres, on s'acharnait à lui contester tout le reste; et la prétention à l'esprit étant au moins aussi inquiète dans les autres classes que dans celle des gens de lettres, il avait presque autant de jaloux que de lecteurs.

C'était en vain que Voltaire avait cru que la retraite de Cirey le déroberait à la haine : il n'avait caché que sa personne, et sa gloire importunait encore ses ennemis. Un libelle où l'on calomniait sa vie entière vint troubler son repos. On le traitait comme un prince ou comme un ministre, parce qu'il excitait autant d'envie. L'auteur de ce libelle [3] était cet abbé Desfon-

---

1. Ainsi que nous l'avons dit page 215, cette *Histoire* parut en 1731.
2. Voyez ce témoignage, tome XVI, pages 142-144; voyez aussi tome XL, page 147.
3. Intitulé *la Voltairomanie;* voyez ce qui en est dit tome XXIII, page 59.

taines qui devait à Voltaire la liberté, et peut-être la vie. Accusé d'un vice honteux, que la superstition a mis au rang des crimes, il avait été emprisonné dans un temps où, par une atroce et ridicule politique, on croyait très à propos de brûler quelques hommes, afin d'en dégoûter un autre de ce vice[1] pour lequel on le soupçonnait faussement de montrer quelque penchant.

Voltaire, instruit du malheur de l'abbé Desfontaines, dont il ne connaissait pas la personne, et qui n'avait auprès de lui d'autre recommandation que de cultiver les lettres, courut à Fontainebleau trouver Mme de Prie, alors toute-puissante, et obtint d'elle la liberté du prisonnier[2], à condition qu'il ne se montrerait point à Paris. Ce fut encore Voltaire qui lui procura une retraite dans la terre d'une de ses amies[3]. Desfontaines y fit un libelle[4] contre son bienfaiteur. On l'obligea de le jeter au feu ; mais jamais il ne lui pardonna de lui avoir sauvé la vie. Il saisissait avidement dans les journaux toutes les occasions de le blesser; c'était lui qui avait fait dénoncer par un prêtre[5] du séminaire *le Mondain*, badinage ingénieux où Voltaire a voulu montrer comment le luxe, en adoucissant les mœurs, en animant l'industrie, prévient une partie des maux qui naissent de l'inégalité des fortunes et de la dureté des riches.

Cette dénonciation l'exposa au danger d'une nouvelle expatriation, parce qu'au reproche de prêcher la volupté, si grave aux yeux des gens qui ont besoin de couvrir des vices plus réels du manteau de l'austérité, on joignit le reproche plus dangereux de s'être moqué des plaisirs de nos premiers pères.

Enfin le journaliste publia *la Voltairomanie*. Ce fut alors que Voltaire, qui depuis longtemps souffrait en silence les calomnies de Desfontaines et de Rousseau, s'abandonna aux mouvements d'une colère dont ces vils ennemis n'étaient pas dignes.

Non content de se venger en livrant ses adversaires au mépris public, en les marquant de ces traits que le temps n'efface point, il poursuivit Desfontaines, qui en fut quitte pour désavouer le libelle[6], et se mit à en faire d'autres pour se consoler. C'est donc à quarante-quatre ans, après vingt années de patience, que Voltaire sortit pour la première fois de cette modération dont il serait à désirer que les gens de lettres ne s'écartassent jamais. S'ils ont reçu de la nature le talent si redoutable de dévouer leurs ennemis au ridicule et à la honte, qu'ils dédaignent d'employer cette arme dangereuse à venger leurs propres querelles, et qu'ils la réservent contre les persécuteurs de la vérité et les ennemis des droits des hommes!

La liaison qui se forma, vers le même temps[7], entre Voltaire et le

---

1. Voyez la note de Voltaire, tome XVII, page 183.
2. Voyez la lettre de remerciement de Desfontaines, tome XXXIII, page 110.
3. Mme de Bernières; voyez la note, tome XXXIII, page 73.
4. Intitulé *l'Apologie de M. de Voltaire;* voyez tome XXIII, page 39.
5. Nommé Couturier; voyez tome X, page 88.
6. Voyez ce désaveu, tome XXXV, pages 241-242.
7. La première lettre de Frédéric à Voltaire est du 8 août 1736; voyez tome XXXIV, page 101.

prince royal de Prusse, était une des premières causes des emportements où ses ennemis se livrèrent alors contre lui. Le jeune Frédéric n'avait reçu de son père que l'éducation d'un soldat; mais la nature le destinait à être un homme d'un esprit aimable, étendu, et élevé, aussi bien qu'un grand général. Il était relégué à Remusberg par son père, qui, ayant formé le projet de lui faire couper la tête, en qualité de déserteur, parce qu'il avait voulu voyager sans sa permission, avait cédé aux représentations du ministre de l'empereur[1], et s'était contenté de le faire assister au supplice d'un de ses compagnons de voyage[2].

Dans cette retraite, Frédéric, passionné pour la langue française, pour les vers, pour la philosophie, choisit Voltaire pour son confident et pour son guide. Ils s'envoyaient réciproquement leurs ouvrages; le prince consultait le philosophe sur ses travaux, lui demandait des conseils et des leçons. Ils discutaient ensemble les questions de la métaphysique les plus curieuses comme les plus insolubles. Le prince étudiait alors Wolf, dont il abjura bientôt les systèmes et l'inintelligible langage pour une philosophie plus simple et plus vraie. Il travaillait en même temps à réfuter Machiavel[3], c'est-à-dire à prouver que la politique la plus sûre pour un prince est de conformer sa conduite aux règles de la morale, et que son intérêt ne le rend pas nécessairement ennemi de ses peuples et de ses voisins, comme Machiavel l'avait supposé, soit par esprit de système, soit pour dégoûter ses compatriotes du gouvernement d'un seul, vers lequel la lassitude d'un gouvernement populaire, toujours orageux et souvent cruel, semblait les porter.

Dans le siècle précédent, Tycho-Brahé, Descartes, Leibnitz, avaient joui de la société des souverains, et avaient été comblés des marques de leur estime; mais la confiance, la liberté, ne régnaient pas dans ce commerce trop inégal. Frédéric en donna le premier exemple, que malheureusement pour sa gloire il n'a pas soutenu. Le prince envoya son ami, le baron de Keyserlingk, visiter *les divinités de Cirey*, et porter à Voltaire son portrait et ses manuscrits. Le philosophe était touché, peut-être même flatté, de cet hommage; mais il l'était encore plus de voir un prince destiné pour le trône cultiver les lettres, se montrer l'ami de la philosophie, et l'ennemi de la superstition. Il espérait que l'auteur de *l'Anti-Machiavel* serait un roi pacifique, et il s'occupait avec délices de faire imprimer secrètement le livre qu'il croyait devoir lier le prince à la vertu, par la crainte de démentir ses propres principes, et de trouver sa condamnation dans son propre ouvrage.

Frédéric, en montant sur le trône[4], ne changea point pour Voltaire. Les soins du gouvernement n'affaiblirent ni son goût pour les vers, ni son avidité pour les ouvrages conservés alors dans le portefeuille de Voltaire, et

---

1. Le comte de Seckendorff; voyez ci-devant, page 13.
2. Catt ou Kat: voyez ci-devant, page 12.
3. Voltaire fut l'éditeur de *l'Anti-Machiavel,* et en fit la préface (voyez tome XXIII, page 147).
4. 31 mai 1740.

dont, avec Mme du Châtelet, il était presque le seul confident ; mais une de ses premières démarches fut de faire suspendre la publication de *l'Anti-Machiavel*. Voltaire obéit ; et ses soins, qu'il donnait à regret, furent infructueux. Il désirait encore plus que son disciple, devenu roi, prît un engagement public qui répondît de sa fidélité aux maximes philosophiques. Il alla le voir à Vesel, et fut étonné de trouver un jeune roi en uniforme, sur un lit de camp, ayant le frisson de la fièvre [1]. Cette fièvre n'empêcha point le roi de profiter du voisinage pour faire payer à l'évêque de Liège une ancienne dette oubliée. Voltaire écrivit le mémoire [2], qui fut appuyé par des soldats ; et il revint à Paris, content d'avoir vu que son héros était un homme très-aimable ; mais il résista aux offres qu'il lui fit pour l'attirer auprès de lui, et préféra l'amitié de Mme du Châtelet à la faveur d'un roi, et d'un roi qui l'admirait.

Le roi de Prusse déclara la guerre à la fille de Charles VI [3], et profita de sa faiblesse pour faire valoir d'anciennes prétentions sur la Silésie. Deux batailles lui en assurèrent la possession. Le cardinal de Fleury, qui avait entrepris la guerre malgré lui, négociait toujours en secret. L'impératrice sentit que son intérêt n'était pas de traiter avec la France, contre laquelle elle espérait des alliés utiles, qui se chargeraient des frais de la guerre, tandis que si elle n'avait plus à combattre que le roi de Prusse, elle resterait abandonnée à elle-même, et verrait les vœux et les secours secrets des mêmes puissances se tourner vers son ennemi. Elle aima mieux étouffer son ressentiment, instruire le roi de Prusse des propositions du cardinal, le déterminer à la paix par cette confidence, et acheter, par le sacrifice de la Silésie, la neutralité de l'ennemi le plus à craindre pour elle.

La guerre n'avait pas interrompu la correspondance du roi de Prusse et de Voltaire. Le roi lui envoyait des vers du milieu de son camp, en se préparant à une bataille, ou pendant le tumulte d'une victoire [4] ; et Voltaire, en louant ses exploits, en caressant sa gloire militaire, lui prêchait toujours l'humanité et la paix [5].

Le cardinal de Fleury mourut [6]. Voltaire avait été assez lié avec lui, parce qu'il était curieux de connaître les anecdotes du règne de Louis XIV, et que Fleury aimait à les conter, s'arrêtant surtout à celles qui pouvaient le regarder, et ne doutant pas que Voltaire ne s'empressât d'en remplir son histoire ; mais la haine naturelle de Fleury, et de tous les hommes faibles, pour qui s'élève au-dessus des forces communes, l'emporta sur son goût et sur sa vanité.

Fleury avait voulu empêcher les Français de parler et même de penser,

---

1. Voyez le récit que Voltaire fait de cette entrevue, ci-devant, page 16.
2. Beuchot a le premier recueilli ce *Mémoire*; il est tome XXIII, page 153.
3. Marie-Thérèse.
4. Voyez entre autres la lettre de Frédéric du 16 avril 1741.
5. Au lieu de *votre majesté*, Voltaire l'appelait quelquefois *votre humanité :* voyez les lettres des dernier de décembre 1740 et 29 juin 1741.
6. 29 janvier 1743.

VIE DE VOLTAIRE.

pour les gouverner plus aisément. Il avait, toute sa vie, entretenu dans l'État une guerre d'opinions, par ses soins mêmes pour empêcher ces opinions de faire du bruit, et de troubler la tranquillité publique. La hardiesse de Voltaire l'effrayait. Il craignait également de compromettre son repos en le défendant, ou sa petite renommée en l'abandonnant avec trop de lâcheté ; et Voltaire trouva dans lui moins un protecteur qu'un persécuteur caché, mais contenu par son respect pour l'opinion et l'intérêt de sa propre gloire.

Voltaire fut désigné pour lui succéder dans l'Académie française. Il venait d'y acquérir de nouveaux droits qui auraient imposé silence à l'envie, si elle pouvait avoir quelque pudeur; il venait d'enrichir la scène d'un nouveau chef-d'œuvre, de *Mérope*[1], jusqu'ici la seule tragédie où des larmes abondantes et douces ne coulent point sur les malheurs de l'amour. L'auteur de *Zaïre* avait déjà combattu cette maxime de Despréaux[2] :

> De cette passion la sensible peinture
> Est pour aller au cœur la route la plus sûre.

Il avait avancé que la nature peut produire au théâtre des effets plus pathétiques et plus déchirants ; et il le prouva dans *Mérope*.

Cependant si Despréaux entend par *sûre* la moins difficile, les faits sont en sa faveur. Plusieurs poëtes ont fait des tragédies touchantes, fondées sur l'amour ; et *Mérope* est seule jusqu'ici.

Entraîné par l'intérêt des situations, par une rapidité de dialogue inconnue au théâtre, par le talent d'une actrice[3] qui avait su prendre l'accent vrai et passionné de la nature, le parterre fut agité d'un enthousiasme sans exemple. Il força Voltaire, caché dans un coin du spectacle, à venir se montrer aux spectateurs ; il parut dans la loge de la maréchale de Villars ; on cria à la jeune duchesse de Villars d'embrasser l'auteur de *Mérope* ; elle fut obligée de céder à l'impérieuse volonté du public, ivre d'admiration et de plaisir.

C'est la première fois que le parterre ait demandé l'auteur d'une pièce. Mais ce qui fut alors un hommage rendu au génie, dégénéré depuis en usage, n'est plus qu'une cérémonie ridicule et humiliante, à laquelle les auteurs qui se respectent refusent de se soumettre.

A ce nouveau titre, que la dévotion même était obligée de respecter, se joignait l'appui de Mme de Châteauroux, alors gouvernée par le duc de Richelieu, cet homme extraordinaire qui à vingt ans avait été deux fois à la Bastille pour la témérité de ses galanteries ; qui, par l'éclat et le nombre de ses aventures, avait fait naître parmi les femmes une espèce de mode, et presque regarder comme un honneur d'être déshonorées par lui ; qui avait établi parmi ses imitateurs une sorte de galanterie où l'amour n'était plus même le goût du plaisir, mais la vanité de séduire : ce même homme qu'on

---

1. Jouée le 20 février 1743.
2. *Art poétique*, III, 95-96.
3. Mlle Dumesnil.

vit ensuite contribuer à la gloire de Fontenoy[1], affermir la révolution de Gênes, prendre Mahon, forcer une armée anglaise à lui rendre les armes ; et lorsqu'elle eut rompu ce traité, lorsqu'elle menaçait ses quartiers dispersés et affaiblis, l'arrêter par son activité et son audace ; et qui vint ensuite reperdre dans les intrigues de la cour, et dans les manœuvres d'une administration tyrannique et corrompue, une gloire qui eût pu couvrir les premières fautes de sa vie.

Le duc de Richelieu avait été l'ami de Voltaire dès l'enfance. Voltaire, qui eut souvent à s'en plaindre, conserva pour lui ce goût de la jeunesse que le temps n'efface point, et une espèce de confiance que l'habitude soutenait plus que le sentiment ; et le maréchal de Richelieu demeura fidèle à cet ancien attachement, autant que le permit la légèreté de son caractère, ses caprices, son petit despotisme sur les théâtres, son mépris pour tout ce qui n'était pas homme de la cour, sa faiblesse pour le crédit, et son insensibilité pour ce qui était noble ou utile.

Il servit alors Voltaire auprès de Mme de Châteauroux ; mais M. de Maurepas n'aimait pas Voltaire. L'abbé de Chaulieu avait fait une épigramme contre *Œdipe*[2], parce qu'il était blessé qu'un jeune homme, déjà son rival dans le genre des poésies fugitives, mêlées de philosophie et de volupté, joignît à cette gloire celle de réussir au théâtre ; et M. de Maurepas, qui mettait de la vanité à montrer plus d'esprit qu'un autre dans un souper, ne pardonnait pas à Voltaire de lui ôter trop évidemment cet avantage, dont il n'était pas trop ridicule alors qu'un homme en place pût être flatté.

Voltaire avait essayé de le désarmer par une épître[3], où il lui donnait les louanges auxquelles le genre d'esprit et le caractère de M. de Maurepas pouvaient prêter le plus de vraisemblance. Cette épître, qui renfermait autant de leçons que d'éloges, ne changea rien aux sentiments du ministre. Il se lia, pour empêcher Voltaire d'entrer à l'Académie, avec le théatin Boyer, que Fleury avait préféré, pour l'éducation du dauphin, à Massillon, dont il craignait les talents et la vertu, et qu'il avait ensuite désigné au roi, en mourant, pour la feuille des bénéfices, apparemment dans l'espérance de se faire regretter des jansénistes. D'ailleurs M. de Maurepas était bien aise de trouver une occasion de blesser, sans se compromettre, Mme de Châteauroux, dont il connaissait toute la haine pour lui. Voltaire, instruit de cette intrigue, alla trouver le ministre, et lui demanda si, dans le cas où Mme de Châteauroux secondât son élection, il la traverserait : *Oui,* lui répondit le ministre, *et je vous écraserai*[4].

---

1. Voyez toutefois tome XXXVIII, page 461.
2. Voyez cette épigramme, tome II, page 7.
3. L'épître LVIII, tome X, page 314.
4. Dans le dessein constant d'être juste envers tout le monde, nous devons dire ici que depuis la mort de Voltaire, ayant parlé de cette anecdote à M. le comte de Maurepas, au caractère duquel ce mot nous parut étranger, il nous répondit, en riant, que c'était le roi lui-même qui n'avait pas voulu que Voltaire succédât au cardinal de Fleury dans sa place d'académicien, Sa Majesté trouvant qu'il y

Il savait qu'un homme en place en aurait la facilité, et que, sous un gouvernement faible, le crédit d'une maîtresse doit céder à celui des prêtres intrigants ou fanatiques, plus méprisables aux yeux de la raison, mais encore respectés par la populace : il laissa triompher Boyer.

Peu de temps après, le ministre sentit combien l'alliance du roi de Prusse était nécessaire à la France ; mais ce prince craignait de s'engager de nouveau avec une puissance dont la politique incertaine et timide ne lui inspirait aucune confiance. On imagina que Voltaire pourrait le déterminer. Il fut chargé de cette négociation, mais en secret. On convint que les persécutions de Boyer seraient le prétexte de son voyage en Prusse. Il y gagna la liberté de se moquer du pauvre théatin, qui alla se plaindre au roi que Voltaire le faisait *passer pour un sot* dans les cours étrangères, et à qui le roi répondit que *c'était une chose convenue*.

Voltaire partit ; et Piron, à la tête de ses ennemis [1], l'accabla d'épigrammes et de chansons sur sa prétendue disgrâce. Ce Piron avait l'habitude d'insulter à tous les hommes célèbres qui essuyaient des persécutions. Ses œuvres sont remplies des preuves de cette basse méchanceté. Il passait cependant pour un bon homme, parce qu'il était paresseux, et que, n'ayant aucune dignité dans le caractère, il n'offensait pas l'amour-propre des gens du monde.

Cependant, après avoir passé quelque temps avec le roi de Prusse, qui se refusait constamment à toute négociation avec la France, Voltaire eut l'adresse de saisir le véritable motif de ce refus : c'était la faiblesse qu'avait eue la France de ne pas déclarer la guerre à l'Angleterre, et de paraître, par cette conduite, demander la paix quand elle pouvait prétendre à en dicter les conditions.

Il revint alors à Paris, et rendit compte de son voyage. Le printemps suivant, le roi de Prusse déclara de nouveau la guerre à la reine de Hongrie, et par cette diversion utile força ses troupes d'évacuer l'Alsace. Ce service important, celui d'avoir pénétré, en passant à la Haye, les dispositions des

---

avait une dissemblance trop marquée entre ces deux hommes pour mettre l'éloge de l'un dans la bouche de l'autre, et donner à rire au public par un rapprochement semblable.

M. de Maurepas nous a même ajouté qu'il savait depuis très-longtemps que Voltaire avait dit et écrit à ses amis le mot *Je vous écraserai;* mais que cette légère injustice d'un homme aussi célèbre ne l'avait pas empêché de solliciter le roi régnant, et d'en obtenir que celui qui avait tant honoré son siècle et sa nation vînt jouir de sa gloire au milieu d'elle à la fin de sa carrière.

Nous avons déjà dit ailleurs que, sans adopter ni blâmer les opinions de notre auteur sur une infinité d'objets, nous nous sommes sévèrement renfermés dans notre devoir d'éditeurs : être impartiaux et fidèles est ce que l'Europe attend de nous ; le reste nous est étranger. (*Note du correspondant général de la Société littéraire typographique.*) — Cette qualité désigne Beaumarchais.

1. Il ne l'avait pas toujours été. Lors de la convalescence de Voltaire en 1723, après sa petite vérole, Piron lui adressa une lettre flatteuse, presque toute en vers, qui est imprimée pages 521-525 du tome II des *Mémoires sur Voltaire*, etc., 1826, deux volumes in-8°.

Hollandais encore incertaines en apparence, n'obtint à Voltaire aucune de ces marques de considération dont il eût voulu se faire un rempart contre ses ennemis littéraires.

Le marquis d'Argenson fut appelé au ministère [1]. Il mérite d'être compté parmi le petit nombre des gens en place qui ont aimé véritablement la philosophie et le bien public. Son goût pour les lettres l'avait lié avec Voltaire. Il l'employa plus d'une fois à écrire des manifestes, des déclarations, des dépêches, qui pouvaient exiger dans le style de la correction, de la noblesse, et de la mesure.

Tel fut le manifeste [2] qui devait être publié par le Prétendant à sa descente en Écosse, avec une petite armée française que le duc de Richelieu aurait commandée. Voltaire eut alors l'occasion de travailler avec le comte de Lally, jacobite zélé, ennemi acharné des Anglais, dont il a depuis défendu la mémoire avec tant de courage, lorsqu'un arrêt injuste, exécuté avec barbarie, le sacrifia au ressentiment de quelques employés de la compagnie des Indes.

Mais il eut dans le même temps un appui plus puissant, la marquise de Pompadour, avec laquelle il avait été lié lorsqu'elle était encore Mme d'Étiole. Elle le chargea de faire une pièce pour le premier mariage du dauphin. Une charge de gentilhomme de la chambre, le titre d'historiographe de France, et enfin la protection de la cour, nécessaire pour empêcher la cabale des dévots de lui fermer l'entrée de l'Académie française, furent la récompense de cet ouvrage. C'est à cette occasion qu'il fit ces vers :

> Mon *Henri Quatre* et ma *Zaïre*,
> Et mon Américaine *Alzire*,
> Ne m'ont valu jamais un seul regard du roi ;
> J'eus beaucoup d'ennemis avec très-peu de gloire.
> Les honneurs et les biens pleuvent enfin sur moi,
> Pour une farce de la Foire.

C'était juger un peu trop sévèrement *la Princesse de Navarre* [3], ouvrage rempli d'une galanterie noble et touchante.

Cependant la faveur de la cour ne suffisait pas pour lui ouvrir les portes de l'Académie. Il fut obligé, pour désarmer les dévots, d'écrire une lettre au Père de Latour [4], où il protestait de son respect pour la religion, et, ce qui était bien plus nécessaire, de son attachement aux jésuites. Malgré l'adresse avec laquelle il ménage ses expressions dans cette lettre, il valait mieux sans doute renoncer à l'Académie que d'avoir la faiblesse de l'écrire ; et cette faiblesse serait inexcusable s'il avait fait ce sacrifice à la vanité de porter un titre qui depuis longtemps ne pouvait plus honorer le nom de

---

1. En novembre 1744 ; voyez tome XXXIV, page 462.
2. Voyez ce manifeste, tome XXIII, page 203.
3. Jouée le 23 février 1745 ; voyez tome IV, page 271.
4. Cette lettre est du mois de mars 1746 ; voyez tome XXXVI, page 424.

Voltaire. Mais il le faisait à sa sûreté ; il croyait qu'il trouverait dans l'Académie un appui contre la persécution; et c'était présumer trop du courage et de la justice de ses confrères.

Dans son *Discours* [1] à l'Académie, il secoua le premier le joug de l'usage qui semblait condamner ces discours à n'être qu'une suite de compliments plus encore que d'éloges. Voltaire osa parler dans le sein de littérature et de goût; et son exemple est devenu, en quelque sorte, une loi dont les académiciens, gens de lettres, osent rarement s'écarter. Mais il n'alla point jusqu'à supprimer les éternels éloges de Richelieu, de Seguier, et de Louis XIV ; et jusqu'ici deux ou trois académiciens seulement ont eu le courage de s'en dispenser. Il parla de Crébillon, dans ce discours, avec la noble générosité d'un homme qui ne craint point d'honorer le talent dans un rival, et de donner des armes à ses propres détracteurs.

Un nouvel orage de libelles vint tomber sur lui, et il n'eut pas la force de les mépriser. La police était alors aux ordres d'un homme [2] qui avait passé quelques mois à la campagne avec Mme de Pompadour. On arrêta un malheureux violon de l'Opéra, nommé Travenol, qui, avec l'avocat Rigoley de Juvigny, colportait ces libelles. Le père de Travenol, vieillard de quatre-vingts ans, va chez Voltaire demander la grâce du coupable ; toute sa colère cède au premier cri de l'humanité. Il pleure avec le vieillard, l'embrasse, le console, et court avec lui demander la liberté de son fils [3].

La faveur de Voltaire ne fut pas de longue durée : Mme de Pompadour fit accorder à Crébillon des honneurs qu'on lui refusait [4]. Voltaire avait rendu constamment justice à l'auteur de *Rhadamiste* ; mais il ne pouvait avoir l'humilité de le croire supérieur à celui d'*Alzire*, de *Mahomet*, et de *Mérope*. Il ne vit dans cet enthousiasme exagéré pour Crébillon qu'un désir secret de l'humilier ; et il ne se trompait pas.

Le poëte, le bel esprit aurait pu conserver des amis puissants ; mais ces titres cachaient dans Voltaire un philosophe, un homme plus occupé encore des progrès de la raison que de sa gloire personnelle.

Son caractère, naturellement fier et indépendant, se prêtait à des adulations ingénieuses ; il prodiguait la louange, mais il conservait ses sentiments, ses opinions, et la liberté de les montrer. Des leçons fortes ou touchantes sortaient du sein des éloges ; et cette manière de louer, qui pouvait réussir à la cour de Frédéric, devait blesser dans toute autre.

Il retourna donc encore à Cirey, et bientôt après à la cour de Stanislas. Ce prince, deux fois élu roi de Pologne, l'une par la volonté de Charles XII, l'autre par le vœu de la nation, n'en avait jamais possédé que le titre. Retiré en Lorraine, où il n'avait encore que le nom de souverain, il réparait

---

1. Tome XXIII, page 205.
2. N.-R. Berryer.
3. C'est dans la *Correspondance* (tome XXXVI) que ces affaires sont exposées exactement.
4. On fit imprimer à l'Imprimerie royale les *OEuvres de Crébillon*, 1750, deux volumes in-4°.

par ses bienfaits le mal que l'administration française faisait à cette province, où le gouvernement paternel de Léopold [1] avait réparé un siècle de dévastations et de malheurs. Sa dévotion ne lui avait ôté ni le goût des plaisirs, ni celui des gens d'esprit. Sa maison était celle d'un particulier très-riche; son ton, celui d'un homme simple et franc qui, n'ayant jamais été malheureux que parce qu'on avait voulu qu'il fût roi, n'était pas ébloui d'un titre dont il n'avait éprouvé que les dangers. Il avait désiré d'avoir à sa cour, ou plutôt chez lui, Mme du Châtelet et Voltaire. L'auteur des *Saisons* [2], le seul poëte français qui ait réuni, comme Voltaire, l'âme et l'esprit d'un philosophe, vivait alors à Lunéville, où il n'était connu que comme un jeune militaire aimable; mais ses premiers vers, pleins de raison, d'esprit et de goût, annonçaient déjà un homme fait pour honorer son siècle.

Voltaire menait à Lunéville une vie occupée, douce, et tranquille, lorsqu'il eut le malheur d'y perdre son amie. Mme du Châtelet mourut [3] au moment où elle venait de terminer sa traduction de Newton, dont le travail forcé abrégea ses jours. Le roi vint consoler Voltaire dans sa chambre, et pleurer avec lui. Revenu à Paris, il se livra au travail: moyen de dissiper la douleur, que la nature a donné à très-peu d'hommes. Ce pouvoir sur nos propres idées, cette force de tête que les peines de l'âme ne peuvent détruire, sont des dons précieux qu'il ne faut point calomnier en les confondant avec l'insensibilité. La sensibilité n'est point de la faiblesse; elle consiste à sentir les peines, et non à s'en laisser accabler. On n'en a pas moins une âme sensible et tendre, la douleur n'en a pas été moins vive, parce qu'on a eu le courage de la combattre, et que des qualités extraordinaires ont donné la force de la vaincre.

Voltaire se lassait d'entendre tous les gens du monde et la plupart des gens de lettres lui préférer Crébillon, moins par sentiment que pour le punir de l'universalité de ses talents: car on est toujours plus indulgent pour les talents bornés à un seul genre, qui, paraissant une espèce d'instinct, et laissant en repos plus d'espèces d'amour-propre, humilient moins l'orgueil.

Cette opinion de la supériorité de Crébillon était soutenue avec tant de passion que depuis, dans le *Discours préliminaire* de l'*Encyclopédie*, M. d'Alembert eut besoin de courage pour accorder l'égalité à l'auteur d'*Alzire* et de *Mérope*, et n'osa porter plus loin la justice [4]. Enfin Voltaire voulut se venger, et forcer le public à le mettre à sa véritable place, en

---

1. Léopold Ier, duc de Lorraine, né en 1679, mort en 1729; voyez l'éloge que Voltaire fait de son règne, tome XIV, page 325.
2. Saint-Lambert.
3. Le 10 septembre 1749.
4. Voici les expressions de d'Alembert : « Deux hommes illustres, entre lesquels notre nation semble partagée, *et que la postérité saura mettre chacun à sa place*, se disputent la gloire du cothurne, et l'on voit encore avec un extrême plaisir leurs tragédies après celles de Corneille et de Racine. » Le malin d'Alembert, dans les mots qui sont imprimés en italique, fait bien voir qu'il ne met pas sur le même rang Crébillon et Voltaire.

donnant *Sémiramis* [1], *Oreste* [2], et *Rome sauvée* [3], trois sujets que Crébillon avait traités. Toutes les cabales animées contre Voltaire s'étaient réunies pour faire obtenir un succès éphémère au *Catilina* [4] de son rival, pièce dont la conduite est absurde et le style barbare, où Cicéron propose d'employer sa fille pour séduire Catilina, où un grand prêtre donne aux amants des rendez-vous dans un temple, y introduit une courtisane en habit d'homme, et traite ensuite le sénat d'impie, parce qu'il y discute des affaires de la république.

Rome sauvée, au contraire, est un chef-d'œuvre de style et de raison ; Cicéron s'y montre avec toute sa dignité et toute son éloquence ; César y parle, y agit comme un homme fait pour soumettre Rome, accabler ses ennemis de sa gloire, et se faire pardonner la tyrannie à force de talents et de vertus ; Catilina y est un scélérat, mais qui cherche à excuser ses vices sur l'exemple, et ses crimes sur la nécessité. L'énergie républicaine et l'âme des Romains ont passé tout entières dans le poëte.

Voltaire avait un petit théâtre où il essayait ses pièces. Il y joua souvent le rôle de Cicéron. Jamais, dit-on, l'illusion ne fut plus complète ; il avait l'air de créer son rôle en le récitant ; et quand, au cinquième acte, Cicéron reparaissait au sénat, quand il s'excusait d'aimer la gloire, quand il récitait ces beaux vers :

> Romains, j'aime la gloire, et ne veux point m'en taire :
> Des travaux des humains c'est le digne salaire.
> Sénat, en vous servant il la faut acheter :
> Qui n'ose la vouloir n'ose la mériter ;

alors le personnage se confondait avec le poëte. On croyait entendre Cicéron ou Voltaire avouer et excuser cette faiblesse des grandes âmes.

Il n'y avait qu'un beau rôle dans l'*Électre* de Crébillon, et c'était celui d'un personnage subalterne. Oreste, qui ne se connaît pas, est amoureux de la fille d'Égisthe, qui a le malheur de s'appeler Iphianasse. L'implacable Électre a un tendre penchant pour le fils d'Égisthe ; c'est au milieu des furies qui conduisent au parricide un fils égaré et condamné par les dieux à cette horrible vengeance que ces insipides amours remplissent la scène.

Voltaire sentit qu'il fallait rendre Clytemnestre intéressante par ses remords, la peindre plus faible que coupable, dominée par le cruel Égisthe, mais honteuse de l'avoir aimé, et sentant le poids de sa chaîne comme celui de son crime. Si l'on compare cette pièce aux autres tragédies de Voltaire, on la trouvera sans doute bien inférieure à ses chefs-d'œuvre ; mais si on le compare à Sophocle, qu'il voulait imiter, dont il voulait faire connaître aux Français le caractère et la manière de concevoir la tragédie, on verra qu'il a su en conserver les beautés, en imiter le style, en corriger les

---

1. 29 août 1748 ; voyez tome IV, page 481.
2. 12 janvier 1750 ; voyez tome V, page 73.
3. Le 24 février 1752 ; voyez tome V, page 199.
4. Le *Catilina* de Crébillon fut joué le 21 décembre 1748.

défauts, rendre Clytemnestre plus touchante, et Électre moins barbare. Aussi quand, malgré les cabales, ces beautés de tous les temps, transportées sur notre scène par un homme [1] digne de servir d'interprète au plus éloquent des poëtes grecs, forcèrent les applaudissements, Voltaire, plus occupé des intérêts du goût que de sa propre gloire, ne put s'empêcher de crier au parterre, dans un mouvement d'enthousiasme : *Courage, Athéniens ! c'est du Sophocle.*

La *Sémiramis* de Crébillon avait été oubliée dès sa naissance. Celle de Voltaire est le même sujet que quinze ans auparavant il avait traité sous le nom d'*Ériphyle*, et qu'il avait retiré du théâtre, quoique la pièce eût été fort applaudie ; il avait mieux senti aux représentations toutes les difficultés de ce sujet ; il avait vu que, pour rendre intéressante une femme qui avait fait périr son mari dans la vue de régner à sa place, il fallait que l'éclat de son règne, ses conquêtes, ses vertus, l'étendue de son empire, forçassent au respect, et s'emparassent de l'âme des spectateurs ; que la femme criminelle fût la maîtresse du monde, et eût les vertus d'un grand roi. Il sentit qu'en mettant sur le théâtre les prodiges d'une religion étrangère, il fallait, par la magnificence, le ton auguste et religieux du style, ne pas laisser à l'imagination le temps de se refroidir, montrer partout les dieux qu'on voulait faire agir, et couvrir le ridicule d'un miracle, en présentant sans cesse l'idée consolante d'un pouvoir divin exerçant sur les crimes secrets des princes une vengeance lente, mais inévitable.

L'amour, révoltant dans *Oreste*, était nécessaire dans *Sémiramis*. Il fallait que Ninias eût une amante, pour qu'il pût chérir Sémiramis, répondre à ses bontés, se sentir entraîné vers elle avant de la connaître pour sa mère, sans que l'horreur naturelle pour l'inceste se répandît sur le personnage qui doit exciter l'intérêt. Le style de *Sémiramis*, la majesté du sujet, la beauté du spectacle, le grand intérêt de quelques scènes, triomphèrent de l'envie et des cabales ; mais on ne rendit justice que longtemps après à *Oreste* et à *Rome sauvée*.

Peut-être même n'est-on pas encore absolument juste. Et si on songe que tous les colléges, toutes les maisons où se forment les instituteurs particuliers, sont dévoués au fanatisme ; que dans presque toutes les éducations on instruit les enfants à être injustes envers Voltaire, on n'en sera pas étonné.

Il fit ces trois pièces à Sceaux, chez Mme la duchesse du Maine [2]. Cette princesse aimait le bel esprit, les arts, la galanterie ; elle donnait dans son palais une idée de ces plaisirs ingénieux et brillants qui avaient embelli la cour de Louis XIV, et ennobli ses faiblesses. Elle aimait Cicéron ; et c'était pour le venger des outrages de Crébillon qu'elle excita Voltaire à faire *Rome sauvée*. Il avait envoyé *Mahomet* au pape ; il dédia *Sémiramis* à un

---

1. Grandval, mort en 1784.
2. Parti précipitamment de Fontainebleau en octobre 1746, il était venu à Sceaux chez la duchesse du Maine ; voyez les articles v et vi des *Mémoires de Longchamp*, dans les *Mémoires sur Voltaire*, etc., 1826, deux volumes in-8°.

cardinal [1]. Il se faisait un plaisir malin de montrer aux fanatiques français que des princes de l'Église savaient allier l'estime pour le talent au zèle de la religion, et ne croyaient pas servir le christianisme en traitant comme ses ennemis les hommes dont le génie exerçait sur l'opinion publique un empire redoutable.

Ce fut à cette époque qu'il consentit enfin à céder aux instances du roi de Prusse, et qu'il accepta le titre de chambellan, la grande croix de l'ordre du Mérite, et une pension de vingt mille livres. Il se voyait, dans sa patrie, l'objet de l'envie et de la haine des gens de lettres, sans leur avoir jamais disputé ni places ni pension, sans les avoir humiliés par des critiques, sans s'être jamais mêlé d'aucune intrigue littéraire; après avoir obligé tous ceux qui avaient eu besoin de lui, cherché à se concilier les autres par des éloges, et saisi toutes les occasions de gagner l'amitié de ceux que l'amour-propre avait rendus injustes.

Les dévots, qui se souvenaient des *Lettres philosophiques* et de *Mahomet*, en attendant les occasions de le persécuter, cherchaient à décrier ses ouvrages et sa personne, employaient contre lui leur ascendant sur la première jeunesse, et celui que, comme directeurs, ils conservaient encore dans les familles bourgeoises et chez les dévotes de la cour. Un silence absolu pouvait seul le mettre à l'abri de la persécution ; il n'aurait pu faire paraître aucun ouvrage sans être sûr que la malignité y chercherait un prétexte pour l'accuser d'impiété, ou le rendre odieux au gouvernement. Mme de Pompadour avait oublié leur ancienne liaison dans une place où elle ne voulait plus que des esclaves. Elle ne lui pardonnait point de n'avoir pas souffert avec assez de patience les préférences accordées à Crébillon. Louis XV avait pour Voltaire une sorte d'éloignement. Il avait flatté ce prince plus qu'il ne convenait à sa propre gloire ; mais l'habitude rend les rois presque insensibles à la flatterie publique. La seule qui les séduise est la flatterie adroite des courtisans, qui, s'exerçant sur les petites choses, se répète tous les jours, et sait choisir ses moments ; qui consiste moins dans des louanges directes que dans une adroite approbation des passions, des goûts, des actions, des discours du prince. Un demi-mot, un signe, une maxime générale qui les rassure sur leurs faiblesses ou sur leurs fautes, font plus d'effet que les vers les plus dignes de la postérité. Les louanges des hommes de génie ne touchent que les rois qui aiment véritablement la gloire.

On prétend que Voltaire s'étant approché de Louis XV après la représentation du *Temple de la Gloire*, où Trajan, donnant la paix au monde après ses victoires, reçoit la couronne refusée aux conquérants, et réservée à un héros ami de l'humanité, et lui ayant dit : *Trajan est-il content ?* le roi fut moins flatté du parallèle que blessé de la familiarité.

M. d'Argenson n'avait pas voulu prêter à Voltaire son appui pour lui obtenir un titre d'associé libre dans l'Académie des sciences, et pour entrer dans celle des belles-lettres, places qu'il ambitionnait alors comme un asile contre l'armée des critiques hebdomadaires que la police oblige à

---

[1]. Le cardinal Quirini ; voyez tome IV, page 487.

respecter les corps littéraires, excepté lorsque des corps ou des particuliers plus puissants croient avoir intérêt de les avilir, en les abandonnant aux traits de ces méprisables ennemis.

Voltaire alla donc à Berlin [1]; et le même prince qui le dédaignait, la même cour où il n'essuyait plus que des désagréments, furent offensés de ce départ. On ne vit plus que la perte d'un homme qui honorait la France, et la honte de l'avoir forcé à chercher ailleurs un asile. Il trouva dans le palais du roi de Prusse la paix et presque la liberté, sans aucun autre assujettissement que celui de passer quelques heures avec le roi pour corriger ses ouvrages, et lui apprendre les secrets de l'art d'écrire. Il soupait presque tous les jours avec lui.

Ces soupers, où la liberté était extrême, où l'on traitait avec une franchise entière toutes les questions de la métaphysique et de la morale, où la plaisanterie la plus libre égayait ou tranchait les discussions les plus sérieuses, où le roi disparaissait presque toujours pour ne laisser voir que l'homme d'esprit, n'étaient pour Voltaire qu'un délassement agréable. Le reste du temps était consacré librement à l'étude.

Il perfectionnait quelques-unes de ses tragédies, achevait le *Siècle de Louis XIV* [2], corrigeait *la Pucelle*, travaillait à son *Essai sur les Mœurs et l'Esprit des nations*, et faisait le *Poëme de la Loi naturelle*, tandis que Frédéric gouvernait ses États sans ministre, inspectait et perfectionnait son armée, faisait des vers, composait de la musique, écrivait sur la philosophie et sur l'histoire. La famille royale protégeait les goûts de Voltaire; il adressait des vers aux princesses, jouait la tragédie avec les frères et les sœurs du roi; et, en leur donnant des leçons de déclamation, il leur apprenait à mieux sentir les beautés de notre poésie : car les vers doivent être déclamés, et on ne peut connaître la poésie d'une langue étrangère si on n'a point l'habitude d'entendre réciter les vers par des hommes qui sachent leur donner l'accent et le mouvement qu'ils doivent avoir.

Voilà ce que Voltaire appelait le palais d'Alcine; mais l'enchantement fut trop tôt dissipé. Les gens de lettres appelés plus anciennement que lui à Berlin furent jaloux d'une préférence trop marquée, et surtout de cette espèce d'indépendance qu'il avait conservée, de cette familiarité qu'il devait aux grâces piquantes de son esprit, et à cet art de mêler la vérité à la louange, et de donner à la flatterie le ton de la galanterie et du badinage.

La Mettrie dit à Voltaire que le roi, auquel il parlait un jour de toutes les marques de bonté dont il accablait son chambellan, lui avait répondu : « J'en ai encore besoin pour revoir mes ouvrages. On suce l'orange et on jette l'écorce. » Ce mot désenchanta Voltaire, et lui jeta dans l'âme une

---

1. Il partit de Compiègne le 28 juin 1750, et arriva à Berlin avant la fin de juillet; voyez tome XXXVII, page 140. Pendant le séjour de Voltaire en Prusse, on vola des manuscrits dans son domicile à Paris, qu'occupait Mme Denis; voyez les *Documents biographiques*.

2. Imprimé pour la première fois, en 1751 à Berlin, pendant le séjour de l'auteur.

défiance qui ne lui permit plus de perdre de vue le projet de s'échapper. En même temps on dit au roi que Voltaire avait répondu un jour au général Manstein, qui le pressait de revoir ses Mémoires : « Le roi m'envoie son linge sale à blanchir ; il faut que le vôtre attende » ; qu'une autre fois, en montrant sur la table un paquet de vers du roi, il avait dit, dans un mouvement d'humeur : « Cet homme-là, c'est César et l'abbé Cotin. »

Cependant un penchant naturel rapprochait le monarque et le philosophe. Frédéric disait, longtemps après leur séparation, que jamais il n'avait vu d'homme aussi aimable que Voltaire ; et Voltaire, malgré un ressentiment qui jamais ne s'éteignit absolument, avouait que, quand Frédéric le voulait, il était le plus aimable des hommes. Ils étaient encore rapprochés par un mépris ouvert pour les préjugés et les superstitions, par le plaisir qu'ils prenaient à en faire l'objet éternel de leurs plaisanteries, par un goût commun pour une philosophie gaie et piquante, par une égale disposition à chercher, à saisir, dans les objets graves, le côté qui prête au ridicule. Il paraissait que le calme devait succéder à de petits orages, et que l'intérêt commun de leur plaisir devait toujours finir par les rapprocher. La jalousie de Maupertuis parvint à les désunir sans retour.

Maupertuis, homme de beaucoup d'esprit, savant médiocre, et philosophe plus médiocre encore, était tourmenté de ce désir de la célébrité qui fait choisir les petits moyens lorsque les grands nous manquent, dire des choses bizarres quand on n'en trouve point de piquantes qui soient vraies, généraliser des formules si l'on ne peut en inventer, et entasser des paradoxes quand on n'a point d'idées neuves. On l'avait vu à Paris sortir de la chambre ou se cacher derrière un paravant, quand un autre occupait la société plus que lui ; et à Berlin, comme à Paris, il eût voulu être partout le premier, à l'Académie des sciences comme au souper du roi. Il devait à Voltaire une grande partie de sa réputation, et l'honneur d'être le président perpétuel de l'Académie de Berlin, et d'y exercer la prépondérance sous le nom du prince.

Mais quelques plaisanteries échappées à Voltaire sur ce que Maupertuis, ayant voulu suivre le roi de Prusse à l'armée, avait été pris à Molwitz, l'aigrirent contre lui ; et il se plaignait avec humeur. Voltaire lui répondit avec amitié, et l'apaisa en faisant quatre vers [1] pour son portrait. Quelques années après, Maupertuis trouva très-mauvais que Voltaire n'eût point parlé de lui dans son discours de réception à l'Académie française [2] ; mais l'arrivée de Voltaire à Berlin acheva de l'aigrir. Il le voyait l'ami du souverain dont il n'était parvenu qu'à devenir un des courtisans, et donner des leçons à celui dont il recevait des ordres.

Voltaire, entouré d'ennemis, se défiant de la constance des sentiments du roi, regrettait en secret son indépendance, et cherchait à la recouvrer. Il imagine de se servir d'un juif pour faire sortir du Brandebourg une partie de ses fonds. Ce juif trahit sa confiance, et, pour se venger de ce que Vol-

---

1. Ils sont tome XXXVI, page 82.
2. Voyez tome XXIII, page 205, et XXIV, 1.

taire s'en est aperçu à temps, et n'a pas voulu se laisser voler, il lui fait un procès absurde, sachant que la haine n'est pas difficile en preuves. Le roi, pour punir *son ami* d'avoir voulu conserver son bien et sa liberté, fait semblant de le croire coupable, a l'air de l'abandonner, et l'exclut même de sa présence jusqu'à la fin du procès. Voltaire s'adresse à Maupertuis, dont la haine ne s'était pas encore manifestée, et le prie de prendre sa défense auprès du chef de ses juges. Maupertuis le refuse avec hauteur. Voltaire s'aperçoit qu'il a un ennemi de plus. Enfin ce ridicule procès [1] eut l'issue qu'il devait avoir : le juif fut condamné, et Voltaire lui fit grâce. Alors le roi le rappelle auprès de lui, et ajoute à ses anciennes bontés de nouvelles marques de considération, telle que la jouissance d'un petit château près de Potsdam.

Cependant la haine veillait toujours, et attendait ses moments. La Beaumelle, né en Languedoc d'une famille protestante, d'abord apprenti ministre à Genève, puis bel esprit français en Danemark, renvoyé bientôt de Copenhague, vint chercher fortune à Berlin, n'ayant pour titre de gloire qu'un libelle [2] qu'il venait de publier. Il va chez Voltaire, lui présente son livre, où Voltaire lui-même est maltraité, où La Beaumelle compare aux singes, aux nains qu'on avait autrefois dans certaines cours, les beaux esprits appelés à celle de Prusse, parmi lesquels il venait lui-même solliciter une place. Cette ridicule étourderie fut un moment l'objet des plaisanteries du souper du roi. Maupertuis rapporta ces plaisanteries à La Beaumelle, en chargea Voltaire seul, lui fit un ennemi irréconciliable, et s'assura d'un instrument qui servirait sa haine par de honteux libelles, sans que sa dignité de président d'académie en fût compromise.

Maupertuis avait besoin de secours; il venait d'avancer un nouveau principe de mécanique, celui de *la moindre action*. Ce principe, à qui l'illustre Euler faisait l'honneur de le défendre, en même temps qu'il en apprenait à l'auteur même toute l'étendue et le véritable usage, essuya beaucoup de contradictions. Koënig non seulement le combattit, mais il prétendit de plus qu'il n'était pas nouveau, et cita un fragment d'une lettre de Leibnitz, où ce principe se trouvait indiqué. Maupertuis, instruit par Koënig même qu'il n'a qu'une copie de la lettre de Leibnitz, imagine de le faire sommer juridiquement, par l'Académie de Berlin, de produire l'original. Koënig mande qu'il tient sa copie du malheureux Hienzi [3], décapité longtemps auparavant pour avoir voulu délivrer les habitants du canton de Berne de la tyrannie du sénat. La lettre ne se trouva plus dans ce qui pouvait rester de ses papiers, et l'Académie, moitié crainte, moitié bassesse, déclara Koënig indigne du titre d'académicien, et le fit rayer de la liste. Maupertuis ignorait apparemment que l'opinion générale des savants peut seule donner ou enlever les découvertes ; mais qu'il faut qu'elle soit libre et volontairement énoncée ; et qu'une forme solennelle, en la rendant suspecte, peut lu ôter son autorité et sa force.

1. Voyez tome XXXVII, page 221. Ces détails peu exacts se trouvent rectifiés dans la Correspondance.
2. *Mes Pensées.*
3. Voyez tome XXIII, page 570.

Voltaire avait connu Koënig chez Mme du Châtelet, à laquelle il était venu donner des leçons de leibnitianisme; il avait conservé de l'amitié pour lui, quoiqu'il se fût permis quelquefois de le plaisanter pendant son séjour en France. Il n'aimait pas Maupertuis, et haïssait la persécution, sous quelque forme qu'elle tourmentât les hommes : il prit donc ouvertement le parti de Koënig, et publia quelques ouvrages où la raison et la justice étaient assaisonnées d'une plaisanterie fine et piquante. Maupertuis intéressa l'amour-propre du roi à l'honneur de son académie, et obtint de lui d'exiger de Voltaire la promesse de ne plus se moquer ni d'elle ni de son président. Voltaire le promit. Malheureusement le roi, qui avait ordonné le silence, se crut dispensé de le garder. Il écrivit des plaisanteries qui se partageaient, mais avec un peu d'inégalité, entre Maupertuis et Voltaire. Celui-ci crut que, par cette conduite, le roi lui rendait sa parole, et que le privilége de se moquer seul des deux partis ne pouvait être compris dans la prérogative royale. Il profita donc d'une permission générale, anciennement obtenue, pour faire imprimer la *Diatribe d'Akakia* [1], et dévouer Maupertuis à un ridicule éternel.

Le roi rit; il aimait peu Maupertuis, et ne pouvait l'estimer ; mais jaloux de son autorité, il fit brûler cette plaisanterie par le bourreau [2] : manière de se venger qu'il est assez singulier qu'un roi philosophe ait empruntée de l'Inquisition.

Voltaire, outragé, lui renvoya sa croix, sa clef, et le brevet de sa pension, avec ces quatre vers :

> Je les reçus avec tendresse,
> Je les renvoie avec douleur,
> Comme un amant jaloux, dans sa mauvaise humeur,
> Rend le portrait de sa maîtresse.

Il ne soupirait qu'après la liberté ; mais, pour l'obtenir, il ne suffisait pas qu'il eût renvoyé ce qu'il avait d'abord appelé *de magnifiques bagatelles,* mais qu'il ne nommait plus que *les marques de sa servitude.* Il écrivait de Berlin, où il était malade, pour demander une permission de partir. Le roi de Prusse, qui ne voulait que l'humilier et le conserver, lui envoyait du quinquina [3], mais point de permission. Il écrivait qu'il avait besoin des eaux de Plombières ; on lui répondit qu'il y en avait d'aussi bonnes en Silésie.

Enfin Voltaire prend le parti de demander à voir le roi : il se flatte que sa vue réveillera des sentiments qui étaient plutôt révoltés qu'éteints. On lui renvoie ses anciennes breloques. Il court à Potsdam, voit le roi ; quelques instants suffisent pour tout changer. La familiarité renaît, la gaieté reparaît, même aux dépens de Maupertuis, et Voltaire obtient la permission d'aller à Plombières, mais en promettant de revenir : promesse peut-être

---

1. Voyez tome XXIII, page 560.
2. Le 24 décembre 1752.
3. Voyez la lettre à Mme Denis, du 15 mars 1753.

peu sincère, mais aussi obligeait-elle moins qu'une parole donnée entre égaux ; et les cent cinquante mille hommes qui gardaient les frontières de la Prusse ne permettaient pas de la regarder comme faite avec une entière liberté.

Voltaire se hâta de se rendre à Leipsick, où il s'arrêta pour réparer ses forces, épuisées par cette longue persécution. Maupertuis lui envoie un cartel ridicule [1], qui n'a d'autre effet que d'ouvrir une nouvelle source à ses intarissables plaisanteries. De Leipsick il va chez la duchesse de Saxe-Gotha, princesse supérieure aux préjugés, qui cultivait les lettres, et aimait la philosophie. Il y commença pour elle ses *Annales de l'Empire*.

De Gotha il part pour Plombières, et prend la route de Francfort. Maupertuis voulait une vengeance ; son cartel n'avait pas réussi, les libelles de La Beaumelle ne lui suffisaient pas. Ce malheureux second avait été forcé de quitter Berlin après une aventure ridicule, et quelques semaines de prison ; il s'était enfui de Gotha avec une femme de chambre qui vola sa maîtresse en partant ; ses libelles l'avaient fait chasser de Francfort, et, à peine arrivé à Paris, il s'était fait mettre à la Bastille. Il fallut donc que le président de l'Académie de Berlin cherchât un autre vengeur. Il excita l'humeur du roi de Prusse. La lenteur du voyage de Voltaire, son séjour à Gotha, un placement considérable sur sa tête et celle de Mme Denis sa nièce fait sur le duc de Wurtemberg, tout annonçait la volonté de quitter pour jamais la Prusse ; et Voltaire avait emporté avec lui le recueil des œuvres poétiques du roi, alors connu seulement des beaux esprits de sa cour.

On fit craindre à Frédéric une vengeance qui pouvait être terrible, même pour un poëte couronné ; au moins il était possible que Voltaire se crût en droit de reprendre les vers qu'il avait donnés, ou d'avertir de ceux qu'il avait corrigés. Le roi donna ordre à un fripon breveté qu'il entretenait à Francfort pour y acheter ou y voler des hommes, d'arrêter Voltaire, et de ne le relâcher que lorsqu'il aurait rendu sa croix, sa clef, le brevet de pension, et les vers que Freytag appelait *l'Œuvre de poëshies du roi son maître*. Malheureusement ces volumes étaient restés à Leipsick. Voltaire fut étroitement gardé pendant trois semaines ; Mme Denis, sa nièce, qui était venue au-devant de lui, fut traitée avec la même rigueur. Des gardes veillaient à leur porte. Un satellite de Freytag restait dans la chambre de chacun d'eux, et ne les perdait pas de vue, tant on craignait que l'*œuvre de poëshies* ne pût s'échapper. Enfin on remit entre les mains de Freytag ce précieux dépôt ; et Voltaire fut libre, après avoir été cependant forcé de donner de l'argent à quelques aventuriers qui profitèrent de l'occasion pour lui faire de petits procès. Échappé de Francfort, il vint à Colmar [2].

Le roi de Prusse, honteux de sa ridicule colère, désavoua Freytag ; mais il eut assez de morale pour ne pas le punir d'avoir obéi. Il est étrange qu'une ville qui se dit libre laisse une puissance étrangère exercer de telles vexa-

---

1. Voyez tome XXIII, pages 581 et 583, et XXXVIII, page 10.
2. Pour les détails sur le voyage de Voltaire, et son arrestation à Francfort, voyez la *Correspondance* (tome XXXVIII). Voyez aussi, dans les *Documents biographiques*, le récit de Colini.

tions au milieu de ses murs ; mais la liberté et l'indépendance ne sont jamais pour le faible qu'un vain nom. Frédéric, dans le temps de sa passion pour Voltaire, lui baisait souvent les mains dans le transport de son enthousiasme; et Voltaire, comparant, après sa sortie de Francfort, ces deux époques de sa vie, répétait à ses amis : « Il a cent fois baisé cette main qu'il vient d'enchaîner. »

Il n'avait publié à Berlin que le *Siècle de Louis XIV,* la seule histoire de ce règne que l'on puisse lire. C'est sur le témoignage des anciens courtisans de Louis XIV, ou de ceux qui avaient vécu dans leur société, qu'il raconte un petit nombre d'anecdotes choisies avec discernement parmi celles qui peignent l'esprit et le caractère des personnages et du siècle même. Les événements politiques ou militaires y sont racontés avec intérêt et avec rapidité : tout y est peint à grands traits. Dans des chapitres particuliers, il rapporte ce que Louis XIV a fait pour la réforme des lois ou des finances, pour l'encouragement du commerce et de l'industrie ; et on doit lui pardonner d'en avoir parlé suivant l'opinion des hommes les plus éclairés du temps où il écrivait, et non d'après des lumières qui n'existaient pas encore.

Ses chapitres sur le calvinisme, le jansénisme, le quiétisme, la dispute sur les cérémonies chinoises, sont les premiers modèles de la manière dont un ami prudent de la vérité doit parler de ces honteuses maladies de l'humanité, lorsque le nombre et le pouvoir de ceux qui en sont encore attaqués obligent de soulever avec adresse le voile qui en cache la turpitude. On peut lui reprocher seulement une sévérité trop grande contre les calvinistes, qui ne se rendirent coupables que lorsqu'on les força de le devenir, et dont les crimes ne furent en quelque sorte que les représailles des assassinats juridiques exercés contre eux dans quelques provinces.

Les découvertes dans les sciences, les progrès des arts, sont exposés avec clarté, avec exactitude, avec impartialité, et les jugements toujours dictés par une raison saine et libre, par une philosophie indulgente et douce.

La liste des écrivains du siècle de Louis XIV est un ouvrage neuf. On n'avait pas encore imaginé de peindre ainsi par un trait, par quelques lignes, des philosophes, des savants, des littérateurs, des poëtes, sans sécheresse comme sans prétention, avec un goût sûr et une précision presque toujours piquante.

Cet ouvrage apprit aux étrangers à connaître Louis XIV, défiguré chez eux dans une foule de libelles, et à respecter une nation qu'ils n'avaient vue jusque-là qu'au travers des préventions de la jalousie et de la haine. On fut moins indulgent en France. Les esclaves, par état et par caractère, furent indignés qu'un Français eût osé trouver des faiblesses dans Louis XIV. Les gens à préjugés furent scandalisés qu'il eût parlé avec liberté des fautes des généraux et des défauts des grands écrivains ; d'autres lui reprochaient, avec plus de justice à quelques égards, trop d'indulgence ou d'enthousiasme. Mais l'histoire d'un pays n'est jamais jugée avec impartialité que par les étrangers ; une foule d'intérêts, de préventions, de préjugés, corrompt toujours le jugement des compatriotes.

Voltaire passa près de deux années en Alsace. C'est pendant ce séjour qu'il publia les *Annales de l'Empire*, le seul des abrégés chronologiques qu'on puisse lire de suite, parce qu'il est écrit d'un style rapide, et rempli de résultats philosophiques exprimés avec énergie. Ainsi Voltaire a été encore un modèle dans ce genre, dont son amitié pour le président Hénault lui a fait exagérer le mérite et l'utilité.

Il avait d'abord songé à s'établir en Alsace; mais malheureusement les jésuites essayèrent de le convertir, et, n'ayant pu y réussir, répandirent contre lui ces calomnies sourdes qui annoncent et préparent la persécution. Voltaire fit une tentative pour obtenir, non la permission de revenir à Paris (il en eut toujours la liberté), mais l'assurance qu'il n'y serait pas désagréable à la cour. Il connaissait trop la France pour ne pas sentir qu'odieux à tous les corps puissants par son amour pour la vérité, il deviendrait bientôt l'objet de leur persécution, si on pouvait être sûr que Versailles le laisserait opprimer.

La réponse ne fut pas rassurante. Voltaire se trouva sans asile dans sa patrie, dont son nom soutenait l'honneur, alors avili dans l'Europe par les ridicules querelles des billets de confession, et au moment même où il venait d'élever, dans son *Siècle de Louis XIV*, un monument à sa gloire. Il se détermina à aller prendre les eaux d'Aix en Savoie. A son passage par Lyon, le cardinal de Tencin, si fameux par la conversion de Lass et le concile d'Embrun, lui fit dire qu'il ne pouvait lui donner à dîner, parce qu'il était mal avec la cour; mais les habitants de cette ville opulente, où l'esprit du commerce n'a point étouffé le goût des lettres, le dédommagèrent de l'impolitesse politique de leur archevêque. Alors, pour la première fois, il reçut les honneurs que l'enthousiasme public rend au génie. Ses pièces furent jouées devant lui, au bruit des acclamations d'un peuple enivré de la joie de posséder celui à qui il devait de si nobles plaisirs; mais il n'osa se fixer à Lyon. La conduite du cardinal l'avertissait qu'il n'était pas assez loin de ses ennemis.

Il passa par Genève pour consulter Tronchin. La beauté du pays, l'égalité qui paraissait y régner, l'avantage d'être hors de la France, dans une ville où l'on ne parlait que français; la liberté de penser, plus étendue que dans un pays monarchique et catholique; celle d'imprimer, fondée à la vérité moins sur les lois que sur les intérêts du commerce : tout le déterminait à y choisir sa retraite.

Mais il vit bientôt qu'une ville où l'esprit de rigorisme et de pédantisme, apporté par Calvin, avait jeté des racines profondes; où la vanité d'imiter les républiques anciennes, et la jalousie des pauvres contre les riches, avaient établi des lois somptuaires; où les spectacles révoltaient à la fois le fanatisme calviniste et l'austérité républicaine, n'était pour lui un séjour ni agréable ni sûr; il voulut avoir contre la persécution des catholiques un asile sur les terres de Genève, et une retraite en France contre l'humeur des réformés, et prit le parti d'habiter alternativement d'abord Tournay[1], puis Ferney en

---

1. L'ordre inverse serait exact.

France, et les Délices, aux portes de Genève. C'est là qu'il fixa enfin sa demeure avec Mme Denis sa nièce, alors veuve et sans enfants, libre de se livrer à son amitié pour son oncle, et de reconnaître le soin paternel qu'il avait pris d'augmenter son aisance. Elle se chargea d'assurer sa tranquillité et son indépendance domestique, de lui épargner les soins fatigants du détail d'une maison. C'était tout ce qu'il était obligé de devoir à autrui. Le travail était pour lui une source inépuisable de jouissances; et, pour que tous ses moments fussent heureux, il suffisait qu'ils fussent libres.

Jusqu'ici nous avons décrit la vie orageuse d'un poëte philosophe, à qui son amour pour la vérité et l'indépendance de son caractère avaient fait encore plus d'ennemis que ses succès; qui n'avait répondu à leurs méchancetés que par des épigrammes ou plaisantes ou terribles, et dont la conduite avait été plus souvent inspirée par le sentiment qui le dominait dans chaque circonstance, que combinée d'après un plan formé par sa raison.

Maintenant dans la retraite, éloigné de toutes les illusions, de tout ce qui pouvait élever en lui des passions personnelles et passagères, nous allons le voir abandonné à ses passions dominantes et durables, l'amour de la gloire, le besoin de produire, plus puissant encore, et le zèle pour la destruction des préjugés, la plus forte et la plus active de toutes celles qu'il a connues. Cette vie paisible, rarement troublée par des menaces de persécution plutôt que par des persécutions réelles, sera embellie, non seulement comme ses premières années, par l'exercice de cette bienfaisance particulière, qualité commune à tous les hommes dont le malheur ou la vanité n'ont point endurci l'âme et corrompu la raison, mais par des actions de cette bienfaisance courageuse et éclairée qui, en adoucissant les maux de quelques individus, sert en même temps l'humanité entière.

C'est ainsi qu'indigné de voir un ministère corrompu poursuivre la mort du malheureux Byng, pour couvrir ses propres fautes, et flatter l'orgueil de la populace anglaise, il employa, pour sauver cette innocente victime du machiavélisme de Pitt, tous les moyens que le génie de la pitié put lui inspirer, et seul éleva sa voix contre l'injustice, tandis que l'Europe étonnée contemplait en silence cet exemple d'atrocité antique que l'Angleterre osait donner dans un siècle d'humanité et de lumières.

Le premier ouvrage qui sortit de sa retraite fut la tragédie de *l'Orphelin de la Chine* [1], composée pendant son séjour en Alsace, lorsque, espérant pouvoir vivre à Paris, il voulait qu'un succès au théâtre rassurât ses amis, et forçât ses ennemis au silence.

Dans les commencements de l'art tragique, les poëtes étaient assurés de frapper les esprits en donnant à leurs personnages des sentiments contraires à ceux de la nature, en sacrifiant ces sentiments que chaque homme porte au fond du cœur, aux passions plus rares de la gloire, du patriotisme exagéré, du dévouement à ses princes.

Comme alors la raison est encore moins formée que le goût, l'opinion commune seconde ceux qui emploient ces moyens, ou est entraînée par eux.

---

1. Joué le 20 août 1755; voyez tome V, page 291.

Léontine[1] dut inspirer de l'admiration, et la hauteur de son caractère lui faire pardonner le sacrifice de son fils, par un parterre idolâtre de son prince. Mais quand ces moyens de produire des effets, en s'écartant de la nature, commencent à s'épuiser; quand l'art se perfectionne, alors il est forcé de se rapprocher de la raison, et de ne plus chercher de ressources que dans la nature même. Cependant telle est la force de l'habitude que le sacrifice de Zamti, fondé à la vérité sur des motifs plus nobles, plus puissants que celui de Léontine, expié par ses larmes, par ses regrets, avait séduit les spectateurs. A la première représentation de l'*Orphelin*, ces vers d'Idamé[2], si vrais, si philosophiques,

> La nature et l'hymen, voilà les lois premières,
> Les devoirs, les liens des nations entières:
> Ces lois viennent des dieux, le reste est des humains,

n'excitèrent d'abord que l'étonnement; les spectateurs balancèrent, et le cri de la nature eut besoin de la réflexion pour se faire entendre. C'est ainsi qu'un grand poëte peut quelquefois décider les esprits flottants entre d'anciennes erreurs et les vérités qui, pour en prendre la place, attendent qu'un dernier coup achève de renverser la barrière chancelante que le préjugé leur oppose. Les hommes n'osent souvent s'avouer à eux-mêmes les progrès lents que la raison a faits dans leur esprit, mais ils sont prêts à la suivre si, en la leur présentant d'une manière vive et frappante, on les force à la reconnaître. Aussi ces mêmes vers n'ont plus été entendus qu'avec transport, et Voltaire eut le plaisir d'avoir vengé la nature.

Cette pièce est le triomphe de la vertu sur la force, et des lois sur les armes. Jusqu'alors, excepté dans *Mahomet*, on n'avait pu réussir à rendre amoureux, sans l'avilir, un de ces hommes dont le nom impose à l'imagination, et présente l'idée d'une force d'âme extraordinaire. Voltaire vainquit pour la seconde fois cette difficulté. L'amour de Gengis-kan intéresse malgré la violence et la férocité de son caractère, parce que cet amour est vrai, passionné; parce qu'il lui arrache l'aveu du vide que son cœur éprouve au milieu de sa puissance; parce qu'il finit par sacrifier cet amour à sa gloire, et sa fureur des conquêtes au charme, nouveau pour lui, des vertus pacifiques.

Le repos de Voltaire fut bientôt troublé par la publication de *la Pucelle*.

Ce poëme, qui réunit la licence et la philosophie, où la vérité prend le masque d'une gaieté satirique et voluptueuse, commencé vers 1730, n'avait jamais été achevé. L'auteur en avait confié les premiers essais à un petit nombre de ses amis et à quelques princes. Le seul bruit de son existence lui avait attiré des menaces, et il avait pris, en ne l'achevant pas, le moyen le plus sûr d'éviter la tentation dangereuse de le rendre public. Malheureusement on laissa multiplier les copies; une d'elles tomba entre des mains

---

1. Dans la tragédie d'*Héraclius*, de P. Corneille.
2. Acte II, scène III.

avides et ennemies, et l'ouvrage parut, non-seulement avec les défauts que l'auteur y avait laissés, mais avec des vers ajoutés par les éditeurs, et remplis de grossièreté, de mauvais goût, de traits satiriques qui pouvaient compromettre la sûreté de Voltaire. L'amour du gain, le plaisir de faire attribuer leurs mauvais vers à un grand poëte, le plaisir plus méchant de l'exposer à la persécution, furent les motifs de cette infidélité dont La Beaumelle et l'ex-capucin Maubert ont partagé l'honneur [1].

Ils ne réussirent qu'à troubler un moment le repos de celui qu'ils voulaient perdre. Ses amis détournèrent la persécution, en prouvant que l'ouvrage était falsifié; et la haine des éditeurs le servit malgré eux.

Mais cette infidélité l'obligea d'achever *la Pucelle*, et de donner au public [2] un poëme dont l'auteur de *Mahomet* et du *Siècle de Louis XIV* n'eut plus à rougir. Cet ouvrage excita un enthousiasme très-vif dans une classe nombreuse de lecteurs, tandis que les ennemis de Voltaire affectèrent de le décrier comme indigne d'un philosophe, et presque comme une tache pour les œuvres et même pour la vie du poëte.

Mais si l'on peut regarder comme utile le projet de rendre la superstition ridicule aux yeux des hommes livrés à la volupté, et destinés, par la faiblesse même qui les entraîne au plaisir, à devenir un jour les victimes infortunées ou les instruments dangereux de ce vil tyran de l'humanité; si l'affectation de l'austérité dans les mœurs, si le prix excessif attaché à leur pureté ne fait que servir les hypocrites, qui, en prenant le masque facile de la chasteté, peuvent se dispenser de toutes les vertus, et couvrir d'un voile sacré les vices les plus funestes à la société, la dureté de cœur, et l'intolérance; si, en accoutumant les hommes à regarder comme autant de crimes des fautes dont ceux qui ont de l'honneur et de la conscience ne sont pas exempts, on étend sur les âmes même les plus pures le pouvoir de cette caste dangereuse qui, pour gouverner et troubler la terre, s'est rendue exclusivement l'interprète de la justice céleste : alors on ne verra dans l'auteur de *la Pucelle* que l'ennemi de l'hypocrisie et de la superstition.

Voltaire lui-même, en parlant de La Fontaine, a remarqué [3] avec raison que des ouvrages où la volupté est mêlée à la plaisanterie amusent l'imagination sans l'échauffer et sans la séduire; et si des images voluptueuses et gaies sont pour l'imagination une source de plaisirs qui allègent le poids de l'ennui, diminuent le malheur des privations, délassent un esprit fatigué par le travail, remplissent des moments que l'âme abattue ou épuisée ne peut donner ni à l'action ni à une méditation utile, pourquoi priver les hommes d'une ressource que leur offre la nature? Quel effet résultera-t-il de ces lectures? aucun, sinon de disposer les hommes à plus de douceur et d'indulgence. Ce n'étaient point de pareils livres que lisaient Gérard ou Clément, et que les satellites de Cromwell portaient à l'arçon de leur selle.

---

1. L'honneur est, je crois, tout entier à Maubert; je ne pense pas que La Beaumelle y fût pour rien. (B.)
2. La première édition avouée par l'auteur est de 1762.
3. Tome XXX, pages 330 331.

Deux ouvrages bien différents parurent à la même époque, le poëme sur *la Loi naturelle*, et celui de *la Destruction de Lisbonne*. Exposer la morale dont la raison révèle les principes à tous les hommes, dont ils trouvent la sanction au fond de leur cœur, et à laquelle le remords les avertit d'obéir; montrer que cette loi générale est la seule qu'un Dieu, père commun des hommes, ait pu leur donner, puisqu'elle est la seule qui soit la même pour tous; prouver que le devoir des particuliers est de se pardonner réciproquement leurs erreurs, et celui des souverains d'empêcher, par une sage indifférence, ces vaines opinions, appuyées par le fanatisme et par l'hypocrisie, de troubler la paix de leurs peuples : tel est l'objet du poëme de *la Loi naturelle* [1].

Ce poëme, le plus bel hommage que jamais l'homme ait rendu à la Divinité, excita la colère des dévots, qui l'appelaient le poëme de *la Religion naturelle*, quoiqu'il n'y fût question de religion que pour combattre l'intolérance, et qu'il ne puisse exister de religion naturelle. Il fut brûlé par le parlement de Paris, qui commençait à s'effrayer des progrès de la raison autant que de ceux du molinisme. Conduit à cette époque par quelques chefs, ou aveuglés par l'orgueil, ou égarés par une fausse politique, il crut qu'il lui serait plus facile d'arrêter les progrès des lumières que de mériter le suffrage des hommes éclairés. Il ne sentit pas le besoin qu'il avait de l'opinion publique, ou méconnut ceux à qui il était donné de la diriger, et se déclara l'ennemi des gens de lettres, précisément à l'instant où le suffrage des gens de lettres français commençait à exercer quelque influence sur la France même et sur l'Europe.

Cependant le poëme de Voltaire, commenté depuis dans plusieurs livres célèbres, est encore celui où la liaison de la morale avec l'existence d'un Dieu est exposée avec le plus de force et de raison; et, trente ans plus tard, ce qui avait été brûlé comme impie eût paru presque un ouvrage religieux.

Dans le poëme sur *le Désastre de Lisbonne* [2], Voltaire s'abandonne au sentiment de terreur et de mélancolie que ce malheur lui inspire; il appelle au milieu de ces ruines sanglantes les tranquilles sectateurs de l'optimisme; il combat leurs froides et puériles raisons avec l'indignation d'un philosophe profondément sensible aux maux de ses semblables; il expose dans toute leur force les difficultés sur l'origine du mal, et avoue qu'il est impossible à l'homme de les résoudre. Ce poëme, dans lequel, à l'âge de plus de soixante ans, l'âme de Voltaire, échauffée par la passion de l'humanité, a toute la verve et tout le feu de la jeunesse, n'est pas le seul ouvrage qu'il voulut opposer à l'optimisme.

Il publia *Candide* [3], un de ses chefs-d'œuvre dans le genre des romans philosophiques, qu'il transporta d'Angleterre en France en le perfectionnant. Ce genre a le malheur de paraître facile; mais il exige un talent rare,

---

1. Tome IX, page 433.
2. Publié en 1756.
3. En 1759.

celui de savoir exprimer par une plaisanterie, par un trait d'imagination, ou par les événements mêmes du roman, les résultats d'une philosophie profonde, sans cesser d'être naturelle et piquante, sans cesser d'être vraie Il faut donc choisir ceux de ces résultats qui n'ont besoin ni de développements ni de preuves; éviter à la fois et ce qui étant commun ne vaut pas la peine d'être répété, et ce qui, étant ou trop abstrait ou trop neuf encore, n'est fait que pour un petit nombre d'esprits. Il faut être philosophe, et ne point le paraître.

En même temps peu de livres de philosophie sont plus utiles; ils sont lus par des hommes frivoles que le nom seul de philosophe rebute ou attriste, et que cependant il est important d'arracher aux préjugés, et d'opposer au grand nombre de ceux qui sont intéressés à les défendre. Le genre humain serait condamné à d'éternelles erreurs si, pour l'en affranchir, il fallait étudier ou méditer les preuves de la vérité. Heureusement la justesse naturelle de l'esprit y peut suppléer pour les vérités simples, qui sont aussi les plus nécessaires. Il suffit alors de trouver un moyen de fixer l'attention des hommes inappliqués, et surtout de graver ces vérités dans leur mémoire. Telle est la grande utilité des romans philosophiques, et le mérite de ceux de Voltaire, où il a surpassé également et ses imitateurs et ses modèles.

Une traduction libre de *l'Ecclésiaste* [1] et d'une partie du *Cantique des Cantiques* [2] suivit de près *Candide*.

On avait persuadé à Mme de Pompadour qu'elle ferait un trait de politique profonde en prenant le masque de la dévotion; que par là elle se mettrait à l'abri des scrupules et de l'inconstance du roi, et qu'en même temps elle calmerait la haine du peuple. Elle imagina de faire de Voltaire un des acteurs de cette comédie. Le duc de La Vallière lui proposa de traduire les *Psaumes* et les *ouvrages sapientiaux;* l'édition aurait été faite au Louvre, et l'auteur serait revenu à Paris, sous la protection de la dévote favorite. Voltaire ne pouvait devenir hypocrite, pas même pour être cardinal, comme on lui en fit entrevoir l'espérance à peu près dans le même temps. Ces sortes de propositions se font toujours trop tard; et si on les faisait à temps, elles ne seraient pas d'une politique bien sûre: celui qui devait être un ennemi dangereux deviendrait souvent un allié plus dangereux encore. Supposez Calvin ou Luther appelés à la pourpre lorsqu'ils pouvaient encore l'accepter sans honte, et voyez ce qu'ils auraient osé. On ne satisfait pas, avec les hochets de la vanité, les âmes dominées par l'ambition de régner sur les esprits; on leur fournit des armes nouvelles.

Cependant Voltaire fut tenté de faire quelques essais de traduction, non pour rétablir sa réputation religieuse, mais pour exercer son talent dans un genre de plus. Lorsqu'ils parurent, les dévots s'imaginèrent qu'il n'avait voulu que parodier ce qu'il avait traduit, et crièrent au scandale. Ils n'imaginaient pas que Voltaire avait adouci et purifié le texte; que son *Ecclésiaste* était moins matérialiste, et son *Cantique* moins indécent, que l'original

1. Tome IX, page 481.
2. Tome IX, page 495.

sacré. Ces ouvrages furent donc encore brûlés. Voltaire s'en vengea par une lettre remplie à la fois d'humeur et de gaieté [1], où il se moque de cette hypocrisie de mœurs, vice particulier aux nations modernes de l'Europe, et qui a contribué plus qu'on ne croit à détruire l'énergie de caractère qui distingue les nations antiques.

En 1757 parut la première édition de ses œuvres [2], vraiment faite sous ses yeux. Il avait tout revu avec une attention sévère, fait un choix éclairé, mais rigoureux, parmi le grand nombre de pièces fugitives échappées à sa plume, et y avait ajouté son immortel *Essai sur les Mœurs et l'Esprit des nations* [3].

Longtemps Voltaire s'était plaint que, chez les modernes surtout, l'histoire d'un pays fût celle de ses rois ou de ses chefs; qu'elle ne parlât que des guerres, des traités, ou des troubles civils; que l'histoire des mœurs, des arts, des sciences, celle des lois, de l'administration publique, eût été presque oubliée. Les anciens même, où l'on trouve plus de détails sur les mœurs, sur la politique intérieure, n'ont fait en général que joindre à l'histoire des guerres celle des factions populaires. On croirait, en lisant ces historiens, que le genre humain n'a été créé que pour servir à faire briller les talents politiques ou militaires de quelques individus, et que la société a pour objet, non le bonheur de l'espèce entière, mais le plaisir d'avoir des révolutions à lire ou à raconter.

Voltaire forma le plan d'une histoire où l'on trouverait ce qu'il importe le plus aux hommes de connaître : les effets qu'ont produits sur le repos ou le bonheur des nations les préjugés, les lumières, les vertus ou les vices, les usages ou les arts des différents siècles.

Il choisit l'époque qui s'étend depuis Charlemagne jusqu'à nos jours; mais, ne se bornant pas aux seules nations européannes [4], un tableau abrégé de l'état des autres parties du globe, des révolutions qu'elles ont éprouvées, des opinions qui les gouvernent, ajoute à l'intérêt et à l'instruction. C'était pour réconcilier Mme du Châtelet avec l'étude de l'histoire qu'il avait entrepris ce travail immense, qui le força de se livrer à des recherches d'érudition qu'on aurait crues incompatibles avec la mobilité de son imagination et l'activité de son esprit. L'idée d'être utile le soutenait; et l'érudition ne pouvait être ennuyeuse pour un homme qui, s'amusant du ridicule, et ayant

---

1. *Lettre de M. Ératou à M. Clocpitre, aumônier de S. A. S. M. le landgrave,* tome IX, page 497.

2. L'édition faite à Genève par les frères Cramer porte en effet le titre de *Première* édition. Il y en a des exemplaires sous la date de 1756, et d'autres avec la date de 1757. Mais cette édition, faite par les frères Cramer, n'était pas la première des *OEuvres de Voltaire;* voyez la *Préface* de Beuchot en tête du présent volume, et la *Notice bibliographique* à la fin du tome L.

3. Les premières éditions, données par l'auteur, étaient intitulées *Essai sur l'Histoire générale,* etc.; mais avant ces éditions on avait imprimé, en 1753, deux volumes in-12 avec le nom de Voltaire, sous le titre d'*Abrégé de l'Histoire universelle.*

4. Voltaire avait adopté ce mot; voyez sa note, tome V, page 298.

la sagacité de le saisir, en trouvait une source inépuisable dans les absurdités spéculatives ou pratiques de nos pères, et dans la sottise de ceux qui les ont transmises ou commentées en les admirant avec une bonne foi ou une hypocrisie également risibles.

Un tel ouvrage ne pouvait plaire qu'à des philosophes. On l'accusa d'être frivole, parce qu'il était clair, et qu'on le lisait sans fatigue ; on prétendit qu'il était inexact, parce qu'il s'y trouvait des erreurs de noms et de dates absolument indifférentes ; et il est prouvé, par les reproches mêmes des critiques qui se sont déchaînés contre lui, que jamais, dans une histoire si étendue, aucun historien n'a été plus fidèle [1]. On l'a souvent accusé de partialité, parce qu'il s'élevait contre des préjugés que la pusillanimité ou la bassesse avait trop longtemps ménagés : et il est aisé de prouver que, loin d'exagérer les crimes du despotisme sacerdotal, il en a plutôt diminué le nombre et adouci l'atrocité [2]. Enfin on a trouvé mauvais que, dans ce tableau d'horreurs et de folies, il ait quelquefois répandu sur celles-ci les traits de la plaisanterie, qu'il n'ait pas toujours parlé sérieusement des extravagances humaines, comme si elles cessaient d'être ridicules parce qu'elles ont été souvent dangereuses.

Ces préjugés, que des corps puissants étaient intéressés à répandre, ne sont pas encore détruits. L'habitude de voir presque toujours la lourdeur réunie à l'exactitude, de trouver à côté des décisions de la critique l'échafaudage insipide employé pour les former, a fait prendre celle de ne regarder comme exact que ce qui porte l'empreinte de la pédanterie. On s'est accoutumé à voir l'ennui accompagner la fidélité historique, comme à voir les hommes de certaines professions porter des couleurs lugubres. D'ailleurs les gens d'esprit ne tirent aucune vanité d'un mérite que des sots peuvent partager avec eux ; et on croit qu'ils ne l'ont point, parce qu'ils sont les seuls à ne pas s'en vanter. Les *Voyages du jeune Anacharsis* détruiront peut-être cette opinion trop accréditée [3].

---

1. Voici deux grands témoignages en faveur de Voltaire :

« J'ai (dit Robertson dans son *Introduction à l'Histoire de Charles-Quint*) suivi Voltaire dans mes recherches ; et il m'a indiqué non-seulement les faits sur lesquels il était important de m'arrêter, mais encore les conséquences qu'il en fallait tirer : s'il avait en même temps cité les livres originaux où les détails peuvent se trouver, il m'aurait épargné une partie considérable de mon travail, et plusieurs de ses lecteurs, qui ne le regardent que comme un écrivain agréable et intéressant, verraient encore en lui un historien savant et profond. »

« Nous ne doutons pas (dit M. de Chateaubriand, *Génie du Christianisme*, partie III, livre III, chapitre VI) que Voltaire, s'il avait été chrétien, n'eût excellé en histoire : il ne lui manquait que de la gravité, et, malgré ses imperfections, c'est peut-être encore, après Bossuet, le premier historien de France. »

2. Voltaire a essayé de disculper Alexandre VI ; voyez tome XI, page 190 ; et XXVII, 294.

3. C'est en 1789 que parut le soixante-dixième volume de l'édition des *OEuvres de Voltaire*, faite à Kehl ; volume dans lequel est la *Vie de Voltaire* par Condorcet. C'est l'année précédente qu'avait été donnée la première édition des *Voyages du jeune Anacharsis*, par l'abbé Barthélemy.

Mais l'*Essai* de Voltaire sera toujours, pour les hommes qui exercent leur raison, une lecture délicieuse par le choix des objets que l'auteur a présentés, par la rapidité du style, par l'amour de la vérité et de l'humanité qui en anime toutes les pages, par cet art de présenter des contrastes piquants, des rapprochements inattendus, sans cesser d'être naturel et facile; d'offrir, dans un style toujours simple, de grands résultats et des idées profondes. Ce n'est pas l'histoire des siècles que l'auteur a parcourue, mais ce qu'on aurait voulu retenir de la lecture de l'histoire, ce qu'on aimerait à s'en rappeler.

En même temps peu de livres seraient plus utiles dans une éducation raisonnable. On y apprendrait, avec les faits, l'art de les voir et de les juger; on y apprendrait à exercer sa raison dans son indépendance naturelle, sans laquelle elle n'est plus que l'instrument servile des préjugés; on y apprendrait enfin à mépriser la superstition, à craindre le fanatisme, à détester l'intolérance, à haïr la tyrannie sans cesser d'aimer la paix, et cette douceur de mœurs aussi nécessaire au bonheur des nations que la sagesse même des lois.

Jusqu'ici, dans l'éducation publique ou particulière, également dirigées par des préjugés, les jeunes gens n'apprennent l'histoire que défigurée par des compilateurs vils ou superstitieux. Si, depuis la publication de l'*Essai* de Voltaire, deux hommes, l'abbé de Condillac et l'abbé Millot, ont mérité de n'être pas confondus dans cette classe, gênés par leur état, ils ont trop laissé à deviner; pour les bien entendre, il faut n'avoir plus besoin de s'instruire avec eux.

Cet ouvrage plaça Voltaire dans la classe des historiens originaux; et il a l'honneur d'avoir fait, dans la manière d'écrire l'histoire, une révolution dont à la vérité l'Angleterre a presque seule profité jusqu'ici. Hume, Robertson, Gibbon, Watson, peuvent, à quelques égards, être regardés comme sortis de son école. L'histoire de Voltaire a encore un autre avantage; c'est qu'elle peut être enseignée en Angleterre comme en Russie, en Virginie comme à Berne ou à Venise. Il n'y a placé que ces vérités dont tous les gouvernements peuvent convenir : qu'on laisse à la raison humaine le droit de s'éclairer, que le citoyen jouisse de sa liberté naturelle, que les lois soient douces, que la religion soit tolérante; il ne va pas plus loin. C'est à tous les hommes qu'il s'adresse, et il ne leur dit que ce qui peut les éclairer également, sans révolter aucune de ces opinions qui, liées avec les constitutions et les intérêts d'un pays, ne peuvent céder à la raison, tant que la destruction des erreurs plus générales ne lui aura point ouvert un accès plus facile.

A la tête de ses poésies fugitives, Voltaire avait placé, dans cette édition, une épître adressée à sa maison des Délices[1], ou plutôt un hymne à la liberté : elle suffirait pour répondre à ceux qui, dans leur zèle aristocratique, l'ont accusé d'en être l'ennemi. Dans ces pièces, où règnent tour à tour la

---

1. *L'auteur arrivant dans sa terre près du lac de Genève,* tome X, page 362.

gaieté, le sentiment, ou la galanterie, Voltaire ne cherche point à être poëte, mais des beautés poétiques de tous les genres semblent lui échapper malgré lui. Il ne cherche point à montrer de la philosophie, mais il a toujours celle qui convient au sujet, aux circonstances, aux personnes. Dans ces poésies, comme dans les romans, il faut que la philosophie de l'ouvrage paraisse au-dessous de la philosophie de l'auteur. Il en est de ces écrits comme des livres élémentaires, qui ne peuvent être bien faits à moins que l'auteur n'en sache beaucoup au delà de ce qu'ils contiennent. Et c'est par cette raison que dans ces genres, regardés comme frivoles, les premières places ne peuvent appartenir qu'à des hommes d'une raison supérieure.

Cette même année fut l'époque d'une réconciliation entre Voltaire et son ancien disciple. Les Autrichiens, déjà au milieu de la Silésie, étaient près d'en achever la conquête; une armée française était sur les frontières du Brandebourg. Les Russes, déjà maîtres de la Prusse, menaçaient la Poméranie et les Marches; la monarchie prussienne paraissait anéantie, et le prince qui l'avait fondée n'avait plus d'autre ressource que de s'enterrer sous ses ruines, et de sauver sa gloire en périssant au milieu d'une victoire. La margrave de Baireuth aimait tendrement son frère; la chute de sa maison l'affligeait; elle savait combien la France agissait contre ses intérêts en prodiguant son sang et ses trésors pour assurer à la maison d'Autriche la souveraineté de l'Allemagne; mais le ministre de France avait à se plaindre d'un vers du roi de Prusse. La marquise de Pompadour ne lui pardonnait pas d'avoir feint d'ignorer son existence politique, et on avait eu soin de lui enseigner aussi des vers que l'infidélité d'un copiste avait fait tomber entre les mains du ministre de Saxe. Il fallait donc faire adopter l'idée de négocier à des ennemis aigris par des injures personnelles, au moment même où ils se croyaient assurés d'une victoire facile. La margrave eut recours à Voltaire, qui s'adressa au cardinal de Tencin, sachant que ce ministre, oublié depuis la mort de Fleury, qui l'employait en le méprisant, avait conservé avec le roi une correspondance particulière. Tencin écrivit, mais il reçut pour toute réponse l'ordre du ministre des affaires étrangères de refuser la négociation par une lettre dont on lui avait même envoyé le modèle. Le vieux politique, qui n'avait pas voulu donner à dîner à Voltaire pour ménager la cour, ne se consola point de s'être brouillé avec elle par sa complaisance pour lui; et le chagrin de cette petite mortification abrégea ses jours. Étant plus jeune, des aventures plus cruelles n'avaient fait que redoubler et enhardir son talent pour l'intrigue, parce que l'espérance le soutenait et qu'il était du nombre des hommes que le crédit et les dignités consolent de la honte; mais alors il voyait se rompre le dernier fil qui le liait encore à la faveur.

Voltaire entama une autre négociation non moins inutile par le maréchal de Richelieu. Une troisième enfin, quelques années plus tard, fut conduite jusqu'à obtenir de M. de Choiseul qu'il recevrait un envoyé secret du roi de Prusse. Cet envoyé fut découvert par les agents de l'impératrice-reine, et, soit faiblesse, soit que M. de Choiseul eût agi sans consulter Mme de Pompadour, il fut arrêté, et ses papiers fouillés: violation du droit des gens qui se perd dans la foule des petits crimes que les politiques se permettent sans remords.

Dans cette époque si dangereuse et si brillante pour le roi de Prusse, Voltaire paraissait tantôt reprendre son ancienne amitié, tantôt ne conserver que la mémoire de Francfort. C'est alors qu'il composa ces Mémoires singuliers, où le souvenir profond d'un juste ressentiment n'étouffe ni la gaieté ni la justice. Il les avait généreusement condamnés à l'oubli; le hasard les a conservés, pour venger le génie des attentats du pouvoir.

La margrave de Baireuth mourut[1] au milieu de la guerre. Le roi de Prusse écrivit à Voltaire pour le prier de donner au nom de sa sœur une immortalité dont ses vertus aimables et indulgentes, son âme également supérieure aux préjugés, à la grandeur et aux revers, l'avaient rendue digne. L'ode que Voltaire a consacrée à sa mémoire[2] est remplie d'une sensibilité douce, d'une philosophie simple et touchante. Ce genre est un de ceux où il a eu le moins de succès, puisqu'on y exige une perfection qu'il ne put jamais se résoudre à chercher dans les petits ouvrages, et que sa raison ne pouvait se prêter à cet enthousiasme de commande qu'on dit convenir à l'ode. Celles de Voltaire ne sont que des pièces fugitives où l'on retrouve le grand poëte, le poëte philosophe, mais gêné et contraint par une forme qui ne convenait pas à la liberté de son génie. Cependant il faut avouer que les stances à une princesse sur le jeu[3], et surtout ces stances charmantes sur la vieillesse[4],

Si vous voulez que j'aime encore, etc.,

sont des odes anacréontiques fort au-dessus de celles d'Horace, qui cependant, du moins pour les gens d'un goût un peu moderne, a surpassé son modèle.

La France, si supérieure aux autres nations dans la tragédie et la comédie, n'a point été aussi heureuse en poëtes lyriques. Les odes de Rousseau n'offrent guère qu'une poésie harmonieuse et imposante, mais vide d'idées, ou remplie de pensées fausses. Lamotte, plus ingénieux, n'a connu ni l'harmonie ni la poésie du style; et on cite à peine des autres poëtes un petit nombre de strophes.

Voltaire était encore à Berlin lorsque MM. Diderot et d'Alembert formèrent le projet de l'*Encyclopédie*, et en publièrent le premier volume[5]. Un ouvrage qui devait renfermer les vérités de toutes les sciences, tracer entre elles des lignes de communication, entrepris par deux hommes qui joignaient à des connaissances étendues ou profondes beaucoup d'esprit, et une philosophie libre et courageuse, parut aux yeux pénétrants de Voltaire

---

1. Le 14 octobre 1758.
2. Elle est tome VIII, page 462.
3. Tome VIII, page 517.
4. Tome VIII, page 512.
5. En 1751.

le coup le plus terrible que l'on pût porter aux préjugés. L'*Encyclopédie* devenait le livre de tous les hommes qui aiment à s'instruire, et surtout de ceux qui, sans être habituellement occupés de cultiver leur esprit, sont jaloux cependant de pouvoir acquérir une instruction facile sur chaque objet qui excite en eux quelque intérêt passager ou durable. C'est un dépôt où ceux qui n'ont pas le temps de se former des idées d'après eux-mêmes devaient aller chercher celles qu'avaient eues les hommes les plus éclairés et les plus célèbres ; dans lequel enfin les erreurs respectées seraient ou trahies par la faiblesse de leurs preuves, ou ébranlées par le seul voisinage des vérités qui en sapent les fondements.

Voltaire, retiré à Ferney, donna pour l'*Encyclopédie* un petit nombre d'articles de littérature [1]; il en prépara quelques-uns de philosophie, mais avec moins de zèle, parce qu'il sentait qu'en ce genre les éditeurs avaient moins besoin de lui, et qu'en général si ses grands ouvrages en vers ont été faits pour sa gloire, il n'a presque jamais écrit en prose que dans des vues d'utilité générale. Cependant les mêmes raisons qui l'intéressaient au progrès de l'*Encyclopédie* suscitèrent à cet ouvrage une foule d'ennemis. Composé ou applaudi par les hommes les plus célèbres de la nation, il devint comme une espèce de marque qui séparait les littérateurs distingués, et ceux qui s'honoraient d'être leurs disciples ou leurs amis, de cette foule d'écrivains obscurs et jaloux qui, dans la triste impuissance de donner aux hommes ou des vérités nouvelles ou de nouveaux plaisirs, haïssent ou déchirent ceux que la nature a mieux traités.

Un ouvrage où l'on devait parler avec franchise et avec liberté de théologie, de morale, de jurisprudence, de législation, d'économie publique, devait effrayer tous les partis politiques ou religieux, et tous les pouvoirs secondaires qui craignaient d'y voir discuter leur utilité et leurs titres. L'insurrection fut générale. Le *Journal de Trévoux*, la *Gazette ecclésiastique*, les journaux satiriques, les jésuites et les jansénistes, le clergé, les parlements, tous, sans cesser de se combattre ou de se haïr, se réunirent contre l'*Encyclopédie*. Elle succomba. On fut obligé d'achever et d'imprimer en secret cet ouvrage, à la perfection duquel la liberté et la publicité étaient si nécessaires ; et le plus beau monument dont jamais l'esprit humain ait conçu l'idée serait demeuré imparfait sans le courage de Diderot, sans le zèle d'un grand nombre de savants et de littérateurs distingués que la persécution ne put arrêter.

Heureusement l'honneur d'avoir donné l'*Encyclopédie* à l'Europe compensa pour la France la honte de l'avoir persécutée. Elle fut regardée avec justice comme l'ouvrage de la nation, et la persécution comme celui d'une jalousie ou d'une politique également méprisables.

Mais la guerre dont l'*Encyclopédie* était l'occasion ne cessa point avec la proscription de l'ouvrage. Ses principaux auteurs et leurs amis, désignés par les noms de *philosophes* et d'*encyclopédistes*, qui devenaient des injures

---

1. Pour les lettres E, F, G, H. Ils ont été placés par les éditeurs de Kehl, et laissés dans le *Dictionnaire philosophique*.

dans la langue des ennemis de la raison, furent forcés de se réunir par la persécution même, et Voltaire se trouva naturellement leur chef par son âge, par sa célébrité, son zèle et son génie. Il avait depuis longtemps des amis et un grand nombre d'admirateurs; alors il eut un parti. La persécution rallia sous son étendard tous les hommes de quelque mérite, que peut-être sa supériorité aurait écartés de lui, comme elle en avait éloigné leurs prédécesseurs ; et l'enthousiasme prit enfin la place de l'ancienne injustice.

C'est dans l'année 1760 que cette guerre littéraire fut la plus vive. Lefranc de Pompignan, littérateur estimable et poëte médiocre, dont il reste une belle strophe [1], et une tragédie faible [2] où le génie de Virgile et de Métastase n'ont pu le soutenir, fut appelé à l'Académie française. Revêtu d'une charge de magistrature, il crut que sa dignité, autant que ses ouvrages, le dispensait de toute reconnaissance ; il se permit d'insulter, dans son discours de réception, les hommes dont le nom faisait le plus d'honneur à la société qui daignait le recevoir, et désigna clairement Voltaire, en l'accusant d'incrédulité et de mensonge [3]. Bientôt après, Palissot, instrument vénal de la haine d'une femme, met les philosophes sur le théâtre. Les lois qui défendent de jouer les personnes sont muettes. La magistrature trahit son devoir, et voit, avec une joie maligne, immoler sur la scène les hommes dont elle craint les lumières et le pouvoir sur l'opinion, sans songer qu'en ouvrant la carrière à la satire, elle s'expose à en partager les traits. Crébillon déshonore sa vieillesse en approuvant la pièce. Le duc de Choiseul, alors ministre en crédit, protége cette indignité, par faiblesse pour la même femme [4] dont Palissot servait le ressentiment. Les journaux répètent les insultes du théâtre. Cependant Voltaire se réveille. *Le pauvre Diable, le Russe à Paris, la Vanité*, une foule de plaisanteries en prose se succèdent avec une étonnante rapidité.

Lefranc de Pompignan se plaint au roi, se plaint à l'Académie, et voit avec une douleur impuissante que le nom de Voltaire y écrase le sien. Chaque démarche multiplie les traits que toutes les bouches répètent, et les vers pour jamais attachés à son nom. Il propose à un protecteur auguste de manquer *à ce qu'il s'est promis à lui-même,* en retournant à l'Académie pour donner sa voix à un homme auquel le prince s'intéressait ; il n'obtient qu'un refus poli de ce sacrifice, a le malheur, en se retirant, d'entendre répéter par son protecteur [5] même ce vers si terrible :

Et l'ami Pompignan pense être quelque chose [6];

1. La neuvième de l'ode sur la mort de J.-B. Rousseau, commençant par :

Le Nil a vu sur ses rivages, etc.

2. *Didon.*
3. Lefranc de Pompignan se sert dans son discours de ces expressions : *Des écrivains, très-suspects d'ailleurs dans leur croyance,* qu'il applique évidemment à Voltaire. (B.)
4. La princesse de Robecq.
5. Le dauphin.
6. C'est le dernier de la satire intitulée *la Vanité;* voyez tome X, page 118.

et va cacher dans sa province son orgueil humilié et son ambition trompée : exemple effrayant, mais salutaire, du pouvoir du génie et des dangers de l'hypocrisie littéraire.

Fréron, ex-jésuite comme Desfontaines, lui avait succédé dans le métier de flatter, par des satires périodiques, l'envie des ennemis de la vérité, de la raison, et des talents. Il s'était distingué dans la guerre contre les philosophes. Voltaire, qui depuis longtemps supportait ses injures, en fit justice, et vengea ses amis. Il introduisit dans la comédie de *l'Écossaise* [1] un journaliste méchant, calomniateur et vénal : le parterre y reconnut Fréron, qui, livré au mépris public dans une pièce que des scènes attendrissantes et le caractère original et piquant du bon et brusque Freeport devaient conserver au théâtre, fut condamné à traîner le reste de sa vie un nom ridicule et déshonoré. Fréron, en applaudissant à l'insulte faite aux philosophes, avait perdu le droit de se plaindre; et ses protecteurs aimèrent mieux l'abandonner que d'avouer une partialité trop révoltante.

D'autres ennemis moins acharnés avaient été ou corrigés ou punis; et Voltaire, triomphant au milieu de ces victimes immolées à la raison et à sa gloire, envoya au théâtre, à soixante-six ans, le chef-d'œuvre de *Tancrède*. La pièce fut dédiée à la marquise de Pompadour [2]. C'était le fruit de l'adresse avec laquelle Voltaire avait su, sans blesser le duc de Choiseul, venger les philosophes, dont les adversaires avaient obtenu de ce ministre une protection passagère. Cette dédicace apprenait à ses ennemis que leurs calomnies ne compromettraient pas davantage sa sûreté que leurs critiques ne nuiraient à sa gloire; et c'était mettre le comble à sa vengeance.

Cette même année, il apprend qu'une petite-nièce de Corneille languissait dans un état indigne de son nom : « C'est le devoir d'un soldat de secourir la nièce de son général », s'écrie-t-il [3]. M¹¹ᵉ Corneille fut appelée à Ferney; elle y reçut l'éducation qui convenait à l'état que sa naissance lui marquait dans la société. Voltaire porta même la délicatesse jusqu'à ne pas souffrir que l'établissement de M¹¹ᵉ Corneille parût un de ses bienfaits; il voulut qu'elle le dût aux ouvrages de son oncle. Il en entreprit une édition avec des notes. Le créateur du théâtre français, commenté par celui qui avait porté ce théâtre à sa perfection; un homme de génie né dans un temps où le goût n'était pas encore formé, jugé par un rival qui joignait au génie le don presque aussi rare d'un goût sûr sans être sévère, délicat sans être timide, éclairé enfin par une longue et heureuse expérience de l'art : voilà ce qu'offrait cet ouvrage. Voltaire y parle des défauts de Corneille avec franchise, de ses beautés avec enthousiasme. Jamais on n'avait jugé Corneille avec tant de rigueur, jamais on ne l'avait loué avec un sentiment plus profond et plus vrai. Occupé d'instruire et la jeunesse française et ceux des étrangers qui cultivent notre littérature, il ne pardonne point aux vices du langage, à l'exagération, aux fautes contre la bienséance ou contre le goût;

---

1. Tome V, page 399.
2. Voyez cette dédicace, tome V, page 495.
3. Lettre à Le Brun, du 7 novembre 1760.

mais il apprend en même temps à reconnaître les progrès que l'art doit à Corneille, l'élévation extraordinaire de son esprit, la beauté presque inimitable de sa poésie dans les morceaux que son génie lui a inspirés, et ces mots profonds ou sublimes qui naissent subitement du fond des situations, ou qui peignent d'un trait de grands caractères.

La foule des littérateurs lui reprocha néanmoins d'avoir voulu avilir Corneille par une basse jalousie, tandis que partout, dans ce commentaire, il saisit, il semble chercher les occasions de répandre son admiration pour Racine, rival plus dangereux, qu'il n'a surpassé que dans quelques parties de l'art tragique, et dont, au milieu de sa gloire, il eût pu envier la *perfection désespérante*.

Cependant, tranquille dans sa retraite, occupé de continuer la guerre heureuse qu'il faisait aux préjugés, Voltaire voit arriver une famille infortunée dont le chef a été traîné sur la roue par des juges fanatiques, instruments des passions féroces d'un peuple superstitieux. Il apprend que Calas, vieillard infirme, a été accusé d'avoir pendu son fils, jeune et vigoureux, au milieu de sa famille, en présence d'une servante catholique; qu'il avait été porté à ce crime par la crainte de voir embrasser la religion catholique à ce fils, qui passait sa vie dans les salles d'armes et dans les billards, et dont personne, au milieu de l'effervescence générale, ne put jamais citer un seul mot, une seule démarche, qui annonçassent un pareil dessein; tandis qu'un autre fils de Calas, déjà converti, jouissait d'une pension que ce père très-peu riche consentait à lui faire. Jamais, dans un événement de ce genre, un tel concours de circonstances n'avait plus éloigné les soupçons d'un crime, plus fortifié les raisons de croire à un suicide. La conduite du jeune homme, son caractère, le genre de ses lectures, tout confirmait cette idée. Cependant un capitoul [1] dont la tête ardente et faible était enivrée de superstition, et dont la haine pour les protestants n'hésitait pas à leur imputer des crimes, fait arrêter la famille entière. Bientôt la populace catholique s'échauffe : le jeune homme est un martyr. Des confréries de pénitents, qui, à la honte de la nation, subsistent encore à Toulouse, lui font un service solennel, où l'on place son image tenant d'une main la palme du martyre, et de l'autre la plume qui devait signer l'abjuration.

On répand bientôt que la religion protestante prescrit aux pères d'assassiner leurs enfants quand ils veulent abjurer; que, pour plus de sûreté, on élit, dans les assemblées du désert, le bourreau de la secte. Le tribunal inférieur, conduit par le furieux David, prononce que le malheureux Calas est coupable. Le parlement confirme le jugement à cette pluralité très-faible, malheureusement regardée comme suffisante par notre absurde jurisprudence. Condamné à la roue et à la question, ce père infortuné meurt en protestant qu'il n'est pas coupable, et les juges absolvent sa famille, complice nécessaire du crime ou de l'innocence de son chef.

Cette famille, ruinée et flétrie par le préjugé, va chercher chez les hommes d'une même croyance une retraite, des secours, et surtout des

---

1. David.

consolations. Elle s'arrête auprès de Genève. Voltaire, attendri et indigné, se fait instruire de ces horribles détails, et, bientôt sûr de l'innocence du malheureux Calas, il ose concevoir l'espérance d'obtenir justice. Le zèle des avocats est excité, et leur courage soutenu par ses lettres. Il intéresse à la cause de l'humanité l'âme naturellement sensible du duc de Choiseul. La réputation de Tronchin avait appelé à Genève la duchesse d'Enville, arrière-petite-fille de l'auteur des *Maximes,* supérieure à la superstition par son caractère comme par ses lumières, sachant faire le bien avec activité comme avec courage, embellissant par une modestie sans faste l'énergie de ses vertus ; sa haine pour le fanatisme et pour l'oppression assurait aux Calas une protectrice dont les obstacles et les lenteurs ne ralentiraient pas le zèle. Le procès fut commencé. Aux mémoires des avocats, trop remplis de longueurs et de déclamations, Voltaire joignait des écrits plus courts, séduisants par le style, propres tantôt à exciter la pitié, tantôt à réveiller l'indignation publique, si prompte à se calmer dans une nation alors trop étrangère à ses propres intérêts. En plaidant la cause de Calas, il soutenait celle de la tolérance : car c'était beaucoup alors de prononcer ce nom, rejeté aujourd'hui avec indignation par les hommes qui pensent, comme paraissant reconnaître le droit de donner des chaînes à la pensée et à la conscience. Des lettres remplies de ces louanges fines qu'il savait répandre avec tant de grâce animaient le zèle des défenseurs, des protecteurs et des juges. C'est en promettant l'immortalité qu'il demandait justice.

L'arrêt de Toulouse fut cassé. Le duc de Choiseul eut la sagesse et le courage de faire renvoyer à un tribunal des maîtres des requêtes cette cause devenue celle de tous les parlements, dont les préjugés et l'esprit de corps ne permettaient point d'espérer un jugement équitable. Enfin Calas fut déclaré innocent [1]. Sa mémoire fut réhabilitée ; et un ministre généreux fit réparer, par le trésor public, le tort que l'injustice des juges avait fait à la fortune de cette famille aussi respectable que malheureuse ; mais il n'alla point jusqu'à forcer le parlement de Languedoc à reconnaître l'arrêt qui détruisait une de ses injustices. Ce tribunal préféra la triste vanité de persévérer dans son erreur à l'honneur de s'en repentir et de la réparer.

Cependant les applaudissements de la France et de l'Europe parvinrent jusqu'à Toulouse, et le malheureux David, succombant sous le poids du remords et de la honte, perdit bientôt la raison et la vie. Cette affaire, si grande en elle-même, si importante par ses suites, puisqu'elle ramena sur les crimes de l'intolérance, et la nécessité de les prévenir, les regards et les vœux de la France et de l'Europe, cette affaire occupa l'âme de Voltaire pendant plus de trois années. « Durant tout ce temps, disait-il, il ne m'est pas échappé un sourire, que je ne me le sois reproché comme un crime. » Son nom, cher depuis longtemps aux amis éclairés de l'humanité, comme celui de son plus zélé, de son plus infatigable défenseur, ce nom fut alors béni par cette foule de citoyens qui, voués à la persécution depuis quatre-vingts ans, voyaient enfin s'élever une voix pour leur défense. Quand il

---

1. Le 9 mars 1765, troisième anniversaire du supplice de Jean Calas.

revint à Paris, en 1778, un jour que le public l'entourait sur le Pont-Royal, on demanda à une femme du peuple qui était cet homme qui traînait la foule après lui : « Ne savez-vous pas, dit-elle, que c'est le sauveur des Calas? » Il sut cette réponse, et au milieu de toutes les marques d'admiration qui lui furent prodiguées, ce fut ce qui le toucha le plus.

Peu de temps après la malheureuse mort de Calas [1], une jeune fille de la même province, qui, suivant un usage barbare, avait été enlevée à ses parents et renfermée dans un couvent dans l'intention d'aider, par des moyens humains, la grâce de la foi, lassée des mauvais traitements qu'elle y essuyait, s'échappa, et fut retrouvée dans un puits. Le prêtre qui avait sollicité la lettre de cachet, les religieuses qui avaient usé avec barbarie du pouvoir qu'elle leur donnait sur cette infortunée, pouvaient sans doute mériter une punition; mais c'est sur la famille de la victime que le fanatisme veut la faire tomber. Le reproche calomnieux qui avait conduit Calas au supplice se renouvelle avec une nouvelle fureur. Sirven a heureusement le temps de se sauver; et, condamné à la mort par contumace, il va chercher un refuge auprès du protecteur des Calas; mais sa femme, qu'il traîne après lui, succombe à sa douleur, à la fatigue d'un voyage entrepris à pied au milieu des neiges.

La forme obligeait Sirven à se présenter devant ce même parlement de Toulouse qui avait versé le sang de Calas. Voltaire fit des tentatives pour obtenir d'autres juges. Le duc de Choiseul ménageait alors les parlements, qui, après la chute de son crédit sur la marquise de Pompadour, et ensuite après sa mort, lui étaient devenus utiles, tantôt pour le délivrer d'un ennemi, tantôt pour lui donner les moyens de se rendre nécessaire par l'art avec lequel il savait calmer leurs mouvements, que souvent lui-même avait excités.

Il fallut donc que Sirven se déterminât à comparaître à Toulouse ; mais Voltaire avait su pourvoir à sa sûreté, et préparer son succès. Il avait des disciples dans le parlement. Des avocats habiles voulurent partager la gloire que ceux de Paris avaient acquise en défendant Calas. Le parti de la tolérance était devenu puissant dans cette ville même : en peu d'années les ouvrages de Voltaire avaient changé les esprits; on n'avait plaint Calas qu'avec une horreur muette; Sirven eut des protecteurs déclarés, grâce à l'éloquence de Voltaire, à ce talent de répandre à propos des vérités et des louanges. Ce parti l'emporta sur celui des pénitents, et Sirven fut sauvé.

Les jésuites s'étaient emparés du bien d'une famille de gentilshommes [2] que leur pauvreté empêchait d'y rentrer. Voltaire leur en donna les moyens, et les oppresseurs de tous les genres, qui depuis longtemps craignaient ses écrits, apprirent à redouter son activité, sa générosité et son courage.

Ce dernier événement précéda de très-peu la destruction des jésuites.

---

1. Le suicide de Calas fils est du 13 octobre 1761 ; la condamnation du père, du 9 mars 1762. C'était le 4 janvier 1762 qu'on avait trouvé dans un puits le cadavre d'une fille de Sirven.

2. Desprez de Crassy.

Voltaire, élevé par eux, avait conservé des relations avec ses anciens maîtres; tant qu'ils vécurent, ils empêchèrent leurs confrères de se déchaîner ouvertement contre lui; et Voltaire ménagea les jésuites, et par considération pour ces liaisons de sa jeunesse, et pour avoir quelques alliés dans le parti qui dominait alors parmi les dévots. Mais, après leur mort, fatigué des clameurs du *Journal de Trévoux*, qui par d'éternelles accusations d'impiété semblait appeler la persécution sur sa tête, il ne garda plus les mêmes ménagements; et son zèle pour la défense des opprimés ne s'étendit point jusque sur les jésuites.

Il se réjouit de la destruction d'un ordre ami des lettres, mais ennemi de la raison, qui eût voulu étouffer tous les talents, ou les attirer dans son sein pour les corrompre, en les employant à servir ses projets, et tenir le genre humain dans l'enfance pour le gouverner. Mais il plaignit les individus traités avec barbarie par la haine des jansénistes, et retira chez lui un jésuite, pour montrer aux dévots que la véritable humanité ne connaît que le malheur, et oublie les opinions. Le Père Adam [1], à qui son séjour à Ferney donna une sorte de célébrité, n'était pas absolument inutile à son hôte; il jouait avec lui aux échecs, et y jouait avec assez d'adresse pour cacher quelquefois sa supériorité. Il lui épargnait des recherches d'érudition; il lui servait même d'aumônier, parce que Voltaire voulait pouvoir opposer aux accusations d'impiété sa fidélité à remplir les devoirs extérieurs de la religion romaine.

Il se préparait alors une grande révolution dans les esprits. Depuis la renaissance de la philosophie, la religion exclusivement établie dans toute l'Europe n'avait été attaquée qu'en Angleterre. Leibnitz, Fontenelle, et les autres philosophes moins célèbres accusés de penser librement, l'avaient respectée dans leurs écrits. Bayle lui-même, par une précaution nécessaire à sa sûreté, avait l'air, en se permettant toutes les objections, de vouloir prouver uniquement que la révélation seule peut les résoudre, et d'avoir formé le projet d'élever la foi en rabaissant la raison. Chez les Anglais, ces attaques eurent peu de succès et de suite. La partie la plus puissante de la nation crut qu'il lui était utile de laisser le peuple dans les ténèbres, apparemment pour que l'habitude d'adorer les mystères de la *Bible* fortifiât sa foi pour ceux de la constitution; et ils firent comme une espèce de bienséance sociale du respect pour la religion établie. D'ailleurs, dans un pays

---

1. Antoine Adam avait professé quinze ans la rhétorique à Dijon. Malgré ce qu'on a dit, ce n'est point à Colmar que Voltaire le connut (voyez *Mon Séjour*, par Colini, page 118). Ce fut à la fin de 1763 qu'il fut placé, par d'Alembert, auprès de Voltaire. M. Feydel (*Un Cahier littéraire*, page 5) dit que le jésuite était l'espion de sa société auprès du philosophe de Ferney, et qu'il fut chassé en 1776, soupçonné d'avoir dérobé les *Mémoires* qui avaient été longtemps auparavant soustraits par La Harpe. « Ce n'était pas le premier homme du monde », disait Voltaire, qui répétait un mot de Mme Dumoulin sur un autre Adam (voyez *Mélanges critiques* d'Ancillon, I, 38).

La Harpe (*Mercure* du mois d'août 1790, page 35) dément la prétendue complaisance que le jésuite aurait mise à se laisser gagner par Voltaire les parties d'échecs.

où la Chambre des communes conduit seule à la fortune, et où les membres de cette Chambre sont élus tumultuairement par le peuple, le respect apparent pour ses opinions doit être érigé en vertu par tous les ambitieux.

Il avait paru en France quelques ouvrages hardis, mais les attaques qu'ils portaient n'étaient qu'indirectes. Le livre même *De l'Esprit* n'était dirigé que contre les principes religieux en général : il attaquait toutes les religions par leur base, et laissait aux lecteurs le soin de tirer les conséquences et de faire les applications. *Émile* parut : la *Profession de foi du Vicaire savoyard* ne contenait rien sur l'utilité de la croyance d'un Dieu pour la morale, et sur l'inutilité de la révélation, qui ne se trouvât dans le poëme de *la Loi naturelle;* mais on y avertissait ceux qu'on attaquait que c'était d'eux que l'on parlait. C'était sous leur nom, et non sous celui des prêtres de l'Inde ou du Thibet, qu'on les amenait sur la scène. Cette hardiesse étonna Voltaire, et excita son émulation. Le succès d'*Émile* l'encouragea, et la persécution ne l'effraya point. Rousseau n'avait été décrété à Paris que pour avoir mis son nom à l'ouvrage; il n'avait été persécuté à Genève que pour avoir soutenu, dans une autre partie d'*Émile,* que le peuple ne pouvait renoncer au droit de réformer une constitution vicieuse. Cette doctrine autorisait les citoyens de cette république à détruire l'aristocratie que ses magistrats avaient établie, et qui concentrait une autorité héréditaire dans quelques familles riches.

Voltaire pouvait se croire sûr d'éviter la persécution en cachant son nom, et en ayant soin de ménager les gouvernements, de diriger tous ses coups contre la religion, d'intéresser même la puissance civile à en affaiblir l'empire. Une foule d'ouvrages où il emploie tour à tour l'éloquence, la discussion, et surtout la plaisanterie, se répandirent dans l'Europe sous toutes les formes que la nécessité de voiler la vérité, ou de la rendre piquante, a pu faire inventer. Son zèle contre une religion qu'il regardait comme la cause du fanatisme qui avait désolé l'Europe depuis sa naissance, de la superstition qui l'avait abrutie, et comme la source des maux que ces ennemis de l'humanité continuaient de faire encore, semblait doubler son activité et ses forces. « Je suis las, disait-il un jour, de leur entendre répéter que douze hommes ont suffi pour établir le christianisme, et j'ai envie de leur prouver qu'il n'en faut qu'un pour le détruire. »

La critique des ouvrages que les chrétiens regardent comme inspirés, l'histoire des dogmes qui depuis l'origine de cette religion se sont successivement introduits, les querelles ridicules ou sanglantes qu'ils ont excitées, les miracles, les prophéties, les contes répandus dans les historiens ecclésiastiques et les légendaires, les guerres religieuses, les massacres ordonnés au nom de Dieu, les bûchers, les échafauds couvrant l'Europe à la voix des prêtres, le fanatisme dépeuplant l'Amérique, le sang des rois coulant sous le fer des assassins; tous ces objets reparaissaient sans cesse dans tous ses ouvrages sous mille couleurs différentes. Il excitait l'indignation, il faisait couler les larmes, il prodiguait le ridicule. On frémissait d'une action atroce, on riait d'une absurdité. Il ne craignait point de remettre souvent sous les yeux les mêmes tableaux, les mêmes raisonnements. « On dit que je me répète, écrivait-il ; eh bien ! je me répéterai jusqu'à ce qu'on se corrige. »

D'ailleurs ces ouvrages, sévèrement défendus en France, en Italie, à Vienne, en Portugal, en Espagne, ne se répandaient qu'avec lenteur. Tous ne pouvaient parvenir à tous les lecteurs; mais il n'y avait dans les provinces aucun coin reculé, dans les pays étrangers aucune nation écrasée sous le joug de l'intolérance, où il n'en parvînt quelques-uns.

Les libres penseurs, qui n'existaient auparavant que dans quelques villes où les sciences étaient cultivées, et parmi les littérateurs, les savants, les grands, les gens en place, se multiplièrent à sa voix dans toutes les classes de la société comme dans tous les pays. Bientôt, connaissant leur nombre et leurs forces, ils osèrent se montrer, et l'Europe fut étonnée de se trouver incrédule.

Cependant ce même zèle faisait à Voltaire des ennemis de tous ceux qui avaient obtenu ou qui attendaient de cette religion leur existence ou leur fortune. Mais ce parti n'avait plus de Bossuet, d'Arnauld, de Nicole; ceux qui les remplaçaient par le talent, dans la philosophie ou dans les lettres, avaient passé dans le parti contraire; et les membres du clergé qui leur étaient le moins inférieurs, cédant à l'intérêt de ne point se perdre dans opinion des hommes éclairés, se tenaient à l'écart, ou se bornaient à soutenir l'utilité politique d'une croyance qu'ils auraient été honteux de paraître partager avec le peuple, et substituaient à la superstition crédule de leurs prédécesseurs une sorte de machiavélisme religieux.

Les libelles, les réfutations, paraissaient en foule; mais Voltaire seul, en y répondant, a pu conserver le nom de ces ouvrages, lus uniquement par ceux à qui ils étaient inutiles, et qui ne voulaient ou ne pouvaient entendre ni les objections ni les réponses.

Aux cris des fanatiques Voltaire opposait les bontés des souverains. L'impératrice de Russie, le roi de Prusse, ceux de Pologne, de Danemark et de Suède, s'intéressaient à ses travaux, lisaient ses ouvrages, cherchaient à mériter ses éloges, le secondaient quelquefois dans sa bienfaisance. Dans tous les pays, les grands, les ministres qui prétendaient à la gloire, qui voulaient occuper l'Europe de leur nom, briguaient le suffrage du philosophe de Ferney, lui confiaient leurs espérances ou leurs craintes pour le progrès de la raison, leurs projets pour l'accroissement des lumières et la destruction du fanatisme. Il avait formé dans l'Europe entière une ligue dont il était l'âme, et dont le cri de ralliement était *raison et tolérance*. S'exerçait-il chez une nation quelque grande injustice, apprenait-on quelque acte de fanatisme, quelque insulte faite à l'humanité, un écrit de Voltaire dénonçait les coupables à l'Europe. Et qui sait combien de fois la crainte de cette vengeance sûre et terrible a pu arrêter les bras des oppresseurs?

C'était surtout en France qu'il exerçait ce ministère de la raison. Depuis l'affaire des Calas, toutes les victimes injustement immolées ou poursuivies par le fer des lois trouvaient en lui un appui ou un vengeur.

Le supplice du comte de Lally[1] excita son indignation. Des jurisconsultes

---

1. L'arrêt contre Lally est du 6 mai 1766; il fut exécuté le 9.

jugeant à Paris la conduite d'un général dans l'Inde; un arrêt de mort prononcé sans qu'il eût été possible de citer un seul crime déterminé, et de plus annonçant un simple soupçon sur l'accusation la plus grave; un jugement rendu sur le témoignage d'ennemis déclarés, sur les mémoires d'un jésuite [1] qui en avait composé deux contradictoires entre eux, incertain s'il accuserait le général ou ses ennemis, ne sachant qui il haïssait le plus, ou qui il lui serait le plus utile de perdre : un tel arrêt devait exciter l'indignation de tout ami de la justice, quand même les opprobres entassés sur la tête du malheureux général, et l'horrible barbarie de le traîner au supplice avec un bâillon, n'auraient pas fait frémir, jusque dans leurs dernières fibres, tous les cœurs que l'habitude de disposer de la vie des hommes n'avait pas endurcis.

Cependant Voltaire parla longtemps seul. Le grand nombre d'employés de la compagnie des Indes, intéressés à rejeter sur un homme qui n'existait plus les suites funestes de leur conduite; le tribunal puissant qui l'avait condamné; tout ce que ce corps traîne à sa suite d'hommes dont la voix lui est vendue; les autres corps qui, réunis avec lui par le même nom, des fonctions communes, des intérêts semblables, regardent sa cause comme la leur; enfin le ministère, honteux d'avoir ou la faiblesse ou la politique cruelle de sacrifier le comte de Lally à l'espérance de cacher dans son tombeau les fautes qui avaient causé la perte de l'Inde: tout semblait s'opposer à une justice tardive. Mais Voltaire, en revenant souvent sur ce même objet, triompha de la prévention, et des intérêts attentifs à l'étendre et à la conserver. Les bons esprits n'eurent besoin que d'être avertis; il entraîna les autres, et lorsque le fils du comte de Lally, si célèbre depuis par son éloquence et par son courage [2], eut atteint l'âge où il pouvait demander justice, les esprits étaient préparés pour y applaudir et pour la solliciter. Voltaire était mourant lorsque, après douze ans, cet arrêt injuste fut cassé; il en apprit la nouvelle, ses forces se ranimèrent, et il écrivit : « Je meurs content; je vois que le roi aime la justice »; derniers mots qu'ait tracés cette main qui avait si longtemps soutenu la cause de l'humanité et de la justice.

Dans la même année 1766, un autre arrêt [3] étonna l'Europe, qui, en lisant les ouvrages de nos philosophes, croyait que les lumières étaient répandues en France, du moins dans les classes de la société où c'est un devoir de s'instruire, et qu'après plus de quinze années les confrères de Montesquieu avaient eu le temps de se pénétrer de ses principes.

Un crucifix de bois, placé sur le pont d'Abbeville, fut insulté pendant la nuit. Le scandale du peuple fut exalté et prolongé par la cérémonie ridicule d'une *amende honorable*. L'évêque d'Amiens [4], gouverné dans sa vieillesse par des fanatiques, et n'étant plus en état de prévoir les suites de cette farce religieuse, y donna de l'éclat par sa présence. Cependant la haine d'un

---

1. Lavaur.
2. Pour faire réhabiliter la mémoire de son père.
3. Celui contre le chevalier de La Barre.
4. L.-F.-G. de La Motte.

bourgeois d'Abbeville [1] dirigea les soupçons du peuple sur le chevalier de La Barre, jeune militaire, d'une famille de robe alliée à la haute magistrature, et qui vivait alors chez une de ses parentes, abbesse de Willencourt, aux portes d'Abbeville. On instruisit le procès. Les juges d'Abbeville condamnèrent à des supplices dont l'horreur effrayerait l'imagination d'un cannibale, le chevalier de La Barre, et d'Étallonde son ami, qui avait eu la prudence de s'enfuir. Le chevalier de La Barre s'était exposé au jugement; il avait plus à perdre en quittant la France, et comptait sur la protection de ses parents [2], qui occupaient les premières places dans le parlement et dans le conseil. Son espérance fut trompée; la famille craignit d'attirer les regards du public sur ce procès, au lieu de chercher un appui dans l'opinion; et à l'âge d'environ dix-sept ans il fut condamné, par la pluralité de deux voix, à avoir la tête tranchée, après avoir eu la langue coupée, et subi les tourments de la question.

Cette horrible sentence fut exécutée; et cependant les accusations étaient aussi ridicules que le supplice était atroce. Il n'était que *véhémentement* soupçonné d'avoir eu part à l'aventure du crucifix. Mais on le déclarait convaincu d'avoir chanté, dans des parties de débauche, quelques-unes de ces chansons moitié obscènes, moitié religieuses, qui, malgré leur grossièreté, amusent l'imagination dans les premières années de la jeunesse, par leur contraste avec le respect ou le scrupule que l'éducation inspire à l'égard des mêmes objets; d'avoir récité une ode [3] dont l'auteur, connu publiquement, jouissait alors d'une pension sur la cassette du roi; d'avoir fait des génuflexions en passant devant quelques-uns de ces ouvrages libertins qui étaient à la mode dans un temps où les hommes, égarés par l'austérité de la morale religieuse, ne savaient pas distinguer la volupté de la débauche; on lui reprochait enfin d'avoir tenu des discours dignes de ces chansons et de ces livres.

Toutes ces accusations étaient appuyées sur le témoignage de gens du peuple qui avaient servi ces jeunes gens dans leurs parties de plaisir, ou de tourières de couvent faciles à scandaliser.

Cet arrêt révolta tous les esprits. Aucune loi ne prononçait la peine de mort ni pour le bris d'images ni pour les blasphèmes de ce genre; ainsi les juges avaient été même au delà des peines portées par des lois que tous les hommes éclairés ne voyaient qu'avec horreur souiller encore notre code criminel. Il n'y avait point de père de famille qui ne dût trembler, puisqu'il y a peu de jeunes gens auxquels il n'échappe de semblables indiscrétions : et les juges condamnaient à une mort cruelle, pour des discours que la plupart d'entre eux s'étaient permis dans leur jeunesse, que peut-être ils se permettaient encore, et dont leurs enfants étaient aussi coupables que celui qu'ils condamnaient.

1. Belleval.
2. Il était de la famille d'Ormesson, dont un était alors membre du parlement, et un autre conseiller d'État et intendant des finances.
3. L'*Ode à Priape,* par Piron.

Voltaire fut indigné, et en même temps effrayé. On avait adroitement placé le *Dictionnaire philosophique* au nombre des livres devant lesquels on disait que le chevalier de La Barre s'était prosterné. On voulait faire entendre que la lecture des ouvrages de Voltaire avait été la cause de ces étourderies, transformées en impiétés. Cependant le danger ne l'empêcha point de prendre la défense de ces victimes du fanatisme. D'Étallonde, réfugié à Vesel, obtint, à sa recommandation, une place dans un régiment prussien. Plusieurs ouvrages imprimés instruisirent l'Europe des détails de l'affaire d'Abbeville; et les juges furent effrayés, sur leur tribunal même, du jugement terrible qui les arrachait à leur obscurité, pour les dévouer à une honteuse immortalité.

Le rapporteur de Lally, accusé d'avoir contribué à la mort du chevalier de La Barre, forcé de reconnaître ce pouvoir, indépendant des places, que la nature a donné au génie pour la consolation et la défense de l'humanité, écrivit une lettre où, partagé entre la honte et l'orgueil, il s'excusait en laissant échapper des menaces. Voltaire lui répondit par ce trait de l'histoire chinoise : *Je vous défends*, disait un empereur au chef du tribunal de l'histoire, *de parler davantage de moi*. Le mandarin se mit à écrire. *Que faites-vous donc ?* dit l'empereur. — *J'écris l'ordre que Votre Majesté vient de me donner*[1].

Pendant douze années que Voltaire survécut à cette injustice, il ne perdit point de vue l'espérance d'en obtenir la réparation; mais il ne put avoir la consolation de réussir. La crainte de blesser le parlement de Paris l'emporta toujours sur l'amour de la justice; et dans les moments où les chefs du ministère avaient un intérêt contraire, celle de déplaire au clergé les arrêta. Les gouvernements ne savent pas assez quelle considération leur donnent, et parmi le peuple qui leur est soumis, et auprès des nations étrangères, ces actes éclatants d'une justice particulière, et combien l'appui de l'opinion est plus sûr que les ménagements pour des corps rarement capables de reconnaissance, et auxquels il serait plus politique d'ôter, par ces grands exemples, une partie de leur autorité sur les esprits que de l'augmenter en prouvant, par ces ménagements mêmes, combien ils ont su inspirer de crainte.

Voltaire songeait cependant à conjurer l'orage, à se préparer les moyens d'y dérober sa tête : il diminua sa maison, s'assura de fonds disponibles avec lesquels il pouvait s'établir dans une nouvelle retraite. Tel avait toujours été son but secret dans ses arrangements de fortune. Pour lui faire éprouver le besoin et lui ravir son indépendance, il aurait fallu une conjuration entre les puissances de l'Europe. Il avait parmi ses débiteurs des princes et des grands qui ne payaient pas avec exactitude; mais il avait calculé les degrés de la corruption humaine, et il savait que ces mêmes hommes, peu délicats en affaires, sauraient trouver de quoi le payer dans

---

1. Cette phrase ne se trouve pas dans la lettre de Voltaire à Pasquier, du 20 septembre 1776, la seule que je connaisse imprimée. (B.)

le moment d'une persécution où leur négligence les rendrait l'objet de l'horreur et du mépris de l'Europe indignée.

Cette persécution parut un moment prête à se déclarer. Ferney est situé dans le diocèse de Genève, dont l'évêque titulaire siége dans la petite ville d'Annecy. François de Sales, qu'on a mis au rang des saints, ayant eu cet évêché, l'on avait imaginé que, pour ne pas scandaliser les hérétiques dans leur métropole, il ne fallait plus confier cette place qu'à un homme à qui l'on ne pût reprocher l'orgueil, le luxe, la mollesse, dont les protestants accusent les prélats catholiques. Mais depuis longtemps il était difficile de trouver des saints qui, avec de l'esprit ou de la naissance, daignassent se contenter d'un petit siége. Celui qui occupait le siége d'Annecy en 1767 était un homme du peuple[1], élevé dans un séminaire de Paris, où il ne s'était distingué que par des mœurs austères, une dévotion minutieuse, et un fanatisme imbécile. Il écrivit au comte de Saint-Florentin pour l'engager à faire sortir de son diocèse, et par conséquent du royaume, Voltaire, qui faisait alors élever une église à ses frais, et répandait l'abondance dans un pays que la persécution contre les protestants avait dépeuplé. Mais l'évêque prétendait que le seigneur de Ferney avait fait dans l'église, après la messe, une exhortation morale contre le vol, et que les ouvriers employés par lui à construire cette église n'avaient pas déplacé une vieille croix avec assez de respect; motifs bien graves pour chasser de sa patrie un vieillard qui en était la gloire, et l'arracher d'un asile où l'Europe s'empressait de lui apporter le tribut de son admiration! Le ministre, n'eût-il fait que peser les noms et l'existence politique, ne pouvait être tenté de plaire à l'évêque; mais il avertit Voltaire de se mettre à l'abri de ces délations, que l'union de l'évêque d'Annecy avec des prélats français plus accrédités pouvait rendre dangereuses.

C'est alors qu'il imagina de faire une communion solennelle[2], qui fut suivie d'une protestation publique de son respect pour l'Église, et de son mépris pour les calomniateurs : démarche inutile, qui annonçait plus de faiblesse que de politique, et que le plaisir de forcer son curé à l'administrer par la crainte des juges séculiers, et de dire juridiquement des injures à l'évêque d'Annecy, ne peut excuser aux yeux de l'homme libre et ferme qui pèse de sang-froid les droits de la vérité, et ce qu'exige la prudence lorsque des lois contraires à la justice naturelle rendent la vérité dangereuse et la prudence nécessaire.

Les prêtres perdirent le petit avantage qu'ils auraient pu tirer de cette scène singulière, en falsifiant la déclaration que Voltaire avait donnée.

Il n'avait plus alors sa retraite auprès de Genève. Il s'était lié à son arrivée avec les familles qui, par leur éducation, leurs opinions, leurs goûts, et leur fortune, étaient plus rapprochées de lui; et ces familles avaient alors le projet d'établir une espèce d'aristocratie. Dans une ville sans territoire, où la force des citoyens peut se réunir avec autant de facilité et de promp-

---

1. Nommé Biort.
2. Le 1ᵉʳ avril 1769.

titude que celle du gouvernement, un tel projet eût été absurde, si les citoyens riches n'avaient eu l'espérance d'employer en leur faveur une influence étrangère.

Les cabinets de Versailles et de Turin furent aisément séduits. Le sénat de Berne, intéressé à éloigner des yeux de ses sujets le spectacle de l'égalité républicaine, a pour politique constante de protéger autour de lui toutes les entreprises aristocratiques ; et partout, dans la Suisse, les magistrats oppresseurs sont sûrs de trouver en lui un protecteur ardent et fidèle : ainsi le misérable orgueil d'obtenir dans une petite ville une autorité odieuse, et d'être haï sans être respecté, priva les citoyens de Genève de leur liberté, et la république, de son indépendance. Les chefs du parti populaire employèrent l'arme du fanatisme, parce qu'ils avaient assez lu pour savoir quelle influence la religion avait eue autrefois dans les dissensions politiques, et qu'ils ne connaissaient pas assez leur siècle pour sentir jusqu'à quel point la raison, aidée du ridicule, avait émoussé cette arme jadis si dangereuse.

On parla donc de remettre en vigueur les lois qui défendaient aux catholiques d'avoir du bien dans le territoire genevois; on reprocha aux magistrats leurs liaisons avec Voltaire, qui avait osé s'élever contre l'assassinat barbare de Servet, commandé au nom de Dieu par Calvin aux lâches et superstitieux sénateurs de Genève. Voltaire fut obligé de renoncer à sa maison des Délices.

Bientôt après, Rousseau établit dans *Émile* des principes qui révélaient aux citoyens de Genève toute l'étendue de leurs droits, et qui les appuyaient sur des vérités simples que tous les hommes pouvaient sentir, que tous devaient adopter. Les aristocrates voulurent l'en punir. Mais ils avaient besoin d'un prétexte; ils prirent celui de la religion, et se réunirent aux prêtres, qui, dans tous les pays, indifférents à la forme de la constitution et à la liberté des hommes, promettent les secours du ciel au parti qui favorise le plus leur intolérance, et deviennent, suivant leurs intérêts, tantôt les appuis de la tyrannie d'un prince persécuteur ou d'un sénat superstitieux, tantôt les défenseurs de la liberté d'un peuple fanatique.

Exposé alternativement aux attaques des deux partis, Voltaire garda la neutralité; mais il resta fidèle à sa haine pour les oppresseurs. Il favorisait la cause du peuple contre les magistrats, et celle des natifs contre les citoyens : car ces natifs, condamnés à ne jamais partager le droit de cité, se trouvaient plus malheureux depuis que les citoyens, plus instruits des principes du droit politique mais moins éclairés sur le droit naturel, se regardaient comme des souverains dont les natifs n'étaient que des sujets qu'ils se croyaient en droit de soumettre à cette même autorité arbitraire à laquelle ils trouvaient leurs magistrats si coupables de prétendre.

Voltaire fit donc un poëme [1] où il répandit le ridicule sur tous les partis, et auquel on ne peut reprocher que des vers contre Rousseau, dictés par une colère dont la justice des motifs qui l'inspiraient ne peut excuser ni

---

1. *La Guerre de Genève;* voyez tome IX, page 515.

l'excès ni les expressions. Mais, lorsque dans un tumulte les citoyens eurent tué quelques natifs, il s'empressa de recueillir à Ferney les familles que ces troubles forcèrent d'abandonner Genève; et dans le moment où la banqueroute de l'abbé Terray, qui n'avait pas même l'excuse de la nécessité, et qui ne servit qu'à faciliter des dépenses honteuses, venait de lui enlever une partie de sa fortune, on le vit donner des secours à ceux qui n'avaient pas de ressources, bâtir pour les autres des maisons qu'il leur vendit à bas prix et en rentes viagères, en même temps qu'il sollicitait pour eux la bienfaisance du gouvernement, qu'il employait son crédit auprès des souverains, des ministres, des grands de toutes les nations, pour procurer du débit à cette manufacture naissante d'horlogerie, qui fut bientôt connue de toute l'Europe.

Cependant le gouvernement s'occupait d'ouvrir aux Genevois un asile à Versoy, sur les bords du lac. Là devait s'établir une ville où l'industrie et le commerce seraient libres, où un temple protestant s'élèverait vis-à-vis d'une église catholique. Voltaire avait fait adopter ce plan, mais le ministre n'eut pas le crédit d'obtenir une loi de liberté religieuse; une tolérance secrète, bornée au temps de son ministère, était tout ce qu'il pouvait offrir; et Versoy ne put exister.

L'année 1771 fut une des époques les plus difficiles de la vie de Voltaire. Le chancelier Maupeou et le duc d'Aiguillon, tous deux objets de la haine des parlements, se trouvaient forcés de les attaquer pour n'en être pas victimes. L'un ne pouvait s'élever au ministère, l'autre s'y conserver, sans la disgrâce du duc de Choiseul. Réunis à Mme Dubarry, que ce ministre avait eu l'imprudence de s'aliéner sans retour, ils persuadèrent au roi que son autorité méconnue ne pouvait se relever; que l'État, sans cesse agité depuis la paix par les querelles parlementaires, ne pouvait reprendre sa tranquillité si, par un acte de vigueur, on ne marquait aux prétentions des corps de magistrature une limite qu'ils n'osassent plus franchir; si l'on ne fixait un terme au delà duquel ils n'osassent plus opposer de résistance à la volonté royale.

Le duc de Choiseul ne pouvait s'unir à ce projet sans perdre cette opinion publique longtemps déclarée contre lui, alors son unique appui; et cet avilissement forcé ne lui eût pas fait regagner la confiance du monarque, qui s'éloignait de lui. Il était donc vraisemblable que ses liaisons avec les parlements achèveraient de la lui faire perdre, et qu'il serait aisé de persuader, ou que son existence dans le ministère était le plus grand obstacle au succès des nouvelles mesures du gouvernement, ou qu'il cherchait à faire naître la guerre pour se conserver dans sa place malgré la volonté du roi.

L'attaque contre les parlements fut dirigée avec la même adresse. Tout ce qui pouvait intéresser la nation fut écarté. Le roi ne paraissait revendiquer que la plénitude du pouvoir législatif, pouvoir que la doctrine de la nécessité d'un enregistrement libre transférait non à la nation, mais aux parlements; et il était aisé de voir que ce pouvoir, réuni à la puissance judiciaire la plus étendue, partagé entre douze tribunaux perpétuels, tendait à établir en France une aristocratie tyrannique plus dangereuse que la monarchie pour la sûreté, la liberté, la propriété des citoyens. On pouvait donc compter sur le suffrage des hommes éclairés, sur celui des gens de lettres que le parlement de Paris avait également blessés par la persécution et par le mépris, par son attachement aux préjugés, et par son obstination à rejeter toute lumière nouvelle.

Mais il est plus aisé de former avec adresse une intrigue politique que d'exécuter avec sagesse un plan de réforme. Plus les principes que l'autorité voulait établir effrayaient la liberté, plus elle devait montrer d'indulgence et de douceur envers les particuliers; et l'on porta les rigueurs de détails jusqu'à un raffinement puéril. Un monarque paraît dur si, dans les punitions qu'il inflige, il ne respecte pas jusqu'au scrupule tout ce qui intéresse la santé, l'aisance, et même la sensibilité naturelle de ceux qu'il punit; et, dans cette occasion, tous les égards étaient négligés. On refusait à un fils la permission d'embrasser son père mourant; on retenait un homme dans un lieu insalubre [1], où il ne pouvait appeler sa famille sans l'exposer à partager ses dangers; un malade obtenait avec peine la liberté de chercher dans la capitale des secours qu'elle seule peut offrir. Un gouvernement absolu, s'il montre de la crainte, annonce ou la défiance de ses forces, ou l'incertitude du monarque, ou l'instabilité des ministres; et par là il encourage à la résistance. Et l'on montrait cette crainte en faisant dépendre le retour des exilés d'un consentement inutile dans l'opinion de ceux mêmes qui l'exigeaient.

Une opération salutaire ne change point de nature, si elle est exécutée avec dureté; mais alors l'homme honnête et éclairé qui l'approuve, s'il se croit obligé de la défendre, ne la défend qu'à regret; son âme révoltée n'a plus ni zèle ni chaleur pour un parti que ses chefs déshonorent. Ceux qui manquent de lumières passent de la haine pour le ministre à l'aversion des mesures qu'il soutient par l'oppression; et la voix publique condamne ce que, laissée à elle-même, elle eût peut-être approuvé.

Le grand nombre de magistrats que cette révolution privait de leur état, le mérite et les vertus de quelques-uns, la foule des ministres subalternes de la justice liés à leur sort par honneur et par intérêt, ce penchant naturel qui porte les hommes à s'unir à la cause des persécutés, la haine non moins naturelle pour le pouvoir, tout devait à la fois rendre odieuses les opérations du ministère, et lui susciter des obstacles lorsque, forcé de remplacer les

---

1. Le président de Lamoignon était exilé à Thizy, près de Roanne, sur la pointe d'une montagne, où il ne put parvenir qu'à cheval; sa femme, en faisant deux ou trois lieues dans une chaise à porteurs; leurs enfants, dans des paniers à âne. Pasquier père avait été envoyé à Saint-Jean de Nanteuil (près de Ruffec en Angoumois), où l'air est si malsain qu'il a été sur le point d'y perdre la vue. Michaud de Montblin, crachant le sang et menacé d'une pulmonie, était à l'Isle-Dieu, huit lieues en mer. On peut voir la liste générale des membres du parlement, alors exilés, dans le *Journal historique de la révolution opérée dans la constitution de la monarchie par M. de Maupeou, chancelier de France*, tome Ier, pages 47-59.

tribunaux qu'il voulait détruire, la force devenait inutile, et la confiance nécessaire.

Cependant la barbarie des lois criminelles, les vices révoltants des lois civiles, offraient aux auteurs de la révolution un moyen sûr de regagner l'opinion et de donner à ceux qui consentiraient à remplacer les parlements une excuse que l'honneur et le patriotisme auraient pu avouer hautement. Les ministres dédaignèrent ce moyen. Le parlement s'était rendu odieux à tous les hommes éclairés, par les obstacles qu'il opposait à la liberté d'écrire, par son fanatisme, dont le supplice récent du chevalier de La Barre était un exemple aux yeux de l'Europe entière. Mais, irrité des libelles publiés contre lui, effrayé des ouvrages où l'on attaquait ses principes, jaloux enfin de se faire un appui du clergé, le chancelier se plut à charger de nouvelles chaînes la liberté d'imprimer. La mémoire de La Barre ne fut pas réhabilitée[1], son ami[2] ne put obtenir une révision qui eût couvert d'opprobre ceux à qui le chef de la justice était pourtant si intéressé à ravir la faveur publique. La procédure criminelle subsista dans toute son horreur, et cependant huit jours auraient suffi pour rédiger une loi qui aurait supprimé la peine de mort si cruellement prodiguée, aboli toute espèce de torture, proscrit les supplices cruels; qui aurait exigé une grande pluralité pour condamner, admis un certain nombre de récusations sans motif, accordé aux accusés le secours d'un conseil qui enfin leur aurait assuré la faculté de connaître et d'examiner tous les actes de la procédure, le droit de présenter des témoins, de faire entendre des faits justificatifs. La nation, l'Europe entière, auraient applaudi; les magistrats dépossédés n'auraient plus été que les ennemis de ces innovations salutaires; et leur chute, que l'époque où le souverain aurait recouvré la liberté de se livrer à ses vues de justice et d'humanité.

A la vérité, la vénalité des charges fut supprimée; mais les juges étaient toujours nommés par la cour : on ne vit dans ce changement que la facilité de placer dans les tribunaux des hommes sans fortune, et plus faciles à séduire.

On diminua les ressorts les plus étendus, mais on n'érigea pas en parlement ces nouvelles cours; on ne leur accorda point l'enregistrement, et par là on mit entre elles et les anciens tribunaux une différence, présage de leur destruction; enfin on supprima les épices des juges, remplacées par des appointements fixes : seule opération que la raison put approuver tout entière.

Ceux qui conduisaient cette révolution parvinrent cependant à la consommer malgré une réclamation presque générale. Le duc de Choiseul,

---

1. Elle l'a été par le décret de la Convention nationale du 25 brumaire an II (15 novembre 1793).

2. Jacques-Marie-Bertrand Gaillard de Beancourt (et non Beaucourt), dit Étallonde de Morival, mort à Wailly, à quatre lieues d'Amiens, le 22 thermidor an VII (10 auguste 1800), vivait encore quand la Convention nationale prononça, le 15 novembre 1793, la réhabilitation de sa mémoire.

accusé de fomenter en secret la résistance un peu incertaine du parlement de Paris, et d'avoir retardé la conclusion d'une pacification entre l'Angleterre et l'Espagne, fut exilé dans ses terres. Le parlement, obligé de prendre par reconnaissance le parti de la fermeté, fut bientôt dispersé. Le duc d'Aiguillon devint ministre; un nouveau tribunal remplaça le parlement. Quelques parlements de province eurent le sort de celui de Paris; d'autres consentirent à rester, et sacrifièrent une partie de leurs membres. Tout se tut devant l'autorité, et il ne manqua au succès des ministres que l'opinion publique qu'ils bravaient, et qui au bout de quelques années eut le pouvoir de les détruire.

Voltaire haïssait le parlement de Paris, et aimait le duc de Choiseul; il voyait dans l'un un ancien persécuteur que sa gloire avait aigri et n'avait pas désarmé; dans l'autre, un bienfaiteur et un appui. Il fut fidèle à la reconnaissance, et constant dans ses opinions. Dans toutes ses lettres, il exprime ses sentiments pour le duc de Choiseul avec franchise, avec énergie; et il n'ignorait pas que ses lettres (grâce à l'infâme usage de violer la foi publique) étaient lues par les ennemis du ministre exilé. Un joli conte, intitulé *Barmécide*[1], est le seul monument durable de l'intérêt que cette disgrâce avait excité. L'injustice avec laquelle les amis ou les partisans du ministre l'accusèrent d'ingratitude[2] fut un des chagrins les plus vifs que Voltaire ait éprouvés. Il le fut d'autant plus que le ministre partagea cette injustice. En vain Voltaire tenta de le désabuser; il invoqua vainement les preuves qu'il donnait de son attachement et de ses regrets.

Je l'ai dit à la terre, au ciel, à Guzman même[3],

écrivait-il dans sa douleur[4]. Mais il ne fut pas entendu.

Les grands, les gens en place, ont des intérêts, et rarement des opinions; combattre celle qui convient à leurs projets actuels, c'est, à leurs yeux, se déclarer contre eux. Cet attachement à la vérité, l'une des plus fortes passions des esprits élevés et des âmes indépendantes, n'est pour eux qu'un sentiment chimérique. Ils croient qu'un raisonneur, un philosophe, n'a, comme eux, que des opinions du moment, professe ce qu'il veut, parce qu'il ne tient fortement à rien, et doit par conséquent changer de principes suivant les intérêts passagers de ses amis ou de ses bienfaiteurs. Ils le regardent comme un homme fait pour défendre la cause qu'ils ont embrassée, et non pour soutenir ses principes personnels; pour servir

---

1. *L'Épître de Benaldaki à Caramouftée*, tome X.
2. Voyez, tome XLVIII, pages 427, 433, 443, dans quels termes Voltaire parlait du duc de Choiseul au duc de La Vrillière et au duc de Richelieu lui-même; voyez aussi tome XLIX, pages 7 et 34, ce que Mme de Choiseul avait écrit à Mme du Deffant.
3. *Alzire*, acte III, scène IV.
4. Lettre à Mme du Deffant, du 5 avril 1771.

sous eux, et non pour juger de la justice de la guerre. Aussi le duc de Choiseul et ses amis paraissaient-ils croire que Voltaire aurait dû, par respect pour lui, ou trahir ou cacher ses opinions sur des questions de droit public. Anecdote curieuse, qui prouve à quel point l'orgueil de la grandeur ou de la naissance peut faire oublier l'indépendance naturelle de l'esprit humain, et l'inégalité des esprits et des talents, plus réelle que celle des rangs et des places.

Voltaire voyait avec plaisir la destruction de la vénalité, celle des épices, la diminution du ressort immense du parlement de Paris, abus qu'il combattait par le raisonnement et le ridicule depuis plus de quarante années. Il préférait un seul maître à plusieurs; un souverain dont on ne peut craindre que les préjugés, à une troupe de despotes dont les préjugés sont encore plus dangereux, mais dont on doit craindre de plus les intérêts et les petites passions, et qui, plus redoutables aux hommes ordinaires, le sont surtout à ceux dont les lumières les effrayent, et dont la gloire les irrite. Il disait : « J'ai les reins peu flexibles; je consens à faire une révérence, mais cent de suite me fatiguent. »

Il applaudit donc à ces changements; et parmi les hommes éclairés qui partageaient son opinion, il osa seul la manifester. Sans doute il ne pouvait se dissimuler avec quelle petitesse de moyens et de vues on avait laissé échapper cette occasion si heureuse de réformer la législation française, de rendre aux esprits la liberté, aux hommes leurs droits; de proscrire à la fois l'intolérance et la barbarie; de faire enfin de ce moment l'époque d'une révolution heureuse pour la nation, glorieuse pour le prince et ses ministres. Mais Voltaire était aussi trop pénétrant pour ne pas sentir que si les lois étaient les mêmes, les tribunaux étaient changés; que si même ils avaient hérité de l'esprit de leurs prédécesseurs, ils n'avaient pu hériter de leur crédit ni de leur audace; que la nouveauté, en leur ôtant ce respect aveugle du vulgaire pour tout ce qui porte la rouille de l'antiquité, leur ôtait une grande partie de leur puissance; que l'opinion seule pouvait la leur rendre, et que, pour obtenir son suffrage, il ne leur restait plus d'autre moyen que d'écouter la raison, et de s'unir aux ennemis des préjugés, aux amis de l'humanité.

L'approbation que Voltaire accorda aux opérations du chancelier Maupeou fut du moins utile aux malheureux. S'il ne put obtenir justice pour la mémoire de l'infortuné La Barre; s'il ne put rendre le jeune d'Étallonde à sa patrie; si un ménagement pusillanime pour le clergé l'emporta dans le ministre sur l'intérêt de sa gloire, du moins Voltaire eut le bonheur de sauver la femme de Montbailly. Cet infortuné, faussement accusé d'un parricide, avait péri sur la roue; sa femme était condamnée à la mort; elle supposa une grossesse, et eut le bonheur d'obtenir un sursis.

Nos tribunaux viennent de rejeter une loi sage qui, mettant entre le jugement et l'exécution un intervalle dont l'innocence peut profiter, eût prévenu presque toutes leurs injustices; et ils l'ont refusée avec une humeur qui suffit pour en prouver la nécessité [1]. Les femmes seules, en se

---

1. Il est juste d'observer que tous les magistrats n'ont pas cette haute idée

déclarant grosses, échappent aux dangers de ces exécutions précipitées. Dans l'espace de moins de vingt ans, ce moyen a sauvé la vie à trois personnes innocentes, sur lesquelles des circonstances particulières ont attiré la curiosité publique; autre preuve de l'utilité de cette loi, à laquelle un orgueil barbare peut seul s'opposer, et qui doit subsister jusqu'au temps où l'expérience aura prouvé que la législation nouvelle (qui sans doute va bientôt remplacer l'ancienne) n'expose l'innocence à aucun danger.

On revit le procès de la femme Montbailly : le conseil d'Artois qui l'avait condamnée la déclara innocente, et, plus noble ou moins orgueilleux que le parlement de Toulouse, il pleura sur le malheur irréparable d'avoir fait périr un innocent; il s'imposa lui-même le devoir d'assurer des jours paisibles à l'infortunée dont il avait détruit le bonheur.

Si Voltaire n'avait montré son zèle que contre des injustices liées à des événements publics, ou à la cause de la tolérance, on eût pu l'accuser de vanité; mais son zèle fut le même pour cette cause obscure à laquelle son nom seul a donné de l'éclat.

C'est ainsi qu'on a vu depuis un magistrat, enlevé trop tôt à ses amis et aux malheureux[1], intéresser l'Europe à la cause de trois paysans de Champagne, et obtenir par son éloquence et par la persécution une gloire brillante et durable, pour prix d'un zèle que le sentiment de l'humanité, l'amour de la justice, avaient seuls inspiré. Les hommes incapables de ces actions ne manquent jamais de les attribuer au désir de la renommée; ils ignorent quelles angoisses le spectacle d'une injustice fait éprouver à une âme fière et sensible, à quel point il tourmente la mémoire et la pensée, combien il fait sentir le besoin impérieux de prévenir ou de réparer le crime; ils ne connaissent point ce trouble, cette horreur involontaire qu'excite dans tous les sens la vue, l'idée seule d'un oppresseur triomphant ou impuni : et l'on doit plaindre ceux qui ont pu croire que l'auteur d'*Alzire* et de *Brutus* avait besoin de la gloire d'une bonne action pour défendre l'innocence et s'élever contre la tyrannie.

Une nouvelle occasion de venger l'humanité outragée s'offrit à lui. La servitude, solennellement abolie en France par Louis Hutin, subsistait encore sous Louis XV dans plusieurs provinces. En vain avait-on plus d'une fois formé le projet de l'abolir. L'avarice et l'orgueil avaient opposé à la justice une résistance qui avait fatigué la paresse du gouvernement. Les tribunaux supérieurs, composés de nobles, favorisaient les prétentions des seigneurs.

Ce fléau affligeait la Franche-Comté, et particulièrement le territoire du couvent de Saint-Claude. Ces moines, sécularisés en 1742, ne devaient qu'à des titres faux la plupart de leurs droits de mainmorte, et les exerçaient

de leurs droits, cet amour du pouvoir. L'un d'eux vient de mériter l'estime et la vénération de tous les citoyens, en prononçant dans le parlement de Paris ces paroles remarquables : « Les citoyens seuls ont des droits; les magistrats, comme magistrats, n'ont que des devoirs. » (K.)

1. M. Dupaty. (K.) — Son écrit intitulé *Mémoire justificatif pour trois hommes condamnés à la roue*, 1786, in-4°, fut condamné à être brûlé de la main du bourreau par arrêt du parlement du mois d'août 1786.

avec une rigueur qui réduisait à la misère un peuple sauvage, mais bon et industrieux. A la mort de chaque habitant, si ses enfants n'avaient pas constamment habité la maison paternelle, le fruit de ses travaux appartenait aux moines. Les enfants, la veuve, sans meubles, sans habits, sans domicile, passaient du sein d'une vie laborieuse et paisible à toutes les horreurs de la mendicité. Un étranger mourait-il après un an de séjour sur cette terre frappée de l'anathème féodal, son bien appartenait encore aux moines. Une fille n'héritait pas de son père, si on pouvait prouver qu'elle eût passé la nuit de ses noces hors de la maison paternelle.

Ce peuple souffrait sans oser se plaindre, et voyait, avec une douleur muette, passer aux mains des moines ses épargnes, qui auraient dû fournir à l'industrie et à la culture des capitaux utiles. Heureusement la construction d'une grande route ouvrit une communication entre eux et les cantons voisins. Ils apprirent qu'au pied du mont Jura il existait un homme dont la voix intrépide avait plus d'une fois fait retentir les plaintes de l'opprimé jusque dans le palais des rois, et dont le nom seul faisait pâlir la tyrannie sacerdotale. Ils lui peignirent leurs maux, et ils eurent un appui[1].

La France, l'Europe entière, connurent les usurpations et la dureté de ces prêtres hypocrites qui osaient se dire les disciples d'un Dieu humilié, et voulaient conserver des esclaves. Mais, après plusieurs années de sollicitations, on ne put obtenir du timide successeur de M. de Maupeou un arrêt du conseil qui proscrivît cette lâche violation des droits de l'humanité : il n'osa, par ménagement pour le parlement de Besançon, soustraire à son jugement une cause qui ne pouvait être regardée comme un procès ordinaire sans reconnaître honteusement la légitimité de la servitude. Les serfs de Saint-Claude furent renvoyés devant un tribunal[2] dont les membres, seigneurs de terres où la servitude est établie, se firent un plaisir barbare de resserrer leurs fers; et ces fers subsistent encore[3].

Ils ont seulement obtenu, en 1778, de pouvoir, en abandonnant leur patrie et leurs chaumières, se soustraire à l'empire monacal. Mais un autre article de cette même loi a plus que compensé ce bienfait si faible pour des infortunés que la pauvreté, plus que la loi, attache à leur terre natale. C'est dans ce même édit que le souverain a donné pour la première fois le nom et le caractère sacré de propriété à des droits odieux, regardés, même au milieu de l'ignorance et de la barbarie du XIII° siècle, comme des usurpations que ni le temps ni les titres ne pouvaient rendre légitimes; et un ministre hypocrite a fait dépendre la liberté de l'esclave, non de la justice des lois, mais de la volonté de ses tyrans.

Qui croirait, en lisant ces détails, que c'est ici la vie d'un grand poëte,

---

1. Voyez, tome XXVIII, page 353, le premier des écrits de Voltaire dans cette cause.

2. Le parlement de Besançon ; voyez ci-après, page 271.

3. L'Assemblée nationale constituante, dans la séance du 4 août 1789, abolit les droits féodaux et censuels, ceux qui tenaient à la mainmorte réelle ou personnelle, et à la servitude personnelle.

d'un écrivain fécond et infatigable? Nous avons oublié sa gloire littéraire, comme il l'avait oubliée lui-même. Il semblait n'en plus connaître qu'une seule, celle de venger l'humanité, et d'arracher des victimes à l'oppression.

Cependant son génie, incapable de souffrir le repos, s'exerçait dans tous les genres qu'il avait embrassés, et même osait en essayer de nouveaux. Il imprimait des tragédies auxquelles on peut sans doute reprocher de la faiblesse, et qui ne pouvaient plus arracher les applaudissements d'un parterre que lui-même avait rendu si difficile, mais où l'homme de lettres peut admirer de beaux vers et des idées philosophiques et profondes, tandis que le jeune homme qui se destine au théâtre peut encore y étudier les secrets de son art; des contes où ce genre, borné jusqu'alors à présenter des images voluptueuses ou plaisantes qui amusent l'imagination ou réveillent la gaieté, prit un caractère plus philosophique, et devint, comme l'apologue, une école de morale et de raison; des épîtres où, si on les compare à ses premiers ouvrages, l'on trouve moins de correction, un ton moins soutenu et une poésie moins brillante, mais aussi plus de simplicité et de variété, une philosophie plus usuelle et plus libre, un plus grand nombre de ces traits d'un sens profond que produit l'expérience de la vie; des satires enfin où les préjugés et leurs protecteurs sont livrés au ridicule sous mille formes piquantes.

En même temps il donnait, dans sa *Philosophie de l'Histoire*[1], des leçons aux historiens, en bravant la haine des pédants, dont il dévoilait la stupide crédulité et l'envieuse admiration pour les temps antiques. Il perfectionnait son *Essai sur les Mœurs et l'Esprit des nations,* son *Siècle de Louis XIV,* et y ajoutait l'*Histoire du Siècle de Louis XV;* histoire incomplète, mais exacte, la seule où l'on puisse prendre une idée des événements de ce règne, et où l'on trouve toute la vérité que l'on peut espérer dans une histoire contemporaine, qui ne doit être ni une dénonciation ni un libelle.

De nouveaux romans, des ouvrages ou sérieux ou plaisants, inspirés par les circonstances, n'ajoutaient pas à sa gloire, mais continuaient à la rendre toujours présente, soutenaient l'intérêt de ses partisans, et humiliaient cette foule d'ennemis secrets qui, pour se refuser à l'admiration que l'Europe leur commandait, prenaient le masque de l'austérité.

Enfin il entreprit de rassembler, sous la forme de dictionnaire, toutes les idées, toutes les vues qui s'offraient à lui sur les divers objets de ses réflexions, c'est-à-dire sur l'universalité presque entière des connaissances humaines. Dans ce recueil, intitulé modestement *Questions* à des amateurs sur *l'Encyclopédie*[2], il parle tour à tour de théologie et de grammaire, de physique et de littérature; il discute tantôt des points d'antiquité, tantôt des questions de politique, de législation, de droit public. Son style, toujours animé et piquant, répand sur ces objets divers un charme dont jusqu'ici lui seul a connu le secret, et qui naît surtout de l'abandon avec lequel, cédant à son premier

---

1. Publiée en 1765, elle forme l'*Introduction à l'Essai sur les Mœurs.*
2. Le premier volume des *Questions sur l'Encyclopédie* parut en 1770 : elles ont été réunies avec le *Dictionnaire philosophique,* qui avait été publié en 1764.

mouvement, proportionnant son style moins à son sujet qu'à la disposition actuelle de son esprit, tantôt il répand le ridicule sur des objets qui semblent ne pouvoir inspirer que l'horreur, et bientôt après, entraîné par l'énergie et la sensibilité de son âme, il tonne avec force contre les abus dont il vient de plaisanter. Ailleurs il s'irrite contre le mauvais goût, s'aperçoit bientôt que son indignation doit être réservée pour de plus grands intérêts, et finit par rire de sa propre colère. Quelquefois il interrompt une discussion de morale ou de politique par une observation de littérature, et, au milieu d'une leçon de goût, il laisse échapper quelques maximes d'une philosophie profonde, ou s'arrête pour livrer au fanatisme ou à la tyrannie une attaque terrible et soudaine.

L'intérêt constant que prit Voltaire au succès de la Russie contre les Turcs mérite d'être remarqué. Comblé des bontés de l'impératrice, sans doute la reconnaissance animait son zèle; mais on se tromperait si on imaginait qu'elle en fût l'unique cause. Supérieur à ces politiques de comptoir qui prennent l'intérêt de quelques marchands connus dans les bureaux pour l'intérêt du commerce, et l'intérêt du commerce pour l'intérêt du genre humain; non moins supérieur à ces vaines idées d'équilibre de l'Europe, si chères aux compilateurs politiques, il voyait dans la destruction de l'empire turc des millions d'hommes assurés du moins d'éviter, sous le despotisme d'un souverain, le despotisme insupportable d'un peuple; il voyait renvoyer dans les climats infortunés qui les ont vues naître ces mœurs tyranniques de l'Orient qui condamnent un sexe entier à un honteux esclavage. D'immenses contrées, placées sous un beau ciel, destinées par la nature à se couvrir des productions les plus utiles à l'homme, auraient été rendues à l'industrie de leurs habitants; ces pays[1], les premiers où l'homme ait eu du génie, auraient vu renaître dans leur sein les arts dont ils ont donné les modèles les plus parfaits, les sciences dont ils ont posé les fondements.

Sans doute les spéculations routinières de quelques marchands auraient été dérangées, leurs profits auraient diminué; mais le bien-être réel de tous les peuples aurait augmenté, parce qu'on ne peut étendre sur le globe l'espace où fleurit la culture, où le commerce est sûr, où l'industrie est active, sans augmenter pour tous les hommes la masse des jouissances et des ressources. Pourquoi voudrait-on qu'un philosophe préférât la richesse de quelques nations à la liberté d'un peuple entier, le commerce de quelques villes au progrès de la culture et des arts dans un grand empire? Loin de nous ces vils calculateurs qui veulent ici tenir la Grèce dans les fers des Turcs; là, enlever des hommes, les vendre comme de vils troupeaux, les obliger à force de coups à servir leur insatiable avarice, et qui calculent gravement les prétendus millions que rapportent ces outrages à la nature.

Que partout les hommes soient libres, que chaque pays jouisse des avantages que lui a donnés la nature; voilà ce que demande l'intérêt commun de tous les peuples, de ceux qui reprendraient leurs droits comme de ceux où quelques individus, et non la nation, ont profité du malheur d'autrui.

1. La Grèce et l'Égypte.

Qu'importe auprès de ces grands objets, et des biens éternels qui naîtraient de cette grande révolution, la ruine de quelques hommes avides qui avaient fondé leur fortune sur les larmes et le sang de leurs semblables?

Voilà ce que devait penser Voltaire, voilà ce que pensait M. Turgot.

On a parlé de l'injustice d'une guerre contre les Turcs. Peut-on être injuste envers une horde de brigands qui tiennent dans les fers un peuple esclave, à qui leur avide férocité prodigue les outrages? Qu'ils rentrent dans ces déserts dont la faiblesse de l'Europe leur a permis de sortir, puisque dans leur brutal orgueil ils ont continué à former une race de tyrans, et qu'enfin la patrie de ceux à qui nous devons nos lumières, nos arts, nos vertus même, cesse d'être déshonorée par la présence d'un peuple qui unit les vices infâmes de la mollesse à la férocité des peuples sauvages. Vous craignez pour la balance de l'Europe, comme si ces conquêtes ne devaient pas diminuer la force des conquérants, au lieu de l'augmenter; comme si l'Asie ne devait pas longtemps offrir à des ambitieux une proie facile qui les dégoûterait des conquêtes hasardeuses qu'ils pourraient tenter en Europe! Ce n'est point la politique des princes, ce sont les lumières des peuples civilisés qui garantiront à jamais l'Europe des invasions; et plus la civilisation s'étendra sur la terre, plus on en verra disparaître la guerre et les conquêtes, comme l'esclavage et la misère.

Louis XV mourut[1]. Ce prince, qui depuis longtemps bravait dans sa conduite les préceptes de la morale chrétienne, ne s'était cependant jamais élevé au-dessus des terreurs religieuses. Les menaces de la religion revenaient l'effrayer à l'apparence du moindre danger; mais il croyait qu'une promesse de continence, si facile à faire sur un lit de mort, et quelques paroles d'un prêtre, pouvaient expier les fautes d'un règne de soixante ans. Plus timide encore que superstitieux, accoutumé par le cardinal de Fleury à regarder la liberté de penser comme une cause de trouble dans les États, ou du moins d'embarras pour les gouvernements, ce fut malgré lui que, sous son règne, la raison humaine fit en France des progrès rapides. Celui qui y travaillait avec le plus d'éclat et de succès était devenu l'objet de sa haine. Cependant il respectait en lui la gloire de la France, et ne voyait pas sans orgueil l'admiration de l'Europe placer un de ses sujets au premier rang des hommes illustres. Sa mort ne changea rien au sort de Voltaire, et M. de Maurepas joignait aux préjugés de Fleury une haine plus forte encore pour tout ce qui s'élevait au-dessus des hommes ordinaires.

Voltaire avait prodigué à Louis XV, jusqu'à son voyage en Prusse, des éloges exagérés, sans pouvoir le désarmer; il avait gardé un silence presque absolu depuis cette époque où les malheurs et les fautes de ce règne auraient rendu ses louanges avilissantes. Il osa être juste envers lui après sa mort[2], dans l'instant où la nation presque entière semblait se plaire à déchirer sa mémoire; et on a remarqué que les philosophes, qu'il ne protégea

---

1. 10 mai 1774.
2. Voyez l'*Éloge funèbre de Louis XV*, tome XXIX, page 291.

jamais, furent alors les seuls qui montrassent quelque impartialité, tandis que des prêtres[1] chargés de ses bienfaits insultaient à ses faiblesses.

Le nouveau règne offrit bientôt à Voltaire des espérances qu'il n'avait osé former. M. Turgot fut appelé au ministère[2]. Voltaire connaissait ce génie vaste et profond qui, dans tous les genres de connaissances, s'était créé des principes sûrs et précis auxquels il avait attaché toutes ses opinions, d'après lesquelles il dirigeait toute sa conduite; gloire qu'aucun autre homme d'État n'a mérité de partager avec lui. Il savait qu'à une âme passionnée pour la vérité et pour le bonheur des hommes M. Turgot unissait un courage supérieur à toutes les craintes, une grandeur de caractère au-dessus de toutes les dissimulations; qu'à ses yeux les plus grandes places n'étaient qu'un moyen d'exécuter ses vues salutaires, et ne lui paraîtraient plus qu'un vil esclavage s'il perdait cette espérance. Enfin il savait qu'affranchi de tous les préjugés, et haïssant en eux les ennemis les plus dangereux du genre humain, M. Turgot regardait la liberté de penser et d'imprimer comme un droit de chaque citoyen, un droit des nations entières, dont les progrès de la raison peuvent seuls appuyer le bonheur sur une base inébranlable.

Voltaire vit dans la nomination de M. Turgot l'aurore du règne de cette raison si longtemps méconnue, plus longtemps persécutée; il osa espérer la chute rapide des préjugés, la destruction de cette politique lâche et tyrannique qui, pour flatter l'orgueil ou la paresse des gens en place, condamnait le peuple à l'humiliation et à la misère.

Cependant ses tentatives en faveur des serfs du mont Jura furent inutiles, et il essaya vainement d'obtenir pour d'Étallonde et pour la mémoire du chevalier de La Barre cette justice éclatante que l'humanité et l'honneur national exigeaient également. Ces objets étaient étrangers au département des finances; et cette supériorité de lumières, de caractère et de vertu, que M. Turgot ne pouvait cacher, lui avait fait de tous les autres ministres, de tous les intrigants subalternes, autant d'ennemis qui, n'ayant à combattre en lui ni ambition ni projets personnels, s'acharnaient contre tout ce qu'ils croyaient d'accord avec ses vues justes et bienfaisantes.

On ne pouvait d'ailleurs rendre la liberté aux serfs du mont Jura sans blesser le parlement de Besançon; la révision du procès d'Abbeville eût humilié celui de Paris; et une politique maladroite avait rétabli les anciens parlements, sans profiter de leur destruction et du peu de crédit de ceux qui les avaient remplacés pour porter dans les lois et dans les tribunaux une réforme entière dont tous les hommes instruits sentaient la nécessité. Mais un ministère faible et ennemi des lumières n'osa ou ne voulut pas saisir cette occasion, où le bien eût encore moins trouvé d'obstacles que dans l'instant si honteusement manqué par le chancelier Maupeou.

1. Beauvais, évêque de Senez; voyez tome XXIX, page 307.
2. La nomination de Turgot à la place de contrôleur général des finances est du 24 août 1774; le mois précédent, le ministère de Louis XV, conservé par Louis XVI, prévoyant la mort prochaine de Voltaire, avait ordonné de mettre les scellés sur ses papiers; voyez les *Documents biographiques*.

C'est ainsi que, par complaisance pour les préjugés des parlements, le ministère laissa perdre pour la réforme de l'éducation les avantages que lui offrait la destruction des jésuites. On n'avait même pris, en 1774, aucune précaution pour empêcher la renaissance des querelles qui, en 1770, avaient amené la destruction de la magistrature. On n'avait eu qu'un seul objet, l'avantage de s'assurer une reconnaissance personnelle qui donnât aux auteurs du changement un moyen d'employer utilement contre leurs rivaux de puissance le crédit des corps dont le rétablissement était leur ouvrage.

Ainsi le seul avantage que Voltaire put obtenir du ministère de M. Turgot fut de soustraire le petit pays de Gex à la tyrannie des fermes. Séparé de la France par des montagnes, ayant une communication facile avec Genève et la Suisse, cette malheureuse contrée ne pouvait être assujettie au régime fiscal sans devenir le théâtre d'une guerre éternelle entre les employés du fisc et les habitants, sans payer des frais de perception plus onéreux que la valeur même des impositions. Le peu d'importance de cette opération aurait dû la rendre facile. Cependant elle était depuis longtemps inutilement sollicitée par M. de Voltaire.

Une partie des provinces de la France ont échappé par différentes causes au joug de la ferme générale, ou ne l'ont porté qu'à moitié; mais les fermiers ont souvent avancé leurs limites, enveloppé dans leurs chaînes des cantons isolés que des priviléges féodaux avaient longtemps défendus. Ils croyaient que leur dieu *Terme*, comme celui des Romains, ne devait reculer jamais, et que son premier pas en arrière serait le présage de la destruction de l'empire. Leur opposition ne pouvait balancer, auprès de M. Turgot, une opération juste et bienfaisante qui, sans nuire au fisc, soulageait les citoyens, épargnait des injustices et des crimes, rappelait dans un canton dévasté la prospérité et la paix.

Le pays de Gex fut donc affranchi moyennant une contribution de trente mille livres, et Voltaire put écrire à ses amis, en parodiant un vers de *Mithridate*[1] :

Et mes derniers regards ont vu fuir les *commis*.

Les édits de 1776 auraient augmenté le respect de Voltaire pour M. Turgot si, d'avance, il n'avait pas senti son âme et connu son génie. Ce grand homme d'État avait vu que, placé à la tête des finances dans un moment où gêné par la masse de la dette, par les obstacles que les courtisans et le ministre prépondérant opposaient à toute grande réforme dans l'administration, à toute économie importante, il ne pouvait diminuer les impôts, et il voulut du moins soulager le peuple et dédommager les propriétaires, en leur rendant les droits dont un régime oppresseur les avait privés[2].

Les corvées, qui portaient la désolation dans les campagnes, qui forçaient le pauvre à travailler sans salaire, et enlevaient à l'agriculture les

---

1. Acte V, scène v.
2. Cette phrase incorrecte est exactement ainsi dans les deux éditions de Kehl.

chevaux du laboureur, furent changées en un impôt payé par les seuls propriétaires. Dans toutes les villes, de ridicules corporations faisaient acheter à une partie de leurs habitants le droit de travailler ; ceux qui subsistaient par leur industrie ou par le commerce étaient obligés de vivre sous la servitude d'un certain nombre de privilégiés, ou de leur payer un tribut. Cette institution absurde disparut [1], et le droit de faire un usage libre de leurs bras ou de leur temps fut restitué aux citoyens.

La liberté du commerce des grains, celle du commerce des vins; l'une gênée par des préjugés populaires, l'autre par des priviléges tyranniques, extorqués par quelques villes, fut rendue aux propriétaires; et ces lois sages devaient accélérer les progrès de la culture, et multiplier les richesses nationales en assurant la subsistance du peuple.

Mais ces édits bienfaiteurs furent le signal de la perte du ministre qui avait osé les concevoir. On souleva contre eux les parlements, intéressés à maintenir les jurandes, source féconde de procès lucratifs; non moins attachés au régime réglementaire, qui était pour eux un moyen d'agiter l'esprit du peuple; irrités de voir porter sur les propriétaires riches le fardeau de la construction des chemins, sans espérer qu'une lâche condescendance continuât d'alléger pour eux le poids des subsides, et surtout effrayés de la prépondérance que semblait acquérir un ministre dont l'esprit populaire les menaçait de la chute de leur pouvoir.

Cette ligue servit l'intrigue des ennemis de M. Turgot, et on vit alors combien la manière dont ils avaient rétabli les tribunaux était utile à leurs desseins secrets, et funeste à la nation. On apprit alors combien il est dangereux pour un ministre de vouloir le bien du peuple; et peut-être qu'en remontant à l'origine des événements on trouverait que la chute même des ministres réellement coupables a eu pour cause le bien qu'ils ont voulu faire, et non le mal qu'ils ont fait.

Voltaire vit, dans le malheur de la France, la destruction des espérances qu'il avait conçues pour les progrès de la raison humaine. Il avait cru que l'intolérance, la superstition, les préjugés absurdes qui infectaient toutes les branches de la législation, toutes les parties de l'administration, tous les états de la société, disparaîtraient devant un ministre ami de la justice, de la liberté, et des lumières. Ceux qui l'ont accusé d'une basse flatterie, ceux qui lui ont reproché avec amertume l'usage qu'il a fait, trop souvent peut-être, de la louange pour adoucir les hommes puissants, et les forcer à être humains et justes, peuvent comparer ces louanges à celles qu'il donnait à M. Turgot, surtout à cette *Épître à un Homme* qu'il lui adressa [2] au moment de sa disgrâce. Ils distingueront alors l'admiration sentie de ce qui n'est qu'un compliment, et ce qui vient de l'âme de ce qui n'est qu'un jeu d'imagination; ils verront que Voltaire n'a eu d'autre tort que d'avoir cru

---

1. L'édit portant suppression des jurandes et communautés de commerce, arts et métiers, est de février 1776; il ne fut enregistré au parlement qu'au lit de justice du 12 mars.

2. En 1776; voyez tome X, page 451.

pouvoir traiter les gens en place comme les femmes. On prodigue à toutes à peu près les mêmes louanges et les mêmes protestations; et le ton seul distingue ce qu'on sent de ce qu'on accorde à la galanterie.

Voltaire encensant les rois, les ministres, pour les attirer à la cause de la vérité, et Voltaire célébrant le génie et la vertu, n'a pas le même langage. Ne veut-il que louer, il prodigue les charmes de son imagination brillante, il multiplie ces idées ingénieuses qui lui sont si familières; mais rend-il un hommage avoué par son cœur, c'est son âme qui s'échappe, c'est sa raison profonde qui prononce. Dans son voyage à Paris, son admiration pour M. Turgot perçait dans tous ses discours; c'était l'homme qu'il opposait à ceux qui se plaignaient à lui de la décadence de notre siècle, c'était à lui que son âme accordait son respect. Je l'ai vu se précipiter sur ses mains, les arroser de ses larmes, les baiser malgré ses efforts, et s'écriant d'une voix entrecoupée de sanglots : *Laissez-moi baiser cette main qui a signé le salut du peuple*[1].

Depuis longtemps Voltaire désirait de revoir sa patrie, et de jouir de sa gloire au milieu du même peuple témoin de ses premiers succès, et trop souvent complice de ses envieux. M. de Villette venait d'épouser à Ferney Mlle de Varicour, d'une famille noble du pays de Gex, que ses parents avaient confiée à Mme Denis; Voltaire les suivit à Paris[2], séduit en partie par le désir de faire jouer devant lui la tragédie d'*Irène*, qu'il venait d'achever. Le secret avait été gardé; la haine n'avait pas eu le temps de préparer ses poisons, et l'enthousiasme public ne lui permit pas de se montrer. Une foule d'hommes, de femmes de tous les rangs, de toutes les professions, à qui ses vers avaient fait verser de douces larmes, qui avaient tant de fois admiré son génie sur la scène et dans ses ouvrages, qui lui devaient leur instruction, dont il avait guéri les préjugés, à qui il avait inspiré une partie de ce zèle contre le fanatisme dont il était dévoré, brûlaient du désir de voir le grand homme qu'ils admiraient. La jalousie se tut devant une gloire qu'il était impossible d'atteindre, devant le bien qu'il avait fait aux hommes. Le ministère, l'orgueil épiscopal, furent obligés de respecter l'idole de la nation. L'enthousiasme avait passé jusque dans le peuple; on s'arrêtait devant ses fenêtres; on y passait des heures entières, dans l'espérance de le voir un moment; sa voiture, forcée d'aller au pas, était entourée d'une foule nombreuse qui le bénissait et célébrait ses ouvrages.

---

1. Turgot était fort goutteux et marchait difficilement. Lors de leur première rencontre, Voltaire, après les premiers compliments, se tournant vers l'assistance, dit : « En voyant M. Turgot, j'ai cru voir la statue de Nabuchodonosor. — Oui, les pieds d'argile, dit le contrôleur disgracié. — Et la tête d'or ! la tête d'or ! répliqua Voltaire. » (*Mémoires pour servir à l'histoire de M. de Voltaire*; Amsterdam, 1785, IIe partie, pages 107, 108.)

2. Mme Denis, M. et Mme de Villette, partirent de Ferney le 3 février 1778; Voltaire, accompagné de son secrétaire Wagnière et d'un cuisinier, partit le 5, à midi. La *Relation du voyage de M. de Voltaire à Paris en* 1778 fait partie des *Mémoires sur Voltaire et sur ses ouvrages, par Longchamp et Wagnière*; Paris, 1826, deux volumes in-8°.

L'Académie française, qui ne l'avait adopté qu'à cinquante-deux ans [1], lui prodigua les honneurs, et le reçut moins comme un égal que comme le souverain de l'empire des lettres [2]. Les enfants de ces courtisans orgueilleux qui l'avaient vu avec indignation vivre dans leur société sans bassesse, et qui se plaisaient à humilier en lui la supériorité de l'esprit et des talents, briguaient l'honneur de lui être présentés, et de pouvoir se vanter de l'avoir vu.

C'était au théâtre, où il avait régné si longtemps, qu'il devait attendre les plus grands honneurs. Il vint à la troisième [3] représentation d'*Irène*, pièce faible, à la vérité, mais remplie de beautés, et où les rides de l'âge laissaient encore voir l'empreinte sacrée du génie. Lui seul attira les regards d'un peuple avide de démêler ses traits, de suivre ses mouvements, d'observer ses gestes. Son buste fut couronné sur le théâtre, au milieu des applaudissements, des cris de joie, des larmes d'enthousiasme et d'attendrissement. Il fut obligé, pour sortir, de percer la foule entassée sur son passage; faible, se soutenant à peine, les gardes qu'on lui avait donnés pour l'aider lui étaient inutiles; à son approche on se retirait avec une respectueuse tendresse; chacun se disputait la gloire de l'avoir soutenu un moment sur l'escalier; chaque marche lui offrait un secours nouveau, et on ne souffrait pas que personne s'arrogeât le droit de le soutenir trop longtemps.

Les spectateurs le suivirent jusque dans son appartement : les cris de *vive Voltaire! vive la Henriade! vive Mahomet! vive la Pucelle!* retentissaient autour de lui. On se précipitait à ses pieds, on baisait ses vêtements. Jamais homme n'a reçu des marques plus touchantes de l'admiration, de la tendresse publique; jamais le génie n'a été honoré par un hommage plus flatteur. Ce n'était point à sa puissance, c'était au bien qu'il avait fait, que s'adressait cet hommage. Un grand poëte n'aurait eu que des applaudissements; les larmes coulaient sur le philosophe qui avait brisé les fers de la raison et vengé la cause de l'humanité.

L'âme sublime et passionnée de Voltaire fut attendrie de ces tributs de respect et de zèle. *On veut me faire mourir de plaisir,* disait-il; mais c'était le cri de la sensibilité, et non l'adresse de l'amour-propre. Au milieu des hommages de l'Académie française, il était frappé surtout de la possibilité d'y introduire une philosophie plus hardie. « On me traite mieux que je ne mérite, me disait-il un jour. Savez-vous que je ne désespère point de faire proposer l'éloge de Coligny? »

Il s'occupait, pendant les représentations d'*Irène*, à revoir son *Essai*

---

1. En 1746.

2. L'Académie française lui envoya une députation; et lorsque, le 30 mars, il se rendit à une séance publique de l'Académie, l'Académie, qui était nombreuse ce jour-là, alla au-devant de lui jusque dans la première salle. On le fit asseoir à la place du directeur. Après la lecture de l'*Éloge de Boileau*, par d'Alembert, on lui proposa d'accepter extraordinairement, et par un choix unanime, la place de directeur, qu'on avait coutume de tirer au sort, et qui allait être vacante à la fin du trimestre de janvier.

3. Ce fut à la *sixième* représentation d'*Irène* que Voltaire assista le 30 mars 1778.

sur *les Mœurs et l'Esprit des nations*, et à y porter de nouveaux coups au fanatisme. Au milieu des acclamations du théâtre, il avait observé, avec un plaisir secret, que les vers les plus applaudis étaient ceux où il attaquait la superstition et les noms qu'elle a consacrés. C'était vers cet objet qu'il reportait tout ce qu'il recevait d'hommages. Il voyait dans l'admiration générale la preuve de l'empire qu'il avait exercé sur les esprits, de la chute des préjugés, qui était son ouvrage.

Paris possédait en même temps le célèbre Franklin, qui, dans un autre hémisphère, avait été aussi l'apôtre de la philosophie et de la tolérance. Comme Voltaire, il avait souvent employé l'arme de la plaisanterie, qui corrige la folie humaine, et apprend à en voir la perversité comme une folie plus funeste, mais digne aussi de pitié. Il avait honoré la philosophie par le génie de la physique, comme Voltaire par celui de la poésie. Franklin achevait de délivrer les vastes contrées de l'Amérique du joug de l'Europe, et Voltaire de délivrer l'Europe du joug des anciennes théocraties de l'Asie. Franklin s'empressa de voir un homme dont la gloire occupait depuis longtemps les deux mondes : Voltaire, quoiqu'il eût perdu l'habitude de parler anglais, essaya de soutenir la conversation dans cette langue; puis bientôt reprenant la sienne : « Je n'ai pu résister au désir de parler un moment la langue de M. Franklin. »

Le philosophe américain lui présenta son petit-fils, en demandant pour lui sa bénédiction : « *God and liberty* [1], dit Voltaire, voilà la seule bénédiction qui convienne au petit-fils de M. Franklin. » Ils se revirent à une séance publique de l'Académie des sciences [2]; le public contemplait avec attendrissement, placés à côté l'un de l'autre, ces deux hommes nés dans des mondes différents, respectables par leur vieillesse, par leur gloire, par l'emploi de leur vie, et jouissant tous deux de l'influence qu'ils avaient exercée sur leur siècle. Ils s'embrassèrent au bruit des acclamations; on a dit que c'était Solon qui embrassait Sophocle. Mais le Sophocle français avait détruit l'erreur, et avancé le règne de la raison; et le Solon de Philadelphie, appuyant sur la base inébranlable des droits des hommes la constitution de son pays, n'avait point à craindre de voir pendant sa vie même ses lois incertaines préparer des fers à son pays, et ouvrir la porte à la tyrannie.

L'âge n'avait point affaibli l'activité de Voltaire, et les transports de ses compatriotes semblaient la redoubler encore. Il avait formé le projet de réfuter tout ce que le duc de Saint-Simon [3], dans ses Mémoires encore se-

---

1. Dieu et la liberté.
2. Le 29 avril.
3. En 1788 on donna un extrait des *Mémoires de Saint-Simon* en trois volumes in-8º; l'année suivante, on publia un supplément en quatre volumes. L'abbé Soulavie donna, en 1791, treize volumes in-8º, intitulés *OEuvres complètes de Saint-Simon*. M. F. Laurent donna, en 1818, six volumes in-8º, sous le titre de *Mémoires de Saint-Simon :* ce n'est que le travail de Soulavie autrement disposé. Les *Mémoires complets et authentiques du duc de Saint-Simon* ont été imprimés pour

crets, avait accordé à la prévention et à la haine, dans la crainte que ces Mémoires, auxquels la probité reconnue de l'auteur, son état, son titre de contemporain, pouvaient donner quelque autorité, ne parussent dans un temps où personne ne fût assez voisin des événements pour défendre la vérité et confondre l'erreur.

En même temps il avait déterminé l'Académie française à faire son dictionnaire sur un nouveau plan [1]. Ce plan consistait à suivre l'histoire de chaque mot depuis l'époque où il avait paru dans la langue, de marquer les sens divers qu'il avait eus dans les différents siècles, les acceptions différentes qu'il avait reçues; d'employer, pour faire sentir ces différentes nuances, non des phrases faites au hasard, mais des exemples choisis dans les auteurs qui avaient eu le plus d'autorité. On aurait eu alors le véritable dictionnaire littéraire et grammatical de la langue; les étrangers, et même les Français, y auraient appris à en connaître toutes les finesses.

Ce dictionnaire aurait offert aux gens de lettres une lecture instructive qui eût contribué à former le goût, qui eût arrêté les progrès de la corruption. Chaque académicien devait se charger d'une lettre de l'alphabet. Voltaire avait pris l'A [2]; et pour exciter ses confrères, pour montrer combien il était facile d'exécuter ce plan, il voulait en peu de mois terminer la partie dont il s'était chargé.

Tant de travaux avaient épuisé ses forces. Un crachement de sang, causé par les efforts qu'il avait faits pendant les répétitions d'*Irène*, l'avait affaibli. Cependant l'activité de son âme suffisait à tout, et lui cachait sa faiblesse réelle. Enfin, privé du sommeil par l'effet de l'irritation d'un travail trop continu, il voulut s'en assurer quelques heures pour être en état de faire adopter à l'Académie, d'une manière irrévocable, le plan du dictionnaire, contre lequel quelques objections s'étaient élevées, et il résolut de prendre de l'opium. Son esprit avait toute sa force; son âme, toute son impétuosité, et toute sa mobilité naturelle; son caractère, toute son activité et toute sa gaieté, lorsqu'il prit le calmant qu'il croyait nécessaire. Ses amis l'avaient vu se livrer, dans la soirée même, à toute sa haine contre les préjugés, l'exhaler avec éloquence, et, bientôt après, ne plus les envisager que du côté ridicule, s'en moquer avec cette grâce et ces rapprochements singuliers qui caractérisaient ses plaisanteries. Mais il prit de l'opium [3] à plusieurs reprises,

---

la première fois de 1829 à 1831, en vingt et un volumes in-8°, y compris un volume de table. (B.)

1. Voyez ce *Plan*, tome XXXI, page 161.

2. Il s'était aussi chargé de la lettre T; voyez les articles, tome XX, page 471 et suiv.

3. Wagnière raconte que Voltaire s'étant trouvé indisposé envoya chercher un apothicaire, qui vint avec une liqueur dont le vieillard ne voulait pas prendre, mais dont il finit cependant par avaler une portion. Mme de Saint-Julien, qui goûta cette liqueur, dit qu'elle était si violente qu'elle lui brûla la langue. Voltaire, se trouvant dans une agitation terrible, envoya demander au maréchal de Richelieu de son opium préparé. « On a prétendu, ajoute Wagnière, qu'après avoir fait avaler à M. de Voltaire une bonne dose de cet opium, la bouteille fut cassée :

et se trompa sur les doses, vraisemblablement dans l'espèce d'ivresse que les premières avaient produite. Le même accident lui était arrivé près de trente ans auparavant, et avait fait craindre pour sa vie. Cette fois, ses forces épuisées ne suffirent point pour combattre le poison. Depuis longtemps il souffrait des douleurs de vessie, et, dans l'affaiblissement général de ses organes, celui qui déjà était affecté contracta bientôt un vice incurable.

A peine, dans le long intervalle entre cet accident funeste et sa mort, pouvait-il reprendre sa tête pendant quelques moments de suite, et sortir de la léthargie où il était plongé. C'est pendant un de ces intervalles qu'il écrivit au jeune comte de Lally, déjà si célèbre par son courage, et qui depuis a mérité de l'être par son éloquence et son patriotisme, ces lignes, les dernières que sa main ait tracées, où il applaudissait à l'autorité royale, dont la justice venait d'anéantir un des attentats du despotisme parlementaire. Enfin il expira le 30 de mai 1778 [1].

Grâce aux progrès de la raison et au ridicule répandu sur la superstition, les habitants de Paris sont, tant qu'ils se portent bien, à l'abri de la tyrannie des prêtres; mais ils y retombent dès qu'ils sont malades. L'arrivée de Voltaire avait allumé la colère des fanatiques, blessé l'orgueil des chefs de la hiérarchie ecclésiastique; mais en même temps elle avait inspiré à quelques prêtres l'idée de bâtir leur réputation et leur fortune sur la conversion de cet illustre ennemi. Sans doute ils ne se flattaient pas de le convaincre, mais ils espéraient le résoudre à dissimuler. Voltaire, qui désirait pouvoir rester à Paris sans y être troublé par les délations sacerdotales, et qui, par une vieille habitude de sa jeunesse, croyait utile, pour l'intérêt même des amis de la raison, que des scènes d'intolérance ne suivissent point ses derniers moments, envoya chercher dès sa première maladie un aumônier des Incurables qui lui avait offert ses services [2], et qui se vantait d'avoir réconcilié avec l'Église l'abbé de L'Attaignant, connu par des scandales d'un autre genre.

L'abbé Gaultier confessa Voltaire, et reçut de lui une profession de foi par laquelle il déclarait qu'il mourait dans la religion catholique où il était né.

je n'ai jamais pu tirer au clair ce dernier fait; je sais seulement qu'ils se réunirent tous pour assurer au malade qu'il l'avait bue entièrement : M. de Villette dit avoir vu M. de Voltaire seul dans sa chambre achever de la vider. Mme de Saint-Julien lui dit alors qu'il était un grand malheureux de n'avoir pas sauté sur lui pour l'en empêcher. »

1. A onze heures et un quart du soir.
2. L'abbé Gaultier présenta à l'archevêque un *Mémoire concernant tout ce qui s'est passé à la mort de Voltaire*. Ce *Mémoire* est imprimé dans les diverses éditions de l'opuscule du Père Harel, intitulé *Voltaire, recueil des particularités curieuses de sa vie et de sa mort*, et page 19 du tome II des *Mémoires pour servir à l'histoire de M. de Voltaire* (par Chaudon), 1785, in-12. C'est là qu'ont été prises les lettres de Voltaire à Gaultier, et de Gaultier à Voltaire; mais Wagnière observe que la lettre du 20 février n'a pas été donnée telle qu'elle a été écrite; que la réponse du 21 est signée *Voltaire* (et non *De Voltaire*); il assure que le billet du 26 n'a jamais été écrit; il ajoute ne pas connaître le billet de Mme Denis du 27. Wagnière élève aussi des doutes sur les billets des 13 et 15 mars.

A cette nouvelle, qui scandalisa un peu plus les hommes éclairés qu'elle n'édifia les dévots, le curé de Saint-Sulpice courut chez son paroissien, qui le reçut avec politesse, et lui donna, suivant l'usage, une aumône honnête pour ses pauvres. Mais, jaloux que l'abbé Gaultier l'eût gagné de vitesse, il trouva que l'aumônier des Incurables avait été trop facile ; qu'il aurait fallu exiger une profession de foi plus détaillée, un désaveu exprès de toutes les doctrines contraires à la foi que Voltaire avait pu être accusé de soutenir. L'abbé Gaultier prétendait qu'on aurait tout perdu en voulant tout avoir. Pendant cette dispute, Voltaire guérit ; on joua *Irène*, et la conversion fut oubliée. Mais au moment de la rechute le curé revint, bien déterminé à ne pas enterrer Voltaire s'il n'obtenait pas cette rétractation si désirée.

Ce curé[1] était un de ces hommes moitié hypocrites, moitié imbéciles, parlant avec la persuasion stupide d'un énergumène, agissant avec la souplesse d'un jésuite, humble dans ses manières jusqu'à la bassesse, arrogant dans ses prétentions sacerdotales, rampant auprès des grands, charitable pour cette populace dont on dispose avec des aumônes, et fatiguant les simples citoyens de son impérieux fanatisme. Il voulait absolument faire reconnaître au moins à Voltaire la divinité de Jésus-Christ, à laquelle il s'intéressait plus qu'aux autres dogmes. Il le tira un jour de sa léthargie en lui criant aux oreilles : « Croyez-vous à la divinité de Jésus-Christ ? — Au nom de Dieu, monsieur, ne me parlez plus de cet homme-là, et laissez-moi mourir en repos », répondit Voltaire.

Alors le prêtre annonça qu'il ne pouvait s'empêcher de lui refuser la sépulture. Il n'en avait pas le droit : car, suivant les lois, ce refus doit être précédé d'une sentence d'excommunication, ou d'un jugement séculier. On peut même appeler comme d'abus de l'excommunication. La famille, en se plaignant au parlement, eût obtenu justice. Mais elle craignit le fanatisme de ce corps, la haine de ses membres pour Voltaire, qui avait tonné tant de fois contre ses injustices, et combattu ses prétentions. Elle ne sentit point que le parlement ne pouvait, sans se déshonorer, s'écarter des principes qu'il avait suivis en faveur des jansénistes, qu'un grand nombre de jeunes magistrats n'attendaient qu'une occasion d'effacer, par quelque action éclatante, ce reproche de fanatisme qui les humiliait, de s'honorer en donnant une marque de respect à la mémoire d'un homme de génie qu'ils avaient eu le malheur de compter parmi leurs ennemis, et de montrer qu'ils aimaient mieux réparer leurs injustices que venger leurs injures. La famille ne sentit pas combien lui donnait de force cet enthousiasme que Voltaire avait excité, enthousiasme qui avait gagné toutes les classes de la nation, et qu'aucune autorité n'eût osé attaquer de front.

On préféra de négocier avec le ministère. N'osant ni blesser l'opinion publique en servant la vengeance du clergé, ni déplaire aux prêtres en les forçant de se conformer aux lois, ni les punir en érigeant un monument public au grand homme dont ils troublaient si lâchement les cendres, et en

---

1. J.-J. Faydit de Tersac.

le dédommageant des honneurs ecclésiastiques, qu'il méritait si peu, par des honneurs civiques dus à son génie et au bien qu'il avait fait à la nation, les ministres approuvèrent la proposition de transporter le corps de Voltaire dans l'église d'un monastère dont son neveu [1] était abbé. Il fut donc conduit à Scellières. Les prêtres étaient convenus de ne pas troubler l'exécution de ce projet. Cependant deux grandes dames, très-dévotes, écrivirent à l'évêque de Troyes pour l'engager à s'opposer à l'inhumation, en qualité d'évêque diocésain. Mais, heureusement pour l'honneur de l'évêque, ces lettres arrivèrent trop tard, et Voltaire fut enterré.

L'Académie française était dans l'usage de faire un service aux Cordeliers pour chacun de ses membres. L'archevêque de Paris, Beaumont, si connu par son ignorance et son fanatisme, défendit de faire ce service. Les cordeliers obéirent à regret, sachant bien que les confesseurs de Beaumont lui pardonnaient la vengeance, et ne lui prêchaient pas la justice. L'Académie résolut alors de suspendre cet usage jusqu'à ce que l'insulte faite au plus illustre de ses membres eût été réparée. Ainsi Beaumont servit malgré lui à détruire une superstition ridicule.

Cependant le roi de Prusse ordonna pour Voltaire un service solennel dans l'église catholique de Berlin. L'Académie de Prusse y fut invitée de sa part; et, ce qui était plus glorieux pour Voltaire, dans le camp même où à la tête de cent cinquante mille hommes il défendait les droits des princes de l'Empire, et en imposait à la puissance autrichienne, il écrivit l'éloge de l'homme illustre dont il avait été le disciple et l'ami, et qui peut-être ne lui avait jamais pardonné l'indigne et honteuse violence exercée contre lui à Francfort par ses ordres, mais vers lequel un sentiment d'admiration et un goût naturel le ramenaient sans cesse, même malgré lui. Cet éloge était une bien noble compensation de l'indigne vengeance des prêtres.

De tous les attentats contre l'humanité, que dans les temps d'ignorance et de superstition les prêtres ont obtenu le pouvoir de commettre avec impunité, celui qui s'exerce sur des cadavres est sans doute le moins nuisible; et, à des yeux philosophiques, leurs outrages ne peuvent paraître qu'un titre de gloire. Cependant le respect pour les restes des personnes qu'on a chéries n'est point un préjugé : c'est un sentiment inspiré par la nature même, qui a mis au fond de nos cœurs une sorte de vénération religieuse pour tout ce qui nous rappelle des êtres que l'amitié ou la reconnaissance nous ont rendus sacrés. La liberté d'offrir à leurs dépouilles ces tristes hommages est donc un droit précieux pour l'homme sensible; et l'on ne peut sans injustice lui enlever la liberté de choisir ceux que son cœur lui dicte, encore moins lui interdire cette consolation au gré d'une caste intolérante qui a usurpé, avec une audace trop longtemps soufferte, le droit de juger et de punir les pensées.

D'ailleurs son empire sur l'esprit de la populace n'est pas encore détruit; un chrétien privé de la sépulture est encore, aux yeux du petit peuple, un homme digne d'horreur et de mépris, et cette horreur dans les âmes sou-

---

1. L'abbé Mignot.

mises aux préjugés s'étend jusque sur sa famille. Sans doute si la haine des prêtres ne poursuivait que des hommes immortalisés par des chefs-d'œuvre, dont le nom a fatigué la renommée, dont la gloire doit embrasser tous les siècles, on pourrait leur pardonner leurs impuissants efforts; mais leur haine peut s'attacher à des victimes moins illustres; et tous les hommes ont les mêmes droits.

Le ministère, un peu honteux de sa faiblesse, crut échapper au mépris public en empêchant de parler de Voltaire dans les écrits ou dans les endroits où la police est dans l'usage de violer la liberté, sous prétexte d'établir le bon ordre, qu'elle confond trop souvent avec le respect pour les sottises établies ou protégées.

On défendit aux papiers publics de parler de sa mort [1], et les comédiens eurent ordre de ne jouer aucune de ses pièces [2]. Les ministres ne songèrent pas que de pareils moyens d'empêcher qu'on ne s'irritât contre leur faiblesse ne serviraient qu'à en donner une nouvelle preuve, et montreraient qu'ils n'avaient ni le courage de mériter l'approbation publique, ni celui de supporter le blâme.

Ce simple récit des événements de la vie de Voltaire a fait assez connaître son caractère et son âme : la bienfaisance, l'indulgence pour les faiblesses, la haine de l'injustice et de l'oppression, en forment les principaux traits. On peut le compter parmi le très-petit nombre des hommes en qui l'amour de l'humanité a été une véritable passion. Cette passion, la plus noble de toutes, n'a été connue que dans nos temps modernes : elle est née du progrès des lumières, et sa seule existence suffit pour confondre les aveugles partisans de l'antiquité, et les calomniateurs de la philosophie.

Mais les heureuses qualités de Voltaire étaient souvent égarées par une mobilité naturelle que l'habitude de faire des tragédies avait encore augmentée. Il passait en un instant de la colère à l'attendrissement, de l'indignation à la plaisanterie. Né avec des passions violentes, elles l'entraînèrent trop loin quelquefois; et sa mobilité le priva des avantages ordinaires aux âmes passionnées, la fermeté dans la conduite, et ce courage que la crainte ne peut arrêter quand il faut agir, et qui ne s'ébranle point par la présence du danger qu'il a prévu. On l'a vu souvent s'exposer à l'orage presque avec témérité, rarement on l'a vu le braver avec constance : et ces alternatives d'audace et de faiblesse ont souvent affligé ses amis, et préparé d'indignes triomphes à ses lâches ennemis.

---

1. On ne parla de la mort de Voltaire ni dans le *Mercure*, ni dans le *Journal de Paris*.

2. Cette défense fut bientôt levée; le 20 juin 1778, on joua *Nanine* à la Comédie française; les 22 et 28, on représenta *Tancrède*. Le 1er février 1779, La Harpe donna sur le même théâtre *les Muses rivales, ou l'Apothéose de Voltaire, en un acte et en vers libres*. Enfin le 31 mai 1779, comme anniversaire de la mort de Voltaire, eut lieu la première représentation d'*Agathocle*, tragédie posthume de Voltaire (voyez tome VII, page 389). Mais pendant qu'on laissait rendre ces hommages à la mémoire de Voltaire, on faisait supprimer vingt-sept vers à son honneur dans le chant de Janvier, du poëme des *Mois* par Roucher.

Il fut constant dans l'amitié. Celle qui le liait à Génonville, au président de Maisons, à Formont, à Cideville, à la marquise du Châtelet, à d'Argental, à d'Alembert[1], troublée par des nuages passagers, ne se termina que par la mort. On voit dans ses ouvrages que peu d'hommes sensibles ont conservé aussi longtemps que lui le souvenir des amis qu'ils ont perdus dans la jeunesse.

On lui a reproché ses nombreuses querelles; mais dans aucune il n'a été l'agresseur; mais ses ennemis, ceux du moins pour lesquels il fut irréconciliable, ceux qu'il dévoua au mépris public, ne s'étaient point bornés à des attaques personnelles; ils s'étaient rendus ses délateurs auprès des fanatiques, et avaient voulu appeler sur sa tête le glaive de la persécution. Il est affligeant sans doute d'être obligé de placer dans cette liste des hommes d'un mérite réel: le poëte Rousseau, les deux Pompignan[2], Larcher, et même Rousseau de Genève. Mais n'est-il pas plus excusable de porter trop loin, dans sa vengeance, les droits de la défense naturelle, et d'être injuste en cédant à une colère dont le motif est légitime, que de violer les lois de l'humanité en compromettant les droits, la liberté, la sûreté d'un citoyen, pour satisfaire son orgueil, ses projets d'hypocrisie, ou son attachement opiniâtre à ses opinions?

On a reproché à Voltaire son acharnement contre Maupertuis; mais cet acharnement ne se borna-t-il pas à couvrir de ridicule un homme qui, par de basses intrigues, avait cherché à le déshonorer et à le perdre, et qui, pour se venger de quelques plaisanteries, avait appelé à son secours la puissance d'un roi irrité par ses insidieuses délations?

On a prétendu que Voltaire était jaloux, et on y a répondu par ce vers de *Tancrède*[3]:

De qui dans l'univers peut-il être jaloux?

Mais, dit-on, *il l'était de Buffon*. Quoi! l'homme dont la main puis-

---

1. D'Argental et d'Alembert ont seuls survécu à Voltaire.
2. L'un d'eux vient d'effacer, par une conduite noble et patriotique, les taches que ses délations épiscopales avaient répandues sur sa vie. On le voit adopter aujourd'hui avec courage les mêmes principes de liberté que dans ses ouvrages il reprochait avec amertume aux philosophes, et contre lesquels il invoquait la vengeance du despotisme. On se tromperait si, d'après cette contradiction, on l'accusait de mauvaise foi. Rien n'est plus commun que des hommes qui, joignant à une âme honnête et à un sens droit un esprit timide, n'osent examiner certains principes, ni penser d'après eux-mêmes, sur certains objets, avant de se sentir appuyés par l'opinion. (K.)
— C'est Lefranc de Pompignan, archevêque de Vienne, que Condorcet loue ici. Cependant lorsqu'en 1781 avait paru le prospectus de l'édition de Kehl des Œuvres de Voltaire, ce prélat avait publié un violent mandement. Mais, le 22 juin 1789, ce fut à la tête des cent quarante-neuf membres de l'ordre du clergé qu'il alla se réunir à l'ordre du tiers état pour faire en commun la vérification des pouvoirs.
3. Acte IV, scène v. La Harpe, dans son *Éloge de Voltaire* (voyez page 183), a déjà fait la même citation.

sante ébranlait les antiques colonnes du temple de la Superstition, et qui aspirait à changer en hommes ces vils troupeaux qui gémissaient depuis si longtemps sous la verge sacerdotale, eût-il été jaloux de la peinture heureuse et brillante des mœurs de quelques animaux, ou de la combinaison plus ou moins adroite de quelques vains systèmes démentis par les faits?

Il l'était de J.-J. Rousseau : il est vrai que sa hardiesse excita celle de Voltaire; mais le philosophe qui voyait le progrès des lumières adoucir, affranchir, et perfectionner l'espèce humaine, et qui jouissait de cette révolution comme de son ouvrage, était-il jaloux de l'écrivain éloquent qui eût voulu condamner l'esprit humain à une ignorance éternelle? L'ennemi de la superstition était-il jaloux de celui qui, ne trouvant plus assez de gloire à détruire les autels, essayait vainement de les relever?

Voltaire ne rendit pas justice aux talents de Rousseau, parce que son esprit juste et naturel avait une répugnance involontaire pour les opinions exagérées, que le ton de l'austérité lui présentait une teinte d'hypocrisie dont la moindre nuance devait révolter son âme indépendante et franche; qu'enfin, accoutumé à répandre la plaisanterie sur tous les objets, la gravité dans les petits détails des passions ou de la vie humaine lui paraissait toujours un peu ridicule. Il fut injuste, parce que Rousseau l'avait irrité en répondant par des injures à des offres de service; parce que Rousseau, en l'accusant de le persécuter lorsqu'il prenait sa défense, se permettait de le dénoncer lui-même aux persécuteurs.

Il était jaloux de Montesquieu : mais il avait à se plaindre de l'auteur de *l'Esprit des lois*, qui affectait pour lui de l'indifférence, et presque du mépris, moitié par une morgue maladroite, moitié par une politique timide: et cependant ce mot célèbre de Voltaire : *L'humanité avait perdu ses titres, Montesquieu les a retrouvés et les lui a rendus* [1], est encore le plus bel éloge de *l'Esprit des Lois* ; et ce mot passe même les bornes de la justice. Il n'est vrai du moins que pour la France, puisque, sans parler des ouvrages d'Althusius [2] et de quelques autres, les droits de l'humanité sont réclamés avec plus de force et de franchise dans Locke et dans Sidney que dans Montesquieu.

Voltaire a souvent critiqué *l'Esprit des Lois*, mais presque toujours avec justice. Et, ce qui prouve qu'il a eu raison de combattre Montesquieu, c'est que nous voyons aujourd'hui les préjugés les plus absurdes et les plus funestes s'appuyer de l'autorité de cet homme célèbre, et que, si le progrès des lumières n'avait enfin brisé le joug de toute espèce d'autorité dans les questions qui ne doivent être soumises qu'à la raison, l'ouvrage de Montesquieu ferait aujourd'hui plus de mal à la France qu'il n'a pu faire de bien à l'Europe. L'enthousiasme de ses partisans a été porté jusqu'à dire que Voltaire n'était pas en état de le juger, ni même de l'entendre. Irrité du ton

---

1. Voltaire a dit dans son *A, B, C* (voyez tome XXVII, page 322) : « Montesquieu présente à la nature humaine ses titres, qu'elle a perdus. »
2. Jurisconsulte allemand du XVIe siècle. Il soutenait dès ce temps-là que la souveraineté des États appartient au peuple. (K.)

de ces critiques, il a pu mêler quelque teinte d'humeur à ses justes observations. N'est-elle pas justifiée par une hauteur si ridicule ?

La mode d'accuser Voltaire de jalousie était même parvenue au point que l'on attribuait à ce sentiment, et ses sages observations sur l'ouvrage d'Helvétius, que, par respect pour un philosophe persécuté, il avait eu la délicatesse de ne publier qu'après sa mort, et jusqu'à sa colère contre le succès éphémère de quelques mauvaises tragédies : comme si on ne pouvait être blessé, sans aucun retour sur soi-même, de ces réputations usurpées, souvent si funestes aux progrès des arts et de la philosophie. Combien, dans un autre genre, les louanges prodiguées à Richelieu, à Colbert, et à quelques autres ministres, n'ont-elles pas arrêté la marche de la raison dans les sciences politiques !

En lisant les ouvrages de Voltaire, on voit que personne n'a possédé peut-être la justesse d'esprit à un plus haut degré. Il la conserve au milieu de l'enthousiasme poétique, comme dans l'ivresse de la gaieté; partout elle dirige son goût et règle ses opinions : et c'est une des principales causes du charme inexprimable que ses ouvrages ont pour tous les bons esprits. Aucun esprit n'a pu peut-être embrasser plus d'idées à la fois, n'a pénétré avec plus de sagacité tout ce qu'un seul instant peut saisir, n'a montré même plus de profondeur dans tout ce qui n'exige pas ou une longue analyse, ou une forte méditation. Son coup d'œil d'aigle a plus d'une fois étonné ceux mêmes qui devaient à ces moyens des idées plus approfondies, des combinaisons plus vastes et plus précises. Souvent, dans la conversation, on le voyait en un instant choisir entre plusieurs idées, les ordonner à la fois, et, pour la clarté et pour l'effet, les revêtir d'une expression heureuse et brillante.

De là ce précieux avantage d'être toujours clair et simple, sans jamais être insipide, et d'être lu avec un égal plaisir, et par le peuple des lecteurs, et par l'élite des philosophes. En le lisant avec réflexion, on trouve dans ses ouvrages une foule de maximes d'une philosophie profonde et vraie qui échappent aux lecteurs superficiels, parce qu'elles ne commandent point l'attention, et qu'elles n'exigent aucun effort pour être entendues.

Si on le considère comme poëte, on verra que, dans tous les genres où il s'est essayé, l'ode et la comédie sont les seuls où il n'ait pas mérité d'être placé au premier rang. Il ne réussit point dans la comédie, parce qu'il avait, comme on l'a déjà remarqué, le talent de saisir le ridicule des opinions, et non celui des caractères, qui, pouvant être mis en action, est le seul propre à la comédie. Ce n'est pas que dans un pays où la raison humaine serait affranchie de toutes ses lisières, où la philosophie serait populaire, on ne pût mettre avec succès sur le théâtre des opinions à la fois dangereuses et absurdes; mais ce genre de liberté n'existe encore pour aucun peuple.

La poésie lui doit la liberté de pouvoir s'exercer dans un champ plus vaste ; et il a montré comment elle peut s'unir avec la philosophie, de manière que la poésie, sans rien perdre de ses grâces, s'élève à de nouvelles beautés, et que la philosophie, sans sécheresse et sans enflure, conserve son exactitude et sa profondeur.

On ne peut lire son théâtre sans observer que l'art tragique lui doit les seuls progrès qu'il ait faits depuis Racine; et ceux mêmes qui lui refuseraient la supériorité ou l'égalité du talent de la poésie ne pourraient, sans aveuglement ou sans injustice, méconnaître ces progrès. Ses dernières tragédies prouvent qu'il était bien éloigné de croire avoir atteint le but de cet art si difficile. Il sentait que l'on pouvait encore rapprocher davantage la tragédie de la nature, sans lui rien ôter de sa pompe et de sa noblesse; qu'elle peignait encore trop souvent des mœurs de convention, que les femmes y parlaient trop de leur amour, qu'il fallait les offrir sur le théâtre comme elles sont dans la société, ne montrant d'abord leur passion que par les efforts qu'elles font pour la cacher, et ne s'y abandonnant que dans les moments où l'excès du danger et du malheur ne permet plus de rien ménager. Il croyait que des hommes simples, grands par leur seul caractère, étrangers à l'intérêt et à l'ambition, pouvaient offrir une source de beautés nouvelles, donner à la tragédie plus de variété et de vérité. Mais il était trop faible pour exécuter ce qu'il avait conçu; et, si l'on excepte le rôle du père d'Irène, ses dernières tragédies sont plutôt des leçons que des modèles.

Si donc un homme de génie, dans les arts, est surtout celui qui, en les enrichissant de nouveaux chefs-d'œuvre, en a reculé les bornes, quel homme a plus mérité que Voltaire ce titre, qui lui a été cependant refusé par des écrivains, la plupart trop éloignés d'avoir du génie pour sentir ce qui en est le vrai caractère?

C'est à Voltaire que nous devons d'avoir conçu l'histoire sous un point de vue plus vaste, plus utile que les anciens. C'est dans ses écrits qu'elle est devenue, non le récit des événements, le tableau des révolutions d'un peuple, mais celui de la nature humaine tracé d'après les faits, mais le résultat philosophique de l'expérience de tous les siècles et de toutes les nations. C'est lui qui le premier a introduit dans l'histoire la véritable critique, qui a montré le premier que la probabilité naturelle des événements devait entrer dans la balance avec la probabilité des témoignages, et que l'historien philosophe doit non-seulement rejeter les faits miraculeux, mais peser avec scrupule les motifs de croire ceux qui s'écartent de l'ordre commun de la nature.

Peut-être a-t-il abusé quelquefois de cette règle si sage qu'il avait donnée, et dont le calcul peut rigoureusement démontrer la vérité. Mais on lui devra toujours d'avoir débarrassé l'histoire de cette foule de faits extraordinaires adoptés sans preuves, qui, frappant davantage les esprits, étouffaient les événements les plus naturels et les mieux constatés; et, avant lui, la plupart des hommes ne savaient de l'histoire que les fables qui la défigurent. Il a prouvé que les absurdités du polythéisme n'avaient jamais été chez les grandes nations que la religion du vulgaire, et que la croyance d'un Dieu unique, commune à tous les peuples, n'avait pas eu besoin d'être révélée par des moyens surnaturels. Il a montré que tous les peuples ont reconnu les grands principes de la morale, toujours d'autant plus pure que les hommes ont été plus civilisés et plus éclairés. Il nous a fait voir que souvent l'influence des religions a corrompu la morale, et que jamais elle ne l'a perfectionnée.

Comme philosophe, c'est lui qui le premier a présenté le modèle d'un simple citoyen embrassant dans ses vœux et dans ses travaux tous les intérêts de l'homme dans tous les pays et dans tous les siècles, s'élevant contre toutes les erreurs, contre toutes les oppressions, défendant, répandant toutes les vérités utiles.

L'histoire de ce qui s'est fait en Europe en faveur de la raison et de l'humanité est celle de ses travaux et de ses bienfaits. Si l'usage absurde et dangereux d'enterrer les morts dans l'enceinte des villes, et même dans les temples, a été aboli dans quelques contrées ; si, dans quelques parties du continent de l'Europe, les hommes échappent par l'inoculation à un fléau qui menace la vie et souvent détruit le bonheur ; si le clergé des pays soumis à la religion romaine a perdu sa dangereuse puissance, et va perdre[1]

---

1. La prédiction que Condorcet faisait ici ne tarda pas à se vérifier ; le 2 novembre 1789, les biens ecclésiastiques furent déclarés être à la disposition de la nation. Un décret du 18 mars 1790 ordonna qu'ils seraient vendus. L'abbaye de Scellières, où étaient les restes de Voltaire, allait être vendue. Un décret du 8 mai 1791, sanctionné le 15 par Louis XVI, ordonne que les restes de Voltaire seront provisoirement transportés dans l'église de Romilly, en attendant que l'Assemblée nationale ait statué sur les honneurs funèbres à lui rendre. Un autre décret du 30 mai prononce la translation de ses cendres au Panthéon (c'était le nom donné au nouvel édifice Sainte-Geneviève). Ce décret donna lieu à une réclamation intitulée *Pétition à l'Assemblée nationale relative au transport de Voltaire*, in-8° de huit pages, qui eut deux éditions. Elle est revêtue de plus de cent soixante signatures, dont la plus remarquable est celle de P.-J. Agier, alors juge, mort en 1823, l'un des présidents de la cour royale de Paris. Parmi les autres personnes qui signèrent figurent des curés, des instituteurs, et des jansénistes ecclésiastiques ou laïques. La translation n'en eut pas moins lieu le 11 juillet 1791. Le même jour, on donna sur le Théâtre-Français une représentation des *Muses rivales*, de La Harpe, avec quelques vers ajoutés relatifs à la circonstance. Sous le règne de Napoléon, l'église de Sainte-Geneviève fut rendue au culte catholique ; on y attacha du moins un archiprêtre. Mais les cendres de Voltaire restèrent dans le caveau où elles avaient été mises, ainsi que celles de J.-J. Rousseau, qui y avaient été apportées le 20 vendémiaire an III de la République (11 octobre 1794).

Sous la Restauration, on avait ôté au monument le nom de Panthéon. Sous le titre d'église de Sainte-Geneviève il fut remis, en 1821, à des missionnaires qui y firent quelques prédications. On avait tout à craindre de leur fanatisme. L'administration eut la précaution de mettre en sûreté les sarcophages de Voltaire et de Rousseau ; on les transporta dans des caveaux situés sous le grand porche en dehors de l'édifice. Ces caveaux, formant une sorte de cimetière sur lequel le clergé ne pouvait élever de prétention, furent fermés avec beaucoup de précaution, et les clefs en restèrent entre les mains de M. Hély d'Oissel, alors directeur des travaux publics. En 1827, M. Héricart de Thury jugea à propos de faire établir une double clôture, le 26 mars, après avoir visité les fermetures des caveaux et les avoir trouvées en bon état.

En 1830, les deux sarcophages ont été replacés dans le caveau où ils étaient avant 1821.

Mais tous les restes de Voltaire ne sont pas au Panthéon : son cœur, qui devait être à Ferney, y resta tant que le marquis de Villette posséda cette terre ; il était à

ses scandaleuses richesses ; si la liberté de la presse y a fait quelques progrès ; si la Suède, la Russie, la Pologne, la Prusse, les États de la maison d'Autriche, ont vu disparaître une intolérance tyrannique ; si, même en France, et dans quelques États d'Italie, on a osé lui porter quelques atteintes ; si les restes honteux de la servitude féodale ont été ébranlés en Russie, en Danemark, en Bohême, et en France ; si la Pologne même en sent aujourd'hui l'injustice et le danger ; si les lois absurdes et barbares de presque tous les peuples ont été abolies, ou sont menacées d'une destruction prochaine ; si partout on a senti la nécessité de réformer les lois et les tribunaux ; si, dans le continent de l'Europe, les hommes ont senti qu'ils avaient le droit de se servir de leur raison ; si les préjugés religieux ont été détruits dans les premières classes de la société, affaiblis dans les cours et dans le peuple ; si leurs défenseurs ont été réduits à la honteuse nécessité d'en soutenir l'utilité politique ; si l'amour de l'humanité est devenu le langage commun de tous les gouvernements ; si les guerres sont devenues moins fréquentes ; si on n'ose plus leur donner pour prétexte l'orgueil des

---

Paris en 1791, et fut depuis transporté au château de Villette (près de Pont-Sainte-Maxence), où il est aujourd'hui.

M. Mitouart, apothicaire à Paris, chargé de l'embaumement du corps de Voltaire, eut de la famille la permission de garder son cervelet, et le conserva dans de l'esprit-de-vin. M. Mitouart fils, pensant qu'il était moins convenablement chez un particulier qu'il ne le serait dans un établissement public, offrit au gouvernement de le déposer au Muséum d'histoire naturelle. C'était du temps du Directoire, et pendant que François de Neufchâteau était ministre de l'intérieur. Une lettre de ce ministre, insérée dans le *Moniteur* du 17 germinal an VII (6 mars 1799), accepte l'offre de M. Mitouart, et parle de placer le cervelet de Voltaire *à la Bibliothèque nationale, au milieu des productions du génie qui les anima,* c'est-à-dire dans une salle qui eût contenu ses Œuvres. Cela n'eut aucune suite : le cervelet, aujourd'hui (juin 1834), comme en 1799, est dans les mains de M. Mitouart, pharmacien de la maison de santé, rue du Faubourg-Saint-Denis, à Paris.

On voit par l'extrait de la lettre de M. Bouillerot que, lors de l'exhumation de Voltaire en 1791, un calcanéum se détacha, et fut emporté par un curieux. Ce calcanéum était conservé dans le cabinet d'histoire naturelle de M. Mandonnet, propriétaire à Chicherei près de Troyes, et a été le sujet d'une pièce de vers par M. Bernard, imprimée dans les *Mémoires de la Société académique du département de l'Aube.*

Lors de la même exhumation, deux dents furent enlevées ; l'une a été longtemps conservée par M. Charron, officier municipal de la commune de Paris, et commissaire spécial pour le transport du corps de Voltaire ; l'autre dent fut donnée à Ant.-Fr. Lemaire, qui fut depuis rédacteur du journal intitulé *le Citoyen français,* et est mort fou à Bicêtre, il y a une dixaine d'années. Lemaire portait la relique dans un médaillon sur lequel était inscrit ce distique :

> Les prêtres ont causé tant de mal à la terre
> Que je garde contre eux une dent de Voltaire.

A la mort de Lemaire, la dent est passée à l'un de ses cousins, portant le même nom que lui, et dentiste à Paris. (B.)

Cette note de Beuchot sur l'histoire posthume de Voltaire est incomplète. Elle est complétée par les pièces que l'on trouvera plus loin, à la suite des *Documents biographiques.*

souverains ou des prétentions que la rouille des temps a couvertes ; si l'on a vu tomber tous les masques imposteurs sous lesquels des castes privilégiées étaient en possession de tromper les hommes ; si pour la première fois la raison commence à répandre sur tous les peuples de l'Europe un jour égal et pur ; partout, dans l'histoire de ces changements, on trouvera le nom de Voltaire, presque partout on le verra ou commencer le combat ou décider la victoire.

Mais, obligé presque toujours de cacher ses intentions, de masquer ses attaques, si ses ouvrages sont dans toutes les mains, les principes de sa philosophie sont peu connus.

L'erreur et l'ignorance sont la cause unique des malheurs du genre humain, et les erreurs superstitieuses sont les plus funestes, parce qu'elles corrompent toutes les sources de la raison, et que leur fatal enthousiasme instruit à commettre le crime sans remords. La douceur des mœurs, compatible avec toutes les formes de gouvernement, diminue les maux que la raison doit un jour guérir, et en rend les progrès plus faciles. L'oppression prend elle-même le caractère des mœurs chez un peuple humain; elle conduit plus rarement à de grandes barbaries; et dans un pays où l'on aime les arts, et surtout les lettres, on tolère par respect pour elles la liberté de penser, qu'on n'a point encore le courage d'aimer pour elle-même.

Il faut donc chercher à inspirer ces vertus douces qui consolent, qui conduisent à la raison, qui sont à la portée de tous les hommes, qui conviennent à tous les âges de l'humanité, et dont l'hypocrisie même fait encore quelque bien. Il faut surtout les préférer à ces vertus austères, qui dans les âmes ordinaires ne subsistent guère sans un mélange de dureté, dont l'hypocrisie est à la fois si facile et si dangereuse, qui souvent effrayent les tyrans, mais qui rarement consolent les hommes ; dont enfin la nécessité prouve le malheur des nations de qui elles embellissent l'histoire.

C'est en éclairant les hommes, c'est en les adoucissant qu'on peut espérer de les conduire à la liberté par un chemin sûr et facile. Mais on ne peut espérer ni de répandre les lumières ni d'adoucir les mœurs, si des guerres fréquentes accoutument à verser le sang humain sans remords, et à mépriser la gloire des talents paisibles; si, toujours occupés d'opprimer ou de se défendre, les hommes mesurent leur vertu par le mal qu'ils ont pu faire, et font de l'art de détruire le premier des arts utiles.

Plus les hommes seront éclairés, plus ils seront libres[1], et il leur en coûtera moins pour y parvenir. Mais n'avertissons point les oppresseurs de former une ligue contre la raison, cachons-leur l'étroite et nécessaire union des lumières et de la liberté, ne leur apprenons point d'avance qu'un peuple sans préjugés est bientôt un peuple libre.

Tous les gouvernements, si on en excepte les théocraties, ont un intérêt présent de régner sur un peuple doux, et de commander à des hommes

---

1. *Questions sur les miracles;* voyez tome XXV, pages 418-419.

éclairés. Ne les avertissons pas qu'ils peuvent avoir un intérêt plus éloigné à laisser les hommes dans l'abrutissement ; ne les obligeons pas à choisir entre l'intérêt de leur orgueil, et celui de leur repos et de leur gloire. Pour leur faire aimer la raison, il faut qu'elle se montre à eux toujours douce, toujours paisible ; qu'en demandant leur appui, elle leur offre le sien, loin de les effrayer par des menaces imprudentes. En attaquant les oppresseurs avant d'avoir éclairé les citoyens, on risquera de perdre la liberté et d'étouffer la raison. L'histoire offre la preuve de cette vérité. Combien de fois, malgré les généreux efforts des amis de la liberté, une seule bataille n'a-t-elle pas réduit des nations à une servitude de plusieurs siècles ?

De quelle liberté même ont joui les nations qui l'ont recouvrée par la violence des armes, et non par la force de la raison ? d'une liberté passagère, et tellement troublée par des orages qu'on peut presque douter qu'elle ait été pour elles un véritable avantage. Presque toutes n'ont-elles pas confondu les formes républicaines avec la jouissance de leurs droits, et la tyrannie de plusieurs avec la liberté ? Combien de lois injustes et contraires aux droits de la nature ont déshonoré le code de toutes les nations qui ont recouvré leur liberté dans les siècles où la raison était encore dans l'enfance ?

Pourquoi ne pas profiter de cette expérience funeste, et savoir attendre des progrès des lumières une liberté plus réelle, plus durable, et plus paisible ? pourquoi acheter par des torrents de sang, par des bouleversements inévitables, et livrer au hasard, ce que le temps doit amener sûrement et sans sacrifice ? C'est pour être plus libre, c'est pour l'être toujours qu'il faut attendre le moment où les hommes, affranchis de leurs préjugés, guidés par la raison, seront enfin dignes de l'être, parce qu'ils connaîtront les véritables droits de la liberté.

Quel sera donc le devoir d'un philosophe ? Il attaquera la superstition, il montrera aux gouvernements la paix, la richesse, la puissance, comme l'infaillible récompense des lois qui assurent la liberté religieuse ; il les éclairera sur tout ce qu'ils ont à craindre des prêtres, dont la secrète influence menacera toujours le repos des nations où la liberté d'écrire n'est pas entière : car peut-être, avant l'invention de l'imprimerie, était-il impossible de se soustraire à ce joug, aussi honteux que funeste ; et, tant que l'autorité sacerdotale n'est pas anéantie par la raison, il ne reste point de milieu entre un abrutissement absolu et des troubles dangereux.

Il fera voir que, sans la liberté de penser, le même esprit, dans le clergé, ramènerait les mêmes assassinats, les mêmes supplices, les mêmes proscriptions, les mêmes guerres civiles ; que c'est seulement en éclairant les peuples qu'on peut mettre les citoyens et les princes à l'abri de ces attentats sacrés. Il montrera que des hommes qui veulent se rendre les arbitres de la morale, substituer leur autorité à la raison, leurs oracles à la conscience, loin de donner à la morale une base plus solide en l'unissant à des croyances religieuses, la corrompent et la détruisent, et cherchent non à rendre les hommes vertueux, mais à en faire les instruments aveugles de leur ambition et de leur avarice; et, si on lui demande ce qui remplacera les préjugés qu'il a détruits, il répondra : « Je vous ai délivrés d'une bête féroce qui vous dévorait, et vous demandez ce que je mets à la place[1] ! »

Et, si on lui reproche de revenir trop souvent sur les mêmes objets, d'attaquer avec acharnement des erreurs trop méprisables, il répondra qu'elles sont dangereuses tant que le peuple n'est pas désabusé, et que, s'il est moins dangereux de combattre les erreurs populaires que d'enseigner aux sages des vérités nouvelles, il faut, lorsqu'il s'agit de briser les fers de la raison, d'ouvrir un chemin libre à la vérité, savoir préférer l'utilité à la gloire.

Au lieu de montrer que la superstition est l'appui du despotisme, s'il écrit pour des peuples soumis à un gouvernement arbitraire, il prouvera qu'elle est l'ennemie des rois; et, entre ces deux vérités, il insistera sur celle qui peut servir la cause de l'humanité, et non sur celle qui peut y nuire, parce qu'elle peut être mal entendue.

Au lieu de déclarer la guerre au despotisme avant que la raison ait rassemblé assez de force, et d'appeler à la liberté des peuples qui ne savent encore ni la connaître ni l'aimer, il dénoncera aux nations et à leurs chefs toutes ces oppressions de détail communes à toutes les constitutions, et que, dans toutes, ceux qui commandent comme ceux qui obéissent, ont également intérêt de détruire. Il parlera d'adoucir et de simplifier les lois, de réprimer les vexations des traitants, de détruire les entraves dans lesquelles une fausse politique enchaîne la liberté et l'activité des citoyens, afin que du moins il ne manque au bonheur des hommes que d'être libres, et que bientôt on puisse présenter à la liberté des peuples plus dignes d'elle.

Tel est le résultat de la philosophie de Voltaire, et tel est l'esprit de tous ses ouvrages.

Que des hommes qui, s'il n'avait pas écrit, seraient encore les esclaves des préjugés, ou trembleraient d'avouer qu'ils en ont secoué le joug, accusent Voltaire d'avoir trahi la cause de la liberté, parce qu'il l'a défendue sans fanatisme et sans imprudence; qu'ils le jugent d'après une disposition des esprits, postérieure de dix ans à sa mort, et d'un demi-siècle à sa philosophie, d'après des opinions qui sans lui n'auraient jamais été qu'un secret entre les sages; qu'ils le condamnent pour avoir distingué le bien qui peut exister sans la liberté, du bonheur qui naît de la liberté même; qu'ils ne voient pas que si Voltaire eût mis dans ses premiers ouvrages philosophiques les principes du vieux Brutus, c'est-à-dire ceux de l'acte d'indépendance des Américains, ni Montesquieu, ni Rousseau, n'auraient pu écrire leurs ouvrages; que si, comme l'auteur du *Système de la Nature,* il eût invité les rois de l'Europe à maintenir le crédit des prêtres, l'Europe serait encore superstitieuse, et resterait longtemps esclave; qu'ils ne sentent pas que dans les écrits comme dans la conduite il ne faut déployer que le courage qui peut être utile : peu importe à la gloire de Voltaire. C'est par les hommes éclairés qu'il doit être jugé, par ceux qui savent distinguer, dans une suite d'ouvrages différents par leur forme, par leur style, par leurs

---

1. *Examen important*, etc.; voyez tome XXVI, page 299.

principes mêmes, le plan secret d'un philosophe qui fait aux préjugés une guerre courageuse, mais adroite ; plus occupé de les vaincre que de montrer son génie, trop grand pour tirer vanité de ses opinions, trop ami des hommes pour ne pas mettre sa première gloire à leur être utile.

Voltaire a été accusé d'aimer trop le gouvernement d'un seul, et cette accusation ne peut en imposer qu'à ceux qui n'ont pas lu ses ouvrages. Il est vrai qu'il haïssait davantage le despotisme aristocratique, qui joint l'austérité à l'hypocrisie, et une tyrannie plus dure à une morale plus perverse ; il est vrai qu'il n'a jamais été la dupe des corps de magistrature de France, des nobles suédois et polonais, qui appelaient *liberté* le joug sous lequel ils voulaient écraser le peuple : et cette opinion de Voltaire a été celle de tous les philosophes qui ont cherché la définition d'un état libre dans leur cœur et dans leur raison, et non, comme le pédant Mably, dans les exemples des anarchies tyranniques de l'Italie et de la Grèce.

On l'accuse d'avoir trop loué le faste de la cour de Louis XIV : cette accusation est fondée. C'est le seul préjugé de sa jeunesse qu'il ait conservé. Il y a bien peu d'hommes qui puissent se flatter de les avoir secoués tous. On l'accuse d'avoir cru qu'il suffisait au bonheur d'un peuple d'avoir des artistes célèbres, des orateurs et des poëtes : jamais il n'a pu le penser. Mais il croyait que les arts et les lettres adoucissent les mœurs, préparent à la raison une route plus facile et plus sûre ; il pensait que le goût des arts et des lettres dans ceux qui gouvernent, en amollissant leur cœur, leur épargne souvent des actes de violence et des crimes, et que, dans des circonstances semblables, le peuple le plus ingénieux et le plus poli sera toujours le moins malheureux.

Ses pieux ennemis l'ont accusé d'avoir attaqué de mauvaise foi la religion de son pays, et de porter l'incrédulité jusqu'à l'athéisme : ces deux inculpations sont également fausses. Dans une foule d'objections fondées sur des faits, sur des passages tirés de livres regardés comme inspirés par Dieu même, à peine a-t-on pu lui reprocher avec justice un petit nombre d'erreurs qu'on ne pouvait imputer à la mauvaise foi, puisqu'en les comparant au nombre des citations justes, des faits rapportés avec exactitude, rien n'était plus inutile à sa cause. Dans sa dispute avec ses adversaires, il a toujours dit : On ne doit croire que ce qui est prouvé ; on doit rejeter ce qui blesse la raison, ce qui manque de vraisemblance ; et ils lui ont toujours répondu : On doit adopter et adorer tout ce qui n'est pas démontré impossible.

Il a paru constamment persuadé de l'existence d'un Être suprême, sans se dissimuler la force des objections qu'on oppose à cette opinion. Il croyait voir dans la nature un ordre régulier, mais sans s'aveugler sur des irrégularités frappantes qu'il ne pouvait expliquer.

Il était persuadé, quoiqu'il fût encore éloigné de cette certitude absolue devant laquelle se taisent toutes les difficultés ; et l'ouvrage intitulé *Il faut prendre un parti, ou le principe d'action*, etc.[1], renferme peut-être les

---

1. Voyez tome XXVIII, page 517.

preuves les plus fortes de l'existence d'un Être suprême qu'il ait été possible jusqu'ici aux hommes de rassembler.

Il croyait à la liberté dans le sens où un homme raisonnable peut y croire, c'est-à-dire qu'il croyait au pouvoir de résister à nos penchants, et de peser les motifs de nos actions.

Il resta dans une incertitude presque absolue sur la spiritualité, et même sur la permanence de l'âme après le corps; mais, comme il croyait cette dernière opinion utile, de même que celle de l'existence de Dieu, il s'est permis rarement de montrer ses doutes, et a presque toujours plus insisté sur les preuves que sur les objections.

Tel fut Voltaire dans sa philosophie: et l'on trouvera peut-être en lisant sa vie qu'il a été plus admiré que connu; que, malgré le fiel répandu dans quelques-uns de ses ouvrages polémiques, le sentiment d'une bonté active le dominait toujours; qu'il aimait les malheureux plus qu'il ne haïssait ses ennemis; que l'amour de la gloire ne fut jamais en lui qu'une passion subordonnée à la passion plus noble de l'humanité. Sans faste dans ses vertus, et sans dissimulation dans ses erreurs, dont l'aveu lui échappait avec franchise, mais qu'il ne publiait pas avec orgueil, il a existé peu d'hommes qui aient honoré leur vie par plus de bonnes actions, et qui l'aient souillée par moins d'hypocrisie. Enfin, on se souviendra qu'au milieu de sa gloire, après avoir illustré la scène française par tant de chefs-d'œuvre, lorsqu'il exerçait en Europe sur les esprits un empire qu'aucun homme n'avait jamais exercé sur les hommes, ce vers si touchant,

> J'ai fait un peu de bien, c'est mon meilleur ouvrage[1],

était l'expression naïve du sentiment habituel qui remplissait son âme.

1. Vers de Voltaire dans son *Épître à Horace;* voyez tome X, page 443.

FIN DE LA VIE DE VOLTAIRE.

DOCUMENTS
BIOGRAPHIQUES

I.

ACTE DE MARIAGE[1]

DE FRANÇOIS AROUET, PÈRE DE VOLTAIRE
ET DE MARIE-MARGUERITE DAUMART.

Du lundy 7ᵉ juin 1683 Mᵉ François Arouet, âgé d'environ trente-deux ans, consʳ du Roy, notaire au Chastellet de Paris, fils de deffunct François Arouet, vivant bourgeois de Paris, et de dˡˡᵉ Marie Malpart (au lieu de Mallepart), de la paroisse de St Germain le Vieil, d'une part, et dˡˡᵉ Marie Marguerite Daumard, agée de vingt-deux ans environ, fille de Nicolas Daumard, cy devant greffier criminel du parlemᵗ de Paris, et de dame Catherine Carteron, rue Gentizon (*sic*), de cette paroisse, d'autre part; fiancés et mariés tout ensemble... En présence de Pierre Ouvreleul (pour Ouvrel'œil), escuyer, conseilʳ secrétaire du Roy, de Jacques Dubuisson, conseilʳ commissaire du Roy en sa cour des monnoies... de lad. dame Catherine Carteron, mère de la mariée, tant en son nom que comme procuratrice du sʳ Nicolas Daumart (*sic*) son mary, à cause de sa longue indisposition... de M. Nicéphore Simphorien Daumard (*sic*), escuyer, capⁿᵉ du chasteau de Ruel, demᵗ rue des Tournelles, paroisse St-Paul, frère de la mariée; de damoiselle Marie Arouet, femme de M. Mathieu, marchand bourgeois de Paris, sœur du marié, et d'autres.

Signé: Mᵉ Marguerite Daumart, Katerine Carteron, Daumart, F. Arouet, Marie Arouet, Dubuisson, Ouvreleul.

---

1. Registres de Saint-Germain-l'Auxerrois.

II.

ACTE DE BAPTÊME DE VOLTAIRE.

Le lundy ving deuxe jour de novembre 1694, fut baptisé, dans l'église St-André des Arcs, par Monsr Boucher, pbr vicaire de ladite église, soussigné, François-Marie[1], né le jour précédent, fils de Mre François Arouet, conseiller du Roy, ancien notaire au Chastelet de Paris, et de dalle Marie Marguerite Daumart, sa femme ; le parrain, Messire François de Castagnier (*sic*), abbé commendataire de Varenne, et la marraine dame Marie Parent, épouse de M. Symphorien Daumart, escuyer, controlleur de la gendarmerie du Roy.

Signé : M. Parent, François de Castagner de Chateauneuf, Arouet, L. Bouché.

III.

LES J'AI VU[2],

ATTRIBUÉS FAUSSEMENT A VOLTAIRE.

Tristes et lugubres objets,
J'ai vu la Bastille et Vincennes,
Le Châtelet, Bicêtre, et mille prisons pleines
De braves citoyens, de fidèles sujets :
J'ai vu la liberté ravie,
De la droite raison la règle poursuivie :
J'ai vu le peuple gémissant
Sous un rigoureux esclavage ;
J'ai vu le soldat rugissant
Crever de faim, de soif, de dépit et de rage ;
J'ai vu les sages contredits,
Leurs remontrances inutiles ;

---

1. François-Marie était le cinquième enfant de Marie-Marguerite Daumart. Marie-Marguerite Daumart décéda le mercredi 13 juillet 1701, « court (*sic*) vieille du Palais, vis-à-vis la basse Sainte-Chapelle ». (*Registres de Saint-Barthélemy.*)

Des quatre enfants qui avaient précédé François-Marie, deux moururent en bas âge. Armand Arouet succéda à son père, et Catherine Arouet épousa Pierre-François Mignot le 28 janvier 1709 ; elle fut la mère de Mme Denis et de Mme de Fontaine.

2. L'auteur de ces vers est Antoine-Louis Lebrun, né à Paris le 7 septembre 1680, mort le 28 mars 1743.

J'ai vu des magistrats vexer toutes les villes
Par des impôts criants et d'injustes édits;
  J'ai vu, sous l'habit d'une femme[1],
  Un démon nous donner la loi :
Elle sacrifia son Dieu, sa foi, son âme,
Pour séduire l'esprit d'un trop crédule roi;
  J'ai vu, dans ce temps redoutable,
Le barbare ennemi de tout le genre humain[2]
Exercer dans Paris, les armes à la main,
  Une police épouvantable;
  J'ai vu les traitants impunis;
J'ai vu les gens d'honneur persécutés, bannis;
J'ai vu même l'erreur en tous lieux triomphante,
La vérité trahie, et la foi chancelante;
  J'ai vu le lieu saint avili;
  J'ai vu Port-Royal démoli,
  J'ai vu l'action la plus noire
  Qui puisse jamais arriver;
L'eau de tout l'Océan ne pourrait la laver,
Et nos derniers neveux auront peine à la croire :
J'ai vu dans ce séjour, par la grâce habité,
  Des sacrilèges, des profanes,
  Remuer, tourmenter les mânes
Des corps marqués au sceau de l'immortalité.
Ce n'est pas tout encor; j'ai vu la prélature
Se vendre, ou devenir le prix de l'imposture;
J'ai vu les dignités en proie aux ignorants;
J'ai vu des gens de rien tenir les premiers rangs;
J'ai vu de saints prélats devenir la victime
  Du feu divin qui les anime.
O temps! ô mœurs! j'ai vu, dans ce siècle maudit,
  Ce cardinal, l'ornement de la France,
  Plus grand encor, plus saint qu'on ne le dit,
Ressentir les effets d'une horrible vengeance;
  J'ai vu l'hypocrite honoré;
J'AI VU, C'EST DIRE TOUT, LE JÉSUITE ADORÉ;
  J'ai vu ces maux sous le règne funeste
D'un prince que jadis la colère céleste
Accorda, par vengeance, à nos désirs ardents :
  J'ai vu ces maux, et je n'ai pas vingt ans.

---

1. Mme de Maintenon.
2. M. d'Argenson.

IV[1].

Regnante puero,
Veneno et incestis famoso
Administrante,
Ignaris et instabilibus consiliis
Instabiliori religione,
Ærario exhausto,
Violata fide publica,
Injustitiæ furore triumphante,
Generalis imminente seditionis
Periculo,
Iniquæ et anticipatæ hereditatis
Spei coronæ, pairia sacrificata,
Gallia mox peritura.

V.

RAPPORT[2].

L'intention de Son Altesse royale est que le sieur Arouet fils soit relégué à Tulle (4 mai 1746).

Son Altesse royale a bien voulu accorder au père qu'au lieu de la ville de Tulle son fils soit exilé dans celle de Sully-sur-Loire, où il a quelques parents dont les instructions et les exemples pourront corriger son imprudence et tempérer sa vivacité.

---

1. Cette pièce, que quelques personnes ont cru être en vers, se trouve dans un recueil de chansons, etc., fait pour M. de Maurepas. Elle est au tome XIV, page 47, et a été publiée dans le n° V de la *Revue rétrospective* (tome II de la collection, page 125). Mais j'ai copie d'un *projet de vers latins* trouvé chez Voltaire; et voilà probablement ce qui aura fait dire que le *Regnante puero* était en vers. La copie que j'ai du *projet de vers latins* est malheureusement tellement altérée de transcription en transcription, qu'en beaucoup de passages elle est inintelligible. Cependant ces mots :

Melonius et Rous colloga amores
Tuos putidos serviunt digni tali hero ministri,

prouvent qu'il s'y agit du régent. La pièce ne mérite peut-être pas qu'on perde un temps considérable à en tenter la restitution. Dans la copie qui m'est parvenue, elle commence par ces mots, écrits très-lisiblement :

Jam qui fis docui Apollinem, mox qui fis
Docebit universum orbem. (B.)

Voyez *Voltaire et la Police*, par M. Léouzon Leduc, page 86, en note.
2. *Archives de la Bastille.* — Documents inédits recueillis et publiés par François Ravaisson ; 1881, tome XII, page 87.

VI.

MÉMOIRE INSTRUCTIF

DES DISCOURS QUE M'A TENUS LE SIEUR AROUET DEPUIS QU'IL EST
DE RETOUR DE CHEZ M. DE CAUMARTIN[1].

Je le vis trois jours après chez lui rue de la Calandre, au Panier-Vert, où il me demanda ce que l'on disait de nouveau; je lui répondis qu'il avait paru quantité d'ouvrages sur M. le duc d'Orléans et Madame, duchesse de Berry. Il se mit à rire, et me demanda si on les avait trouvés beaux; je lui ai dit que l'on y avait trouvé beaucoup d'esprit, et qu'on lui mettait tout cela sur son compte; mais que je n'en croirais rien, et qu'il n'était pas possible qu'à son âge on pût faire de pareilles choses. Il me répondit que j'aurais tort de ne pas croire que c'était lui véritablement qui avait fait tous les ouvrages qui avaient paru pendant son absence : j'ai remis à M. Leblanc tous ces ouvrages; et pour empêcher que M. le duc d'Orléans et ses ennemis crussent que c'était lui qui les avait faits, il avait quitté Paris dans le carnaval pour aller à la campagne, où il a resté deux mois avec M. de Caumartin, qui a vu le premier ses ouvrages; après quoi ils ont été envoyés à Paris. Il m'a dit que puisqu'il ne pouvait se venger de M. le duc d'Orléans d'une certaine façon, il ne l'épargnait pas dans ses satires. Je lui demandai ce que M. le duc d'Orléans lui avait fait. Il était couché en ce moment; il se leva comme un furieux, et me répondit : « Comment, vous ne savez pas ce que ce boug..-là m'a fait? Il m'a exilé, parce que j'avais fait voir en public que sa Messaline de fille était une p...... »

Je sortis, et y retourne le lendemain, où je retrouve M. le comte d'Argental[2]. Je sortis de mes tablettes le *Puero regnante;* il me demanda sur-le-champ ce que j'avais de curieux. Je l'ai montré; quand il eut vu ce que c'était : « Pour celui-là, je ne l'ai pas fait chez M. de Caumartin, mais beaucoup de temps avant que je parte. »

Deux jours après j'ai retourné, où je trouve encore M. le comte d'Argental. Je lui dis : « Comment, mon cher ami, vous vous vantez d'avoir fait le *Puero regnante*, pendant que je viens de savoir d'un bon endroit que c'est un professeur des jésuites qui l'a fait! » Il prit son sérieux là-dessus, et dit qu'il ne s'embarrassait pas si je le croyais ou si je ne le croyais pas, et que les jésuites faisaient comme le geai de la fable, qu'ils empruntaient les plumes du paon pour se parer. M. le comte d'Argental était présent pendant tout cela. Il nous dit en continuant que Madame, du-

1. Beauregard est le nom de l'espion auteur de ce rapport. Au lieu d'*Arouet* il avait écrit *Arroy*. Dans le tome II (page 23) de l'*Histoire de la détention des philosophes*, etc., par *J. Delort,* on trouve une pièce qui me paraît n'être qu'un extrait de celle que je donne, et dont je ne connais point d'impression. (B.)

2. Au lieu de *d'Argental*, l'original porte partout *d'Argenteuil.*

chesse de Berry, allait passer six mois à la Meute [1] pour y accoucher. Il a répandu ce discours dans tout Paris, et quantité d'autres que le papier ne saurait souffrir.

Nous nous sommes souvent trouvés ensemble avec M. d'Argental, où il a tenu tous les mêmes discours qui sont contenus dans ce mémoire.

VII.
LA VRILLIÈRE A D'ARGENSON [2].

16 mai 1717.

L'intention du roi est que le sieur Arouet fils soit arrêté et conduit à la Bastille.

VIII.
BAZIN, EXEMPT, A D'ARGENSON [3].

16 mai 1717.

J'ai l'honneur de vous donner avis que j'ai conduit à la Bastille le sieur Arouet, en exécution des ordres du roi dont vous m'avez fait celui de me charger. Il a beaucoup goguenardé, en disant qu'il ne croyait pas que l'on dût travailler les jours de fêtes, et qu'il était ravi d'être à la Bastille, pourvu que l'on lui permît de continuer à prendre son lait, et que si, dans huit jours, l'on voulait l'en faire sortir, il supplierait que l'on l'y laissât encore quinze jours, afin de le prendre sans dérangement, et qu'il connaissait fort cette maison, qu'il avait eu l'honneur d'y aller plusieurs fois rendre ses devoirs à M. le duc de Richelieu, mais qu'il ne croyait pas dans ce temps être obligé d'y venir un jour faire sa demeure; que tout ce qui le consolait était qu'il n'avait rien à se reprocher.

Apostille de d'Argenson.

Monseigneur est informé.

IX.
ÉCROU [4].

François-Marie Arouet, fils du s^r Arouet, payeur de la Chambre des comptes, entré à la Bastille le 17 mai 1717, accusé d'avoir fait des vers in-

1. Ou la Muette, dans le bois de Boulogne.
2. *Archives de la Bastille,* tome XII, page 88.
3. *Archives de la Bastille,* tome XII, page 88.
4. Papiers de la Bastille, archives de la préfecture de police.

solents contre M. le Régent et Madame la duchesse de Berry, et d'avoir dit que « puisqu'il ne pouvoit se venger de M. le duc d'Orléans, il ne l'épargneroit pas dans ses satires, parce que, ajoutoit-il, Son Altesse royale l'avoit exilé pour avoir publié que sa Messaline de fille étoit une..... »

Signé : d'Argenson ; Deschamps, greffier ; Isabeau, commissaire ; Bazin, exempt de robe courte.

X.

LETTRE DU COMMISSAIRE ISABEAU,

TOUCHANT LES PAPIERS PRÉTENDUS JETÉS DANS LES LATRINES PAR LE SIEUR AROUET FILS.

Je me suis transporté, monsieur, en la maison où a été arrêté le sieur Arouet ; et la maîtresse vidangeuse, qui avait été avertie, m'y attendait à deux heures de relevée cejourd'hui avec ses gens. J'ai trouvé refermée la fosse qu'elle avait fait ouvrir hier. Je n'ai pas jugé à propos de la faire ouvrir une seconde fois, parce qu'elle m'a assuré que cette fosse était presque pleine et surnagée d'eau : il ne s'y était néanmoins trouvé aucun papier, et que l'on ne pouvait entrer dedans. Elle m'a assuré aussi qu'elle avait descendu une chandelle dans le tuyau ; qu'elle avait remarqué qu'il était fort net ; et dans lequel il n'y avait aucun papier. Cette fosse a été rebouchée de l'ordre de la principale, que la mauvaise odeur incommodait extrêmement, et à l'occasion de quoi elle a perdu une ou plusieurs pièces de bière qui étaient dans le caveau où s'est faite ladite ouverture. Il y a toute apparence que Fr. Arouet ne convient y avoir jeté quelques lettres de femmes que par âcreté d'esprit et pour donner des mouvements inutiles, et que ces lettres, d'un poids fort faible, auraient dû se trouver sur l'eau qui surmonte la matière grossière. Néanmoins, si vous jugez, monsieur, qu'il soit à propos d'y faire rechercher, j'estime que cela ne se pourra faire sans vider entièrement les latrines. J'attendrai vos ordres à ce sujet.

21 mai 1717.

Le commissaire Ysabeau.

XI.

INTERROGATOIRE DE VOLTAIRE [1].

Du 21 mai 1717, 10 heures du matin.

François-Marie Arouet, âgé de vingt-deux ans, originaire de Paris, n'ayant aucune profession, mais son père est payeur de messieurs de la Chambre des

---

1. *Archives de la Bastille,* tome XII, page 89.

comptes; il demeurait à Paris lorsqu'il a été arrêté et conduit dans ce château, dans une maison de la rue de la Calandre, qui a pour enseigne *le Panier vert*, et tenue en chambre garnie par le nommé Moreau...

Il est revenu de Saint-Ange[1] quelques jours après Pâques, après y avoir passé environ deux mois...

Il y avait beaucoup de personnes, mais il n'y en connaît aucune, à la réserve du sieur d'Argenteuil, qu'il croit originaire de Champagne. Il ne se souvient pas d'y avoir vu que quelques laquais qui venaient lui apporter des lettres de leurs maîtres ou de leurs maîtresses, à la réserve de l'abbé de Boissy[2], qu'il connaît pour un jeune homme qui fait des vers. Ne se souvient pas de lui avoir demandé si l'on ne disait rien de nouveau, quoique cela puisse fort bien être. Il est vrai qu'il a vu un capitaine ou un officier qui s'appelle M. de Solenne de Beauregard[3], auquel il demanda s'il n'y avait rien de nouveau, et il n'y avait pas plus de quatre ou cinq jours que lui, répondant, était revenu de Saint-Ange. Ajoute qu'il demanda en effet à cet officier s'il n'y avait rien de nouveau. A quoi l'officier répondit en ces termes : « On dit d'étranges choses, et on parle d'une inscription latine commençant par ces mots : *Puero regnante*... » Beauregard lui montra sur ses tablettes une partie de ladite inscription, et demanda s'il n'était point l'auteur de cette inscription; à quoi il repartit qu'il était bien malheureux si on le soupçonnait de pareilles horreurs, qu'il y avait déjà longtemps qu'on mettait sur son compte toutes les infamies en vers et en prose qui courent la ville, mais que tous ceux qui le connaissent savent bien qu'il est incapable de pareils crimes. Ajoute encore de soi qu'il demanda au sieur de Beauregard comment il avait eu connaissance de cette partie d'inscription qu'il lut, à la vérité, sur les tablettes de cet officier telle qu'elle y était écrite, lui faisant néanmoins entendre qu'elle était tronquée. A quoi de Beauregard répondit, autant qu'il peut s'en souvenir, que cette inscription lui avait été donnée par le sieur Dancourt, comédien, mais se souvient distinctement qu'il dit à Beauregard qu'il était bien trompé si cette inscription n'était ancienne, et faite du temps de Catherine de Médicis[4]; ne sait pourtant pas bien précisément si ce ne fut point audit abbé de Boissy qu'il tint ce discours.

---

1. Château situé aux environs de Fontainebleau, et qui appartenait à M. de Caumartin.

2. Louis de Boissy, né en 1694 à Vic en Auvergne, mort en 1758; il portait alors le petit collet. Il fut plus tard directeur du *Mercure* et membre de l'Académie française.

3. Cet officier avait adressé au lieutenant général de police un rapport où il avançait que Voltaire s'était vanté d'avoir composé l'inscription et les vers incriminés. Ce rapport est plus haut, page 297.

4. L'explication de Voltaire est ingénieuse, mais il aurait fallu, s'il s'était agi de la reine Catherine, qu'il y eût eu, dans l'inscription latine :

Veneno et incestis *famosa*
Administrante,

et tout le monde avait lu *famoso*.

— Si, lorsque le sieur Beauregard lui parla de cette inscription, il ne lui demanda pas avec un sourire si on l'avait trouvée belle?

— Il ne s'en souvient point, mais qu'il croit que non.

— S'il ne fit pas cette même réponse par rapport à d'autres vers insolents et calomnieux qui avaient été faits sur le premier prince et sur la première princesse du royaume[1]?

— Il ne s'en souvient pas bien précisément.

— Il est vrai que Beauregard lui marqua qu'on avait mis sur le compte du répondant cette inscription, il n'est pas même impossible qu'il ne lui ait parlé de quelques vers dans le même sens; mais comme il n'a fait ni les vers ni l'inscription, que même il déteste l'une et l'autre, il ne s'est pas fort attaché à conserver l'idée de cet entretien; sur quoi il se croit obligé de nous observer que ledit officier ne se connaît pas mieux en prose qu'en vers, et qu'il n'est point versé dans les belles-lettres.

— Si la réponse qu'il fit au dernier discours ne fut pas que lui, sieur de Beauregard, avait tort de ne pas croire le répondant l'auteur de cette inscription et de quelques-uns de ces vers, puisque c'était lui véritablement qui les avait composés pendant son absence de Paris?

— Il n'y a rien au monde de si faux.

— S'il ne dit pas encore qu'afin que M. le duc d'Orléans et les ennemis de lui, répondant, ne crussent pas que c'était lui qui avait fait cette inscription latine et ces vers exécrables, il avait quitté Paris, pendant le carnaval, pour se retirer à la campagne, où il a fait un séjour de deux mois?

— C'est la plus insigne calomnie dont il ait jamais entendu parler.

XII.

LE ROI (LOUIS XV) A BERNAVILLE[2].

Je vous écris cette lettre, de l'avis de mon oncle le duc d'Orléans, pour vous dire que mon intention est que vous mettiez en liberté le sieur Arouet, que vous détenez par mon ordre dans mon château de la Bastille.

10 avril 1718 [3].

L'intention de Son Altesse royale est que le sieur Arouet fils, prisonnier à la Bastille, soit rendu libre et relégué au village de Châtenay, près Sceaux, où son père, qui a une maison de campagne, offre de l'y retenir.

[DE MACHAUT.]

1. Ces vers sont tome X, pages 473, 474.
2. *Archives de la Bastille*, tome XII, page 92.
3. Voltaire resta donc dix mois à la Bastille.

XIII.

LA VRILLIÈRE A VOLTAIRE[1].

11 juillet 1718.

Je vous adresse avec plaisir la permission que le roi vous a accordée de venir et rester huit jours à Paris[2].

XIV.

VERS

DE SON ALTESSE SÉRÉNISSIME LE PRINCE DE CONTI

A M. DE VOLTAIRE[3].

1718.

Pluton, ayant fait choix d'une jeune pucelle,
    Et voulant donner à sa belle
    Une marque de son amour,
Commanda qu'une fête et superbe et galante
Réparât les horreurs de son triste séjour.
    Pour satisfaire son attente,
    Il fait assembler à sa cour
Tous ceux dont le bon goût et la délicatesse
Pouvaient contribuer au spectacle pompeux
    Qu'il préparait à sa maîtresse.
    Parmi tous ces hommes fameux,
    Il choisit ceux dont le génie
    S'était signalé dans tous lieux
    Par la plus noble poésie.
Chacun à réussir travailla de son mieux.
Pour remporter le prix, et Corneille et Racine
    Unirent leur veine divine :
    Chaque auteur en vain disputa,
    Et voulut gagner le suffrage

---

1. *Archives de la Bastille,* tome XII, page 92.
2. Une permission de venir à Paris pour vingt-quatre heures est datée du 19 mai 1718. — Permission d'y rester encore pendant un mois, du 8 août 1718. Liberté complète au 31 mai 1719.
3. Un hommage rendu par un prince du sang à un jeune homme que son état éloignait de lui, et que la gloire n'en rapprochait pas encore, nous a paru mériter d'être conservé. (K.)

Du dieu qui demandait l'ouvrage ;
Bien que des deux esprits la pièce l'emportât,
L'on ignorait encor qu'elle eût eu l'avantage.
Enfin le jour venu de cet événement,
    De tant d'auteurs la cohorte nombreuse
    Recherchait la gloire flatteuse
De remporter l'honneur de l'applaudissement.
    Tandis qu'à faire cette brigue
    Toute la troupe se fatigue,
    Sans se donner du mouvement
Racine avec Corneille, au sein de l'Élysée,
    Rappelaient l'histoire passée
Du temps où de la France ils étaient l'ornement.
Ils avaient su, par ceux qui venaient de la terre,
Du théâtre français le funeste abandon ;
Que depuis leur décès le délicat parterre
    Ne pouvait rien trouver de bon.
Ce malheur leur causait une tristesse extrême.
    Ils connaissaient que dans Paris l'on aime
D'un spectacle nouveau les doux amusements ;
    Qu'abandonnés par Melpomène,
Les auteurs n'avaient plus ces nobles sentiments
    Qui font la grâce de la scène.
    Depuis leur séjour en ces lieux,
    Ils avaient fait la connaissance
    D'un démon sans expérience,
    Mais dont l'esprit vif, gracieux,
    Surpassait déjà les plus vieux
    Par ses talents et sa science.
Pour réparer les maux du théâtre obscurci,
    Ce démon fut par eux choisi.
    Ils lui font prendre forme humaine ;
Des règles de leur art à fond l'ayant instruit,
    Sur les bords fameux de la Seine,
Sous le nom d'Arouet, cet esprit fut conduit.
Ayant puisé ses vers aux eaux de l'Aganipe,
Pour son premier projet il fait le choix d'OEdipe :
Et quoique dès longtemps ce sujet fût connu,
Par un style plus beau cette pièce changée
Fit croire des enfers Racine revenu,
Ou que Corneille avait la sienne corrigée [1].

---

[1]. Ces vers font autant d'honneur au prince de Conti qu'en a fait à Lamotte son approbation d'*OEdipe*. Ils annoncèrent tous deux à la France un digne successeur de Corneille et de Racine, et jamais prophétie ne fut mieux accomplie. (K.)

XV.

L'ABBÉ CHERRIER[1] A D'ARGENSON[2].

Le jeune Arouet a fait cette épigramme sur le prince de Bournonville et sur Alary[3] :

Étrange changement!
A son métier personne ne s'attache :
Bournonville est savant,
Alary est b....che.

XVI.

ACTE DE DÉCÈS

DU PÈRE DE VOLTAIRE[4].

Le 2 janvier 1722 a été inhumé en cette église François Arouet, conseiller du roi, receveur des épices de la Chambre des comptes de Paris, âgé d'environ soixante-douze ans, décédé le jour précédent cour vieille du Palais, de cette paroisse. Ont assisté au convoi : Armand Arouet, conseiller du roi, receveur des épices de ladite Chambre des comptes, François-Marie Arouet de Voltaire, tous deux fils dudit défunt, demeurant susdites cour et paroisse; M. Pierre François Mignot, conseiller du roi, correcteur en ladite Chambre des comptes, gendre, demeurant rue des Deux-Boules, paroisse Saint-Germain-l'Auxerrois, et plusieurs autres.

Signé : ARMAND AROUET, FRANÇOIS-MARIE AROUET DE VOLTAIRE, MIGNOT.

---

1. Claude Cherrier, censeur, mort en 1738.
2. *Archives de la Bastille*, tome XII, page 88.
3. Le prince de Bournonville était un jeune homme, petit-fils du duc de Luynes. Quant à Alary, peut-être s'agit-il de l'abbé Alary, sous-précepteur du roi, membre de l'Académie française, mort en 1770.
4. *Registres de la paroisse Saint-Barthélemy.*

XVII.

L'ABBÉ LEBLANC A M. DE SAINT-MARTIN,

COMMISSAIRE DES GUERRES A LILLE [1].

Versailles, 9 septembre 1722.

J'ai reçu la lettre que vous m'avez écrite, avec la copie qui y était jointe de celle que Voltaire a écrite à Son Éminence le cardinal Dubois. Je vous remercie de votre attention.

XVIII.

NOTE AUTOGRAPHE DE VOLTAIRE [2].

Chez M. l'abbé Desfontaines, rue de Seine, à l'hôtel d'Espagne, un tome du *Dictionnaire* de Bayle et un poëme de *la Ligue*, relié en veau, in-8°, avec des feuillets blancs à chaque page, remplis de notes écrites à la main.

Apostille de M. d'Ombreval.

Ce livre est demandé par M. de Voltaire.

De Desfontaines.

Je consens que les deux livres ci-dessus soient rendus à M. de Voltaire, en présence de M. Sebire Dessaudrayes, que je commets pour être présent à la levée des scellés. Ce 6 mai 1725.

DESFONTAINES.

---

1. *Archives de la Bastille*, tome XII, page 100.
2. *Archives de la Bastille*, tome XII, page 116. — L'abbé Desfontaines ayant été arrêté et conduit à Bicêtre le 2 mai 1725, Voltaire réclame des livres qu'il avait prêtés à l'abbé.
Une dénonciation de l'abbé Théru, sorte de policier volontaire et bénévole, contre le sieur Arouet de Voltaire, adressée au lieutenant de police d'Ombreval, se trouve *Archives de la Bastille*, tome XII, page 121. — Cette dénonciation accuse Voltaire de partager les goûts de débauche de l'abbé Guyot Desfontaines. Nous ne reproduisons pas cette dénonciation, qui est absolument isolée et qui n'a aucune autorité.

XIX.

LE PRÉSIDENT BOUHIER A MARAIS[1].

Dijon, 1er février 1726.

Vraisemblablement on répondra à Voltaire sur ses coups de bâton ce que feu M. le Régent fit sur ses premiers : « Vous êtes poëte, et vous avez été étrillé : cela est dans l'ordre. » Je l'entends néanmoins des poëtes satiriques tels que celui-là, mais je ne le savais pas en commerce avec la Lecouvreur : *Quanta laborat in Charybde !*

XX.

MAUREPAS A HÉRAULT,

LIEUTENANT DE POLICE [2].

5 février 1726.

Son Altesse sérénissime m'a ordonné de vous écrire de vous faire informer des gens dont M. le chevalier de Rohan s'était servi pour faire battre Voltaire, et de les faire arrêter, avec cette précaution que ce soit avec le moins d'éclat qu'il se pourra et hors de sa maison.

XXI.

MAUREPAS A HÉRAULT,

LIEUTENANT DE POLICE [3].

23 mars 1726.

Son Altesse sérénissime est informée que le chevalier de Rohan part aujourd'hui pour Paris, et, comme il pourrait avoir quelque nouveau procédé avec le sieur de Voltaire, ou celui-ci faire quelque coup d'étourdi, son intention est que vous les fassiez observer de manière que cela n'ait point de suite.

1. *Archives de la Bastille,* tome XII, page 125.
2. *Archives de la Bastille,* tome XII, page 125.
3. *Archives de la Bastille,* tome XII, page 126.

XXII.

MAUREPAS A HÉRAULT[1].

Versailles, 28 mars 1726.

Je vous adresse un ordre du roi pour faire conduire et recevoir à la Bastille le sieur Arouet de Voltaire; vous aurez soin, s'il vous plaît, de tenir la main à son exécution, et de m'en donner avis.

XXIII.

JOURNAL DE M. ANQUETIL,

LIEUTENANT DU ROI A LA BASTILLE [2].

Aujourd'hui 17 avril 1726 est entré à la Bastille, par ordre du roi[3], M. Voltaire, conduit par M. Haymier, exempt. Le sieur Voltaire avait sur lui en or 65 louis d'or neufs, à 20 francs pièce, qui nous sont restés entre les mains; il ne s'est trouvé aucun autre effet sur lui, et M. de Voltaire a signé.

On a rendu l'or à M. de Voltaire, dont il a donné reçu au bas de son entrée, le 30 avril 1726.

XXIV.

GAZETIN DE LA POLICE [4].

22 avril 1726.

La nuit du 17 au 18, Haymier et Tapin, exempts, arrêtèrent Arouet de Voltaire, fameux poëte, dans la rue Maubuée, à l'enseigne de la Grosse-Tête, et le conduisirent, par ordre du roi, à la Bastille [5].

---

1. *Archives de la Bastille*, tome XII, page 126.
2. *Archives de la Bastille*, tome XII, page 131.
3. Ordres d'entrée du 28 mars et de sortie du 29 avril 1726, contre-signés Maurepas.
4. *Archives de la Bastille*, tome XII, page 132.
5. Une dénonciation anonyme d'un ecclésiastique à Hérault se trouve dans le même recueil; elle accuse Voltaire de prêcher ouvertement le déisme aux toilettes des jeunes seigneurs, exprime la satisfaction de le voir à la Bastille et l'espoir qu'on l'y gardera. Elle a trop peu de valeur pour être reproduite *in extenso*.

XXV.

MAUREPAS A M. DE LAUNAY [1]
GOUVERNEUR DE LA BASTILLE.

29 avril 1726.

Je vous adresse les ordres du roi pour la liberté du sieur de Voltaire, détenu au château de la Bastille. Vous l'avertirez, s'il vous plaît, que l'intention de Sa Majesté est qu'il sorte incessamment de Paris, et qu'il s'en éloigne au moins de cinquante lieues, sans y pouvoir revenir que par une permission expresse de Sa Majesté, dont il vous signera sa soumission.

XXVI.

LE COMMISSAIRE LABBÉ A M. HÉRAULT [2]
LIEUTENANT DE POLICE.

18 avril 1727.

Ce mémoire est pour avoir l'honneur de vous dire que l'on m'a assuré que le sieur Arouet de Voltaire était revenu d'Angleterre, et qu'il avait rôdé dans le quartier. Je ne sais pas s'il voudrait se faire raison de ce qui s'est passé à son égard devant l'hôtel de Sully, mais il pourrait peut-être courir quelque risque. Comme je ne sais pas s'il a un congé pour revenir, je ne puis rien dire davantage à cet égard, et j'ai cru qu'il était de mon devoir de vous en informer.

XXVII.

MAUREPAS A VOLTAIRE [3].

29 juillet 1727.

Je vous envoie la permission que le roi a bien voulu vous accorder de rester à Paris, vaquer à vos affaires pendant neuf mois. Comme ce temps est limité par le jour de votre arrivée, vous aurez soin de m'en avertir; je ne doute pas que vous n'y teniez une conduite capable d'effacer les impressions qu'on a données contre vous à Sa Majesté, et que l'avis que je vous en donne ne vous touche assez pour y donner toute votre attention.

1. *Archives de la Bastille,* tome XII, page 134.
2. *Archives de la Bastille,* tome XII, page 141.
3. *Archives de la Bastille,* tome XII, page 142.

XXVIII.

MAUREPAS A VOLTAIRE [1].

9 avril 1729.

Vous pouvez aller à Paris quand bon vous semblera, et même y demeurer; à l'égard de venir à la cour, je crois que vous devez encore vous en dispenser. Je suis persuadé que vous vous observerez à Paris, et que vous ne vous y ferez point d'affaire qui puisse vous attirer une disgrâce.

XXIX.

MAUREPAS AU LIEUTENANT DE ROI,

AU CHATEAU D'AUXONNE [2].

3 mai 1734.

Le roi a jugé à propos de faire arrêter, et conduire au château d'Auxonne, Arouet de Voltaire [3]; vous voudrez bien me donner avis de son arrivée; l'intention du roi est qu'il ne puisse sortir de l'intérieur du château sous quelque prétexte que ce soit : ainsi vous voudrez bien vous y conformer.

XXX.

RAPPORT DE VANNEROUX [4].

M. Hérault souhaite prendre un ordre du roi en forme, à l'effet de se transporter, avec un commissaire au Châtelet, dans une maison et appartement occupés par la demoiselle Aubry, maîtresse de Jore, libraire de Rouen, et en cas qu'il n'y ait personne dans l'appartement faire faire ouverture des portes, saisir et enlever les écrits et imprimés prohibés, et entre autres les *Lettres philosophiques* de M. de Voltaire, dont il s'y est trouvé un grand nombre, et autres imprimés défendus, apposer les scellés sur les effets qui sont dans ladite maison, et établir garnison pour la garde d'iceux, ce qui a été exécuté en vertu de l'ordre du roi anticipé en date du 8 juin 1734.

---

1. *Archives de la Bastille*, tome XII, page 143.
2. *Archives de la Bastille*, tome XII, page 155.
3. Voltaire venait de publier les *Lettres sur les Anglais* ou *Lettres philosophiques*.
4. *Archives de la Bastille*, tome XII, page 158.

XXXI.

VERS DE M. DE FORMONT
A MADAME DU CHATELET,
SUR LE MONDAIN DE M. DE VOLTAIRE [1].

1735.

En traits hébreux Huet sur sa pancarte
Du vieux Éden a dessiné la carte,
En traits français un aimable mondain
Peint aujourd'hui le véritable Éden.
Si par hasard, le cœur plein de la grâce,
Quelque dévot, de ce portrait épris,
Me demandait : « Mettez-moi sur la trace
Qui fait trouver ce gentil paradis, »
Je lui dirais : « Marchez droit à Paris ;
Mais pour bien faire allez jusqu'en Champagne :
C'est là, mon fils, qu'au sein des doux loisirs,
La raison pure et la paix sa compagne
Depuis un temps retiennent les plaisirs.
Cette raison, en ses leçons facile,
Avec nos sens n'est jamais en procès,
A tous les goûts dans cet heureux asile
Elle procure un favorable accès ;
En quatre mots, voici son évangile :
Je permets tout, j'interdis tout excès.
O vous, d'Éden charmante souveraine,
Vous qu'à son char cette déesse entraîne,
Suivez ses lois avec un cœur soumis ;
Songez-y bien, tout plaisir est permis.

XXXII.

L'ABBÉ LEBLANC AU PRÉSIDENT BOUHIER [2].

Juin 1736.

Disons deux mots de Voltaire : il vient de gagner un procès aux consuls contre son nouveau libraire ; il a eu la hardiesse d'aller lui-même plaider sa

---

1. Voyez, tome X, page 506, la réponse à ces vers au nom de Mme du Châtelet.
2. *Archives de la Bastille,* tome XII, page 187.

cause, et de prêter le collet à la plus grande harangère[1] de toute la librairie. Il va en avoir un contre Jore, libraire, qui a imprimé ses *Lettres philosophiques*, qui sera plus sérieux. Ce pauvre malheureux, qui a été mis pour cela à la Bastille et qui a tous ses livres confisqués, est ruiné totalement, ne sait plus que devenir, et lui redemande je ne sais quelle somme que Voltaire lui refuse. Le procès est par-devant le lieutenant civil, et Jore prépare contre lui, à ce qu'on dit, un factum foudroyant.

XXXIII.

MAUREPAS A VOLTAIRE[2].

22 juin 1736.

Je croyais l'affaire sur laquelle vous m'avez écrit entièrement finie; j'en parlerai encore demain à M. Hérault, et j'examinerai avec lui quels moyens on pourrait employer pour en arrêter le cours.

XXXIV.

L'ABBÉ LEBLANC AU PRÉSIDENT BOUHIER[3].

Juin 1736.

Je n'ai que le temps de vous dire que je vous envoie par la poste le mémoire de Jore, libraire, et celui de Voltaire, qui ne parut que d'hier. Voltaire est bien misérable, bien bas; il devrait sacrifier 4,000 écus plutôt que de laisser paraître un pareil factum contre lui; il est, à ce qu'on dit, de l'avocat qui l'a signé, et j'en ai déjà vu un assez plaisant de cet homme-là; celui-ci a indisposé tous les honnêtes gens contre notre poëte, et dût-il gagner son procès, il n'y a qu'un cri d'indignation publique contre lui. Pour comble de maladresse, son propre mémoire est encore plus contre lui que celui de son libraire : la vanité, les airs de bienfaiteur, un certain ton d'impudence qu'il y fait sentir partout, surtout les mensonges qu'il y avance avec tant d'effronterie sur sa pauvreté et sur sa générosité, tout cela fait crier contre lui. Pour le coup, le voilà, je pense, bien loin de l'Académie; ses amis se cachent; lui-même, agité comme un démon, tourmenté par son maudit esprit, ne peut plus tenir à Paris, et il part ces jours-ci.

---

1. La Bauche, éditeur d'*Alzire* et de *Zaïre;* voyez tome XXXIV, page 75.
2. *Archives de la Bastille,* tome XII, page 187.
3. *Archives de la Bastille,* tome XII, page 187.

XXXV.

MARAIS AU PRÉSIDENT BOUHIER [1].

13 juillet 1736.

... L'affaire ridicule de Voltaire est finie; Jore était un fripon qui était plus que payé de son impression. On lui a fait rendre les lettres qui eussent pu faire du mal, et Voltaire a donné par aumône une cinquantaine de pistoles aux filles du Bon Pasteur. C'est un accommodement de M. Hérault, moyennant lequel la guerre est cessée, et Voltaire rentré en quelque sorte en grâce avec le ministère, mais non pas avec les gens qui ont de la raison et du bon sens. J'apprends que Rousseau vient de faire paraître une satire contre lui, qui est arrivée secrètement à Paris et qui sera bientôt rendue publique.

XXXVI.

RAPPORT

FAIT A L'ACADÉMIE DES SCIENCES PAR MM. PITOT ET CLAIRAUT,

LE 26 D'AVRIL 1741,

SUR LE MÉMOIRE DE M. DE VOLTAIRE

TOUCHANT LES FORCES VIVES.

Nous avons examiné, par ordre de l'Académie, un mémoire de M. de Voltaire, intitulé *Doutes sur la mesure des forces motrices et sur leur nature*. Ce mémoire contient deux parties : la première est une exposition abrégée des principales raisons qui ont été données pour prouver que les forces des corps en mouvement sont comme leurs quantités de mouvement, c'est-à-dire comme les masses multipliées par leurs simples vitesses, et non par les carrés, ainsi que le prétendent ceux qui reçoivent la théorie des *forces vives*. Les raisons que M. de Voltaire rapporte ne sont pas avancées comme des démonstrations; ce sont simplement des doutes qu'il propose, mais les doutes d'un homme éclairé, qui ressemblent beaucoup à une décision.

Nous n'entrerons point dans l'examen de cette première partie, parce que

---

[1]. *Archives de la Bastille,* tome XII, page 188.

l'auteur ne paraît y avoir eu en vue que de rendre les plus fortes raisons qui ont été données contre les forces vives, d'une manière assez claire et assez abrégée pour que les lecteurs puissent se les rappeler promptement.

Dans la seconde partie, M. de Voltaire considère la nature de *la force*. Comme il a conclu que la *force motrice* n'est autre chose que le produit de la masse par la simple vitesse, il n'admet point de distinction entre les *forces mortes* et les *forces vives*. Lorsque l'on dit que la force d'un corps en mouvement diffère infiniment de celle d'un corps en repos, c'est, suivant lui, comme si l'on disait qu'un liquide est infiniment plus liquide quand il coule que quand il ne coule pas.

Il dit ensuite que si la force n'est autre chose que le produit de la masse par la vitesse, elle n'est précisément que le corps lui-même agissant, ou prêt à agir : et il rejette ainsi l'opinion des philosophes qui ont cru que la force était un être à part, une substance qui anime les corps, et qui en est distinguée; que la force doit se trouver dans les êtres simples, appelés *monades*, etc.

M. de Voltaire remarquant, comme plusieurs l'ont déjà fait, que la quantité de mouvement augmente dans plusieurs cas, et étant toujours convaincu que la force n'est autre chose que la quantité de mouvement, il demande si les philosophes qui ont soutenu la conservation d'une même quantité de force dans la nature ont plus de raison que ceux qui voudraient la conservation d'une même quantité d'espèces d'individus, de figures, etc.

Il demande ensuite si de ce qu'un corps élastique qui en choque un plus grand lui communique plus de quantité de mouvement, et par conséquent, selon lui, plus de force qu'il n'en avait, il ne s'ensuit pas évidemment que les corps ne communiquent point de force : en sorte que la masse et le mouvement ne suffisant pas pour la communication du mouvement, il faut encore l'inertie, sans laquelle la matière ne résisterait pas, et sans laquelle il n'y aurait nulle action.

M. de Voltaire croit encore que l'inertie, la masse et le mouvement, ne suffisent pas. Il pense qu'il faut un principe qui tienne tous les corps de la nature en mouvement, et leur communique incessamment une force agissante, ou prête d'agir; et ce principe doit être, selon lui, la gravitation, soit qu'elle ait une cause mécanique, soit qu'elle n'en ait pas.

La gravitation, continue-t-il, ne peut pas non plus satisfaire à tous les effets de la nature; elle est très loin d'expliquer la force des corps organisés; il leur faut encore un principe interne, comme celui du ressort.

M. de Voltaire termine son mémoire en disant que puisque la force active du ressort produit les mêmes effets que toute force quelconque, on en peut conclure que la nature, qui va souvent à différents buts par la même voie, va aussi au même but par différents chemins; et qu'ainsi la véritable physique consiste à tenir registre des opérations de la nature avant que de vouloir tout asservir à une loi générale.

De toutes les questions difficiles à approfondir que renferment les deux parties de ce mémoire, il paraît que M. de Voltaire est très au fait de ce qui a été donné en physique, et qu'il a lui-même beaucoup médité sur cette science.

A Paris, le 26 avril 1741.

PITOT, CLAIRAUT.

Je certifie la copie ci-dessus être conforme à l'original.

A Paris, le 27 avril 1741.

DORTOUS DE MAIRAN,
Secrétaire perpétuel de l'Académie royale
des sciences.

XXXVII.

ACTE DE DÉCÈS

DU FRÈRE DE VOLTAIRE [1].

Le 19 février 1745 a été inhumé en cette église M. Armand Arouet, receveur des épices de la Chambre de comptes, âgé d'environ soixante ans, décédé de hier à la Chambre des comptes, cour du Palais, de cette paroisse. Ont assisté au convoi : François-Marie Arouet de Voltaire, bourgeois de Paris, demeurant faubourg Saint-Honoré, paroisse de Sainte-Madeleine, frère du défunt; Jean-Baptiste Brisson, bourgeois de Paris, demeurant cour du Palais, de cette paroisse; lesquels ont signé :

F.-M. AROUET DE VOLTAIRE, BRISSON.

XXXVIII.

MAUREPAS A M. ANISSON

DIRECTEUR DE L'IMPRIMERIE ROYALE [2].

Juin (?) 1745.

Le roi a bien voulu agréer que le poëme qu'a fait M. de Voltaire sur la victoire remportée par Sa Majesté à Fontenoy soit imprimé au Louvre, et qu'il en soit seulement tiré six cents exemplaires, ainsi que M. de Voltaire l'a demandé; comme il vous verra sans doute à ce sujet, vous voudrez bien prendre les mesures nécessaires pour cette impression. Je serais cependant bien aise de vous parler avant que vous la commenciez.

1. *Registres de la paroisse Saint-Barthélemy.*
2. *Archives de la Bastille,* tome XII, page 259.

XXXIX.

VOLTAIRE A ANET.

LETTRES DE MADAME DE STAAL[1] A MADAME DU DEFFANT.

1747.

Anet, mardi 15 août 1747.

... Mme du Châtelet et Voltaire[2], qui s'étaient annoncés pour aujourd'hui, et qu'on avait perdus de vue, parurent hier sur le minuit, comme deux spectres, avec une odeur de corps embaumés qu'ils semblaient avoir apportée de leurs tombeaux; on sortait de table; c'étaient pourtant des spectres affamés : il leur fallut un souper, et, qui plus est, des lits qui n'étaient point préparés. La concierge, déjà couchée, se leva à grande hâte. Gaya[3], qui avait offert son logement pour les cas pressants, fut forcé de le céder dans celui-ci, déménagea avec autant de précipitation et de déplaisir qu'une armée surprise dans son camp, laissant une partie de son bagage au pouvoir de l'ennemi. Voltaire s'est bien trouvé du gîte : cela n'a point du tout consolé Gaya. Pour la dame, son lit ne s'est pas trouvé bien fait; il a fallu la déloger aujourd'hui. Notez que ce lit, elle l'avait fait elle-même, faute de gens, et avait trouvé un défaut de... dans les matelas, ce qui, je crois, a plus blessé son esprit exact que son corps peu délicat; elle a par intérim un appartement qui a été promis, qu'elle laissera vendredi ou samedi pour celui du maréchal de Maillebois[4], qui s'en va un de ces jours. Il est venu ici en même temps que nous avec sa fille et sa belle-fille : l'une est jolie, l'autre laide et triste. Il a chassé avec ses chiens un chevreuil et pris un faon de biche : voilà tout ce qui se peut tirer de là. Nos nouveaux hôtes fourniront plus abondamment : ils vont faire répéter leur comédie[5]; c'est Venture qui fait le comte de Boursoufle : on ne dira pas que ce soient des armes parlantes, non plus que Mme du Châtelet faisant Mlle de La Cochonnière, qui devrait être grosse et courte. Voilà assez parlé d'eux pour aujourd'hui...

---

1. Marguerite-Jeanne Cordier Delaunay, baronne de Staal (1684-1750), d'abord femme de chambre, puis dame de la duchesse du Maine. Ses Mémoires, qui l'ont rendue célèbre, parurent en 1755.
2. Voltaire, qui venait de composer, à la prière de la duchesse du Maine, son Épitre sur la victoire de Lawfeld (2 juillet 1747), avait été invité par elle à venir la visiter à sa belle résidence d'Anet.
3. Le chevalier de Gaya, officier au service de la duchesse du Maine.
4. Jean-Baptiste-François Desmarets, marquis de Maillebois (1682-1762), fils du contrôleur général, maréchal de France en 1741.
5. La comédie du *Comte de Boursoufle*, que Voltaire et Mme du Châtelet avaient voulu d'abord produire à Anet comme une pièce improvisée pour la circonstance.

Anet, mercredi 16 août 1747.

... Nos revenants ne se montrent point de jour; ils apparurent hier à dix heures du soir : je ne pense pas qu'on les voie guère plus tôt aujourd'hui ; l'un est à décrire de hauts faits[1], l'autre à commenter Newton ; ils ne veulent ni jouer ni se promener : ce sont bien des non-valeurs dans une société, où leurs doctes écrits ne sont d'aucun rapport. Voici bien pis : l'apparition de ce soir a produit une déclamation véhémente contre la licence de se choisir des tableaux au cavagnole[2]; cela a été poussé sur un ton qui nous est tout à fait inouï, et soutenu avec une modération non moins surprenante ; mais ce qui ne se peut endurer, ma reine, c'est l'excès de ma bavarderie. Je vous fais pourtant grâce de ma métaphysique. Pour répondre sur cet article, il faudrait que je susse plus nettement ce que vous entendez par la nature, par démontrer. Ce qui sert de principe et de règle de conduite n'est pas au rang des choses démontrées, à ce qu'il me semble, et n'en est pas moins d'usage. Adieu, ma reine, en voilà beaucoup trop.

Anet, 20 août 1747.

Vous ne vous portez pas bien, vous menez une vie triste ; cela me fâche, ma reine. J'ai envie que vous fassiez votre voyage de Montmorency ; quoique cela ne soit pas gai, c'est toujours une diversion : elle ne manque pas ici à nos ennuis ; c'est le flux et reflux qui emporte nos compagnies et nous en ramène d'autres ; les Maillebois, les Villeneuve sont partis ; est arrivée Mme Dufour, exprès pour jouer le rôle de Mme Barbe, gouvernante de Mlle de La Cochonnière, et, je crois, en même temps servante de basse-cour du baron de La Cochonnière. Voilà le nom que vous n'avez pu lire. Je crois en effet, ma reine, que vous avez bien de la peine à me déchiffrer. Nous attendons demain les Estillac, au nombre de quatre, car Mme de Vogué et M. de Menou en sont. Mme de Valbelle nous est aussi arrivée ; la Malause s'est promise pour demain. Le cousin Soquence, aussi fier chasseur que Nemrod, n'est pas encore venu, et toutes nos chasses sont sans succès. La duchesse parle d'aller à Navarre[3], et ne peut s'y résoudre : M. de Bouillon la presse, dit-elle ; si elle y va, elle n'y sera guère : c'est un prodige de douceur et de complaisance, elle ne manque pas une promenade. La pauvre Saint-Pierre[4], mangée de goutte, souffrant le martyre, s'y traîne tant qu'elle peut, mais non pas avec moi, qui ne vais pas sur terre, et semble un hydrophobe quand je suis sur l'eau.

---

1. Allusion à l'Épître sur la victoire de Lawfeld, que Voltaire adressa à la duchesse du Maine.
2. « Sorte de jeu de hasard, où les joueurs ont des tableaux, et tirent les boules chacun à son tour. » (*Dict. de l'Académie.*)
3. Château près d'Évreux, appartenant à la maison de Bouillon, et aujourd'hui détruit. Il a été chanté par Rulhières.
4. Marguerite-Thérèse Colbert de Croissy (1682-1769), veuve, en 1702, du marquis de Resnel, et remariée, en 1704, au duc de Saint-Pierre.

Mᵐᵉ du Châtelet est d'hier à son troisième logement : elle ne pouvait plus supporter celui qu'elle avait choisi; il y avait du bruit, de la fumée sans feu (il me semble que c'est son emblème). Le bruit, ce n'est pas la nuit qu'il l'incommode, à ce qu'elle m'a dit, mais le jour, au fort de son travail : cela dérange ses idées. Elle fait actuellement la revue de ses *Principes* : c'est un exercice qu'elle réitère chaque année, sans quoi ils pourraient s'échapper, et peut-être s'en aller si loin qu'elle n'en retrouverait pas un seul. Je crois bien que sa tête est pour eux une maison de force, et non pas le lieu de leur naissance : c'est le cas de veiller soigneusement à leur garde. Elle préfère le bon air de cette occupation à tout amusement, et persiste à ne se montrer qu'à la nuit close. Voltaire a fait des vers galants qui réparent un peu le mauvais effet de leur conduite inusitée...

Anet, 24 août 1747.

J'espérais quelque chose de vous aujourd'hui, ma reine : je n'ai rien. Je vous crois à Montmorency; vous n'aurez aussi presque rien de moi, car le temps me manque. Vous saurez seulement que nos deux ombres, croquées par M. de Richelieu, disparaîtront demain; il ne peut aller à Gênes[1] sans les avoir consultées : rien n'est si pressant. La comédie qu'on ne devait voir que demain sera vue aujourd'hui, pour hâter le départ. Je vous rendrai compte du spectacle et des dernières circonstances du séjour; mais, je vous prie, ne laissez pas traîner mes lettres sur votre cheminée...

Anet, dimanche 27 août 1747.

... Je vous ai mandé jeudi que nos revenants partaient le lendemain et que la pièce se jouait le soir : tout cela s'est fait. Je ne puis vous rendre *Boursoufle* que mincement. Mˡˡᵉ de La Cochonnière a si parfaitement exécuté l'extravagance de son rôle que j'y ai pris un vrai plaisir. Mais Venture n'a mis que sa propre fatuité au personnage de Boursoufle, qui demandait au delà; il a joué naturellement dans une pièce où tout doit être aussi forcé que le sujet. Pàris a joué en honnête homme le rôle de Maraudin, dont le nom exprime le caractère. Motel a bien fait le baron de La Cochonnière, d'Estillac un chevalier, Duplessis un valet. Tout cela n'a pas mal été, et l'on peut dire que cette farce a été bien rendue; l'auteur l'a annoblie d'un prologue qu'il a joué lui-même, et très-bien, avec notre Dufour, qui, sans cette action brillante, ne pouvait digérer d'être Mᵐᵉ Barbe; elle n'a pu se soumettre à la simplicité d'habillement qu'exigeait son rôle, non plus que la principale actrice, qui, préférant les intérêts de sa figure à ceux de la pièce, a paru sur le théâtre avec tout l'éclat et l'élégante parure d'une dame de la cour : elle a eu sur ce point maille à partir avec Voltaire; mais c'est la sou-

---

1. Le duc de Richelieu avait été appelé à remplacer, comme gouverneur de Gênes, le duc de Boufflers, mort de la petite vérole, le 2 juillet 1747, après avoir forcé les Anglais à se rembarquer.

veraine, et lui l'esclave. Je suis très-fâchée de leur départ, quoique excédée de ses diverses volontés, dont elle m'avait remis l'exécution.

Le plaisir de faire rire d'aussi honnêtes gens que ceux que vous me marquez s'être divertis de mes lettres me ferait encore supporter cette onéreuse charge; mais voilà la scène finie et mes récits terminés. Il y a bien encore de leur part quelques ridicules éparpillés que je pourrai vous ramasser au premier moment de loisir; pour aujourd'hui, je ne puis aller plus loin.

Adieu, ma reine; je vous prie de vous guérir parfaitement, de me mander avec la plus grande exactitude comment vous vous portez.

Anet, mercredi 30 août 1747.

J'espérais apprendre hier de vos nouvelles, ma reine. Si je n'en ai pas demain, je serai tout à fait en peine de vous. Notre princesse a écrit au président[1], et l'invite à venir ici et à vous y amener : vous savez cela sans doute? J'ai fait ce que j'ai pu pour la détourner de cette démarche, qui pourra être infructueuse et dont le mauvais succès la fâchera. Si votre santé et les dispositions du président se trouvent favorables, cela sera charmant ; en tout cas, on vous garde un bon appartement : c'est celui dont Mme du Châtelet, après une revue exacte de toute la maison, s'était emparée. Il y aura un peu moins de meubles qu'elle n'y en avait mis, car elle avait dévasté tous ceux par où elle avait passé pour garnir celui-là. On y a retrouvé six ou sept tables : il lui en faut de toutes les grandeurs, d'immenses pour étaler ses papiers, de solides pour soutenir son nécessaire, de plus légères pour les pompons, pour les bijoux; et cette belle ordonnance ne l'a pas garantie d'un accident pareil à celui qui arriva à Philippe II quand, après avoir passé la nuit à écrire, on répandit une bouteille d'encre sur ses dépêches. La dame ne s'est pas piquée d'imiter la modération de ce prince, aussi n'avait-il écrit que sur des affaires d'État, et ce qu'on lui a barbouillé, c'était de l'algèbre, bien plus difficile à remettre au net.

En voilà trop sur le même sujet, qui doit être épuisé; je vous en dirai pourtant encore un mot, et cela sera fini. Le lendemain du départ, je reçois une lettre de quatre pages, de plus un billet dans le même paquet qui m'annonce un grand désarroi. M. de Voltaire a égaré sa pièce, oublié de retirer les rôles, et perdu le prologue; il m'est enjoint de retrouver le tout, d'envoyer au plus vite le prologue, non par la poste, *parce qu'on le copierait*, de garder les rôles, crainte du même accident, et d'enfermer la pièce *sous cent clefs*. J'aurais cru un loquet suffisant pour garder ce trésor ! J'ai bien et dûment exécuté les ordres reçus.

---

1. Le président Hénault (1685-1770), ami très-intime de Mme du Deffant.

XL.

AFFICHE (1751)[1].

CENT ÉCUS A GAGNER.

On a volé plusieurs manuscrits contenant la tragédie de *Sémiramis*, la comédie intitulée *Nanine*, etc., l'histoire de la dernière guerre depuis 1741 jusqu'en 1747. On les a imprimés remplis de fautes et d'interpolations; on les vend publiquement à Fontainebleau. Le premier qui donnera des indices sûrs de l'imprimeur et de l'éditeur recevra la somme de 300 francs de M. de Voltaire, gentilhomme ordinaire du roi, historiographe de France, rue Traversière.

XLI.

NOTE DE M. BERRYER[2].

20 juillet 1751.

Il y a un livre de M. de Voltaire, intitulé *Mémoires pour servir à la vie de* ***.

M. de Voltaire l'a laissé à Mme Denis. On croit qu'elle l'a encore.

L'abbé Raynal, qui est fort aimé de M. de Voltaire et de Mme Denis, pourrait en savoir des nouvelles.

Savoir ce que c'est que ce livre[3].

XLII.

NOTE DE M. D'HÉMERY[4]

AU LIEUTENANT DE POLICE.

1er janvier 1752.

Michel Lambert, reçu libraire en 1749, trente-deux ans, de Paris, je me trompe, de la Charité-sur-Loire, taille de 5 pieds 6 pouces, barbe brune et le visage un peu pâle, rue de la Comédie-Française.

---

1. Cette affiche se rapporte au vol de manuscrits dont il est question dans le *Mémoire* de Mme Denis, *Correspondance*, n° 2223, et dans les lettres 2228, 2230 et 2234. Voltaire était alors à Berlin.
2. *Archives de la Bastille*, tome XII, page 361.
3. C'étaient les *Mémoires pour servir à la Vie de Voltaire*. (*Note de M. Ravaisson.*) — Il faudrait conclure de là que ces Mémoires avaient été commencés avant le départ de Voltaire pour la Prusse, ce qui ne paraît point vraisemblable.
4. *Archives de la Bastille*, tome XII, page 372.

C'est le fils de Voltaire, qui l'a eu de la femme d'un portier qui passe pour être son père. Il a demeuré longtemps chez Mercié, qu'il a quitté au mois de juillet 1751 pour s'établir rue de la Comédie-Française, où il s'est marié quelque temps après. C'est un fort bon garçon, qui, sans beaucoup de génie, aura pourtant le talent de faire ses affaires. Il a depuis quelque temps la pratique de Voltaire, de qui il a fait une édition en onze petits volumes.

XLIII.

DÉTAILS

SUR L'AFFAIRE DE FRANCFORT [1].

Nous partîmes de Wabern le 30 mai au matin, et arrivâmes le soir à Marbourg. Nous avions, le lendemain, fait à peine une lieue, lorsque Voltaire ordonna au postillon d'arrêter. Il faisait usage de tabac, et ne retrouvait ni dans ses poches ni dans celles de la voiture la tabatière d'or dont il se servait.

Je m'aperçois que, depuis notre départ de Potsdam, je n'ai pas rendu compte de la manière dont Voltaire voyageait. Il avait sa propre voiture. C'était un carrosse coupé, large, commode, bien suspendu, garni partout de poches et de magasins. Le derrière était chargé de deux malles, et le devant, de quelques valises. Sur le banc étaient placés deux domestiques, dont un était de Potsdam et servait de copiste. Quatre chevaux de poste, et quelquefois six, selon la nature des chemins, étaient attelés à la voiture. Ces détails ne sont rien par eux-mêmes, mais ils font connaître la manière de voyager d'un homme de lettres qui avait su se créer une fortune égale à sa réputation. Voltaire et moi occupions l'intérieur de la voiture, avec deux ou trois portefeuilles qui renfermaient les manuscrits dont il faisait le plus de cas, et une cassette où étaient son or, ses lettres de change et ses effets les plus précieux. C'est avec ce train qu'il parcourait alors l'Allemagne. Aussi à chaque poste et dans chaque auberge étions-nous abordés et reçus à la portière avec tout le respect que l'on porte à l'opulence. Ici c'était M. le *baron* de Voltaire, là M. le *comte* ou M. le *chambellan*, et presque partout c'était *Son Excellence,* qui arrivait. J'ai encore des mémoires d'aubergistes qui portent : « Pour *Son Excellence M. le comte* de Voltaire, avec secrétaire et suite. » Toutes ces scènes divertissaient le philosophe, qui méprisait ces titres dont la vanité se repaît avec complaisance, et nous en riions ensemble de bon cœur [2]. . . . .

Revenons à Marbourg, ou plutôt à l'endroit où nous nous arrêtâmes

---

1. Ce morceau est extrait de *Mon Séjour auprès de Voltaire,* par Colini, 1807, in-8°.

2. On s'entretenait, en présence de Voltaire, de l'un de ses parents qui avait un grade distingué dans le militaire, et l'on se servait de ce grade pour le nommer. « Mon parent, dit Voltaire, est sensible à votre souvenir; mais la simplicité de nos cantons n'admet point ces titres fastueux. » (*Note de Colini.*)

lorsque Voltaire s'aperçut qu'il n'avait pas sa tabatière. Il ne montra point dans cette occasion l'inquiétude qui eût agité un homme attaché à l'argent ; la boîte cependant était d'un grand prix. Nous tînmes sur-le-champ conseil, sans sortir de la voiture. Voltaire croyait avoir laissé cette tabatière dans la maison de poste de Marbourg. Envoyer un domestique ou le postillon à cheval pour en faire la recherche, c'était s'exposer à ne jamais la revoir : je m'offre à faire cette course à pied, il accepte, et je pars comme un trait ; j'arrive essoufflé, j'entre dans la maison de la poste, tout y était encore tranquille ; je monte sans être vu à la chambre dans laquelle Voltaire avait couché, elle était ouverte. Rien sur la commode, rien sur les tables et sur le lit. A côté de ce dernier meuble était une table de nuit que couvrait un pan de rideau ; je le soulève, et j'aperçois la tabatière : m'en emparer, descendre les escaliers, et sortir de la maison, tout cela fut l'affaire d'un moment. Je cours rejoindre le carrosse, aussi joyeux que Jason après la conquête de la toison d'or. Ce bijou, d'une grande valeur, était un de ces dons que les princes prodiguaient à Voltaire comme un témoignage de leur estime ; il était doublement précieux. Mon illustre compagnon de voyage le retrouva avec plaisir, mais aussi avec la modération du désintéressement ; il me parut plus affecté de la peine que j'avais prise que joyeux d'avoir recouvré sa tabatière. C'est, il me semble, dans de pareilles occasions que l'homme se montre tel qu'il est, et que l'on peut juger son âme et ses passions.

Nous continuâmes notre route ; et après avoir traversé Giessen, Butzbach et Friedberg, dont nous visitâmes les salines, nous arrivâmes à Francfort-sur-le-Mein vers les huit heures du soir.

Nous nous disposions à partir le lendemain, les chevaux de poste et la voiture étaient prêts, lorsqu'un nommé Freytag, résident du roi de Prusse, se présente, escorté d'un officier recruteur et d'un bourgeois de mauvaise mine. Ce cortége surprit beaucoup Voltaire. Le résident l'aborda, et lui dit en baragouinant qu'il avait reçu l'ordre de lui demander la croix de l'ordre du Mérite, la clef de chambellan, les lettres ou papiers de la main de Frédéric, et l'œuvre de *poëshie* du roi son maître.

Voltaire rendit sur-le-champ la croix et la clef ; il ouvrit ensuite ses malles et ses portefeuilles, et dit à ces messieurs qu'ils pouvaient prendre tous les papiers de la main du roi ; qu'à l'égard de l'œuvre de *poëshie*, il l'avait laissée à Leipsick, dans une caisse destinée pour Strasbourg ; mais qu'il allait écrire dans le moment pour la faire venir à Francfort, et qu'il resterait dans la ville jusqu'à ce qu'elle fût arrivée. Cet arrangement fut ratifié et signé des deux côtés. Freytag écrivit ce billet : « Monsir, sitôt le gros ballot de Leipzig sera ici, où est l'œuvre de *poëshie* du roi mon maître, et l'œuvre de *poëshie* rendu à moi, vous pourrez partir où vous paraîtra bon. A Francfort, 1ᵉʳ juin 1753. FREYTAG, résident du roi mon maître. » Voltaire écrivait au bas du billet : « Bon pour l'œuvre de *poëshie* du roi votre maître. VOLTAIRE[1]. »

---

1. Ces détails sont fort enjolivés d'après Voltaire ; on peut voir le texte exact du billet dans la *Correspondance*.

Après cette assurance de la part du résident, Voltaire crut devoir rester tranquille jusqu'à l'arrivée de la caisse. Il fit part de ce contre-temps à Mme Denis, qui l'attendait à Strasbourg ; et, sans inquiétude pour l'avenir comme sans ressentiment du passé, il continua de travailler aux *Annales de l'Empire*. Mme Denis, à la réception de la lettre, se rendit à Francfort sans perdre un instant. Je la vis alors pour la première fois, et je ne prévoyais pas que, victime de son dévouement, elle se trouverait enveloppée dans la catastrophe qui menaçait son oncle.

La caisse renfermant l'œuvre de *poëshie* arriva le 17 juin ; elle fut portée le jour même chez Freytag. J'allai le lendemain pour être présent à l'ouverture, et le prévenir que, conformément au billet que lui Freytag avait signé, Voltaire se proposait de partir sous trois heures ; il me répondit brusquement qu'il n'avait pas le temps, et que l'on ouvrirait la caisse dans l'après-dînée. Je retourne à l'heure convenue ; on me dit que de nouveaux ordres du roi enjoignent de tout suspendre et de laisser les choses dans l'état où elles sont. Je reviens, presque découragé, retrouver Voltaire, et lui rendre compte de mes démarches. Il se transporte chez le résident, et demande communication des ordres du roi. Freytag balbutie, refuse, et vomit force injures.

Voltaire, irrité, craignant des événements plus funestes et se croyant libre d'user de la faculté que lui donnait l'écrit du résident, prit la résolution de s'évader. Voici quel était son plan : il devait laisser la caisse entre les mains de Freytag ; Mme Denis serait restée avec nos malles, pour attendre l'issue de cette odieuse et singulière aventure ; Voltaire et moi devions partir, emportant seulement quelques valises, les manuscrits et l'argent renfermés dans la cassette. J'arrêtai en conséquence une voiture de louage, et préparai tout pour notre départ, qui ressemblait assez à la fuite de deux coupables[1].

A l'heure convenue, nous trouvâmes le moyen de sortir de l'auberge sans être remarqués. Nous arrivâmes heureusement jusqu'au carrosse de louage ; un domestique nous suivait, chargé de deux portefeuilles et de la cassette ; nous partîmes avec l'espoir d'être enfin délivrés de Freytag et de ses agents. Arrivés à la porte de la ville qui conduit au chemin de Mayence, on arrête le carrosse, et l'on court instruire le résident de notre tentative d'évasion. En attendant qu'il arrivât, Voltaire expédie son domestique à Mme Denis. Freytag paraît bientôt dans une voiture escortée par des soldats, et nous y fait monter en accompagnant cet ordre d'imprécations et d'injures. Oubliant qu'il représente le roi son maître, il monte avec nous, et, comme un exempt de police, nous conduit ainsi à travers la ville et au milieu de la populace attroupée.

On nous conduisit de la sorte chez un marchand nommé Schmith, qui avait le titre de conseiller du roi de Prusse, et était le suppléant de Freytag. La porte est barricadée et des factionnaires apostés pour contenir le peuple assemblé. Nous sommes conduits dans un comptoir ; des commis,

---

1. On prétend que Beaumarchais a dit : « Si l'on m'accusait d'avoir volé les tours de Notre-Dame, je commencerais par me sauver, et je discuterais ensuite. » (*Note de Colini.*) — On attribue ce mot au président de Lamoignon. (B.)

des valets et des servantes, nous entourent; Mme Schmith passe devant Voltaire d'un air dédaigneux, et vient écouter le récit de Freytag, qui raconte de l'air d'un matamore comment il est parvenu à faire cette importante capture, et vante avec emphase son adresse et son courage.

Quel contraste! Que l'on se représente l'auteur de *la Henriade* et de *Mérope*, celui que Frédéric avait nommé son ami, ce grand homme qui de son vivant reçut à Paris, au milieu du public enivré, les honneurs de l'apothéose, entouré de cette valetaille, accablé d'injures, traité comme un vil scélérat, abandonné aux insultes des plus grossiers et des plus méchants des hommes, et n'ayant d'autres armes que sa rage et son indignation!

On s'empare de nos effets et de la cassette; on nous fait remettre tout l'argent que nous avions dans nos poches; on enlève à Voltaire sa montre, sa tabatière, et quelques bijoux qu'il portait sur lui; il demande une reconnaissance, on la refuse. « Comptez cet argent, dit Schmith à ses commis; ce sont des drôles capables de soutenir qu'il y en avait une fois autant. » Je demande de quel droit on m'arrête, et j'insiste fortement pour qu'il soit dressé un procès-verbal. Je suis menacé d'être jeté dans un corps de garde. Voltaire réclame sa tabatière, parce qu'il ne peut se passer de tabac; on lui répond que l'usage est de *s'emparer de tout*.

Ses yeux étincelaient de fureur, et se levaient de temps en temps vers les miens, comme pour les interroger. Tout à coup, apercevant une porte entr'ouverte, il s'y précipite et sort. Mme Schmith compose une escouade de courtauts de boutique et de trois servantes, se met à leur tête, et court après le fugitif. « Ne puis-je donc, s'écria-t-il, pourvoir aux besoins de la nature? » On le lui permet; on se range en cercle autour de lui, on le ramène après cette opération.

En rentrant dans le comptoir, Schmith, qui se croit offensé personnellement, lui crie : « Malheureux! vous serez traité sans pitié et sans ménagement », et la valetaille recommence ses criailleries. Voltaire, hors de lui, s'élance une seconde fois dans la cour; on le ramène une seconde fois.

Cette scène avait altéré le résident et toute sa séquelle : Schmith fit apporter du vin, et l'on se mit à trinquer à la santé de Son Excellence monseigneur Freytag. Sur ces entrefaites arriva un nommé Dorn, espèce de fanfaron que l'on avait envoyé sur une charrette à notre poursuite. Apprenant aux portes de la ville que Voltaire venait d'être arrêté, il rebrousse chemin, arrive au comptoir, et s'écrie : « Si je l'avais attrapé en route, je lui aurais brûlé la cervelle! » On verra bientôt qu'il craignait plus pour la sienne qu'il n'était redoutable pour celle des autres.

Après deux heures d'attente, il fut question d'emmener les prisonniers. Les portefeuilles et la cassette furent jetés dans une malle vide qui fut fermée avec un cadenas, et scellée d'un papier cacheté des armes de Voltaire et du chiffre de Schmith. Dorn fut chargé de nous conduire. Il nous fit entrer dans une mauvaise gargote, à l'enseigne du Bouc, où douze soldats, commandés par un bas officier, nous attendaient. Là, Voltaire fut enfermé dans une chambre, avec trois soldats portant la baïonnette au bout du fusil; je fus séparé de lui, et gardé de même. Et c'est à Francfort, dans une ville qualifiée *libre,* que l'on insulta Voltaire, que l'on viola le droit sacré des gens, que l'on oublia des formalités qui eussent été observées à l'égard d'un voleur de grand chemin! Cette ville permit que l'on m'arrêtât, moi étranger à cette affaire, contre qui il n'existait aucun ordre; que l'on me volât mon argent, et que je fusse gardé à vue comme un malfaiteur. Dussé-je vivre des siècles, je n'oublierai jamais ces atrocités.

Mme Denis n'avait point abandonné son oncle. A peine eut-elle appris que Voltaire venait d'être arrêté qu'elle se hâta d'aller porter ses réclamations au bourgmestre. Celui-ci, homme faible et borné, avait été séduit par Schmith. Non-seulement il refusa d'être juste et d'écouter Mme Denis, mais encore il lui ordonna de garder les arrêts dans son auberge. Ceci explique pourquoi Voltaire fut privé des secours de sa nièce pendant la scène scandaleuse du comptoir.

Depuis sa détention à la Bastille jusqu'à sa mort, Voltaire n'eut jamais à souffrir un traitement aussi désagréable. Que La Beaumelle écrivît contre lui et contre ses ouvrages, il ne tardait pas à anéantir La Beaumelle et sa critique; que Fréron publiât périodiquement des invectives, *le Pauvre Diable* et *l'Écossaise* vengeaient la littérature de ce despote injuste et intolérant; que la Sorbonne et le parlement fissent brûler ses ouvrages et l'accusassent d'athéisme, il se vengeait en élevant des temples à l'Éternel et en faisant de bonnes actions[1]. Mais, à Francfort, il se trouva livré à des hommes qui ignoraient les égards dus aux grands talents, dont l'extravagance égalait la grossièreté, et qui croyaient donner une preuve de zèle à leur souverain en outrageant de la manière la plus cruelle un homme qui était à leurs yeux un grand coupable, par cette seule raison que la demande de Frédéric annonçait une disgrâce. Ce n'est pas la première fois que les subalternes ont abusé du nom de leur maître et outre-passé ses ordres. L'ignorance des agents est plus à craindre que la sévérité éclairée du souverain. Il est en tout une mesure que peu d'hommes savent apprécier.

Je ne dois pas oublier une anecdote qui donnera une idée du désintéressement de Voltaire. Lorsque nous fûmes arrêtés à la porte de Francfort, et tandis que nous attendions dans la voiture la décision de *monseigneur Freytag,* il tira quelques papiers de l'un de ses portefeuilles, et dit, en me les remettant : *Cachez cela sur vous.* Je les cachai dans ce vêtement qu'un écrivain ingénieux a nommé le vêtement nécessaire, bien décidé à empêcher toutes les perquisitions que l'on voudrait faire dans cet asile. Le soir, à l'auberge du Bouc, trois soldats me gardaient dans ma chambre, et ne me perdaient pas de vue. Je brûlais cependant de connaître ces papiers, que je croyais de la plus grande importance, dans l'acception ordinairement donnée à ce mot. Pour satisfaire ma curiosité et tromper la vigilance de mes surveillants, je

---

[1]. Il est constant que Louis XV fut tellement assiégé par les évêques et par la Sorbonne que l'on fut sur le point d'obtenir contre Voltaire une lettre de cachet. Il ne dut son salut qu'aux bienfaits qu'il répandait autour de lui, et qui furent révélés au roi par ses amis. De grands seigneurs, à qui il avait prêté des sommes considérables, étaient au nombre de ses persécuteurs. (*Note de Colini.*)

me couchai tout habillé; caché par mes rideaux, je tirai doucement le précieux dépôt du lieu où je l'avais mis; c'était ce que Voltaire avait fait du poëme de *la Pucelle*. Il avait prévu que si cet ouvrage venait à se perdre, ou à tomber au pouvoir de ses ennemis, il lui serait impossible de le refaire. Je le sauvai. Telle était la passion de ce grand homme pour ses ouvrages. Il préférait la perte des richesses à la perte des productions de son génie.

Son cœur était bon et compatissant, il attendait de ses semblables les mêmes qualités. Tandis qu'il était dans la cour de Schmith, occupé à satisfaire un besoin de la nature, on vint m'appeler, et me dire d'aller le secourir. Je sors, je le trouve dans un coin de la cour, entouré de personnes qui l'observaient, de crainte qu'il ne prît la fuite, et je le vois courbé, se mettant les doigts dans la bouche, et faisant des efforts pour vomir. Je m'écrie, effrayé : « Vous trouvez-vous donc mal? » Il me regarde, des larmes sortaient de ses yeux; il me dit à voix basse : *Fingo... fingo...* (Je fais semblant.) Ces mots me rassurèrent; je fis semblant de croire qu'il n'était pas bien, et je lui donnai le bras pour rentrer dans le comptoir. Il croyait par ce stratagème apaiser la fureur de cette canaille, et la porter à le traiter avec plus de modération.

Le *redoutable* Dorn, après nous avoir déposés à l'auberge du Bouc, se transporta avec des soldats à celle du Lion d'or, où Mme Denis gardait les arrêts par l'ordre du bourgmestre. Il laissa son escouade dans l'escalier, et se présenta à cette dame, en lui disant que son oncle voulait la voir, et qu'il venait pour la conduire auprès de lui. Ignorant ce qui venait de se passer chez Schmith, elle s'empressa de sortir; Dorn lui donna le bras. A peine fut-elle sortie de l'auberge, que les trois soldats l'entourèrent, et la conduisirent, non pas auprès de son oncle, mais à l'auberge du Bouc, où on la logea dans un galetas meublé d'un petit lit, n'ayant, pour me servir des expressions de Voltaire, que des soldats pour femmes de chambre, et leurs baïonnettes pour rideaux. Dorn eut l'insolence de se faire apporter à souper, et, sans s'inquiéter des convulsions horribles dans lesquelles une pareille aventure avait jeté Mme Denis, il se mit à manger, et à vider bouteille sur bouteille.

Cependant Freytag et Schmith firent des réflexions : ils s'aperçurent que des irrégularités monstrueuses pouvaient rendre cette affaire très-mauvaise pour eux. Une lettre arrivée de Potsdam indiquait clairement que le roi de Prusse ignorait les vexations commises en son nom. Le lendemain de cette scène, on vint annoncer à Mme Denis et à moi que nous avions la liberté de nous promener dans la maison, mais non d'en sortir. L'œuvre de *poëshie* fut remis, et les billets que Voltaire et Freytag s'étaient faits furent échangés.

Freytag fit transporter à la gargote où nous étions logés la malle qui contenait les papiers, l'argent et les bijoux. Avant d'en faire l'ouverture, il donna à signer à Voltaire un billet par lequel celui-ci s'obligeait à payer les frais de capture et d'emprisonnement. Une clause de ce singulier écrit était que les deux parties ne parleraient jamais de ce qui venait de se passer. Les frais avaient été fixés à cent vingt-huit écus d'Allemagne. J'étais occupé à faire un double de l'acte, lorsque Schmith arriva. Il lut le papier, et, prévoyant sans doute, par la facilité avec laquelle Voltaire avait consenti à le signer, l'usage terrible qu'il en pouvait faire quelque jour, il déchira le brouillon et la copie en disant : « Ces précautions sont inutiles entre gens comme nous. »

Freytag et Schmith partirent avec cent vingt-huit écus d'Allemagne. Voltaire visita la malle dont on s'était emparé la veille sans remplir aucune formalité. Il reconnut que ces messieurs l'avaient ouverte, et s'étaient approprié une partie de son argent. Il se plaignit hautement de cette escroquerie ; mais messieurs les représentants du roi de Prusse avaient à Francfort une réputation si bien établie qu'il fut impossible d'obtenir aucune restitution.

Cependant nous étions encore détenus dans la plus détestable gargote de l'Allemagne, et nous ne concevions pas pourquoi on nous retenait, puisque tout était fini. Le lendemain, Dorn parut, et dit *qu'il fallait présenter une supplique à Son Excellence monseigneur de Freytag,* et l'adresser en même temps à M. de Schmith. « Je suis persuadé qu'ils feront tout ce que vous désirez, ajouta-t-il ; croyez-moi, M. Freytag est un gracieux seigneur. » Mme Denis n'en voulut rien faire. Ce misérable faisait l'officieux pour qu'on lui donnât quelque argent. Un louis le rendit le plus humble des hommes, et l'excès de ses remerciements nous prouva que dans d'autres occasions il ne vendait pas fort cher ses services.

Le secrétaire de la ville vint nous visiter. Après avoir pris des informations, il s'aperçut que le bourgmestre avait été trompé. Il fit donner à Mme Denis et à moi la liberté de sortir ; Voltaire eut la maison pour prison, jusqu'à ce qu'on eût reçu de Potsdam des ordres positifs. Mais, craignant de garder longtemps les arrêts s'il s'en reposait sur ces messieurs, il écrivit une lettre à l'abbé de Prades, lecteur de Frédéric. Le 5 juillet 1753, il en reçut une réponse précise qui mit un terme à tout ce scandale, et lui rendit toute sa liberté, non pas par le ministère de Freytag et de Schmith, mais par celui du magistrat de la ville.

Le lendemain 6, nous rentrâmes à l'auberge du Lion d'or. Voltaire fit aussitôt venir un notaire, devant lequel il protesta solennellement de toutes les vexations et injustices commises à son égard. Je fis aussi ma protestation, et nous préparâmes notre départ pour le lendemain.

Peu s'en fallut qu'un mouvement de vivacité de Voltaire ne nous retînt encore à Francfort, et ne nous replongeât dans de nouveaux malheurs. Le matin, avant de partir, je chargeai deux pistolets que nous avions ordinairement dans la voiture. En ce moment, Dorn passa doucement dans le corridor et devant la chambre, dont la porte était ouverte. Voltaire l'aperçoit dans l'attitude d'un homme qui espionne. Le souvenir du passé allume sa colère ; il se saisit d'un pistolet, et se précipite vers Dorn. Je n'eus que le temps de m'écrier et de l'arrêter. Le *brave,* effrayé, prit la fuite, et peu s'en fallut qu'il ne se précipitât du haut en bas de l'escalier. Il courut chez un commissaire, qui se mit aussitôt en devoir de verbaliser. Le secrétaire de la ville, le seul homme qui dans toute l'affaire se montra impartial, arrangea tout, et le même jour nous quittâmes Francfort. Mme Denis y resta encore un jour pour quelques arrangements, et partit ensuite pour Paris.

XLIV.

PROCÈS-VERBAL[1]

CONCERNANT

UN LIVRE INTITULÉ *ABRÉGÉ DE L'HISTOIRE UNIVERSELLE* ATTRIBUÉ A M. DE VOLTAIRE.

Chez Jean Néaulme, libraire à la Haye et à Berlin, 1753 [2].

Cejourd'hui 22 février 1754, après midi, fut présent devant les soussignés notaires, messire François-Marie Arouet de Voltaire, gentilhomme ordinaire de la chambre du roi et membre de l'Académie française, de celles de Rome, de Bologne, de Toscane, d'Angleterre, d'Écosse, et de Russie;

1. Je donne ce *Procès-verbal* d'après un imprimé in-12 de neuf pages, beaucoup plus ample que l'impression qui est pages 121-123 de *Mon Séjour auprès de Voltaire*, par Colini, 1807, in-8°. L'exemplaire que je possède de l'imprimé du Procès-verbal contient six lignes manuscrites, que je crois de Colini. (B.)
2. Voici l'Avis placé en tête du premier volume de l'*Abrégé de l'Histoire universelle*, publié par Néaulme en 1753 : Voltaire en eut connaissance lors du voyage qu'il fit à Colmar la même année pour surveiller de plus près l'impression des *Annales de l'Empire*, qu'il avait composées pour la duchesse de Saxe-Gotha. C'est alors qu'il écrivit à Néaulme les lettres qu'on trouvera dans la *Correspondance*, tome XXXVIII, page 151, et L, page 483.

« J'ai lieu de croire que M. de Voltaire ne sera pas fâché de voir que son manuscrit, qu'il a intitulé *Abrégé de l'Histoire universelle depuis Charlemagne jusqu'à Charles-Quint*, et qu'il dit être entre les mains de trente particuliers, soit tombé entre les miennes. Il sait qu'il m'en avait flatté dès l'année 1742, à l'occasion de son *Siècle de Louis XIV*, auquel je ne renonçai en 1750 que parce qu'il me dit alors à Potsdam, où j'étais, qu'il l'imprimait lui-même à ses propres dépens. Ainsi il ne s'agit ici que de dire comment cet Abrégé m'est tombé entre les mains, le voici.

« A mon retour de Paris, en juin de cette année 1753, je m'arrêtai à Bruxelles, où j'eus l'honneur de voir une personne de mérite qui, en étant le possesseur, me le fit voir, et m'en fit aussi tout l'éloge imaginable, de même que l'histoire du manuscrit, et de tout ce qui s'était passé à l'occasion d'un *Avertissement* qui se trouve inséré dans le *second volume du mois de juin* 1752 *du Mercure de France*, et répété dans *l'Épilogueur du 31 juillet de la même année*, avec la réponse que l'on y a faite, et qui se trouve dans le même *Épilogueur du 7 août suivant* : toutes choses inutiles à relever ici, mais qui m'ont ensuite déterminé à acheter des mains de ce galant homme le manuscrit après avoir été offert à l'auteur, bien persuadé d'ailleurs qu'il était effectivement de M. de Voltaire; son génie, son style, et surtout son orthographe s'y trouvant partout. J'ai changé cette dernière, parce qu'il est notoire que le public a toutes les peines du monde à s'y accoutumer; et c'est ce que l'auteur est prié de vouloir bien excuser.... »

lequel nous a représenté un manuscrit in-4°, usé de vétusté, relié en un carton qui paraît aussi fort vieux, intitulé *Essai sur les Révolutions du monde et sur l'Histoire de l'esprit humain, depuis le temps de Charlemagne jusqu'à nos jours,* 1740 ; lequel ledit sieur comparant a dit avoir reçu hier 24 du courant, venant de sa bibliothèque de Paris, dans un paquet contre-signé « Bouret ».

Il nous a montré pareillement un livre imprimé en deux volumes in-12, intitulé *Abrégé de l'Histoire universelle, depuis Charlemagne jusqu'à Charles-Quint, par M. de Voltaire ; à la Haye, chez Jean Néaulme, en l'année 1753 ;* et nous avons reconnu que ledit abrégé était en quelque partie tiré du manuscrit dudit sieur comparant, à nous exhibé, en ce que tous deux commencent de la même façon : *Plusieurs esprits infatigables ayant,* etc.

Nous avons reconnu pareillement la différence très-grande qui est entre ledit manuscrit et ledit imprimé par les observations suivantes :

1° Nous avons trouvé à la première page du manuscrit, ligne 3 : *Les historiens en cela ressemblent à quelques tyrans dont ils parlent : ils sacrifient le genre humain à un seul homme.*

Et dans l'édition de Jean Néaulme nous avons trouvé : *Les historiens, semblables en cela aux rois, sacrifient le genre humain à un seul homme.*

Sur quoi l'auteur a protesté qu'il se pourvoirait en temps et lieu contre ceux qui ont défiguré son ouvrage d'une manière si odieuse.

2° Page 39 du manuscrit : *Le roi de Perse eut un fils qui, s'étant fait chrétien, fut indigne de l'être, et se révolta contre lui.*

Dans l'édition de Jean Néaulme on a supprimé malignement ces mots essentiels : *fut indigne de l'être.*

3° Page 46 dudit manuscrit, à l'article de Mahomet : *Le vulgaire turc ne voit pas ces fautes, les adore ; et les imans n'ont pas de peine à persuader ce que personne n'examine.*

On a mis dans l'imprimé : *Le vulgaire, qui ne voit pas ces fautes, les adore ; et les docteurs emploient un déluge de paroles pour les pallier.*

Cette affectation de mettre *docteurs* à la place d'*imans* nous a paru sensible.

4° Page 65 du manuscrit : *Il était impossible de ne pas révérer une suite presque non interrompue de pontifes qui avaient consolé l'Église, étendu la religion, adouci les mœurs des Hérules, des Goths, des Vandales, des Lombards et des Francs.*

Tout ce passage, qui contient plus de deux pages, est entièrement oublié dans l'édition de Hollande.

5° Page 71 du manuscrit : *C'est une chose très-remarquable que de près de quatre-vingts sectes qui avaient déchiré l'Église depuis sa naissance, aucune n'avait eu un Romain pour auteur, si on excepte Novatien.*

Ce passage ne se trouve, non plus que tout ce qui suit, dans l'édition de Jean Néaulme.

6° Page 99 du manuscrit : *Il paraît qu'il y avait alors environ sept à huit fois moins d'argent en France, en Italie, et vers le Rhin, qu'il n'y en a aujourd'hui.*

L'édition de Hollande porte : *Il paraît qu'il y avait alors autant d'argent qu'aujourd'hui.*

Par quoi l'auteur se plaint de l'ignorance autant que de la mauvaise foi de celui qui a vendu à Jean Néaulme un manuscrit si différent du véritable.

7° Page 282 du manuscrit : *Rome a toujours condamné ces coutumes ridicules et barbares; il y a toujours eu plus de gravité, plus de décence à Rome qu'ailleurs. Et on sentait qu'en tout cette Église était faite pour donner des leçons aux autres.*

Ni ce passage, ni les deux précédents, ne se trouvent dans l'édition de Hollande.

8° Page 208 du manuscrit et suivantes, tout ce qui est dit dans cet endroit sur les croisades ne se trouve point dans l'imprimé.

9° Le chapitre 41°, intitulé, dans le manuscrit, *Mœurs et Usages aux XIII° et XIV° siècles,* n'est point dans l'imprimé.

10° Le chapitre 42°, page 334 du manuscrit, intitulé *De l'Orient, et particulièrement de Gengiskan,* n'est point dans l'imprimé.

11° Page 370 du manuscrit, dans le chapitre des templiers, depuis ces mots : *A l'endroit où est à présent la statue équestre de Henri IV,* il y a cinq pages entières qui ne sont point dans l'imprimé.

12° Le chapitre 45°, *De l'Espagne,* page 584 du manuscrit, n'est point dans l'imprimé.

13° Page 608 du manuscrit, tout ce qui suit ces mots : *Si j'avais blessé mon fils,* n'est point dans l'imprimé.

14° Page 626 du manuscrit, depuis ces mots : *Tant de bénéfices et si chèrement,* tout ce qui suit jusqu'à la page 635 n'est point dans l'imprimé.

Ce premier tome du manuscrit, qui contient 663 pages et qui finit au concile de Constance, est quatre fois plus considérable que les deux tomes entiers imprimés. Et on ne trouve plus que 66 pages dans l'imprimé après l'article du concile de Constance.

L'auteur nous a dit qu'il attend incessamment de Paris le second volume de son manuscrit, qui est aussi épais que le premier, et qui finit au temps de Philippe second; et qu'ainsi son véritable ouvrage est huit fois plus ample que celui qu'on a mis sous son nom. Nous avons en outre confronté le manuscrit du premier tome, manuscrit à nous exhibé, avec l'édition de Jean Néaulme, intitulée *Abrégé de l'Histoire universelle;* et nous n'avons pas trouvé une seule page dans laquelle il n'y ait de grandes différences.

Et le sieur comparant a protesté contre l'édition que Jean Néaulme a osé mettre abusivement sous son nom, la déclarant subreptice, la condamnant comme remplie d'erreurs et de fautes, et digne du mépris de tous les lecteurs.

De tout ce que dessus, après un examen exact, ledit sieur comparant a requis acte, à lui octroyé pour servir et valoir ce qu'il appartiendra.

Fait, lu et passé à Colmar, dans la maison du sieur Jean-Ulric Goll, où réside ledit sieur comparant.

Et a signé avec nousdits notaires la minute, restée vers Besson l'un d'iceux; les renvois et ratures ci-dessus approuvés.

CALLOT et BESSON[1].

XLV.

LETTRE DE M. DE MALESHERBES

A VOLTAIRE[2].

(Mars 1754.)

Vous savez mieux que moi, monsieur, qu'il n'y a point de ministère de la littérature. Monsieur le chancelier est chargé de la librairie, c'est-à-dire que c'est sur son attache que se donnent les priviléges ou permissions d'imprimer. Il m'a confié ce détail, non pour y décider arbitrairement, mais pour lui rendre compte de tous les ordres que je donnerais Ce n'est ni une charge ni une commission, c'est une pure marque de confiance dont il n'existe ni provisions ni brevet, et que je tiens uniquement de sa volonté. Ainsi vous voyez combien on vous a mal informé en vous disant que ce n'était point monsieur le chancelier, mais moi, qui avais le ministère de la littérature. C'est aussi monsieur le chancelier qui est chargé de tout ce qui concerne les universités; c'est lui qui nomme aux places d'imprimeur dans tout le royaume, et ce sont différents maîtres des requêtes qui sont chargés de lui rendre compte des affaires qui concernent ces deux objets. Vous savez aussi que les académies et la Bibliothèque du roi sont dans le département de M. d'Argenson, et les académies de province dans celui des autres secrétaires d'État. Je vous rappelle des choses que vous ne pouvez pas ignorer, mais qui doivent cependant vous faire connaître combien mon prétendu ministère de la littérature est borné. Ajoutez à cela que, par mon état, je ne suis point à portée d'approcher la personne du roi assez librement ni assez fréquemment pour lui parler de mon propre mouvement d'une affaire dont il

---

1. Dans l'exemplaire que je possède du *Procès-verbal* imprimé en neuf pages sont, au bas de la page 9, six lignes que je crois fort être de la main de Colini, et que voici :

« Le 27 dudit mois, par-devant les mêmes notaires, a été représenté et constaté le second volume dudit manuscrit, contenant cinq cent quatre-vingt-onze pages avec douze cahiers séparés, etc.

« *N. B.* On s'est trompé dans quelques gazettes en mettant ce procès-verbal au 25 février; il est du 22. » (B.)

2. Publiée par M. F. Brunetière, dans la *Revue des Deux Mondes* du 1er février 1882 : « La Direction de la librairie sous M. de Malesherbes. »

Cette lettre est la réponse de Malesherbes à la lettre de Voltaire qui est dans le tome XXXVIII, sous le n° 2702.

ne m'a point ordonné de lui rendre compte; par la même raison de mon état, je ne vois que fort rarement Mme de Pompadour; cela posé, que puis-je faire pour vous rendre cette justice que vous désirez avec tant d'ardeur?

Je suis prêt à certifier, non-seulement aux personnes constituées en dignité, mais à quiconque voudra le savoir, que vous n'avez demandé pour votre *Histoire universelle* aucune permission publique ni tacite, directe ni indirecte, que vous avez même fait des démarches auprès de moi, tant par vous que par Mme Denis, pour en empêcher le débit, démarches fort inutiles à la vérité, parce que cela ne me regarde point, et que, quand je n'ai point permis un livre, je ne me mêle pas du debit illicite qui s'en peut faire; c'est l'affaire de la police. Je peux dire de plus que j'ai lieu de croire, d'après des lettres que j'ai vues, que le libraire Néaulme ne tient point le manuscrit de vous directement; mais quand j'aurai dit tout cela, vous n'en serez pas plus avancé. Ceux qui sont portés à croire, malgré vos plaintes authentiques, que le manuscrit a été imprimé de votre consentement ne trouveront dans tout ce que je pourrais leur dire rien de capable de les détromper. D'ailleurs je ne sais pas si vous faites trop bien de toucher cette corde-là. Vous parlez des impressions fâcheuses que l'on a données au roi sur vous à l'occasion de cette édition. Je ne sais pas si le roi s'en occupe autant que vous le croyez... Tout ce que je sais, c'est que j'ai porté de votre part une lettre à mon père, qui ne savait pas seulement qu'on vous accusât ou non d'avoir donné les mains à cette édition de Hollande.

Pour moi, je ne puis vous donner qu'un conseil, c'est de vous tenir tranquille et de prendre garde surtout qu'on n'aille, à l'occasion de vos justifications sur l'*Histoire universelle,* vous attaquer sur les *Annales de l'Empire,* que vous ne pourrez pas désavouer. Lorsque ces deux livres auront fait tout leur effet dans le public, les amis puissants que vous avez à la cour trouveront peut-être le moment favorable pour parler de vous; mais, jusque-là, ne vous suscitez point de nouvelles affaires, en attirant sur vous, par vos plaintes continuelles, les yeux du roi et du ministère.

XLVI.

LETTRE OU RAPPORT DE D'HEMERY

INSPECTEUR DE POLICE POUR LA LIBRAIRIE

A M. BERRYER [1].

30 août 1755.

---

[1]. La lettre de d'Hémery, l'un des deux inspecteurs de la librairie, à Berryer, le lieutenant de police, relative au manuscrit des Campagnes de Louis XV, à la date du 30 août 1755, est reproduite tome XV, page 151; elle est rappelée dans la *Correspondance* à la date du 30 juillet (au lieu du 30 août) 1755, tome XXXVIII, page 417.

XLVII.

PIERRE PATU AUX DÉLICES[1].

LETTRE A GARRICK[2].

Genève, ce 1ᵉʳ novembre 1755.

Je vous écris de la maison du grand homme, je veux dire de chez notre illustre Voltaire, dans la compagnie duquel je viens de passer une huitaine précieuse des plus agréables jours que j'ai connus dans ma vie. Ils m'ont rappelé ceux que j'ai passés à Londres dans votre aimable société ; temps si court, si voluptueux, et qui suivit de près mon départ pour la France. Quel homme que le divin chantre de *la Henriade !* Ô mon très-cher ami, et que c'est avec joie qu'on analyse une si grande âme ! Figurez-vous avec l'air d'un mourant, tout le feu de la première jeunesse, et le brillant de ses aimables récits ! Si je juge des défauts, des vices mêmes qu'on impute à M. de Voltaire, par l'avarice dont je l'ai entendu taxer, que ses calomniateurs me paraissent des animaux bien vils et bien ridicules ! Jamais on n'a vu chère plus splendide, jointe à des manières plus polies, plus affables, plus engageantes. Tout Genève est enchanté de l'avoir, et ces heureux républicains font leur possible pour le fixer auprès d'eux. Je n'avais entrepris ce voyage que pour le voir, mais la sensibilité qu'il m'en témoigne chaque jour m'en paye à usure. On va à Rome, en Grèce, en Turquie, pour voir des monuments, des inscriptions, des mosquées ; un dévot catholique court au loin pour de vains pèlerinages ; un grand homme est bien une autre curiosité.

Je n'ai pas manqué de lui dire ce que je pensais de ses expressions si fausses, si peu réfléchies au sujet de Shakespeare. Il est convenu de bonne foi que c'était *un barbare aimable, un fou séduisant ;* ce sont ses propres termes : le grand article qui le met de mauvaise humeur est l'irrégularité des plans de cet illustre poëte, irrégularité dont vous êtes bien loin d'être le défenseur. Quant au naturel, à la chaleur, aux idées admirables répandues dans les pièces de Shakespeare, il est tombé d'accord, et convient en riant que si vous nous preniez moins de vaisseaux[3] et ne *piratiez* pas ainsi sur l'Océan, il aurait plus ménagé le créateur de votre théâtre. Je frappai

---

1. Claude-Pierre Patu (1729-1757), auteur d'une traduction de *Petites pièces du Théâtre anglais*, Paris, 1756, 2 vol. in-12, et, avec F. de Portelance, de la comédie des *Adieux du Goût*, jouée le 13 février 1754. Il visita Voltaire, une première fois, en 1755, en compagnie de Palissot, et une seconde fois avec d'Alembert, en août 1756, et mourut à son retour d'Italie.

2. *The private Correspondence of Garrick*. London, 1832, t. II, p. 407.

3. Au mois de juin 1755, l'amiral anglais Boscawen s'était emparé, près de Terre-Neuve, avant toute déclaration de guerre, des vaisseaux français *l'Alcide* et *le Lys*. Ce fut le prélude de la guerre de Sept ans.

hier par l'activité dont je soutins mon opinion : je tirai mon livre et lui lus la scène de *Roméo*, entre ce jeune homme et le frère Laurent :

> Romeo, come forth ! etc. 1.

Il commença par rire de mon feu, mais à ces vers :

> 'Tis torture and not mercy ; heaven is here
> Where Juliet lives.....
> O Father, hadst thou not strong poison mix'd,
> No sharp-ground knife, no present means of death,
> But banishment to torture me withal ?

il s'anima, et dit franchement que cela était très-beau, très-touchant, très-naturel ; mais ce fut bien autre chose lorsque je continuai la scène, et qu'il entendit cette admirable *énumération de parties* qui prouve mieux que dix tragédies combien Shakespeare était éloquent :

> Thou canst not speak of what thou dost not feel :
> Wert thou as young as I, Juliet thy love,
> An hour but maried, Tybald murdered,
> Doting like me, and like me banished,
> Then might'st thou speak, then might'st thou tear thy hair
> And fall upon the ground, as I do now,
> Taking the mesure of an unmade grave.

Il ne connaissait guère cette pièce, qu'il a lue peut-être il y a plus de trente ans ; mais il me la demanda pour la relire, et fut enchanté de la catastrophe telle que vous en avez peint les circonstances. Je lui parlai de mon cher Garrick. « Oh ! vraiment, m'a-t-il dit, c'est un acteur inimitable que ce M. Garrick, à ce que disent ceux qui l'ont vu. Ma nièce — en parlant à Mme Denis, qui demeure depuis longtemps avec son oncle, — si j'étais moins vieux et que je digérasse, il faudrait l'aller voir jouer ; mais n'aurions-nous pas aussi quelque franc capucin pour nous donner le rôle de frère Laurent ? » Je fis de mon mieux pour la réputation du bon Havard ; mais, entre nous soit dit, sa cause n'était pas aisée.

J'ai fait ressouvenir, aujourd'hui même, ce grand homme du trait sublime de Macduff :

> He has no children 2 ;

de la scène entre le jeune Arthur et son gouverneur Hubert 3 : et de bien d'autres beautés de l'inimitable Shakespeare. Je ne doute presque pas que je

---

1. *Romeo and Juliet*, acte III, scène III, dans laquelle frère Laurent annonce à Roméo qu'il vient d'être condamné à l'exil.
2. *Macbeth*, acte IV, scène III, où Malcom, après avoir appris à Macduff le meurtre de sa femme et de ses enfants par Macbeth, cherche à le consoler par l'espoir de la vengeance.
3. *King John*, acte IV, scène I, où Arthur de Bretagne supplie Hubert de ne pas exécuter l'ordre que le roi Jean a donné de lui brûler les yeux avec un fer rouge.

ne l'amenasse à ma façon de penser à ce sujet, si j'avais le temps de faire à Genève un séjour plus long ; mais je quitte le dieu de notre littérature après-demain, et je retourne à Paris sans voir ni Toulon ni Marseille, ni Avignon, comme j'en avais d'abord quelque envie... M¹¹ᵉ Clairon, quoi qu'en dise Mᵐᵉ Noverre, est de tous points la plus étonnante que l'on ait vue depuis notre fameuse Lecouvreur, et je suis aussi certain qu'elle vaut pour le moins Mᵐᵉ Cibber[1], et même Mᵐᵉ Pritchard[2], que je suis sûr (compliment à part) qu'il nous manque un Garrick...

XLVIII.

GIBBON AUX DÉLICES[3].

1758.

Avant d'être rappelé de Suisse, j'eus la satisfaction de voir l'homme le plus extraordinaire du siècle : poëte, historien, philosophe ; qui a rempli trente in-quarto de prose, de vers, de productions variées souvent excellentes, toujours émouvantes. Ai-je besoin de nommer Voltaire ? Après avoir perdu par des torts véritables l'amitié du premier des rois[4], jouissant d'une grande fortune, il se retira, à soixante ans, dans un pays magnifique et libre, et passa deux hivers (1757 et 1758) à Lausanne, ou dans son voisinage. Mon désir de contempler Voltaire, que je mettais alors au-dessus de sa grandeur réelle, fut facilement satisfait. Il me reçut avec politesse comme un jeune Anglais ; mais je n'ai point à me vanter d'aucune particularité ou d'aucune distinction : *Virgilium vidi tantum*.

L'ode qu'il composa à son arrivée sur les bords du Lac Léman,

O maison d'Aristippe, ô jardin d'Épicure[5] !

avait été donnée comme un secret à la personne par qui je fus introduit[6]. Il me permit de la lire deux fois ; je la sus par cœur ; et comme ma discrétion n'était pas égale à ma mémoire, l'auteur eût bientôt à se plaindre

---

1. Suzanne-Marie Arne (1716-1766), sœur d'Auguste Arne, le compositeur, et femme de Théophile Cibber, fils du célèbre poëte comique anglais de ce nom, d'avec lequel elle se sépara. Garrick, en apprenant sa mort, dit que la tragédie était morte avec elle.
2. Hannah Pritchard (1711-1768), qui excellait dans la tragédie comme dans la comédie.
3. *Mémoires de Gibbon*, Paris, an V, tome I, page 101 (traduction de Marignée). Gibbon (1737-1794) avait vingt et un ans quand il fit ce voyage de Suisse, pendant lequel il visita Voltaire.
4. Frédéric II.
5. C'est l'Épître LXXXV, tome X, p. 362.
6. Le ministre Pavillard.

de la circulation d'une copie de son ouvrage [1]. En rapportant cette petite anecdote, j'ai voulu éprouver si ma mémoire était diminuée, et j'ai eu la satisfaction de trouver que tous les vers de ce poëme y sont encore gravés en caractères récents et indélébiles.

Le plus grand agrément que je tirai du séjour de Voltaire à Lausanne fut la circonstance rare d'entendre un grand poëte déclamer, sur le théâtre, ses propres ouvrages. Il avait formé une société d'hommes et de femmes, parmi lesquels il y en avait qui n'étaient pas dépourvus de talent. Un théâtre décent fut arrangé à *Mon-Repos* [2], maison de campagne à l'extrémité d'un faubourg ; les habillements et les décorations faites aux dépens des acteurs ; et les répétitions soignées par l'auteur, avec l'attention et le zèle de l'amour paternel.

Deux hivers consécutifs, ses tragédies de *Zaïre,* d'*Alzire* et de *Zulime,* et sa comédie sentimentale de l'*Enfant Prodigue,* furent représentées sur le théâtre de Mon-Repos. Voltaire jouait les rôles, convenables à son âge, de Lusignan, Alvarès, Benassar, Euphémon [3]. Sa déclamation était modelée d'après la pompe et la cadence de l'ancien théâtre, et respirait plus l'enthousiasme de la poésie qu'elle n'exprimait les sentiments de la nature. Mon ardeur, qui bientôt se fit remarquer, manqua rarement de me procurer un billet. L'habitude du plaisir fortifia mon goût pour le théâtre français, et ce goût a affaibli peut-être mon idolâtrie pour le génie gigantesque de Shakespeare, qui nous est inculquée dès notre enfance, comme le premier devoir d'un Anglais. L'esprit et la philosophie de Voltaire, sa table et son théâtre contribuèrent sensiblement à raffiner, à Lausanne, et à polir les manières ; et, quoique adonné à l'étude, je partageai les amusements de la société. J'étais devenu familier dans quelques maisons, simple connaissance dans un grand nombre ; et mes soirées étaient généralement consacrées au jeu et à la conversation, soit dans des sociétés particulières, soit dans des assemblées nombreuses.

---

1. Cette indiscrétion, que du reste Gibbon ne dut pas être le seul à commettre, attira quelques difficultés à Voltaire. Choquée d'un passage de cette Épître sur la retraite très-épicurienne, au couvent de Ripaille, d'Amédée Ier :

Duc, ermite et voluptueux,

la cour de Savoie en demanda aux autorités de Genève la suppression. Voir Desnoiresterres, *Voltaire aux Délices ;* Paris, Didier, 1873, page 302.

2. Propriété appartenant au marquis de Gentil de Langallerie, et située dans le même faubourg de Lausanne, où Voltaire possédait, depuis le commencement de 1757, sa maison de la rue du Grand-Chêne. On y avait fait construire un théâtre de société dont Voltaire était, à la fois, le directeur et le fournisseur dramatique. (E. Asse.)

3. Rôles de vieillards dans *Zaïre, Alzire, Zulime* et *l'Enfant prodigue.*

XLIX.

BETTINELLI AUX DELICES[1].

1758.

Ceux qui ne sont pas étrangers à la littérature italienne connaissent au moins le nom du Père Xaverio Bettinelli[2], religieux servite de Vérone, l'un des meilleurs poëtes et des critiques les plus distingués que l'Italie ait produits dans ces derniers temps. Il a commencé sa carrière poétique par des tragédies, des poëmes et d'autres écrits d'une certaine étendue; et il l'a terminée par des épigrammes et de petites pièces fugitives: ce qui n'est pas la marche ordinaire du talent. Il a pensé sans doute que la jeunesse était plus propre aux grands ouvrages, où l'esprit a toute sa force et où le talent est soutenu par l'amour et l'espérance de la gloire; que dans la vieillesse, au contraire, il fallait travailler pour son amusement, et jouir à son aise de la facilité acquise par une longue expérience. Chacun, à cet égard, peut voir à sa manière et se conduire suivant son goût.

Il vient de me tomber entre les mains un des derniers ouvrages de cet écrivain, intitulé *Lettere a Lesbia Cedonia, del Diodoro Delfico*, etc. *Lettres à Lesbia Cedonia sur les épigrammes*[3], petit in-8° imprimé à Bassano, en 1792. Cette Lesbia Cedonia, à qui les lettres sont adressées, était Mme Guardo Grismondi; et le Diodoro Delfico n'est autre que le Père Bettinelli lui-même. On sait qu'en Italie tous les membres de l'Académie des Arcades, hommes et femmes, prenaient ainsi des noms grecs, sous lesquels ils se déguisaient dans leurs écrits.

Je m'arrêterai peu sur ce qui fait l'objet particulier de ces lettres, sur la nature et le style des épigrammes... Cette discussion n'est pas l'objet de ce petit écrit; je passe à la partie des lettres de Bettinelli qui a attiré mon attention.

Il assure que la fureur des épigrammes était telle à Paris, dans le temps qu'il y séjourna, que lui-même il fut l'objet de plusieurs épigrammes et chansons qui coururent alors. « J'avoue, ajoute-t-il, que ma vanité en fut médiocrement flattée; et je pris le parti, pour me dérober à ce genre, de regagner la frontière et d'aller faire visite à Voltaire, qui m'y avait invité. »

---

1. Ce récit est d'autant plus intéressant que, fait d'après les Lettres de Bettinelli lui-même, il a pour auteur Suard, l'admirateur de Voltaire. Il parut dans ses *Mélanges de littérature*, Paris, 1803, tome I, page 17, sous ce titre: *De Voltaire et du poëte italien Bettinelli*.

2. Xaverio Bettinelli, né à Mantoue en 1718, mort en 1808. Élevé chez les Jésuites, et d'abord professeur, il visita, en 1757, la France avec l'aîné des fils du prince de Hohenlohe. Il arriva aux Délices vers le 20 novembre 1758.

3. *Lettere a Lesbia Cedonia sopra gli epigrammati del Diodoro Delfico*. Ces lettres se trouvent dans ses *Opere*, Venezia, 1801, tome XXI.

Mais avant d'exécuter son projet il alla à Lunéville, où Stanislas, ex-roi de Pologne, conservant les vains honneurs de la royauté, jouissait d'une autorité suffisante pour faire du bien, pour encourager les lettres, qu'il aimait sincèrement, et pour fixer autour de lui les personnes de France les plus distinguées alors par l'esprit, la politesse et les talents.

Malgré les invitations répétées de Voltaire, dit Bettinelli, je craignais d'aller chez lui ; j'avoue que je redoutais son humeur versatile et ses principes licencieux ; mais une circonstance me décida. J'étais à Lunéville, et un jour, en présence du roi de Pologne, la conversation tomba sur Voltaire ; il venait d'écrire à ce prince qu'il avait cinq cent mille francs qu'il désirait de placer dans l'acquisition d'une terre en Lorraine, pour aller mourir, disait-il, dans le voisinage de son Marc-Aurèle ; [mandant en même temps au Père Menoux, son ami et le mien, ces propres paroles lues et copiées par moi : *Mon âge et les sentiments de religion, qui n'abandonnent jamais un homme élevé chez vous, me persuadent que je ne dois pas mourir sur les bords du lac de Genève* [1].]

Stanislas ne demandait pas mieux que de l'attirer à sa cour, et l'amour qu'il avait pour la Lorraine lui faisait désirer aussi d'attirer dans le pays les cinq cent mille livres de Voltaire. « Mais je ne me fie pas à lui, disait Stanislas ; je sais qu'il voudrait bien s'ouvrir une porte pour rentrer en France. [C'est ce qui lui fait jouer la religion avec Menoux.] Cependant, s'il était devenu vraiment raisonnable, je le verrais avec plaisir ; [mais comment s'en assurer ?] » Lorsque Bettinelli annonça son départ pour Lyon, Stanislas lui proposa d'aller faire un tour à Genève, de voir Voltaire, et de lui demander s'il désirait sérieusement de s'établir en Lorraine. Cette proposition détermina Bettinelli, qui, au lieu d'aller à Lyon, se rendit à Genève.

Le voyageur italien arrive aux Délices, qu'habitait alors Voltaire. Je vais le laisser parler, en abrégeant et en rapprochant les détails les plus intéressants de son récit, sans nous astreindre à une scrupuleuse littéralité. C'est surtout en traduisant le langage de la plaisanterie et de la conversation qu'on peut dire que *la lettre tue*.

J'ai trouvé, dit-il, Voltaire dans la conversation comme on le trouve dans ses écrits. L'épigramme semblait habiter sur ses lèvres et jaillir de ses yeux, qui étaient deux flambeaux où l'on voyait briller, ainsi que dans ses discours, un certain éclat de grâce et de malice. Il s'était fait un style particulier, en s'énonçant comme en écrivant ; rarement il parlait avec simplicité et comme les autres hommes : tout prenait dans sa bouche une tournure spirituelle ou philosophique.

Lorsque j'arrivai aux Délices, il était dans son jardin ; j'allai vers lui, et lui dis qui j'étais.

« Quoi ! s'écria-t-il, un Italien, un jésuite, un Bettinelli ! c'est trop d'honneur pour ma cabane. Je ne suis qu'un paysan comme vous voyez, ajouta-

---

1. Ce passage, ainsi que les suivants placés entre crochets, n'existe pas dans la traduction de Suard. Nous les empruntons à M. Desnoiresterres, qui les a rétablis d'après l'original. (*Voltaire aux Délices*, page 330.)

t-il, en me montrant son bâton qui avait un hoyau à l'un des bouts, et une serpette à l'autre ; c'est avec ces outils que je sème mon blé, comme ma salade, grain à grain ; mais ma récolte est plus abondante que celle que je sème dans des livres pour le bien de l'humanité. » Sa singulière et grotesque figure fit sur moi une impression à laquelle je n'étais pas préparé. Sous un bonnet de velours noir qui lui descendait jusque sur les yeux, on voyait une grosse perruque, qui couvrait les trois quarts de son visage ; ce qui rendait son nez et son menton encore plus saillants [qu'ils ne sont dans ses portraits]. Il avait le corps enveloppé d'une pelisse, de la tête aux pieds ; son regard et son sourire étaient pleins d'expression. Je lui témoignai le plaisir que j'avais de le trouver dans un si bon état de santé, qui lui permettait de braver ainsi la rigueur de l'hiver. « Oh ! vous autres, Italiens, me répondit-il, vous vous imaginez que nous devons nous blottir dans des trous comme les marmottes qui habitent au sommet de ces montagnes de glace et de neige ; mais vos Alpes ne sont pour nous qu'un spectacle et une belle perspective. Ici, sur les bords de mon lac Léman, défendu contre les vents du nord, je n'envie point vos lacs de Côme et de Guarda. Dans ce lieu solitaire, je représente Catulle dans sa petite île de Sermione ; il y faisait de belles élégies, et je fais ici de bonnes géorgiques (*ed io fo della buona georgica*). » Je lui présentai alors la lettre que le roi de Pologne m'avait remise pour lui. Au premier regard, je vis bien qu'il devinait l'objet de ma visite, et que quelque épigramme allait tomber sur ma royale commission. « Oh ! mon cher, s'écria-t-il en prenant la lettre de mes mains, restez avec nous ; on respire ici l'air de la liberté, l'air de l'immortalité. Je viens d'employer une assez grosse somme d'argent pour acheter un petit domaine près d'ici ; je ne songe plus qu'à y terminer ma vie, loin des fripons et des tyrans. Mais entrons dans la maison. »

Ce peu de mots du rusé vieillard me firent comprendre qu'il n'y avait plus de négociation à entamer, et me dépouillèrent tout d'un coup des honneurs de l'ambassade.

Voltaire ne pouvait jamais parler de l'Italie, qu'il élevait d'ailleurs jusqu'aux cieux, sans lâcher quelques traits sur l'esclavage italien, sur l'Inquisition, etc.

La conversation roulait souvent sur le roi de Prusse. On vint lui apprendre qu'après une bataille perdue [1] il avait battu le duc de Deux-Ponts, fait lever le siège de Neiss et de Leipsick, et chassé les Autrichiens en Bohême. « Est-il possible, s'écria Voltaire ? Cet homme m'étonne toujours ; je suis fâché de m'être brouillé avec lui. » Il admirait dans ce prince la célérité de César ; mais son admiration se terminait toujours par quelque épigramme contre César. Il avait un singe qu'il avait appelé Luc, et il se plaisait souvent à donner ce nom au roi de Prusse. Je lui en témoignai un jour ma surprise : « Ne voyez-vous pas, me répondit-il, que mon singe mord tout le monde ; » et il se mit à rire.

---

1. Celle de Hochkirch, en Silésie, gagnée le 14 octobre 1758 par le maréchal Daun.

Je lui avais communiqué en 1760, d'après ses propres instances, mes remarques sur quelques erreurs qui lui étaient échappées dans son *Histoire universelle,* relativement à l'Italie et à la littérature italienne. Il m'en remercia dans une lettre, où en même temps il tonnait à sa manière contre l'Inquisition, la servitude des Italiens, l'hypocrisie du ministère genevois, en vantant la liberté anglaise. Il terminait par ce passage : « Avez-vous entendu parler des poésies du roi de Prusse ? C'est celui-là qui n'est point hypocrite : il parle des chrétiens comme Julien en parlait. Il y a apparence que l'Église latine et l'Église grecque, réunies sous M. de Soltikow et M. Daun [1], l'excommunieront incessamment à coups de canon ; mais il se défendra comme un diable. Nous sommes bien sûrs, vous et moi, qu'il sera damné ; mais nous ne sommes pas aussi sûrs qu'il sera battu. »

Je faisais souvent des réflexions sur la fécondité de son esprit contrastant avec la maigreur de son corps. Il est vrai qu'il se répète souvent, mais cela tient à sa facilité même : quel auteur a jamais écrit plus de choses originales, souvent profondément pensées, toujours ingénieusement exprimées ?

J'ai cru quelque temps que sa manière de prononcer lente et coupée [2] tenait à ce qu'il cherchait en parlant à gagner du temps pour préparer quelques traits ; mais cette manière de parler lui était devenue habituelle, et l'on croyait lire un de ses ouvrages quand on l'entendait parler.

Il mêlait souvent dans ses conversations des phrases italiennes et des citations du Tasse et de l'Arioste, mais avec sa prononciation française, dont il n'avait jamais su se défaire. Je lui témoignai un jour mon étonnement de ce que, dans son *Essai sur la Poésie épique,* il avait si maltraité l'Arioste, dont le genre d'esprit paraissait cependant si analogue à son goût. Nous entrâmes en discussion sur ce sujet, et il ne fut pas difficile de lui prouver que l'auteur de *l'Orlando* était un grand poëte ; qu'il méritait d'être regardé autrement que comme un auteur goguenard et fantastique, et que ses défauts étaient les défauts de son siècle et non de son génie. Voltaire me promit de relire l'Arioste, et, en effet, j'ai vu que, dans une nouvelle édition de son *Essai,* il en parlait avec plus de justice et de convenance.

Il lut quelques-unes de mes poésies, sur lesquelles il me dit les choses les plus flatteuses, particulièrement sur les éloges que je fais du roi de Prusse, de Galilée, de Newton. Il continua à déclamer contre la superstition, l'Inquisition de la cour de Rome, le monachisme, etc. Il me cita à

---

1. Le feld-maréchal Soltikow, qui avait succédé à Fermon dans le commandement de l'armée russe après la défaite de Zorndorf (25 août 1758), cherchait à opérer sa jonction avec les Autrichiens, jonction qui amena la célèbre victoire de Kunersdorf (12 août 1759).

2. Elle tenait tout simplement à ce qu'ayant perdu toutes ses dents, il s'était attaché à prononcer distinctement et correctement. Il mettait un grand prix à une belle prononciation qui faisait sentir l'harmonie des vers, et même de la prose. (*Note de Suard.*)

cette occasion le bon mot du cardinal Passionei, qui disait à un voyageur : *C'est un grand miracle que l'Église n'ait rien perdu cette année.*

J'allai faire un tour avec lui à sa nouvelle terre de Ferney; après le dîner, il me dit: « J'ai trop mangé; je ne vivrai pas assez longtemps pour jouir de ma nouvelle acquisition. Mais il faut bien jouir; je suis un peu gourmand[1]; Horace l'était aussi: *trahit sua quemque voluptas;* il faut bercer l'enfant jusqu'à ce qu'il s'endorme. »

Vous voyez qu'il appartenait au troupeau d'Épicure, comme à tant d'autres égards il était Diogène. Il voulait cependant être alternativement Socrate ou Aristippe. Il se disait quelquefois mourant, d'autres fois il était redevable à Tronchin de la vie et de la santé; mais en même temps il se moquait de la médecine et du médecin. Tronchin, de son côté, n'était guère content de son malade. Lorsque j'annonçai à cet habile homme que j'allais partir: « C'est fort bien fait, me dit-il, il est vraiment étonnant que depuis que vous êtes ici il ne vous ait pas fait essuyer quelques-unes de ses boutades accoutumées: *nemo sic impar sibi.* Partez, mon père; bien peu [d'honnêtes gens] peuvent se vanter d'avoir vu une telle égalité d'humeur voltairienne. »

C'était surtout sur les écrivains les plus célèbres, lorsque Voltaire croyait avoir à s'en plaindre, que tombaient avec le plus de profusion les traits de son esprit mordant. On sait comment il traitait Maupertuis, Pompignan, Rousseau, avec qui il était en guerre ouverte; mais il n'épargnait pas toujours ceux avec qui il n'avait aucun démêlé, tels que Montesquieu, Duclos, Helvétius[2].

Le livre de *l'Esprit*[3] venait de paraître, et avait fait à Paris le plus grand éclat. Voltaire le caractérisait ainsi: « *Le titre louche, l'ouvrage sans méthode, beaucoup de choses communes ou superficielles, et le neuf faux ou problématique.* C'est Duclos, ajouta-t-il, qui a donné à Helvétius le courage de faire imprimer son livre; mais il ne l'a pas défendu contre la persécution. » Duclos, selon lui, était un esprit caustique, dur et de mauvais goût.

Helvétius, qui était attaché à la cour[4], avait présenté lui-même son ouvrage à la famille royale, et en avait été très-gracieusement reçu. J'en fus charmé, je connaissais Helvétius: c'était un homme doux, raisonnable, généralement aimé, et qu'on n'avait pas cru capable d'avoir composé un tel ouvrage. Mais quelques semaines après mes yeux s'ouvrirent; j'étais dans

---

1. Bettinelli prend ici une plaisanterie de conversation pour une chose sérieuse. Peu d'hommes ont été plus sobres que Voltaire. Il parlait souvent comme un voluptueux, parce que cela donne plus de jeu à l'esprit, et de liberté à la poésie. (*Note de Suard.*)

2. La postérité n'adoptera pas ces jugements hasardés dans des moments d'humeur. Duclos et Helvétius conserveront une mémoire honorable. Bettinelli ajoute que Voltaire était à Paris lorsque le livre de *l'Esprit* parut: c'est une erreur. (*Note de Suard.*)

3. *De l'Esprit;* Paris, Durand, 1758, in-4°.

4. Il était maître d'hôtel de la reine.

l'antichambre de monsieur le Dauphin. Le prince sortit de son appartement, tenant dans ses mains un exemplaire de *l'Esprit;* il dit tout haut qu'il allait chez la reine pour lui montrer les belles choses que son maître d'hôtel faisait imprimer. Alors éclata la tempête contre le livre et l'auteur. *Quelle folie, disait Voltaire, de vouloir faire le philosophe à la cour, et l'homme de cour avec les philosophes!*

Le propos le plus extraordinaire que j'aie entendu à Paris sur ce fameux livre sortit de la bouche de Mme de Graffigny, l'auteur célèbre de *Cénie* et des *Lettres péruviennes.* Elle était tante d'Helvétius du côté maternel; je croyais, en conséquence, la trouver très-partiale en faveur de son neveu. *Croiriez-vous bien,* me dit-elle un jour, *qu'une grande partie de* l'Esprit *et presque toutes les notes ne sont que des balayures de mon appartement; il a recueilli ce qu'il y a de bon dans mes conversations, et il a emprunté de mes gens une douzaine de bons mots.* Voltaire rit beaucoup de ce propos lorsque je le lui racontai, et il me cita une foule d'autres traits du même genre, sur la plupart des beaux esprits de Paris, même sur ceux qui étaient ses plus zélés admirateurs. La seule personne dont je lui aie toujours entendu parler avec la même estime et le même enthousiasme, c'est Mme du Châtelet, dont il avait plusieurs portraits dans ses appartements. Il m'en montrait un jour un, en me disant: *Voilà mon immortelle Émilie.*

Je ne ferai aucune réflexion sur le récit du Père Bettinelli. On y aperçoit bien quelque prévention monacale, et une grande frayeur des sarcasmes de Voltaire; mais on y reconnaît aussi la tournure d'esprit et la conversation toujours brillante et animée de cet homme extraordinaire. On y verra encore que ceux qui l'ont représenté comme le flatteur des rois et le fauteur du despotisme ont bien sottement apprécié les ménagements qu'il avait souvent pour la puissance, dans la seule vue de la fléchir en faveur de la philosophie, et de faire passer des vérités qu'il croyait utiles au genre humain.

L.

MARMONTEL AUX DÉLICES[1].

1760.

Pressés de nous rendre à Genève, nous ne nous donnâmes pas même le temps de voir Lyon, réservant pour notre retour le plaisir d'admirer dans ce grand atelier du luxe les chefs-d'œuvre de l'industrie.

Rien de plus singulier, de plus original que l'accueil que nous fit Voltaire. Il était dans son lit lorsque nous arrivâmes. Il nous tendit les bras, il pleura de joie en m'embrassant; il embrassa de même le fis de son

---

1. *Mémoires de Marmontel,* Paris, 1804, tome II, pages 230 et suivantes. Arrivé aux Délices à la fin de mai 1760, Marmontel y resta une grande partie du mois de juin.

ancien ami M. Gaulard[1]. « Vous me trouvez mourant, nous dit-il; venez-vous me rendre la vie ou recevoir mes derniers soupirs? » Mon camarade fut effrayé de ce début. Mais moi, qui avais cent fois entendu dire à Voltaire qu'il se mourait, je fis signe à Gaulard de se rassurer. En effet, le moment d'après, le mourant nous faisant asseoir auprès de son lit : « Mon ami, me dit-il, que je suis aise de vous voir ! surtout dans le moment où je possède un homme que vous serez ravi d'entendre. C'est M. de L'Écluse, le chirurgien-dentiste du feu roi de Pologne, aujourd'hui seigneur d'une terre auprès de Montargis, et qui a bien voulu venir raccommoder les dents irraccommodables de Mme Denis. C'est un homme charmant. Mais ne le connaissez-vous pas? — Le seul L'Écluse que je connaisse est, lui dis-je, un acteur de l'ancien Opéra-Comique. — C'est lui, mon ami, c'est lui-même. Si vous le connaissez, vous avez entendu cette chanson du *Rémouleur*[2] qu'il joue et qu'il chante si bien. » Et à l'instant voilà Voltaire imitant L'Écluse, et avec ses bras nus et sa voix sépulcrale, jouant le *Rémouleur* et chantant la chanson :

> Je ne sais où la mettre,
> Ma jeune fillette;
> Je ne sais où la mettre,
> Car on me la che....

Nous rions aux éclats; et lui toujours sérieusement : « Je l'imite mal, disait-il; c'est M. de L'Écluse qu'il faut entendre; et sa chanson de *la Fileuse!* et celle du *Postillon!* et la querelle des *Écosseuses* avec Vadé! c'est la vérité même. Ah! vous aurez bien du plaisir. Allez voir Mme Denis. Moi, tout malade que je suis, je m'en vais me lever pour dîner avec vous. Nous mangerons un ombre-chevalier, et nous entendrons M. de L'Écluse. Le plaisir de vous voir a suspendu mes maux, et je me sens tout ranimé. »

Mme Denis nous reçut avec cette cordialité qui faisait le charme de son caractère. Elle nous présenta M. de L'Écluse; et à dîner Voltaire l'anima, par les louanges les plus flatteuses, à nous donner le plaisir de l'entendre. Il déploya tous ses talents, et nous parûmes charmés. Il le fallait bien : car Voltaire ne nous aurait point pardonné de faibles applaudissements.

La promenade, dans ses jardins, fut employée à parler de Paris, du *Mercure*[3], de la Bastille (dont je ne lui dis que deux mots), du théâtre, de l'*Encyclopédie*, et de ce malheureux Lefranc, qu'il harcelait encore; son

---

1. Ce M. Gaulard était receveur général des fermes à Bordeaux, d'où il revenait alors avec Marmontel, en retournant à Paris.
2. *Le Rémouleur d'amour*, opéra-comique en un acte de Lesage, Fuzelier et d'Orneval, donné à la foire de Saint-Germain en février 1722.
3. A la fin de décembre 1759, Marmontel avait été enfermé à la Bastille par suite de la publication de la parodie d'une scène de *Cinna* dirigée contre le duc d'Aumont et les gentilshommes de la chambre, et dont on le croyait l'auteur. Elle était en réalité de son ami Cury, qu'il ne voulut pas dénoncer. Voyez les *Mémoires de Marmontel*, tome II, page 148, et la *Correspondance de Grimm*, édition Tourneux, tome IV, page 184.

médecin lui ayant ordonné, disait-il, pour exercice, de courre une heure ou deux tous les matins le Pompignan. Il me chargea d'assurer nos amis que tous les jours on recevrait de lui quelque nouvelle facétie. Il fut fidèle à sa promesse.

Au retour de la promenade, il fit quelques parties d'échecs avec M. Gaulard, qui, respectueusement, le laissa gagner. Ensuite, il revint à parler du théâtre et de la révolution que Mlle Clairon y avait faite. « C'est donc, me dit-il, quelque chose de bien prodigieux que le changement qui s'est fait en elle ? — C'est, lui dis-je, un talent nouveau ; c'est la perfection de l'art, ou plutôt c'est la nature même, telle que l'imagination peut vous la peindre en beau. » Alors exaltant ma pensée et mon expression pour lui faire entendre à quel point dans les divers caractères de ses rôles elle était avec vérité, et une vérité sublime, Camille, Roxane, Hermione, Ariane, et surtout Électre, j'épuisai le peu que j'avais d'éloquence à lui inspirer pour Clairon l'enthousiasme dont j'étais plein moi-même ; et je jouissais, en lui en parlant, de l'émotion que je lui causais, lorsqu'enfin prenant la parole : « Eh bien ! mon ami, me dit-il, avec transport, c'est comme Mme Denis ; elle a fait des progrès étonnants, incroyables. Je voudrais que vous lui vissiez jouer Zaïre, Alzire, Idamé ! le talent ne va pas plus loin. » Mme Denis jouant Zaïre ! Mme Denis comparée à Clairon ! Je tombai de mon haut : tant il est vrai que le goût s'accommode aux objets dont il peut jouir, et que cette sage maxime :

> Quand on n'a pas ce que l'on aime,
> Il faut aimer ce que l'on a,

est en effet non-seulement une leçon de la nature, mais un moyen qu'elle se ménage pour nous procurer des plaisirs.

Nous reprîmes la promenade, et, tandis que M. de Voltaire s'entretenait avec Gaulard de son ancienne liaison avec le père de ce jeune homme, causant de mon côté avec Mme Denis, je lui rappelais le bon temps.

Le soir, je mis Voltaire sur le chapitre du roi de Prusse. Il en parla avec une sorte de magnanimité froide et en homme qui dédaignait une trop facile vengeance, ou comme un amant désabusé pardonne à la maîtresse qu'il a quittée le dépit et la rage qu'elle a fait éclater.

L'entretien du souper roula sur les gens de lettres qu'il estimait le plus, et, dans le nombre, il me fut facile de distinguer ceux qu'il aimait du fond du cœur. Ce n'étaient pas ceux qui se vantaient le plus d'être en faveur auprès de lui. Avant d'aller se coucher, il nous lut deux nouveaux chants de *la Pucelle*[1], et Mme Denis nous fit remarquer que, depuis qu'il était aux Délices, c'était le seul jour qu'il eût passé sans rentrer dans son cabinet.

---

1. La première édition de *la Pucelle*, édition subreptice (1755), ne contenait que quinze chants ; depuis, Voltaire y ajouta les chants VIII, IX, XVI, XVII, faits à neuf, et les chants XIX et XX presque entiers, qui figurèrent dans l'édition avouée de 1762.

Le lendemain, nous eûmes la discrétion de lui laisser au moins une partie de sa matinée, et nous lui fîmes dire que nous attendrions qu'il sonnât. Il fut visible sur les onze heures. Il était dans son lit encore. « Jeune homme, me dit-il, j'espère que vous n'aurez pas renoncé à la poésie ; voyons de vos nouvelles œuvres ; je vous dis tout ce que je sais ; il faut que chacun ait son tour. »

Plus intimidé devant lui que je ne l'avais jamais été, soit que j'eusse perdu la naïve confiance du premier âge, soit que je sentisse mieux que jamais combien il était difficile de faire de bons vers, je me résolus avec peine à lui réciter mon *Épître aux Poëtes :* il en fut très-content ; il me demanda si elle était connue à Paris. Je répondis que non. « Il faut donc, me dit-il, la mettre au concours de l'Académie ; elle y fera du bruit. » Je lui représentai que je m'y donnais des licences d'opinion qui effaroucheraient bien du monde. « J'ai connu, me dit-il, une honorable dame qui confessait qu'un jour, après avoir crié à l'insolence, il lui était échappé enfin de dire : Charmant insolent ! L'Académie fera de même. »

Avant dîner, il me mena faire à Genève quelques visites ; et, en me parlant de sa façon de vivre avec les Genevois : « Il est fort doux, me dit-il, d'habiter dans un pays dont les souverains vous envoient demander votre carrosse pour venir dîner avec vous. »

Sa maison leur était ouverte ; ils y passaient les jours entiers ; et comme les portes de la ville se fermaient à l'entrée de la nuit pour ne s'ouvrir qu'au point du jour, ceux qui soupaient chez lui étaient obligés d'y coucher, ou dans les maisons de campagne dont les bords du lac sont couverts.

Chemin faisant, je lui demandai comment, presque sans territoire et sans aucune facilité de commerce avec l'étranger, Genève s'était enrichie. « A fabriquer des mouvements de montre, me dit-il, à lire vos gazettes et à profiter de vos sottises. Ces gens-ci savent calculer les bénéfices de vos emprunts. »

A propos de Genève, il me demanda ce que je pensais de Rousseau. Je répondis que, dans ses écrits, il ne me semblait être qu'un éloquent sophiste, et, dans son caractère, qu'un faux cynique qui crèverait d'orgueil et de dépit dans son tonneau, si on cessait de le regarder. Quant à l'envie qui lui avait pris de revêtir ce personnage, j'en savais l'anecdote, et je la lui contai.

Dans l'une des lettres de Rousseau à M. de Malesherbes, l'on a vu dans quel accès d'inspiration et d'enthousiasme il avait conçu le projet de se déclarer contre les sciences et les arts. « J'allais, dit-il dans le récit qu'il fait de ce miracle, j'allais voir Diderot, alors prisonnier à Vincennes ; j'avais dans ma poche un *Mercure de France* que je me mis à feuilleter le long du chemin. Je tombe sur la question de l'Académie de Dijon, qui a donné lieu à mon premier écrit. Si jamais quelque chose a ressemblé à une inspiration subite, c'est le mouvement qui se fit en moi à cette lecture. Tout à coup je me sens l'esprit ébloui de mille lumières ; des foules d'idées vives s'y présentent à la fois avec une force et une confusion qui me jetèrent dans un désordre inexprimable. Je sens ma tête prise par un étourdissement semblable à l'ivresse. Une violente palpitation m'oppresse, soulève ma poitrine.

Ne pouvant plus respirer en marchant, je me laisse tomber sous un arbre de l'avenue, et j'y passe une demi-heure dans une telle agitation qu'en me relevant j'aperçus tout le devant de ma veste mouillé de mes larmes, sans avoir senti que j'en répandais. »

Voilà une extase éloquemment décrite. Voici le fait dans sa simplicité, tel que me l'avait raconté Diderot, et tel que je le racontai à Voltaire.

« J'étais (c'est Diderot qui parle), j'étais prisonnier à Vincennes; Rousseau venait m'y voir. Il avait fait de moi son Aristarque, comme il a dit lui-même. Un jour, nous promenant ensemble, il me dit que l'Académie de Dijon venait de proposer une question intéressante, et qu'il avait envie de la traiter. Cette question était : *Le rétablissement des sciences et des arts a-t-il contribué à épurer les mœurs ?* « Quel parti prendrez-vous ? » lui demandai-je. Il me répondit : « Le parti de l'affirmative. — C'est le pont « aux ânes, lui dis-je; tous les talents médiocres prendront ce chemin-là, « et vous n'y trouverez que des idées communes; au lieu que le parti con-« traire présente à la philosophie et à l'éloquence un champ nouveau, riche « et fécond. — Vous avez raison, me dit-il, après y avoir réfléchi un mo-« ment, et je suivrai votre conseil. » Ainsi, dès ce moment, ajoutai-je, son « rôle et son masque furent décidés.

« Vous ne m'étonnez pas, me dit Voltaire; cet homme-là est factice de la tête aux pieds, il l'est de l'esprit et de l'âme. Mais il a beau jouer tantôt le stoïcien, tantôt le cynique, il se démentira sans cesse, et son masque l'étouffera. »

Parmi les Genevois que je voyais chez lui, les seuls que je goûtai et dont je fus goûté furent le chevalier Huber et Cramer le libraire. Ils étaient tous les deux d'un commerce facile, d'une humeur joviale, avec de l'esprit sans apprêt, chose rare dans leur cité. Cramer jouait, me disait-on, passablement la tragédie; il était l'Orosmane de Mme Denis, et ce talent lui valait l'amitié et la pratique de Voltaire, c'est-à-dire des millions. Huber avait un talent moins utile, mais amusant et très-curieux dans sa futilité. L'on eût dit qu'il avait des yeux au bout des doigts. Les mains derrière le dos, il découpait en profil un portrait aussi ressemblant et plus ressemblant même qu'il ne l'aurait fait au crayon. Il avait la figure de Voltaire si vivement empreinte dans l'imagination qu'absent comme présent ses ciseaux le représentaient rêvant, écrivant, agissant, et dans toutes ses attitudes. J'ai vu de lui des paysages en découpures sur des feuilles de papier blanc, où la perspective était observée avec un art prodigieux. Ces deux aimables Genevois furent assidus aux Délices le peu de temps que j'y passai.

M. de Voltaire voulut nous faire voir son château de Tournay, où était son théâtre, à un quart de lieue de Genève. Ce fut, l'après-dînée, le but de notre promenade en carrosse. Tournay était une petite gentilhommière assez négligée, mais dont la vue est admirable. Dans le vallon, le lac de Genève bordé de maisons de plaisance, et terminé par deux grandes villes; au delà et dans le lointain, une chaîne de montagnes de trente lieues d'étendue, et ce mont Blanc chargé de neiges et de glaces qui ne fondent jamais : telle est la vue de Tournay. Là, je vis ce petit théâtre qui tourmentait Rousseau.

et où Voltaire se consolait de ne plus voir celui qui était encore plein de sa gloire. L'idée de cette privation injuste et tyrannique me saisit de douleur et d'indignation. Peut-être qu'il s'en aperçut : car, plus d'une fois, par ses réflexions, il répondit à ma pensée ; et sur la route, en revenant, il me parla de Versailles, du long séjour que j'y avais fait, et des bontés que M°° de Pompadour lui avait autrefois témoignées. « Elle vous aime encore, lui dis-je ; elle me l'a répété souvent. Mais elle est faible, et n'ose pas ou ne peut pas tout ce qu'elle veut ; car la malheureuse n'est plus aimée, et peut-être elle porte envie au sort de M°° Denis, et voudrait bien être aux Délices. — Qu'elle y vienne, dit-il avec transport, jouer avec nous la tragédie. Je lui ferai des rôles, et des rôles de reine. Elle est belle, elle doit connaître le jeu des passions. — Elle connaît aussi, lui dis-je, les profondes douleurs et les larmes amères. — Tant mieux! c'est là ce qu'il nous faut, s'écria-t-il comme enchanté d'avoir une nouvelle actrice. » Et en vérité l'on eût dit qu'il croyait la voir arriver. « Puisqu'elle vous convient, lui dis-je, laissez faire : si le théâtre de Versailles lui manque, je lui dirai que le vôtre l'attend. »

Cette fiction romanesque réjouit la société. On y trouvait de la vraisemblance ; et M°° Denis, donnant dans l'illusion, priait déjà son oncle de ne pas l'obliger à céder ses rôles à l'actrice nouvelle. Il se retira quelques heures dans son cabinet ; et le soir, à souper, les rois et leurs maîtresses étant l'objet de l'entretien, Voltaire, en comparant l'esprit et la galanterie de la vieille cour et de la cour actuelle, nous déploya cette riche mémoire à laquelle rien d'intéressant n'échappait. Depuis M°° de La Vallière jusqu'à M°° de Pompadour, l'histoire-anecdote des deux règnes et, dans l'intervalle, celle de la régence, nous passa sous les yeux avec une rapidité et un brillant de traits et de couleurs à éblouir. Il se reprocha cependant d'avoir dérobé à M. de L'Écluse des moments qu'il aurait occupés, disait-il, plus agréablement pour nous. Il le pria de nous dédommager par quelques scènes des *Écosseuses*, et il en rit comme un enfant.

Le lendemain (c'était le dernier jour que nous devions passer ensemble), il me fit appeler dès le matin, et, me donnant un manuscrit : « Entrez dans mon cabinet, me dit-il, et lisez cela ; vous m'en direz votre sentiment. » C'était la tragédie de *Tancrède* qu'il venait d'achever. Je la lus, et, en revenant le visage baigné de larmes, je lui dis qu'il n'avait rien fait de plus intéressant. « A qui donneriez-vous, me demanda-t-il, le rôle d'Aménaïde ? — A Clairon, lui répondis-je, à la sublime Clairon, et je vous réponds d'un succès égal au moins à celui de *Zaïre*. — Vos larmes, reprit-il, me disent bien ce qu'il m'importe le plus de savoir ; mais, dans la marche de l'action, rien ne vous a-t-il arrêté ? — Je n'y ai trouvé, lui dis-je, à faire que ce que vous appelez des critiques de cabinet. On sera trop ému pour s'en occuper au théâtre. » Heureusement il ne me parla point du style ; j'aurais été obligé de dissimuler ma pensée : car il s'en fallait bien qu'à mon avis *Tancrède* fût écrit comme ses belles tragédies. Dans *Rome sauvée* et dans *l'Orphelin de la Chine*, j'avais encore trouvé la belle versification de *Zaïre*, de *Mérope* et de *la Mort de César* ; mais dans *Tancrède* je croyais voir la décadence de son style, des vers lâches, diffus, chargés de ces mots redondants qui déguisent le manque de force et de vigueur, en un mot, la vieillesse du poète : car en lui, comme dans Corneille, la poésie du style fut la première qui vieillit ; et après *Tancrède,* où ce feu du génie jetait encore des étincelles, il fut absolument éteint.

Affligé de nous voir partir, il voulut bien ne nous dérober aucun moment de ce dernier jour. Le désir de me voir reçu à l'Académie française, l'éloge de mes *Contes,* qui faisaient, disait-il, leurs plus agréables lectures[1], enfin mon *Analyse de la lettre de Rousseau à d'Alembert sur les spectacles*[2], réfutation qu'il croyait sans réplique, et dont il me semblait faire beaucoup de cas, furent, durant la promenade, les sujets de son entretien. Je lui demandai si Genève avait pris le change sur le vrai motif de cette lettre de Rousseau. « Rousseau, me dit-il, est connu à Genève mieux qu'à Paris. On n'y est dupe ni de son faux zèle, ni de sa fausse éloquence. C'est à moi qu'il en veut, et cela saute aux yeux. Possédé d'un orgueil outré, il voudrait que, dans sa patrie, on ne parlât que de lui seul. Mon existence l'y offusque ; il m'envie l'air que j'y respire, et surtout il ne peut souffrir qu'en amusant quelquefois Genève, je lui dérobe à lui les moments où l'on pense à moi. »

Devant partir au point du jour, dès que, les portes de la ville étant ouvertes, nous pourrions avoir des chevaux, nous résolûmes avec Mme Denis, et MM. Huber et Cramer, de prolonger jusque-là le plaisir de veiller et de causer ensemble. Voltaire voulut être de la partie, et inutilement le pressâmes-nous d'aller se coucher ; plus éveillé que nous, il nous lut encore quelques chants du poëme de *Jeanne.* Cette lecture avait pour moi un charme inexprimable, car si Voltaire, en récitant les vers héroïques, affectait selon moi une emphase trop monotone, une cadence trop marquée, personne ne disait les vers familiers et comiques avec autant de naturel, de finesse et de grâce : ses yeux et son sourire avaient une expression que je n'ai vue qu'à lui. Hélas ! c'était pour moi le chant du cygne, et je ne devais plus le revoir qu'expirant.

Nos adieux mutuels furent attendris jusqu'aux larmes, mais beaucoup plus de mon côté que du sien : cela devait être, car, indépendamment de ma reconnaissance et de tous les motifs que j'avais de l'aimer, je le laissais dans l'exil.

LI.

RECONSTRUCTION DE L'ÉGLISE DE FERNEY[3].

Aujourd'hui 6 août 1760, maître Guillon et maître Desplaces se sont engagés à bâtir les murs de l'église et sacristie de la paroisse de Ferney au lieu

---

1. Les *Contes moraux,* parus d'abord dans le *Mercure.*
2. *Apologie du théâtre, ou Analyse de la lettre de Rousseau, citoyen de Genève, à d'Alembert, au sujet des spectacles,* publiée d'abord dans le *Mercure,* en 1758.
3. Léouzon Leduc, *Voltaire et la Police,* pages 258-259.

qui leur sera indiqué par monsieur le curé; l'église, nef et chœur, des mêmes dimensions précisément que l'église, nef et chœur, qui est actuellement auprès du château, afin que les mêmes bois de charpente et menuiserie de l'ancienne puissent servir à la nouvelle; ils édifieront le tout de même hauteur et de même pierre, nommée blocaille ou blocage, pratiqueront les fenêtres à peu près des mêmes dimensions; ils se serviront du même portail qui est à l'ancienne église; ils l'enlèveront de la place où il est et mettront des tronçons pour soutenir ledit ancien portail; ils auront seulement soin de faire saillir le portail de la nouvelle église de quatre pouces; ils feront deux pilastres saillants de quatre pouces à chaque côté du portail, avec un fronton de pierre molasse au-dessus dudit portail. Ces quatre pilastres simples seront de briques, qu'ils revêtiront de plâtre ou d'un bon enduit de chaux. Il n'y aura point d'autres ornements, le tout au prix des murs du château de Ferney, la pierre taillée au même prix, et ledit ouvrage sera payé totalement le 1er ou le 15 octobre prochain, jour auquel lesdits entrepreneurs s'engagent à livrer le bâtiment aux charpentiers pour faire la couverture.

Fait au château de Ferney, ledit 6 août 1760.

LII.

LE PRINCE DE LIGNE A FERNEY[1].

1763.

Ce que je pouvais faire de mieux chez M. de Voltaire, c'était de ne pas lui montrer de l'esprit. Je ne lui parlais que pour le faire parler. J'ai été huit jours dans sa maison, et je voudrais me rappeler les choses sublimes, simples, gaies, aimables, qui parlaient sans cesse de lui; mais en vérité, c'est impossible. Je riais ou j'admirais. J'étais toujours dans l'ivresse. Jusqu'à ses torts, ses fausses connaissances, ses engouements, son manque de goût pour les beaux-arts, ses caprices, ses prétentions, ce qu'il ne pouvait pas être et ce qu'il était, tout était charmant, neuf, piquant et imprévu. Il souhaitait de passer pour un homme d'État profond, ou pour un savant, au point de désirer d'être ennuyeux. Il aimait alors la constitution anglaise. Je me souviens que je lui dis : « Monsieur de Voltaire, ajoutez-y son soutien, l'Océan, sans lequel elle ne durerait pas... — L'Océan, me dit-il, vous allez me faire faire bien des réflexions là-dessus. » On lui annonça un jeune homme de Genève qui l'ennuyait : « Vite, vite, dit-il, du Tronchin, » c'est-à-dire qu'on le fît passer pour malade. Le Genevois s'en alla.

---

1. Ce récit se trouve dans les *Lettres et Pensées du maréchal prince de Ligne*, publiées par la baronne de Stael-Holstein; Paris, Paschaud, 1809, in-8.

— Charles-Joseph, prince de Ligne (1735-1814), fils de Claude-Lamoral, prince de Ligne, et d'Élisabeth-Alexandrine-Charlotte de Salm-Salm, célèbre par son esprit et ses talents militaires. Il visita Ferney vers le milieu de l'année 1763.

« Que dites-vous de Genève? » me dit-il un jour, sachant que j'y avais été le matin. Je savais que dans ce moment-là il détestait Genève : « Ville affreuse! » lui répondis-je, quoique cela ne fût pas vrai.

Je racontai à M. de Voltaire, devant Mᵐᵉ Denis, un trait qui lui était arrivé, croyant que c'était à Mᵐᵉ de Graffigny. M. de Ximenès[1] l'avait défiée de lui dire un vers dont il ne lui nommât point tout de suite l'auteur. Il n'en manqua pas un. Mᵐᵉ Denis, pour le prendre en défaut, lui en dit quatre, qu'elle fit sur-le-champ. « Eh bien! monsieur le marquis, de qui cela est-il? — De la chercheuse d'esprit, madame. — Ah! ah! bravo! bravo! dit M. de Voltaire; pardi, je crois qu'elle fut bien bête. Riez-en donc, ma nièce. »

Il était occupé alors à déchirer et paraphraser l'*Histoire de l'Église*, par l'ennuyeux abbé de Fleury. « Ce n'est pas une histoire, me dit-il en en parlant, ce sont des histoires. Il n'y a qu'à Bossuet et à Fléchier que je permette d'être bons chrétiens. — Ah! monsieur de Voltaire, lui dis-je, et aussi à quelques révérends pères, dont les enfants vous ont assez joliment élevé. » Il me dit beaucoup de bien d'eux. « Vous venez de Venise? Avez-vous vu le procurateur Pococurante? — Non, lui dis-je, je ne me souviens pas de lui. — Vous n'avez donc pas lu *Candide?* me dit-il en colère : car il y avait un temps où il aimait toujours le plus un de ses ouvrages. — Pardon, pardon, monsieur de Voltaire, j'étais en distraction; je pensais à l'étonnement que j'éprouvai quand j'entendis chanter la *Jérusalem* du Tasse aux gondoliers vénitiens. — Comment donc? Expliquez-moi cela, je vous prie. — Tels que jadis Ménalque et Mélibée, ils essayent la voix et la mémoire de leurs camarades, sur le *Canal Grande*, pendant les belles nuits d'été. L'un commence en manière de récitatif, et un autre lui répond et continue. Je ne crois pas que les fiacres de Paris sachent *la Henriade* par cœur, et ils entonneraient bien mal ses beaux vers, avec leur ton grossier, leur accent ignoble et dur, et leur gosier et leur voix à l'eau-de-vie. — C'est que les Welches sont des barbares, des ennemis de l'harmonie, des gens à vous égorger, monsieur. Voilà le peuple, et nos gens d'esprit en ont tant qu'ils en mettent jusque dans les titres de leurs ouvrages. Un livre de *l'Esprit*, c'est l'esprit follet que celui-là. L'*Esprit des lois*, c'est l'esprit sur les lois. Je n'ai pas l'honneur de le comprendre. Mais j'entends bien les *Lettres persanes :* bon ouvrage que celui-là. — Il y a quelques gens de lettres dont vous paraissez faire cas. — Vraiment, il le faut bien; d'Alembert, par exemple, qui, faute d'imagination, se dit géomètre; Diderot, qui, pour faire croire qu'il en a, est enflé et déclamateur; et Marmontel, dont, entre nous, la poétique est inintelligible. Ces gens-là diraient que je suis jaloux. Qu'on s'arrange donc sur mon compte. On me croit frondeur, et flatteur à la cour; en ville, trop philosophe ; à l'Académie, ennemi des philosophes; l'Antechrist à Rome, pour quelques plaisanteries sur des abus,

---

1. Augustin-Marie, marquis de Ximenès (1726-1817), auteur des tragédies d'*Épicharis* (1753), et d'*Amalazonte* (1754), et de poésies. Correspondant de Voltaire, il le célébra dans un poème *Aux mânes de Voltaire* (1779).

et quelques gaietés sur le style oriental ; précepteur de despotisme au parlement ; mauvais Français pour avoir dit du bien des Anglais ; voleur et bienfaiteur des libraires ; libertin pour une *Jeanne* que mes ennemis ont rendue plus coupable ; curieux et complimenteur des gens d'esprit, et intolérant parce que je prêche la tolérance.

« Avez-vous jamais vu une épigramme ou une chanson de ma façon ? C'est là le cachet des méchants. Ces Rousseau m'ont fait donner au diable. J'ai bien commencé avec tous les deux. Je buvais du vin de Champagne avec le premier chez votre père, et votre parent le duc d'Aremberg, où il s'endormait à souper. J'ai été en coquetterie avec le second ; et, pour avoir dit qu'il me donnait envie de marcher à quatre pattes, me voici chassé de Genève, où il est détesté. »

Il riait d'une bêtise imprévue, d'un misérable jeu de mots, et se permettait aussi quelque bêtise. Il était au comble de la joie, en me montrant une lettre du chevalier de Lisle[1], qui venait de lui écrire pour lui reprocher d'avoir mal fait une commission de montre : *Il faut que vous soyez bien bête, monsieur,* etc. C'est, je crois, à moi qu'il dédia sa plaisanterie, tant répétée depuis, sur la Corneille[2] ; et j'y donnai sujet lorsqu'il me demanda comment je la trouvais : « *Nigra*, lui répondis-je, sans être *formosa*. » Il ne me fit pas grâce de son Père Adam, et me remercia d'avoir donné asile au Père Griffet, qu'il aimait beaucoup, ainsi que le Père Neuville qu'il me recommanda[3].

Il me dit un jour : « On prétend que je crains les critiques. Tenez, connaissez-vous celle-ci ? Je ne sais où diable cet homme, qui ne sait pas l'orthographe et qui force quelquefois la poésie comme un camp, a si bien fait ces quatre vers sur moi :

> Candide est un petit vaurien
> Qui n'a ni pudeur ni cervelle.
> Ah ! qu'on le reconnaît bien
> Pour le cadet de la Pucelle.

— Vous me paraissez mal avec lui dans ce moment, lui dis-je. C'est querelles d'Allemand et d'amant à la fois. » La petite bêtise le fit sourire :

---

1. Le chevalier de Lisle, officier de cavalerie, connu dans la société de son temps par ses fables et ses jolies chansons. Il visita Ferney en septembre 1773. L'abbé Barthélemy écrivait, le 3 octobre, à Mme du Deffant : « De Lisle est enchanté de Voltaire, il a passé quinze jours avec lui ; ils ont parlé de tout le monde et de toutes les choses possibles ; il l'a trouvé extrêmement gai et se plaignant toujours de ses maux, ce qui ne l'empêche pas de souper très-longuement et de très-bon appétit, de se promener beaucoup, de faire des ouvrages, d'écrire et de recevoir incessamment des lettres, de rire de toutes les sottises qui se sont faites et se feront pendant les siècles des siècles. » *Correspondance de Mme du Deffant, publiée par le marquis de Sainte-Aulaire*, Paris, 1867, tome III, page 9.

2. Mme Dupuits, née Marie Corneille.

3. Le père Griffet (1698-1771), savant continuateur de l'*Histoire de France* du Père Daniel pour les règnes de Louis XIII et de Louis XIV. — Le Père Frey de Neuville (1693-1774), le meilleur prédicateur depuis Massillon. — Voyez la lettre au prince de Ligne du 14 mars 1765.

il en disait souvent et aimait à en entendre. On aurait dit qu'il avait quelquefois des tracasseries avec les morts, comme on en a avec les vivants. Sa mobilité les lui faisait aimer, tantôt un peu plus, tantôt un peu moins. Par exemple, alors, c'était Fénelon, La Fontaine et Molière, qui étaient dans la plus grande fureur.

« Ma nièce, donnons-lui-en, du Molière, dit-il à Mme Denis. Allons dans le salon, sans façon, *les Femmes savantes* que nous venons de jouer. » Il fit Trissotin on ne peut plus mal, mais s'amusa beaucoup de ce rôle. Mlle Dupuits, belle-sœur de la Corneille, qui jouait Martine, me plaisait infiniment et me donnait quelquefois des distractions, lorsque ce grand homme parlait. Il n'aimait pas qu'on en eût. Je me souviens qu'un jour que ces belles servantes suisses, nues jusqu'aux épaules à cause de la chaleur, passaient à côté de moi, ou m'apportaient de la crème, il s'interrompit, et, prenant en colère leurs beaux cous à pleines mains, il s'écria : « Gorge par-ci, gorge par-là, allez au diable ! »

Il ne prononça pas un mot contre le christianisme ni contre Fréron. « Je n'aime pas, disait-il, les gens de mauvaise foi et qui se contredisent. Écrire en forme pour ou contre les religions est d'un fou. Qu'est-ce que c'est que cette *Profession de foi du Vicaire savoyard*, de Jean-Jacques, par exemple ? » C'était le moment où il lui en voulait le plus, et dans ce moment même qu'il disait que c'était un monstre, qu'on n'exilait pas un homme comme lui, mais que le bannissement était le mot, on lui dit : « Je crois que le voilà qui entre dans votre cour. — Où est-il, le malheureux ? s'écria-t-il, qu'il vienne, voilà mes bras ouverts. Il est chassé peut-être de Neuchâtel et des environs. Qu'on me le cherche. Amenez-le-moi ; tout ce que j'ai est à lui. » M. de Constant lui demanda, en ma présence, son *Histoire de Russie*. « Vous êtes fou, dit-il. Si vous voulez savoir quelque chose, prenez celle de Lacombe[1]. Il n'a reçu ni médaille, ni fourrures, celui-là. »

Il était mécontent alors du parlement, et quand il rencontrait son âne à la porte du jardin : « Passez, je vous prie, monsieur le président », disait-il. Ses méprises par vivacité étaient fréquentes et plaisantes. Il prit un accordeur de clavecin de sa nièce pour son cordonnier, et après quantité de méprises, lorsque cela s'éclaircit : « Ah ! mon Dieu, monsieur, un homme à talents. Je vous mettais à mes pieds, c'est moi qui suis aux vôtres. »

Un marchand de chapeaux et de souliers gris entre tout d'un coup dans le salon. M. de Voltaire (qui se méfie tant des visites qu'il m'avoua que, de peur que la mienne ne fût ennuyeuse, il avait pris médecine à tout hasard, afin de pouvoir se dire malade) se sauve dans son cabinet. Ce marchand le suivait, en lui disant : « Monsieur, monsieur, je suis le fils d'une femme pour qui vous avez fait des vers. — Oh ! je le crois, j'ai fait tant de vers pour tant de femmes ! Bonjour, monsieur. — C'est Mme de Fontaine-Martel. — Ah ! ah ! monsieur, elle était bien belle. Je suis votre serviteur (et il était prêt à rentrer dans son cabinet). — Monsieur, où avez-vous pris ce

---

1. Jacques Lacombe (1724-1811), auteur d'une *Histoire des Révolutions de Russie*, Paris, 1763, in-12.

bon goût qu'on remarque dans ce salon? Votre château, par exemple, est charmant. Est-il bien de vous? — (Alors Voltaire revient.) Oh! oui, de moi, monsieur; j'ai donné tous les dessins. Voyez ce dégagement et cet escalier. Eh bien! — Monsieur, ce qui m'a attiré en Suisse, c'est le plaisir de voir M. de Haller. (M. de Voltaire rentrait dans son cabinet.) Monsieur, monsieur, cela doit avoir beaucoup coûté. Quel charmant jardin! — Oh! par exemple, disait M. de Voltaire (en revenant), mon jardinier est une bête; c'est moi, monsieur, qui ai tout fait. — Je le crois. Ce M. de Haller, monsieur, est un grand homme. (M. de Voltaire rentrait.) Combien de temps faut-il, monsieur, pour bâtir un château à peu près aussi beau que celui-ci? » (M. de Voltaire revenait dans le salon.) Sans le faire exprès, ils me jouèrent la plus jolie scène du monde; et M. de Voltaire m'en donna bien d'autres plus comiques encore, par ses vivacités, ses humeurs, ses reparties. Tantôt homme de lettres, et puis grand seigneur de la cour de Louis XIV, et puis homme de la meilleure compagnie.

Il était comique lorsqu'il faisait le seigneur de village. Il parlait à ses manants comme à des ambassadeurs de Rome ou des princes de la guerre de Troie. Il ennoblissait tout. Voulant demander pourquoi on ne lui donnait jamais du civet à dîner, au lieu de s'en informer tout uniment, il dit à un vieux garde : « Mon ami, ne se fait-il donc plus d'émigration d'animaux de ma terre de Tournay à ma terre de Ferney. »

Il était toujours en souliers gris, bas gris de fer roulés, grande veste de basin, longue jusqu'aux genoux, grande et longue perruque et petit bonnet de velours noir. Le dimanche il mettait quelquefois un bel habit mordoré, uni, veste et culotte de même; mais la veste à grandes basques et galonnée en or, à la bourgogne, galons festonnés et à lames, avec de grandes manchettes à dentelles jusqu'aux bouts des doigts, *car avec cela, disait-il, on a l'air noble*. M. de Voltaire était bon pour tous ses alentours et les faisait rire. Il embellissait tout ce qu'il voyait et tout ce qu'il entendait. Il fit des questions à un officier de mon régiment, qu'il trouva sublime dans ses réponses : « De quelle religion êtes-vous, monsieur? lui demanda-t-il. — Mes parents m'ont fait élever dans la religion catholique. — Grande réponse! dit M. de Voltaire, il ne dit pas qu'il le soit. » Tout cela paraît ridicule à rapporter et fait pour le rendre ridicule; mais il fallait le voir, animé par sa belle et brillante imagination, distribuant, jetant l'esprit, la saillie à pleines mains, en prêtant à tout le monde; porté à voir et à croire le beau et le bien, abondant dans son sens, y faisant abonder les autres; rapportant tout à ce qu'il écrivait, à ce qu'il pensait; faisant parler et penser ceux qui en étaient capables; donnant des secours à tous les malheureux, bâtissant pour de pauvres familles, et bon homme dans la sienne; bon homme dans son village, bon homme et grand homme tout à la fois, réunion sans laquelle l'on n'est jamais complétement ni l'un ni l'autre : car le génie donne plus d'étendue à la bonté, et la bonté plus de naturel au génie.

LIII.

LE CHEVALIER DE BOUFFLERS[1]
A FERNEY.

LETTRES A LA MARQUISE DE BOUFFLERS[2].

De Ferney, 1764.

Enfin me voici chez le roi de Garbe[3], car jusqu'à présent j'ai voyagé comme la fiancée. Ce n'est qu'en le voyant que je me suis reproché le temps que j'ai passé sans le voir : il m'a reçu comme votre fils, et il m'a fait une partie des amitiés qu'il voudrait vous faire. Il se souvient de vous comme s'il venait de vous voir, et il vous aime comme s'il vous voyait. Vous ne pouvez point vous faire d'idée de la dépense et du bien qu'il fait. Il est le roi et le père du pays qu'il habite; il fait le bonheur de ce qui l'entoure, et il est aussi bon père de famille que bon poëte. Si on le partageait en deux, et que je visse d'un côté l'homme que j'ai lu, et de l'autre celui que j'entends, je ne sais auquel je courrais. Ses imprimeurs auront beau faire, il sera toujours la meilleure édition de ses livres.

Il y a ici Mme Denis et Mme Dupuits, née Corneille. Toutes deux me paraissent aimer leur oncle[4]. La première est bonne de la bonté qu'on aime; la seconde est remarquable par ses grands yeux noirs et un teint brun. Elle me paraît tenir plus de la corneille que du Corneille.

Au reste, la maison est charmante, la situation superbe, la chère délicate, mon appartement délicieux; il ne lui manque que d'être à côté du vôtre, car j'ai beau vous fuir, je vous aime, et j'aurai beau revenir à vous, je vous aimerai toujours.

Voltaire m'a beaucoup parlé de Panpan, et comme j'aime qu'on en parle. Il a beaucoup recherché dans sa mémoire l'abbé Porquet, qu'il a connu autrefois; mais il n'a jamais pu le retrouver : les petits bijoux sont sujets à se perdre.

De Ferney.

Je vous envoie pour vos étrennes un petit dessin d'un Voltaire pendant qu'il perd une partie aux échecs. Cela n'a ni force ni correction, parce que

---

1. Stanislas-Jean, abbé, puis chevalier de Boufflers, auteur du charmant roman d'*Aline, reine de Golconde* (1761), né à Nancy le 31 mai 1738, mort à Paris le 18 janvier 1815. Il était fils de Louis-François, marquis de Boufflers-Remiencourt, et de Marie-Catherine de Beauveau-Craon. Ces lettres parurent sous ce titre : *Lettres du chevalier de Boufflers sur son voyage en Suisse*, Paris, 1770, in-8°.

2. Mère du chevalier de Boufflers, née le 8 décembre 1711. La marquise de Boufflers devint veuve le 12 janvier 1752 et mourut en 1787.

3. Voltaire.

4. A l'égard de Mme Dupuits, née Corneille, et dotée par Voltaire avec le produit des *Commentaires sur Corneille*, ce titre d'oncle n'était qu'un nom d'amitié donné par elle à son protecteur.

je l'ai fait à la hâte, à la lumière et au travers de grimaces qu'il fait toujours quand on veut le peindre; mais le caractère de la figure est saisi, et c'est l'essentiel. Il vaut mieux qu'un dessin soit bien commencé que bien fini, parce qu'on commence par l'ensemble et qu'on finit par les détails.

Je continue à m'amuser ici : je suis toujours fort aimé, quoique j'y sois toujours. Vous ne sauriez vous figurer combien l'intérieur de cet homme-ci est aimable : il serait le meilleur vieillard du monde s'il n'était point le premier des hommes; il n'a que le défaut d'être fort renfermé; et, sans cela, il ne serait point aussi répandu. Il est venu hier chez lui un Anglais qui ne peut se lasser de l'entendre parler anglais, et réciter tous les poëmes de Dryden comme Panpan récite la *Jeanne.* Cet homme-là est trop grand pour être contenu dans les limites de son pays; c'est un présent que la nature a fait à toute la terre. Il a le don des langues et des *in-folio,* car on en sait pas comment il a eu le temps d'apprendre les unes et de lire les autres.

LIV.

LE BARON DE GRIMM

A LA DUCHESSE DE SAXE-GOTHA [1].

(FRAGMENT).

30 juin 1765.

Il est vrai que la *Philosophie de l'histoire* sent le fagot comme *le Portatif;* mais Votre Altesse ne s'amuse-t-elle pas de la bonne foi avec laquelle ce vieil enfant de Ferney croit que rien n'est plus aisé que de persuader aux gens que tout cela ne vient pas de lui? Et le sérieux qu'il met à se cacher, et toutes les lettres qu'il écrit pour donner le change là-dessus, et ce zèle infatigable de l'apostolat, et ce courage, et puis des peurs! Tout cela est bien plaisant.

LV.

GRÉTRY A FERNEY [2].

1766.

Arrivé à Turin, j'y retrouvai un baron allemand que j'avais connu à Rome. Il me proposa de faire route ensemble pour Genève : il était pressé, et nous partîmes le lendemain... Je quittai mon baron à Genève, et je m'en

---

1. *Correspondance,* tome XVI, page 435.
2. Grétry, *Mémoires ou Essai sur la Musique,* Paris, an V, tome I, pages 127 et suiv. — A l'époque de son séjour à Genève, qui se prolongea environ six mois, et pendant lequel il fit de fréquentes visites à Ferney, Grétry avait vingt-cinq ans, et revenait de Rome, où il avait habité depuis 1759, et donné son premier opéra *la Vendemiatrice,* en 1765.

consolai, sachant que j'y verrais Voltaire... La querelle entre les représentants et les natifs étant alors dans toute sa force, messieurs les ambassadeurs de France, de Zurich et de Berne, arrivèrent en qualité de médiateurs. La république fit bâtir une salle de spectacle pour amuser Leurs Excellences et le peuple révolté. J'entendis des opéras-comiques français pour la première fois. *Tom Jones, le Maréchal, Rose et Colas,* me firent grand plaisir, lorsque j'eus pris l'habitude d'entendre chanter le français, ce qui m'avait d'abord paru désagréable... J'eus bientôt envie d'essayer mes talents sur la langue française... Je demandai partout un poëme; mais, quoiqu'il y eût beaucoup de gens d'esprit à Genève, on était trop occupé des affaires publiques pour donner audience aux Muses. Je pris le parti d'écrire à Voltaire... Voltaire me fit dire, par la personne qui s'était chargée de ma lettre, qu'il ne me répondrait pas par écrit, parce qu'il était malade et qu'il voulait me voir chez lui le plus tôt qu'il me serait possible.

Je lui fus présenté le dimanche suivant par Mme Cramer, son amie. Que je fus flatté de l'accueil gracieux qu'il me fit! Je voulus m'excuser sur la liberté que j'avais prise de lui écrire. « Comment donc, monsieur, me dit-il, en me serrant la main (et c'était mon cou qu'il serrait), j'ai été enchanté de votre lettre : l'on m'avait parlé de vous plusieurs fois, je désirais vous voir. Vous êtes musicien et vous avez de l'esprit! Cela est trop rare, monsieur, pour que je ne prenne pas à vous le plus vif intérêt. » Je souris à l'épigramme, et je remerciai Voltaire. « Mais, me dit-il, je suis vieux, et je ne connais guère l'opéra-comique, qui, aujourd'hui, est à la mode à Paris et pour lequel on abandonne *Zaïre* et *Mahomet*. Pourquoi, dit-il en s'adressant à Mme Cramer, ne lui feriez-vous pas un joli opéra, en attendant que l'envie m'en prenne? Car je ne vous refuse pas, monsieur. — Il a commencé quelque chose chez moi, lui dit cette dame, mais je crains que cela ne soit mauvais. — Qu'est-ce que c'est? — *Le Savetier philosophe*. — Ah! c'est comme si l'on disait : Fréron le philosophe. Eh bien! monsieur, comment trouvez-vous notre langue? — Je vous avoue, monsieur, lui dis-je, que je suis embarrassé dès le premier morceau : dans ce vers,

Un philosophe est heureux,

que je voudrais rendre dans ce sens, — et je lui chantai

Un philosophe !
Un philosophe !
Un philosophe est heureux...

l'*e* muet, sans élision de la voyelle suivante, me paraît insupportable. — Et vous avez raison, me dit-il; retranchez tous ces *e*, tous ces *phe*, et chantez hardiment : un *philosof*. »

Le grand poëte avait raison dans un sens, mais il se serait expliqué différemment s'il eût été musicien. L'*e* muet de *philosophe* est un des plus durs de la langue; mais il faut une note pour l'*e* muet sans élision, dans tous les cas ; c'est au musicien à le faire tomber sur un son inutile dans la phrase musicale...

Voltaire me dit ensuite qu'il fallait me hâter d'aller à Paris : « C'est là, dit-il, que l'on vole à l'immortalité. — Ah ! monsieur, lui dis-je, que vous en parlez à votre aise ! Ce mot charmant vous est familier comme la chose même. — Moi, me dit-il, je donnerais cent ans d'immortalité pour une bonne digestion. » Disait-il vrai ?

Ayant été si bien accueilli de Voltaire, j'y retournai souvent ; j'allais faire chez lui mon apprentissage de cette aisance, de cette amabilité française, que l'on trouvait chez lui plus qu'à Genève. Voltaire, quoique éloigné de Paris depuis longtemps, n'était rien moins que rouillé par la solitude ; il semblait, au contraire, avoir transféré à Ferney le centre de la France. La correspondance continuelle qu'il entretenait avec les gens de lettres était le journal qui l'instruisait chaque jour des mouvements de la capitale, et l'opinion suspendue semblait attendre, pour se fixer, que le législateur du bon goût eût prononcé sur elle.

Genève, et surtout les leçons[1] que j'y donnais, m'ennuyaient davantage quand je sortais de Ferney ; tout m'enchantait dans ce lieu charmant : les parterres, les bosquets, les animaux les plus rustiques me semblaient différents sous un tel maître.

L'opulence d'un grand seigneur peut nous humilier, exciter notre envie ; mais celle d'un grand homme contente notre âme. Chacun doit se dire : C'est par des travaux immenses, c'est en m'éclairant, c'est en charmant mes ennuis, en me sauvant du désespoir peut-être, qu'il est parvenu à la fortune ; il m'a donc payé son bien par un bien plus précieux encore. Pourquoi le lui envierais-je ?

Ses vassaux obtenaient de lui tous les encouragements possibles ; chaque jour on bâtissait de nouvelles maisons, et Ferney serait devenu le bourg le plus considérable, le plus considéré de la France, si Voltaire s'y fût retiré vingt ans plus tôt.

J'ai entendu dire cent fois, depuis, qu'il était satirique, méchant, envieux de toute réputation. J'ose croire que si on ne l'eût combattu qu'avec des armes dignes de lui, Voltaire, la politesse, la galanterie même, sachant respecter le mérite, pour être lui-même respecté ; bon, humain, infatigable à protéger l'innocence ; non, Voltaire n'eût jamais paru dans l'arène fangeuse où l'envie et la satire l'ont fait descendre.

Il avait ses défauts sans doute ; mais songeons que les défauts de l'homme célèbre suivent partout sa réputation, tandis que ceux de l'homme obscur ne sortent pas du cercle étroit qui l'environne. Songeons que l'on ne pardonne rien aux grands hommes qui nous humilient plus ou moins, en nous forçant à l'admiration... Rien de plus noble, sans doute, que de mépriser la critique injuste ; mais la nature, en créant l'homme de génie, commença par le rendre vif, sensible, passionné, et rarement assez pacifique pour résister au plaisir d'une juste vengeance.

1. De musique.

LVI.

CHABANON A FERNEY [1].

1766-1767.

J'ai fait plusieurs voyages à Ferney. Le plus court a été de six semaines; le plus long, de six mois. Mais quinze jours passés à la campagne font mieux connaître un homme que les plus longues relations à Paris. J'ai vu, étudié Voltaire sous plus d'un rapport. Mme Denis, sa nièce, la petite Corneille, M. Dupuits et quelques autres personnes, résidaient habituellement chez lui. Un homme de lettres[2], d'un talent et d'une réputation distingués, passait dans son château un temps considérable. J'ai fait une tragédie sous ses yeux et sous sa dictée. Chacune de ces relations m'a présenté Voltaire sous un point de vue différent. Je transmets d'autant plus volontiers à l'avenir ce que j'ai connu de cet homme célèbre que les historiens de sa vie ne parleront vraisemblablement pas de lui avec cet abandon de franchise que je me permets de mettre dans mes dépositions. Rien n'est certainement aussi curieux pour la postérité qu'une juste et parfaite connaissance de l'homme qu'elle admire dans ses ouvrages. Mais cette connaissance fidèle et entière, on ne l'a presque jamais. Un zèle, bien ou mal entendu, cache les torts, dissimule les faiblesses, altère le motif des actions; enfin, de la vie d'un homme, il vous arrive quelques feuillets pleins de mensonges complaisants. Il a vécu soixante ou quatre-vingts ans : on vous tient compte de dix ou douze instants de sa vie, que l'on décore pompeusement du titre de son histoire...

C'est au mois de février de l'année 1766 que j'allai pour la première fois à Ferney...

Dès qu'on m'annonça chez lui, il vint à moi, et m'embrassa. Je le considérai avec une attention particulière; et je ne trouvai pas d'abord dans son visage la figure dont ses divers portraits m'avaient donné l'idée. Je le lui dis. « Dans quelque temps vous me retrouverez, me dit-il : on apprend à me voir. » Il me présenta à Mme Denis, m'installa dans la chambre où je devais coucher, et retourna ensuite à son travail...

J'avais envoyé, de Paris, à Voltaire une tragédie de moi, *Virginie*. Il me dit que le talent de Racine, combiné avec celui de Corneille, ne ferait pas réussir ce sujet sur notre théâtre. Il offre, en effet, d'énormes difficultés. La plus grande de toutes est d'empêcher qu'Appius ne soit un scélérat vil et méprisable, que son crime ne soit une basse atrocité. Le théâtre français,

---

1. Michel-Paul-Gui de Chabanon (1730-1792). Nous empruntons le récit de son séjour à Ferney à l'ouvrage peu connu et très-intéressant : *Tableau de quelques circonstances de ma vie, suivi de ma liaison avec mon frère Maugris*, Œuvres posthumes de Chabanon, Paris, 1795, in-8°, pages 104 et suiv.

2. La Harpe.

et nous devons nous en féliciter, rejette ce qui ne doit produire qu'une impression d'horreur et de dégoût. Le crime y veut être annobli par la grandeur de ses motifs, par la hardiesse de ses entreprises. Il faut qu'en le détestant on puisse l'admirer. Quiconque détruirait ces principes fondamentaux laisserait la scène en proie à tous les monstres dégoûtants que l'on voudrait y introduire, et les jugements de la Tournelle deviendraient à la fin le répertoire de nos pièces tragiques.

Malgré l'arrêt de proscription qu'un grand homme a prononcé sur le sujet de *Virginie,* je ne m'étonnerais pas qu'un homme de génie le traitât avec succès. La main-d'œuvre fait tout. Voltaire lui-même l'a dit et prouvé par ses ouvrages. Il pensait que le plan de *Cinna,* dépouillé de toutes les richesses dont l'exécution l'a embelli, pouvait n'être pas regardé comme un sujet heureux. On ne doit soupçonner nulle mauvaise intention dans ce jugement, puisque *Cinna* est, de toutes les pièces de Corneille, celle que Voltaire a le plus admirée...

J'avais demandé à Voltaire s'il approuvait le meurtre de Virginie commis sur le théâtre, ou bien Virginius seulement paraissant armé du poignard sanglant et dans le délire de la douleur. Voltaire me répondit : « Assassinez, monsieur, assassinez : c'est toujours le mieux ; mais souvenez-vous qu'il faut la sauce à ce poisson-là. »

Voltaire savait que j'avais donné quelques années auparavant la tragédie d'*Éponine,* qui était tombée. Il voulut la voir. Dans cette tragédie, Mucien, premier ministre de l'empire sous Vespasien, autorisait l'audace de ses vices par un souverain mépris pour toute loi divine et humaine. Il niait jusqu'à l'Être suprême. Voltaire, après avoir lu ma tragédie, sortit de son cabinet en riant, et me dit : « Monsieur, Procope et Gradot, tous deux tenant café et assemblée de beaux esprits, se disputèrent un jour sur la prééminence de ceux qui donnaient de l'illustration à leur boutique. Procope citait Lamotte, Saurin, Rousseau, etc. J'ai mieux que tout cela, reprit Gradot, j'ai un athée. Vous pouvez en dire autant de votre tragédie. » C'était Mucien. De cette plaisanterie, que l'air et le ton rendaient peu désobligeante, il passa à l'examen de l'ouvrage. J'en avais reconnu les défauts lorsque la pièce avait été jouée. Voltaire trouvait le sujet plus théâtral que celui de Virginie. Je pense de même, et peut-être m'amuserai-je quelque jour à refaire cette tragédie, d'après les nouvelles idées qui me sont venues.

Je ramenai la conversation sur le genre de la tragédie : ç'avait été jusqu'alors le principal objet de nos études; la théorie de cet art exige une longue expérience, je suppléais à celle qui me manquait par celle d'un grand homme si supérieur dans cette partie. Je faisais passer successivement devant ses yeux les divers sujets qui m'avaient paru dignes d'être mis au théâtre. Je ne lui en ai, pour ainsi dire, présenté aucun sur lequel son imagination ne se soit enflammée tout d'abord. Un ou deux jours après, il m'en reparlait avec moins d'enthousiasme. Le sentiment des beautés s'était affaibli; celui des inconvénients du sujet prévalait à son tour. Je n'ai pas connu d'imagination plus mobile que la sienne, et plus facile à s'engouer pour les ouvrages et pour les personnes.

Il ne cessait de me répéter qu'en composant le plan d'une tragédie il faut d'abord s'assurer d'un cinquième acte théâtral et intéressant. Alors, on développe son sujet à reculons. S'il s'y trouve du froid et du vide, il vaut mieux que ce soit vers le commencement. On ne peut contester l'utilité de cette méthode, quoique ce n'ait pas été celle de Racine.

Voltaire croyait avantageux de placer le principal intérêt dans le rôle d'une femme. Ce principe de poétique est purement local, relatif à nos mœurs, à la prédominance que nous donnons aux femmes dans la société. On peut observer qu'il n'a mis dans aucune de ses pièces un rôle de femme odieux. Le crime de Sémiramis n'est présenté que dans le lointain : ses remords, ses affections maternelles, sollicitent l'intérêt en sa faveur; et sa grandeur imposante commande le respect.

L'anecdote suivante peut faire juger à quel point Voltaire, au théâtre, cherchait à se concilier la bienveillance des femmes, à capter la faveur de leurs jugements. L'acteur qui jouait Orosmane, à la première représentation de *Zaïre*[1], avait ordre de supprimer les deux vers suivants, pourvu que le sort de la pièce jusque-là fût incertain :

> Et ce sexe orgueilleux, qui veut tout asservir,
> S'il commande en Europe, ici doit obéir.

Dans ce monde de sujets tragiques, dont j'avais causé avec Voltaire, celui auquel nous nous arrêtâmes fut *Eudoxie*.

Cette impératrice romaine, après avoir épousé Maxime, découvre que c'est lui qui a fait périr Valentinien, son premier époux. Liée par ses serments, par les instances du Sénat, elle se voit réduite à venger l'un de ses maris sur l'autre. Elle recourt à Genseric, roi des Vandales, et lui confie le soin de sa vengeance. Celui-ci profite de cette circonstance pour s'emparer de Rome, qu'il met à feu et à sang.

Voltaire se passionnait sur ce sujet; mais nous ne l'envisagions pas l'un comme l'autre. Je concevais Eudoxie brûlante d'amour pour Maxime, et forcée de punir en lui le meurtrier de Valentinien. Selon Voltaire, l'amour dégradait mon héroïne et ma tragédie. Il voulait qu'Eudoxie ne fût qu'impératrice, et que sa vengeance ne fût retenue que par le titre d'époux, qui près d'elle servait d'égide à Maxime. « Méfiez-vous, me disait-il, de la tendresse de votre âme et du goût que vous avez pour l'amour. Ne songez pas à votre maîtresse en faisant votre tragédie. »

Je suis bien assuré qu'en lisant ceci, beaucoup de personnes penseront que Voltaire ne me conseillait pas de bonne foi. La suite détruira, je pense, ce soupçon calomnieux. Avant de continuer cet article, j'ai relu les deux plans d'*Eudoxie*, que j'avais écrits en prose et qu'il a remplis de notes mises à la marge. Je trouve avec attendrissement ces témoignages de la bienveillance et de la grâce avec laquelle ce grand homme m'obligeait.. De retour à Paris, je causai de mon plan avec beaucoup de gens de lettres. J'ignorais

---

1. Le 13 août 1732.

alors qu'il en est peu qu'on puisse consulter sûrement. Il n'y eut qu'une voix sur le rôle d'Eudoxie. La pièce était manquée, disait-on, si l'impératrice n'aimait pas Maxime, sur qui elle avait à punir l'assassin de son époux. Le combat de son devoir et de son amour devait former tout l'intérêt de la pièce. J'étais entièrement de cet avis; mais Voltaire n'en était pas. *Les dieux étaient pour un parti et Caton seul pour l'autre.*

Je retournai à Ferney en 1767, décidé à suivre mon impulsion naturelle plutôt que les conseils du maître. Il répugnait au parti que j'allais prendre : cependant il me dit de me livrer au vent qui me poussait. J'achevai d'arrêter mon plan, en lui communiquant sans cesse mes doutes et mes embarras. Dès que mon premier acte fut écrit en vers, il voulut que je le lui montrasse, quoique ce ne fût encore que le premier jet. On ne se figure pas le ravissement où il était lorsqu'il transmettait à autrui son ardeur dévorante pour l'étude. Je lui ai entendu dire cent fois à ce sujet : « J'aime à débaucher la jeunesse. » Lorsqu'on devait lui communiquer quelque chose de nouveau : « Bravo! s'écriait-il, bravo, notre petit Ferney! » Si nous nous rencontrions dans son parc rêvassant l'un et l'autre, il me disait : « Allons, promenez-vous avec la folle de la maison. » C'est l'imagination qu'il appelait ainsi. Après m'avoir donné quelque avis relatif à ma pièce, son dernier mot était ordinairement : *Cuisez, cuisez cela.* La tête la plus froide serait devenue auprès de lui pensante et active.

Je lui portai le matin mon premier acte en vers. Une heure après, il me le rapporta dans ma chambre. Il m'embrassa avec transport : « Cela est admirable, me dit-il; cela est fait avec un art infini : tout est prévu, préparé; c'est un des plus beaux vestibules tragiques que j'aie vus. » A dîner il me répéta ces mêmes paroles, et durant plusieurs jours il ne m'appela plus que *monsieur du Vestibule.* Sur la copie de cet acte, il n'avait écrit que deux ou trois observations très-légères. Tous ces manuscrits sont entre mes mains. Le grand nom de Voltaire les rendra quelque jour intéressants et instructifs pour les jeunes gens qui s'exercent dans le genre de la tragédie.

Je ne me rappelle pas que mes autres actes aient été soumis, ainsi que le premier, à l'examen de Voltaire. Lorsque la pièce fut écrite tout entière, on arrêta de la lire à toutes les personnes du château rassemblées. Je m'aperçus qu'en lisant j'ennuyais Voltaire; je sentis que l'ouvrage pesait sur lui. Sa vivacité naturelle ne devait pas lui permettre de m'entendre jusqu'à la fin : car il ne savait dompter ni régler aucun de ses mouvements; il écouta pourtant jusqu'au bout et avec indulgence, indiquant qu'il y avait du remède à ce qui n'était pas bien. Au second acte, cinq ou six vers du rôle de Maxime lui arrachèrent un applaudissement donné avec transport. A la fin, il prit le manuscrit et l'emporta dans son cabinet. Lorsqu'il l'eut relu, il revint avec une sorte de fureur à son premier avis, qu'il était ridicule de faire Eudoxie amoureuse. De ce moment, il se laissa dominer par son humeur; et, il faut l'avouer, l'humeur le rendait dans tous les cas injuste, forcené; si j'osais, je dirais féroce. Il reconnaissait en lui et confessait ce défaut, qui, je le crois fermement, a été le principe des plus grandes fautes qu'il ait faites. Croirat-on qu'à table même il ne me regardait plus qu'avec rage? Son dépit et son indignation contre Eudoxie amoureuse s'exhalaient par mille propos qui s'adressaient indirectement à moi. « Oh! que je hais l'amour, disait-il n'importe à quel sujet; c'est un sentiment qui avilit tout. »

On se rappelle ce qu'il m'avait dit d'abord de mon premier acte, le peu de notes critiques qu'il y avait attachées. A ce dernier examen, il ne laissa pas pierre sur pierre de cet acte même. Je voulus lui rappeler son premier jugement. « Cela est impossible, me dit-il; je n'ai jamais pu être content de cela. » Telle était l'étonnante mobilité de son opinion qu'elle se contredisait elle-même. J'en ai eu d'autres preuves que celle-ci.

J'aurais reçu avec docilité, et peut-être sans une peine extrême, les critiques de Voltaire les plus décourageantes. Je ne résistai pas au chagrin de le voir quitter avec moi le ton paternel pour celui de la haine et de la persécution. Je confiai ma peine à Mme Denis, qui la partagea. Elle me dit: « Il est comme cela, on ne peut pas le refondre. » Je quittai le château et j'allai à la campagne auprès de Genève. Au bout de deux ou trois jours, je reçus une lettre de Voltaire, qui me rappelait auprès de lui très-amicalement, sans me dire un mot de ma tragédie. Je revins, et ne lui en parlai pas non plus. La saison s'avançait, les approches de l'hiver me rappelaient à Paris. Mon séjour à Ferney s'acheva sans qu'il fût question d'*Eudoxie*....

Durant les sept mois que je passai cette année à Ferney, nous ne cessâmes pas de jouer la tragédie devant Voltaire, et dans l'intention d'amuser ses loisirs par le spectacle de sa gloire. La première pièce que nous jouâmes fut *les Scythes,* qu'il avait nouvellement achevée. Il y joua un rôle. Je n'ai pu juger son talent d'acteur parce que, mon rôle me mettant toujours en scène avec lui, j'aurais craint de me distraire de mon personnage si j'eusse donné au sien un esprit d'observation. A l'une de nos répétitions seulement, je me permis d'écouter et de juger le premier couplet qu'il avait à dire. Je me sentis fortement ému de sa déclamation, toute emphatique et cadencée qu'elle était. Cette sorte d'art était naturelle en lui. En déclamant, il était poëte et comédien : il faisait sentir l'harmonie des vers et l'intérêt de la situation. Ce qu'on dit de la déclamation de Racine en donne une idée assez semblable. La première qualité du comédien, Voltaire l'avait : il sentait vivement; aussi faisait-il beaucoup d'effet.

Il pensait qu'un grand volume de voix et des inflexions fortes sont nécessaires pour émouvoir la multitude, pour ébranler cette masse inactive du public. Il n'a point exercé d'acteur tragique à qui il n'ait dit en plus d'un endroit : *Criez, criez*. Point de grands effets sans cela, me disait-il quelquefois. Je ne m'éloigne pas de ce principe; mais j'en crois l'application difficile et la promulgation dangereuse. Il n'appartient qu'aux gens fortement émus de crier avec succès. Or de tels acteurs se passent de conseils, et n'en peuvent recevoir que du sentiment qui les domine.

Les Scythes réussirent peu à Ferney. L'auteur s'en aperçut : cette vérité

---

1. *Eudoxie,* imprimée en 1769, Paris, Vve Duchesne, in-8°, sans avoir été représentée.

lui parvint comme toute vérité devrait parvenir aux rois, avec les ménagements qui en adoucissent l'amertume sans en dissimuler l'austère franchise. On redemandait *Adélaïde,* lorsque Voltaire eût voulu redonner *les Scythes.* C'est à cette occasion qu'il dit à Mme Denis : « Je ne sais pourquoi ils aiment tant *Adélaïde,* » mot de passion et de caractère où l'amour-propre préfère l'injure qu'il se fait à celle que d'autres veulent lui faire.

Rien de si solennel que nos représentations. On y accourait de Genève, de la Suisse et de la Savoie. Tous les lieux circonvoisins étaient garnis de régiments français, dont les officiers affluaient à notre théâtre. Nos habits étaient propres, magnifiques, conformes aux costumes des pièces que nous représentions. La salle était jolie, le théâtre susceptible de changements et digne de rendre la pompe du spectacle et des prodiges de *Sémiramis.*

Un jour, des grenadiers du régiment de Conti avaient servi de gardes à la représentation. Voltaire ordonnait qu'on les fît souper à l'office et qu'on leur donnât le salaire qu'ils demanderaient. L'un d'eux répondit : « Nous n'en accepterons aucun ; nous avons vu M. de Voltaire : c'est là notre payement. » Voltaire entendit cette réponse ; il fut dans le ravissement. « O mes braves grenadiers ! s'écria-t-il avec transport, ô mes braves grenadiers ! » Il leur dit de venir manger au château tant qu'ils voudraient, et qu'on les emploierait lucrativement pour eux s'ils voulaient travailler. Il le faut avouer : sa sensibilité répandait un charme aimable sur les jouissances que la gloire lui procurait. Ces triomphes, consacrés à l'orgueil, développaient en lui des sentiments de bonté ; et lorsqu'une circonstance d'éclat l'avertissait de sa supériorité, les mouvements de son âme le rapprochaient de ceux qu'il dominait par l'avantage des talents. Nul homme ne sut triompher avec plus de grâce et d'intérêt. Né pour la gloire, il faisait aimer la sienne, parce qu'il aimait mieux ceux qui la lui dispensaient. On sait qu'à la Comédie française, le jour de son couronnement, il répandit des pleurs. Il en avait l'usage familier et quelquefois immodéré. A la fin de toutes nos représentations, il venait sur le théâtre nous embrasser ; il attestait les larmes dont il était baigné, comme des preuves de son plaisir et de sa reconnaissance. Et l'on a pu me reprocher le goût naturel qui m'attache à lui ! O grand homme aimable ! tu m'as fait une nécessité de te chérir, autant que de t'admirer. Je parle à la postérité ; je lui dois la vérité ; je ne lui dissimulerai pas tes torts et tes défauts ; mais je publierai avec transport tout ce qui dut te concilier l'estime et l'amitié.

Un jour, il vint à table tenant à la main un plaidoyer de M. Servan en faveur d'un protestante mariée avec un catholique [1]. Il voulut nous en lire la péroraison : les larmes le suffoquaient ; il sentait que son émotion était plus forte que le discours ne le comportait, quoique noble et touchant. « Je pleure plus que je ne devrais, nous dit-il ; mais je ne puis me retenir. » Telles étaient les émotions dont il était susceptible.

Chaque jour de représentation était au château un jour de fête. Il res-

---

1. *Discours dans la cause d'une femme protestante,* Genève (Grenoble), 1767, in-12. — Voyez la lettre à Servan du 14 février 1767.

tait soixante ou quatre-vingts personnes à souper, et l'on dansait toute la nuit. Voltaire ne faisait que paraître quelques moments au repas ou à la danse, et l'on se peint aisément l'effet que sa présence y produisait. Après avoir payé ce tribut à l'empressement de ceux qui le désiraient, il se retirait chez lui et travaillait ou s'endormait au son des violons, car sa chambre à coucher était voisine de l'antichambre où les domestiques dansaient. Ce bruit ne l'incommodait point, et il aimait à voir régner l'allégresse dans sa maison....

J'ai promis de peindre Voltaire sous des faces différentes : en voici une nouvelle.

J'ai dit qu'un homme de lettres, fort distingué par ses talents, demeurait en même temps que moi à Ferney. Quelque confiance qu'il pût avoir dans ses forces, l'extrême infériorité de son âge[1], comparé à celui de Voltaire, semblait lui prescrire de la déférence pour les conseils d'un homme tout à la fois si habile et si expérimenté. Un jour cependant il résistait à une critique de Voltaire, énoncée avec les ménagements les plus doux. La défense était moins douce que l'attaque. Tout autre que Voltaire eût pu se sentir offensé de ce qu'on lui disait : « N'en parlons plus; cela restera sûrement. » Loin d'être découragé par cette réponse au moins vigoureuse : « Mon fils, reprenait-il, vous me ferez mourir de chagrin si vous ne changez pas la métaphore. » Car une métaphore était l'objet de tout ce bruit. *O vanas hominum mentes!* L'orateur, en parlant du commerce, avait dit : *Ce grand arbre du commerce, étendant au loin ses branches fécondes,* etc. Voltaire condamnait cette figure : il prétendait qu'un arbre ne pouvait pas servir d'emblème au commerce, toujours inséparable du mouvement[2].

Je gardais le silence dans ce long débat, où les tons mal assortis des deux contendants me causaient tant de surprise. Sommé plusieurs fois de déclarer mon sentiment, j'opinai en faveur de l'orateur. « Les deux métaphores, dis-je alors, de *branches* du commerce et de *fruits* du commerce sont généralement reçues : dès lors l'arbre est tout venu. — Hom! dit Voltaire, il y a bien quelque chose de vrai là-dedans, mais mon fils n'en jettera pas moins son arbre à bas. »

Le même homme de lettres dont je viens de parler jouait un rôle

---

1. En 1767, La Harpe avait vingt-huit ans.
2. Nous trouvons dans Pougens une scène semblable où se peint bien le caractère des deux interlocuteurs : « Un jour, étant à Ferney, M. de La Harpe lut à M. de Voltaire quelques scènes d'une tragédie que, selon son usage, il croyait excellente, parce que, en général, elles lui coûtaient toutes beaucoup de peine. L'illustre auteur de *Zaïre* lui dit : « Allons, petit, — c'était un nom d'amitié qu'il avait coutume de lui donner, — relisez-moi toute cette scène, peut-être ai-je mal entendu. » M. de La Harpe recommença ; alors M. de Voltaire voulut lui faire quelques observations. Le jeune poëte se mit en fureur et finit par dire des injures à son maître. « Ah! petit est colère! » reprit en riant de toutes ses forces le patriarche de Ferney. Heureusement on servit le dîner, et M. de La Harpe, qui n'était pas insensible aux plaisirs de la table, s'apaisa. (C. Pougens, *Lettres philosophiques à madame* ***; Paris, 1826, page 36.)

important dans *Adélaïde*. Il dit à Voltaire : « Papa, j'ai changé quelques vers dans mon rôle qui me paraissaient faibles. — Voyons, mon fils. » Voltaire écoute les changements, reprend : « Bon, mon fils, cela vaut mieux : changez toujours de même ; je ne puis qu'y gagner. »

Enhardi par ce succès, le réformateur de Voltaire osa le réformer dans une pièce qu'il venait d'achever ; et il ne prévint pas même l'illustre auteur des corrections qu'il s'était permises. Voltaire, au théâtre, s'aperçut des changements faits à ses vers ; il criait de sa place : « Il a raison ; c'est mieux comme cela. » On a peine à concilier cette abnégation d'amour-propre et de toute supériorité avec le sentiment d'ombrage et d'inquiétude que sa gloire, dit-on, lui a si souvent inspiré.

LVII.

EXTRAIT D'UNE

LETTRE DE FERNEY[1].

1er juillet 1769.

Vous me demandez des nouvelles du patron ? Je vous dirai que j'en ai été très-bien reçu ; que c'est un homme charmant de tout point, mais intraitable sur l'article de la santé. Il devient furieux quand on lui dit qu'il se porte bien : vous savez qu'il a la manie d'être malade depuis quarante ans ; elle ne fait qu'augmenter avec l'âge ; il se prétend investi de tous les fléaux de la vieillesse ; il se dit sourd, aveugle, podagre. Vous en allez juger. Le premier jour que j'arrivai, il me fit ses doléances ordinaires, me détailla ses infirmités. Je le laissai se plaindre, et pour vérifier par moi-même ce qui en était, dans une promenade que nous fîmes ensemble dans le jardin tête à tête, je baissai sensiblement la voix, au point d'en venir à ce ton bas et humble dont on parle aux ministres, ou aux gens qu'on respecte le plus. Je me rassurai sur ses oreilles. Ensuite, sur les compliments que je lui faisais de la beauté de son jardin, de ses fleurs, etc., il se mit à jurer après son jardinier, qui n'avait aucun soin, et en jurant il arrachait de temps en temps de petites herbes parasites, très-fines, très-déliées, cachées sous les feuilles de ses tulipes, et que j'avais toutes les peines du monde à distinguer de ma hauteur. J'en conclus que M. de Voltaire avait encore des yeux très-bons ; et par la facilité avec laquelle il se courbait et se relevait, j'estimai qu'il avait de même les mouvements très-souples, les ressorts très-liants, et qu'il n'était ni sourd, ni aveugle, ni podagre. Il est inconcevable qu'un homme aussi ferme et aussi philosophe ait sur sa santé les frayeurs et les ridicules d'un hypocondre ou d'une femmelette. Dès qu'il se

---

1. Cet extrait se trouve dans les *Mémoires secrets pour servir à l'Histoire de la république des Lettres* (Bachaumont). Londres, 1784, tome IV, pages 269.

sent la moindre chose, il se purge... Le plus singulier, c'est que dès la fleur de l'âge il ait été tel... Au reste, vous vous rappelez le mot de Dumoulins, qui, dans un accès d'impatience sur l'énumération de ses maux et de ses peurs, se mit à l'injurier et à lui protester qu'il ne devait pas craindre la mort, puisqu'il n'avait pas de quoi mourir. Rien de plus vrai : c'est une lampe qui s'éteindra faute d'huile, quand le feu dont il est dévoré aura tout consumé...

LVIII.

MESURES PRISES

EN VUE DE L'ÉVENTUALITÉ DE LA MORT DE VOLTAIRE

1774.

NOTE DE BERTIN [1],

MINISTRE ET SECRÉTAIRE D'ÉTAT.

Le roi désire que si Voltaire vient à mourir, on fasse sur-le-champ mettre le scellé sur ses papiers, ou qu'au moins on en distraie tout ce qui pourra concerner toutes correspondances ou écrits concernant les princes et leur cour, ministres ou gouvernement, et en particulier la cour ou gouvernement de France; comme aussi tout écrit ou manuscrit concernant la religion et les mœurs, même ceux d'histoire, de littérature ou de philosophie, dans lesquels il larde toujours du sien.

M. D. L. B. sent que, pour cet effet, il faut envoyer les ordres dès à présent, et que cependant ils soient secrets.

Voici ce que j'ai imaginé :

1° Une lettre à monsieur l'intendant de Bourgogne, qui lui donne ordre d'envoyer à son subdélégué de Gex, s'il est le plus voisin de Genève, un paquet cacheté, avec ordre de le garder ainsi cacheté jusqu'à ce que ledit subdélégué reçoive de monsieur l'intendant ou *de moi* l'ordre de le décacheter; le tout pour une affaire importante.

2° Dans le paquet une lettre pour le subdélégué, avec les ordres nécessaires et *une instruction*. On dit une instruction : 1° parce qu'en province on n'y entend rien, M. de La Barberie peut se souvenir de la façon dont les officiers de maréchaussée, d'ailleurs instruits, se sont comportés en semblable occasion; 2° parce qu'il faut prévoir le cas où il n'y aura aucun juge ou officier de justice appelé pour apposer les scellés; et en ce cas il fera la recherche des papiers partout, les fera mettre à part dans une malle ou plusieurs, en dressera procès-verbal, qu'il fera signer à l'héritier ou représen-

---

1. Copié sur l'original, entièrement de la main de Bertin, qui avait écrit au haut de la pièce : *Si M. D. L. B. peut tenir tout prêt pour lundi au soir.*

Il paraît que M. de La Barberie eut égard à la note, puisque la lettre d'envoi est du 19 juillet 1774, qui était le mardi. (B.)

tant, ou autre concierge, et remettra la malle et le scellé[1] à la garde d'un homme sûr, sauf à en faire ensuite un inventaire avec cote et paraphe, plus de loisir et toujours contradictoirement, où le juge sera appelé et en fonctions; et en ce cas le subdélégué requerra la distraction des papiers en question pour en être ordonné par Sa Majesté, et il les recevra en en dressant s'il veut de son côté procès-verbal, donnant son reçu au bas du verbal du juge ou au bas de l'inventaire[2] qui en sera fait en même temps ou après et à loisir, et remettra en même temps l'ordre; ou enfin s'il trouve le scellé mis, il le croisera, examinera s'il n'y avait pas quelque endroit où fussent des papiers[3], et où il n'y eût pas de scellé pour l'y mettre, dressera son verbal et nous l'adressera.

3° Ma lettre d'envoi du paquet au subdélégué, qui lui dit de le garder jusqu'à nouvel ordre de la part de monsieur l'intendant ou de moi, ou de M. Hennin, notre résident à Genève; le tout sous le secret.

4° Une lettre à M. Hennin pour lui adresser une lettre de moi au subdélégué de Gex, qui lui donne ordre d'ouvrir son paquet, et par laquelle je manderai à M. Hennin de n'envoyer ma lettre audit subdélégué qu'au moment où M de Voltaire décéderait, ou serait sans ressource; mais de la lui faire passer alors tout au plus tôt, et de garder le secret.

1° Lettres et correspondances;
2° Présence des parents, et, en leur absence, du procureur du roi;
3° Le gardien du scellé;
4° Dont il constatera la remise;
5° Le scellé de l'héritier ou du concierge, et leur signature au verbal.

RAPPORT AU ROI[4].

DÉPARTEMENT DANANDE.

Sa Majesté ayant désiré que tous les ouvrages et autres écrits qui se trouveront dans les maisons du sieur de Voltaire, lors de son décès, soient mis sous les yeux de Sa Majesté pour les examiner, il a été expédié un mémoire d'instruction sur la conduite que doit tenir le subdélégué de l'intendant de Bourgogne, pour que ces papiers lui soient remis, après qu'il en aura été dressé un procès-verbal et un inventaire.

Il a aussi été expédié trois ordres à l'effet de cette opération :

Le premier enjoint à l'officier de justice qui serait appelé pour apposer les scellés dans les maisons du sieur de Voltaire, de remettre au subdélégué de monsieur l'intendant de Bourgogne tous les ouvrages et manuscrits qui

---

1. En marge, Bertin avait écrit : *Pour cet article, des ordres particuliers.*
2. Ici Bertin avait mis en marge : *Autres ordres particuliers.*
3. Ici encore il y a en marge : *Autres ordres.*
4. Copié sur l'original, ayant marge à droite et à gauche; au haut de la marge à droite on lit *Décision*. La décision fut mise au bas du rapport.

Ce rapport, sans signature, avait été fait par Bertin, ministre et secrétaire d'État. (B.)

s'y trouveront, après que ces papiers auront été cotés et paraphés, et qu'il en aura été dressé procès-verbal.

Le deuxième, qui servira dans le cas où les scellés auraient déjà été apposés dans les maisons du sieur de Voltaire, lorsque le subdélégué de l'intendant y sera arrivé, enjoint aux héritiers du sieur de Voltaire ou à leurs représentants, ou, à défaut des uns et des autres, aux concierges de ses maisons, de lui ouvrir lesdites maisons, de lui faire voir tous les scellés qui auront été apposés, afin qu'il les croise par les siens, et qu'il puisse en apposer d'autres dans les autres endroits où il le jugerait nécessaire. Cet ordre fait défenses à tous officiers de justice de lever les scellés sans y appeler le subdélégué de l'intendant qui les aura croisés, et ordonne que tous les ouvrages, écrits, manuscrits, et autres papiers dont il requerra la distraction, lui soient remis, après qu'il en aura été dressé inventaire, et qu'ils auront été cotés et paraphés.

Le troisième ordre ordonne que, dans le cas où il n'y aurait point d'officier de justice appelé pour apposer les scellés, les héritiers du sieur de Voltaire ou leurs représentants, et à leur défaut les concierges des maisons, seront tenus d'ouvrir au subdélégué de l'intendant toutes les chambres et cabinets, armoires et autres endroits des maisons du sieur de Voltaire, dans lesquels il peut se trouver des papiers, et de remettre au subdélégué tous ceux dont il requerra la distraction, après qu'il en aura été dressé procès-verbal, et qu'ils auront été cotés et paraphés en leur présence.

Votre Majesté est suppliée d'approuver et d'autoriser l'expédition du mémoire d'instruction et des ordres ci-dessus.

Bon[1].

LETTRE DU MINISTRE BERTIN

(M......, SUBDÉLÉGUÉ DE MONSIEUR L'INTENDANT DE BOURGOGNE[2].)

Marly, .. juillet 1774.

Monsieur l'intendant de Bourgogne, M....., qui vous fera passer ma lettre, vous enverra en même temps un paquet cacheté que vous garderez sans l'ouvrir, jusqu'à ce que vous en receviez l'ordre, soit de monsieur l'intendant, de M. Hennin, résident de France à Genève, ou de moi-même. Aussitôt que vous aurez reçu l'ordre de l'ouvrir, vous lirez avec attention ce qu'il contient, et vous exécuterez les ordres qui vous seront donnés, toute affaire cessante. Je n'ai pas besoin de vous dire qu'il est nécessaire que vous gardiez le secret sur la réception de ce paquet, jusqu'à ce que vous ayez reçu l'ordre de l'ouvrir.

Je suis, etc.

1. Sur l'original que j'ai vu, ce dernier mot est de la main de Louis XVI. (B.)
2. Copié sur la minute. (B.)

LETTRE DE M. BERTIN.

(M. L'INTENDANT DE BOURGOGNE [1].)

Marly, .. juillet 1774.

Le roi, monsieur, m'a ordonné de vous adresser le paquet ci-joint, que vous aurez agréable d'envoyer, cacheté comme il est, à celui de vos subdélégués qui est le plus voisin de Genève. L'intention de Sa Majesté est que vous donniez ordre à ce subdélégué de garder le paquet cacheté, et de ne l'ouvrir que lorsqu'il recevra, soit de vous ou de moi, l'ordre de le décacheter. Ce paquet concerne une affaire importante, et vous aurez soin de recommander à votre subdélégué d'exécuter, lorsqu'il en sera temps, les ordres qu'il contient, toute affaire cessante.

Je suis, etc.

P. S. Je joins au paquet une lettre pour votre subdélégué, que vous lui enverrez en même temps que le paquet, par laquelle je lui marque de ne l'ouvrir que lorsqu'il en recevra les ordres.

Vous concevez qu'il est nécessaire de garder le secret sur la réception et l'envoi de ce paquet.

LETTRE DE M. BERTIN.

(M. HENNIN [2].)

Marly, .. juillet 1774.

Je vous envoie, monsieur, une lettre pour le subdélégué de l'intendant de Bourgogne, résident à...., que je vous prie de ne lui envoyer que dans le moment où M. de Voltaire viendra à mourir, ou sera sans aucune ressource; mais aussitôt qu'il sera dans cet état, je vous prie de faire passer, le plus promptement qu'il sera possible, ma lettre à ce subdélégué. Jusqu'à ce que vous en fassiez usage, vous voudrez bien garder le secret sur ce que je vous marque.

Je suis, etc.

LETTRE DE M. BERTIN.

(M. LE SUBDÉLÉGUÉ DE L'INTENDANCE A GEX [3].)

Marly, 19 juillet 1774.

Aussitôt, monsieur, que vous recevrez la présente lettre, que j'ai chargé M. Hennin de vous faire passer, vous aurez agréable d'ouvrir le paquet que je vous ai adressé le 19 juillet, et d'exécuter les ordres contenus dans le

---

1. Copié sur la minute. L'intendant de Bourgogne était Amelot de Chaillou. On voit par la réponse que la lettre était datée du 19.
2. Copié sur la minute. (B.)
3. Copié sur la minute et sur l'original.

mémoire d'instruction que vous trouverez dans le paquet. Vous ne perdrez aucun temps pour cela, et vous vous conformerez, s'il vous plaît, exactement à ce qui est porté dans ce mémoire.

Je suis, monsieur, votre très-humble et très-obéissant serviteur.

BERTIN.

LETTRE

DE L'INTENDANT DE BOURGOGNE [1].

Dijon, ce 23 juillet 1774.

Monsieur[2], j'ai reçu par le courrier d'hier la lettre que vous m'avez fait l'honneur de m'écrire, en date du 19 de ce mois, ainsi que le paquet et la lettre qui y était jointe, adressée à mon subdélégué du pays de Gex, qui est effectivement le plus voisin de Genève, n'en étant éloigné que de trois petites lieues. Je lui fais passer par le courrier de ce soir le paquet cacheté tel que je l'ai reçu, et je lui donne ordre de le garder cacheté, et de ne l'ouvrir que lorsqu'il recevra soit de vous, monsieur, soit de M. Hennin, résident du roi à Genève, soit de moi, l'ordre de le décacheter; et je lui recommande d'exécuter, lorsqu'il en sera temps, les ordres qu'il contient toute autre affaire cessante; et lui recommande également de garder le secret sur la réception de ce paquet. Je vous prie aussi, monsieur, d'être bien persuadé de ma discrétion à cet égard.

Je suis avec un profond respect, monsieur, votre très-humble et très-obéissant serviteur.

AMELOT.

LETTRE DU SUBDÉLÉGUÉ

DE L'INTENDANT DE BOURGOGNE, A GEX [3].

MONSEIGNEUR,

Monsieur l'intendant de Bourgogne m'a fait passer la lettre que vous m'avez fait l'honneur de m'écrire le 19 du présent mois, avec le paquet cacheté que vous m'y annoncez, et que je ne dois ouvrir que lorsque j'y serai autorisé par vous, monseigneur, par monsieur l'intendant, ou par M. Hennin. Je vous prie, monseigneur, d'être persuadé de mon exactitude à me conformer à ce que vous me faites l'honneur de m'écrire relativement à ce paquet, et de mon zèle à exécuter les ordres qu'il renferme.

Je suis avec un profond respect, monseigneur, votre très-humble et très-obéissant serviteur,

FABRY.

A Gex, le 31 juillet 1774.

1. Copié sur l'original.
2. M. Bertin.
3. Copié sur l'original.

LETTRE DU MINISTRE BERTIN A M. HENNIN,
RÉSIDENT DE FRANCE A GENÈVE [1].

Fontainebleau, 17 octobre 1774.

J'ai eu l'honneur de vous écrire, monsieur, de la part du roi, pendant le voyage de Compiègne, pour vous confier l'objet des ordres dont vous êtes dépositaire, et de vous inviter à me faire part de vos observations sur cet objet, et surtout sur les démarches ou précautions ultérieures que l'on pourrait avoir à prendre, si vous en aviez quelqu'une à me faire. Je n'ai point reçu de réponse. J'ai eu occasion d'en dire, il y a quelques jours, un mot à Sa Majesté, et je lui ajoutai que je vous écrirais. Je vous prie donc de me faire réponse, ne fût-ce que pour accuser la réception de ma première lettre et de celle-ci, en cas que vous n'ayez aucune réflexion à me proposer à ce sujet, et de mettre votre réponse sous double enveloppe. Au surplus, je dois vous prévenir que, s'il y avait quelque démarche à faire en pays étranger, le roi n'est point dans l'intention, du moins quant à présent, que son nom paraisse. Ainsi je vous prie de vous régler sur cela en cas d'événement, et jusqu'à ce que vous eussiez des ordres contraires.

Je suis avec un parfait attachement, monsieur, votre, etc.

LETTRE DE L'INTENDANT DE BOURGOGNE [2]
A M. BERTIN.

A Paris, le 15 janvier 1775.

Monsieur, vous avez adressé, le 19 juillet de l'année dernière, à M. Amelot, mon prédécesseur à l'intendance de Bourgogne, un paquet cacheté pour le faire passer au subdélégué le plus voisin de Genève, avec ordre de le garder, et de ne l'ouvrir que lorsqu'il recevrait, soit de vous, monsieur, soit de M. Hennin, résident de France à Genève, soit de M. Amelot, l'ordre de le décacheter. M. Amelot s'est conformé à vos intentions, ainsi que le subdélégué de Gex, à qui le paquet a été envoyé. Comme il s'est écoulé six mois depuis cette époque, et que M. Hennin, sans s'ouvrir sur l'objet dont il s'agit, a fait entendre à mon subdélégué que l'affaire relative au paquet n'aurait pas lieu, je vous prie, monsieur, de me mander s'il doit toujours garder ce paquet, ou s'il convient qu'il me le renvoie pour vous être remis. Je me conformerai à ce que vous croirez devoir prescrire à cet égard.

Je suis avec un profond respect, monsieur, votre très-humble et très-obéissant serviteur.

DUPLEIX.

1. Copié sur la minute.
2. Copié sur l'original.

INSTRUCTION [1].

De par le Roi.

Sa Majesté désirant examiner par elle-même les ouvrages et autres écrits qui se trouveront dans les maisons du sieur de Voltaire, lors de son décès, a ordonné et ordonne au subdélégué de l'intendant de Bourgogne, résidant à Gex, de se transporter dans les maisons du sieur de Voltaire aussitôt qu'il aura ouvert le paquet, dans lequel est enfermé le présent mémoire d'instruction.

Si, lorsque ledit subdélégué sera arrivé, le juge du lieu ou autre officier de justice a été appelé pour apposer les scellés, le subdélégué lui remettra l'ordre du roi coté n° 1, dont il se fera donner un reçu, et il requerra la distraction de tous les ouvrages, manuscrits, et autres papiers écrits de la main du sieur de Voltaire, ou de quelque autre que ce soit, qui pourraient concerner les rois, princes, et autres souverains, leur cour, leurs ministres, ou le gouvernement de leurs États, et en particulier la cour et le gouvernement de France, ainsi que les lettres et correspondances avec lesdits rois, princes et ministres, comme aussi tous ouvrages, écrits ou manuscrits, concernant la religion et les mœurs, même ceux d'histoire, de philosophie, ou de toute espèce de littérature.

Il se fera remettre lesdits papiers, dont il sera dressé procès-verbal et fait inventaire par l'officier de justice qui aura été appelé pour mettre les scellés, et par ledit subdélégué, en présence des héritiers du sieur de Voltaire ou de leurs représentants, ou, en leur absence, en présence du procureur du roi, soit dans l'instant même, soit dans un autre temps plus commode.

Dans ce dernier cas, les papiers ci-dessus seront mis dans une ou plusieurs malles qui seront scellées du cachet de l'officier de justice et de celui du subdélégué; et lesdites malles seront remises à la garde d'un homme sûr, qui en donnera son récépissé : les scellés ne seront levés qu'en présence du juge et du subdélégué qui les auront apposés, ainsi que des héritiers ou leurs représentants, ou, en leur absence, du procureur du roi ; et l'inventaire desdits papiers sera fait en présence et signé des uns et des autres.

Si, lors de l'arrivée du subdélégué, les scellés étaient déjà mis, ledit subdélégué remettra aux parents, héritiers du sieur de Voltaire, ou à leurs représentants, ou, au défaut des uns et des autres, aux concierges de ses maisons, ou autres gardiens de scellés, l'ordre coté n° 2, dont il constatera la remise, afin que tous les appartements lui soient ouverts; il croisera les scellés qui auront déjà été apposés, et il examinera s'il n'y aurait pas quelque endroit où il y eût des papiers, et où le scellé n'eût pas été mis. Dans ce cas, il le mettra lui-même en présence de l'héritier ou de son représentant, s'il se trouve sur le lieu ; ou au défaut, en présence du concierge de la maison ou autres gardiens des scellés; il en dressera son procès-verbal, qu'il fera signer par l'héritier ou autre personne qui aura assisté audit scellé.

---

[1]. J'ai vu de cette pièce, 1° la minute, 2° la mise au net, 3° l'expédition. (B.)

Dans le cas où il n'y aurait point d'officier de justice appelé pour apposer les scellés, ledit subdélégué remettra l'ordre coté n° 3 aux parents, héritiers du sieur de Voltaire, ou à leurs représentants, ou, au défaut des uns et des autres, aux concierges des maisons, afin qu'elles lui soient ouvertes ; et il en constatera la remise : il fera lui-même la recherche la plus exacte des papiers ci-dessus désignés, en présence de l'héritier ou de son représentant, ou enfin, au défaut de l'un ou de l'autre, en présence du concierge ou autre personne convenable ; il fera mettre tous lesdits papiers dans une ou plusieurs malles auxquelles il apposera son scellé, et fera apposer celui de l'héritier ou de son représentant, ou, en leur absence, celui du concierge ou autre personne dont il se sera fait assister dans la recherche des papiers ; et il remettra lesdites malles à la garde d'un homme sûr, qui en donnera son récépissé, sauf à faire ensuite l'inventaire desdits papiers plus à loisir, avec cotes et paraphes, en présence de l'héritier ou de la personne qui l'aura assisté dans la recherche desdits papiers, par laquelle il fera signer ledit inventaire. Il dressera du tout procès-verbal, qu'il signera et fera signer par ladite personne.

Il adressera ledit procès-verbal au sieur Bertin, ministre et secrétaire d'État, en l'informant de tout ce qu'il aura fait.

Fait à Marly, le 19 juillet 1774.

Louis.

Bertin.

ORDRE [1].

De par le Roi.

Il est enjoint au juge, notaire, ou autre officier de justice chargé d'apposer les scellés dans les maisons du sieur de Voltaire, de remettre au subdélégué de l'intendant de Bourgogne, qui montrera le présent ordre, tous les ouvrages et manuscrits qui se trouveront dans les maisons dudit sieur de Voltaire et qui pourraient concerner les rois, princes, et autres souverains, leur cour, leurs ministres, ou le gouvernement de leurs États, et en particulier la cour et le gouvernement de France, comme aussi tous ouvrages, écrits ou manuscrits, concernant la religion et les mœurs, même ceux d'histoire, de philosophie, et de toute espèce de littérature. Ordonne Sa Majesté audit officier de justice de dresser procès-verbal et de faire inventaire desdits papiers, après qu'ils auront été cotés et paraphés, tant par lui que par ledit subdélégué, qui signera aussi ledit procès-verbal et inventaire.

Fait à Marly, le 19 juillet 1774.

Louis.

Bertin.

ORDRE [2].

De par le Roi.

Il est enjoint aux parents et héritiers du sieur de Voltaire, ou leurs représentants, ou, au défaut des uns et des autres, aux concierges de ses

---

1. J'ai vu de cette pièce, 1° la minute, 2° l'expédition. (B.)
2. J'ai vu de cette pièce, 1° la minute, 2° l'expédition. (B.)

maisons, d'ouvrir lesdites maisons au subdélégué de l'intendant de la province de Bourgogne chargé du présent ordre, de lui faire voir tous les scellés qui auront été apposés, lesquels scellés seront croisés par ledit subdélégué, en présence de la personne à laquelle le présent ordre aura été remis; et dans le cas où ledit subdélégué jugerait convenable d'apposer des scellés dans quelque endroit où il n'y en aurait point été mis, ordonne Sa Majesté qu'ils seront par lui apposés en présence de ladite personne, qui signera, conjointement avec ledit subdélégué, le procès-verbal qui sera dressé de cette opération. Fait Sa Majesté défenses au juge ou autres officiers de justice qui auront apposé les premiers scellés, et à tous autres, de les lever sans y appeler le subdélégué de l'intendant qui les aura croisés. Ordonne Sa Majesté audit officier de justice de remettre audit subdélégué tous les ouvrages, écrits, manuscrits, et autres papiers dont il requerra la distraction lors de la levée desdits scellés, desquels papiers il sera fait inventaire après qu'ils auront été cotés et paraphés, tant par l'officier de justice que par le subdélégué, lesquels procès-verbal et inventaire seront signés de l'un et de l'autre.

Fait à Marly, le 19 juillet 1774.

LOUIS.

BERTIN.

ORDRE [1].

DE PAR LE ROI [2].

Il est enjoint aux parents, héritiers du sieur de Voltaire, ou à leurs représentants, ou, au défaut des uns et des autres, aux concierges de ses maisons, d'ouvrir au subdélégué de l'intendant de la province de Bourgogne, chargé du présent ordre, toutes les chambres, cabinets, armoires et autres endroits desdites maisons dans lesquelles il peut se trouver des papiers, et de remettre audit subdélégué tous ceux dont il requerra la distraction; desquels papiers, après qu'ils auront été cotés et paraphés, tant par ledit subdélégué que par l'héritier dudit sieur de Voltaire, son représentant ou autre personne qui aura accompagné ledit subdélégué, il sera fait inventaire et procès-verbal par ledit subdélégué, en présence de la personne qui l'aura accompagné dans la recherche qu'il en aura faite, et qui seront signés par l'un et par l'autre.

Fait à Marly, le 19 juillet 1774.

LOUIS.

BERTIN.

1. J'ai vu de cette pièce, 1° la minute, 2° l'expédition. (B.)
2. Dans le dossier que j'ai vu, on lisait en tête de cette pièce, et de la main de Bertin : *Le roi m'a ordonné verbalement de retirer ces papiers. M. D. L. B. m'en parler.*

Dans cette pièce étaient les deux premières pièces de cette série et l'*Instruction.* M. D. L. B. est M. de La Barberie, l'un des commis de Bertin.

LIX.

MADAME SUARD A FERNEY[1].

(JUIN 1775).

LETTRES A M. SUARD.

Vous voulez donc, mon ami, publier ces lettres qui n'ont été écrites que pour vous seul et qui n'étaient guère destinées aux honneurs de l'impression? Vous connaissiez mon enthousiasme pour M. de Voltaire : vous saviez que j'avais été nourrie, pour ainsi dire, dans l'admiration pour ce grand homme; que dans un voyage qu'il avait fait en Flandre, il était allé voir mon père, qui avait un très-beau cabinet de physique. Cette visite avait laissé des traces; on se la rappelait souvent dans ma famille, où ses beaux ouvrages étaient vivement appréciés et sentis. Entourée, depuis mon mariage, de tous les amis et de tous les admirateurs de M. de Voltaire; amusée, ou enchantée sans cesse par le charme de ses écrits, mon enthousiasme pour lui n'a pu que s'accroître encore. Comment ne pas admirer celui qui emploie son génie à défendre les opprimés ; à parler de Dieu comme du père commun de tous les hommes; de la tolérance comme du plus sacré de leurs droits et du plus cher de leurs devoirs? J'ai toujours été disposée à croire que les vertus sont en proportion du sentiment de bonté et d'humanité que chaque homme porte dans le cœur. Eh! en quel homme trouve-t-on ce sentiment plus profond, plus agissant que dans M. de Voltaire? Cet intérêt généreux qu'il portait aux opprimés l'a accompagné jusqu'à son dernier souffle; et dans son agonie même, ses dernières pensées ont été adressées à M. de Lally-Tolendal sur l'heureux succès d'une cause qui devait triompher, puisqu'elle était défendue par la piété filiale et l'éloquence la plus noble et la plus touchante.

En adorant le génie et l'âme passionnée de Voltaire pour les intérêts de ses semblables, je ne prétends pas approuver les excès où l'a souvent entraîné la violence de ses passions. Je ne le considère point comme un modèle de vertu dans sa vie, quoique remplie d'actions nobles et généreuses, je l'envisage encore moins comme un exemple de sagesse dans tous ses ouvrages. Je réserve le culte que nous devons à la parfaite vertu pour les Antonins, les Marc-Aurèles et les Fénelons. Mais notre reconnaissance et notre admiration s'attachent encore à ceux qui, malgré leurs erreurs et leurs fautes, ont employé tous les moyens d'un génie bienfaisant et actif à faire disparaître des erreurs funestes et dangereuses, et ont constamment travaillé à faire naître parmi leurs semblables de nouvelles vertus.

---

1. Née à Lille, en 1750, et sœur du premier des Panckoucke, l'éditeur de l'*Encyclopédie*, elle épousa, vers 1774, Suard, alors âgé de 42 ans, en devint veuve en 1817, et mourut en 1830.

Genève, juin 1775.

J'ai enfin obtenu le but de mes désirs et de mon voyage : j'ai vu M. de Voltaire. Jamais les transports de sainte Thérèse n'ont pu surpasser ceux que m'a fait éprouver la vue de ce grand homme : il me semblait que j'étais en présence d'un dieu, mais d'un dieu dès longtemps chéri, adoré, à qui il m'était donné enfin de pouvoir montrer toute ma reconnaissance et tout mon respect. Si son génie ne m'avait pas portée à cette illusion, sa figure seule me l'eût donnée. Il est impossible de décrire le feu de ses yeux, ni les grâces de sa figure : quel sourire enchanteur ! il n'y a pas une ride qui ne forme une grâce. Ah ! combien je fus surprise quand, à la place de la figure décrépite que je croyais voir, parut cette physionomie pleine de feu et d'expression ; quand, au lieu d'un vieillard voûté, je vis un homme d'un maintien droit, élevé et noble quoique abandonné, d'une démarche ferme et même leste encore, et d'un ton, d'une politesse, qui, comme son génie, n'est qu'à lui seul !

Le cœur me battait avec violence en entrant dans la cour de ce château consacré depuis tant d'années par la présence d'un grand homme. Arrivée à l'instant si vivement désiré, que j'étais venue chercher de si loin et que j'obtenais par tant de sacrifices, j'aurais voulu différer un bonheur que j'avais toujours compris dans les vœux les plus chers de ma vie ; et je me sentis comme soulagée quand Mme Denis nous dit qu'il était allé se promener. Mme Cramer, qui nous avait accompagnés, alla au-devant de lui pour m'annoncer, ainsi que mon frère, et lui porter les lettres de mes amis. Il parut bientôt, en s'écriant : « Où est-elle, cette dame ? où est-elle ? c'est une âme que je viens chercher. » Et comme je m'avançai : « On m'écrit, madame, que vous êtes toute âme. — Cette âme, monsieur, est toute remplie de vous, et soupirait, depuis longtemps, après le bonheur de s'approcher de la vôtre. »

Je lui parlai d'abord de sa santé, de l'inquiétude qu'elle avait donnée à ses amis. Il me dit ce que ses craintes lui font dire à tout le monde, qu'il était mourant, que je venais dans un hôpital, car Mme Denis était elle-même malade, et qu'il regrettait de ne pouvoir m'y offrir un asile.

Dans ce moment, il y avait une douzaine de personnes dans le salon : notre cher Audibert[1] était de ce nombre. J'avais été désolée de ne pas le trouver à Marseille ; je fus enchantée de le rencontrer à Ferney. M. Poissonnier[2] venait aussi d'y arriver ; il n'avait pas encore vu M. de Voltaire : il alla se placer à ses côtés, et ce fut pour lui parler sans cesse de lui. M. de Voltaire lui dit qu'il avait rendu un grand service à l'humanité, en trouvant des moyens de dessaler l'eau de mer. « Oh, monsieur, lui dit-il, je lui en ai rendu un bien plus grand depuis ; j'étais fait pour les découvertes ; j'ai trouvé le moyen de conserver des années entières de la viande

---

1. Négociant de Marseille et membre de l'Académie de cette ville. Il s'occupa beaucoup de l'affaire Calas.
2. Pierre Poissonnier, célèbre médecin (1720-1798).

sans la saler. » Il semblait qu'il fût venu à Ferney pour se faire admirer, et non pour rendre hommage à M. de Voltaire. Oh! combien il me paraissait petit! que la médiocrité vaine est une misérable chose à côté du génie modeste et indulgent! car M. de Voltaire paraissait l'écouter avec indulgence; pour moi, j'étais impatientée à l'excès. J'avais les oreilles tendues pour ne rien perdre de ce qui sortait de la bouche de ce grand homme, qui dit mille choses aimables et spirituelles avec cette grâce facile qui charme dans tous ses ouvrages, mais dont le trait rapide frappe plus encore dans la conversation. Sans empressement de parler, il écoute tout le monde avec une attention plus flatteuse que celle qu'il a peut-être jamais obtenue lui-même. Sa nièce dit quelques mots : ses yeux pleins de bienveillance étaient fixés sur elle, et le plus aimable souris sur sa bouche. Dès que M. Poissonnier eut assez parlé de lui, il voulut bien céder sa place. Pressée par un vif désir, par une sorte de passion qui surmonta toute ma timidité, j'allai m'en emparer : j'avais été un peu encouragée par une chose aimable qu'il avait dite sur moi; son air, ses regards, sa politesse, avaient banni toutes mes agitations et me laissaient tout entière à mon doux enthousiasme. Jamais je n'avais rien éprouvé de semblable ; c'était un sentiment nourri, accru pendant quinze ans, dont, pour la première fois, je pouvais parler à celui qui en était l'objet : je l'exprimai dans tout le désordre qu'inspire un si grand bonheur. M. de Voltaire en parut jouir : il arrêtait de temps en temps ce torrent par des paroles aimables : *Vous me gâtez, vous voulez me tourner la tête* ; et quand il put me parler de tous ses amis, ce fut avec le plus grand intérêt. Il me parla beaucoup de vous, de sa reconnaissance pour vos bontés[1], c'est le mot dont il se servit; du maréchal de Richelieu. « Combien, me dit-il, sa conduite m'a surpris et affligé! » Il parla beaucoup de M. Turgot : « Il a, dit-il, trois choses terribles contre lui, les financiers, les fripons et la goutte. » Je lui dis qu'on pouvait y opposer ses vertus, son courage et l'estime publique. « Mais, madame, on m'écrit que vous êtes de nos ennemis. — Eh bien, monsieur, vous ne croirez pas ce qu'on vous écrit, mais vous me croirez peut-être. Je ne suis l'ennemie de personne. Je rends hommage aux vertus et aux lumières de M. Turgot ; mais je connais aussi à M. Necker de grandes vertus et de grandes lumières, que j'honore également. J'aime d'ailleurs sa personne, et je lui dois de la reconnaissance. » Comme je prononçai ces paroles d'un ton sérieux et pénétré, M. de Voltaire eut l'air de craindre de m'avoir affligée. « Allons, madame, me dit-il d'un air aimable, calmez-vous. Dieu vous bénira; vous savez aimer vos amis. Je ne suis point l'ennemi de M. Necker, mais vous me pardonnerez de lui préférer M. Turgot. N'en parlons plus. »

En quittant le salon, il m'a priée de regarder sa maison comme la mienne. Déjà il avait oublié qu'il venait de me dire qu'il était désolé de ne pouvoir m'y offrir un asile... « Je vous en supplie, madame, en regrettant bien de ne pouvoir vous en faire les honneurs. » Je me suis bornée à lui

---

1. M. Suard, dans son discours de réception à l'Académie, avait fait un grand éloge de M. de Voltaire.

demander la permission de venir passer quelquefois une heure à Ferney pour demander des nouvelles de sa santé, de celle de Mme Denis : je l'ai assuré (car je sais qu'il craint les visites) que je m'en irais contente si je l'apercevais seulement de loin ; et comme il paraissait fatigué, je l'ai conjuré, en lui baisant les mains, de se retirer. Il a serré et baisé les miennes avec sensibilité, et il a passé dans son cabinet. Je crois qu'il a achevé d'y lire les lettres de mes amis, qui m'ont si bien traitée, car, peu de temps après, il est revenu me joindre dans son jardin. Je me suis longtemps promenée seule avec lui. Vous pouvez imaginer combien j'étais heureuse de m'entretenir avec liberté avec ce génie sublime, dont les ouvrages avaient fait le charme de ma vie, et dans ces beaux jardins, devant ces riches coteaux qu'il a si bien chantés ! Je ne lui parlai que de ce qui pouvait le consoler de l'injustice des hommes, dont je voyais qu'il ressentait encore l'amertume. « Ah ! lui ai-je dit, si vous pouviez être témoin des applaudissements, des acclamations qui s'élèvent aux assemblées publiques lorsqu'on y prononce votre nom, combien vous seriez content de notre reconnaissance et de notre amour ! qu'il me serait doux de vous voir assister à votre gloire ! que n'ai-je, hélas ! la puissance d'un dieu pour vous y transporter un moment ! — J'y suis, j'y suis ! s'est-il écrié ; je jouis de tout cela avec vous ; je ne regrette plus rien. »

Pendant cette conversation, j'étais aussi étonnée qu'enchantée de le voir marcher à mes côtés du pas le plus ferme et le plus leste, et de manière que je n'aurais pu le devancer sans me fatiguer (il avait alors quatre-vingts ans), moi qui, comme vous le savez, marche très-bien. Mon inquiétude m'arrêtait de temps en temps. « Monsieur, n'êtes-vous point fatigué ? de grâce, ne vous gênez point. — Non, madame, je marche très-bien encore, quoique je souffre beaucoup. » La crainte qu'il a du parlement lui fait tenir ce langage à tous ceux qui arrivent à Ferney. Ah ! comment pourrait-il concevoir l'idée de troubler les derniers jours de ce grand homme ! Non, sa retraite, son génie, notre amour sauvera à ma patrie un crime si lâche. Avant de le quitter, je l'ai remercié de sa réception si pleine de bonté, et qui me payait, avec usure, les deux cents lieues que je venais de faire pour le venir chercher. Il ne voulait pas croire que je vous eusse quitté, ainsi que mes amis, pour le voir uniquement. Je l'ai assuré que les lettres de mes amis le trompaient en tout, excepté en cela ; enfin je l'ai quitté si remplie du bonheur que j'avais goûté que cette vive impression m'a privée du sommeil pendant toute la nuit.

Genève, juin 1775.

Nous sommes allés dîner aujourd'hui, mon ami, chez M. et Mme de Florian, parents de M. de Voltaire, et qui ont une fort jolie maison de campagne auprès de Ferney ; ce sont deux personnes dont le plus grand mérite est de lui appartenir ; M. de Voltaire, qui le sait sûrement mieux que personne, les traite cependant avec une bonté extrême. Je bouillais d'impatience de les quitter après le dîner pour aller voir le grand homme. M. Hennin, notre résident à Genève, m'a donné la main.

Après avoir causé un moment avec Mme Denis, nous avons été très-promptement admis : nous l'avons trouvé assis au coin du feu, un livre à la main ; je lui trouvais l'air abattu ; ses yeux, qui, la dernière fois, lançaient des éclairs, étaient voilés comme d'un nuage. Il me dit, avec ce ton de politesse qui le distingue autant par ses manières qu'il l'est par son génie : « Ah ! madame, que vous êtes bonne ! vous n'abandonnez pas un vieillard, vous daignez le visiter. » Concevez-vous rien de plus adorable ? lui qui fait grâce à tous ceux qu'il consent à voir, se charger de toute la reconnaissance ! Je lui parlai de sa santé ; il avait, me dit-il, mangé des fraises qui lui avaient donné une indigestion. « Hé bien ! en lui prenant la main et en la lui baisant, vous n'en mangerez plus, n'est-ce pas ? vous vous ménagerez pour vos amis, pour le public dont vous faites les délices. — Je ferai, dit-il, tout ce que vous voudrez ; » et comme je continuai mes petites caresses : « Vous me rendez la vie ! qu'elle est aimable ! s'écriait-il ; que je suis heureux d'être si misérable ! elle ne me traiterait pas si bien si je n'avais que vingt ans. » Je lui dis que je ne pourrais l'aimer davantage, et que je serais bien à plaindre de ne pouvoir lui montrer toute la vivacité des sentiments qu'il m'inspire. En effet, ces quatre-vingts ans mettent ma passion bien à l'aise, sans lui rien faire perdre de sa force. Nous parlâmes de Ferney, qu'il a peuplé, qui lui doit son existence ; il s'en félicitait. Je me rappelai ce vers, que je lui citai :

J'ai fait un peu de bien, c'est mon plus bel ouvrage.

Notre résident lui dit que, si jamais ses ouvrages se perdaient, on les retrouverait tout entiers dans ma tête. « Ils seront donc corrigés ? » dit-il avec une grâce inimitable ; et comme il m'avait abandonné sa main, que je baisai : « Voyez donc, en baisant la mienne, comme je me laisse faire ; c'est que cela est si doux ! » Je lui demandai ce qu'il pensait des *Barmécides*, que M. de La Harpe m'avait chargée de lui porter. Il les loua modérément et me laissa entrevoir qu'il y désirait beaucoup de choses, sur lesquelles il écrirait à M. de La Harpe. Pour l'*Éloge de Pascal,* par M. de Condorcet, il me dit qu'il le trouvait si beau qu'il en était épouvanté. « Comment donc, monsieur ? — Oui, madame, si cet homme-là était un si grand homme, nous sommes de grands sots, nous autres, de ne pouvoir penser comme lui. M. de Condorcet nous fera un grand tort s'il fait imprimer cet ouvrage tel qu'il me l'a envoyé. Que Racine, ajouta-t-il, fût un bon chrétien, cela n'était pas extraordinaire : c'était un poëte, un homme d'imagination ; mais Pascal était un raisonneur, il ne faut pas mettre les raisonneurs contre nous ; c'était, au reste, un enthousiaste malade, et peut-être d'aussi peu de bonne foi que ses antagonistes. » Je ne m'avisai point de vouloir lui prouver qu'un grand homme pouvait encore être un chrétien ; j'aimai mieux continuer de l'entendre. Il nous parla de son frère le janséniste, qui avait, dit-il, un si beau zèle pour le martyre, qu'il disait un jour à un ami qui pensait comme lui, mais qui ne voulait pas qu'on se permît rien qui exposât à la persécution : « Parbleu, si vous n'avez pas envie d'être pendu, au moins n'en dégoûtez pas les autres ! »

Après avoir passé une heure délicieuse, je craignis d'avoir abusé de sa bonté. Tout le bonheur que je goûte à le voir, à l'entendre, cédera toujours à la crainte de le fatiguer. Quand l'intérêt qu'il m'inspire ne m'engagerait pas à veiller tous ses mouvements, à lui épargner la plus légère contrainte, je les observerais encore par amour-propre : car on m'avait prévenu qu'il avait une manière de témoigner sa fatigue, que j'aurais toujours soin de prévenir. Il me reconduisit jusqu'à la porte de son cabinet, malgré toutes mes instances. Quand j'y fus, je lui dis : « Monsieur, je vais faire bientôt un long voyage; donnez-moi, je vous prie, votre bénédiction, je la regarderai comme un préservatif aussi sûr contre tous les dangers que celle de notre Saint-Père. » Il sourit avec une grâce infinie, appuyé contre la porte de son cabinet; il me regardait d'un air fin et doux, et paraissait embarrassé de ce qu'il devait faire; enfin il me dit: « Mais je ne puis vous bénir de mes doigts, j'aime mieux vous passer mes deux bras autour du cou, » et il m'a embrassée. Je suis retournée auprès de Mme Denis, qui me comble d'honnêtetés. Demain je viendrai dîner ici et j'y coucherai : j'ai cédé aux instances de Mme Denis avec d'autant moins de scrupule qu'on dit que M. de Voltaire n'est jamais plus aimable et de meilleure humeur que lorsqu'il a pris son café à la crème. Il ne paraît plus à table et ne dîne plus; il reste couché presque tout le jour, travaille dans son lit jusqu'à huit heures; alors il demande à souper, et, depuis trois mois, c'est toujours avec des œufs brouillés qu'il soupe; il a pourtant toujours une bonne volaille toute prête en cas qu'il en ait la fantaisie. Tous les villageois qui passent par Ferney y trouvent aussi un dîner prêt et une pièce de vingt-quatre sous pour continuer leur route. Adieu, mon ami; je ne vous parle que du grand homme, lui seul peut m'intéresser ici.

Ferney, dimanche, 1775.

Je viens de passer deux jours chez M. de Voltaire; j'ai donc beaucoup à vous en parler; il passa presque toute l'après-dînée du premier jour dans le salon. On parla d'abord de l'émeute sur les grains[1], sur laquelle je lui appris quelques détails qu'il ignorait. Un négociant qui se trouvait à Ferney en prit occasion de déplorer la destitution de M. L***[2], qui l'aimait, qui lui avait rendu plusieurs services importants, et qui était au moment de lui en rendre un plus essentiel encore, au moment où il fut renvoyé; enfin il ne cessait de déplorer cette perte relativement à lui, quoique M. de Voltaire lui répétât trois fois : « Vous ressemblez à cette femme du peuple qui maudissait Colbert toutes les fois qu'elle faisait une omelette, parce qu'il avait mis un impôt sur les œufs. » Ce négociant se trouvait être encore un ami de Lin-

---

1. Occasionnée par l'arrêt du conseil du 13 septembre 1774, qui établissait la liberté du commerce des grains à l'intérieur. On la disait fomentée par les ennemis de Turgot, le prince de Conti et les parlementaires.
2. Probablement M. Lecler, premier commis des finances, que Turgot avait remplacé, au mois de septembre 1774, par M. de Vaines, avec lequel Voltaire était en correspondance.

guet[1] : il en fit un pompeux éloge; et M. de Voltaire, ou par complaisance, ou par sensibilité pour un suffrage qu'il devrait dédaigner, en parla comme d'un homme plein de goût et de génie. Comme mes oreilles étaient un peu blessées par ces mots de goût et de génie, accordés par un oracle du goût à un homme qui n'en montra jamais la trace, je pris la liberté de le combattre. « Il me semblait, dis-je à M. de Voltaire, que la base essentielle du génie et même du goût, ce doit être le bon esprit, et jamais je ne le sens dans Linguet. Sa mauvaise foi, ajoutai-je, achève de le rendre, pour moi, un écrivain insupportable. » M. de Voltaire ne défendit pas son opinion par un seul mot. « Pourquoi, monsieur, dis-je, adoré-je votre génie? c'est qu'il n'est pas seulement beau, étendu, lumineux; c'est qu'il a toujours la raison pour base; c'est qu'il a encore cette bonne foi qui donne au génie toute sa force et toute sa chaleur; c'est pour cela qu'il a eu des succès si universels; c'est parce que vous aimez véritablement l'humanité que vous détestez le fanatisme, que vous lui avez arraché son poignard. Vous étiez digne d'une pareille victoire; vous avez consacré votre vie entière à l'obtenir; c'est seulement à ceux qui aiment les hommes qu'appartient la gloire d'en être les bienfaiteurs. Linguet est un écrivain corrompu dans ses principes de morale comme dans ses principes de politique : il ne sème que des faussetés ou des erreurs dangereuses; il ne doit recueillir que du mépris, et j'avoue que vous m'avez affligé en l'honorant de votre suffrage. » La bouche de M. de Voltaire resta toujours muette, mais il ne cessa de me regarder avec des yeux dont il est impossible de peindre la finesse et l'obligeante attention. Cependant ce négociant entreprenait de défendre et même de louer encore Linguet; ce qui ajoutant au mépris dont je me sentais animée au souvenir de ses bassesses, j'en fis un petit résumé à M. de Voltaire; je lui montrai Linguet parmi ses confrères, le jour où l'on devait décider de son sort au Palais, s'arrachant les cheveux et s'écriant qu'il était entouré d'assassins. Je le lui montrai peint d'après lui-même dans la *Théorie du Libelle*[2], se comparant tantôt à Curtius, tantôt à Hector, et parlant de sa conduite avec le duc d'Aiguillon comme d'un modèle de générosité et de grandeur d'âme, quoique cette impudence fût démentie par ses lettres, que le duc avait entre ses mains; enfin je lui parlai des outrages dont il avait accablé ses confrères les plus estimables, et M. de Voltaire levait les yeux et les mains au ciel avec les signes du plus grand étonnement.

Il revint plusieurs fois dans le salon cette même après-dînée : ma joie de ces apparitions inattendues me portait toujours au-devant de lui; toujours je lui prenais les mains et je les lui baisai à plusieurs reprises. « Donnez-moi votre pied, s'écriait-il, donnez-moi votre pied que je le baise; » je

---

1. Simon-Nicolas-Henri Linguet (1736-1794).
2. *La Théorie du Libelle, ou l'Art de calomnier avec fruit; dialogues philosophiques pour servir de supplément à la « Théorie du Paradoxe »*, Amsterdam (Paris), 1775, in-12. Dans ce factum d'ailleurs très-spirituel, Linguet répondait à l'abbé Morellet, qui l'avait violemment attaqué dans sa *Théorie du Paradoxe*, 1775, in-12.

lui présentai mon visage. Il me reprocha de n'être venue à Ferney que pour le gâter, le corrompre. « C'est vous, lui dis-je, qui nous gâtez beaucoup, monsieur, en vous donnant à nous si longtemps et si souvent. » Comme je lui montrai quelque inquiétude sur la fatigue qu'il pouvait en éprouver : « Madame, me dit-il avec une inclination de tête d'une galanterie qu'il n'est pas possible de rendre, je vous ai entendue, cela est impossible. »

Cet homme chargé de tant de gloire et de tant d'années, qui, en éclairant l'Europe, est encore le dieu bienfaisant de Ferney, à qui on pardonnerait de se regarder comme le centre de tous les mouvements qui l'environnent; qui serait, ce me semble, ma première pensée, mon premier besoin, si j'avais le bonheur qu'une partie du sien me fût confiée, reçoit une prévenance, une marque d'attention, comme les autres reçoivent une grâce et une marque de bonté. Ce même jour, il voulait prendre une tabatière qui se trouvait sur la cheminée; je vis son mouvement, car je ne puis le perdre de vue; je m'avançai pour la lui remettre : il se mit presque à mes pieds pour me remercier; et il faut voir de quelle grâce cette politesse est accompagnée. Cette grâce est dans son maintien, dans son geste, dans tous ses mouvements; elle tempère aussi le feu de ses regards, dont l'éclat est encore si vif qu'on pourrait à peine le supporter, s'il n'était adouci par une grande sensibilité. Ses yeux, brillants et perçants comme ceux de l'aigle, me donnent l'idée d'un être surhumain; mais ses regards ne semblent exprimer que la bienveillance et l'indulgence lorsqu'ils s'attachent sur sa nièce; comme ils appellent les égards de tout ce qui l'entoure! car c'est presque toujours avec le sourire de l'approbation qu'il l'écoute. Sa bonté attire aussi à M. et Mme de Florian des attentions qu'ils ne trouveraient pas ailleurs qu'à Ferney. Mme de Florian a avec elle une jeune sœur qui rit de tout et qui rit toujours. M. de Voltaire l'appelle *Quinze ans,* et se prête à sa gaieté enfantine avec une bonté charmante; quelquefois elles vont l'embrasser le soir dans son lit : il se plaint gaiement qu'elles laissent dans une couche solitaire un homme si jeune et si joli. Mais adieu, mon ami, je vais trouver aussi le mien, car je suis fatiguée, et il faut que je me lève de bonne heure pour ne pas perdre l'occasion de voir notre aimable patriarche dans les moments de sa plus belle humeur.

Ferney, lundi.

M. de Voltaire eut la bonté d'envoyer savoir de mes nouvelles dès qu'il sut que j'étais levée; et l'espérance de le voir m'avait réveillée de bien bonne heure. Je lui en fis demander la permission, qu'il m'accorda tout de suite. Dès que je parus, il me dit, avec sa grâce ordinaire : « Ah! madame, vous faites ce que je devrais faire. — Monsieur, j'achèterais d'une partie de ma vie le bonheur que vous m'accordez; » et je n'exagérais point en lui parlant ainsi. Je m'assis à côté de son lit, qui est de la plus grande simplicité et de la propreté la plus parfaite. Il était sur son séant, droit et ferme comme un jeune homme de vingt ans; il avait un bon gilet de satin blanc, un bonnet de nuit attaché avec un ruban fort propre. Il n'a, dans ce lit où il travaille toujours, d'autre table à écrire qu'un échiquier. Son cabinet me frappa par l'ordre qui y règne : ce n'est pas, comme le vôtre, des livres pêle-mêle et de grands entassements de papiers ; tout y est en ordre, et il sait si bien la place que ses livres occupent, qu'à propos du procès de M. de Guines[1], dont nous parlâmes un moment, il voulut consulter un mémoire. « Wagnière, dit-il à son secrétaire, mon cher Wagnière, prenez, je vous prie, ce mémoire à la troisième tablette à droite ; » et le mémoire y était en effet. Ce qui abonde le plus sur son secrétaire, c'est une grande quantité de plumes. Je le priai de me permettre d'en prendre une que je garderais comme la plus précieuse des reliques ; et il m'aida lui-même à chercher une de celles avec laquelle il avait le plus écrit. Il a à côté de son lit le portrait de Mme du Châtelet, dont il conserve le plus tendre souvenir. Mais dans l'intérieur de son lit il a les deux gravures de la famille des Calas. Je ne connaissais pas encore celle qui représente la femme et les enfants de cette victime du fanatisme, embrassant leur père au moment où on va le mener au supplice ; elle me fit l'impression la plus douloureuse, et je reprochai à M. de Voltaire de l'avoir placée de manière à l'avoir sans cesse sous ses yeux. *Ah! madame, pendant onze ans j'ai été sans cesse occupé de cette malheureuse famille et de celle des Sirven ; et pendant tout ce temps, madame, je me suis reproché comme un crime le moindre sourire qui m'est échappé.* Il me disait cela avec un accent si vrai, si touchant que j'en étais pénétrée. Je lui pris la main, que je baisai ; et remplie de vénération et de tendresse, j'arrêtai sa pensée sur tous les biens qu'il avait faits à ces deux familles ; sur les grands, sur les signalés services qu'il avait rendus à l'humanité ; sur le bonheur dont il devait jouir en se trouvant le bienfaiteur de tant d'hommes, le bienfaiteur du monde entier, qui lui devrait peut-être de n'être plus souillé par les horreurs du fanatisme.

Il me dit que le triomphe des lumières était bien loin d'être assuré ; il me parla des arbitres de la destinée des hommes et des préjugés qui avaient entouré leur enfance. « *La nourrice*, me dit-il, *fait des traces comme cela,* en me montrant la longueur de son bras ; *et la raison, quand elle arrive à sa suite, n'en fait que de la longueur de mon doigt.* Non, madame, nous devons tout craindre d'un homme élevé par un fanatique. » Ce sujet le conduisit à s'égayer sur la vie de Jésus-Christ et sur ses miracles. Je n'osais pas relever sérieusement ses sarcasmes, et je voulais encore moins paraître les approuver. Je défendis Jésus-Christ comme un philosophe selon mon cœur, dont la doctrine était divine et la morale indulgente. « J'admire, disais-je à M. de Voltaire, son amour pour les faibles et les malheureux ; les paroles que plusieurs fois il avait adressées à des femmes, et qui sont ou d'une philosophie sublime, ou de la plus touchante indulgence.—Oh! oui, me

---

[1]. Adrien-Louis de Bonnières, comte, puis duc de Guines (1725-1806), ambassadeur à Londres depuis 1770, et dont le procès en diffamation contre son secrétaire, Tort de La Sondre, qui l'avait accusé de contrebande pratiquée sous le couvert de l'ambassade, faisait beaucoup de bruit. Les mémoires qui parurent dans cette affaire étaient de Gerbier, pour le duc de Guines, et de Falconnet pour Tort.

dit-il, avec un regard et un sourire remplis de la plus aimable malice, vous autres femmes, il vous a si bien traitées que vous lui devez de prendre toujours sa défense. » Nous avons aussi beaucoup causé de tous nos amis, d'Alembert, La Harpe, Saint-Lambert, notre bon Condorcet. Il parle de M. de La Harpe comme de notre espérance pour le théâtre, de M. de Condorcet comme du plus digne apôtre de la philosophie : il estime beaucoup les talents et la personne de M. de Saint-Lambert. Je lui ai parlé des journées si douces que j'avais passées dans sa solitude d'Eaubonne[1], de son jardin si plein de fleurs et de fruits, de son amabilité pour ses convives, de cette table si parfaite et si voluptueuse, dirigée par les principes de Sarah[2], et où la raison, le cœur et l'appétit étaient également satisfaits. « C'est là, m'a-t-il dit, que je voudrais me transporter, préférablement au spectacle ou au souper des grands seigneurs ; je dînerais à côté de vous et ne serais entouré que d'amis, de votre mari, que je voudrais connaître après vous avoir vue, et dont les bontés me seront toujours chères. » Ces bontés, car il se servit de ce mot-là, le rappelèrent à M. de Richelieu, qui avait voulu écarter de l'Académie des hommes si dignes d'en être, deux bons écrivains et deux hommes sans préjugés. C'est là, je crois, la base d'après laquelle il forme son opinion sur ses semblables. Je sentis tout ce que cette association avec l'abbé Delille avait de flatteur pour vous. Il me parla du maréchal comme d'un homme qui, après avoir fait une longue route, n'avait recueilli aucune lumière dans la traversée, et arrivait à la vieillesse avec toute la frivolité des goûts du premier âge ; cela me donna l'ocasion de lui citer ces vers :

> Qui n'a pas l'esprit de son âge
> De son âge a tout le malheur.

« Hélas ! madame, m'a-t-il dit, cela est bien vrai. »

C'est tout ce qu'on peut faire que de lui citer un de ses vers. Je n'ai pas encore trouvé le moment de lui parler de ses ouvrages. Bien loin de ressembler à ces hommes dont la conversation, dit Montesquieu, est un miroir qui représente sans cesse leur impertinente figure, jamais je ne l'ai vu encore appeler l'attention sur lui-même. Le génie est, je crois, au-dessus de ce misérable besoin d'occuper sans cesse les autres ; besoin qui rend la médiocrité si insupportable. Satisfait de lui-même, il se repose dans une noble confiance de sa force ; il jouit trop de sa pensée pour sentir le besoin continuel d'une puérile vanité : c'est par des choses utiles aux hommes qu'il les attache à son souvenir.

Quand, fatigué d'un long travail, M. de Voltaire entre dans son salon, il se prête à l'objet de la conversation sans chercher à la diriger. Si les jeunes femmes causent, il se délasse avec elles, et ajoute à leur gaieté par des plai-

---

1. Dans la vallée de Montmorency, sur la route de Saint-Leu, entre Ermont, Soissy et Margency, près de Mme d'Houdetot, son amie. Dans les derniers temps de sa vie on l'appelait le Sage d'Eaubonne.
2. *Sarah Th...* Paris, 1765, in-8°, nouvelle par Saint-Lambert.

santeries vives et aimables ; il se donne aux choses et à vous avec la plus grande simplicité ; mais s'il arrive de Paris une nouvelle, s'il apprend un événement intéressant, son âme s'y attache à l'instant tout entière. Comme le soir de mon arrivée, M. Audibert lui apprit qu'on venait de mettre à la Bastille l'abbé du B*** et se saisir de ses papiers, il versa des larmes sur son malheur, et parla avec la plus vive indignation de cet acte de despotisme. C'est cette sensibilité si vraie qui me le fait adorer ; c'est ce feu sacré qui éclaire et échauffe tout ce qu'il touche ; c'est cette imagination si vive, si facile à émouvoir, qui le transforme à l'instant dans la personne opprimée pour lui prêter l'appui de tout son génie, et crée peut-être son génie ; car je crois, avec Vauvenargues, que le génie vient de l'accord et de l'harmonie entre l'âme et l'esprit. Qui jamais a pris en main la cause des opprimés avec plus de chaleur et l'a poursuivie, à travers les obstacles, avec plus de constance ? Eh ! qu'on ne dise point que c'était la gloire qu'il poursuivait en cherchant à les sauver : non ; c'en était le bonheur ! L'amour de la gloire se laisse rebuter par toutes les choses où le génie ne peut se montrer ; ce n'est que l'amour de l'humanité qui se soumet à cette multitude de détails nécessaires au succès des affaires, et qui peut seul y trouver sa plus douce récompense.

Vous me dites, mon ami, de lui parler de M. d'Étallonde, pour qui son zèle auprès du roi de Prusse et de notre parlement s'exerce sans relâche depuis un an. Je l'ai déjà fait : j'ignorais qu'il fût chez lui ; je lui en demandai des nouvelles. « N'avez-vous pas remarqué, me dit-il, le jour où je vous vis pour la première fois, un jeune homme d'une figure douce, honnête, d'un maintien modeste ? — Je vous demande pardon, monsieur, je n'avais, dans ce moment, des yeux que pour vous. — Eh bien ! faites-y attention ; sa figure vous peindra son âme. » En effet, j'ai beaucoup causé depuis avec M. d'Étallonde, qui me paraît aussi digne, par son âme que par son malheur, de tout l'intérêt de M. de Voltaire. Son admiration pour ce grand homme est sans bornes, comme sa reconnaissance ; et lorsqu'il paraît devant son bienfaiteur, celui-ci lui présente la main : « Bonjour, mon cher ami, » lui dit-il avec un air de bonté et de tendresse attendrissante ; c'est, je crois, le meilleur des hommes. Oh ! combien je l'admire, je l'aime davantage depuis que je l'ai vu ; avec quel regret je m'en séparerai, sans doute, hélas ! pour ne plus le revoir ! « Que dirai-je à vos amis, lui disais-je, qui, à mon retour, vont tous m'entourer pour me parler de vous ? — Vous leur direz que vous m'avez trouvé dans le tombeau, et que vous m'avez ressuscité. »

Genève, vendredi au soir.

Nous venons de Ferney où nous avons dîné. Mon admiration et mon enthousiasme pour M. de Voltaire sont si bien établis que, lorsque j'arrive, on ne parle que de cela. Je lui ai fait demander la permission de le voir un moment avant la promenade que nous devions faire ensemble dans ses bois, et j'ai été bientôt admise. Je suis entrée, je l'ai caressé, je lui ai parlé de lui, car je ne puis guère parler d'autre chose, pendant un bon quart d'heure. C'est comme une passion qui ne peut se soulager que par ses épanchements.

Il m'a donné les noms les plus tendres, m'a appelée sa chère enfant, sa belle reine. Il m'a paru aussi touché que persuadé de ma tendre vénération pour lui. Nous avons parlé ensuite de nos amis communs, de MM. d'Alembert, La Harpe, Saint-Lambert, Condorcet. Ce dernier est celui pour lequel il me paraît avoir le plus d'estime et de tendresse. « C'est, me dit-il, de tous les hommes celui qui lui ressemble le plus; il a la même haine, disait-il, pour l'oppression et le fanatisme, le même zèle pour l'humanité, et le plus de moyens pour la protéger et la défendre. » Je goûtais un véritable plaisir d'entendre ce grand homme me parler ainsi de l'ami qui répand un charme si doux sur ma vie. J'ai été bien touchée d'un conseil qu'il a ajouté à ses éloges : « Conservez cet ami, madame, c'est celui de tous qui est le plus digne de votre âme et de votre raison. — Oh! monsieur, lui ai-je dit, l'amitié de mon bon Condorcet est pour moi d'un prix au-dessus de tous les trésors, et je ne la sacrifierais pas à l'empire de l'univers. » Il est revenu à vous de lui-même, et m'a encore répété qu'il voulait vous voir. Je lui ai parlé, avec mon âme, du meilleur ami de mon cœur. Il m'a demandé depuis combien de temps j'étais mariée : il m'a félicitée d'être unie à l'homme que j'avais préféré, et que ma raison aurait encore choisi. Je lui ai montré votre portrait: il vous trouve une figure spirituelle et douce. « Il n'y a, lui disais-je pendant qu'il regardait votre portrait, il n'y a qu'une destinée, monsieur, qui eût pu balancer, dans mon cœur, celle d'être la femme de M. Suard, c'eût été d'être votre nièce et de vous dévouer ma vie entière. — Eh! ma chère enfant, je vous aurais unis, je vous aurais donné ma bénédiction ! » Il était superbe aujourd'hui. Quand je suis arrivée, Mme de Luchet m'a dit : « M. de Voltaire, madame, qui sait que vous le trouvez fort beau dans toute sa parure, a mis aujourd'hui sa perruque et sa belle robe de chambre. Voyez-vous, a-t-elle dit, quand il est sorti de son cabinet, voyez-vous comme il est beau? C'est une coquetterie dont vous êtes l'objet. » M. de Voltaire sourit avec bonté, et une sorte de honte aimable de s'être prêté à cet enfantillage. Ce sourire, si rempli de grâce, me rappela la statue de Pigalle, qui en a saisi quelques traces. Je lui dis que j'avais été empressée d'aller la voir et que je l'avais baisée. « Elle vous l'a bien rendu, n'est-ce pas? » Et comme je ne répondais qu'en lui baisant les mains : « Mais dites-moi donc, avec un ton d'instance, dites-moi donc qu'elle vous l'a rendu. — Mais il me semble qu'elle en avait envie. » Nous sommes montés en carrosse pour parcourir ses bois : j'étais à ses côtés, j'étais dans le ravissement ; je tenais une de ses mains que je baisai une douzaine de fois. Il me laisse faire, parce qu'il voit que c'est un besoin et un bonheur. Nous avions avec nous un Russe qui le félicitait d'être encore si vivement aimé d'une jeune, et vous pardonnerez l'épithète, et jolie femme. « Ah! monsieur, je dois tout cela à mes quatre-vingts ans. » Il se compara au vieux Titon à qui je rendais la vie, que je rajeunissais. « Je le voudrais bien, lui dis-je, car vous ne vieilliriez plus. » Il causa avec M. Soltikof des Russes et de Catherine. Il dit que c'est de tous les souverains de l'Europe celui qui a le plus d'énergie et de tête. Je ne sais s'il a raison; mais sa tête à lui me paraît le plus beau phénomène de la nature.

I.

Ses bois, qu'il a plantés et qu'il aime beaucoup, sont très-vastes; il a fait partout des percées fort agréables; ils nous ont conduits à sa ferme, qui est grande, belle et tenue avec une grande propreté. Je le voyais, avec plaisir, parcourir tout son domaine, droit, ferme sur ses jambes, et presque leste; il jetait partout des regards perçants, et en parcourant sa grange, qui est très-longue, il montra, avec un bâton qu'il tenait à la main, une réparation à faire au sommet. Sa basse-cour présente le même air de propreté; il y a beaucoup de belles vaches, et il a voulu que je busse de leur lait; il a été me le chercher lui-même et me l'a présenté avec toutes ses grâces. Vous sentez combien j'étais touchée de tant de bontés et de quel ton je l'en remerciai. Cette petite course était une véritable débauche pour lui, qui ne sort presque plus de Ferney; aussi dit-il bientôt qu'il ne se trouvait pas bien, qu'il désirait s'en retourner; je trouvais ce besoin bien naturel. Son cabinet est ce qu'il aime le mieux; c'est là qu'il vit, parce que c'est là qu'il pense; c'est là aussi qu'il trouve ce repos dont la vieillesse a souvent besoin; aussi, loin de le presser de rester un moment de plus, je le priai de remonter promptement dans son carrosse, et lui présentai mon bras, qu'il accepta, pour l'y conduire; mais comme il allait y monter, il voulut absolument me reconduire jusqu'au mien, que nous avions fait suivre. « Pourquoi, me dit-il, ne couchez-vous pas à Ferney? Quand viendrez-vous me voir? — J'aurai ce bonheur dimanche prochain. — Eh bien! je vais donc vivre dans cette espérance. » Il m'a embrassée. Je vois avec peine que les personnes qui l'entourent, et sa nièce même, n'ont point d'indulgence pour les choses qui tiennent à son âge et à sa faiblesse. On le regarde souvent comme un enfant capricieux; comme si, à quatre-vingts ans, il n'était pas permis, quand on s'est donné trois heures à la société, de sentir le besoin du repos; n'est-ce pas même un besoin réel? On ne veut presque jamais croire qu'il souffre; il semble qu'on veuille se dispenser de le plaindre. Cet air d'insouciance, qui m'a plus frappée encore aujourd'hui, m'a indignée et touchée jusqu'au fond du cœur.

Genève.

Mais parlons donc du grand homme; je ne sais comment j'ai eu le courage de vous parler d'autres plaisirs que de ceux dont je lui suis redevable; j'ai regardé comme perdus les jours que j'ai passés sans le voir, et je ne l'ai jamais vu qu'avec transport. J'ai été hier souper et coucher à Ferney. Il avait été malade presque tout le jour; il avait pris médecine; il vint cependant dans le salon quand on lui dit que j'étais arrivée. Je le trouvai abattu, mais il reçut, avec la sensibilité la plus aimable, toutes les preuves de mon tendre intérêt. Sa conversation se ressentit de son état physique; elle était mélancolique. Il parla des maux de sa vie; mais il en parla sans amertume, quoique avec tristesse. Je me rappelai les chagrins que lui avait donnés sa patrie ingrate, dans le temps qu'il l'honorait par tant de chefs-d'œuvre; l'acharnement avec lequel on lui avait opposé Crébillon, qu'on ne pouvait lui comparer avec justice, et qu'on affectait cependant d'élever au-dessus de lui; je pensai qu'il pouvait se rappeler notre ingratitude, et je lui reprochai avec douceur de ne pas goûter une destinée unique et qui remplissait l'Europe entière. « Je conviens, monsieur, lui dis-je, qu'avec une manière de sentir aussi vive, vous avez dû éprouver de grands chagrins; mais convenez aussi que vous avez eu de grandes jouissances. — Ah! guère, madame, guère!

— Nul de nous n'a vécu sans connaître les larmes [1],

ajoutai-je. — Hélas! me dit-il, cela est bien vrai. » Mais comme je voulais toujours le ramener sur des idées douces et agréables : « Votre passion dominante, monsieur, a été satisfaite; peu d'hommes, vous le savez, ont pu se vanter de cet avantage. Vous avez aimé la gloire; je pourrais vous dire, comme le Père Canaye au maréchal d'Hocquincourt, elle vous a aimé beaucoup aussi, elle vous a comblé d'honneurs. — Eh! madame, je ne savais ce que je voulais; c'était mon joujou, ma poupée. — Nous sommes bienheureux, lui dis-je, que votre poupée n'ait pas seulement servi à vos plaisirs, comme il en est de la plupart des hommes, mais qu'elle ait fait les délices de tous ceux qui savent penser et sentir. »

Le lendemain matin.

J'avais une si grande peur de ne pas voir M. de Voltaire après son déjeuner que je me suis levée à six heures; tout le monde dormait encore; je suis entrée dans le salon dans lequel donne son cabinet; tout était dans le silence; je me suis jetée sur une chaise longue, où je me suis endormie jusqu'à huit heures, que M. de Voltaire a envoyé savoir de mes nouvelles. Je lui ai fait demander la permission de le voir un moment, et il me l'a sur-le-champ accordée. Vous serez jaloux si vous voulez, mais il est certain que j'ai pour lui une véritable passion. Mon premier besoin, dès que je l'approche, c'est de lui parler du bonheur qu'il me donne en me permettant de le voir dans toute sa bonté et son amabilité naturelle. Il m'a fait mille caresses de sa jolie main pendant que je la baisais, et m'a dit les choses les plus aimables: « Conservez-moi vos bontés; » et puis, « mais vous m'oublierez dès que vous serez à Paris! — Oh! monsieur, vous ne le croyez pas; je serais bien malheureuse si vous le croyiez. Vous savez qu'occupée de vous avant que d'avoir le bonheur de vous voir, votre présence et vos bontés me rendront ce souvenir mille fois plus cher encore. » Il m'a ensuite parlé de vous, et du désir de vous voir avec tous ses amis. Il était fort bien ce matin; le sommeil l'avait parfaitement rétabli; il souffrait moins, disait-il; ses yeux étaient pleins de feu et même de gaieté. Il était occupé à revoir des épreuves d'une nouvelle édition de ses ouvrages[2]; il aurait voulu qu'on n'y mît point ce qu'il appelle ses fatras. « On ne va point, dit-il, à la postérité avec un si gros bagage. » Puis il me dit avec gaieté : « Hier j'étais philosophe, aujourd'hui je suis Polichinelle. » Je vous fais grâce de mes com-

---

1. Poëme sur *la Loi naturelle*.
2. L'édition dite *encadrée*. Genève, 1775, 40 vol. in-8°.

pliments sur ces changements de rôles. J'ai pourtant vu l'auteur un moment. A propos de cette édition, il tenait à la main un volume de sa petite encyclopédie[1]. Il dit à mon frère, qui venait d'entrer : « C'est un petit ouvrage dont je fais cas. » Mon frère lui parla de *la Pucelle*, qu'il avait sue par cœur. « C'est, dit-il, de tous mes ouvrages celui que j'aime le mieux. J'aime à la folie cette Agnès qui a toujours l'envie d'être si sage et qui toujours est si faible. » Mon frère lui en récita quelques passages ; il les écoutait avec une gaieté qui tenait plus au sujet même qu'à l'amour-propre de l'auteur. Il interrompait quelquefois mon frère pour lui dire : « Mais ce n'est pas ainsi qu'on dit des vers ; » et il lui donnait le ton qui les rendait plus cadencés et plus harmonieux. Quand il entendit ce vers sur Mme de Pompadour :

Et sur son rang son esprit s'est monté,

il désavoua tout ce morceau, et demanda ce que c'était qu'un esprit monté sur un rang ? Moi, je ne lui ai parlé que de ce que j'aimais et connaissais même de sa *Pucelle,* les débuts de plusieurs chants où je trouvai beaucoup de gaieté, de philosophie, et même de verve. Nous l'avons laissé occupé des corrections de cette nouvelle édition. Nous sommes rentrés dans le salon, où il n'a paru qu'un moment vers le soir, et lorsqu'il a été fatigué de son travail. Ses forces sont, je crois, en proportion de son génie ; sa tête paraît aussi féconde, son âme paraît aussi ardente que s'il était dans la vigueur de l'âge ; sa vie n'a point de vide ; la pensée et son profond amour pour l'humanité et les progrès de la philosophie remplissent tous ses moments. Mais ce qui m'étonne toujours, ce qui me touche et presque me ravit, c'est qu'il paraît se dépouiller de tout ce que son génie a de puissant, pour n'en plus conserver que la grâce et l'amabilité la plus parfaite. Quand il se réunit un moment à la société, jamais je ne l'ai vu ni distrait, ni préoccupé ; il semble que sa politesse, qui a quelque chose de noble et de délicat, lui ait imposé la loi d'un parfait oubli de lui-même lorsqu'il se mêle avec ses semblables. Si vos yeux le cherchent, on est sûr de rencontrer dans les siens les regards de la bienveillance, et une sorte de reconnaissance pour les sentiments dont il est l'objet. Je vois qu'il croit aux miens, et j'avoue que j'ai pour lui une vénération si tendre que je serais malheureuse si je ne l'en croyais persuadé. Je couche à Ferney ce soir, et ce sera pour la dernière fois.

Ferney.

Nous venons, mon ami, de faire nos adieux au grand homme ; hélas ! sans doute, des adieux éternels. Je n'ai pas voulu lui parler de mon départ ; mais j'ai bien vu qu'il en était instruit par les choses qu'il m'a adressées. Il a encore eu la bonté de m'admettre dans son cabinet, de m'y montrer les sentiments les plus aimables et les plus flatteurs, quoiqu'il soit, dans ce

---

1. Le *Dictionnaire philosophique portatif* (1764), dont la 7e édition, fort augmentée, parut en 1770.

moment, fort occupé de corriger les fautes de sa nouvelle édition; elle contient des choses sur le parlement, qu'il veut absolument adoucir; je vois qu'il le craint, et cela m'afflige : car quoi de plus affreux que de vivre, à son âge, dans les alarmes et la terreur? Il m'a dit que M. Seguier[1] était venu le voir en passant à Ferney, il y a peu de temps; « et là, madame, à la place que vous occupez (j'étais assise auprès de son lit), ce Seguier m'a menacé de me dénoncer à son corps, qui me ferait brûler, s'il me tenait. — Monsieur, ils n'oseraient. — Et qui les en empêcherait? — Votre génie, votre âge, le bien que vous avez fait à l'humanité, le cri de l'Europe entière; croyez que tout ce qui existe d'honnête, tout ce que vous avez rendu humain et tolérant se soulèverait en votre faveur. — Eh! madame, on viendrait me voir brûler, et on dirait peut-être le soir : C'est pourtant bien dommage. — Non, jamais je ne le souffrirais, lui dis-je, épouvantée de cette seule idée; j'irais poignarder le bourreau, s'il pouvait s'en trouver un capable d'exécuter cet exécrable arrêt. » Il m'a baisé la main et m'a dit : « Vous êtes une aimable enfant; oui, je compte sur vous. — Oh! vous n'aurez pas besoin de mon secours. De grâce, éloignez, monsieur, une idée si funeste et qui n'a, je vous proteste, nul fondement. »

Le lendemain, mon premier besoin, en me levant, a été de le voir. Hélas! c'était pour la dernière fois que j'entrais dans ce cabinet, que je le voyais, que je recevais les témoignages de sa bonté! J'étais bien attristée. Je m'étais habillée de bonne heure, parce que nous allions dîner dans le voisinage. J'ai su trop tard qu'il aimait à voir les femmes parées, car j'avoue que j'aurais employé, auprès de lui, ce moyen de lui plaire. Dès que j'ai paru : « Quelle est, s'est-il écrié, cette dame si belle, si brillante, qui entre là? — C'est moi, monsieur; » et j'ai couru lui baiser les mains. « Mon Dieu, que vous êtes aimable! J'ai écrit à M. Suard que j'étais amoureux de vous. — Oh! monsieur, de toutes vos bontés, c'est celle dont je suis le plus flattée, car c'est celle qui le touchera davantage! — Vous avez couché au-dessus de mon cabinet. — Oui, monsieur; cette idée me rendait aussi fière qu'heureuse, et me laissera de bien aimables souvenirs. »

Comme il y avait beaucoup de monde dans son cabinet, il en fut bientôt fatigué, et je le vis se renverser sur son oreiller, les yeux fermés et soufflant. Je dis sur-le-champ qu'il fallait le laisser au repos dont il avait besoin. Ces mots parurent lui rendre la vie. Il me jeta un regard rempli d'une tendresse reconnaissante; je l'ai pressé bien tendrement contre mon sein. « Vous m'avez trouvé mourant, me dit-il; mais mon cœur vivra toujours pour vous. » Mes larmes ont coulé en abondance en quittant sa maison, où je ne le verrai jamais, quoiqu'il m'ait bien pressée de revenir cet automne avec vous, mon cher Condorcet et M. d'Alembert[2].

---

1. Antoine-Louis Séguier (1726-1792), avocat général au parlement de Paris, qui venait de se signaler, en 1770, par son réquisitoire contre *l'Encyclopédie*. Il visita Ferney en septembre 1770.

2. La huitième et dernière lettre de Mme Suard, et la réponse que lui fit Voltaire, sont dans la *Correspondance*, n°s 9415 et 9416.

LX.

MARTIN SHERLOCK A FERNEY[1].

1776.

Ferney, ce 26 avril 1776.

Le marquis d'Argence, d'Angoulême, me donna une lettre pour M. de Voltaire, dont il était l'ami intime. Toute personne recommandée par M. d'Argence était sûre d'être bien accueillie à Ferney. M. de Voltaire me fit beaucoup de politesses ; ma première visite fut de deux heures, et il me pria pour dîner le lendemain. Chaque jour, en sortant de chez lui, j'entrais dans une auberge, où j'écrivais les choses les plus remarquables qu'il m'avait dites, que voici.

Il me rencontra dans le vestibule ; son neveu, M. d'Hornoy, conseiller au parlement de Paris, le soutenait par le bras ; il me dit d'une voix très-faible : « Vous voyez un homme très-vieux, qui fait un grand effort pour avoir l'honneur de vous voir ; voulez-vous bien vous promener dans mon jardin, il vous fera plaisir, car il est à l'anglaise ; ce fut moi qui introduisis cette mode en France, et tout le monde la saisit avec fureur ; mais les Français parodient vos jardins, ils mettent trente arpents en trois. »

De son jardin on voyait les Alpes, le lac, la ville de Genève et ses environs, qui sont fort riants ; il disait : *It is a beautiful prospect* (c'est un beau coup d'œil). Il prononçait ces mots assez bien.

SHERLOCK. — Depuis quand avez-vous été en Angleterre ?

VOLTAIRE. — Il y a cinquante ans au moins.

SON NEVEU. — C'était dans ce moment-là que vous avez fait imprimer la première édition de votre *Henriade*.

Nous parlâmes lettres alors, et depuis ce moment, il oublia qu'il était vieux et malade, et il parla avec la chaleur d'un homme de trente ans. Il disait beaucoup d'horreurs contre Moïse et contre Shakespeare.

VOLTAIRE. — Votre Shakespeare est détestablement traduit par M. de La Place. Il a substitué de La Place à Shakespeare ; moi, j'ai traduit les trois premiers actes de *Jules César* avec fidélité. Un traducteur devrait perdre son esprit, et prendre celui de son auteur : si l'auteur est bouffon, il faut que le traducteur le soit aussi. Shakespeare avait toujours un bouffon : c'est le goût du siècle, qu'il avait pris des Espagnols. Les Espagnols avaient toujours un bouffon ; tantôt c'était un dieu, tantôt c'était un diable ; tantôt il priait, tantôt il se battait.

Nous parlâmes de l'Espagne.

VOLTAIRE. — C'est un pays dont nous ne savons pas plus que des par-

---

1. Martin Sherlock, chapelain du comte de Bristol. *Lettres d'un voyageur anglais*, Genève, 1779, et Neuchâtel, 1781, in-8°. Ces lettres, publiées originairement en français, furent traduites ensuite en anglais, London, 1780, in-4°.

ties les plus sauvages de l'Afrique, et qui ne mérite pas la peine d'être connu. Si un homme veut y voyager, il faut qu'il porte son lit, etc. Quand il entre dans une ville, il faut aller dans une rue pour acheter une bouteille de vin, un morceau de mulet dans une autre, il trouve une table dans une troisième et il y soupe. Un seigneur français passait par Pampelune : il envoya chercher une broche, il n'y en avait qu'une dans la ville, et celle-là était empruntée pour une noce.

Son neveu. — Voilà un village que M. de Voltaire a fait bâtir.

Voltaire. — Oui, nous sommes libres ici : coupez un petit coin et nous sommes hors de la France. J'ai demandé de certains priviléges pour mes enfants ici, et le roi m'a accordé tout ce que j'ai demandé, et a déclaré le pays de Gex libre de tous les impôts des fermiers généraux, de sorte que le sel, qui se vendait auparavant à dix sols la livre, ne va actuellement qu'à quatre : je n'ai point d'autre chose à demander, excepté de vivre.

Nous entrons dans la bibliothèque.

Voltaire. — Voilà bien de vos compatriotes. (Il y avait Shakespeare, Milton, Congreve, Rochester, Shaftesbury, Bolingbroke, Robertson, Hume, etc.) Robertson est votre Tite-Live, son *Charles-Quint*[1] est écrit avec vérité. Hume a écrit son *Histoire*[2] pour être loué; Rapin[3], pour instruire ; et l'un et l'autre a atteint son but.

Sherlock. — Vous avez connu milord Chesterfield[4] ?

Voltaire. — Oui, je l'ai connu ; il avait beaucoup d'esprit.

Sherlock. — Vous connaissez milord Hervey[5].

Voltaire. — J'ai l'honneur d'être en correspondance avec lui.

Sherlock. — Il a des talents.

Voltaire. — Autant de brillant que milord Chesterfield, et plus de solidité.

Sherlock. — Milord Bolingbroke et vous étiez d'accord que nous n'avons pas une seule bonne tragédie.

Voltaire. — C'est vrai : *Caton*[6] est supérieurement bien écrit ; Addison avait beaucoup de goût, mais l'abîme entre le goût et le génie est immense. Shakespeare avait un génie étonnant, mais point de goût : il a gâté le goût de la nation ; il a été leur goût depuis deux cents ans ; et ce qui est le goût d'une nation pendant deux cents ans le sera pendant deux mille ; ce goût-là devient une religion ; et il y a dans ce pays-là beaucoup de fanatiques à l'égard de cet auteur.

---

1. *History of Charles V*, 1769, 3 vol. in-4º, traduite par Suard, 1771, 2 vol. in-4º.

2. Son *Histoire d'Angleterre*, qu'il fit paraître de 1754 à 1761.

3. Rapin de Thoyras, neveu de Pellisson, auteur d'une *Histoire d'Angleterre*, 1724, 8 vol. in-4o, souvent louée par Voltaire.

4. Philippe Dormer Stanhope, comte de Chesterfield, l'auteur des célèbres *Letters to his Son*, 1774.

5. John lord Hervey de Seckworth, garde des sceaux sous le ministère Walpole.

6. *Cato*, tragédie d'Addison, conçue dans le système français, et représentée en 1713.

SHERLOCK. — Vous avez connu personnellement milord Bolingbroke ?

VOLTAIRE. — Oui, il avait la figure imposante et la voix aussi ; dans ses ouvrages beaucoup de feuilles et peu de fruits ; des expressions entortillées et des phrases qui ne finissent point.

Vous voyez là, dit-il, l'Alcoran, qui est bien lu au moins, — il était marqué partout par des morceaux de papier. — Voilà *Historic Doubts* par M. Horace Walpole [1], — qui avait aussi beaucoup de marques. — Voilà le portrait de Richard III, vous voyez qu'il était assez beau garçon.

SHERLOCK. — Vous avez fait bâtir une église ?

VOLTAIRE. — C'est vrai ; et c'est la seule de l'univers en l'honneur de Dieu ; vous avez des églises bâties à saint Paul, à sainte Geneviève, mais pas une à Dieu.

Voilà ce qu'il m'a dit le premier jour : vous n'attendez aucune liaison dans ce dialogue, parce que je n'ai écrit que ce qu'il a dit de plus frappant. Peut-être ai-je écorché quelques-unes de ses phrases ; mais autant que je pouvais m'en rappeler, j'écrivais ses propres paroles.

Ferney.

Le lendemain, en nous asseyant à dîner il dit : « Nous sommes ici *for Liberty and Property* (pour la liberté et pour la propriété). Ce monsieur est un jésuite [2], il porte son chapeau ; moi, je suis un pauvre malade, je porte mon bonnet de nuit. »

Je ne me rappelle pas à propos de quoi il citait ces vers :

> Here lies the Mutton-eating King
> Whose promise none relies on;
> Who never said a foolish thing
> And never did a wise one.

Mais c'était à propos de Racine qu'il citait ces deux autres :

> The weighty bullion of one sterling line
> Drawn in French wire wou'd thro' whole pages shine.

SHERLOCK. — Les Anglais préfèrent Corneille à Racine.

VOLTAIRE. — C'est que les Anglais ne savent pas assez la langue française pour sentir la beauté du langage de Racine, et l'harmonie de sa versification. Corneille doit leur plaire davantage, parce qu'il a des choses plus frappantes ; mais Racine aux Français, parce qu'il a plus de douceur et de tendresse.

SHERLOCK. — Comment avez-vous trouvé la chère anglaise ?

VOLTAIRE. — Très-fraîche et très-blanche.

---

1. *Historic Doubts on the life and death of Richard III*, 1768. C'est une tentative de réhabilitation de ce prince. Cette édition, faite à Strawberry-Hill, résidence d'Horace Walpole, et où il avait une imprimerie, avait comme frontispice un portrait de Richard III.

2. Le Père Adam.

Il faut se rappeler que quand il fit ce calembour sur les femmes, il était dans sa quatre-vingt-troisième année.

Sherlock. — Leur langue?

Voltaire. — Énergique, précise et barbare : c'est la seule nation qui prononce leur *A, e*.

Il citait le mot *Handkerchief* pour preuve de la bizarrerie de leur prononciation.

Il raconta une anecdote de Swift. Milady Cartwright, femme du vice-roi d'Irlande, dans le temps de Swift, lui disait : « L'air de ce pays-ci est bon. » Swift se jeta à genoux : « De grâce, milady, ne dites pas cela en Angleterre, ou ils y mettraient un impôt. »

Il dit ensuite que, quoiqu'il ne pût pas prononcer parfaitement l'anglais, son oreille était sensible à l'harmonie de leur langue et de leur versification ; que Pope et Dryden avaient le plus d'harmonie dans la poésie, Addison dans la prose.

Voltaire. — Comment avez-vous trouvé les Français?

Sherlock. — Aimables et spirituels ; je ne leur ai trouvé qu'un seul défaut, ils imitent trop les Anglais.

Voltaire. — Comment, vous nous trouvez dignes d'être originaux nous-mêmes?

Sherlock. — Oui, monsieur.

Voltaire. — Et moi aussi ; mais c'est de votre gouvernement que nous sommes jaloux.

Sherlock. — J'ai trouvé les Français plus libres que je ne les avais crus.

Voltaire. — Oui, quant à se promener, à manger tout ce qu'il veut, à se reposer sur son fauteuil, le Français est assez libre. Mais quant aux impôts..... Ah! monsieur, que vous êtes heureux ; vous pouvez faire tout ; nous sommes nés dans l'esclavage, et nous mourrons dans l'esclavage ; nous ne pouvons pas même mourir comme nous voulons, il faut avoir un prêtre.

En parlant ensuite de notre gouvernement, il disait : « Les Anglais se vendent, ce qui est une preuve qu'ils valent quelque chose ; nous autres Français, nous ne nous vendons point ; vraisemblablement, c'est que nous ne valons rien. »

Sherlock. — Que pensez-vous de *l'Héloïse*?

Voltaire. — Elle ne se lira plus dans vingt ans.

Sherlock. — Mlle de Lenclos[1] a bien écrit ses lettres.

Voltaire. — Elle n'en a jamais écrit une ; c'était ce malheureux Crébillon.

Il disait que les Italiens étaient une nation de fripiers ; que l'Italie était une garde-robe, dans laquelle il y avait beaucoup de vieux habits d'un goût parfait. « C'est encore à savoir, dit-il, lesquels des sujets du Grand Turc ou du pape sont les plus vils. »

---

1. Il s'agit ici des *Lettres de Ninon de Lenclos au marquis de Sévigné*, Paris, 1752, 2 vol. in-12.

Il parla de l'Angleterre et de Shakespeare, et il expliqua à Mme Denis une partie de la scène de *Henri V*, où le roi fait sa cour à la reine Catherine en mauvais français [1]; et de la scène où cette reine prend une leçon d'anglais de sa dame d'atours, et où il y a des équivoques très-forts, surtout sur le mot pied, et en s'adressant à moi, il dit : « Mais voilà ce que c'est qu'un auteur, il sera tout pour faire de l'argent. »

VOLTAIRE. — Quand je vois un Anglais rusé et aimant les procès, je dis : voilà un Normand qui est venu avec Guillaume le Conquérant; quand je vois un homme doux et poli, en voilà un qui est venu avec les Plantagenets; un brutal, voilà un Danois : car votre nation, aussi bien que votre langue, est un galimatias de plusieurs autres.

Après dîner, en passant par un petit salon où il y avait une tête de Locke, une de la comtesse de Conventry, et plusieurs autres, il me prend par le bras et m'arrête : « Connaissez-vous ce buste? C'est le plus grand génie qui ait existé : quand tous les génies de l'univers seraient rassemblés, il conduirait la bande. »

C'était de Newton et de ses propres ouvrages qu'il parlait toujours avec le plus de chaleur.

Si vous n'avez pas le temps de lire un court détail de minuties sur l'article de Voltaire, passez cette lettre.

Son château est commode et assez bien meublé; parmi d'autres tableaux, on voyait le portrait de l'impératrice de Russie et celui du roi de Prusse, qui lui avait été envoyé par ce souverain, ainsi que son propre buste en porcelaine de Berlin avec l'inscription : *Immortali*.

Ses armoiries de noblesse [2] sont sur sa porte et sur toutes ses assiettes, qui sont d'argent; au dessert, les cuillères, les fourchettes et les lames de couteau étaient de vermeil; il y avait deux services et cinq domestiques, dont trois étaient en livrée : il n'est pas permis à un domestique étranger d'y entrer.

Il passe son temps à lire, à écrire, à jouer aux échecs avec le Père Adam, et à regarder bâtir son village.

L'âme de cet homme extraordinaire a été le théâtre de toutes les ambitions; il a voulu être homme de lettres universel; il a voulu être riche; il a voulu être noble, et il a réussi à tout.

Sa dernière ambition a été de fonder une ville; et en examinant, on verra que toutes ses idées étaient dirigées à ce point. Après la disgrâce de M. de Choiseul, quand le ministère français eut abandonné le projet de bâtir une ville à Versoy pour y établir des manufactures et faire tomber le commerce des Genevois, Voltaire se décida de faire à Ferney ce que le gouvernement français avait voulu faire à Versoy.

Il saisit le moment des dissensions de la République de Genève, et, par

---

1. *King Henry V*, acte III, scène IV, et acte V, scène II.
2. Ces armes étaient : *d'azur à trois flammes d'or*.

de belles promesses, il engagea les exilés à se réfugier chez lui, et plusieurs des mécontents les y suivirent.

Il fit bâtir les premières maisons, et les donna pour un cens perpétuel ; ensuite il prêta de l'argent en rente viagère à ceux qui voulaient bâtir eux-mêmes ; aux uns sur sa tête, à d'autres sur sa tête et sur celle de Mme Denis.

Son unique objet m'a paru l'agrandissement de ce village ; voilà pourquoi il avait demandé des exemptions d'impôts, et voilà pourquoi il cherchait tous les jours à séduire des ouvriers de Genève pour y établir une manufacture d'horlogerie. Je ne dis pas qu'il ne pensât point à l'argent ; mais je suis persuadé que ce n'était pour lui qu'un objet secondaire.

Les deux jours que je l'ai vu, il portait des souliers de drap blanc, des bas blancs de laine, des culottes rouges, deux gilets avec une robe de chambre et la veste de toile bleue, semée de fleurs jaunes et doublée de jaune ; il portait une perruque grise à trois marteaux, et par-dessus un bonnet de nuit de soie brodé d'or et d'argent.

Il a fait construire, il y a douze ans, son tombeau à côté de son église, en face de son château. Dans l'église, qui est petite, il n'y a rien d'extraordinaire, excepté sur l'autel, où il y a une figure simple en bois doré, sans croix. L'on dit que c'est lui-même, car on prétend qu'il a toujours eu l'idée de faire une religion.

LXI.

MADAME DE GENLIS A FERNEY [1].

Aout 1776.

De Genève.

Je compte aller demain à Ferney, voir M. de Voltaire. Je n'avais point pour lui de lettre de recommandation ; mais les jeunes femmes de Paris en sont toujours bien reçues. Je lui ai écrit pour lui demander la permission d'aller chez lui ; il n'y avait dans mon billet ni esprit, ni prétentions, ni fadeurs, et j'ai daté du mois d'août. M. de Voltaire veut qu'on écrive du mois d'*Auguste*. Cette petite pédanterie m'a paru une flatterie, et j'ai écrit fièrement du mois d'août. Le philosophe de Ferney m'a fait une réponse très-gracieuse ; il m'annonce qu'en ma faveur il quittera ses pantoufles et sa robe de chambre, et il m'invite à dîner et à souper.

J'ai passé neuf heures avec M. de Voltaire ; voilà une journée mémorable qui doit être détaillée dans le journal d'une voyageuse ; je conterai avec simplicité, comme à mon ordinaire, ce que j'ai observé et ce que j'ai senti.

---

1. Extrait des *Souvenirs de Félicie;* Paris, 1804, in-12, p. 197 et suiv. Plus tard Mme de Genlis (1746-1830) a reproduit cette partie de ses *Souvenirs* dans ses *Mémoires;* Paris, 1825, tome II, page 320. Ce récit est toujours donné comme faisant contraste avec celui de Mme Suard.

De Genève.

Quand j'ai reçu la réponse aimable de M. de Voltaire, il m'a pris tout à coup une espèce de frayeur, qui m'a fait faire des réflexions inquiétantes. Je me suis rappelé tout ce qu'on m'a conté des personnes qui vont pour la première fois à Ferney. Il est d'*usage* (surtout pour les jeunes femmes) de s'émouvoir, de pâlir, de s'attendrir, et même en général de se trouver mal en apercevant M. de Voltaire[1]; on se précipite dans ses bras, on balbutie, on pleure, on est dans un trouble qui ressemble à l'amour le plus passionné. Voilà l'étiquette de la présentation à Ferney. M. de Voltaire y est tellement accoutumé que le calme et la seule politesse la plus obligeante ne peuvent lui paraître que de l'impertinence ou de la stupidité. Cependant, je suis naturellement timide et d'une froideur glaciale avec les gens que je ne connais pas; je n'ai jamais eu le courage de donner une louange *en face* à ceux avec lesquels je ne suis pas intimement liée; il me semble qu'alors tout éloge est suspect de flatterie, qu'il ne saurait être de bon goût, et qu'il doit déplaire ou blesser. Je me promis pourtant, non pas de faire une scène pathétique, mais de me conduire de manière à ne pas causer un grand étonnement, c'est-à-dire que j'ai pris la résolution, pour n'être pas ridicule, de sortir de ma simplicité habituelle, et d'être moins réservée et surtout moins silencieuse.

Je suis partie de Genève d'assez bonne heure, suivant mon calcul, pour arriver à Ferney avant l'heure du dîner de M. de Voltaire; mais m'étant réglée sur ma montre, qui avançait beaucoup, je n'ai connu mon erreur qu'à Ferney. Il n'y a guère de gaucherie plus désagréable que celle d'arriver trop tôt pour dîner, chez les gens qui s'occupent et qui savent employer leur matinée; je suis sûre que j'ai coûté une ou deux pages à M. de Voltaire : ce qui me console, c'est qu'il ne fait plus de tragédies, je ne l'aurai empêché que d'écrire quelques impiétés, quelques lignes licencieuses de plus... Cherchant de bonne foi tous les moyens de plaire à l'homme célèbre qui voulait bien me recevoir, j'avais mis beaucoup de soin à me parer; je n'ai jamais eu tant de plumes et tant de fleurs. J'avais un fâcheux pressentiment que mes prétentions en ce genre seraient les seules qui dussent avoir quelques succès. Durant la route, je tâchai de me ranimer en faveur du fameux vieillard que j'allais voir; je répétais des vers de *la Henriade* et de ses tragédies, mais je sentais que, même en supposant qu'il n'eût jamais profané son talent par tant d'indignes productions, et qu'il n'eût fait que les belles choses qui doivent l'immortaliser, je n'aurais en sa présence qu'une admiration silencieuse. Il serait permis, il serait simple de montrer de l'enthousiasme pour un héros, pour le libérateur de la patrie, parce que, sans instruction et sans esprit, on peut apprécier de telles actions, et que la reconnaissance semble autoriser l'expression du sentiment qu'elles inspirent; mais lorsqu'on se déclare le partisan pas-

---

1. On a vu là une allusion à Mme Suard.

sionné d'un homme de lettres, on annonce qu'on se croit en état de juger souverainement tous ses ouvrages, on s'engage à lui en parler, à disserter, à détailler ses opinions; combien toutes ces choses sont déplacées dans la jeunesse, et surtout dans une femme!... Je menais avec moi un peintre allemand qui revient d'Italie, M. Ott[1] : il a beaucoup de talent et très-peu de littérature, il sait à peine le français, et il n'a jamais lu une ligne de M. de Voltaire ; mais sur sa réputation, il n'en a pas moins pour lui tout l'enthousiasme *désirable*. Il était hors de lui en approchant de Ferney ; j'admirais et j'enviais ses transports, j'aurais voulu pouvoir en prendre quelque chose. On nous a fait passer devant une église sur le portail de laquelle ces mots sont écrits : *Voltaire a élevé ce temple à Dieu*. Cette inscription m'a fait frémir, elle ne peut paraître que l'extravagante ironie de l'impiété ou l'inconséquence la plus étrange. Enfin, nous arrivons dans la cour du château, nous descendons de voiture, M. Ott était ivre de joie, nous entrons; nous voilà dans une antichambre assez obscure, M. Ott aperçoit sur-le-champ un tableau, et s'écrie : *C'est un Corrége!* Nous approchons; on le voyait mal, mais c'était en effet un beau tableau original du Corrége, et M. Ott fut un peu scandalisé qu'on l'eût relégué là. Nous passons dans le salon, il était vide. Je vis dans le château cette espèce de rumeur désagréable que produit une visite inopinée qui survient mal à propos; les domestiques avaient un air effaré, on entendait le bruit redoublé des sonnettes qui les appelaient, on allait et venait précipitamment, on ouvrait et fermait brusquement les portes; je regardai à la pendule du salon, et je connus, avec douleur, que j'étais arrivée trois quarts d'heure trop tôt, ce qui ne contribua pas à me donner de l'aisance et de la confiance. M. Ott vit à l'autre extrémité du salon un grand tableau à l'huile, dont les figures sont en demi-nature; un cadre superbe, et l'honneur d'être placé dans le salon, annonçaient quelque chose de beau. Nous y courons, et à notre grande surprise nous découvrons une véritable enseigne à bière, une peinture ridicule représentant M. de Voltaire dans une gloire, tout entouré de rayons comme un saint, ayant à ses genoux les Calas, et foulant aux pieds ses ennemis, Fréron, Pompignan, etc., qui expriment leur humiliation en ouvrant des bouches énormes et en faisant des grimaces effroyables. M. Ott fut indigné du dessin et du coloris, et moi, de la composition. « Comment peut-on placer cela dans son salon ? disais-je. — Oui, reprenait M. Ott, et quand on laisse un tableau du Corrége dans une vilaine antichambre... » Ce tableau est entièrement de l'invention d'un mauvais peintre genevois qui en a fait présent à M. de Voltaire; mais il me paraît inconcevable que ce dernier ait le mauvais goût d'exposer pompeusement à tous les yeux une telle platitude.

Enfin, la porte du salon s'ouvrit, et nous vîmes paraître Mme Denis, la nièce de M. de Voltaire, et Mme de Saint-Julien. Ces dames m'annoncèrent

---

1. Probablement Joseph-Mathias Ott, de l'Académie de Munich, et professeur de dessin au gymnase de cette ville. Il mourut en 1791, âgé de quarante-neuf ans, d'après le *Neues allgemeines Kunstler-Lexicon* de Nagler.

que M. de Voltaire viendrait bientôt. Mme de Saint-Julien qui est fort aimable, et que je ne connaissais pas du tout, est établie pour tout l'été à Ferney; elle appelle M. de Voltaire *mon philosophe*, et il l'appelle *mon papillon*. Elle portait une médaille d'or à son côté; j'ai cru que c'était un ordre, mais c'est *un prix d'arquebuse* donné par M. de Voltaire, et qu'elle a gagné ces jours-ci; une telle adresse est un exploit pour une femme. Elle m'a proposé de faire un tour de promenade, ce que j'ai accepté avec empressement : car je me sentais si refroidie, si embarrassée, je craignais tellement l'apparition du maître de la maison que j'étais charmée de m'échapper un moment, afin de retarder un peu cette terrible entrevue. Mme de Saint-Julien m'a conduite sur une terrasse de laquelle on pourrait découvrir la magnifique vue du lac et des montagnes, si l'on n'avait pas eu le mauvais goût d'établir sur cette belle terrasse un long berceau de treillage tout couvert d'une verdure épaisse qui cache tout. On n'entrevoyait cette admirable perspective que par des petites lucarnes où je ne pouvais passer la tête; d'ailleurs, le berceau est si bas que mes plumes s'y accrochaient partout. Je me courbais extrêmement, et, comme pour me rapetisser encore, je ployais beaucoup les genoux, je marchais à toute minute sur ma robe, je chancelais, je trébuchais, je cassais mes plumes, je déchirais mes jupons, et dans l'attitude la plus gênante, je n'étais guère en état de jouir de la conversation de Mme de Saint-Julien, qui, petite, en habit négligé du matin, se promenait fort à son aise, et causait très-agréablement. Je lui demandai en riant si M. de Voltaire n'avait pas trouvé mauvais que j'eusse vulgairement daté ma lettre du mois d'août? Elle me répondit que non; mais elle ajouta qu'il avait remarqué que je n'écrivais pas avec son orthographe.

Enfin, on vint nous dire que M. de Voltaire entrait dans le salon; j'étais si harassée, et en si mauvaise disposition que j'aurais donné tout au monde pour pouvoir me trouver transportée dans mon auberge à Genève... Mme de Saint-Julien, me jugeant d'après ses impressions, m'entraîne avec vivacité; nous regagnons la maison, et j'eus le chagrin, en passant dans une des pièces du château, de me voir dans une glace; j'étais ébouriffée et toute décoiffée, et j'avais une mine véritablement piteuse et tout à fait décomposée. Je m'arrêtai un instant pour me rajuster, ensuite je suivis courageusement Mme de Saint-Julien. Nous entrons dans le salon, et me voilà en présence de M. de Voltaire... Mme de Saint-Julien m'invita à l'embrasser, en me disant avec grâce : *Il le trouvera très-bon*. Je m'avançai gravement, avec l'expression du respect que l'on doit aux grands talents et à la vieillesse; M. de Voltaire me prit la main et me la baisa; je ne sais pourquoi cette action si commune m'a touchée, comme si cette espèce d'hommage n'était pas aussi vulgaire que banal; mais, enfin, je fus flattée que M. de Voltaire m'eût baisé la main, et je l'embrassai de très-bon cœur, intérieurement, car je conservai toute la tranquillité de mon maintien. Je lui présentai M. Ott, qui fut si transporté de s'entendre nommer à M. de Voltaire que je crus qu'il allait faire une scène; il s'empressa de tirer de sa poche des miniatures qu'il avait faites à Rome; malheureusement, l'un de ces tableaux représentait une Vierge avec l'Enfant Jésus, ce qui fit dire à

M. de Voltaire plusieurs impiétés aussi plates que révoltantes; je trouvai qu'il était contre les devoirs de l'hospitalité et contre toute bienséance de s'exprimer ainsi devant une personne de mon âge, qui ne s'affichait pas pour *esprit fort*, et qu'il recevait pour la première fois; extrêmement choquée, je me tournai du côté de Mme Denis, afin d'avoir l'air de ne pas écouter son oncle; il changea d'entretien, parla de l'Italie et des arts comme il en écrit, c'est-à-dire sans connaissance et sans goût; je ne dis que quelques mots qui exprimaient que je n'étais pas de son avis. Il ne fut question de littérature, ni avant, ni après le dîner; M. de Voltaire ne jugeant pas, je crois, que cette conversation dût intéresser une personne qui s'annonçait d'une manière aussi peu brillante. Néanmoins, il soutint l'entretien avec politesse, et même quelquefois avec galanterie pour moi.

On se mit à table, et pendant tout le dîner M. de Voltaire ne fut rien moins qu'aimable : il eut toujours l'air d'être en colère contre ses gens, criant à tue-tête, avec une telle force qu'involontairement j'en ai plusieurs fois tressailli ; la salle à manger est très-sonore, et sa voix de tonnerre y retentissait de la manière la plus effrayante. On m'avait prévenue de cette manie, qui est si hors d'usage devant des étrangers, et l'on voit parfaitement en effet que c'est une habitude, car ses gens n'en paraissent être ni surpris, ni le moins du monde troublés. Après le dîner, M. de Voltaire, sachant que j'étais musicienne, a fait jouer Mme Denis du clavecin : elle a un jeu qui transporte en idée au temps de Louis XIV; mais ce souvenir-là n'est pas le plus agréable que l'on puisse se retracer de ce beau siècle. Elle finissait une pièce de Rameau, lorsqu'une jolie petite fille de sept ou huit ans entra dans la chambre, et vint se jeter au cou de M. de Voltaire, en l'appelant *papa ;* il reçut ses caresses avec grâce, et comme il vit que je contemplais ce tableau si doux avec un extrême plaisir, il me dit que cette enfant appartenait à la petite-fille du grand Corneille, qu'il a mariée; combien j'eusse été touchée dans ce moment si je ne m'étais pas rappelé ces *Commentaires*, où l'injustice et l'envie se trahissent si maladroitement!... Dans ce lieu on est à chaque instant blessé par des contrastes bizarres, et sans cesse l'admiration y est suspendue et même détruite par des souvenirs odieux et par des disparates révoltantes. M. de Voltaire reçut plusieurs visites de Genève, ensuite il me proposa une promenade en voiture; il fit mettre ses chevaux, et nous montâmes dans une berline, lui, sa nièce, Mme de Saint-Julien et moi. Il nous mena dans le village pour y voir les maisons qu'il a bâties et les établissements bienfaisants qu'il a formés. Il est plus grand là que dans ses livres, car on y voit partout une ingénieuse bonté, et l'on ne peut se persuader que la même main qui écrivit tant d'impiétés, de faussetés et de méchancetés, ait fait des choses si nobles, si sages et si utiles. Il montre ce village à tous les étrangers, mais de bonne grâce; il en parle simplement, avec bonhomie; il instruit de tout ce qu'il a fait, et cependant il n'a nullement l'air de s'en vanter, et je ne connais personne qui pût en faire autant; en rentrant au château la conversation a été fort animée; on parlait avec intérêt de ce qu'on avait vu; je ne suis partie qu'à la nuit; M. de Voltaire m'a proposé de rester jusqu'au lendemain après dîner, mais j'ai voulu retourner à Genève. Tous les portraits et tous les bustes de M. de Voltaire sont très-ressemblants, mais aucun artiste n'a bien rendu ses yeux: je m'attendais à les trouver brillants et remplis de feu; ils sont en effet les plus spirituels que j'aie vus, mais ils ont, en même temps, quelque chose de velouté et une douceur inexprimable; l'âme de Zaïre est tout entière dans ces yeux-là; son sourire et son rire, extrêmement malicieux, changent tout à fait cette charmante expression. Il est fort cassé, et sa manière gothique de se mettre le vieillit encore. Il a une voix sépulcrale qui lui donne un ton singulier, d'autant plus qu'il a l'habitude de parler excessivement haut, quoiqu'il ne soit pas sourd. Quand il n'est question ni de la religion ni de ses ennemis, la conversation est simple et naturelle, sans nulle prétention, et par conséquent (avec un esprit tel que le sien) parfaitement aimable. Il m'a paru qu'il ne supportait pas que l'on eût, sur aucun point, une opinion différente de la sienne; pour peu qu'on le contredise, son ton prend de l'aigreur et devient tranchant; il a certainement beaucoup perdu de l'usage du monde qu'il a dû avoir, et rien n'est plus simple : depuis qu'il est dans cette terre, on ne va le voir que pour l'enivrer de louanges, ses décisions sont des oracles, tout ce qui l'entoure est à ses pieds; il n'entend parler que de l'admiration qu'il inspire, et les exagérations les plus ridicules dans ce genre ne lui paraissent maintenant que des hommages ordinaires. Les rois même n'ont jamais été les objets d'une adulation si outrée, du moins l'étiquette défend de leur prodiguer toutes ces flatteries; on n'entre point en conversation avec eux, leur présence impose silence, et, grâce au respect, la flatterie, à la cour, est obligée d'avoir de la pudeur, et de ne se montrer que sous des formes délicates. Je ne l'ai jamais vue sans ménagement qu'à Ferney; elle y est véritablement grotesque, et lorsque, par l'habitude, elle peut plaire sous de semblables traits, elle doit nécessairement gâter le goût, le ton et les manières de celui qu'elle séduit. Voilà pourquoi l'amour-propre de M. de Voltaire est si singulièrement irritable, et pourquoi les critiques lui causent ce chagrin puéril qu'il ne peut dissimuler. Il vient d'en éprouver un très-sensible. L'empereur a passé tout près de Ferney; M. de Voltaire, qui s'attendait à recevoir la visite de l'illustre voyageur, avait préparé des fêtes et même fait des vers et des couplets, et malheureusement tout le monde le savait. L'empereur a passé sans s'arrêter et sans faire dire un seul mot[1]. Comme il approchait de Ferney, quelqu'un lui demanda s'il verrait M. de Voltaire; l'empereur répondit sèchement: *Non, je le connais assez;* mot piquant et même profond, qui prouve que ce prince lit en homme d'esprit et en monarque éclairé.

---

1. En juillet 1777. Joseph II venait de visiter Louis XVI et la France, sous le nom de comte de Falkenstein.

LXII.

JOHN MOORE A FERNEY[1].

1776.

Genève.

Je ne suis point étonné de votre curiosité et du désir que vous témoignez d'être instruit de tout ce qui concerne le philosophe de Ferney. Cet homme extraordinaire est parvenu à attirer l'attention et à fixer les regards de toute l'Europe, d'une manière bien plus constante qu'aucun des grands hommes que notre siècle a produits, je n'en excepte pas même les rois et les héros. Les moindres anecdotes qui ont rapport à sa personne paraissent en quelque sorte intéresser le public.

J'ai eu, depuis que je suis dans ce pays, de fréquentes occasions de lui parler, et encore plus à ceux qui ont vécu familièrement avec lui depuis plusieurs années; de sorte que les observations que je pourrai vous communiquer à son sujet sont fondées sur ma propre autorité ou sur celle de ses amis les plus intimes et les plus véridiques.

Il a ici, comme partout ailleurs, ses ennemis et ses admirateurs; ces deux caractères se trouvent souvent réunis dans la même personne.

La première idée qui s'est présentée à l'esprit de ceux qui ont entrepris de décrire sa personne a été celle d'un squelette, relativement à son excessive maigreur: rien de plus juste; mais il faut se rappeler que ce squelette se compose de peau et d'os, a un regard plus vif et plus spirituel qu'aucun être de la même nature, dans la force de l'âge et paré de tous les avantages de la plus brillante jeunesse.

Je n'ai jamais vu des yeux aussi perçants que ceux de Voltaire, quoique actuellement dans sa quatre-vingtième année: sa physionomie est on ne peut plus expressive; on y lit à la fois son génie, sa pénétration et son extrême sensibilité.

Le matin, il a l'air triste et chagrin; son humeur cependant se dissipe graduellement, et après dîner, il paraît ordinairement plus gai: cependant l'air ironique ne le quitte jamais entièrement, et il est aisé dans tous les temps d'en retrouver des traces sur son visage, qu'il soit satisfait ou mécontent.

Lorsque le temps est beau, il prend l'air et monte en carrosse avec sa nièce ou quelques-uns de ses hôtes, dont il y a toujours bon nombre à

---

1. John Moore, médecin et littérateur anglais, voyagea en France, en Italie, en Suisse et en Allemagne, en compagnie du jeune frère du duc d'Hamilton. Ces lettres sont extraites de son livre intitulé *A View of society and manners in France, Switzerland, and Germany;* London, 1779, 2 vol. in-8°. Cet ouvrage a été traduit par H. Rieu, sous le titre de *Lettres d'un voyageur anglais sur la France*, etc.; Genève, 1781-1782, 4 vol. in-8°.

Ferney. Quelquefois il se promène dans son jardin, ou, si le temps ne lui permet pas de sortir, il emploie ses moments de récréation à jouer aux échecs avec le Père Adam ou à recevoir les étrangers qui se succèdent continuellement, et attendent à sa porte le moment favorable de pouvoir être admis, ou à lire et à dicter des lettres : car il a une correspondance suivie avec tous les pays de l'Europe, d'où on lui rend compte de tous les événements remarquables et d'où on lui envoie toutes les productions littéraires dès qu'elles paraissent.

La plus grande partie de son temps est employée à l'étude, et, soit qu'il lise lui-même ou qu'il se fasse lire, il a toujours la plume à la main pour faire des notes ou des remarques. Composer est son amusement favori ; il n'est pas d'auteur obligé d'écrire pour subsister, pas de poëte avide de se faire connaître, qui soit aussi assidu que lui au travail, ou plus désireux d'acquérir de nouvelle gloire que l'opulent et admiré seigneur de Ferney.

Il est on ne peut pas plus hospitalier, son cuisinier est excellent. Il a ordinairement deux ou trois personnes qui viennent de Paris pour le voir et passent un mois ou six semaines chez lui. Lorsqu'elles partent, leur place est bientôt remplie; de sorte qu'il reçoit constamment de nouvelles visites; ces étrangers, avec les gens de sa maison et ses amis de Genève, composent une compagnie de douze à quatorze personnes qui dînent journellement à sa table, soit qu'il y paraisse ou mange seul dans sa chambre. Car lorsqu'il est occupé à préparer une nouvelle production pour la presse, indisposé ou de mauvaise humeur, il ne dîne point à table, mais se contente de paraître pendant quelques minutes avant ou après le repas.

Tous ceux qui lui apportent des lettres de recommandation de ses amis peuvent être sûrs, pourvu qu'il ne soit pas réellement malade, d'en être bien reçus. Les étrangers qui n'ont pu s'en procurer s'assemblent assez souvent l'après-midi dans son antichambre pour tâcher de le voir, et il arrive qu'ils y réussissent ; quelquefois aussi sont-ils obligés de se retirer sans avoir satisfait leur curiosité. Tous ceux qui sont dans ce cas ne manquent jamais de l'accuser de caprice, et font mille mauvais contes, souvent inventés, pour se venger de ce qu'il n'a pas jugé à propos de se laisser voir, et de se montrer comme un ours que l'on promène à la foire. Je suis bien moins surpris qu'il refuse quelquefois que de sa complaisance à se prêter si souvent à cette indiscrète curiosité : en lui, elle ne peut-être qu'une preuve de son désir d'obliger, puisqu'il est accoutumé depuis si longtemps aux applaudissements qu'on ne saurait supposer que ceux d'un petit nombre d'étrangers puissent lui causer une satisfaction bien vive.

Sa nièce, Mme Denis, fait les honneurs de sa table, et entretient la compagnie lorsque son oncle est hors d'état ou ne juge pas à propos de paraître. C'est une femme sensée, polie avec tout le monde, dont la tendresse et les égards pour son oncle ne se sont jamais démentis.

Le matin n'est point le moment propre à lui rendre visite. Il ne saurait souffrir qu'on l'interrompe dans ses occupations. Cela seul suffit pour le mettre de mauvaise humeur ; d'ailleurs, il est alors assez sujet à s'emporter, soit que les infirmités de son âge le fassent souffrir, ou qu'il ait quelque autre cause accidentelle de chagrin. Quelle qu'en soit la raison, il est certain qu'il croit moins à l'*optimisme* à cette heure du jour qu'à toute autre C'est vraisemblablement le matin qu'il a observé que « c'était dommage que le quinquina fût originaire d'Amérique, et la fièvre de nos climats ».

Ceux qu'il invite à souper ont occasion de le voir sous le point de vue le plus favorable. Alors il se plaît à entretenir la compagnie, et paraît aussi empressé que jamais à dire ce qu'on nomme de jolies choses ; et si une remarque juste et convenable, ou un bon mot échappe à l'un des convives, il est tout aussi content et y applaudit d'aussi bon cœur que s'il venait de lui ; il est assez indulgent pour se prêter à l'enjouement de la compagnie. Environné de ses amis et animé par la présence de quelques femmes aimables, il semble jouir de la vie avec toute la sensibilité d'un jeune homme, son génie s'affranchit alors des entraves de la vieillesse et des infirmités, et s'exhale en plaisanteries, en critiques délicates et en fines railleries.

Il a le talent supérieur de se mettre à la portée de ceux avec lesquels il se trouve, et de ne les entretenir que de choses qui doivent naturellement leur plaire. La première fois que le duc d'Hamilton lui rendit visite, il fit tomber la conversation sur les alliances de la France avec l'Écosse, cita plusieurs anecdotes du voyage d'un des prédécesseurs du duc lorsqu'il accompagna à la cour de France Marie, reine d'Écosse, dont il était alors l'héritier présomptif ; il lui parla de l'héroïsme de ses ancêtres, les anciens comtes de Douglas ; de la célébrité que plusieurs de ses compatriotes vivants s'étaient acquise dans la littérature, et surtout des Hume et des Robertson, dont il fit les plus grands éloges.

Un moment après entrèrent deux Russes de la première condition, qui se trouvaient dans ce temps-là à Genève. Voltaire leur parla beaucoup de la czarine et de l'état florissant de leur patrie... « Ci-devant, leur dit-il, vos compatriotes étaient guidés par des prêtres ignorants..., les beaux-arts leur étaient inconnus, et vos terres étaient en friche... ; à présent, les beaux-arts prospèrent chez vous, et vos terres sont cultivées... » L'un de ces jeunes seigneurs lui répliqua qu'il y avait encore bien des terres incultes en Russie... « Cependant, ajouta Voltaire, avouez que dans ces derniers temps votre patrie a produit une abondante récolte de lauriers. »

Son aversion pour le clergé est assez connue... Cette passion le porte à faire cause commune avec des gens dont les objections triviales prouvent qu'ils ont beaucoup moins d'esprit que lui, et qui, dénuées du sel dont ce grand génie les assaisonne, ne sont que fades et dégoûtantes. La conversation ayant par hasard roulé sur ce sujet, quelqu'un de la compagnie dit : « Si l'on ôtait l'orgueil aux prêtres, que leur resterait-il ? rien... — Vous comptez donc la gourmandise pour rien », lui répliqua Voltaire.

Il préfère la *Poétique* de Marmontel à tous les autres ouvrages de cet auteur. En parlant de ceux-ci, il nous a dit que ce poète, semblable à Moïse, n'avait jamais eu lui-même la félicité d'entrer dans la terre promise, quoiqu'il en eût montré la route aux autres.

On ne conçoit que trop les allusions et les sarcasmes déplacés de Voltaire contre les saintes Écritures, et les hommes les plus respectables dont il y est fait mention.

Certain quidam bègue, ayant trouvé moyen de s'introduire à Ferney, ce personnage, qui n'était recommandable que par les louanges qu'il se prodiguait, étant sorti de l'appartement, Voltaire dit qu'il le soupçonnait d'être un aventurier, un imposteur;... Mme Denis lui répondit que les imposteurs et les aventuriers n'avaient jamais cette incommodité... A quoi il répliqua : « Eh ! Moïse ne bégayait-il pas ? »

Vous avez sûrement entendu parler de l'animosité subsistant entre Voltaire et Fréron, l'auteur de *l'Année littéraire*. Un jour que le premier se promenait dans son jardin avec un de ses amis de Genève, un crapaud vint à passer devant eux ; celui-ci dit, pour plaire à Voltaire, en montrant l'animal : « Voilà Fréron. — Quel mal, répondit-il, cette pauvre bête a-t-elle pu vous faire pour s'attirer une pareille injure ? »

Il comparait la nation anglaise à un tonneau de bière forte dont le dessus est de l'écume, le fond de la lie, et le milieu excellent.

Un ami de Voltaire lui ayant recommandé la lecture de certain système métaphysique, fondé sur une suite d'arguments par lesquels l'auteur faisait admirer son génie et sa dextérité, sans cependant convaincre son lecteur ou prouver autre chose que son éloquence et la finesse de ses sophismes, il lui demanda quelque temps après ce qu'il pensait de cet ouvrage : « Les métaphysiciens, lui répondit Voltaire, sont comme les gens qui dansent le menuet : parés de la manière la plus avantageuse, ils font une ou deux révérences, parcourent l'appartement avec beaucoup de grâce, sont constamment en mouvement sans avancer d'un pas, et finissent par se retrouver au même point d'où ils étaient partis. »

Genève.

Considéré comme maître, Voltaire se présente à Genève sous un jour très-favorable. Il est affable, humain et généreux envers ses vassaux et ses domestiques. Il aime à les voir prospérer, et s'intéresse à leurs affaires avec le zèle d'un vrai patriarche. Il favorise l'industrie et encourage les manufactures de sa ville par tous les moyens dont il peut s'aviser ; par ses soins, par sa seule protection, Ferney, qui n'était auparavant qu'un mauvais village dont les habitants étaient aussi paresseux que méprisables, est devenu une petite ville aisée et passablement jolie.

Cette acrimonie, que l'on remarque dans plusieurs ouvrages de Voltaire, n'est dirigée que contre quelques-uns de ses rivaux qui osent lui disputer sur le Parnasse la place distinguée à laquelle ses talents lui donnent le droit de prétendre.

S'il a été l'auteur de plusieurs satires mordantes, il en a été aussi l'objet. Il serait difficile de décider si c'est lui qui a été l'agresseur ; mais on doit avouer que toutes les fois qu'il n'a pas été personnellement attaqué en sa qualité d'écrivain, il s'est montré bon et facile ; dans plusieurs occasions, il a témoigné une véritable philanthropie... Toute sa conduite relativement à la famille Calas ; la protection qu'il a accordée aux Sirven ; son humanité envers la jeune personne issue de Corneille, et plusieurs autres exemples que je pourrais citer, sont tous des preuves de la vérité de ce que j'avance.

Quelques personnes vous disent que les soins qu'il s'est donnés dans cette occasion et dans d'autres semblables n'étaient que pour satisfaire sa vanité ; cependant celui qui s'empresse à justifier l'innocence persécutée, à exciter l'indignation des grands contre l'oppression, et à secourir le mérite indigent, doit réellement être estimé bienfaisant, tirât-il même vanité de pareilles actions, et s'en glorifiât-il outre mesure. Cet homme est, sans contredit, plus utile à la société que le plus humble moine qui n'a d'autre vertu que celle de ne s'occuper, dans un désert reculé, que de son propre salut.

La critique que Voltaire a faite des ouvrages de Shakespeare ne lui fait aucun honneur ; elle ne sert qu'à montrer qu'il ne connaissait qu'imparfaitement l'auteur dont il condamne si étourdiment les productions. Les irrégularités de Shakespeare et son peu d'égard pour les trois unités dans ses drames sautent aux yeux des critiques les moins éclairés de nos jours ; mais les préjugés nationaux de Voltaire, et la connaissance peu profonde de notre langue, l'aveuglent sur quelques-unes des plus sublimes beautés de notre poëte anglais, et quoique ses remarques ne soient pas toujours justes et délicates, elles sont cependant la plupart assez ingénieuses.

Un soir, à Ferney, où il fut question dans la conversation du génie de Shakespeare, Voltaire déclama contre l'impropriété et l'absurdité qu'il y avait d'introduire dans la tragédie des caractères vulgaires et un dialogue bas et rampant ; il cita plusieurs exemples où notre poëte avait contrevenu à cette règle, même dans les pièces les plus touchantes. Un monsieur de la compagnie, qui est un admirateur zélé de Shakespeare, observa, en cherchant à excuser notre célèbre compatriote, que, quoique ses caractères fussent pris dans le peuple, ils n'en étaient pas moins dans la nature. « Avec votre permission, monsieur, lui répliqua Voltaire, mon cul est bien dans la nature, et cependant je porte des culottes. »

Voltaire avait ci-devant un petit théâtre dans son château, où les gens de sa société jouaient des pièces de théâtre ; lui-même se chargeait ordinairement d'un des principaux rôles ; mais, suivant ce qu'on m'en a dit, ce n'était pas là son talent, la nature l'ayant doué de la faculté de peindre les sentiments des héros, et non de celle de les exprimer.

M. Cramer, de Genève, était ordinairement acteur dans ces occasions. Je l'ai souvent vu jouer sur un théâtre de société de cette ville avec un succès mérité. Peu de ceux qui ont fait leur unique étude du théâtre, et qui paraissent tous les jours en public, auraient été capables de jouer avec autant d'énergie et de vérité que lui.

La célèbre Clairon même n'a pas dédaigné de monter sur le théâtre de Voltaire, et d'y déployer à la fois le génie de cet auteur et ses talents d'actrice.

Ces représentations de Ferney, auxquelles plusieurs habitants de Genève étaient de temps en temps invités, ont vraisemblablement augmenté le goût que ces républicains avaient pour des amusements de cette espèce, et donné l'idée à un directeur de comédiens[1] français de venir tous les étés s'établir dans les environs de cette ville.

Comme le conseil n'a pas jugé à propos de l'y admettre, cette troupe a fait construire un théâtre à Châtelaine, hameau du côté français de la ligne supposée qui sépare ce royaume du territoire de la république, et à environ trois milles des portes de Genève.

Il arrive quelquefois que l'on vient de Suisse et de Savoie pour assister à ces représentations; mais les spectateurs les plus assurés et sur lesquels l'espérance de la troupe se fonde sont surtout les citoyens de cette ville. L'on commence ordinairement à trois ou quatre heures après midi, afin de pouvoir rentrer avant la fermeture des portes.

J'ai été souvent à ce théâtre. Les acteurs n'en sont que médiocres. Le célèbre Lekain, actuellement en visite à Ferney[2], y joue quelquefois... La principale raison qui m'y attire est le désir de voir Voltaire, qui y assiste ordinairement toutes les fois que cet acteur y remplit un rôle, et surtout lorsqu'une de ses pièces y est représentée.

Il se place sur le théâtre et derrière les coulisses, de façon cependant à pouvoir être aperçu de la plus grande partie des spectateurs. Il prend le même intérêt à la représentation que si sa réputation dépendait de la manière de jouer des acteurs. Il paraît très-affecté et tout à fait chagrin lorsque quelqu'un d'entre eux vient à faire un contre-sens; et lorsqu'ils s'acquittent à son gré de leurs rôles, il ne manque jamais d'en témoigner sa satisfaction, employant à cet effet le geste et la voix.

Il entre dans la passion avec l'émotion la plus marquée, et va même jusqu'à verser de véritables larmes, et il paraît aussi touché qu'une jeune fille qui assiste pour la première fois de sa vie à la représentation d'une tragédie.

Je me suis souvent mis à côté de lui, et je suis resté pendant toute la pièce, étonné de voir un pareil degré de sensibilité à un octogénaire. L'on croirait aisément que ce grand âge aurait dû émousser toutes ses sensations, surtout celles que peuvent occasionner les malheurs fictifs qui lui sont familiers depuis si longtemps.

Les pièces que l'on représente étant de sa composition, cela même me fournit une seconde raison qui me ferait croire qu'elles devraient produire un moindre effet sur lui. Bien des gens cependant assurent que, loin de la diminuer, elle est au contraire la véritable cause de sa sensibilité; et ils allèguent, comme une preuve au soutien de leur assertion, qu'il ne va jamais au théâtre que lorsque l'on y joue quelqu'une de ses productions.

Je ne suis point surpris qu'il préfère ses propres tragédies à toutes les autres; ce que je ne comprends pas, c'est la raison pour laquelle il se laisse plus facilement émouvoir par des infortunes et des incidents de son inven-

---

1. Le nommé Saint-Géran : « le troubadour Saint-Géran », comme l'appelle Voltaire.

2. Lekain, qui avait déjà visité Ferney en 1762 et en 1772, y revint une troisième fois en 1776.

tion que par des événements imprévus : on croirait que ceux-ci seraient seuls capables de l'émouvoir. Il n'y a que l'illusion de la scène qui puisse produire de pareils effets, et nous faire verser des larmes en nous persuadant de la réalité des malheurs que nous déplorons, et il faut qu'elle ait été assez forte pour que nous ayons oublié que nous étions à la comédie ; dès qu'on commence à s'apercevoir que le tout n'est qu'une simple fiction, l'intérêt et les pleurs doivent naturellement cesser.

Je souhaiterais cependant beaucoup de voir Voltaire assister à la représentation de quelqu'une des tragédies de Corneille ou de Racine, afin de m'assurer s'il témoignerait plus ou moins de sensibilité qu'il ne fait aux siennes. Alors je serais en état de décider cette question curieuse et longtemps débattue, savoir si l'intérêt qu'il témoigne est pour la pièce ou pour l'auteur.

Heureux si cet homme extraordinaire avait concentré son génie dans les bornes que la nature lui avait prescrites, et n'était jamais sorti de la place distinguée que les muses lui avaient assignée sur le Parnasse, où il était sûr de briller, et qu'il ne s'en fût jamais écarté pour s'égarer dans les sentiers épineux de la controverse. Car, tandis qu'il attaquait les tyrans et les oppresseurs du genre humain, et ceux qui ont perverti la nature bienfaisante du christianisme pour la faire servir à des fins intéressées et condamnables, on ne saurait trop regretter qu'il ait cherché, par des plaisanteries déplacées, à attaquer et à détruire le christianisme même.

En persévérant dans cette conduite, il a non-seulement scandalisé les dévots, mais encore révolté les infidèles, qui l'accusent de s'être pillé lui-même en se répétant souvent dans plusieurs de ses ouvrages ; ils paraissent d'ailleurs tout aussi rebutés de ses prétendus bons mots que des plats et ennuyeux sermons des fades apologistes de la religion, qui la déshonorent par leur manière indigne de la prêcher.

La conduite de Voltaire, pendant ses différentes maladies, a été représentée sous des aspects tout à fait opposés. J'ai beaucoup ouï parler de sa grande contrition et de sa repentance lorsqu'il se croyait proche de sa fin ; si ce qu'on m'en a dit est vrai, cela prouverait que son incrédulité n'est point réelle, et que dans le fond du cœur il est chrétien et convaincu de la vérité de l'Évangile.

J'avoue que je n'ai jamais pu ajouter foi à ces rapports : car quoique j'aie souvent rencontré dans le monde de jeunes étourdis qui se sont donnés pour des esprits forts, tandis qu'au fond du cœur ils poussaient la crédulité jusqu'à la superstition, je n'ai jamais compris ce qu'un homme tel que Voltaire, ou tout autre doué du sens commun, pouvait se promettre de cette absurde affectation. Prétendre mépriser ce qu'on révère, et traiter d'humain ce que l'on croit être divin, est certainement de toutes les espèces d'hypocrisie celle qui me paraît la moins excusable.

J'ai eu quelque peine à éclaircir cette matière ; des gens qui ont vécu familièrement depuis plusieurs années avec lui m'ont assuré que toutes ces histoires sont sans fondement. Ils ont ajouté que, quoiqu'il aimât la vie et fît tout ce qui paraissait propre à la conserver, il ne témoignait aucune crainte de la mort, dont il n'avait point l'air de redouter les suites; qu'il ne témoigna jamais, ni sain ni malade, le moindre remords des ouvrages qu'on lui a attribués contre la religion chrétienne; qu'au contraire, il était aveuglé au point de témoigner le plus vif chagrin en pensant qu'il mourrait avant que quelques-uns de ceux auxquels il travaillait alors fussent finis.

Quoique rien ne puisse justifier une pareille conduite, cependant elle me paraît, si l'on admet les raisons que ses amis en donnent, plus conséquente et moins blâmable qu'elle ne le serait s'il écrivait contre les opinions reçues, le témoignage de sa conscience et les livres divins, uniquement pour s'attirer les applaudissements d'un petit nombre d'incrédules.

Quoique dans l'erreur, je ne saurais le soupçonner d'une pareille absurdité; au contraire, j'imagine qu'aussitôt qu'il sera pleinement convaincu des vérités du christianisme il s'empressera d'en faire une profession publique, et persistera jusqu'à son dernier soupir.

LXIII.

TESTAMENT DE VOLTAIRE[1].

MON TESTAMENT.

A Ferney, ce 30 septbre 1776.

Jinstitue madame Denis ma niece mon heritiere universelle. Je legue a M^r labbé Mignot mon neveu le tiers de trois cent mille francs de contrats qui sont entre les mains de M. Duclos notaire a Paris. Mr Dompierre Dhornoi devant avoir par ma donation dans son contrat de mariage, cent mille francs de ces memes effets, les cent mille restants appartiennent de droit a madame Denis.

Je legue a Monsieur Vagniere huit mille livres; ce qui joint avec la rente de quatre cent livres quil possede de son chef a Paris par contrat passez chez M. Lalleu sur la compagnie des Indes, poura lui faire un sort commode, surtout sil reste aupres de madame Denis.

Je prie Monsieur Rieu de prendre dans ma biblioteque tous les livres anglais qui lui conviendront.

Je laisse a la generosité de madame Denis et de M. de Florian le soin de convenir ensemble sur ce qui pourra m'être deu par M. de Florian au jour de mon decès.

Je legue a la demois^{elle} Barbera huit cent livres, et a elle et

---

1. Sur la page qui servait d'enveloppe à ce document étaient écrits ces seuls mots : « Mon testament. Voltaire. »

a m⁰ Vagniere mes pelisses, mes habits de velours et les vestes de brocard; a chaque domestique de la maison une année de ses gages,

Aux pauvres de la paroisse trois cent livres, s'il y a des pauvres. Je prie M. le curé de Ferney d'accepter un petit diamant de cinq cent livres.

Jespere que madame Denis sera aidée dans l'execution de mon testament par M. lavocat Christin a qui jay fait une donation de quinze cent francs dans cette intention.

30 septembre 1776.
Arouet Voltaire.

LXIV.

EXTRAITS

DES LETTRES DE FERNEY[1].

Ferney, 5 juin 1777. — Nous sommes arrivés ici à notre retour d'Italie : nous avons eu le bonheur d'en voir le seigneur, et nous en avons été d'autant plus flattés qu'il devient très-sauvage, et que nous avions rencontré dans notre route plusieurs grands et notables personnages qu'il avait refusés. Il a passé la journée entière avec nous. L'endroit de sa terre qu'il nous a montré avec le plus de complaisance, c'est l'église. On lit en haut, en lettres d'or : *Deo erexit Voltaire*. L'abbé Delille s'écria : « Voilà un beau mot entre deux grands noms! Mais est-ce le terme propre? ajouta-t-il en riant. Ne faudrait-il pas *dicavit, sacravit?* — Non, non, » répondit le patron. Fanfaronnade de vieillard. Il nous fit observer son tombeau, à moitié dans l'église et à moitié dans le cimetière : « Les malins, continua-t-il, diront que je ne suis ni dehors ni dedans. » La religion l'occupe toujours beaucoup. En gémissant sur la petitesse de ce lieu saint, il dit : « Je vois avec douleur aux grandes fêtes qu'il ne peut contenir tout le sacré troupeau ; mais il n'y avait que 50 habitants dans ce village quand j'y suis venu, et il y en a 1,200 aujourd'hui. Je laisse à la piété de Mme Denis à faire une autre église. » En parlant de Rome, il nous demanda si cette belle basilique de Saint-Pierre était toujours bien sur ses fondements? Sur ce que nous lui dîmes que oui, il s'écria : *Tant pis!*

Ferney, 10 juin 1777. — Pour vous continuer notre relation, nous vous ajouterons que M. de Voltaire, devant toujours exercer sa bienfaisance envers quelqu'un, n'ayant plus le Père Adam, et étant brouillé avec Mme Dupuits, ci-devant Mlle Corneille, a pris chez lui Mlle de Varicour, fille de condition, dont le père est officier des gardes du corps, mais pauvre et

---

1. Insérés dans les *Mémoires secrets pour servir à l'histoire de la république des lettres* en 1777.

chargé d'une nombreuse famille. Il l'a couchée sur son testament, et l'aurait voulu marier à son neveu, M. de Florian. C'est une fille aimable, jeune, pleine de grâces et d'esprit. Elle est en embonpoint, et c'est quelque chose de charmant de voir avec quelle paillardise le vieillard de Ferney lui prend, lui serre amoureusement ses bras charnus. Il ne faut pas vous omettre que dans notre conversation nous fûmes surpris de le voir s'exprimer en termes injurieux sur le parlement Meaupou, qu'il a tant prôné ; mais nous avions avec nous un conseiller du parlement actuel, et nous admirâmes sa politique. Du reste, on nous a rapporté deux bons mots de cet aimable Anacréon, qu'on nous a donnés pour récents, et qui vous prouveront que son attaque d'apoplexie, qui ne consistait que dans des étourdissements violents, n'a pas affaibli la pointe de son esprit. Mme Paulze, femme d'un fermier général, venue dans ces cantons où elle a une terre, a désiré voir M. de Voltaire ; mais, sachant la difficulté d'être introduite, elle l'a fait prévenir de son envie ; et pour se donner plus d'importance auprès de lui, a fait dire qu'elle était nièce de l'abbé Terray. A ce mot de Terray, frémissant de tout son corps, il a répondu : « Dites à Mme de Paulze, qu'il ne me reste plus qu'une dent, et que je la garde contre son oncle. » Un autre particulier, l'abbé Coyer, dit-on, ayant très-indiscrètement témoigné son désir de rester chez M. de Voltaire, et d'y passer six semaines ; celui-ci l'ayant su, lui dit avec gaieté : « Vous ne voulez pas ressembler à Don Quichotte ; il prenait toutes les auberges pour des châteaux, et vous prenez les châteaux pour des auberges [1]. »

Genève, 1er septembre 1777. — Nous avons été ces jours-ci chez le philosophe de Ferney. Mme Denis, sa nièce, nous a très-bien accueillis, mais elle n'a pu nous promettre de nous procurer une conversation avec son oncle. Elle a cependant bien voulu lui faire dire que des milords anglais souhaiteraient le saluer. Il s'est excusé sur sa santé, à l'ordinaire, et nous avons été obligés de nous conformer à l'étiquette qu'il a établie depuis quelque temps pour satisfaire notre curiosité, car son amour-propre est très-flatté de l'empressement du public. Mais cependant il ne veut pas perdre son temps en visites oiseuses, ou en pourparlers qui l'ennuieraient. A une heure indiquée il sort de son cabinet d'étude, et passe par son salon pour se rendre à la promenade. C'est là qu'on se tient sur son passage, comme sur celui d'un souverain, pour le contempler un instant. Plusieurs carrossées entrèrent après nous, et il se forma une haie à travers de laquelle il s'avança en effet. Nous admirâmes son air droit et bien portant. Il avait un habit, veste et culotte de velours ciselé, et des bas blancs. Comme il savait d'avance que des milords avaient voulu le voir, il prit toute la compagnie pour anglaise, et il s'écria dans cette langue : *Vous voyez un pauvre homme !* Puis, parlant à l'oreille d'un petit enfant, il lui dit : *Vous serez quelque jour un Marlborough ; pour moi, je ne suis qu'un chien de Français.*

1. Ces deux lettres sont de Trudaine de Montigny.

Quant aux valets et autres personnes qui ne peuvent entrer dans le salon, ils se tiennent aux grilles du jardin ; il y fait quelque tour pour eux. On se le montre, et l'on dit : *Le voilà! le voilà!* C'est très-plaisant.

Ferney, 4 octobre 1777. — J'ai dîné aujourd'hui chez M. de Voltaire en très-grande compagnie. L'automne le dérange, et il redoute les approches de l'hiver : il se plaint de sa strangurie ; il est cassé et a la voix éteinte : mais son esprit n'a que quarante ans ; il rabâche moins encore dans sa conversation que dans ses écrits. Il est précis et court dans ses histoires. Comme nous avions la jolie Mme de Blot, il a voulu être galant, et il était plus coquet qu'elle des mines et de la langue. Pour vous donner une idée de la vigueur et de la gentillesse de son esprit, je ne vous en citerai que deux traits, ils suffiront : la comtesse est tombée sur le roi de Prusse et a loué son administration éclairée et incorruptible : *Par où diable, madame,* s'est-il écrié, *pourrait-on prendre ce prince? il n'a ni conseil, ni chapelle, ni maîtresse.* On n'a pas manqué de parler de M. Necker, et j'étais curieux de sa façon de penser sur son compte. Il a apostrophé un Genevois qui était à table avec nous : *Votre république, monsieur, doit être bien glorieuse,* lui a-t-il dit ; *elle fournit à la fois à la France un philosophe* (M. Rousseau) *pour l'éclairer, un médecin* (M. Tronchin) *pour la guérir, et un ministre* (M. Necker) *pour remettre ses finances ; et ce n'est pas l'opération la moins difficile. Il faudrait,* a-t-il ajouté, *lorsque l'archevêque de Paris mourra, donner ce siège à votre fameux ministre Vernet, pour y rétablir la religion.* Ce dernier persiflage, sans autre réflexion ultérieure, m'a décelé son jugement sur notre directeur général. Je l'avais pressenti par une citation écrite de sa main au bas du portrait de M. Turgot : *Ostendent terris hunc tantum fata...* Le marquis de Villette était des nôtres et paraît goûté du patron, qui lui a dit des douceurs ; je crois qu'elles sont intéressées, et qu'il s'agit de l'amadouer pour un mariage. Ce qui indispose encore plus le philosophe contre M. Necker, c'est la faveur qu'il accorde à la loterie royale de France, qui s'est étendue dans ces cantons. On vient d'établir à Ferney un bureau de cette loterie ; il redoute avec raison que les habitants de la colonie ne donnent dans ce piège.

LXV.

DU MARQUIS DE VILLETTE[1]

A D'ALEMBERT.

Ferney (5 ou 6 octobre 1777).

Vos nouvelles ont beaucoup diverti M. de Voltaire. Puisque vous voulez savoir jusqu'aux minuties de sa vie domestique, je vous en raconterai quelques traits. Un grand nom ennoblit les plus petits détails.

---

1. Charles-Michel, marquis de Villette (1736-1793). Après avoir quitté l'armée,

Je l'ai vu ce matin, sous les voûtes d'une vigne immense, assis dans un large fauteuil, sur une pelouse molle et verdoyante, aux rayons du soleil, qu'il ne trouve jamais trop chaud. Là, entouré de ses nombreux moutons, il tenait d'une main sa plume, et de l'autre ses épreuves d'imprimerie. J'approche ; c'étaient les *Quand,* les *Pourquoi,* toutes les ironies dont il a tant accablé son confrère Lefranc de Pompignan[1]. « Oh! pour le coup, lui ai-je dit, c'est bien le loup qui s'est fait berger. »

Ce qui vaut la peine de vous être raconté, et par où j'aurais dû commencer, c'est une fête dont j'ai été témoin[2]. Représentez-vous le fondateur de Ferney recevant, à l'entrée de son château, les hommages de sa colonie. Étrangers et Français, catholiques et protestants, tous sont animés de cette joie tumultueuse qui exprime moins l'amour que l'idolâtrie; tous, sous les armes, en uniforme bleu et rouge, formaient une longue et brillante cavalcade.

Un illustre voyageur[3], l'une de ces Altesses d'Allemagne qui trafiquent de leurs sujets et les mettent à l'enchère, arrive sur ces entrefaites; et frappé de l'ordre et de l'appareil de toute cette petite troupe, il dit à M. de Voltaire : « Ce sont vos soldats? — Ce sont mes amis », répond le philosophe.

Les filles et les garçons avaient des habits de bergers. Chacun apportait son offrande; et comme au temps des premiers pasteurs, c'étaient des œufs, du lait, des fleurs et des fruits.

Au milieu de ce cortége, digne des crayons du Poussin, paraissait la belle adoptée du Patriarche. Elle tenait, dans une corbeille, deux colombes aux ailes blanches, au bec de rose. La timidité, la rougeur, ajoutaient encore au charme de sa figure. Il était difficile de n'être pas ému d'un si charmant tableau.

Je ne vous parlerai point de l'affluence, du concours des villages voisins. Les chaînes de la servitude qu'il entreprend de briser pour vingt mille sujets du roi, les entraves de la ferme générale rejetées de tout le pays, la liberté, l'aisance rendues au commerce, ne l'environnaient que de cœurs reconnaissants.

avec le grade de maréchal des logis de cavalerie, il s'était fait connaître par d'assez jolis vers de société, et surtout par ses vices, qui firent souvent scandale. Il visita une première fois Ferney en 1765 et y revint en 1777, à la suite d'une assez fâcheuse scène où il avait cravaché Mlle Thévenin en plein Vaux-Hall.

Les lettres que nous reproduisons font partie des *OEuvres du marquis de Villette*, Édimbourg, 1788.

1. Cette série de facéties et d'épigrammes contre Lefranc de Pompignan, les *Quand,* les *Car,* les *Ah! Ah!* les *Pour,* les *Qui,* les *Que,* les *Quoi,* les *Oui,* les *Non,* avaient pour origine le discours prononcé par celui-ci lors de sa réception à l'Académie française, en 1760, et dans lequel il avait attaqué le parti philosophique. Quant aux *Pourquoi,* dont parle ici Villette, ils étaient de l'abbé Morellet.

2. Cette fête eut lieu le 4 octobre 1777, jour de la Saint-François. Voyez tome XLIX, page 395, et les *Mémoires* de Bachaumont, tome VIII, page 213.

3. Louis de Hesse-Darmstadt, fils aîné de Louis, landgrave de Hesse-Darmstadt, et de Christine-Caroline de Deux-Ponts, né le 14 juin 1753. Il venait d'épouser, le 19 février 1777, sa cousine germaine, Louise-Henriette de Hesse-Darmstadt, née le 15 février 1761.

J'étais tout honteux de la sécheresse de mon rôle. J'ai voulu aussi ajouter un compliment; c'étaient des vers : je vous l'avouerai, j'ai été bien plus embarrassé de les réciter que de les faire :

>   A la fête du souverain,
> Le gala de la cour pour lui seul a des charmes;
>   Et souvent un mot de sa main,
> Pour payer ses plaisirs, a fait couler des larmes.
>
>   Vous avez un autre destin :
> Chaque mot de la vôtre a le droit de nous plaire;
>   Et quand on célèbre Voltaire,
>   C'est la fête du genre humain.

Je vous dirai qu'il a donné un superbe repas et qu'il a fait asseoir à sa table deux cents de ses vassaux : puis les illuminations, les chansons, les danses. Le matin, c'était l'expression d'un sentiment doux, filial; le soir, c'était l'enivrement de la joie. Vous auriez vu celui qui veut être toujours aveugle et malade, oublier son grand âge, et dans un élan de gaieté qui tenait encore à son vieux temps, jeter son chapeau en l'air, parmi les acclamations et les transports, les vœux que l'on faisait pour ses jours si chéris.

C'est par l'admiration, l'enthousiasme, que M. de Voltaire est connu dans le monde; c'est par l'amour, le respect, qu'il est connu chez lui. Vous savez qu'il est très-riche; mais certainement il n'a jamais eu le tourment de la possession. Il semble qu'il craigne plus les importuns que les voleurs. J'ai remarqué que sa chambre ferme à clef du côté du salon, et qu'elle n'a jamais eu de serrure du côté de ses gens : ce qui prouve évidemment qu'il n'est ni défiant, ni avare.

M. de Voltaire est bon voisin. J'ai vu un écrit fait double entre lui et son curé, une promesse réciproque de n'avoir jamais de procès l'un contre l'autre; et M. de Voltaire, en signant, a ajouté de sa main : *Notre parole vaut mieux que tous les actes de notaire.*

Il a beaucoup fait bâtir. Chaque jour voit s'élever de nouveaux édifices dans sa petite ville. Il justifie pleinement ses vers à la duchesse de Choiseul.

>   Madame, un héros destructeur
> N'est, à mes yeux, qu'un grand coupable;
>   J'aime bien mieux un fondateur :
> L'un est un dieu, l'autre est un diable.

Il a de belles et vastes forêts; mais il souffrirait d'y voir porter la cognée. On dirait que sa sensibilité s'étend jusqu'aux végétaux. Vous connaissez les deux immenses sapins qui bordent son potager, et qu'il a nommés *Castor* et *Pollux,* parce qu'ils sont jumeaux. L'un, frappé de la foudre, accablé par les ans, laissait tomber jusqu'à terre ses rameaux affaiblis. M. de Voltaire les a fait relever par un fil d'archal, et se complaît à soutenir sa vieillesse.

Je n'ajouterai plus qu'un mot. La fête dont je viens de vous parler a fini par un accès de colère des plus violents. M. de Voltaire apprend que l'on a tué les deux beaux pigeons que sa chère enfant[1] avait apprivoisés et nourris. Je ne puis rendre l'excès de son indignation, en voyant l'apathie avec laquelle on égorge ainsi ce qu'on vient de caresser. Tout ce que cette cruauté d'habitude lui a fait dire d'éloquent et de pathétique peint encore mieux son âme que ne feraient les belles scènes d'Orosmane et d'*Alzire*.

LXVI.

NOTE SUR M. DE VOLTAIRE

ET FAITS PARTICULIERS CONCERNANT CE GRAND HOMME

RECUEILLIS PAR MOI [2]

POUR SERVIR A SON HISTOIRE PAR M. L'ABBÉ DU VERNET.

L'amitié d'un grand homme est un bienfait des dieux.
(*OEdipe*, acte I, scène 1.)

Puis-je ne pas me glorifier d'un titre qui a fait à la fois mon état, ma fortune, et le bonheur de ma vie? L'extrait que j'en vais donner justifiera l'épigraphe que j'ai choisie, et qui pourrait paraître un peu trop orgueilleuse.

La paix de 1748, en rappelant les plaisirs de tout genre dans la ville de Paris, devint l'époque mémorable d'une nouvelle institution de quelques sociétés bourgeoises qui se réunirent pour le seul plaisir de jouer la comédie.

La première fut établie à l'hôtel de Soyecourt, au faubourg Saint-Honoré;

---

1. Mlle de Varicour, *Belle et Bonne*. Elle épousa le marquis de Villette à Ferney, le 12 novembre 1777; voyez la note, tome L, page 304.

2. Lekain, mort le 8 janvier 1778 à l'âge de cinquante ans.
La note qui a été remise par le célèbre Lekain doit intéresser les gens de lettres; le grand acteur y peint naïvement l'enthousiasme de Voltaire pour l'art dramatique, et pour le talent du théâtre; et on y voit en même temps comment, malgré cet enthousiasme et l'intérêt d'avoir des acteurs dignes de ses ouvrages, il cherchait à détourner ce jeune homme d'un état trop avili par le préjugé, et joignait noblement à ses conseils les moyens d'en embrasser un autre. Ce trait est un de ceux qui prouvent le mieux que la bonté était le sentiment dominant de l'âme de Voltaire.

C'est ainsi qu'avec plus de désintéressement encore il engagea, en 1765, Mlle Clairon à quitter le théâtre, quoique le talent de cette sublime actrice fût alors dans toute sa force, et devînt de jour en jour plus nécessaire au poëte, dont le génie dramatique commençait à s'affaiblir par l'âge et les travaux.

Ses conseils à MM. d'Alembert et Diderot, persécutés pour l'*Encyclopédie*, et plusieurs traits de ce genre, prouveraient encore que l'amour de la justice l'emportait dans son esprit sur toute autre considération. (K.)

la seconde, à l'hôtel de Clermont-Tonnerre, au Marais; la troisième, à l'hôtel de Jabach, rue Saint-Merry. C'est de ce dernier théâtre dont je suis le fondateur.

De tous les jeunes gens qui jouissaient alors de quelque célébrité sur ces différents théâtres, et dont quelques-uns se sont fixés dans nos provinces, je suis le seul qui soit resté à Paris; et c'est une faveur que je dois plus à ma bonne étoile qu'à la supériorité de mon talent. Voici comment la chose est arrivée :

Le propriétaire de l'hôtel de Jabach, forcé de faire des réparations urgentes dans l'intérieur de la salle que nous occupions, nous mit dans la nécessité de demander à messieurs les comédiens de Clermont-Tonnerre la permission de jouer alternativement avec eux sur leur théâtre; traité qui fut stipulé entre eux et nous au mois de juillet 1749, en payant la moitié des frais. Nous y débutâmes par *Sidney* et *George Dandin*.

Il n'est pas difficile de se figurer que la concurrence de ces deux sociétés excita dans le public quelques contestations dont le résultat ne pouvait être favorable aux uns sans diminuer de la considération dont les autres avaient joui jusqu'alors. On était partagé sur les talents de messieurs *tels* et *tels*, sur ceux des demoiselles *telles* et *telles*. Les unes étaient plus jolies, plus décentes que les autres; mais ces dernières avaient plus d'usage du théâtre, plus de grâce, plus de finesse, etc. C'est ainsi que le public s'amusait, et prenait parti, soit pour messieurs de Tonnerre, soit pour messieurs de Jabach. Mais qui pourra jamais croire qu'une société de jeunes gens, qui réunissait le plaisir et la décence, pût exciter la jalousie et les plaintes des grands chantres de Melpomène!

Le crédit de ces derniers nous fit fermer notre théâtre; et ce fut un prêtre janséniste qui en obtint la réhabilitation. M. l'abbé de Chauvelin, conseiller-clerc au parlement de Paris, daigna s'intéresser pour des élèves contre leurs maîtres, et nous fit jouer *le Mauvais Riche*, comédie nouvelle en cinq actes et en vers, de M. d'Arnaud. La pièce eut peu de succès, au jugement de la plus brillante assemblée qu'il y eût alors à Paris. C'était au mois de février 1750.

M. de Voltaire y fut invité par l'auteur; et, soit indulgence pour M. d'Arnaud, soit pure bonté pour les acteurs qui s'étaient donné toute la peine imaginable pour faire valoir un ouvrage faible et sans intérêt, ce grand homme parut assez content, et s'informa scrupuleusement qui était celui qui avait joué le rôle de l'*amoureux*. On lui répondit que c'était le fils d'un marchand orfèvre de Paris, lequel jouait la comédie pour son plaisir, mais qui aspirait réellement à en faire son état. Il témoigna à M. d'Arnaud le désir de me connaître, et le pria de m'engager à l'aller voir le surlendemain.

Le plaisir que me causa cette invitation fut encore plus grand que ma surprise; mais ce que je ne pourrais peindre, c'est ce qui se passa dans mon âme à la vue de cet homme, dont les yeux étincelaient de feu, d'imagination et de génie. En lui adressant la parole, je me sentis pénétré de respect, d'enthousiasme, d'admiration, et de crainte; j'éprouvais à la fois toutes ces sensations, lorsque M. de Voltaire eut la bonté de mettre fin à mon embarras en m'ouvrant ses deux bras, et en *remerciant Dieu d'avoir créé un être qui l'avait ému et attendri en proférant d'assez mauvais vers.*

Il me fit ensuite plusieurs questions sur mon état, sur celui de mon père, sur la manière dont j'avais été élevé, et sur mes idées de fortune. Après l'avoir satisfait sur tous ces points, et après ma part d'une douzaine de tasses de chocolat mélangé avec du café, seule nourriture de M. de Voltaire depuis cinq heures du matin jusqu'à trois heures après midi, je lui répondis, avec une fermeté intrépide, que je ne connaissais d'autre bonheur sur la terre que de jouer la comédie; qu'un hasard cruel et douloureux me laissant le maître de mes actions, et jouissant d'un petit patrimoine d'environ sept cent cinquante livres de rente, j'avais lieu d'espérer qu'en abandonnant le commerce et le talent de mon père, je ne perdrais rien au change si je pouvais un jour être admis dans la troupe des comédiens du roi.

« Ah! mon ami, s'écria M. de Voltaire, ne prenez jamais ce parti-là; croyez-moi, jouez la comédie pour votre plaisir, mais n'en faites jamais votre état. C'est le plus beau, le plus rare, le plus difficile des talents; mais il est avili par des barbares, et proscrit par des hypocrites. Un jour la France estimera votre art, mais alors il n'y aura plus de Baron, plus de Lecouvreur, plus de Dangeville. Si vous voulez renoncer à votre projet, je vous prêterai dix mille francs pour commencer votre commerce, et vous me les rendrez quand vous pourrez. Allez, mon ami, revenez me voir vers la fin de la semaine; faites bien vos réflexions, et donnez-moi une réponse positive. »

Étourdi, confus, et pénétré jusqu'aux larmes des bontés et des offres généreuses de ce grand homme, que l'on disait avare, dur, et sans pitié, je voulus m'épancher en remerciements. Je commençai quatre phrases sans pouvoir en terminer une seule. Enfin je pris le parti de lui faire ma révérence en balbutiant; et j'allais me retirer, lorsqu'il me rappela pour me prier de lui réciter quelques lambeaux des rôles que j'avais déjà joués. Sans trop examiner la question, je lui proposai, assez maladroitement, de lui déclamer le grand couplet de Gustave, au second acte. *Point, point de Piron,* me dit-il avec une voix tonnante et terrible; *je n'aime pas les mauvais vers; dites-moi tout ce que vous savez de Racine.*

Je me souvins heureusement qu'étant au collège Mazarin j'avais appris la tragédie entière d'*Athalie,* après avoir entendu répéter nombre de fois cette pièce aux écoliers qui devaient la jouer. Je commençai donc la première scène, en jouant alternativement Abner et Joad. Mais je n'avais pas encore tout à fait rempli ma tâche que M. de Voltaire s'écria aussitôt, avec un enthousiasme divin : « Ah! mon Dieu, les beaux vers! Ce qu'il y a de bien étonnant, c'est que toute la pièce est écrite avec la même chaleur, la même pureté, depuis la première scène jusqu'à la dernière; c'est que la poésie en est partout inimitable. Adieu, mon cher enfant, ajouta-t-il en m'embrassant; je vous prédis que vous aurez la voix déchirante, que vous ferez un jour les plaisirs de Paris; mais ne montez jamais sur un théâtre public! »

Voilà le précis le plus vrai de ma première entrevue avec M. de Voltaire. La seconde fut plus décisive, puisqu'il consentit, après les plus vives instances de ma part, à me recueillir chez lui comme son pensionnaire, et à faire bâtir au-dessus de son logement un petit théâtre où il eut la bonté de me faire jouer avec ses nièces et toute ma société. Il ne voyait qu'avec un déplaisir horrible qu'il nous en avait coûté jusqu'alors beaucoup d'argent pour amuser le public et nos amis.

La dépense que cet établissement momentané causa à M. de Voltaire, et l'offre désintéressée qu'il m'avait faite quelques jours auparavant, me prouvèrent, d'une manière bien sensible, qu'il était aussi généreux et aussi noble dans ses procédés que ses ennemis étaient injustes, en lui prêtant le vice de la sordide économie. Ce sont des faits dont j'ai été le témoin. Je dois encore un autre aveu à la vérité, c'est que M. de Voltaire m'a non-seulement aidé de ses conseils pendant plus de six mois, mais qu'il m'a défrayé pendant ce temps, et que, depuis que je suis au théâtre, je puis prouver avoir été gratifié par lui de plus de deux mille écus. Il me nomme aujourd'hui son *grand acteur,* son *Garrick,* son *enfant chéri :* ce sont des titres que je ne dois qu'à ses bontés pour moi; mais ceux que j'adopte au fond de mon cœur sont ceux d'un *élève respectueux et pénétré de reconnaissance.*

Pourrais-je n'être pas affecté d'un sentiment aussi respectable, puisque c'est à M. de Voltaire seul que je dois les premières notions de mon art, et que c'est à sa seule considération que M. le duc d'Aumont a bien voulu m'accorder mon ordre de début au mois de septembre 1750?

Il est résulté de ces premières démarches que, par une persévérance à toute épreuve, je suis enfin, au bout de dix-sept mois, parvenu à surmonter tous les obstacles de la ville et de la cour, et à me faire inscrire sur le tableau de messieurs les comédiens du roi, au mois de février 1752.

Quiconque voudra bien lire tous ces détails, en observer la filiation, reconnaîtra que je suis loin de ressembler à ces cœurs ingrats qui rougissent d'un bienfait, et qui, pour consommer leur scélératesse, calomnient indignement leur bienfaiteur. J'en ai connu plus d'un de cette espèce à l'égard de M. de Voltaire. J'ai été témoin des vols qui lui ont été faits par des gens de toutes sortes d'états. Il a plaint les uns, méprisé tacitement les autres, mais jamais il n'a tiré vengeance d'aucun. Les libraires, qu'il a prodigieusement enrichis par les différentes éditions de ses ouvrages, l'ont toujours déchiré publiquement; mais il n'y en a pas un seul qui ait osé l'attaquer en justice, parce que tous avaient tort.

M. de Voltaire est toujours resté fidèle à ses amis. Son caractère est impétueux, son cœur est bon, son âme est compatissante et sensible ; modeste au suprême degré sur les louanges que lui ont prodiguées les rois, les gens de lettres et le peuple réuni pour l'entendre et l'admirer; profond et juste dans ses jugements sur les ouvrages d'autrui; rempli d'aménité, de politesse et de grâces dans le commerce civil; inflexible sur les gens qui l'ont offensé : voilà son caractère dessiné d'après nature.

On ne pourra jamais lui reprocher d'avoir attaqué le premier ses adversaires; mais, après les premières hostilités commises, il s'est montré comme un lion sorti de son repaire, et fatigué de l'aboiement des roquets qu'il a fait taire par le seul aspect de sa crinière hérissée. Il y en a quelques-uns qu'il a écrasés en les courbant sous sa patte majestueuse; les autres ont pris la fuite.

Je lui ai entendu dire mille fois qu'il était au désespoir de n'avoir pu être l'ami de Crébillon; qu'il avait toujours estimé son talent plus que sa personne, mais qu'il ne lui pardonnerait jamais d'avoir refusé d'approuver *Mahomet*.

Je ne dirai rien de la sublimité de ses talents en tout genre. Il n'en est aucun où il n'ait répandu beaucoup d'érudition, de grâce, de goût, et de philosophie. Du reste, c'est à l'Europe entière à faire son éloge. Ses ouvrages, répandus d'un pôle à l'autre, sont des matériaux suffisants pour l'entreprendre. Heureux celui qui saura les apprécier, et parler dignement d'un homme aussi célèbre et aussi rare! Tout le monde connaît sa facilité pour écrire, mais personne n'a vu ce dont mes yeux ont été les témoins pour sa tragédie de *Zulime*.

Son secrétaire avait égaré ou brûlé, comme brouillon inutile, le cinquième acte de cette tragédie. M. de Voltaire le refit de nouveau en très-peu de temps, et sur de nouvelles idées qui lui furent suscitées par les circonstances.

Je lui ai vu faire un nouveau rôle de Cicéron, dans le quatrième acte de *Rome sauvée*, lorsque nous jouâmes cette pièce au mois d'auguste 1750, sur le théâtre de Mme la duchesse du Maine, au château de Sceaux. Je ne crois pas qu'il soit possible de rien entendre de plus vrai, de plus pathétique et de plus enthousiaste que M. de Voltaire dans ce rôle. C'était, en vérité, Cicéron lui-même tonnant de la tribune aux harangues sur le destructeur de la patrie, des lois, des mœurs et de la religion. Je me souviendrai toujours que Mme la duchesse du Maine, après lui avoir témoigné son étonnement et son admiration sur ce nouveau rôle, qu'il venait de composer, lui demanda quel était celui qui avait joué le rôle de Lentulus Sura, et que M. de Voltaire lui répondit : *Madame, c'est le meilleur de tous*. Ce pauvre hère qu'il traitait avec tant de bonté, c'était moi-même; et ce n'était pas ce qui flatta le plus les marquis, les comtes et les chevaliers dont j'étais alors le camarade.

Je ne finirai point cet article sans citer encore quelques anecdotes qui sont à ma connaissance, et qui serviront peut-être à donner encore quelques idées particulières du caractère de M. de Voltaire.

Personne n'ignore qu'à la mort du célèbre Baron, ainsi qu'à la retraite de Beaubourg, l'emploi tragique et comique de ces deux grands comédiens fut donné à Sarrasin, qui ne suivait alors que de bien loin les traces de ses maîtres. C'est ce qui lui attira une assez bonne plaisanterie de M. de Voltaire, lorsque ce dernier le chargea du rôle de Brutus dans la tragédie de ce nom. On répétait la pièce au théâtre, et la mollesse de Sarrasin dans son invocation au dieu Mars, le peu de fermeté, de grandeur et de majesté, qu'il mettait dans le premier acte, impatienta tellement M. de Voltaire qu'il lui dit avec une ironie sanglante : « Monsieur, songez donc que vous êtes Brutus, le plus ferme de tous les consuls romains, et qu'il ne faut point parler au dieu Mars comme si vous disiez : Ah! bonne Vierge, faites-moi gagner un lot de cent francs à la loterie! »

Il résulta de ce nouveau genre de donner des leçons que Sarrasin n'en fut ni plus vigoureux ni plus mâle, parce que ni l'une ni l'autre de ces qualités n'étaient en lui, et qu'il ne fut vraiment bon acteur que dans les choses pathétiques. Il ignorait l'art de peindre les passions avec énergie. On ne lui vit jamais l'âme de Mithridate, ni la noblesse d'Auguste.

L'on connaît la célébrité que Mlle Dusmesnil s'était acquise dans le rôle de Mérope, et qu'elle a constamment soutenue pendant vingt ans; cette même célébrité ne fut cependant pas à l'abri du sarcasme de M. de Voltaire. Lorsqu'il fit répéter *Mérope* pour la première fois, il trouvait que cette fameuse actrice ne mettait ni assez de force ni assez de chaleur dans le quatrième acte, quand elle invective Polyphonte. « Il faudrait, lui dit Mlle Dumesnil, avoir le diable au corps pour arriver au ton que vous voulez me faire prendre. — Eh! vraiment oui, mademoiselle, lui répondit M. de Voltaire, c'est le diable au corps qu'il faut avoir pour exceller dans tous les arts. » Je crois que M. de Voltaire disait une grande vérité.

Il était un jour questionné sur la préférence que les uns accordaient à Mlle Dumesnil sur Mlle Clairon, et sur l'enthousiasme que cette dernière excitait, au grand regret de celle qui lui avait servi de modèle. Ceux qui tenaient encore au vieux goût prétendaient que, pour attacher l'âme, la remuer et la déchirer, *il fallait avoir*, comme Mlle Dumesnil, *de la machine à Corneille,* et que Mlle Clairon n'en avait point. *Elle l'a dans la gorge,* s'écria M. de Voltaire; et la question fut jugée.

Une très-jeune et jolie demoiselle, fille d'un procureur au parlement, jouait avec moi le rôle de Palmire dans *Mahomet*, sur le théâtre de M. de Voltaire. Cette aimable enfant, qui n'avait que quinze ans, était fort éloignée de pouvoir débiter avec force et énergie les imprécations qu'elle vomit contre son tyran. Elle n'était que jeune, jolie et intéressante; aussi M. de Voltaire s'y prit-il à son égard avec plus de douceur, et, pour lui remontrer combien elle était éloignée de la situation de son rôle, il lui dit : « Mademoiselle, figurez-vous que Mahomet est un imposteur, un fourbe, un scélérat qui a fait poignarder votre père, qui vient d'empoisonner votre frère, et qui, pour couronner ses bonnes œuvres, veut absolument coucher avec vous. Si tout ce petit manége vous fait un certain plaisir, ah! vous avez raison de le ménager comme vous faites; mais pour peu que cela vous répugne, voici, mademoiselle, comme il faut vous y prendre. »

Alors M. de Voltaire, répétant lui-même cette imprécation, donna à cette pauvre innocente, rouge de honte et tremblante de peur, une leçon d'autant plus précieuse qu'elle joignait le précepte à l'exemple. Elle devint par la suite une actrice très-agréable.

En 1755, étant aux Délices, près de Genève, dans la maison que M. de Voltaire venait d'acquérir du procureur général Tronchin, je devins le dépositaire de *l'Orphelin de la Chine,* que l'auteur avait fait d'abord en trois actes, et qu'il nommait ses *magots*. C'est en conférant avec lui sur cet ouvrage d'un caractère noble et d'un genre aussi neuf, qu'il me dit : « Mon ami, vous avez les inflexions de la voix naturellement douces ; gardez-vous bien d'en laisser échapper quelques-unes dans le rôle de Gengis. Il faut bien vous mettre dans la tête que j'ai voulu peindre un tigre qui, en caressant sa femelle, lui enfonce ses griffes dans les reins. Si vos camarades trouvent quelques longueurs dans le cours de l'ouvrage, je leur permets de faire des coupures : ce sont des citoyens qu'il faut quelquefois sacrifier au salut de la république ; mais faites en sorte que l'on en use modérément, car les faux connaisseurs sont souvent plus à craindre, pour ces sortes de changements, que ceux qui sont bonnement ignorants. »

Après mon départ de Ferney, au mois d'avril 1762, M. de Voltaire eut la fantaisie de faire jouer sur son petit théâtre sa tragédie de *l'Orphelin de la Chine*. Le libraire Cramer s'était exercé avec M. le duc de Villars sur le rôle de Gengis. Il n'y a personne qui ne soit instruit de la prétention de ce grand seigneur pour bien enseigner à jouer la comédie : aussi fit-il de son élève Cramer un froid et plat déclamateur, et c'est ce dont M. de Voltaire ne tarda pas à s'apercevoir. Dès la première répétition, il sentit plus que jamais que l'on pouvait être en même temps duc, bel esprit, et le fils d'un grand homme ; mais que ni l'un ni l'autre de ces titres ne donnait du talent pour exercer les beaux-arts, des connaissances pour les approfondir, et du goût pour les bien juger.

M. de Voltaire se mit à persifler son Cramer, et promit de le tourmenter jusqu'à ce qu'il eût changé sa diction. Le fidèle Genevois fit des études incroyables pour oublier tout ce que son maître lui avait appris, et revint au bout de quinze jours à Ferney pour répéter de nouveau son rôle avec M. de Voltaire, qui, s'apercevant d'un grand changement, s'écria avec joie à Mme Denis : « Ma nièce, Dieu soit loué ! Cramer a dégorgé son duc. »

Depuis plus de trente ans l'on n'avait pas encore vu de cabale aussi forte que celle qui s'éleva contre M. de Voltaire à la première représentation de la tragédie d'*Oreste* (si toutefois on en excepte celle qui fut faite contre *Adélaïde du Guesclin*), sifflée depuis cinq heures jusqu'à huit. Cependant la plus saine partie du public, celle dont le jugement seul demeure, parce qu'il est impartial, l'emportait de temps en temps sur les fanatiques de Crébillon, et témoignait alors sa satisfaction par les acclamations les moins suspectes. C'est dans un de ces moments de transport et d'ivresse que M. de Voltaire, s'élançant à mi-corps de sa loge, se mit à crier de toutes ses forces : « Applaudissez, applaudissez, braves Athéniens ! c'est du Sophocle tout pur. »

Cette franchise et cette admirable présence d'esprit caractérisaient à chaque heure du jour l'homme unique dont nous avons recueilli quelques anecdotes. En voici une qui le montre tel que la nature l'avait formé, c'est-à-dire vif, éloquent, et toujours philosophe.

En 1743, à la troisième ou quatrième représentation de *Mérope*, M. de Voltaire fut frappé d'un défaut de dialogue dans les rôles de Polyphonte et d'Érox. De retour de chez Mme la marquise du Châtelet, où il avait soupé, il rectifia ce qui lui avait paru vicieux dans cette scène du premier acte, fit un paquet de ses corrections, et donna ordre à son domestique de les porter chez le sieur Paulin, homme très-estimable, mais acteur très-médiocre, et qu'il élevait, disait-il, à la brochette pour jouer les tyrans. Le domestique observa à son maître qu'il était plus de minuit, et qu'à cette heure il lui était impossible de réveiller M. Paulin : « Va, va, lui répliqua l'auteur de *Mérope*, les tyrans ne dorment jamais! »

LXVII.

DÉCLARATION DE VOLTAIRE[1].

28 février 1778.

Je meurs en adorant Dieu, en aimant mes amis, en ne haïssant pas mes ennemis, et en détestant la superstition.

VOLTAIRE.

LXVIII.

COPIE

DE LA PROFESSION DE FOI DE M. DE VOLTAIRE

EXIGÉE PAR L'ABBÉ GAULTIER SON CONFESSEUR [2].

Je, soussigné, déclare qu'étant attaqué depuis quatre jours d'un vomissement de sang à l'âge de quatre-vingt-quatre ans, et n'ayant pu me traîner à l'église, et M. le curé de Saint-Sulpice ayant bien voulu ajouter à ses bonnes œuvres celle de m'envoyer M. l'abbé Gaultier, prêtre, je me suis confessé à lui, et que si Dieu dispose de moi, je meurs dans la sainte religion catholique où je suis né, espérant de la miséricorde divine qu'elle daignera pardonner toutes mes fautes, et que si j'avais jamais scandalisé l'Église, j'en demande pardon à Dieu et à elle. *Signé* : VOLTAIRE, le 2 mars 1778, dans la maison de M. le marquis de Villette.

En présence de M. l'abbé Mignot, mon neveu, de M. le marquis de Villevieille, mon ami. *Signé:* L'abbé MIGNOT, VILLEVIEILLE [3].

---

1. Original, Bibl. nat., mss fr., 11460.
2. *Correspondance de Grimm*, etc., édit. Tourneux, tome XII, page 87.
3. Non content de sa rétractation, Voltaire reprenait la plume pour la fortifier de la déclaration suivante : « M. l'abbé Gaultier m'ayant averti qu'on disait dans un certain monde que je protesterais contre tout ce que je ferais à la mort, je déclare que je n'ai jamais tenu ce propos, et que c'est une ancienne plaisanterie attribuée très-faussement, dès longtemps, à plusieurs savants plus éclairés que Voltaire. »

Nous déclarons la présente copie conforme à l'original, qui est demeuré entre les mains de l'abbé Gaultier, et que nous avons signé l'un et l'autre, comme nous signons le présent certificat. Fait à Paris, le 27 mai 1778. *Signé*: L'abbé MIGNOT, VILLEVIEILLE.

L'original ci-dessus mentionné a été présenté à monsieur le curé de Saint-Sulpice, qui en a tiré copie. *Signé* : L'abbé MIGNOT, VILLEVIEILLE.

LXIX.

VOLTAIRE A L'ACADÉMIE

ET A LA COMÉDIE-FRANÇAISE

LE 30 MARS 1778 [1].

Ce lundi 30.

Non, je ne crois pas qu'en aucun temps le génie et les lettres aient pu s'honorer d'un triomphe plus flatteur et plus touchant que celui dont M. de Voltaire vient de jouir après soixante ans de travaux, de gloire et de persécution.

Cet illustre vieillard a paru aujourd'hui pour la première fois à l'Académie et au spectacle. Un accident très-grave [2], et qui avait fait craindre pendant plusieurs jours pour sa vie, ne lui avait pas permis de s'y rendre plus tôt. Son carrosse a été suivi dans les cours du Louvre par une foule de peuple empressé à le voir. Il a trouvé toutes les portes, toutes les avenues de l'Académie, assiégées d'une multitude qui ne s'ouvrait que lentement à son passage, et se précipitait aussitôt sur ses pas avec des applaudissements et des acclamations multipliés. L'Académie est venue au-devant de lui jusque dans la première salle, honneur qu'elle n'avait jamais fait à aucun de ses membres, pas même aux princes étrangers qui ont daigné assister à ses assemblées. On l'a fait asseoir à la place du directeur, et, par un choix unanime, on l'a pressé de vouloir bien en accepter la charge, qui allait être vacante à la fin du trimestre de janvier. Quoique l'Académie soit dans l'usage de faire tirer cette charge au sort, elle a jugé, sans doute avec raison, que déroger ainsi à ses coutumes en faveur d'un grand homme, c'était suivre en effet l'esprit et les intentions de leur fondateur. M. de Voltaire a reçu cette distinction avec beaucoup de reconnaissance, et la lecture que lui a faite ensuite M. d'Alembert de l'*Éloge de Boileau* a paru l'intéresser infiniment. Il y a dans cet éloge une discussion très-fine sur le progrès que le législateur du goût, dans le dernier siècle, a fait faire à notre langue. On y

---

1. *Correspondance de Grimm*, édition Tourneux, tome XII, p. 68.
2. Une violente hémorragie, occasionnée vraisemblablement par toutes les fatigues qu'il a essuyées depuis son arrivée à Paris, et surtout par les efforts qu'il a faits dans une répétition que les Comédiens firent chez lui de sa tragédie d'*Irène*, répétition qui lui a donné beaucoup d'impatience et beaucoup d'humeur. (MEISTER.)

compare le style de Racine et celui de Boileau, la manière de ces deux poëtes, et celle de M. de Voltaire, à qui l'auteur donne des éloges trop vrais et trop délicats pour avoir pu craindre, en les lisant devant lui, de blesser ou son amour-propre ou sa modestie. L'assemblée était aussi nombreuse qu'elle pouvait l'être sans la présence de messieurs les évêques, qui s'étaient tous dispensés de s'y trouver, soit que le hasard, soit que cet esprit saint qui n'abandonne jamais ces messieurs l'eût décidé ainsi pour sauver l'honneur de l'Église ou l'orgueil de la mitre : ce qui, comme chacun sait, ne fut presque toujours qu'une seule et même chose.

Les hommages que M. de Voltaire a reçus à l'Académie n'ont été que le prélude de ceux qui l'attendaient au théâtre de la nation. Sa marche depuis le vieux Louvre jusqu'aux Tuileries a été une espèce de triomphe public. Toute la cour des Princes, qui est immense, jusqu'à l'entrée du Carrousel, était remplie de monde ; il n'y en avait guère moins sur la grande terrasse du jardin, et cette multitude était composée de tout sexe, de tout âge et de toute condition. Du plus loin qu'on a pu apercevoir sa voiture, il s'est élevé un cri de joie universelle ; les acclamations, les battements de mains, les transports ont redoublé à mesure qu'il approchait ; et quand on l'a vu, ce vieillard respectable chargé de tant d'années et de tant de gloire, quand on l'a vu descendre appuyé sur deux bras, l'attendrissement et l'admiration ont été au comble. La foule se pressait pour pénétrer jusqu'à lui ; elle se pressait davantage pour le défendre contre elle-même [1]. Toutes les bornes, toutes les barrières, toutes les croisées, étaient remplies de spectateurs, et le carrosse à peine arrêté, on était déjà monté sur l'impériale et même jusque sur les roues pour contempler la divinité de plus près. Dans la salle même, l'enthousiasme du public, que l'on ne croyait pas pouvoir aller plus loin, a paru redoubler encore lorsque, M. de Voltaire placé aux secondes, dans la loge des gentilshommes de la chambre, entre Mme Denis et Mme de Villette, le sieur Brizard est venu apporter une couronne de laurier que Mme de Villette a posée sur la tête du grand homme, mais qu'il a retirée aussitôt, quoique le public le pressât de la garder par des battements de mains et par des cris qui retentissaient de tous les coins de la salle avec un fracas inouï. Toutes les femmes étaient debout. Il y avait plus de monde encore dans les corridors que dans les loges.

Toute la Comédie, avant la toile levée, s'était avancée sur les bords du théâtre. On s'étouffait jusqu'à l'entrée du parterre, où plusieurs femmes

---

1. Les moindres détails de cette journée pouvant avoir quelque intérêt, nous ne voulons point manquer de rappeler ici le costume dans lequel M. de Voltaire a paru. Il avait sa grande perruque à nœuds grisâtres, qu'il peigne tous les jours lui-même, et qui est toute semblable à celle qu'il portait il y a quarante ans ; de longues manchettes de dentelles et la superbe fourrure de martre zibeline, qui lui fut envoyée il y a quelques années par l'impératrice de Russie, couverte d'un beau velours cramoisi, mais sans aucune dorure. Il est impossible de penser à cette fameuse perruque sans se souvenir qu'il n'y avait autrefois que le pauvre Bachaumont qui en eût une pareille, et qui en était extrêmement fier. On l'appelait *la tête à perruque de M. de Voltaire*. (MEISTER.)

étaient descendues, n'ayant pas pu trouver ailleurs des places pour voir quelques instants l'objet de tant d'adorations. J'ai vu le moment où la partie du parterre qui se trouve sous les loges allait se mettre à genoux, désespérant de le voir d'une autre manière. Toute la salle était obscurcie par la poussière qu'excitait le flux et le reflux de la multitude agitée. Ce transport, cette espèce de délire universel a duré plus de vingt minutes, et ce n'est pas sans peine que les Comédiens ont pu parvenir enfin à commencer la pièce. C'était *Irène* qu'on donnait pour la sixième fois. Jamais cette tragédie n'a été mieux jouée[1], jamais elle n'a été moins écoutée, jamais elle n'a été plus applaudie. La toile baissée, les cris, les applaudissements, se sont renouvelés avec plus de vivacité que jamais. L'illustre vieillard s'est levé pour remercier le public, et l'instant après on a vu sur un piédestal, au milieu du théâtre, le buste de ce grand homme, tous les acteurs et toutes les actrices rangés en cintre autour du buste, des guirlandes et des couronnes à la main, tout le public qui se trouvait dans les coulisses derrière eux, et dans l'enfoncement de la scène, les gardes qui avaient servi dans la tragédie; de sorte que le théâtre dans ce moment représentait parfaitement une place publique où l'on venait ériger un monument à la gloire du génie[2]. A ce spectacle sublime et touchant, qui ne se serait cru au milieu de Rome ou d'Athènes? Le nom de Voltaire a retenti de toutes parts avec des acclamations, des tressaillements, des cris de joie, de reconnaissance et d'admiration. L'envie et la haine, le fanatisme et l'intolérance, n'ont osé rugir qu'en secret; et, pour la première fois peut-être, on a vu l'opinion publique, en France, jouir avec éclat de tout son empire. C'est Brizard, en habit de Léonce, c'est-à-dire en moine de Saint-Basile, qui a posé la première couronne sur le buste; les autres acteurs ont suivi son exemple; et, après l'avoir ainsi couvert de lauriers, Mme Vestris s'est avancée sur le bord de la scène pour adresser au dieu même de la fête ces vers, que M. de Saint-Marc venait de faire sur-le-champ :

> Aux yeux de Paris enchanté
> Reçois en ce jour un hommage

---

1. Elle l'a toujours été fort mal. (MEISTER.)

2. Cette petite fête n'avait point été préparée d'avance; et, puisqu'il faut tout dire, c'est Mlle La Chassaigne, qui débuta il y a quelques années dans le rôle de Zaïre (qui eut l'honneur alors de faire débuter feu M. le prince de Lamballe, et qui se contente aujourd'hui de doubler Mme Drouin dans les rôles de caractères); c'est Mlle La Chassaigne enfin qui a donné l'idée de couronner le buste, et c'est Mlle Faniez qui a fait faire les vers à M. de Saint-Marc. Ne faut-il pas rendre à chacun ce qui lui est dû? (MEISTER.) — Tout le monde connaît la belle planche du couronnement de Voltaire gravée en 1782 par Gaucher sur un dessin de Moreau le jeune. M. Desnoiresterres, en la décrivant dans l'*Iconographie voltairienne*, a rappelé que le musée du Louvre possède dans ses cartons une très-belle aquarelle de Gabriel de Saint-Aubin représentant la même scène; on ne l'expose point à cause de l'action du soleil sur un coloris aussi léger, et il serait à peu près impossible de la reproduire, tant la main de l'artiste s'y est montrée hâtive et fièvreuse.

DOCUMENTS BIOGRAPHIQUES.

>Que confirmera d'âge en âge
>La sévère postérité.
>
>Non, tu n'as pas besoin d'atteindre au noir rivage
>Pour jouir de l'honneur de l'immortalité.
>
>Voltaire, reçois la couronne
>Que l'on vient de te présenter;
>Il est beau de la mériter,
>Quand c'est la France qui la donne.

Ces vers avaient du moins le mérite du moment ; le public y a trouvé une partie des sentiments dont il était animé, et cela suffisait pour les faire recevoir avec transport. On les a fait répéter à Mme Vestris, et il s'en est répandu mille copies dans un instant. Le buste est resté sur le théâtre, chargé de lauriers, pendant toute la petite pièce. On donnait *Nanine*, qui n'a pas moins été applaudie qu'*Irène*, quoiqu'elle ne fût guère mieux jouée; mais la présence du dieu faisait tout pardonner, rendait tout intéressant.

Le moment où M. de Voltaire est sorti du spectacle a paru plus touchant encore que celui de son entrée; il semblait succomber sous le faix de l'âge et des lauriers dont on venait de charger sa tête. Il paraissait vivement attendri; ses yeux étincelaient encore à travers la pâleur de son visage; mais on croyait voir qu'il ne respirait plus que par le sentiment de sa gloire. Toutes les femmes s'étaient rangées, et dans les corridors et dans l'escalier, sur son passage; elles le portaient pour ainsi dire dans leurs bras: c'est ainsi qu'il est arrivé jusqu'à la portière de son carrosse. On l'a retenu le plus longtemps qu'il a été possible à la porte de la Comédie. Le peuple criait: *Des flambeaux, des flambeaux! que tout le monde puisse le voir!* Quand il a été dans sa voiture, la foule s'est pressée autour de lui; on est monté sur le marchepied, on s'est accroché aux portières du carrosse pour lui baiser les mains. Des gens du peuple criaient: *C'est lui qui a fait Œdipe, Mérope, Zaïre; c'est lui qui a chanté notre bon roi*, etc. On a supplié le cocher d'aller au pas, afin de pouvoir le suivre, et une partie du peuple l'a accompagné ainsi, en criant des *Vive Voltaire!* jusqu'au Pont-Royal. Nous ne devons pas oublier ici que M. le comte d'Artois, qui était à l'Opéra avec la reine, l'a quittée un moment pour venir à la Comédie française, et qu'avant la fin du spectacle il a envoyé son capitaine des gardes, M. le prince d'Hénin, dans la loge de M. de Voltaire, pour lui dire de sa part tout l'intérêt qu'il prenait à son triomphe, et tout le plaisir qu'il avait eu de joindre ses hommages à ceux de la nation. Quel gré cette nation aimable et sensible n'aurait-elle pas su à M. le comte d'Artois si, en se mettant un moment au-dessus de l'étiquette, il avait osé partager publiquement l'ivresse dont elle était transportée! Si, au lieu de M. d'Hénin, on l'eût vu lui-même ajouter quelques fleurs à la couronne du plus beau génie de la France dont le siècle puisse se glorifier!

Pourquoi les honneurs rendus à M. de Voltaire n'ont-ils jamais été rendus à un homme de lettres avec le même éclat, avec les mêmes transports? Est-ce parce que M. de Voltaire est le plus grand homme qui ait jamais existé, et que,

> Le premier de son siècle, il l'eût encore été
> Au siècle de Léon, d'Auguste et d'Alexandre?

Est-ce parce que jamais personne n'occupa comme lui l'univers pendant soixante ans de sa gloire et de ses travaux? parce que personne n'eut jamais comme lui l'art de réveiller sans cesse l'intérêt, la curiosité, l'admiration publique? Tout cela peut être vrai, parfaitement vrai; je n'en suis pas moins persuadé que M. de Voltaire lui-même, toutes choses d'ailleurs égales, n'eût point joui du même triomphe sous le règne de Louis XIV, qui aimait les lettres parce qu'il aimait la louange, qui favorisait le génie et les arts, mais qui prétendait toujours leur donner la loi, et qui avait imprimé dans l'esprit de ses peuples une telle dévotion pour le trône et pour sa propre personne que l'on aurait craint de commettre un acte d'idolâtrie en prodiguant à un simple particulier des hommages dont lui-même eût été jaloux. L'enthousiasme avec lequel on vient de faire l'apothéose de M. de Voltaire, de son vivant, est donc la juste récompense, non-seulement des merveilles qu'a produites son génie, mais aussi de l'heureuse révolution qu'il a su faire et dans les mœurs et dans l'esprit de son siècle, en combattant les préjugés de tous les ordres et de tous les rangs, en donnant aux lettres plus de considération et plus de dignité, à l'opinion même un empire plus libre et plus indépendant de toute autre puissance que celle du génie et de la raison.

LXX.

SÉANCE DE LA LOGE DES NEUF-SŒURS

DU 7 AVRIL 1778[1].

EXTRAIT DE LA PLANCHE A TRACER DE LA RESPECTABLE LOGE DES NEUF-SŒURS, A L'ORIENT DE PARIS, LE SEPTIÈME JOUR DU QUATRIÈME MOIS DE L'AN DE LA VRAIE LUMIÈRE 5778.

Le F∴ abbé Cordier de Saint-Firmin a annoncé à la loge qu'il avait la faveur de présenter, pour être reçu apprenti maçon, M. de Voltaire. Il a dit qu'une assemblée aussi littéraire que maçonnique devait être flattée du désir que témoignait l'homme le plus célèbre de la France, et qu'elle aurait infailliblement égard, dans cette réception, au grand âge et à la faible santé de cet illustre néophyte.

Le V∴ F∴ de Lalande a recueilli les avis du T∴R∴F∴ Bacon de La Chevalerie, grand orateur du Grand-Orient, et celui de tous les FF∴ de la loge, lesquels avis ont été conformes à la demande faite par le F∴ abbé Cordier. Il a choisi le T∴R∴F∴ comte de Strogonof, les FF∴ Cailhava, président Meslay, Mercier, marquis de Lort, Brinon, abbé Remy, Fabrony

---

1. *Correspondance de Grimm*, édition Tourneux, tome XII, page 185.

et Dufresne, pour aller recevoir et préparer le candidat. Celui-ci a été introduit par le F∴ chevalier de Villars, maître des cérémonies de la loge ; et l'instant où il venait de prêter l'obligation a été annoncé par les FF∴ des colonnes d'Euterpe, de Terpsichore et d'Érato, qui ont exécuté le premier morceau de la troisième symphonie à grand orchestre de Guenin. Le F∴ Capperon menait l'orchestre ; le F∴ Chic, premier violon de l'électeur de Mayence, était à la tête des seconds violons ; les FF∴ Salantin, Caravoglio, Olivet, Balza, Lurschmidt, etc., se sont empressés d'exprimer l'allégresse générale de la loge en déployant leurs talents si connus dans le public, et particulièrement dans la respectable loge des Neuf-Sœurs.

Après avoir reçu les signes, paroles et attouchements, le F∴ de Voltaire a été placé à l'orient, à côté du vénérable. Un des FF∴ de la colonne de Melpomène lui a mis sur la tête une couronne de laurier, qu'il s'est hâté de déposer. Le vénérable lui a ceint le tablier du F∴ Helvétius, que la veuve de cet illustre philosophe a fait passer à la loge des Neuf-Sœurs, ainsi que les bijoux maçonniques dont il faisait usage en loge, et le F∴ de Voltaire a voulu baiser ce tablier avant de le recevoir. En recevant les gants de femme, il a dit au F∴ marquis de Villette : « Puisqu'ils supposent un attachement honnête, tendre et mérité, je vous prie de les présenter à Belle et Bonne. »

Alors le V∴ F∴ de Lalande a pris la parole, et a dit :

« T∴ C∴ F∴, l'époque la plus flatteuse pour cette loge sera désormais marquée par le jour de votre adoption. Il fallait un Apollon à la loge des Neuf-Sœurs, elle le trouve dans un ami de l'humanité, qui réunit tous les titres de gloire qu'elle pouvait désirer pour l'ornement de la maçonnerie.

« Un roi dont vous êtes l'ami depuis longtemps, et qui s'est fait connaître pour le plus illustre protecteur de notre ordre, avait dû vous inspirer le goût d'y entrer ; mais c'était à votre patrie que vous réserviez la satisfaction de vous initier à nos mystères. Après avoir entendu les applaudissements et les alarmes de la nation, après avoir vu son enthousiasme et son ivresse, vous venez recevoir dans le temple de l'amitié, de la vertu et des lettres, une couronne moins brillante, mais également flatteuse et pour le cœur et pour l'esprit.

« L'émulation que votre présence doit y répandre, en donnant un nouvel éclat et une nouvelle activité à notre loge, tournera au profit des pauvres qu'elle soulage, des études qu'elle encourage, et de tout le bien qu'elle ne cesse de faire.

« Quel citoyen a mieux que vous servi la patrie en l'éclairant sur ses devoirs et sur ses véritables intérêts, en rendant le fanatisme odieux et la superstition ridicule, en rappelant le goût à ses véritables règles, l'histoire à son véritable but, les lois à leur première intégrité ? Nous promettons de venir au secours de nos frères, et vous avez été le créateur d'une peuplade entière qui vous adore, et qui ne retentit que de vos bienfaits ; vous avez élevé un temple à l'Éternel ; mais ce qui valait mieux encore, on a vu près de ce temple un asile pour des hommes proscrits, mais utiles, qu'un zèle aveugle aurait peut-être repoussés. Ainsi, T∴ C∴ F∴, vous étiez franc-maçon avant même que d'en recevoir le caractère, et vous en avez rempli les devoirs avant que d'en avoir contracté l'obligation entre nos mains. L'équerre, que nous portons comme symbole de la rectitude de nos actions; le tablier, qui représente la vie laborieuse et l'activité utile; les gants blancs, qui expriment la candeur, l'innocence et la pureté de nos actions; la truelle, qui sert à cacher les défauts de nos FF∴, tout se rapporte à la bienfaisance et à l'amour de l'humanité, et par conséquent n'exprime que les qualités qui vous distinguent; nous ne pouvions y joindre, en vous recevant parmi nous, que le tribut de notre admiration et de notre reconnaissance. »

Les FF∴ de La Dixmerie, Garnier, Grouvelle, Échard, etc., ont demandé la parole, et ont lu des pièces de vers qu'il serait trop long de rapporter ici.

Le F∴ nouvellement reçu a témoigné à la respectable loge qu'il n'avait jamais rien éprouvé qui fût plus capable de lui inspirer les sentiments de l'amour-propre, et qu'il n'avait jamais senti plus vivement celui de la reconnaissance. Le F∴ Court de Gébelin a présenté à la loge un nouveau volume de son grand ouvrage, intitulé *le Monde primitif*, et l'on y a lu une partie de ce qui concerne les anciens mystères d'Éleusis, objet très-analogue aux mystères de l'art royal.

Pendant le cours de ces lectures, le F∴ Monnet, peintre du roi, a dessiné le portrait du F∴ de Voltaire, qui s'est trouvé plus ressemblant qu'aucun de ceux qui ont été gravés, et que toute la loge a vu avec une extrême satisfaction.

Après que les diverses lectures ont été terminées, les FF∴ se sont transportés dans la salle du banquet, tandis que l'orchestre exécutait la suite de la symphonie dont nous avons parlé. On a porté les premières santés. Le C∴ F∴ de Voltaire, à qui son état ne permettait pas d'assister à tout le reste de la cérémonie, a demandé la permission de se retirer. Il a été reconduit par un grand nombre de FF∴, et ensuite par une multitude de profanes, au bruit des acclamations dont la ville retentit toutes les fois qu'il paraît en public.

PIÈCES

POUR SERVIR A

L'HISTOIRE POSTHUME

DE VOLTAIRE

I.

CERTIFICAT DE L'ABBÉ GAULTIER.

Je, soussigné, certifie à qui il appartiendra que je suis venu à la réquisition de M. de Voltaire, et que je l'ai trouvé hors d'état de l'entendre en confession.

Fait à Paris, ce 30 mai, l'an mil sept cent soixante-dix-huit.

GAULTIER, prêtre.

II.

CONSENTEMENT

DU CURÉ DE SAINT-SULPICE.

Je consens que le corps de M. de Voltaire soit emporté sans cérémonie, et je me départs à cet égard de tous les droits curiaux.

A Paris, le 30 mai 1778.

J. DE TERSSAC,
curé de Saint-Sulpice.

III.

RAPPORT

DE L'OUVERTURE ET EMBAUMEMENT DU CORPS DE M. DE VOLTAIRE

FAIT LE TRENTE-UN MAY 1778

EN L'HOTEL DE M. LE MARQUIS DE VILLETTE.

Le crâne ouvert, nous n'avons rien observé d'extraordinaire, le cerveau et le cervelet très sains, les viscères de la poitrine en très bon état; ceux du bas-ventre n'offroient rien de particulier, exceptés la vessie et le rein droit, celuy-cy taché de marques gangreneuses par sa partie inférieure et postérieure ; la vessie étoit décomposée, elle avoit acquis l'épaisseur de plus d'un pouce à la partie supérieure et postérieure ; cette substance étoit musqueuse et semblable à du lard, sa membrane nerveuse étoit tout à fait disséquée par le pus qu'elle contenoit. Il s'y étoit formé des espèces de tubercules qui étoient en supuration, laquelle s'étoit fait jour à l'extérieur et transudoit dans le bas-ventre, se répandoit sur les intestins, qui avoisinoient la vessie, en matière de gelée. La glande prostate étoit très volumineuse et entièrement squireuse. Tout le reste des viscères dans l'état naturel.

A Paris, ce 31 may 1778.

Dr PIPCELET,
membre de l'Académie de chirurgie.

IV.

EXTRAIT DU REGISTRE

DES ACTES DE SÉPULTURE DE L'ABBAYE ROYALE

DE NOTRE-DAME DE SCELLIÈRES, DIOCÈSE DE TROYES.

Ce jourd'hui deux de juin mil sept cent soixante-dix-huit, a été inhumé dans cette église messire François-Marie Arouet de Voltaire, gentilhomme ordinaire de la chambre du roi, l'un des Quarante de l'Académie françoise, âgé de quatre-vingt-quatre ans ou environ, décédé à Paris le trente mai dernier, présenté à cette église le jour d'hier, où il est déposé jusqu'à ce que, conformément à sa dernière volonté, il puisse être transporté à Ferneix, lieu qu'il a choisi pour sa sépulture ; laditte inhumation faite par nous dom Gaspard-Germain-Edme Pothorat de Corbierre, prieur de laditte abbaye, en présence de messire Alexandre-Jean Mignot, abbé de laditte abbaye, conseiller du roy en ses conseils et en son grand conseil, grand raporteur en la chancellerie de France, neveu; de messire Alexandre-Marie François de Paule de Dompierre, chevalier seigneur d'Hornoy, Fontaine, Blanche Maison, et autres lieux, conseiller du roi en sa cour du parlement de Paris, petit neveu ; de messire Philippe-François Marchant, seigneur de Varenne, écuyer, ancien maître d'hôtel ordinaire du roi, cousin issus germain ; de messire Mathieu-Henri Marchant de la Houlière, écuyer chevalier de l'ordre royal et militaire de Saint-Louis, brigadier des armées du roi, commendant pour le roi à Salces, aussi cousin issus germain ; avec nous soussignés. *Signé enfin,* l'abbé Mignot, de Dompierre d'Hornoy, Marchant de Varennes, Marchant la Houlière et G. Potherat de Corbierre, prieur.

Je soussigné, prieur de l'abbaye royale de Notre-Dame de Scellières, de l'ordre de Citeaux au diocèse de Troyes, certifie le présent extrait véritable et en tout conforme à son original. A Scellières, ce deux juin mil sept cent soixante-dix-huit.

G. Potherat de Corbierre, prieur.

V.

EXTRAIT

DE LA CORRESPONDANCE DE GRIMM [1].

Il est tombé, le voile funeste ; les derniers rayons de cette clarté divine viennent de s'éteindre, et la nuit qui va succéder à ce beau jour durera peut-être une longue suite de siècles [2].

---

1. *Correspondance de Grimm,* etc., édit. Tourneux, tome XII, page 108.
2. M. de Voltaire est mort le 30 du mois dernier*, entre dix et onze heures du soir, âgé de quatre-vingt-quatre ans et quelques mois. Il paraît que la principale cause de sa mort est la stranguerie dont il souffrait depuis plusieurs années, et dont les fatigues du séjour de Paris avaient sans doute hâté le progrès. A l'ouverture de son corps, on a trouvé les parties nobles assez bien conservées, mais la vessie toute tapissée intérieurement de pus, ce qui peut faire juger des douleurs excessives qu'il a dû éprouver avant que le mal fût arrivé à ce dernier période. Des ménagements extrêmes auraient pu en retarder peut-être le terme ; mais il en était incapable. Ayant appris qu'à une séance de l'Académie, à laquelle il ne put assister, le projet qu'il avait fait adopter à ces messieurs pour une nouvelle édition de leur Dictionnaire avait essuyé des contradictions sans nombre, il craignit de le voir abandonné, et voulut composer un discours pour les faire revenir à son premier plan. Pour remonter ses nerfs affaiblis, il prit une quantité prodigieuse de café ; cet excès dans son état, et un travail suivi de dix ou douze heures, renouvelèrent toutes ses souffrances, et le jetèrent dans un accablement affreux. M. le maréchal de Richelieu, l'étant venu voir dans la soirée, lui dit que son médecin lui avait ordonné dans des circonstances assez semblables quelques prises de laudanum qui l'avaient toujours soulagé très promptement. M. de Voltaire en fit venir sur-le-champ ; et dans la nuit, au lieu de trois ou quatre gouttes, il en prit presque une fiole entière. Il tomba depuis ce moment dans une espèce de léthargie qui ne fut interrompue que par l'excès de la douleur, et ne reprit que par intervalles l'usage de ses sens. (Meister.)

* Il était né le 20 novembre 1694.

Le plus grand, le plus illustre, peut-être, hélas! l'unique monument de cette époque glorieuse où tous les talents, tous les arts de l'esprit humain semblaient s'être élevés au plus haut degré de perfection, ce superbe monument a disparu ! Un coin de terre ignoré en dérobe à nos yeux les tristes débris.

Il n'est plus, celui qui fut à la fois l'Arioste et le Virgile de la France, qui ressuscita pour nous les chefs-d'œuvre des Sophocle et des Euripide, dont le génie atteignit tour à tour la hauteur des pensées de Corneille, le pathétique sublime de Racine, et, maître de l'empire qu'occupaient ces deux rivaux de la scène, en sut découvrir un nouveau plus digne encore de sa conquête dans les grands mouvements de la nature, dans les excès terribles du fanatisme, dans le contraste imposant des mœurs et des opinions.

Il n'est plus, celui qui, dans son immense carrière, embrassa toute l'étendue de nos connaissances, et laissa presque dans tous les genres des chefs-d'œuvre et des modèles ; le premier qui fit connaître à la France la philosophie de Newton, les vertus du meilleur de nos rois, et le véritable prix de la liberté du commerce et des lettres.

Il n'est plus, celui qui, le premier peut-être, écrivit l'histoire en philosophe, en homme d'État, en citoyen, combattit sans relâche tous les préjugés funestes au bonheur des hommes, et, couvrant l'erreur et la superstition d'opprobre et de ridicule, sut se faire entendre également de l'ignorant et du sage, des peuples et des rois.

Appuyé sur le génie du siècle qui l'a vu naître, seul il soutenait encore dans son déclin l'âge qui l'a vu mourir, seul il en retardait encore la chute. Il n'est plus, et déjà l'ignorance et l'envie osent insulter sa cendre révérée. On refuse à celui qui méritait un temple et des autels ce repos de la tombe, ces simples honneurs qu'on ne refuse pas même au dernier des humains [1].

[1]. Ce n'est ni aux préventions de la cour, ni à celles des ministres, ni peut-être même au zèle intolérant des chefs du clergé, qu'il faut attribuer les difficultés que l'on a faites pour inhumer M. de Voltaire en terre sainte ; c'est dans la conduite ridicule et pusillanime de sa famille, c'est dans les intrigues de quelques dévotes et de leurs directeurs qu'il faut chercher l'origine d'une persécution si lâche et si honteuse. En ne supposant pas même qu'on pût refuser à M. de Voltaire ce qu'on ne refuse à aucun citoyen, en suivant simplement la marche indiquée par les lois et par l'usage, il n'y a pas une voix qui eût osé s'élever publiquement pour être l'organe du fanatisme le plus odieux ou de la haine la plus barbare. Mais, je ne sais quelles alarmes, quelles inquiétudes semées secrètement sous le nom spécieux du zèle et de la piété, une fois répandues, on a craint l'éclat du scandale. Les dévots ont fait montre alors de leur crédit, de leur puissance ; et l'on a cru devoir prendre toutes les mesures imaginables pour éviter une discussion dont il n'est jamais aisé de mesurer au juste les conséquences. Quoique les chroniques secrètes de la cour assurent que M. de Voltaire avait les droits les plus intimes sur les égards et sur l'amitié de M. le duc de Nivernais, on prétend que c'est Mme de Gisors et Mme de Nivernais qui ont excité plus que personne et l'archevêque et les curés de Paris à refuser un asile aux cendres de ce grand homme. Nous aimons encore mieux accuser de cette injustice le zèle aveugle d'une femme, qui peut-être d'ailleurs n'en est pas moins respectable, que

Le fanatisme, dont le génie étonné tremblait devant celui d'un grand homme, le voit à peine expirant qu'il se flatte déjà de reprendre son empire, et le premier effort de sa rage impuissante est un excès de démence et de lâcheté.

Qu'espérez-vous de tant de barbarie? Qu'apprendrez-vous à l'univers en exerçant sur cette dépouille mortelle votre furie et votre vengeance, si ce n'est la terreur et l'épouvante qu'il sut vous inspirer jusqu'au dernier moment de sa vie? Voilà donc quelle est aujourd'hui votre puissance! Un seul homme, sans autre appui que l'ascendant de la gloire et des talents, a résisté soixante ans à vos persécutions, a bravé soixante ans vos fureurs, et ce n'est que la mort qui vous livre votre victime, ombre vaine, insensible à vos injures, mais dont le seul nom est encore l'amour de l'humanité et l'effroi de ses tyrans.

Quel était donc votre dessein en refusant un simple tombeau à celui à qui la nation venait de décerner les honneurs d'un triomphe public? Avez-vous craint que ce tombeau ne devînt un autel, et le lieu qui le renfermerait un temple? Avez-vous craint de voir confondu dans la foule des humains l'homme qui s'éleva au-dessus de tous les rangs par l'éclat et par la supériorité de son génie? Avez-vous pensé qu'il fût si fort de votre intérêt d'annoncer à l'Europe entière que le plus grand homme de son siècle était mort comme il avait vécu, sans faiblesse et sans préjugé[1]?

En voulant couvrir, s'il vous eût été possible, de l'obscurité la plus profonde le lieu où reposaient les cendres de Voltaire, en cherchant à envelopper de ténèbres et de mystère le moment de sa mort, n'avez-vous pas tremblé que les plus ardents de ses disciples ne profitassent d'une circonstance si favorable pour établir les preuves de son immortalité, de sa résur-

---

1. On sait que M. de Voltaire a regretté infiniment la vie (eh! qui pouvait la regretter plus que lui?) mais sans craindre la mort et ses suites. Il a maudit souvent l'impuissance des secours de la médecine; mais ce sont les douleurs dont il était tourmenté, le désir qu'il aurait eu de jouir encore plus longtemps de sa gloire et de ses travaux, non les remords d'une âme effrayée par l'incertitude de l'avenir, qui lui arrachèrent ses plaintes et ses murmures. Il a vu quelques heures avant de mourir M. le curé de Saint-Sulpice et M. l'abbé Gaultier. Il a paru d'abord avoir quelque peine à les reconnaître. M. de Villette les lui ayant annoncés une seconde fois, il répondit sans aucune impatience : *Assurez ces messieurs de mes respects.* A la prière de M. de Villette, M. de Saint-Sulpice s'étant approché du chevet de son lit, le mourant étendit son bras autour de sa tête comme pour l'embrasser. Dans cette attitude, M. de Saint-Sulpice lui adressa quelques exhortations, et finit par le conjurer de rendre encore témoignage à la vérité dans ses derniers instants, et de prouver au moins par quelque signe qu'il reconnaissait la divinité de Jésus-Christ. A ce mot les yeux du mourant parurent se ranimer un peu; il repoussa doucement M. le curé, et dit d'une voix encore intelligible : *Hélas! laissez-moi mourir tranquille!* M. de Saint-Sulpice se tourna du côté de M. l'abbé Gaultier, et lui dit avec beaucoup de modération et de présence d'esprit : *Vous voyez que la tête n'y est plus.* Ces messieurs s'étant retirés, il serra la main du domestique qui l'avait servi avec le plus de zèle pendant sa maladie, nomma encore quelquefois Mme Denis, et rendit peu de moments après les derniers soupirs. (MEISTER.)

rection? Ah! vous saviez trop bien que, l'eussent-ils tenté, les ouvrages qui nous restent de lui ne permettaient plus de croire aux miracles de cette espèce [1].

Faibles et lâches ennemis de l'ombre d'un grand homme! en tourmentant toutes les puissances du ciel et de la terre pour lui ravir les hommages qui lui sont dus, quel fruit attendez-vous de tant de vains efforts? Effacerez-vous son souvenir de la mémoire des hommes? Anéantirez-vous cette multitude de chefs-d'œuvre, éternels monuments de son génie, consacrés dans toutes les parties du monde à l'instruction et à l'admiration des races futures? Est-ce par quelques défenses puériles, par quelques anathèmes impuissants, que vous pensez enchaîner ces torrents de lumière répandus d'un bout de l'univers à l'autre [2]?

Non, sa gloire est au-dessus de toute atteinte; ses ouvrages en sont les garants immortels. Mais votre triomphe est encore assez beau; le vengeur des victimes opprimées par le fanatisme et la superstition n'est plus; ce grand ascendant sur l'esprit de son siècle, cet ascendant prodigieux qui tenait à sa personne, au caractère particulier de son esprit, à soixante ans de gloire et de succès, cet ascendant qui vous fit frémir tant de fois n'est plus à craindre.

L'opinion publique, l'hommage de tous les talents, celui des hommes les plus distingués chez toutes les nations, la confiance et l'amitié de plusieurs souverains, avaient érigé pour lui une sorte de tribunal supérieur en quelque manière à tous les tribunaux du monde, puisque la raison et l'humanité seules en avaient dicté le code, puisque le génie en prononçait tous les arrêts. C'est à ce tribunal respectable que l'on a vu s'évanouir plus d'une fois les foudres de l'injustice, de la calomnie et de la superstition; c'est là que fut vengée l'innocence des Calas, des Sirven, des La Barre. L'espoir prochain du rétablissement de la mémoire de l'infortuné comte de Lally fut le fruit de ses derniers soins, le dernier succès pour lequel sa vie presque éteinte parut se rallumer encore; peu de jours avant sa fin, plongé dans une espèce de léthargie, il en sortit quelques moments lorsqu'on lui apprit la nouvelle du jugement de cette affaire, et les dernières lignes qu'il dicta furent adressées au fils de cet illustre infortuné; les voici: « Le mourant ressuscite en apprenant cette grande nouvelle. Il embrasse bien tendrement M. de Lally. Il voit que le roi est le défenseur de la justice; il

---

1. Il est certain qu'on a ignoré quelque temps dans le public et l'heure et le jour de la mort de M. de Voltaire. Tout Paris était encore à sa porte pour demander de ses nouvelles, lorsque son corps avait déjà été enlevé pour être transporté à l'abbaye de Scellières. Les ordres donnés pour sa sépulture ont été enveloppés de tout le mystère que pourrait exiger l'affaire d'État la plus importante, et l'on doit avouer que ces précautions n'étaient peut-être pas absolument inutiles; on croit qu'il aurait été fort aisé d'échauffer pour un parti quelconque la foule qui assiégeait encore la demeure de cet homme célèbre le lendemain de sa mort. (MEISTER.)

2. Il a été défendu aux comédiens de jouer les pièces de Voltaire jusqu'à nouvel ordre, aux journalistes de parler de sa mort ni en bien ni en mal, aux régents de collège de faire apprendre de ses vers à leurs écoliers. (Id.)

mourra content. » Ce sont, pour ainsi dire, les derniers soupirs de cet homme célèbre[1].

VI.

LETTRE DE L'ÉVÊQUE DE TROYES[2]

AU PRIEUR DE SCELLIÈRES[3].

Je viens d'apprendre, monsieur, que la famille de M. de Voltaire, qui est mort depuis quelques jours, s'était décidée à faire transporter son corps à votre abbaye, pour y être enterré, et cela parce que le curé de Saint-Sulpice leur avait déclaré qu'il ne voulait pas l'enterrer en terre sainte.

Je désire fort que vous n'ayez pas encore procédé à cet enterrement, ce qui pourrait avoir des suites fâcheuses pour vous ; et si l'inhumation n'est pas faite, comme je l'espère, vous n'avez qu'à déclarer que vous n'y pouvez procéder sans avoir des ordres exprès de ma part.

J'ai l'honneur d'être bien sincèrement, monsieur, votre très-humble et très-obéissant serviteur.

† Évêque de Troyes.

2 juin 1778.

VII.

RÉPONSE DU PRIEUR.

A Scellières, 3 juin.

Je reçois dans l'instant, monseigneur, à trois heures après midi, avec la plus grande surprise, la lettre que vous m'avez fait l'honneur de m'écrire, en date du jour d'hier 2 juin : il y a maintenant plus de vingt-quatre heures que l'inhumation du corps de M. de Voltaire est faite dans notre église, en présence d'un peuple nombreux. Permettez-moi, monseigneur, de vous faire le récit de cet événement, avant que j'ose vous présenter mes réflexions.

Dimanche au soir 31 mai, M. l'abbé Mignot, conseiller au grand conseil, notre abbé commendataire, qui tient à loyer un appartement dans l'intérieur de notre monastère, parce que son abbatiale n'est pas habitable, arriva en

---

1. M. le marquis de Villevieille, l'ami de M. de Voltaire depuis plusieurs années, et qui ne l'a presque point quitté pendant tout son séjour à Paris, nous a promis de nous communiquer un journal détaillé de toutes les circonstances de sa maladie et de sa mort. Nous attendons l'accomplissement de cette promesse pour donner aux mémoires que nous avons recueillis sur cet objet toute l'exactitude et toute la précision que mérite le récit d'un événement si intéressant. (Meister.) — M. de Villevieille est mort en mai 1825, sans avoir tenu sa promesse.
2. Claude-Mathias-Joseph de Barral, né à Grenoble le 6 septembre 1716, sacré évêque le 29 mars 1761, mort après 1789.
3. Gaspard-Edme-Germain Potherat de Corbierre.

poste pour occuper cet appartement. Il me dit, après les premiers compliments, qu'il avait eu le malheur de perdre M. de Voltaire, son oncle ; que ce monsieur avait désiré dans ses derniers moments d'être porté après sa mort dans sa terre de Ferney, mais que le corps, qui n'avait pas été enseveli, quoique embaumé, ne serait pas en état de faire un voyage aussi long ; qu'il désirait, ainsi que sa famille, que nous voulussions bien recevoir le corps en dépôt dans le caveau de notre église ; que ce corps était en marche, accompagné de trois parents, qui arriveraient bientôt. Aussitôt l'abbé Mignot m'exhiba un consentement de M. le curé de Saint-Sulpice, signé de ce pasteur, pour que le corps de M. de Voltaire pût être transporté sans cérémonie ; il m'exhiba, en outre, une copie collationnée par ce même curé de Saint-Sulpice, d'une profession de foi catholique, apostolique et romaine, que M. de Voltaire a faite entre les mains d'un prêtre approuvé, en présence de deux témoins, dont l'un est M. Mignot, notre abbé, neveu du pénitent, et l'autre un M. le marquis de Villevieille. Il me montra en outre une lettre du ministre de Paris, M. Amelot, adressée à lui et à M. Dompierre d'Hornoy, neveu de M. l'abbé Mignot, et petit-neveu du défunt, par laquelle ces messieurs étaient autorisés à transporter leur oncle à Ferney ou ailleurs. D'après ces pièces, qui m'ont paru et qui me paraissent encore authentiques, j'aurais cru manquer au devoir de pasteur si j'avais refusé les secours spirituels dus à tout chrétien, et surtout à l'oncle d'un magistrat qui est depuis vingt-trois ans abbé de cette abbaye, et que nous avons beaucoup de raisons de considérer ; il ne m'est pas venu dans la pensée que M. le curé de Saint-Sulpice ait pu refuser la sépulture à un homme dont il avait légalisé la profession de foi, faite tout au plus six semaines avant son décès, et dont il avait permis le transport tout récemment au moment de sa mort : d'ailleurs je ne savais pas qu'on pût refuser la sépulture à un homme quelconque, mort dans le corps de l'Église, et j'avoue que, selon mes faibles lumières, je ne crois pas encore que cela soit possible. J'ai préparé en hâte tout ce qui était nécessaire. Le lendemain matin, sont arrivés dans la cour de l'abbaye deux carrosses, dont l'un contenait le corps du défunt, et l'autre était occupé par M. d'Hornoy, conseiller au parlement de Paris, petit-neveu de M. de Voltaire ; par M. Marchant de Varennes, maître d'hôtel du roi, et M. de La Houlière, brigadier des armées, tous deux cousins du défunt : après midi, M. l'abbé Mignot m'a fait à l'église la présentation solennelle du corps de son oncle, qu'on avait déposé ; nous avons chanté les vêpres des morts ; le corps a été gardé toute la nuit dans l'église, environné de flambeaux. Le matin, depuis cinq heures, tous les ecclésiastiques des environs, dont plusieurs sont amis de M. l'abbé Mignot, ayant été autrefois séminaristes à Troyes, ont dit la messe en présence du corps, et j'ai célébré une messe solennelle à onze heures avant l'inhumation, qui a été faite devant une nombreuse assemblée. La famille de M. de Voltaire est repartie ce matin, contente des honneurs rendus à sa mémoire, et des prières que nous avons faites à Dieu pour le repos de son âme. Voilà les faits, monseigneur, dans la plus exacte vérité. Permettez-moi, quoique nos maisons ne soient pas soumises à la juridiction de l'ordinaire, de justifier ma conduite aux yeux de Votre Grandeur : quels que soient les privilèges d'un ordre, ses membres doivent toujours se faire gloire de respecter l'épiscopat, et se font honneur de soumettre leurs démarches, ainsi que leurs mœurs, à l'examen de nosseigneurs les évêques. Comment pouvais-je supposer qu'on refusait ou qu'on pouvait refuser à M. de Voltaire la sépulture qui m'était demandée par son neveu, notre abbé commendataire depuis vingt-trois ans, magistrat depuis trente ans, ecclésiastique qui a beaucoup vécu dans cette abbaye, et qui jouit d'une grande considération dans notre ordre; par un conseiller au parlement de Paris, petit-neveu du défunt; par des officiers d'un grade supérieur, tous parents, et tous gens respectables? Sous quel prétexte aurais-je pu croire que monsieur le curé de Saint-Sulpice eût refusé la sépulture à M. de Voltaire, tandis que ce pasteur a légalisé de sa propre main une profession de foi faite par le défunt, il n'y a que deux mois; tandis qu'il a écrit et signé de sa propre main un consentement que son corps fût transporté sans cérémonie? Je ne sais ce qu'on impute à M. de Voltaire; je connais plus ses ouvrages par sa réputation qu'autrement; je ne les ai pas lu tous; j'ai ouï dire à monsieur son neveu, notre abbé, qu'on lui en imputait de très-répréhensibles, qu'il avait toujours désavoués ; mais je sais, d'après les canons, qu'on ne refuse la sépulture qu'aux excommuniés, *lata sententia,* et je crois être sûr que M. de Voltaire n'est pas dans ce cas. Je crois avoir fait mon devoir en l'inhumant, sur la réquisition d'une famille respectable, et je ne puis m'en repentir. J'espère, monseigneur, que cette action n'aura pas pour moi des suites fâcheuses; la plus fâcheuse sans doute serait de perdre votre estime; mais, d'après l'explication que j'ai l'honneur de faire à Votre Grandeur, elle est trop juste pour me la refuser.

Je suis, avec un profond respect,

LE PRIEUR DE SCELLIÈRES.

VIII.

TESTAMENT DÉPOSÉ DE M. DE VOLTAIRE.

5 JUIN 1778.

Aujourd'hui sont comparus :

Dame Marie-Louise Mignot, v^e de messire Charles-Nicolas Denis, capitaine au régiment de Champagne, chevalier de l'ordre royal et militaire de Saint-Louis, commissaire ordonnateur des guerres, et depuis conseiller correcteur en la Chambre des comptes de Paris, logée à Paris, maison de M. le marquis de Villette, quai des Théatins, paroisse Saint-Sulpice;

Et messire Alexandre-Jean Mignot, conseiller du roi en son grand conseil, demeurant à Paris, rue des Blancs-Manteaux, paroisse Saint-Jean en Grève;

Lesquels, au moyen du décès de messire François-Marie Arouet de Voltaire, leur oncle, dont ils sont héritiers présomptifs, et dans la succession duquel ils prendront, ainsi qu'ils se le réservent, telles qualités qu'ils aviseront, ont représenté et apporté à Mᵉ Dutertre, l'un des notaires soussignés, et l'ont requis de mettre au rang de ses minutes pour en être délivré par lui toutes expéditions et extraits nécessaires, l'original du testament de mond. feu Sʳ de Voltaire, par lui fait olographe, écrit sur le *recto* d'une grande feuille de papier de compte qui paraît avoir été coupée par le bas, au haut de laquelle, page recto, sont écrits ces mots : *Mon testament, à Ferney, ce trente septembre mil sept cent soixante-seize*, cette date posée en chiffres. La première disposition commençant par ces mots : *J'institue madame Denis ma nièce.* Finissant ledit testament par ceux-cy : *Dans cette intention*, ensuite desquels est sa signature *Arrouet Voltaire*, avec la date répétée en chiffres du trente septembre mil sept cent soixante-seize et une espèce de paraphe dont M. de Voltaire accompagnait sa signature.

La seconde page verso est blanche, ainsi que le recto de la troisième, et à l'égard du verso de la quatrième page il est également blanc, à l'exception de ces mots écrits sur cette page comme servant d'enveloppe : *Mon testament.* VOLTAIRE.

Et après que les fins de chaque *alinéa* ont été terminées par un trait de plume, ledit testament, qui sera visé incessamment au greffe des insinuations, est demeuré ci-joint à la réquisition des dame Mignot et abbé Mignot comparants, qui l'ont certifié véritable, signé et paraphé en la présence des notaires soussignés.

Dont acte fait et passé à Paris, en l'étude, l'an mil sept cent soixante-dix-huit, le cinq juin avant midi, et ont signé.

MIGNOT DENIS, l'abbé MIGNOT, SAUVAIGE, DUTERTRE.

IX.

PROCÈS-VERBAL

DE L'INHUMATION DE VOLTAIRE.

Cejourd'hui huitième jour de juin 1778, nous, G.-E.-G. Potherat de Corbierre, prieur de l'abbaye de Scellières, ordre de Cîteaux, au diocèse de Troyes en Champagne, et dom Nicolas Meunier, religieux conventuel de ladite maison, soussignés, capitulairement assemblés au son de la cloche en la manière accoutumée, en conséquence des ordres à nous donnés par révérendissime Nicolas Chanlatte, abbé de Pontigny, dudit ordre de Cîteaux, en sa lettre missive du 5 du présent mois de juin, pour satisfaire tant auxdits ordres de mondit révérendissime abbé, en lui rendant compte de toutes les circonstances relatives et particulières à l'inhumation de messire François Arouet de Voltaire, écuyer, gentilhomme ordinaire de la chambre du roi, l'un des quarante de l'Académie française, faite en cette église de l'abbaye de Scellières, que pour justifier notre conduite à cet égard,

Disons, déclarons, attestons, et certifions à tous à qui il appartiendra, et particulièrement à notre révérendissime abbé, ainsi que nous en sommes par lui requis, que messire Alexandre-Jean Mignot, conseiller du roi en ses conseils, etc., abbé commendataire de notre dite abbaye de Scellières, est arrivé en icelle abbaye le dimanche 31 mai dernier, à environ sept heures du soir, à l'effet d'y occuper un appartement qu'il tient de nous à loyer, au défaut de son abbatiale, laquelle est inhabitable, et nous a dit, après les premiers compliments,

Que messire Arouet de Voltaire, son oncle, décédé à Paris, devant, conformément à sa dernière volonté, être inhumé à Ferney, lieu par lui choisi pour sa sépulture, son corps, non enseveli, que l'on devait transporter audit Ferney, ne serait pas, quoique embaumé, en état de soutenir un si long voyage; pourquoi mondit sieur Mignot et la famille dudit défunt sieur de Voltaire désireraient que nousdits prieur et religieux voulussions bien en recevoir le corps en dépôt dans le caveau de l'église de notre monastère, lequel corps, non enseveli, comme dit est, est en effet arrivé en la cour de ce monastère vers l'heure de midi, le premier du présent mois de juin, dans son carrosse, lequel était suivi d'un autre carrosse contenant MM. de Dompierre, chevalier, seigneur d'Hornoy, conseiller au parlement de Paris, petit-neveu du défunt; Marchant de Varennes, ancien maître d'hôtel ordinaire du roi; Marchant de La Houlière, brigadier des armées du roi, cousins issus de germain dudit défunt;

Que, à l'instant, nosdits sieurs Mignot et de Dompierre d'Hornoy ont exhibé et lu: 1° une lettre de M. Amelot, ministre de Paris, à eux adressée, laquelle les a autorisés à transporter le corps de leur oncle et grand-oncle à Ferney ou ailleurs;

2° La copie collationnée, certifiée véritable et conforme à son original, et signée du sieur de Tersac, curé de Saint-Sulpice de Paris, le 29 mai dernier, d'un acte signé dudit sieur de Voltaire, contenant la profession de foi catholique, apostolique et romaine, et déclaration qu'il a été entendu en confession par M. l'abbé Gaultier, prêtre approuvé sur ladite paroisse; ledit acte fait et signé, comme dit est, le 2 mars aussi dernier;

3° Un certificat délivré et signé par ledit sieur Gaultier, prêtre, en date du 30 dudit mois de mai dernier, portant que ledit sieur Gaultier a été requis par ledit sieur de Voltaire de l'entendre de nouveau en confession, ce qu'il n'a pu faire, l'en ayant trouvé hors d'état;

4° Le consentement par écrit donné et signé le 30 mai dernier par ledit sieur curé de Saint-Sulpice, par lequel il se départ de tous ses droits curiaux, et permet que le corps de M. de Voltaire soit emporté sans cérémonie;

Que, en effet, le même jour 1er juin, vers quatre heures de relevée, le corps dudit sieur de Voltaire, enfermé dans un cercueil ordinaire, a été présenté à la porte principale d'entrée de l'église de notre susdit monastère, à nosdits prieur et religieux par mondit sieur abbé Mignot, en soutane, rochet et camail, accompagné de nosdits sieurs Marchant de Varennes et de La Houlière, et de Dompierre d'Hornoy, en habit de deuil; de maître Marc-Étienne Beaudouin, prêtre curé de la paroisse de Saint-Nicolas de Pont-sur-Seine; lequel corps, déposé dans le chœur de notre dite église, étant environné de cierges et de flambeaux, nous dits prieur et religieux avons chanté les vêpres des morts, et y est resté gardé pendant toute la nuit par ledit dom Meunier, religieux, l'un de nous, et par les nommés Millet et Payen, l'un fermier, et l'autre meunier de notre dite abbaye ;

Que le lendemain 2 dudit présent mois de juin, à commencer de l'heure de cinq heures du matin, ledit maître Étienne Beaudouin, curé dudit Saint-Nicolas de Pont; maître Beaudouin, vicaire de ladite paroisse; maître Bouillerot, prêtre curé de la paroisse de Romilly-sur-Seine; maître Guenard, curé de Crancey; père Denisard, religieux cordelier, prêtre desservant l'église de Saint-Hilaire de Faverolles; maître Simon Dauche, curé de la paroisse de Saint-Martin dudit Pont-sur-Seine, tous invités, par ledit sieur abbé Mignot, aux obsèques dudit sieur de Voltaire, son oncle, ont célébré chacun une messe basse; lesquelles messes basses étant finies, et les vigiles étant chantées, vers les onze heures du matin du même jour, nousdit dom de Corbierre, prieur, lesdits Denisard, diacre, et Beaudouin, vicaire sous-diacre, lesdits maîtres Guenard et Dauche, chantres, tous revêtus des ornements noirs appartenant à la fabrique de la paroisse de Romilly, avons célébré solennellement une messe haute de *requiem,* le corps présent et avant son inhumation; à laquelle messe haute le curé de Romilly susnommé, et maître Blin, vicaire de la susdite paroisse de Romilly, tous deux revêtus de leurs surplis, ont assisté, s'étant rendus et transportés en notre dite église accompagnés de leurs choristes, porte-croix, thuriféraire, bedeau, suisses, sonneurs et fossoyeurs, tous lesquels ledit sieur curé de Romilly avait offerts à nous susdits prieur et religieux par sa lettre dudit jour 1er juin, présent mois ;

Finalement que, en présence dudit sieur curé de Romilly, de tous les ecclésiastiques ci-dessus dénommés, dudit sieur abbé Mignot, et autres parents ci-dessus dits dudit défunt sieur Arouet de Voltaire, devant une nombreuse assemblée, et incontinent après ladite messe haute, nous, prieur susdit célébrant, avons fait l'inhumation du corps dudit défunt sieur de Voltaire dans le milieu de la partie de notre église séparée du chœur, et en face d'icelui. Après laquelle inhumation nousdit dom de Corbierre avons dressé acte d'icelle ledit jour 2 juin, sur les registres destinés à cet effet, portant que le corps dudit sieur de Voltaire, inhumé en ladite église, comme dit est, y est en dépôt jusqu'à ce que, conformément à sa dernière volonté, il puisse être transféré audit lieu de Ferney, où il a choisi sa sépulture.

Et, pour justifier à mondit sieur abbé dudit acte de sépulture, il en sera, par nous dom de Corbierre, envoyé extrait certifié véritable et conforme à son original, dont et de tout ce que dessus, les jour et an susdits, avons fait et rédigé le présent procès-verbal, en la forme que dessus, que nous avons signé, et, autant qu'il nous a été possible, fait signer par les ecclésiastiques et autres personnes y dénommées.

Signé : POTHERAT DE CORBIERRE, prieur; MEUNIER; BOUILLEROT, curé de Romilly-sur-Seine; BLIN, vicaire de Romilly-sur-Seine; GUÉRARD, curé de Crancey ; DAUCHE, curé de Pont-sur-Seine; BEAUDOUIN, prêtre vicaire ; DENISARD, vicaire de Saint-Hilaire de Faverolles.

X.

DECLARATION.

15 juin 1778.

Aujourd'hui sont comparus par-devant les conseillers du roi notaires au Châtelet de Paris soussignés, et en l'étude de Noël-Jean-Baptiste-François Dutertre, avocat en parlement, et l'un d'eux :

Messire Alexandre-Jean Mignot, conseiller du roi en son grand conseil, abbé commendataire de l'abbaye de Scellières, diocèse de Troyes, demeurant à Paris, rue des Blancs-Manteaux, paroisse Saint-Jean en Grève;

Dame Marie-Louise Mignot, veuve de messire Charles-Nicolas Denis, capitaine au régiment de Champagne, chevalier de l'ordre royal et militaire de Saint-Louis, commissaire ordonnateur des guerres, et depuis conseiller correcteur en la Chambre des comptes de Paris, logée actuellement chez M. de La Valette, rue Saint-Honoré, paroisse Saint-Roch;

Et messire Alexandre-Marie-François de Paule de Dompierre, chevalier, seigneur d'Hornoy et autres lieux, conseiller au parlement de Paris, demeurant susdite rue Saint-Honoré, paroisse Saint-Roch;

Ledit sieur abbé Mignot et madite dame Denis, frère et sœur, neveu et nièce de défunt messire François-Marie Arouet de Voltaire, chevalier, gentilhomme ordinaire de la chambre du roi, historiographe de France, l'un des quarante de l'Académie française, et ledit sieur d'Hornoy, petit-neveu du dit sieur de Voltaire.

Lesquels, pour l'intérêt de l'ordre public et de la vérité, nous ont requis de recevoir leur déclaration sur les faits ci-après mentionnés, laquelle ils ont faite conjointement et unanimement de la manière et ainsi qu'il suit :

Au moment de la mort de monsieur de Voltaire, tandis que monsieur l'abbé Mignot et monsieur d'Hornoy étaient absents, occupés du soin de préparer ses obsèques, monsieur le marquis de Villette, chez lequel leur oncle logeait et était décédé, pressa madame Denis de consentir que le cœur de monsieur de Voltaire fût distrait de son corps pour être transporté dans la chapelle de Villette.

Madame Denis, tout entière à sa juste douleur, ne réfléchit pas alors qu'une pareille distraction ne pouvait être faite que par la volonté expresse de monsieur de Voltaire, qui aurait été manifestée dans son testament, ou au moins par un consentement unanime de tous ses héritiers, constaté dans un acte revêtu des formes religieuses et légales; elle répondit verbalement à monsieur de Villette qu'il pouvait faire ce qu'il voudrait à cet égard. En conséquence monsieur de Villette, animé du désir de posséder le cœur de monsieur de Voltaire, qui avait vécu et qui était encore dans sa maison, procéda et fit procéder de fait à cette distraction sans remplir aucune des formes préalables, ni pour obtenir le consentement de la famille, ni pour constater que ce qu'il faisait ôter du corps au moment de son ouverture était véritablement le cœur du défunt. Il fit faire une opération purement chirurgicale, connue, il paraît, par son aveu seulement, car le procès-verbal d'embaumement, pièce privée et non juridique signée d'un seul chirurgien, n'énonce rien au sujet du cœur, qui par conséquent, dans l'ordre strict et légal, ne peut être réputé comme distrait du corps ni remis séparément à qui que ce soit et en particulier à monsieur de Villette.

Ce procès-verbal, pour constater ce point de vraisemblance et la vérité de cette déclaration, est demeuré ci-joint à la réquisition des parties, qui l'ont certifié véritable, signé et paraphé en notre présence et celle du notaire avec nous soussigné [1].

Monsieur l'abbé Mignot et monsieur d'Hornoy, de retour des obsèques de monsieur de Voltaire faites à l'abbaye de Scellières, apprirent par la voix publique que le cœur de leur oncle, qu'ils venaient d'inhumer, était dans la possession de monsieur de Villette, et qu'il se proposait même de lui faire des obsèques particulières dans la chapelle de son château.

Frappés l'un et l'autre de ce que cette action pourrait présenter d'illégal, même de contraire aux formes et usages ecclésiastiques, ils en instruisirent madame Denis, qui assura et assure encore n'avoir donné aucun consentement formel, mais seulement une adhésion verbale peu réfléchie en raison du trouble où la jetait la douleur dont elle était pénétrée. Tous trois s'accordèrent pour demander à monsieur de Villette, ce qu'ils firent avec instances, qu'il voulût bien rendre le cœur de leur oncle pour le réunir sans éclat à sa sépulture.

Monsieur de Villette l'ayant constamment refusé en présence de plusieurs amis, les sieurs et dame comparants lui ont déclaré et lui déclarent qu'ils ne consentent point à cette distraction illégale; qu'ils consentent encore moins aux obsèques que monsieur de Villette se propose de faire faire dans la chapelle de son château; attendu premièrement, que ce cœur ne lui a été concédé ni par le défunt, ni par personne qui eût qualité pour faire seule cette cession. Secondement, il n'a obtenu aucun consentement ni de l'Église, ni du magistrat; que l'un et l'autre étaient indispensables. Troisièmement, rien ne constate que ce qui est entre les mains de monsieur de Villette soit véritablement le cœur du défunt, puisqu'aucun acte n'en fait foi, et que le procès-verbal d'embaumement semble prouver le contraire par son silence à cet égard. Quatrièmement, et enfin, parce que ce cœur ne peut être remis légalement dans le lieu de sa destination.

Le cœur d'un défunt peut, il est vrai, être transporté avec les formalités requises dans une église paroissiale, monastère, chapelle ou église quelconque, pourvu qu'elle soit publique et fondée à perpétuelle demeure; mais il ne peut jamais l'être et aucune inhumation ne peut avoir lieu dans l'ordre ordinaire des choses, dans une chapelle domestique, d'une érection éphémère, qui n'a d'existence et de durée qu'autant qu'il plaît à l'évêque diocésain ou au maître de l'habitation dont cette chapelle fait partie : le

---

1. C'est la pièce n° III.

premier peut effectivement l'interdire à tout instant et à son gré ; le second peut également la détruire et la convertir à des usages profanes.

Lesdits sieurs et dame comparants déclarent et ajoutent qu'ils ont pris cette voie au lieu de celle d'une instance en justice réglée, pour accorder autant qu'il est possible ce qu'ils doivent, comme ils l'ont déjà annoncé, à la vérité et à l'ordre public, à la mémoire de leur oncle, et à eux-mêmes, avec l'amitié qu'ils auront toujours pour monsieur et madame de Villette, et le tribut de reconnaissance qu'ils ne cesseront jamais de payer à l'un et à l'autre pour tous les bons soins qu'ils ont rendus constamment à leur oncle, tant en santé qu'en maladie, pendant le séjour que monsieur de Villette avait invité monsieur de Voltaire et madame Denis de faire chez lui jusqu'à ce qu'il eût un domicile.

De tout ce que dessus, lesdits sieurs et dame comparants nous ont requis de leur donner acte pour servir et valoir ce que de raison.

Fait et passé à Paris, en l'étude, l'an mil sept cent soixante-dix-huit, le quinze juin.

Et ont signé :

MIGNOT DENIS, L'ABBÉ MIGNOT, DE DOMPIERRE D'HORNOY, SAUVAIGE, DUTERTRE.

XI.

NOTORIÉTÉ

APRÈS DÉCÈS DE M. DE VOLTAIRE.

16 juin 1778.

Aujourd'hui sont comparus par-devant les conseillers du roy notaires au Châtelet de Paris soussignés :

Charles-Josse de La Bouglie, marchand mercier à Paris, y demeurant rue de la Ferronnerie, paroisse des Saints-Innocents ;

Et sieur Jean-Louis Wagnière, bourgeois, demeurant ordinairement à Ferney, étant de présent à Paris, logé rue Saint-Honoré, paroisse Saint-Roch.

Lesquels ont certifié pour vérité à qui il appartiendra avoir parfaitement connu messire François-Marie Arouet de Voltaire, chevalier, gentilhomme ordinaire du roi, historiographe de France, l'un des quarante de l'Académie française; qu'il est décédé à Paris le trente mai dernier, et qu'il a été inhumé à l'abbaye de Scellières le deux juin présent mois, suivant qu'il résulte de son extrait mortuaire en date du deux juin mil sept cent soixante-dix-huit, délivré par dom Potherat de Corbierre, prieur de ladite abbaye, lequel, représenté par lesdits comparants, est demeuré ci-joint à leur réquisition, après avoir été d'eux certifié véritable, et signé et paraphé en la présence[1] des notaires soussignés.

Comme aussi qu'ils savent qu'après son décès il n'a point été fait d'inventaire et qu'il n'a laissé pour ses seuls présomptifs héritiers que messire Alexandre-Jean Mignot, conseiller du roi en son grand conseil, abbé commendataire de l'abbaye de Scellières, son neveu, et dame Marie-Louise Mignot, sa nièce, veuve de messire Charles-Nicolas Denis, capitaine au régiment de Champagne, chevalier de l'ordre royal et militaire de Saint-Louis, commissaire ordonnateur des guerres, et depuis conseiller correcteur en la Chambre des comptes de Paris ; chacun pour moitié.

Dont a été donné acte auxdits comparants par les notaires soussignés pour servir et valoir ce que de raison. Fait et passé à Paris, en l'étude, l'an mil sept cent soixante-dix-huit, le seize juin.

Et ont signé.

JOSSE DE LA BOUGLIE, WAGNIÈRE, SAUVAIGE, DUTERTRE.

XII.

DÉPÊCHE DU PRINCE BARIATINSKY

A CATHERINE II[2].

Ce jeudi, 11 juin 1778. Paris.

Vous désirez savoir, mon prince, quelques particularités concernant la mort de M. de Voltaire, l'homme le plus rare et le plus extraordinaire que la nature ait produit. Je vais vous dire le plus brièvement qu'il me sera possible ce qui s'est passé à ce sujet. Mais, pour être clair, il faut reprendre les choses d'un peu plus haut.

M. de Voltaire était sujet, depuis plusieurs années, à une maladie fort commune chez les vieillards. Cette maladie, qu'on nomme *strangurie,* lui causait dans la vessie une irritation fort douloureuse. M. de Voltaire, incapable de supporter des maux violents et prêt à tout faire pour faire cesser une douleur actuelle, prenait *des calmants* dans les accès de son mal, et il s'était même fait une espèce d'habitude de l'opium, qu'il s'administrait lui-

---

1. *En la présence* est raturé.
2. *Journal des Débats,* 30 janvier 1869. La pièce suivante a été envoyée à M. Taine par M. Schuyler, consul des États-Unis à Moscou, homme fort lettré et versé dans la connaissance des principales langues de l'Europe, qui a pu consulter les archives de la grande ville où il réside. Elle est incluse dans une dépêche du 17-28 juin 1778 adressée par l'ambassadeur prince Ivan Bariatinsky à l'impératrice Catherine II. L'ambassadeur ajoute dans sa dépêche : « Sachant que Votre Majesté impériale s'intéresse profondément à tout ce qui concerne ce grand homme, j'ai fait préparer pour elle ce récit de la mort de Voltaire par un de mes amis, parfaitement informé de tous les détails. » Ce récit n'est pas signé.

même lorsque les douleurs qu'il souffrait dans la vessie devenaient fort aiguës. Pourvu qu'il fût soulagé au moment où il souffrait, il ne considérait pas si le remède auquel il devait ce soulagement passager ne lui était pas plus funeste que le mal lui-même, auquel il servait de *palliatif*. Il était encore accoutumé, depuis sa plus tendre jeunesse, à prendre une grande quantité de café, et il n'avait pas même perdu cette habitude dans un âge où cette liqueur, en général nuisible, pouvait aggraver le mal auquel il devenait de jour en jour plus exposé; mais, soit que l'usage du café lui fût devenu nécessaire, soit que l'habitude d'en prendre lui en eût rendu la privation trop pénible, il est certain qu'il en usait immodérément. Environ douze ou quinze jours avant sa mort, il avait proposé à l'Académie française de changer le plan du *Dictionnaire* auquel cette savante compagnie travaille sans cesse. Il avait exposé ses idées à ce sujet avec beaucoup d'éloquence et de clarté. On lui fit quelques objections fort sensées; il y répondit de son mieux, et, par respect pour une autorité d'un si grand poids, on parut se prêter à ses vues, on les adopta même, on en tint registre, et les excellents écrivains qui composent ce corps partagèrent un travail qui semblait devoir accélérer la publication du *Dictionnaire* et contribuer même à le rendre plus utile et plus instructif. La séance suivante, il voulut achever de persuader ceux qui n'avaient pas goûté son plan de travail : il s'était même chargé de lire à l'Académie plusieurs articles qu'il voulait faire d'après son nouveau plan. Ce projet l'occupait sans cesse, il en parlait à tous ses amis. L'exécution lui en paraissait facile, et son éloquence avait tellement échauffé ses confrères que tout le monde paraissait disposé à se conformer à ses vues. Le jour qu'il alla à l'Académie, dans le dessein de faire sentir plus fortement encore les avantages du plan qu'il avait conçu, il crut qu'il devait employer toute son éloquence, et, pour s'exalter l'imagination, il prit dans la matinée huit tasses de café. Il alla ensuite à l'Académie, parla fort longtemps avec une force, un enthousiasme qui tenaient de l'inspiration et de l'orgasme. Ses yeux s'enflammèrent plus encore que de coutume, la flamme du génie brillait sur son front. Toutes les objections qu'on lui faisait disparaissaient devant la force de son éloquence : on se tut; il acheva de faire sentir l'utilité et la nécessité de suivre son plan, et toute l'assemblée se rangea de son opinion avec la déférence qu'un aussi grand homme méritait à tant de titres.

M. de Voltaire rentra chez lui dans un état de faiblesse et d'épuisement qui était la suite des efforts qu'il avait faits et de la prodigieuse impulsion qu'il avait donnée à toute sa machine. La nuit fut un peu agitée : il souffrit beaucoup de sa *strangurie;* peu à peu les douleurs devinrent atroces : il avait besoin d'uriner, et la vessie semblait avoir perdu tout son ressort; il ne pouvait rendre, et le mal augmentait sans cesse. Enfin, ne pouvant supporter son état, il prit des calmants et se fit apporter de l'opium, dont il s'administra à différentes reprises plusieurs doses assez fortes à l'insu de sa famille; il envoya plusieurs fois pendant la nuit chercher de cet opium chez Mitouart son apothicaire, et il en prit jusqu'à ce que ses douleurs de vessie et d'entrailles cessassent. M. le duc de Richelieu étant venu le voir le lendemain, il lui demanda encore de l'opium, dont ce seigneur fait usage depuis très-longtemps. On n'a jamais pu savoir s'il prit la fiole que le duc de Richelieu lui envoya, ou si elle fut cassée à dessein. Quoi qu'il en soit, M. Tronchin, médecin de M. de Voltaire, arriva chez le malade ; il le trouva jetant des hauts cris, se plaignant des douleurs cruelles qu'il souffrait dans la vessie et dans les entrailles, et demandant à ce médecin des calmants. Tronchin, ignorant ce qui s'était passé, ordonna une dose de laudanum, qui n'est que le suc épaissi de l'opium et qui a les mêmes vertus. M. de Voltaire ne lui dit pas qu'il en avait déjà pris, et comme il n'y avait rien qu'il ne consentît à faire pour se débarrasser d'une douleur actuelle, il prit encore cette dose d'opium, qui acheva d'affaisser sa machine, lui causa une stupeur effrayante, lui fit perdre le peu de forces qui lui restaient encore, et paralysa entièrement l'estomac. Il était presque toujours absorbé par le sommeil : on l'invitait en vain à prendre quelque nourriture, il ne pouvait s'y résoudre ; son estomac se refusait à tout ce qu'on lui donnait, et lorsque, cédant aux tendres sollicitations de sa famille et de ses amis, il consentait à prendre ou un peu de gelée ou un œuf frais, il souffrait alors des douleurs d'entrailles si cruelles qu'elles lui arrachaient des cris qui alarmaient tous ceux dont il était sans cesse entouré.

Le bruit de sa maladie et le danger de son état se répandirent bientôt dans Paris. Les prêtres et les dévots s'en réjouirent; tous les honnêtes gens en furent profondément affligés. On peut même assurer que les amis de la raison et des lumières furent bien plus nombreux que les fripons ou les dupes. Mais la haine sacerdotale, qui ne pardonne point, se déploya dès lors dans toute son activité. Les dévotes intriguèrent auprès de l'archevêque de Paris. Parmi ces dévotes de profession il y en eut deux surtout qui se distinguèrent par leur fanatisme : Mme la duchesse de Nivernais et Mme de Gisors, sa fille. Ces dames, qui sont sur la paroisse de Saint-Sulpice, allèrent trouver le curé de cette paroisse, qui est aussi celle de M. de Voltaire, et firent promettre à ce pasteur imbécile, et aussi fanatique que ces deux béguines, de ne point enterrer M. de Voltaire s'il venait à mourir. Il le leur promit solennellement, et ne fut pas même effrayé du pouvoir du parlement de Paris, qui a la grande police de cette ville.

L'espèce de traité de fanatisme fait entre le curé et ces deux dames ne put jamais être assez secret pour que les conditions n'en transpirassent pas bientôt dans tout Paris. La famille en fut alarmée, les amis n'en furent pas surpris. Ce qui était assez embarrassant, c'est que M. de Voltaire avait deux neveux dont l'un est conseiller au parlement et l'autre conseiller au grand conseil. Le premier est M. d'Hornoy, gendre de M. de La Valette de Magnanville, garde du trésor royal, et l'autre est M. l'abbé Mignot. Ces deux messieurs se consultèrent avec Mme Denis, nièce de M. de Voltaire, et tous les amis de ce philosophe ; on projeta de s'assurer de la protection du parlement en cas de mort. M. d'Hornoy alla trouver M. Amelot, ministre ayant le département de Paris, et M. Le Noir, lieutenant de police. Il leur apprit ce qui s'était passé et le refus du curé de Saint-Sulpice d'enterrer M. de Voltaire s'il venait à mourir. Ces deux respectables magistrats envoyèrent chercher le curé, lui parlèrent, lui firent sentir l'illégalité de son refus et les suites fâcheuses qu'il pourrait avoir pour lui. Le curé convint que son refus était illégal, puisque deux mois auparavant M. de Voltaire s'était confessé et avait fait entre ses mains une profession de foi très-authentique. Malgré cela, le curé déclara qu'il avait des ordres supérieurs; alors M. d'Hornoy alla trouver le procureur général et voulut s'assurer que sa requête serait admise. Mais il ne put pas tirer de ce magistrat une certitude assez grande pour lui faire risquer de présenter requête au parlement. Il voulut d'autant moins risquer cette démarche que, si sa requête était rejetée, il était obligé de se défaire de sa charge, ainsi que M. l'abbé Mignot. Dans cette alternative, il fut résolu que M. l'abbé Mignot ferait porter le corps de son oncle à son abbaye de Scellières, à deux ou trois lieues de Nogent-sur-Seine, et qu'il le déposerait dans cette abbaye jusqu'à nouvel ordre. Pendant tout ce temps la maladie de M. de Voltaire allait sans cesse en empirant. Il n'y avait presque plus d'espérance; le pus remplissait la vessie, et il ne rendait rien. Tous ses parents et amis étaient dans une consternation profonde et voyaient avec douleur le moment de sa mort s'approcher. Enfin le samedi 30 mai, M. l'abbé Mignot alla chercher le curé de Saint-Sulpice et l'abbé Gaultier, qui avait confessé M. de Voltaire deux mois auparavant. Ces deux prêtres se transportèrent chez M. de Voltaire, qui était alors dans une langueur, un assoupissement et une stupeur vraiment effrayants. Il était d'ailleurs fort affaibli par la douleur et par le défaut de nourriture, que son estomac ne pouvait pas supporter. Lorsque les deux prêtres entrèrent dans la chambre du malade, ils y trouvèrent MM. ...., tous deux amis de M. de Voltaire. Ces messieurs demandèrent au curé si leur présence était de trop dans cette funeste circonstance. Le curé répondit que non. Alors on annonça à M. de Voltaire l'arrivée du curé de Saint-Sulpice. La première fois, il ne parut pas avoir entendu. On répéta; alors M. de Voltaire répondit: *Dites-lui que je le respecte,* et il passa son bras autour du curé pour lui donner une marque d'attachement. Le curé s'approcha alors plus près du lit, et après lui avoir parlé de Dieu, de la mort et de sa fin prochaine, il lui demanda d'une voix assez haute: *Monsieur, reconnaissez-vous la divinité de Jésus-Christ?* Aussitôt M. de Voltaire parut rassembler toutes ses forces, fit effort pour se remettre sur son séant, quitta brusquement le curé, qu'il tenait presque embrassé, et, se servant du même bras qu'il avait jeté autour du col du curé, il fit un geste de colère et d'indignation, et, paraissant repousser ce prêtre fanatique, il lui dit d'une voix forte, mais très-accusée: *Laissez-moi mourir en paix,* et il lui tourna aussitôt le dos. Alors le curé se retourna du côté des assistants, et leur dit, avec plus d'esprit et d'adresse qu'on avait lieu d'en attendre d'une tête aussi étrangement troublée par la superstition : *Messieurs, vous voyez bien qu'il n'a pas sa tête.* Il demanda alors une plume et du papier, écrivit une permission de transporter sans cérémonie le *corps* de M. de Voltaire partout où l'on voudrait ; il déclara par le même écrit qu'il *l'abandonnait* [1].

1. Par ce mot *abandonner, faire abandon d'un corps, former l'abandon d'un*

M. l'abbé Gaultier, confesseur de M. de Voltaire, donna aussi une espèce de certificat de confession. Après quoi ces deux prêtres se retirèrent. Ceci se passa entre six et sept heures du soir. M. de Voltaire appela quelque temps après un de ses domestiques, lui prit la main, lui dit adieu, et ajouta d'une voix très-distincte : *Prenez-soin de maman* (c'est ainsi qu'il appelait Mme Denis, sa nièce). Ce sont les derniers mots qu'il ait prononcés. Il mourut ce jour même à dix heures trois quarts du soir, au milieu des pleurs et des regrets sincères de ses parents et de ses amis. Sa porte était investie d'une foule de peuple, de bourgeois et de gens de qualité qui envoyaient sans cesse ou venaient eux-mêmes s'informer de sa santé, les uns par curiosité, les autres par intérêt. Plusieurs heures après qu'il eut rendu le dernier soupir, on le fit ouvrir, afin de l'embaumer. On lui trouva toutes les parties fort saines, à l'exception d'un peu de pus dans le vésicule du fiel et de la vessie qui, dans toute son étendue, était remplie de pus. L'estomac se trouva aussi paralysé. Cet accident avait été causé par la grande quantité d'opium qu'il avait pris, et qui avait pour ainsi dire relâché et brisé les ressorts de la machine. Lorsqu'on ouvrit le crâne, on lui trouva le cerveau d'une grandeur considérable. Le jeune chirurgien qui fit cette opération fut étonné de cette quantité de cervelle. Il témoigna sa surprise et son admiration à cet égard, et ne pouvait se lasser de regarder ce phénomène avec des yeux interdits ; il demanda même la permission de garder le cervelet, désirant conserver précieusement quelques restes de ce grand homme. M. le marquis de Villette demanda son cœur pour le mettre dans une chapelle de l'église de sa terre; on le lui accorda. A l'égard de cette énorme quantité de cervelle, c'est une remarque presque constante que les hommes d'un grand esprit ont le cerveau d'un volume beaucoup plus considérable que les hommes ordinaires.

La nuit du 30 au 31 se passa à embaumer le corps, et le dimanche, à onze heures trois quarts du soir, on mit M. de Voltaire dans sa robe de

cadavre, les prêtres entendent l'excommunication de fait en style canonique.

La famille de Voltaire a pris le change sur ce mot, dont la signification n'est plus devenue équivoque d'après le fait qui suit :

Messieurs de l'Académie française s'étant adressés aux cordeliers pour faire faire un service à Voltaire, les cordeliers ont été à monsieur l'archevêque, qui les a renvoyés au curé de la paroisse du défunt. Le curé de Saint-Sulpice a répondu : « ... Il n'y a pas lieu à service, le corps n'a point pu jouir du droit de sépulture, je l'ai *abandonné*. On dit qu'il est enterré dans l'abbaye de Scellières. Le premier venu peut le déterrer et en faire ce qu'il voudra, ni s'assujettir aux formes de l'exhumation, par la raison qu'il ne peut être inhumé nulle part. »

Le curé avait obtenu de la garde du malade qu'elle tiendrait registre de tout ce que Voltaire aurait proféré contre la religion pendant sa dernière maladie, en sorte que la garde eût été entendue en déposition avec d'autres témoins affidés, si quelqu'un eût présenté requête au parlement.

Les dévots regardent comme un coup de la Providence et un miracle que les circonstances aient déplacé Voltaire pour le faire mourir à Paris, et donner ce spectacle de réprobation de son corps à la barbe de la philosophie moderne. On n'a point d'exemple en ce siècle d'un *abandon* de cadavre. (*Note de M. Taine.*)

chambre ordinaire, un bonnet de nuit sur sa tête ; on le plaça dans une
voiture faite en forme de dormeuse. Là on l'attacha par les cuisses et par
les jambes, afin que le corps ne vacillât pas par l'effet du mouvement de la
voiture, et qu'il ressemblât dans cet état à un malade que l'on transporte
chez lui. On mit un domestique de confiance dans la voiture, et on trans-
féra ainsi ce grand homme dans l'abbaye de Scellières, à deux ou trois lieues
du Paraclet, lieu célèbre par la sépulture du fameux Abélard et de sa fidèle
Héloïse. Cette abbaye de Scellières appartient, comme je vous l'ai déjà dit,
à M. l'abbé Mignot, neveu du défunt. Cet abbé, avec M. d'Hornoy, son
cousin, neveu de même de M. de Voltaire, avec autres parents plus éloignés,
accompagnèrent le corps jusqu'à Scellières. Le corps arrivé à Scellières
sentait si fort que le domestique de confiance en tomba malade en arrivant,
et ne pouvait plus résister dans la voiture. On creusa sur-le-champ une fosse
de huit pieds de profondeur, dans laquelle on descendit le corps de M. de
Voltaire, qu'on couvrit de deux pieds de chaux vive. Ce corps a été consumé en deux heures, sans qu'il en soit resté de vestiges. Cette précaution
devenait indispensable pour empêcher qu'il ne vînt dans l'idée à l'évêque
diocésain de le faire déterrer, et empêcher par là qu'il ne se trouvât déposé
en terre sainte. Un homme digne de foi, s'étant trouvé à Scellières par hasard
à l'arrivée du corps de M. de Voltaire, a été témoin de ce fait. Le prieur de
l'abbaye, homme d'esprit, fit avertir et rassembler tous les curés des environs
et les prêtres des différentes églises d'alentour, et le lendemain même on
fit à M. de Voltaire un fort beau service funèbre. Il y eut un grand concours
de monde qui assista à ce service, et le lendemain tout le monde venait par
curiosité voir le lieu où la dépouille mortelle de ce grand homme était
déposée. Quand MM. l'abbé Mignot et d'Hornoy eurent rendu à leur oncle
les derniers devoirs, ils revinrent promptement à Paris. Pendant ce temps,
l'évêque de Troyes, dans le diocèse duquel se trouve l'abbaye de Scellières,
écrivit au prieur de cette abbaye pour le tancer d'avoir enterré M. de Voltaire, à qui on avait refusé la sépulture dans sa paroisse à Paris. Le prieur
répondit *qu'il aurait regardé son refus comme illégal, puisque M. de
Voltaire était mort dans la profession de la religion catholique, apostolique et romaine ; qu'il n'avait fait que son devoir en obéissant à M. l'abbé
Mignot, son abbé, et que, s'il se trouvait encore dans le même cas, il se
conduirait de la même manière.* On a dit que l'évêque de Troyes n'avait
envoyé ordre au prieur de refuser la sépulture à M. de Voltaire que dix ou
douze heures après l'enterrement, et qu'il l'avait fait à dessein, afin de
laisser tout le temps nécessaire pour consommer la cérémonie ; mais je ne
vous garantis pas ce dernier fait, quoiqu'il paraisse assez constant par le
nombre des témoins. On a fait aussi courir le bruit dans Paris que le prieur
était destitué ; mais ce fait n'est pas encore constaté, et je ne vous l'assure pas.

Le testament de M. de Voltaire, fait il y a environ six ans, a été ouvert.
En voici les principaux articles : il laisse à M. d'Hornoy cent mille livres
une fois payées ; autant à M. l'abbé Mignot ; à Mme Denis, environ deux cent
cinquante mille livres, tant en papier qu'en argent comptant, la terre de

Ferney et la maison qu'il venait d'acheter récemment à Paris sur la tête de Mme Denis. Cette dame restera riche de soixante mille livres de rente net. Il laisse à Wagnière, son secrétaire de conuance, quatre cents livres de rente, huit mille livres d'argent comptant, la maison et les terres qu'il lui avait achetées à Ferney. Il fait aussi des legs particuliers à chacun de ses domestiques. A l'égard de ses manuscrits, il ne s'en est trouvé aucun. Son secrétaire avait eu soin de brûler à Ferney tous ceux qui pouvaient le compromettre, et M. de Voltaire, qui ne comptait plus retourner à Ferney, avait lui-même présidé à ce choix avant son départ. On croit qu'il a laissé en manuscrit à quelque ami de confiance une histoire politique de l'Église et de la religion chrétienne en général; mais je n'ai jusqu'à présent aucune preuve certaine de ce fait. Vous savez, mon prince, qu'on a fait défense à tous les journalistes et gazetiers de faire mention de sa mort dans tous les papiers publics. Les comédiens français ont eu aussi ordre de ne jouer aucune de ses pièces jusqu'à nouvel ordre. Ce n'est que du lundi 8 juin que la *Gazette de France* a annoncé sa mort. A l'égard du service que l'Académie française fait faire à ceux de ses membres que la mort lui enlève, l'archevêque n'a pas encore permis à aucune église ou couvent de s'en charger, et l'on croit qu'il faudra renoncer pour M. de Voltaire à cet ancien usage.

On ignore qui sera le successeur de M. de Voltaire à l'Académie française : on sait seulement celui qu'il avait désigné de son vivant et lors même qu'il était en bonne santé. Celui qu'il désirait avoir pour successeur est en effet un homme d'un très-grand mérite, secrétaire perpétuel de l'Académie des sciences, géomètre de la première force, et excellent écrivain. Enfin c'est M. le marquis de Condorcet, âgé d'environ trente-six ans, et qui réunit dans un degré supérieur une foule de connaissances diverses. Tel est l'homme que M. de Voltaire a désigné à plusieurs de ses amis intimes pour lui succéder ; il en faisait un cas infini, et n'en parlait jamais sans en faire l'éloge dans les termes les plus flatteurs et les plus obligeants.

M. de Voltaire a dicté plusieurs lettres pendant les derniers jours de sa vie; mais la seule qu'il ait pu achever est une lettre qu'il écrivit au fils de l'infortuné Lally, pour le féliciter de la cassation de l'arrêt du parlement qui condamna son père à perdre la tête sur un échafaud. M. de Voltaire, qui avait pris toute cette affaire fort à cœur, et qui avait même fait un mémoire très-beau pour le fils de Lally, fut fort touché du succès de ses soins à cet égard ; il avait même fait attacher dans sa chambre l'arrêt du conseil rendu en faveur du fils de Lally. C'était pour lui l'objet d'un souvenir doux de penser qu'il avait encore employé les dernières étincelles de son éloquence et de ses talents à la défense d'un innocent. Il a voulu dicter depuis plusieurs autres lettres à différentes personnes, mais il ne put jamais les achever, sa tête se perdait par intervalles. Le jour de sa mort, il ne cessa presque un moment d'avoir sa présence d'esprit ordinaire ; il donna même quelques espérances de le voir se rétablir, mais il sentait son état et ne s'en dissimulait pas le danger, car lorsque le curé de Saint-Sulpice et l'abbé Gaultier furent partis, il appela un de ses plus anciens domestiques, nommé

Maraud, et, après lui avoir pris tendrement la main, il lui dit adieu et lui ajouta : *Mon ami, je suis un homme mort.* Quelque temps avant de s'éteindre tout à fait, il ouvrit ses yeux, qui parurent encore pleins de vie et d'éclat; alors il soupira trois fois et mourut, sans qu'il parût sur son visage la moindre altération. On peut dire de ce grand homme ce que Tacite a dit de son beau-père Agricola : *Sa perte, déplorable pour sa famille, triste pour ses amis, n'a pas même été indifférente aux inconnus et aux étrangers. Tous, jusqu'à cette populace que toute autre chose occupe, venaient s'informer de son état. C'était le sujet des conversations particulières et publiques.* Ce passage de Tacite convient parfaitement à M. de Voltaire, et c'est par lui que je finirai cette longue lettre. Vous pouvez compter, mon prince, sur l'exactitude rigoureuse de tous ces faits, je les tiens de M....., ami intime de M. de Voltaire, et qui ne l'a pas quitté un instant pendant tout le temps de sa maladie. Je dois aussi plusieurs particularités à mon ami M....., qui voyait M. de Voltaire trois et quatre fois par jour, et qui a pris soin de s'informer exactement de tout ce qui s'est passé dans cette triste époque. Les prêtres montrent tous une joie indécente; ils disent comme l'empereur Vitellius : *Le corps d'un ennemi mort sent toujours bon;* mais celui qu'ils haïssaient n'a plus désormais rien à craindre de leur fureur impuissante, et il ne leur reste plus qu'à frémir de rage autour de sa tombe.

J'ai l'honneur d'être, mon prince, etc., etc., etc.

P. S. Dans la maladie que M. de Voltaire eut deux mois avant sa mort, il crut devoir se concilier la tolérance des dévots, en faisant une profession de foi chrétienne; il la dicta à peu près en ces termes : « Je soussigné certifie et proteste que j'ai vécu et que je meurs dans la religion catholique, apostolique et romaine. Si par mes ouvrages il m'est arrivé de causer quelque scandale à l'Église et à la religion, j'en demande pardon à Dieu, espérant de sa bonté qu'il voudra bien me pardonner mes fautes.

« Fait à Paris, en présence de mes amis MM. .... »

Cette profession de foi très-authentique avait été déposée entre les mains du curé de Saint-Sulpice, et elle suffit pour prouver combien le refus que ce pasteur a fait d'enterrer M. de Voltaire était illégal : car on ne peut rien exiger de plus formel et de plus précis d'un incrédule et même d'un athée le plus déterminé. Mais la superstition ne raisonne pas, et le fanatisme encore moins.

P. S. Copie de la lettre de M. de Voltaire à M. de Lally-Tolendal, du 26 mai :

« Le mourant Voltaire a ressuscité en apprenant la nouvelle de l'arrêt rendu en faveur de M. de Lally. Cet arrêt prouve que le roi est le maître, et qu'il est souverainement juste [1]. »

1. Conf. tome L, lettre 10231.

XIII.

LETTRE DE L'ABBÉ MIGNOT [1]

A GROSLEY.

Je suis très-sensible, monsieur, à l'intérêt que vous voulez bien me marquer sur la perte que j'ai faite : j'ose dire qu'elle est pour le public presque autant que pour moi. Les circonstances qui l'ont accompagnée me l'ont cependant rendue bien amère. Si vous voyez M. l'abbé de Saint-Caprais, il pourra vous donner des détails qui vous apprendront ce que j'ai eu à souffrir de la piété ardente, qui souvent n'est ni juste ni charitable.

J'ai encore à vous remercier du fait particulier que vous avez bien voulu me déférer. Je vous fournirai, si vous le voulez bien, des armes pour le détruire. Il est faux, par la raison qu'il est impossible. Le corps de mon pauvre oncle est parti de Paris dans un carrosse, la nuit du 31 mai au 1er juin. Un autre carrosse suivait, dans lequel étaient mon neveu M. d'Hornoy, conseiller au parlement, deux de nos parents, MM. Marchant, l'un maître d'hôtel du roi, l'autre brigadier des armées. Ni le corps ni ces messieurs n'ont été arrêtés dans aucune auberge, n'ont descendu à aucune poste. Ces messieurs n'ont pas souffert que personne approchât de la voiture qui contenait le corps, et qui a toujours été fermée pendant tout le chemin. Ils sont arrivés à mon abbaye le 1er juin, à midi. Alors nous avons fait transporter le corps, à l'insu de tous les postillons et de tous les domestiques de la maison, dans une salle basse, où je l'ai enfermé sous clef jusqu'au moment de l'ensevelir. Ce triste devoir a été rempli par un fossoyeur du village de Romilly, en présence d'un valet de chambre à moi, qui n'avait pas vu M. de Voltaire plus de deux fois dans sa vie, et d'un autre domestique de Mme Denis, ma sœur, qui n'avait non plus jamais servi M. de Voltaire, et qui sûrement ne lui voulait aucun mal. Ces trois personnes sont seules entrées dans la chambre, et n'y ont pas demeuré plus d'une demi-heure. J'ai fait, à trois heures après midi, la présentation solennelle du corps à l'église, où il est demeuré exposé jusqu'à onze du matin, qu'il a été inhumé.

Vous voyez, monsieur, par ce détail très-certain, et affirmé par plusieurs gens respectables, tels que MM. Marchant, mon neveu, et les religieux de mon abbaye, que le conte qu'on vous a fait est un de ces propos oiseux qu'on se divertit à faire courir. Aucun des gens de M. de Voltaire n'a accompagné son corps. Le transport a été fait dans le plus profond secret, sans que personne s'en soit douté sur la route. Donc les messieurs qui se pré-

---

1. Cette lettre est *sans date*, dit M. Patris-Debreuil, qui l'a publiée à la page 456 du tome II des *OEuvres inédites de Grosley*.

tendent témoins oculaires ou auriculaires ont rêvé ce qu'il leur plaît d'avancer.

Je vous remercie beaucoup d'avoir bien voulu me mettre à portée de détruire cette plate histoire, et je suis fort aise qu'elle m'ait procuré un témoignage de votre souvenir, ainsi que l'occasion de vous assurer de la profonde estime avec laquelle j'ai l'honneur, etc.

L'Abbé Mignot.

P. S. Il me prend envie de vous envoyer la profession de M. de Voltaire, d'après laquelle monsieur l'archevêque de Paris et votre révérendissime évêque voulaient que la sépulture lui fût refusée.

XIV.

LETTRE DE CATHERINE II
AU BARON GRIMM [1].

A Tsarskoé-Sélo, ce 21 juin 1778.

Hélas, je n'ai que faire de vous détailler les regrets que j'ai sentis à la lecture de votre n° 19. Jusque-là, j'espérais que la nouvelle de la mort de Voltaire était fausse, mais vous m'en avez donné la certitude, et tout de suite je me suis senti un mouvement de découragement universel et d'un très-grand mépris pour toutes les choses de ce monde. Le mois de mai m'a été très-fatal : j'ai perdu deux hommes que je n'ai jamais vus, qui m'aimaient et que j'honorais, Voltaire et milord Chatham ; longtemps, longtemps, et peut-être jamais, surtout le premier, ne seront-ils remplacés par des égaux, et jamais par des supérieurs, et pour moi ils sont irréparablement perdus ; je voudrais crier. Mais est-il possible qu'on honore et déshonore, qu'on raisonne et déraisonne aussi supérieurement quelque part que là où vous êtes[2] ? On a honoré publiquement, il y a peu de semaines, un homme qu'aujourd'hui on n'ose y enterrer, et quel homme ! le premier de la nation, et dont ils ont à se glorifier bien et dûment. Pourquoi ne vous êtes-vous point emparé, vous, de son corps, et cela en mon nom ? Vous auriez dû me l'envoyer, et, morgué, vous avez manqué de tête pour la première fois de votre vie en ce moment ; je vous promets bien qu'il aurait eu la tombe la plus précieuse possible ; mais si je n'ai point son corps, au moins ne manquera-t-il point de monument chez moi. Quand je viendrai en ville cet automne, je rassemblerai les lettres que ce grand homme m'a écrites et je vous les enverrai. J'en ai un grand nombre ; mais s'il est possible, faites

---

1. Correspondance publiée par la Société impériale de l'Histoire de Russie; Saint-Pétersbourg, 1878.
2. A Paris.

l'achat de sa bibliothèque et de tout ce qui reste de ses papiers, inclusivement mes lettres. Pour moi, volontiers, je payerai largement ses héritiers qui, je pense, ne connaissent le prix de rien de tout cela.

Vous me feriez encore un grand plaisir de me faire avoir de Cramer non-seulement l'édition la plus complète de ses œuvres, mais encore jusqu'au dernier des pamphlets sortis de sa plume.

XV.

LETTRE DE CATHERINE II
AU BARON GRIMM[1].

A Tsarsko-Sélo, ce 11 d'août 1778.

Depuis que Voltaire est mort, il me semble qu'il n'y a plus d'honneur attaché à la belle humeur : c'était lui qui était la divinité de la gaieté ; faites-moi donc avoir une édition ou plutôt un exemplaire bien, bien complet de ses œuvres pour renouveler chez moi et corroborer ma disposition naturelle au rire, car, si vous ne m'enverrez pas cela au plus tôt, je ne vous enverrai plus que des élégies.

XVI.

LETTRE DE CATHERINE II
AU BARON GRIMM[2].

A Saint-Pétersbourg, ce 1er d'octobre 1778.

Il y a très-longtemps que dans mes actions je ne prends plus garde à deux choses et qu'elles n'entrent en rien en ligne de compte dans tout ce que je fais : la première, c'est la reconnaissance des hommes ; la seconde, l'histoire. Je fais le bien pour faire le bien, et puis c'est tout ; voilà ce qui m'a relevée du découragement et de l'indifférence pour les choses de ce monde, que je me suis sentis à la nouvelle de la mort de Voltaire. Au reste, c'est mon maître ; c'est lui ou plutôt ses œuvres qui ont formé mon esprit et ma tête. Je vous l'ai dit plus d'une fois, je pense : je suis son écolière ; plus jeune, j'aimais à lui plaire ; une action faite, il fallait pour qu'elle me plût qu'elle fût digne de lui être dite, et tout de suite il en était informé ; il y était si bien accoutumé qu'il me grondait lorsque je le laissais manquer de nouvelles et qu'il les apprenait d'autre part. Mon exactitude sur ce point s'est ralentie les dernières années par la rapidité des événements qui précé-

---

1. Correspondance publiée par la Société impériale de l'Histoire de Russie.
2. *Ibid.*

dèrent et succédèrent à la paix, et par le travail immense que j'ai entrepris j'ai perdu la coutume d'écrire des lettres, et je me sens moins de disposition et de facilité à en écrire.....

Si mon ministre eût été le baron Grimm, je l'aurais grondé de ce qu'il n'a point réclamé en mon nom le corps de Voltaire resté sans sépulture dans sa patrie; mais il faut rendre justice à un chacun : le prince Bariatinski ne doit point être grondé, non plus que l'abbé Mignot, de ne me l'avoir pas envoyé tout emballé...

Vous me faites un récit délicieux de l'achat de la bibliothèque de Voltaire. Dieu donne que Mme Denis reste ferme dans ses résolutions, et qu'il vous bénisse, vous, de vos comportements, eu égard à l'histoire du soi-disant achat de la bibliothèque de Ferney. Primo, j'ai ordonné de vous envoyer une lettre de crédit pour trente mille roubles ; secundo, voici ma lettre à Mme Denis [1]; tertio, la boîte à portrait va être travaillée et ira de compagnie avec ; quarto, les diamants, et, quinto, la fourrure se rendra en droiture chez vous, afin que vous fassiez échange de tout cela contre la susdite bibliothèque ; mais surtout ayez soin que mes lettres s'y trouvent, et que rien ne soit détourné de ce qui est réellement intéressant.

Mais pour que vous puissiez compléter les mémoires pour servir à l'histoire des héritiers des grands hommes, il est bon que vous soyez instruit du trait suivant. Corberon est venu ces jours passés chez M. de Schouvalof et lui a dit que l'abbé Mignot et Cie lui avait écrit et fait écrire de prier M. de Schouvalof pour qu'il suppliât l'impératrice de Russie de ne pas les priver de la bibliothèque de leur oncle, qu'elle faisait acheter de Mme Denis; que c'était l'unique bien qui leur restât de leur oncle. M. Schouvalof a répondu qu'il ne pouvait se charger d'une aussi sotte prière, que Mme Denis était la maîtresse de vendre, et que l'impératrice était en droit d'acheter ce qui lui plaisait; que ce n'était ni la première, ni la dernière chose qu'elle achèterait en ce genre. Je lui ai dit d'ajouter qu'il n'était pas conséquent de vouloir garder dans un pays ce pour quoi l'on privait les citoyens de la sépulture. Prenez donc garde qu'on ne vous escamote ou ne vous change en nourrice cette bibliothèque : vous voyez que ces chers neveux ne demanderont pas mieux que de voir brûler en grève la bibliothèque de leur oncle. Les lettres de Voltaire que je suis à chercher, et dont Falconet, N.-B. qui est parti d'ici sans prendre congé de moi, — pourrait bien avoir emporté grand nombre qu'il m'avait priée de lui donner à lire et qu'il ne m'a jamais rendues, si ma mémoire ne me trompe, dès qu'elles seront trouvées, j'en ferai un paquet que je vous enverrai; jusqu'ici il n'y en a encore de déterrées que 92.

---

1. La lettre suivante.

XVII.

POUR MADAME DENIS,

NIÈCE D'UN GRAND HOMME QUI M'AIMAIT BEAUCOUP.

De Pétersbourg, le 15 octobre 1778.

Je viens d'apprendre, madame, que vous consentez à remettre entre mes mains ce dépôt précieux que monsieur votre oncle vous a laissé, cette bibliothèque que les âmes sensibles ne verront jamais sans se souvenir que ce grand homme sut inspirer aux humains cette bienveillance universelle que tous ses écrits, même ceux de pur agrément, respirent, parce que son âme en était profondément pénétrée. Personne avant lui n'écrivit comme lui; à la race future il servira d'exemple et d'écueil. Il faudrait unir le génie et la philosophie aux connaissances et à l'agrément, en un mot être M. de Voltaire, pour l'égaler. Si j'ai partagé avec toute l'Europe vos regrets, madame, sur la perte de cet homme incomparable, vous vous êtes mise en droit de participer à la reconnaissance que je dois à ses écrits. Je suis, sans doute, très-sensible à l'estime et à la confiance que vous me marquez; il m'est bien flatteur de voir qu'elles sont héréditaires dans votre famille. La noblesse de vos procédés vous est caution de mes sentiments à votre égard.

J'ai chargé M. Grimm de vous en remettre quelques faibles témoignages, dont je vous prie de faire usage.

CATHERINE.

XVIII.

LETTRE DE CATHERINE II

AU BARON GRIMM[1].

Ce 17, 18 ou 19 d'octobre 1778.

A peine ma lettre du 1ᵉʳ octobre, qui, par parenthèse, n'a été achevée qu'aujourd'hui, a été remise à la poste, que je me suis souvenue que j'ai oublié de vous dire tout plein de choses, et nommément de souscrire pour cent exemplaires de la nouvelle édition des œuvres de Voltaire. Donnez-moi cent exemplaires complets des œuvres de mon maître, afin que je les dépose tout partout. Je veux qu'elles servent d'exemple; je veux qu'on les étudie, qu'on les apprenne par cœur, que les esprits s'en nourrissent : cela formera des citoyens, des génies, des héros et des auteurs; cela développera cent mille talents qui se perdront d'ailleurs dans la nuit des ténèbres, de l'ignorance, etc. Voyez quelle tirade est partie de là! qui s'en serait douté lorsque

---

1. Correspondance publiée par la Société impériale de l'Histoire de Russie.

j'ai pris la plume, et qui peut prédire ce avec quoi cette feuille finira ? S'il vous plaît, faites-moi avoir la façade du château de Ferney, et, s'il est possible, le plan intérieur de la distribution des appartements. Car le parc de Tsarsko-Sélo n'existera pas, ou bien le château de Ferney viendra y prendre place. Il faut encore que je sache quels appartements du château sont vers le nord, et quels vers le midi, levant et couchant ; il est encore essentiel de savoir si l'on voit le lac de Genève des fenêtres du château, et de quel côté ; il en est de même du mont Jura. Autre question : y a-t-il une avenue au château, et de quel côté ? Voyez un peu, cette idée vous plaît-elle, et pourquoi ne plairait-elle pas ? Il est vrai qu'elle n'est pas neuve. Nous avons un C. appelé N. F.[1]. Voyons si vous vous rappellerez que vous avez reçu de cet endroit une lettre de moi ; je crois même que vous avez une description des meubles, et que je vous ai parlé du maître de la maison qui n'était point du tout à sa place, parce que sa place naturelle était l'Académie des sciences. Je n'approuve point l'idée du libraire Panckoucke de faire paraître en premier lieu ce qu'il y a de neuf des ouvrages de Voltaire ; je voudrais avoir le tout ensemble, arrangé chronologiquement, selon les années où ils ont été écrits. Je suis un pédant qui aime à voir la marche de l'esprit de l'auteur dans ses ouvrages, et croyez-moi qu'un tel arrangement est d'une beaucoup plus grande conséquence que communément on ne le croit ; plus vous y penserez et plus vous trouverez que j'ai raison. Je pourrais vous donner là-dessus une dissertation entière, dans laquelle entreraient le vert, le mûr et le trop mûr, et la conviction tenant à la marche des idées, aber, mein Gott, alles das verlangt sehr tiefe Studia, alles musz man nicht sagen, weil alles zu sagen einigemal toll klingt, wenn es gleich vielleicht weise Sachen sein könnten, wenn sie von guten Orten kämen und in klugen Hora schollten. Tenez, c'est du sublime cela ; mais basta, cela devient trop fou...

Quand M. de Vergennes vous parla de l'achat de la bibliothèque de Voltaire, il paraît qu'il ignorait les négociations du chevalier Corberon, du temps de Louis XV ; j'aurais su par là que cela se traitait dans le département du comte de Broglio ; mais présentement je suis désorientée et je ne soupçonne que Mignot et Cie. Il ne me manque plus qu'une fourrure et quelques lettres de Voltaire pour que le tout parte ensemble à votre adresse. Des lettres, il y en a une centaine ; mais nous en recouvrons encore tous les jours. Il est vrai qu'elles ne devront jamais être imprimées, et je ne sais pas trop, après un mûr examen, si elles le pourront être, et cela par trois raisons : la première, parce qu'on me taxera de vanité d'avoir donné à imprimer des lettres qui regorgent d'épithètes flatteuses pour moi ; secundo, parce qu'il y a force plaisanteries piquantes sur le compte de la Manman de l'homme à double face ; tertio, parce que le piccolo bambino est plus maltraité encore ; or si l'on choisira celles qui restent, il ne restera pas grand'chose. Si on avait trouvé ou brouillons ou copies de ses lettres dans ses papiers, alors passe ; mais je ne voudrais point les fournir, et il vaudra mieux qu'elles restent

---

1. Nous avons un château appelé Nouveau Ferney (?).

déposées au château de Ferney, près de Tsarsko-Sélo, dans la bibliothèque de M. de Voltaire. J'approuve beaucoup ce que vous me proposez de faire pour Wagnière ; s'il avait envie de rester bibliothécaire de la bibliothèque de son maître, il ne tiendrait qu'à lui, et il pourrait la suivre au printemps prochain ou comme il serait commode à lui ; or s'il ne peut ou ne veut, vous lui donnerez pour ses peines au moins autant que son maître lui a laissé, ou plus, comme vous le jugerez à propos.

XIX.

LETTRE DE CATHERINE II

AU BARON GRIMM [1].

A Saint-Pétersbourg, ce 5 novembre 1778.

... Je vous enverrai les lettres de Voltaire, et vous pouvez retirer les miennes au patriarche de chez Mme Denis ; les Secondat sont trop sages, trop sérieux et trop représentants pour faire le moindre cas de cela ; peut-être les serreraient-ils bien, mais je me trompe fort s'ils s'en amuseraient : *sie sind zu steif*. A dire la vérité, je ne me soucie pas beaucoup de l'impression des lettres que Voltaire m'a écrites ; pour les miennes, je ne vous les donne qu'avec la très-expresse défense de les faire copier ou imprimer ; je n'écris pas assez bien pour cela. Adieu, que le ciel vous conserve !

XX.

LETTRE DE CATHERINE II

AU BARON GRIMM [2].

Ce 19 novembre 1778.

... Voulez-vous savoir d'où vient que toute la caravane des lettres de Voltaire et des présents pour Mme Denis ne sont pas arrivés jusqu'ici chez vous ? Je vous le dirai. Ils ne sont pas encore partis de céans ; on copie les lettres, et les présents attendent les lettres.

---

1. Correspondance publiée par la Société impériale de l'Histoire de Russie.
2. *Ibid.*

XXI.

SÉANCE DE LA LOGE DES NEUF-SOEURS[1]

FÊTE DU 28 NOVEMBRE 1778.

L'avantage qu'avait eu la loge des Neuf-Sœurs de recevoir le F∴ de Voltaire ne pouvait manquer de l'intéresser spécialement à sa gloire, et, ayant eu le malheur de le perdre, elle résolut de rendre hommage à sa mémoire, en faisant prononcer son éloge. Le F∴ de La Dixmerie, l'un de ses orateurs, se chargea de cet emploi. Le F∴ abbé Cordier de Saint-Firmin, instituteur de la loge, qui avait déjà présenté le F∴ de Voltaire, dont le zèle dévorant pour l'accroissement et la gloire de cette société se manifeste dans toutes les occasions, se chargea de préparer un local convenable à la cérémonie, et de disposer toute l'ordonnance de la fête ; et les FF∴ les plus célèbres dans cette capitale par leur réputation ou leur naissance s'empressèrent à seconder le désir de la loge par le concours le plus flatteur.

Les travaux ayant été ouverts dès le matin, la loge accorda l'affiliation à plusieurs frères distingués : le F∴ prince Emmanuel de Salm Salm, le F∴ comte de Turpin-Crissé, le F∴ comte de Milly, de l'Académie des sciences ; le F∴ d'Ussieux, le F∴ Roucher, le F∴ de Chaligny, habile astronome de la principauté de Salm.

M. Greuze, peintre du roi, fut reçu maçon suivant toutes les règles. La loge ayant été fermée, on descendit dans la salle où devait être prononcé l'éloge funèbre. Cette salle, qui a trente-deux pieds de long, était tendue en noir et éclairée par des lampes sépulcrales ; la tenture relevée par des guirlandes or et argent qui formaient des arcs de distance en distance ; elles étaient séparées par huit transparents suspendus par des nœuds de gaze d'argent, sur lesquels on lisait des devises que le F∴ abbé Cordier avait tirées des ouvrages du F∴ de Voltaire, et qui étaient relatives à son apothéose dans la loge.

La première à droite en entrant :

> De tout temps... la vérité sacrée
> Chez les faibles humains fut d'erreur entourée.

La première à gauche en entrant :

> ... Qu'il ne soit qu'un parti parmi nous,
> Celui du bien public et du salut de tous.

---

1. *Correspondance de Grimm*, etc., édition Tourneux, tome XII, pages 188 et suivantes.

La seconde à droite :

Il faut aimer et servir l'Être suprême, malgré les superstitions et le fanatisme qui déshonorent si souvent son culte.

La seconde à gauche :

Il faut aimer sa patrie, quelque injustice qu'on y essuie.

La troisième à droite :

>J'ai fait un peu de bien, c'est mon meilleur ouvrage.
>Mon séjour est charmant, mais il était sauvage...
>La nature y mourait, je lui portai la vie ;
>J'osai ranimer tout : ma paisible industrie
>Rassembla des colons par la misère épars ;
>J'appelai les métiers qui précèdent les arts.

La troisième à gauche :

>Si ton insensible cendre
>Chez les morts pouvait entendre
>Tous ces cris de notre amour,
>Tu dirais dans ta pensée :
>Les dieux m'ont récompensée
>Quand ils m'ont ôté le jour.

La quatrième à droite :

Nous lisons tes écrits, nous les baignons de larmes.

La quatrième à gauche :

>Tout passe, tout périt, hors ta gloire et ton nom :
>C'est là le sort heureux des vrais fils d'Apollon.

On entrait dans cette salle par une voûte obscure et tendue de noir, au-dessus de laquelle était une tribune pour l'orchestre, composé des plus célèbres musiciens ; le F∴ Piccini dirigeait l'exécution.

Plus loin, et à cinquante-deux pieds de distance, on montait par quatre marches à l'enceinte des grands-officiers, au haut de laquelle était le tombeau surmonté d'une grande pyramide gardée par vingt-sept FF∴, l'épée nue à la main. Sur le tombeau étaient peintes : d'un côté, la Poésie ; de l'autre, l'Histoire pleurant la mort de Voltaire, et sur le milieu on lisait ce vers tiré de *la Mort de César* :

La voix du monde entier parle assez de sa gloire.

En avant étaient trois tronçons de colonnes sur lesquels étaient des vases où brûlaient des parfums ; sur celui du milieu on avait placé les œuvres de Voltaire et des couronnes de laurier.

Les FF∴ de la loge ayant pris leurs places, les visiteurs ont été introduits au son des instruments, qui exécutaient la marche des prêtres dans l'opéra d'*Alceste,* ensuite un morceau touchant d'*Ernelinde.*

Mme Denis, nièce de M. de Voltaire, accompagnée de Mme la marquise de Villette, que ce grand homme avait pour ainsi dire adoptée pour sa fille, ayant fait demander de pouvoir entendre l'éloge funèbre qu'on allait prononcer, elles furent introduites, et le V∴ F∴ de Lalande, adressant la parole à Mme Denis, lui a dit :

« Madame, si c'est une chose nouvelle pour vous de paraître dans une assemblée de maçons, nos frères ne sont pas moins étonnés de vous voir orner leur sanctuaire. Il n'était rien arrivé de semblable depuis que cette respectable enceinte est devenue l'asile des mystères et des travaux maçonniques ; mais tout devait être extraordinaire aujourd'hui. Nous venons y déplorer une perte telle que les lettres n'en firent jamais de semblable ; nous venons y rappeler la satisfaction que nous goutâmes lorsque le plus illustre des Français nous combla de faveurs inattendues, et répandit sur notre loge une gloire qu'aucune autre ne pourra jamais lui disputer. Il était juste de rendre ce qu'il eut de plus cher témoin de nos hommages, de notre reconnaissance, de nos regrets. Nous ne pouvions les rendre dignes de lui qu'en les partageant avec celle qui sut embellir ses jours par les charmes de l'amitié ; qui les prolongea si longtemps par les plus tendres soins ; qui augmentait ses plaisirs, diminuait ses peines, et qui en était si digne par son esprit et par son cœur. La jeune mais fidèle compagne de vos regrets était bien digne de partager les nôtres ; le nom que lui avait donné ce tendre père en l'adoptant nous apprend assez que sa beauté n'est pas le seul droit qu'elle ait à nos hommages. Je dois le dire pour sa gloire ; j'ai vu les fleurs de sa jeunesse se flétrir par sa douleur et par ses larmes à la mort du F∴ de Voltaire... L'ami le plus digne de ce grand homme, celui qui pouvait le mieux calmer notre douleur, le fondateur du nouveau monde, se joint à nous pour déplorer la perte de son illustre ami. Qui l'eût dit lorsque nous applaudissions avec transport à leurs embrassements réciproques, au milieu de l'Académie des sciences, lorsque nous étions dans le ravissement de voir les merveilles des deux hémisphères se confondre ainsi sur le nôtre, qu'à peine un mois s'écoulerait de ce moment flatteur jusqu'à celui de notre deuil ? »

Les députés de la loge de Thalie ayant demandé d'être entendus, le F∴ de Coron, portant la parole, prononça un discours très-pathétique, relatif aux circonstances.

Le F∴ de La Dixmerie lut un éloge circonstancié et complet de la personne, de la vie et des ouvrages du F∴ de Voltaire. Nous n'entrerons point dans le détail de cet ouvrage, qui est actuellement imprimé, qui méritait à tous égards l'empressement du public, et qui réunissait le mérite du sentiment, de l'esprit et de l'érudition.

Après l'exorde, la musique exécuta un morceau touchant de l'opéra de *Castor,* appliqué à des paroles du F∴ Garnier pour Voltaire. Après la première partie du discours, il y eut un morceau pareil de l'opéra de *Roland.*

A la fin de l'éloge, la pyramide sépulcrale disparut, frappée par le tonnerre ; une grande clarté succéda à l'horreur des ténèbres ; une symphonie agréable remplaça les accents lugubres, et l'on vit, dans un immense tableau du F∴ Goujet, l'apothéose de Voltaire.

On y voit Apollon accompagné de Corneille, Racine, Molière, qui viennent au-devant de Voltaire sortant de son tombeau ; il leur est présenté par la Vérité et la Bienfaisance. L'Envie s'efforce de le retenir en tirant son linceul, mais elle est terrassée par Minerve. Plus haut se voit la Renommée qui publie le triomphe de Voltaire, et sur la banderole de sa trompette on lit ces vers de l'opéra de *Samson* :

> Sonnez, trompette, organe de la gloire,
> Sonnez, annoncez sa victoire.

Le V∴ F∴ de Lalande, le F∴ Greuze et Mme de Villette ayant couronné l'orateur, le peintre et le F∴ Franklin, tous trois déposèrent leurs couronnes au pied de l'image de Voltaire.

Le F∴ Roucher lut de très-beaux vers à la louange de Voltaire, qui feront partie de son poëme des *Douze Mois*.

> Que dis-je ? ô de mon siècle éternelle infamie !
> L'hydre du fanatisme à regret endormie,
> Quand Voltaire n'est plus, s'éveille, et lâchement
> A des restes sacrés refuse un monument.
> Eh ! qui donc réservait cet opprobre à Voltaire ?
> Ceux qui, déshonorant leur pieux ministère,
> En pompe hier peut-être avaient enseveli
> Un Calchas soixante ans par l'intrigue avili ;
> Un Séjan sans pudeur, qui, dans les jours iniques,
> Commandait froidement des rapines publiques.
> Vainement leur grandeur fut leur unique dieu ;
> Leurs titres et leurs noms vivants dans le saint lieu
> S'élèvent sur le marbre, et jusqu'au dernier âge
> S'en vont faire au ciel même un magnifique outrage.
> Pouvaient-ils cependant se flatter du succès,
> Les obscurs ennemis du Sophocle français ?
> La cendre de Voltaire en tous lieux révérée
> Eût fait de tous les lieux une terre sacrée :
> Où repose un grand homme un dieu doit habiter [1].

On fit la quête ordinaire de la loge pour les pauvres écoliers de l'Université qui se distinguent dans leurs études.

Le F∴ abbé Cordier de Saint-Firmin proposa en outre de déposer cinq cents livres chez un notaire pour faire apprendre un métier au premier enfant pauvre qui naîtrait sur la paroisse de Saint-Sulpice après les couches de la reine, et plusieurs FF∴ offrirent d'y contribuer.

---

[1]. Ces vers ne se trouvent pas dans l'édition en 4 vol. petit in-12 du poëme des *Mois*, où ils sont remplacés par des points. (Beuchot.)

Les FF∴ passèrent ensuite dans la salle du banquet, au nombre de deux cents. On fit l'ouverture de la loge de table, et l'on tira les santés ordinaires, en joignant à la première celle des treize États-Unis, représentés à ce banquet par le F∴ Franklin.

Au fond de la salle on voyait un arc de triomphe formé par des guirlandes de fleurs et des nœuds de gaze or et argent, sur lequel parut tout à coup le buste de Voltaire, par M. Houdon, donné à la loge par Mme Denis; la satisfaction de tous les FF∴ fut égale à leur surprise, et ils marquèrent par de nouveaux applaudissements leur admiration et leur reconnaissance.

Le F∴ prince Camille de Rohan ayant demandé d'être affilié à la loge, on s'empressa de nommer des commissaires suivant l'usage.

Le F∴ Roucher lut encore plusieurs morceaux de son poëme des *Douze Mois*, et d'autres FF∴ s'empressèrent également de terminer les plaisirs de cette fête par d'autres lectures intéressantes.

XXII.

LETTRE DE CATHERINE II

AU BARON GRIMM [1].

A Saint-Pétersbourg, ce 30 novembre, fête de
saint André, avec une gelée de 16 à 17 degrés.

... Pour ce qui regarde le payement de la bibliothèque patriarcale, vous savez ou vous saurez que le baron Friedrichs vous a envoyé un créditif de trente mille roubles; que bijoux, portraits, fourrures, sont tout prêts à partir en attendant seulement que les lettres patriarcales soient copiées. Or je remets à votre jugement si vous voulez donner la somme ou de cette somme acheter encore des diamants ou toute autre chose qui puisse faire plaisir à Mme Denis, et je m'en lave les mains. J'espère que tout ce que je vous ai mandé de la bâtisse du Nouveau Ferney aura mis l'esprit de Mme Denis dans une assiette tranquille. Mais il faut que vous me fassiez savoir comment chaque chambre du château était meublée, et à quoi elle servait, afin que ma *santa casa* puisse, ainsi que celle de Lorette, représenter au vrai. Or envoyez-moi votre jugement signé et contre-signé, si cette idée n'est pas meilleure que celle de tombe et de tel autre monument dont l'univers regorge pour de bien moindres sujets. Je vous ai déjà donné mes lettres à Voltaire ; j'aime mieux qu'elles soient à vous qu'aux Secondat, mais je veux mourir si je sais ce qu'elles contiennent. Priez très-instamment Mme Denis de ne point donner de copies de ces lettres, de ne point en permettre l'impression, ni qu'elles soient divulguées en aucune façon : je crains l'impression comme

---

[1]. Correspondance publiée par la Société impériale de l'Histoire de Russie.

le feu ; je n'écris pas assez bien pour cela, quoi qu'en disent Mme Denis et ses amis. Faites cela, commentez mes lettres si vous croyez qu'il en vaille la peine : cela peut faire l'ouvrage le plus bouffon qu'il y eut jamais. Or, écoutez donc, s'il y a de la force, de la profondeur, de la grâce dans mes lettres ou expressions, sachez que je dois tout cela à Voltaire, car pendant fort longtemps nous lisions, relisions, et étudiions tout ce qui sortait de sa plume, et j'ose dire que par là j'ai acquis un tact si fin que je ne me suis jamais trompé sur ce qui était de lui ou n'en était pas : la griffe du lion a une empoignure à elle que nul humain n'imita jusqu'ici, mais dont l'épître à Ninon du comte Schouvalof approche.

XXIII.

VENTE DE LA BIBLIOTHÈQUE DE VOLTAIRE

A CATHERINE II.

REÇU DE MADAME DENIS [1].

J'ai reçu de M. le baron de Grimm, de l'exprès commandement de Sa Majesté l'impératrice de toutes les Russies, la somme de cent trente-cinq mille trois cent quatre-vingt-dix-huit livres, quatre sols, six deniers tournois, pour la bibliothèque de feu M. de Voltaire, mon oncle, dont, connaissant le désir de Sa Majesté impériale d'en faire l'acquisition, j'avais pris la liberté de lui faire hommage. Fait double à Paris pour ne servir que d'une et seule quittance, le quinze décembre mil sept cent soixante-dix-huit.

DENIS.

XXIV.

LETTRE DE CATHERINE II

AU BARON GRIMM [2].

A Saint-Pétersbourg, ce 17 décembre 1778.

... Il faut avouer que vous autres, Parisiens, vous êtes discrets comme un coup de canon : ne voilà-t-il pas que j'ai lu hier dans les gazettes la lettre et jusqu'à l'adresse de la lettre que j'ai écrite à Mme Denis ; répondez-moi, pourquoi avez-vous permis qu'on me fît ce tour ? Voltaire n'imprimait pas mes lettres : il savait bien qu'elles n'en valaient pas la peine, et que je craignais l'impression comme le feu ; je vous prie, empêchez que Mme Denis ne fasse imprimer mes lettres à son oncle, je vous en prie très-sérieusement.

---

1. *L'Amateur d'autographes,* année 1866, page 30.
2. Correspondance publiée par la Société impériale de l'Histoire de Russie.

XXV.

LETTRE DE CATHERINE II

AU BARON GRIMM[1].

Ce 5 février 1779.

... Vous avez beau dire, le prospectus de Panckoucke, dans lequel il range tout par matières, démontre que sa nouvelle édition des œuvres de M. de Voltaire ne sera rien moins que chronologique, et selon moi, c'est ce qu'il y aurait de plus piquant que de trouver le tout pêle-mêle comme cela serait sorti de cette tête unique, et c'est alors qu'on l'aurait vue comme elle était, c'est-à-dire un beau et grand et unique spectacle, une tête à tintamarre, une tête utile au genre humain par plus d'un côté, une tête dont on n'aurait pu lire même les œuvres sans que cela eût renouvelé la circulation du sang dans vos veines, fortifié corps, cœur, âme et tête, épanoui la rate; au moment où vous en auriez eu besoin, vous auriez respiré avec une facilité étonnante, et vous vous seriez trouvé d'un pied plus haut à la fin de vos lectures.....

L'échantillon que j'ai reçu de ses écrits est une terrible chose, et malgré cela l'on voit que l'auteur n'avait pas le cœur mauvais : toute la méchanceté était dans l'esprit, ou plutôt dans la langue; mais ce qu'on y voit clairement, malgré tout ce qu'il a dit des Welches, c'est qu'il était Français à brûler.

XXVI.

LETTRE DE M. DE BURIGNY[2]

A M. L'ABBÉ MERCIER,

Abbé de Saint-Léger de Soissons, ancien bibliothécaire de Sainte-Geneviève, etc.,

SUR LES DÉMÊLÉS
DE M. DE VOLTAIRE AVEC M. DE SAINT-HYACINTHE.

Vous m'avez pressé, monsieur l'abbé, avec tant d'instance de vous apprendre ce que je savais des disputes de M. de Voltaire et de M. de Saint-Hyacinthe, que je ne peux pas me dispenser de satisfaire votre curiosité. Je vous avoue cependant que ce n'est qu'avec douleur que je me rappelle tout

---

1. Correspondance publiée par la Société impériale de l'Histoire de Russie.
2. Cette lettre, imprimée en 1780, est devenue rare : ce qui m'a déterminé à la reproduire. L'amitié de l'auteur pour Saint-Hyacinthe ne l'a pas empêché de reconnaître que ce dernier avait été injuste envers Voltaire. (B.)

ce qui s'est passé dans cette querelle. Il est triste de voir des gens de lettres, avec lesquels on a des liaisons, se livrer à des excès dont ils rougiraient eux-mêmes, si la colère, que les anciens regardaient comme une espèce de folie, n'affaiblissait leur raison. Pour être instruit de ce qui s'est passé dans cette occasion, vous ne pouviez pas mieux vous adresser qu'à moi. M. de Saint-Hyacinthe était mon intime ami, et M. de Voltaire, avec qui j'avais quelque liaison, me porta ses plaintes contre M. de Saint-Hyacinthe, et me pressa de le déterminer à lui faire satisfaction de l'injure qu'il prétendait en avoir reçue ; de sorte que personne n'a été plus au fait que moi de tout ce qui s'est fait de part et d'autre dans ce différend.

Je crois devoir d'abord vous faire connaître M. de Saint-Hyacinthe. Il était entré fort jeune dans le régiment Royal ; ayant été fait prisonnier à la bataille d'Hochstet, il fut mené en Hollande, où, ayant fait connaissance avec plusieurs gens d'esprit, il prit la résolution de renoncer à la profession militaire pour s'appliquer entièrement aux belles-lettres et à la philosophie.

C'était précisément dans le temps qu'il y avait à Paris une dispute très-animée sur la comparaison des anciens avec les modernes. Les partisans de l'antiquité prêtaient au ridicule par leur exagération en faveur de ceux à qui ils donnaient la préférence, et par le peu de justice qu'ils rendaient aux bons écrivains de notre siècle. Cette partialité fut l'occasion du livre intitulé le *Chef-d'œuvre d'un Inconnu*, par Mathanasius [1], que M. de Saint-Hyacinthe fit imprimer en Hollande. Ce joli ouvrage eut le plus grand succès : Paris en fut enthousiasmé pendant quelque temps, et on le lisait avec d'autant plus de plaisir qu'outre que les commentateurs passionnés des anciens y étaient tournés dans le plus grand ridicule, par l'imitation parfaite que l'auteur avait faite de leur méthode dans l'explication des écrivains de l'antiquité, on y trouvait quelques traits assez plaisants qui avaient rapport aux jésuites et à la bulle *Unigenitus*, qui causait pour lors les plus grandes disputes, et qui souffrait beaucoup de contradiction.

Ce fut dans ce moment que M. de Saint-Hyacinthe quitta la Hollande pour venir à Paris : il y fut accueilli de la manière la plus agréable ; les gens d'esprit étaient empressés de voir un homme qui leur avait procuré beaucoup de plaisir.

Son ouvrage était entre les mains de tout le monde : on en avait retenu divers traits, qu'on se plaisait à répéter. Il fit connaissance avec M. de Voltaire, qui commençait déjà cette carrière brillante dont il n'y a point d'exemple dans notre histoire littéraire. On représentait alors *Œdipe*, où tout Paris accourait. Je me souviens que M. de Saint-Hyacinthe, se trouvant à une de ces nombreuses représentations près de l'auteur, lui dit, en lui montrant la multitude des spectateurs : « Voilà un éloge bien complet de votre tragédie ; » à quoi M. de Voltaire répondit très-honnêtement : « Votre suffrage, monsieur, me flatte plus que celui de toute cette assemblée. »

---

[1]. La première édition est de 1714, un vol. in-12. P.-X. Leschevin a donné une neuvième édition, Paris, 1807, deux volumes petit in-8°.

Ils se voyaient quelquefois, mais sans être fort liés; ils se rendaient pour lors justice l'un à l'autre.

Quelques années après, ils se retrouvèrent tous deux en Angleterre; et ce fut dans ce voyage que leur haine commença, pour durer le reste de leur vie.

M. de Saint-Hyacinthe m'a dit et répété plusieurs fois que M. de Voltaire se conduisit très-irrégulièrement en Angleterre; qu'il s'y fit beaucoup d'ennemis, par des procédés qui ne s'accordaient pas avec les principes d'une morale exacte; il est même entré avec moi dans des détails que je ne rapporterai point, parce qu'ils peuvent avoir été exagérés.

Quoi qu'il en soit, il fit dire à M. de Voltaire que s'il ne changeait de conduite il ne pourrait s'empêcher de témoigner publiquement qu'il le désapprouvait : ce qu'il croyait devoir faire pour l'honneur de la nation française, afin que les Anglais ne s'imaginassent pas que les Français étaient ses complices, et dignes du blâme qu'il méritait.

On peut bien s'imaginer que M. de Voltaire fut très-mécontent d'une pareille correction; il ne fit réponse à M. de Saint-Hyacinthe que par des mépris; et celui-ci, de son côté, blâma publiquement, et sans aucun ménagement, la conduite de M. de Voltaire. Voilà la querelle commencée; nous allons en voir les suites.

Ce fut M. de Saint-Hyacinthe qui prit le premier la plume dans cette dispute : il se proposa de faire une critique de *la Henriade*, et, en 1728, il fit imprimer à Londres un petit ouvrage sous ce titre : *Lettres critiques sur la Henriade de M. de Voltaire;* l'année de l'impression n'est pas marquée dans le titre, mais on trouve la date de l'ouvrage à la fin, où on lit : *Londres, 22 avril 1728.*

Cette lettre n'est que la critique du premier chant de *la Henriade;* elle ne fut suivie d'aucune autre. M. de Saint-Hyacinthe me l'envoya : je doute qu'il y en ait d'autre exemplaire à Paris. Cette critique roule presque toute sur des points de grammaire; elle est assez modérée; on en peut juger par le jugement que l'auteur fait de *la Henriade* :

« Quelque imperfection, dit-il, qui se trouve dans le poëme de M. de Voltaire, son ouvrage n'est pas indigne du nom d'excellent, si par excellent on entend un ouvrage tel que les Français n'en ont point de pareil qui l'égale. » Puis il ajoute : « Ce poëme était fameux avant même qu'il eût vu le jour : c'est ce qu'il a de commun avec *la Pucelle* de Chapelain; mais c'est en cela seul que le sort de *la Henriade* ressemblera à celui de *la Pucelle*. »

M. de Voltaire ne cessait, dans toutes les occasions, de témoigner sa haine et son mépris pour M. de Saint-Hyacinthe. La bile de celui-ci s'enflamma, et il résolut de se venger par un trait qui offenserait vivement son adversaire. Il faisait dans ce temps-là une nouvelle édition de Mathanasius, à laquelle il joignit l'*Apothéose, ou la Déification du docteur Masso*[1]; il

---

1. Publiée, pour la première fois, en 1732, à la suite de la sixième édition du *Chef-d'œuvre d'un Inconnu*.

y inséra la relation d'une fâcheuse aventure de M. de Voltaire, qui avait été très-indignement traité par un officier français nommé Beauregard.

Cette édition du Mathanasius, augmentée de l'*Apothéose*, ne fit pas grande sensation à Paris, où elle n'avait pas été imprimée; mais l'abbé Desfontaines ayant fait imprimer, dans sa *Voltairomanie*, l'extrait qui regardait M. de Voltaire, on recommença à parler beaucoup de sa triste aventure, qui était presque oubliée.

L'abbé Desfontaines avait été assez lié avec M. de Voltaire, qui lui avait donné plusieurs fois des preuves d'amitié; mais ils s'étaient depuis brouillés, et s'insultaient publiquement. L'abbé Desfontaines, pour se venger des discours injurieux de M. de Voltaire, composa contre lui un libelle auquel il donna le titre de *Voltairomanie*, dans lequel M. de Saint-Hyacinthe était cité, comme nous l'avons dit.

Je me souviens que cet écrit n'était pas encore public, lorsque le marquis de Locmaria se proposa de donner un grand dîner à divers gens de lettres qui ne s'aimaient pas; il y avait entre autres l'abbé Desfontaines, l'abbé Prévost, Marivaux, M. de Mairan. Il m'invita à ce repas, en me disant : « Je suis curieux de voir comment mon dîner finira. »

Je me rendis chez le marquis, où je trouvai une grande assemblée; l'abbé Desfontaines nous proposa, avant le dîner, d'entendre une lecture qui, disait-il, nous ferait grand plaisir. On agréa sa demande; il nous lut *la Voltairomanie*, qui, loin de nous faire plaisir, fut regardée comme un libelle très-grossier; lui seul s'applaudissant, après avoir fini sa lecture, dit ces propres paroles, avec le ton brutal que la nature lui avait donné et que l'éducation n'avait pas corrigé : « Voltaire n'a plus d'autre parti à prendre que de s'aller pendre. »

M. de Voltaire ayant appris à Cirey, où il demeurait, que *la Voltairomanie* était publique dans Paris, écrivit au comte d'Argenson, qui était pour lors à la tête de la librairie, pour se plaindre de ce qu'on laissait imprimer à Paris d'aussi infâmes libelles que *la Voltairomanie*, que l'abbé Desfontaines avait rempli de calomnies, et dont l'auteur méritait une punition exemplaire.

M. d'Argenson envoya chercher cet écrivain, qui nia d'abord que l'ouvrage fût de lui; mais ayant été convaincu de mensonge, il eut assez d'effronterie pour assurer qu'il n'y avait pour lui d'autre moyen de vivre que le style caustique et mordant dont il était dans l'usage de se servir; sur quoi le comte lui répondit qu'il ne voyait pas de nécessité qu'il vécût.

M. de Voltaire s'étant imaginé que M. de Saint-Hyacinthe avait travaillé, conjointement avec l'abbé Desfontaines, à *la Voltairomanie*, en fut très-irrité. Il savait que je vivais avec lui dans la plus grande union, ce qui l'engagea à m'écrire la lettre que voici :

« J'ai bien des grâces à vous rendre, etc. [1]. »

---

1. Voyez tome III de la *Correspondance*, page 147.

Cette lettre fut bientôt suivie d'une autre, qui prouve que M. de Voltaire était dans la plus grande agitation; la voici :

« A Cirey, le 4 février.

« Si vous daignez, monsieur, etc.[1]. »

Je fis réponse à M. de Voltaire que M. de Saint-Hyacinthe n'avait aucune liaison avec l'abbé Desfontaines; qu'il avait pour lui le plus grand mépris, et que certainement il n'avait aucune part à *la Voltairomanie*.

M. de Voltaire, non content de ces deux lettres qu'il venait de m'écrire, pria une de ses parentes, qui revenait de Cirey à Paris, de me venir voir, afin de m'engager à tirer une satisfaction de M. de Saint-Hyacinthe, et à le déterminer à désavouer l'abbé Desfontaines. Cette dame[2] vint chez moi, et me dit, avec une grande émotion, que si l'on n'apaisait pas M. de Voltaire, il y aurait du sang répandu; qu'il était dans la plus grande colère, et que plusieurs de ses parents, qui étaient dans le service, partageraient sa querelle. Je répondis à cette dame que j'étais prêt à aller avec elle chez M. de Saint-Hyacinthe, et qu'elle serait contente de la manière dont je lui parlerais; mais je lui conseillai en même temps de ne point se servir de menaces, parce que nous avions affaire à un homme sur qui elles ne pouvaient rien; qu'on ne pourrait rien obtenir de lui que par des raisons tirées de l'honnêteté et du devoir.

Nous allâmes sur-le-champ trouver M. de Saint-Hyacinthe : je lui représentai qu'ayant insulté M. de Voltaire dans son *Apothéose du docteur Masso*, et ayant donné des armes contre lui à un aussi méchant homme et aussi méprisable que l'abbé Desfontaines, il était juste de faire une réparation à M. de Voltaire; qu'autrement celui-ci aurait sujet de croire qu'il était complice de l'abbé Desfontaines.

La parente de M. de Voltaire ajouta qu'elle souhaiterait que M. de Saint-Hyacinthe déclarât que ce qui avait été cité comme étant de lui lui était faussement attribué, et avait été supposé par l'abbé Desfontaines.

Cette dernière proposition fut entièrement rejetée. M. de Saint-Hyacinthe dit que ce qu'on voulait exiger de lui était un mensonge dont il serait aisé de le convaincre; que tous ses amis savaient qu'il avait fait l'*Apothéose;* qu'il l'avait toujours avouée : il nous conta à ce sujet les raisons qui l'avaient déterminé à se venger de M. de Voltaire.

Enfin, après beaucoup de digressions, j'obtins qu'il écrirait une lettre à M. de Voltaire, dans laquelle il déclarerait qu'il n'avait aucune part au libelle de l'abbé Desfontaines; qu'il n'avait aucune liaison avec lui; qu'il avait pour lui le plus grand mépris, et qu'il était très-fâché de ce qu'il avait inséré dans son misérable écrit cet extrait de l'*Apothéose,* qu'il avouait avoir fait autrefois dans un moment de colère. Cette lettre fut effectivement écrite et envoyée à M. de Voltaire, qui n'en fut nullement content, parce qu'il avait

---

1. Voyez tome III de la *Correspondance*, page 155.
2. Mme de Champbonin.

espéré que M. de Saint-Hyacinthe désavouerait, comme n'étant pas de lui, ce qui en avait été cité, et qu'en conséquence il pourrait attaquer l'abbé Desfontaines comme faussaire.

Depuis ce temps, M. de Voltaire fit profession d'une haine implacable contre M. de Saint-Hyacinthe; il le décria autant qu'il put, et il chercha toutes les occasions de lui nuire.

Il l'attaqua par l'endroit le plus sensible à un homme de lettres; il se proposa de lui ôter la gloire d'avoir fait le Chef-d'œuvre d'un Inconnu. Voici ce qu'il inséra dans un écrit qui a pour titre : Conseils donnés à un Journaliste [1] :

« Il y a surtout des anecdotes littéraires sur lesquelles il est toujours bon d'instruire le public, afin de rendre à chacun ce qui lui appartient. Apprenez, par exemple, au public que le Chef-d'œuvre d'un Inconnu, de Mathanasius, est de feu M. de Salengre, d'un illustre mathématicien, consommé dans toute sorte de littérature, et qui joint l'esprit à l'érudition, enfin de tous ceux qui travaillaient au Journal littéraire, et que M. de Saint-Hyacinthe fournit la chanson avec beaucoup de remarques; mais si on ajoute à cette plaisanterie une infâme brochure faite par un de ces mauvais Français qui vont dans les pays étrangers déshonorer les belles-lettres et leur patrie, faites sentir l'horreur et le ridicule de cet assemblage monstrueux. » (Nouveaux Mélanges historiques, première partie, page 359.)

M. de Voltaire avait certainement très-grand tort de nier que M. de Saint-Hyacinthe fût l'auteur du Chef-d'œuvre d'un Inconnu. J'ai vécu un an en Hollande dans une très-grande liaison avec MM. Van-Effen, Salengre et s'Gravesande, cet illustre mathématicien dont il est fait mention dans les Conseils à un Journaliste ; ils m'ont tous assuré que M. de Saint-Hyacinthe était l'auteur du Chef-d'œuvre. Il est bien vrai que, comme il était intime ami de ces messieurs, il leur lisait son ouvrage; et il est très-possible qu'ils lui aient fourni quelques citations pour l'embellir, car ils avaient tous trois beaucoup de littérature; mais ils n'ont jamais prétendu partager avec M. de Saint-Hyacinthe l'honneur que ce livre avait fait à son auteur; et effectivement quelques passages qu'ils auront pu lui indiquer ne les mettaient point en droit de s'approprier cet ouvrage : aussi ne l'ont-ils jamais fait; c'est de quoi je puis rendre un témoignage certain.

M. de Saint-Hyacinthe fut très-sensible au reproche qui lui était fait de se donner pour auteur d'un ouvrage qui n'était pas de lui ; il fut aussi très-offensé de la manière injurieuse dont M. de Voltaire avait parlé de l'Apothéose; car c'est cet écrit qu'il désigne dans ses Conseils à un Journaliste comme un libelle infâme, fait par un de ces mauvais Français qui déshonorent les belles-lettres et leur patrie [2]. Il répondit à M. de Voltaire par une lettre que la plus violente colère semble avoir dictée; elle fut d'abord imprimée dans le XL° volume (seconde partie) de la Bibliothèque française, et ensuite dans le Voltariana.

---

1. Voyez tome XXII, page 257.
2. Ibid., page 258.

M. de Saint-Hyacinthe y prouve d'abord démonstrativement qu'il est l'auteur du *Chef-d'œuvre*.

« Quelle est votre imprudence (ce sont ses termes) d'aller dire que je n'ai pas fait un livre dont, depuis plus de trente ans, il est de notoriété publique que je suis l'auteur? Ignorez-vous que M. Pierre Gosse, libraire de la Haye, qui a fait la première édition du *Chef-d'œuvre d'un Inconnu*, vit encore; qu'il était l'ami particulier de M. de Salengre; qu'il connaissait ceux qui ont commencé avec moi le *Journal littéraire*; que si le commentaire sur la chanson: *L'autre jour Colin malade*, avait été l'ouvrage de la petite société qui travaillait à ce journal, M. Jonhson, qui en était un des auteurs, aurait sans doute imprimé le commentaire? »

Il ajoute que personne ne s'en est jamais dit l'auteur, quoique le succès en fût très-heureux.

Il entreprend ensuite l'apologie de la *Déification du docteur Aristarchus Masso*, que M. de Voltaire avait traitée avec le plus grand mépris, comme nous l'avons vu : il prétend prouver que cette pièce est une critique judicieuse des pédants comme Masso. « J'ai vu, dit-il, des personnes que vous n'oseriez traiter de viles canailles qu'à quelques lieues de distance, qui croyaient qu'il y avait dans cette pièce autant de gaieté, plus d'art et plus de savoir, que dans le commentaire sur le *Chef-d'œuvre*. »

Après n'avoir oublié aucun des reproches que les ennemis de M. de Voltaire lui faisaient, il l'accuse de louer excessivement les Anglais aux dépens des Français, et il ajoute : « J'ai, par un seul trait, un peu trop loué les Anglais, je l'avoue; mais ils m'en ont corrigé, et j'ai réparé mon erreur. »

Je l'avais vu effectivement si enthousiasmé des Anglais qu'il avait pris la résolution de s'aller établir en Angleterre. Il y alla; mais il se dégoûta bientôt d'eux, et il abandonna ce royaume, en haïssant les Anglais au moins autant qu'il les avait aimés.

Il finit cette lettre, qu'il avait écrite dans l'accès de la plus furieuse colère, par menacer M. de Voltaire de publier des anecdotes qui le regardaient, et qui ne lui feraient pas plaisir, s'il ne cesse de l'insulter.

« Ces anecdotes, continue-t-il, sont si singulières que le public les lira avec un très-grand plaisir. Je vous assure que je ne les publierai qu'à regret; mais enfin quand j'en aurai pris le parti, je m'en acquitterai de mon mieux; et ce parti est pris, si vous ne m'accordez pas la grâce que je demande. Faites-moi donc l'honneur de m'oublier, je vous prie; ne vaut-il pas mieux m'oublier que de penser que je ne suis pas votre très-humble et très-obéissant serviteur?

« Saint-Hyacinthe. »

« A Geneken, ce 16 mai 1745. »

M. de Saint-Hyacinthe ne manqua pas de me faire part de l'insulte que lui avait faite M. de Voltaire en lui voulant ôter le Mathanasius; il m'écrivit à ce sujet deux lettres qui peignent au naturel la vive colère dont il était pénétré.

Sa première lettre est datée de Geneken, près Breda, où il était allé s'établir; il s'y exprime ainsi :

« L'imposture de Voltaire est digne de lui. Il a fait mettre dans un *Mercure* [1] que je n'étais pas l'auteur de Mathanasius; on m'a écrit aussi d'Amsterdam que cela se trouvait aussi dans un sixième volume, qui vient de paraître, de ses ouvrages. Je ne crois pas que je me donne la peine de faire voir son imposture; mais si je la prends, ce sera d'une manière si vraie sur tout ce qui le regarde, et en même temps si fâcheuse pour lui, que je l'obligerais de s'aller pendre s'il avait la moindre teinture d'honneur. »

Cette lettre me fut écrite avant celle à M. de Voltaire, dont j'ai rendu compte; il m'en adressa ensuite une autre, datée aussi de Geneken, du 11 octobre 1745, qui est du même style:

« Comme on m'a fait sentir, me mandait-il, que de ne pas répondre à cette accusation c'était m'avouer coupable de l'impudence de me reconnaître pour l'auteur d'un livre que je n'avais pas fait, et mériter d'être traité, ainsi qu'il le fait au sujet de la *Déification d'Aristarchus Musso*, pour être un de ces mauvais Français qui vont dans les pays étrangers déshonorer leur nation et les belles-lettres, je lui ai répondu par une lettre qui se trouve imprimée dans le XL⁰ volume de la *Bibliothèque française;* et une personne ici de ma connaissance a reçu une lettre de Bruxelles où on lui marque que les accusations de Voltaire ayant excité la curiosité de voir, dans la *Déification d'Aristarchus Masso,* ce qui pouvait l'avoir mis de si mauvaise humeur, on en avait deviné la raison, indiquée déjà par *la Voltairomanie;* et que depuis ce temps on appelait les cannes fortes des *Voltaires,* pour les distinguer des cannes de roseau; et qu'au lieu de dire : Donner des coups de canne ou des coups de bâton, on disait *voltairiser.* On envoyait même à cette personne une épigramme qui commençait :

> Pour une épigramme indiscrète,
> On voltairisait un poëte.
> A l'aide, au secours, Apollon!

Voilà ce que sa calomnie lui aura produit. Ce qu'il y a de plaisant, c'est que la réponse que je lui ai faite se trouve imprimée immédiatement après l'extrait de son sixième volume, à côté, pour ainsi dire, de l'extrait qu'on y trouve des lettres que le roi de Prusse lui a écrites. »

Ce n'est pas sans répugnance que je rapporte tous ces indécents détails; mais l'exactitude que je vous ai promise m'y oblige.

Dans le temps de cette malheureuse et scandaleuse dispute, M. de Saint-Hyacinthe travaillait à l'ouvrage qui a pour titre : *Recherches philo-*

---

1. Les *Conseils à un Journaliste* avaient été imprimés dans le *Mercure* de 1744, premier cahier de novembre.

sophiques sur la nécessité de s'assurer par soi-même de la vérité, sur la certitude des connaissances et sur la nature des êtres [1].

On lui conseilla de dédier ce livre au roi de Prusse, que la protection éclairée dont il favorisait les gens de lettres avait rendu aussi célèbre dans la littérature que ses talents militaires avaient inspiré d'admiration pour lui à l'Europe. Il m'envoya cette épître dédicatoire en manuscrit, en me priant de l'examiner, et d'en conférer avec ceux que je croirais capables de lui donner de bons conseils. Je ne crus pas pouvoir mieux faire que de consulter M. de Maupertuis, que le roi de Prusse honorait de son amitié, qui lui était attaché, et que l'on regardait comme un des courtisans de Sa Majesté prussienne; je le connaissais beaucoup, et il était grand ami de M. de Saint-Hyacinthe.

Il lut l'épître dédicatoire, l'examina avec beaucoup d'attention, fit quelques remarques grammaticales, et jugea qu'on pouvait l'imprimer, en remarquant cependant que les louanges n'y étaient pas distribuées avec assez de délicatesse. Effectivement, on ne pouvait rien y ajouter : ce grand prince y est représenté comme un souverain aimable par sa bonté, admirable par sa justice, redoutable par sa valeur, l'admiration des étrangers, et la gloire de la royauté.

M. de Saint-Hyacinthe s'aperçut lui-même que « ce ton, qui paraissait approcher de la flatterie, convenait mieux à un courtisan qu'à un philosophe »; et il m'écrivit : « Si vous trouvez cette épître trop forte, plaignez-moi d'être dans la nécessité de la faire; je crois cependant le fond de ce que je dis. »

Cette dédicace ne produisit aucun des effets qu'en avait espérés l'auteur; le roi n'y fit pas la moindre attention. M. de Saint-Hyacinthe s'imagina que c'était l'effet des mauvais services que M. de Voltaire lui avait rendus à la cour de Prusse : c'est ce qu'on peut voir dans les lettres qu'il m'adressa, et que je vais rapporter.

Il m'écrivit, le 8 juillet 1744 : « J'ai reçu une lettre de M. Jordan; il m'avait écrit quand j'envoyai à Berlin l'exemplaire pour le roi, avec plusieurs autres, qu'il l'avait fait tenir au roi; et que dès que le roi serait de retour, et qu'il saurait sa volonté, il m'en informerait. Voltaire passa dans ce temps-là à Rotterdam, en allant en Prusse; M. de Bruas lui fit présent d'un exemplaire de mes *Recherches*, croyant l'engager à me rendre de bons offices en Prusse; Voltaire tint de moi beaucoup de mauvais discours, et je me doutais bien qu'il me nuirait de son mieux. En effet, j'ai été près d'un an sans recevoir des nouvelles de M. Jordan; et pour m'assurer de la vérité de ce que je soupçonnais, j'écrivis une lettre à M. Jordan pour me plaindre de ce qu'après m'avoir écrit qu'il me manderait son sentiment de mon livre quand il l'aurait lu, et celui de ses amis, il avait oublié de me faire cette grâce. Je ne lui parlai point du roi ni de Voltaire, dont je disais seulement qu'un poëte, à son retour de Berlin, avait assuré à un de mes amis de Rotterdam que mon livre n'y avait pas réussi; mais que comme les poëtes

---

1. Imprimé en 1743, in-8°.

sont fort accoutumés à la fiction, je le priais, lui M. Jordan, de me dire au vrai ce qui en était, le priant de me croire assez galant homme pour penser que je pouvais faire un mauvais livre, et même pour me l'entendre dire. J'ai reçu une lettre concertée, où l'on ne me dit pas un mot ni du roi ni du poëte, où on parle assez bien de mon livre; d'ailleurs, lettre polie, mais d'un froid poli, en comparaison des autres. Ainsi, mon très-cher ami, il n'y a rien à espérer de ce côté-là; et qui en effet sera ami de Voltaire ne le sera pas de moi. Si, après le premier voyage que ce poëte fit à Berlin, on ne m'eût pas écrit de Paris qu'il était revenu disgracié du roi de Prusse, quelque admiration que j'eusse pour ce que j'apprends de ce prince, je ne lui aurais pas fait l'honneur de lui dédier mon livre; mais la chose est faite. »

M. Jordan, qui était en relations avec M. de Saint-Hyacinthe, était un homme de lettres qui avait une place à la cour de Prusse; il est connu par plusieurs ouvrages, et entre autres par l'*Histoire de M. de La Croze*.

M. de Saint-Hyacinthe m'écrivit une autre lettre, dans laquelle il répète à peu près ce qu'il m'avait déjà mandé; elle est du 10 octobre 1745, la voici :

« C'est Voltaire qui a mal disposé le roi de Prusse à mon égard. Il arriva justement que ce poëte alla en Prusse lorsque mes *Recherches* y arrivèrent; et le silence du roi, qui ne m'a pas seulement fait dire qu'il les avait reçues, est un effet de l'amitié de ce prince pour ce poëte : aussi je ne les lui aurais pas dédiées si je n'avais cru, sur ce qu'on m'avait écrit, que leur amitié était rompue : bien persuadé que qui est ami de Voltaire n'est pas propre à l'être de Saint-Hyacinthe. »

Ce fut la dernière lettre que je reçus de lui; il mourut peu de temps après l'avoir écrite.

La haine avait produit chez lui son effet ordinaire, un jugement très-injuste de son adversaire.

Lorsqu'il fut question de nommer M. de Voltaire à l'Académie française, tout le monde applaudit à un choix si convenable. M. de Saint-Hyacinthe fut le seul qui le désapprouva. Il m'écrivait de Saint-Jorry, le 17 février 1743 : « A l'égard de Voltaire, l'Académie sera bien honorée de recevoir dans le nombre des quarante un homme sans mœurs, sans principes, qui ne sait pas sa langue, à moins qu'il ne l'ait étudiée depuis quelques années, et qui n'a de talent que celui que donne une imagination vive, avec le talent de s'approprier tout ce qu'il peut trouver de bon chez les autres, avec quoi il fait des ouvrages pleins de pensées belles ou de traits brillants, qui ne sont pas de lui, et qui sont liés sans justesse, et mal assortis à ce qui est de lui. »

Comme je m'étais conduit dans le cours de cette étrange dispute avec candeur et honnêteté, M. de Voltaire ne se plaignit jamais de moi, quoiqu'il ne pût ignorer mon intime liaison avec M. de Saint-Hyacinthe.

J'avais connu M. de Voltaire dans sa jeunesse; je l'avais souvent vu chez M. de Pouilly mon frère, pour qui il avait beaucoup d'estime. J'ai vu de ses lettres, où il assurait que M. de Pouilly raisonnait aussi profondément que Bayle, et écrivait aussi éloquemment que Bossuet.

Dans une lettre qu'il m'écrivait de Cirey, le 29 octobre 1738, en réponse au remerciement que je lui avais fait du livre des *Éléments de Newton*, il me disait[1], en parlant de la philosophie de Newton : « Cette philosophie a plus d'un droit sur vous; elle est la seule vraie, et monsieur votre frère de Pouilly est le premier en France qui l'ait connue; je n'ai que le mérite d'avoir osé effleurer le premier en public ce qu'il eût approfondi s'il l'eût voulu. »

M. de Saulx, dans l'éloge historique qu'il a fait de M. de Pouilly, que l'on trouve à la tête de la dernière édition de la *Théorie des sentiments agréables*[2], a aussi remarqué que c'était lui qui, le premier en France, avait osé sonder *les profondeurs dont on s'était contenté de demeurer étonné;* c'est ainsi qu'il s'exprime en parlant du célèbre ouvrage de M. Newton.

J'avais vu aussi plusieurs fois M. de Voltaire chez milord Bolingbroke, qui l'aimait; je me souviens qu'un jour on parlait chez ce seigneur de Pope et de Voltaire; il les connaissait tous deux également; on lui demanda auquel des deux il donnait la préférence : il nous répondit que c'étaient les deux plus beaux génies de France et d'Angleterre; mais qu'il y avait bien plus de philosophie dans la tête du poëte anglais que chez Voltaire.

Dans cette même lettre que M. de Voltaire m'avait écrite de Cirey, dont je viens de parler, il me faisait part de l'ouvrage qu'il avait entrepris, et auquel il donna le titre de *Siècle de Louis XIV*; il m'en parlait ainsi[3] :

« Il y a quelques années, monsieur, etc. »

En répondant à cette lettre, je fis part à M. de Voltaire de quelques observations dont il ne fut pas mécontent, puisque, dans la première lettre qu'il m'écrivit, à l'occasion de sa querelle avec M. de Saint-Hyacinthe, que l'on a rapportée plus haut, « il me remerciait de mes bons documents », et qu'il ajoutait : « Il faudrait avoir l'honneur de vivre avec vous, pour mettre fin à la grande entreprise à laquelle je travaille. » C'était un compliment dont je conclus seulement qu'il n'avait pas désapprouvé les avis que je lui avais donnés.

Sa dispute avec M. de Saint-Hyacinthe ne changea point du tout sa façon de penser à mon égard, et j'ai toujours eu sujet de me louer de ses procédés. Je rapporterai quelques-unes de ses lettres, qui démontrent qu'il ne m'a jamais su mauvais gré de l'amitié que j'avais conservée avec M. de Saint-Hyacinthe jusqu'à sa mort.

Je lui envoyai la vie que j'avais faite d'*Érasme;* ce présent m'attira la réponse la plus honnête; la voici[4] :

« Aux Délices, près de Genève, 10 mai 1757.

« Je ne puis trop vous remercier, monsieur, etc. »

---

1. Voyez tome XXXV, page 25.
2. Cinquième édition, 1774, in-8°.
3. Tome XXXV, page 26.
4. Tome XXXIX, page 206.

Après que M. de Voltaire eut donné au public son Histoire universelle, je ne craignis pas de lui représenter qu'il s'y trouvait beaucoup de faits racontés avec peu d'exactitude. Ma critique était accompagnée de cette honnêteté dont les gens de lettres ne devraient jamais s'écarter; aussi fut-elle très-bien reçue, et il m'écrivit une lettre à ce sujet, qui prouve qu'il écoutait avec plaisir les avis qu'on lui donnait. En voici quelques morceaux :

« A Monrion, près de Lausanne, 14 février 1757.

« L'esprit dans lequel j'ai écrit, monsieur, ce faible Essai sur l'histoire a pu trouver grâce devant vous, et devant quelques philosophes de vos amis. Non-seulement vous pardonnez aux fautes de cet ouvrage, mais vous avez la bonté de m'avertir de celles qui vous ont frappé; je reconnais, à ce bon office, les sentiments de votre cœur, et le frère de ceux qui m'ont toujours honoré de leur amitié. Recevez, monsieur, mes sincères et tendres remerciements. Je ne manquerai pas de rectifier ces erreurs, et encore moins l'obligation que je vous ai. »

Il m'écrivit une seconde lettre, datée de Monrion, près de Lausanne, le 20 mars 1757, où il me réitère (ce sont ses termes) ses « sincères et tendres compliments; je vous en dois beaucoup pour les bontés que vous avez eues de remarquer quelques-unes de ces inadvertances de l'Histoire générale. Je ne vous enverrai cette histoire qu'avec les corrections dont je vous ai l'obligation. »

Il ne regardait cette première édition que comme un essai, et comme une occasion de recueillir les avis des hommes éclairés; c'est ainsi qu'il s'explique dans cette même lettre.

Il finissait une autre lettre qu'il m'écrivait, par cette politesse : « Je me recommande à vous, monsieur, comme à un homme de lettres, à un philosophe pour qui j'ai eu toujours autant d'estime que d'attachement pour votre famille. »

Je pourrais encore rapporter d'autres lettres de M. de Voltaire; mais celles-ci suffisent pour vous prouver que sa haine, son mépris et sa colère contre M. de Saint-Hyacinthe, n'ont jamais influé sur moi, qu'il savait être son intime ami; et qu'avant et après cette violente dispute il a toujours eu pour moi les égards les plus honnêtes.

Voilà, monsieur l'abbé, un compte très-exact de tout ce qui s'est passé dans cette querelle, qui m'a causé beaucoup de chagrin parce qu'elle ne faisait honneur ni à l'un ni à l'autre des deux adversaires, que j'aimais et estimais : l'un m'était très-cher, et l'autre était regardé par la nation, par l'Europe même, comme un des plus beaux génies que la France ait jamais eus.

Je vous prie, monsieur, de regarder cette lettre, que je n'ai écrite qu'avec répugnance, comme une preuve de l'empire que vous avez sur moi, et de l'estime respectueuse avec laquelle j'ai l'honneur d'être votre très-humble et très-obéissant serviteur, etc.

DE BURIGNY.

XXVII.

TRANSACTION

SUR LES ABUS DE JOUISSANCE DE VOLTAIRE A TOURNAY [1].

Pardevant les conseillers du roi, notaires au Châtelet de Paris soussignés,

Furent présents : M. François Fargès [2], chevalier, conseiller d'État, ancien intendant des finances, demeurant à Paris en son hôtel, rue de l'Université, paroisse Saint-Sulpice, au nom et comme fondé de la procuration spéciale à l'effet des présentes :

1° De haut et puissant seigneur monseigneur Benigne Legouz de Saint-Seine [3], chevalier, marquis de Saint-Seine, seigneur de Rozière, Jancigny, la Tour d'Issurtille, et autres lieux, conseiller du roi en tous ses conseils, premier président du parlement de Bourgogne, stipulant dans ladite procuration et par suite au présent acte en qualité de tuteur honoraire de M. René de Brosses [4], fils mineur de haut et puissant seigneur monseigneur Charles de Brosses, chevalier, baron de Montfalcon, premier président du même parlement, et de haute et puissante dame madame Jeanne-Marie Legouz de Saint-Seine [5], son épouse, tous les deux décédés ;

2° De haut et puissant seigneur messire Charles-Claude de Brosses [6], chevalier, comte de Tournay, ancien grand-bailly d'épée du pays de Gex ;

3° Et de M. Étienne Navier Dussaussoye, bourgeois de ladite ville de Dijon, stipulant en qualité de tuteur onéraire dudit sieur René de Brosses, suivant l'acte passé en suite du projet conformément auquel les présentes seront rédigées, et reçu par M° Bouché et son confrère, notaires à Dijon, le cinq du présent mois de janvier, dont l'original, duement contrôlé et légalisé audit lieu, représenté par mondit sieur de Fargès qui le certifie véritable, est à sa réquisition demeuré joint à la minute des présentes, après avoir été de lui signé et paraphé en la présence des notaires soussignés.

Mondit sieur René de Brosses, mineur, partie intéressée au présent acte

---

1. Éditeur, Th. Foisset.
2. Ami intime et coopérateur de Turgot.
3. Le dernier des premiers présidents du parlement de Bourgogne, mort à Bâle en 1800.
4. Né à Dijon le 13 mars 1771, mort à Paris le 2 décembre 1834, après avoir été préfet du Rhône et conseiller d'État. (Voyez son article au supplément de la *Biogr. univ.*)
5. Seconde femme du président de Brosses, mariée le 2 septembre 1776, morte le 1ᵉʳ novembre 1778, au château de Montfalcon, en Bresse.
6. Né le 17 mars 1713, mort sans postérité le 21 janvier 1793. Il a coopéré au *Dictionnaire généalogique, héraldique, chronologique et historique* de La Chesnaye Desbois, comme à l'Armorial de Bourgogne, en commun avec le marquis de Courtivron, de l'Académie des sciences, et N. de Thésut de Verrey. (Th. F.)

en sa qualité de donataire de la terre et seigneurie de Tournay, suivant la donation que lui en a faite entre autres choses ledit sieur Claude-Charles de Brosses de Tournay, son oncle, par acte passé devant M° Bouché, notaire à Dijon, qui en a la minute, et son confrère, le vingt-trois décembre 1779, d'une part;

Et dame Marie-Louise Mignot, veuve en premières noces de Mre Charles-Nicolas Denis, capitaine au régiment de Champagne, chevalier de l'ordre royal et militaire de Saint-Louis, commissaire ordonnateur des guerres et conseiller correcteur ordinaire en la Chambre des comptes de cette ville, actuellement épouse en secondes noces de messire François Duvivier, écuyer, commissaire ordonnateur des guerres, chevalier de l'ordre royal et militaire de Saint-Louis, dudit sieur son mari pour le présent autorisée à l'effet du présent acte, quoique non commune avec lui suivant leur contrat de mariage, demeurant mesdits sieur et dame Duvivier, rue de Richelieu, paroisse Saint-Eustache ;

Madite dame Duviver devenue seule et unique héritière de défunt messire François-Marie Arouet de Voltaire, son oncle, chevalier, gentilhomme ordinaire de la chambre du roi, historiographe de France, l'un des quarante de l'Académie française, et ce au moyen de l'abstention faite à la succession de M. de Voltaire par Mre Alexandre-Jean Mignot, conseiller du roi en son grand conseil, abbé de l'abbaye de Scellières, son neveu, et frère de madite dame Duvivier, suivant l'acte passé devant M° Dutertre, l'un des notaires soussignés, qui en a la minute, et son confrère, le dix-sept juin 1778, duement insinué; lesquels sieur abbé Mignot et dame Duvivier étaient, avant ladite abstention, seuls présomptifs héritiers chacun pour moitié dudit feu sieur de Voltaire, leur oncle, suivant qu'il est justifié par un acte de notoriété reçu par ledit M° Dutertre, qui en a la minute, et son confrère, notaires à Paris, le seize dudit mois de juin;

Et en cette qualité madite dame Duvivier tenue des charges de la succession dudit feu sieur de Voltaire, et en particulier de celle dont va être fait mention au présent acte, d'autre part;

Lesquels ont dit qu'avant la donation faite par ledit sieur de Brosses de Tournay à monsieur René de Brosses son neveu, par l'acte dudit jour vingt-trois décembre 1779 de la terre et seigneurie de Tournay, et autres biens compris dans ladite donation, ledit sieur de Brosses de Tournay avait introduit et commencé une instance au bailliage de Gex contre ladite dame Duvivier en qualité d'héritière de M. de Voltaire, au sujet de la remise que la dite dame Duvivier devait faire audit sieur de Brosses de ladite terre et seigneurie de Tournay, bâtiments et fonds en dépendant, conformément au bail à vie de ladite terre passé audit sieur de Voltaire par M. le président de Brosses le onze décembre 1758, pardevant Girod, notaire royal à Gex, et notamment au sujet des dommages-intérêts répétés par ledit sieur de Brosses de Tournay à ladite dame Duvivier, pour les dégradations et détériorations arrivées dans ladite terre pendant la jouissance dudit sieur de Voltaire, suivant la reconnaissance et estimation qui en avait été faite par experts respectivement nommés.

Prétendait ladite dame Duvivier que l'estimation desdits dommages-intérêts n'ayant été faite pour la plus grande partie et sur les objets les plus considérables que par les seuls experts nommés par M. de Brosses de Tournay, ceux nommés par ladite dame Duvivier ne s'étant point expliqués sur ladite estimation, par les raisons par eux décrites dans leurs rapports, ledit sieur de Brosses ne pouvait se prévaloir contre elle de ladite estimation, ni la lui opposer, quoique confirmée par celle des tiers experts nommés par le lieutenant général du bailliage de Gex, sur la requête dudit sieur de Brosses, laquelle dernière estimation elle maintenait devoir être regardée comme inutile et superflue, dès qu'il n'en avait point été fait par ses experts, puisque dès lors il ne pouvait y avoir aucune discordance entre lesdits experts et ceux nommés par ledit sieur de Brosses ; que d'ailleurs lesdits tiers experts n'étaient pas personnes capables pour décider si les motifs du refus fait par estimation étaient légitimes ou non.

A quoi il était répondu par ledit sieur de Brosses que l'estimation de toutes les dégradations et détériorations, qui seraient reconnues, ayant été ordonnée par le procès-verbal de prestation de serment des experts fait par-devant le lieutenant général du bailliage de Gex, ceux nommés de la part de ladite dame Duvivier ne pouvaient avoir aucune raison valable pour se dispenser de procéder à ladite estimation ; que dès lors le refus qu'ils en avaient fait devait être regardé comme une opinion discordante avec l'estimation faite par les experts par lui nommés ; qu'il était par conséquent indispensable d'avoir recours à des tiers experts, et il ne pouvait y avoir aucun doute sur la prépondérance de leurs avis ; que d'ailleurs ladite dame Duvivier n'avait point interjeté appel du jugement qui avait nommé les tiers experts, non plus que du procès-verbal de prestation de serment des premiers experts, et que par conséquent elle était non recevable et mal fondée dans sa prétention.

Désirant les parties terminer et assoupir ladite instance, éviter les frais de nouveaux rapports et prévenir les suites de l'événement des contestations mues entre elles qui pourraient donner lieu à des involutions de procédures considérables, a été convenu de ce qui suit à titre de transaction sur procès.

Article Premier.

Les dommages-intérêts répétés par M. de Brosses de Tournay pour réparations et détériorations dans ladite terre et seigneurie de Tournay, demeurent réduits et réglés du consentement respectif de toutes les parties :

1° A la somme de cinq cents livres pour les frais et nivellement de la carrière de Tournay, ci . . . . 500.

2° A celle de douze cents livres pour la construction des fossés à faire autour de la forêt de Tournay, pour la tenir en défense, conformément au bail à vie de 1758, ci . . . . 1,200.

3° A celle de quatre mille livres pour destruction et démolition des bâtiments du fermier et du colombier en pied, ainsi que de l'enlèvement des entablements du jet d'eau du jardin de Tournay, ci . . . 4,000.

4° A celle de quatre mille huit cent trente-quatre livres pour mauvais état et réparations à faire aux bâtiments et fonds de ladite terre, ci . . . . 4,834.

5° A celle de quatre cent trente-neuf livres dix sous pour remplacement de tonneaux et autres ustensiles de vendange et de jardin, ci. . . . . 439. 10.

6° A la somme de quatre mille livres à laquelle demeurent réglés les frais de récépage de la forêt de Tournay, et les dommages-intérêts dus pour retard de la croissance des taillis de ladite forêt, ci . . . 4,000.

7° A la somme de quarante livres pour labourage et ensemençure de glands dans trois arpents défrichés dans ladite forêt, ci . 40.

8° A la somme de quatre mille huit cent soixante-quatre livres à laquelle demeurent fixés le prix et la valeur de neuf cent trente-huit chênes qui ont été reconnus manquer du nombre de trois mille neuf cent cinquante-huit existant dans la forêt lors du bail à vie de 1758, et que M. de Voltaire devait y laisser conformément audit bail, ci . . . . 4,864.

9° Et enfin dans la somme de huit mille une livres pour dédommagement de deux mille six cent soixante-sept arbres chênes, ébranchés et éhoupés, qui ont été compris dans le nombre de ceux que ledit sieur de Voltaire devait laisser dans ladite forêt conformément audit bail, ci. 8,001.

Toutes lesquelles sommes montent à celle totale de vingt sept mille huit cent soixante-dix-huit livres dix sols, à laquelle lesdits dommages-intérêts demeurent fixés et arrêtés, ci. . . . . 27,878 liv. 10.

Art. 2.

Ladite somme de 27,878 livres 10 sous sera payée audit sieur René de Brosses, donataire, par ladite dame Duvivier, ainsi qu'il sera dit ci-après [1]. Au moyen duquel payement, M. le premier président, ledit sieur Navier Dussaussoye pour M. René de Brosses, et M. de Brosses de Tournay, en son propre et privé nom, se départent, et mondit sieur Fargès audit nom les fait départir, de tous autres dommages-intérêts mentionnés au rapport desdits experts, et notamment de la somme de cinq mille vingt-quatre livres onze sous dix deniers, par eux reconnue manquer de celle de douze mille livres que M. de Voltaire s'était obligé par ledit bail à vie d'employer en constructions, grosses réparations et améliorations de toute espèce, sans aucune répétition, et encore de la somme de deux mille livres à laquelle les dommages-intérêts prétendus pour l'épuisement de la carrière de Tournay avaient été estimés par lesdits experts.

Art. 3.

Demeure convenu encore qu'outre la susdite somme de 27,878 livres 10 sous ladite dame Duvivier payera à mondit sieur René de Brosses celle de

---

1. Les art. 4, 5 et 6, uniquement relatifs au mode de payement, ont été retranchés comme sans objet dans la présente publication.

douze mille cent-quatre-vingt une livres 10 sous, savoir celle de dix mille trois cent trente-trois livres pour les non-jouissances des revenus de ladite terre de Tournay à compter du 10 mai 1778, jour du décès dudit sieur de Voltaire, jusqu'au 28 mars prochain, et celle de dix sept cent quatre-vingt-huit livres dix sous tant pour la valeur des dix-huit vaches et cinq génisses qui étaient attachées à ladite terre lors du bail à vie de 1758 et qui ont été retirées, que pour la valeur des meubles et effets, linges et ustensiles rapportés dans l'inventaire du 22 février 1759, qui auraient été enlevés par ledit sieur de Voltaire dudit château de Tournay.

Demeure enfin convenu que tous les frais et dépens respectivement faits par les parties tant au bailliage de Gex qu'aux requêtes du Palais à Paris et au parlement de Dijon et de cette ville demeurent compensés entre lesdites parties, sans que de part ni d'autre elles puissent s'en faire aucune répétition, et seront néanmoins ceux de la présente transaction à la charge de ladite dame Duvivier, et par elle supportés sans aucun recours ni répétition.

Au moyen des présentes, l'instance introduite au bailliage de Gex et celle en évocation aux requêtes du Palais à Paris demeurent éteintes et terminées et assoupies.

Fait et passé à Paris, en l'étude, l'an mil sept cent quatre-vingt-un, le 16 janvier, et ont signé la minute des présentes demeurée à Mᵉ Dutertre, l'un des notaires soussignés. Signé sur l'expédition scellée lesdits jour et an :

SAUVAIGE et DUTERTRE.

XXVIII.

LETTRE DE CH. VILLETTE

A MONSIEUR LE MAIRE DE PARIS [1].

Les cendres de Voltaire reposent à l'entrée de l'église de l'abbaye de Scellières, district de Nogent-sur-Seine, département de l'Aube. La municipalité de Romilly, dont dépend cette abbaye désire transporter en sa paroisse les dépouilles mortelles de ce grand homme, et les garder en dépôt jusqu'à ce que la capitale les réclame ; mais elle pense qu'elle ne le doit pas faire sans y être légalement autorisée. M. Favreau, maire de Romilly, s'est présenté au comité de constitution, qui n'a rien répondu à sa requête.

Il est temps enfin que la municipalité de Paris s'occupe de cette translalation, qui paraît former aujourd'hui le vœu général. Il est temps enfin qu'elle remplisse un devoir sacré envers le génie universel qui a le plus honoré la France, et Paris, où il est né.

M. Bailly, comme chef de la commune, est particulièrement invité à prendre en considération cette demande. A son refus, un grand nombre de

1. *Chronique de Paris*, du 15 mars 1791.

bons citoyens se proposent de se rendre processionnellement à Scellières, et de rendre, en leur particulier, aux mânes de Voltaire, un hommage qu'il avait droit d'attendre du corps municipal, au nom de la nation.

XXIX.

EXTRAIT DU PROCÈS-VERBAL
DE L'ASSEMBLÉE NATIONALE
DU DIMANCHE 8 MAI 1791.

L'Assemblée nationale décrète que le corps de Marie-François Arouet de Voltaire sera transféré de l'église de l'abbaye de Scellières dans l'église paroissiale de Romilly, sous la surveillance de la municipalité dudit lieu de Romilly, qui sera chargée de veiller à la conservation de ce dépôt jusqu'à ce qu'il ait été statué par l'Assemblée sur la pétition de ce jour, qui est renvoyée au comité de constitution.

Collationné à l'original, par nous, secrétaires de l'Assemblée nationale.

A Paris, le 8 mai 1791.

LACHARMIE; GEOFFROY; F.-C. BAILLOT; BESSE, curé de Saint-Aubin.

XXX.

EXTRAIT DU PROCÈS-VERBAL
DE L'ASSEMBLÉE NATIONALE
DU LUNDI 30 MAI 1791.

L'Assemblée nationale, après avoir entendu le rapport du comité de constitution,

Décrète que Marie-François Arouet de Voltaire est digne de recevoir les honneurs décernés aux grands hommes ; qu'en conséquence ses cendres seront transférées de l'église de Romilly dans celle de Sainte-Geneviève, à Paris.

Elle charge le directoire du département de cette ville de l'exécution du présent décret.

Collationné à l'original, par nous, secrétaires de l'Assemblée nationale.

A Paris, le 30 mai 1791.

LACHARMIE; RICARD, dép. de Toulon ; HUOT-GONCOURT.

XXXI.

EXTRAIT DU *MONITEUR*
RELATIF A LA TRANSLATION DES CENDRES DE VOLTAIRE
AU PANTHÉON [1].

On connaît la lettre que M. Villette écrivit au nom d'un grand nombre de citoyens à M. le maire de Paris, pour qu'à la vente de l'abbaye de Scellières, où les cendres de Voltaire étaient déposées, la municipalité les réclamât. On sait que plusieurs paroisses se disputèrent l'honneur de les avoir; et qu'enfin d'après une pétition [2] présentée à l'Assemblée nationale par M. Charron, officier municipal, il a été décrété qu'il serait rendu aux cendres de Voltaire des honneurs publics, et qu'elles seraient déposées dans le monument destiné à conserver celles des grands hommes.

Ces détails, dont M. Charron lui-même a rendu compte au directoire du département, le 4 de ce mois (juin 1791), forment la matière d'un rapport d'après lequel ce corps administratif a pris l'arrêté suivant sur la translation de Voltaire :

« M. Charron, officier municipal, a représenté au directoire qu'avant le décret de l'Assemblée nationale du 8 mai dernier, sanctionné le 15, qui ordonne que le corps de Voltaire sera transféré de l'abbaye de Scellières dans l'église paroissiale de Romilly, sous la surveillance de la municipalité dudit lieu, il avait été chargé par la municipalité des opérations préliminaires à la translation de Voltaire; il a rendu compte au directoire du travail qu'il avait préparé à ce sujet, et dans lequel il embrasse tous les détails de l'entrée triomphale de Voltaire dans Paris, et de la fête nationale qui pourrait avoir lieu à cette occasion.

« Le directoire, approuvant le plan et les mesures qui lui ont été soumises, nomme M. Charron pour continuer, en qualité de son commissaire spécial, les soins qu'il s'est déjà donnés à cet égard. Il fixe le jour de la fête au lundi 4 juillet, et charge la municipalité de prendre toutes les précautions d'ordre et de police qu'une telle circonstance rend nécessaires dans Paris.

« *Signé* : ANSON, vice-président; BLONDEL, secrétaire. »

Les cendres de Voltaire seront portées dans un char orné d'allégories relatives au génie des arts, et traîné par quatre [3] chevaux blancs presque nus, couverts d'une simple draperie; il sera suivi des Muses et des Arts per-

---

1. Numéro du 20 juin 1791.
2. On peut voir cette pétition dans le *Moniteur* du 10 mai 1791, article *Bulletin de l'Assemblée*, séance du 8 mai.
3. Il fut traîné par douze chevaux.

sonnifiés. De jeunes filles, des enfants vêtus de blanc, précéderont la statue qui doit lui être élevée ; des chœurs de musiciens accompagneront cette marche, dont le cortège sera composé ainsi qu'il suit :

Un détachement de cavalerie avec ses trompettes, le bataillon des enfants, la députation des colléges, un corps de musique, les députations des clubs et sociétés patriotiques, cent quatre-vingt-douze députés des sections, un corps de musiciens, les artistes, les gens de lettres, les académies, lycée, musée, etc., corps de musique et de tambours, les quarante-huit juges de paix, les tribunaux et leurs huissiers, MM. les députés de l'assemblée électorale, une députation de l'armée parisienne, le conseil général de la commune, le département et ses huissiers, gardes de la prévôté, ministres du roi, gardes de la prévôté, députés du corps législatif [1], grand corps de musique, le char, le procureur général syndic et le commissaire à la translation, tambours, les vétérans, musique, groupe d'artistes, députation des théâtres, troupe de femmes vêtues de blanc, ayant une couronne de roses sur la tête, une ceinture bleue, et portant des guirlandes et des couronnes ; groupe de jeunes gens portant des enseignes sur lesquelles seront écrites des pensées de Voltaire ; chœurs de musiciens chantant les strophes d'un hymne à Voltaire, groupe d'artistes enveloppant la statue de Voltaire faite par M. Houdon ; corps de cavalerie fermant la marche.

Ce magnifique cortége partira, le 4 juillet matin, du boulevard Saint-Antoine, suivra les boulevards jusqu'à la place Louis XV, le quai des Tuileries, le pont Royal, le quai Voltaire : station devant la maison de M. Charles Villette. Le cortége suivra le quai Voltaire, les rues Dauphine, de la Comédie et du Théâtre-Français, la rue des Fossés-Monsieur-le-Prince, la place Saint-Michel, la rue Saint-Hyacinthe, la porte Saint-Jacques, la place du Panthéon français ou de la nouvelle Sainte-Geneviève.

XXXII.

TRANSLATION

DES CENDRES DE VOLTAIRE AU PANTHÉON [2].

Dimanche, 10 de ce mois, M. le procureur-syndic du département et une députation du corps municipal se sont rendus, savoir, le procureur-syndic aux limites du département, et la députation de la municipalité à la barrière de Charenton, pour recevoir le corps de Voltaire. Un char de forme antique portait le sarcophage dans lequel était contenu le cercueil. Des branches de laurier et de chêne, entrelacées de roses, de myrtes et de fleurs

---

1. Dans la séance du 9 juillet, l'Assemblée constituante arrêta qu'elle enverrait *au triomphe de Voltaire une députation de douze de ses membres* (voyez le *Moniteur* du 10 juillet 1791).

2. Extrait du *Moniteur* du 13 juillet 1791.

des champs, entouraient et ombrageaient le char, sur lequel étaient deux inscriptions : l'une,

> Si l'homme est créé libre, il doit se gouverner;

l'autre,

> Si l'homme a des tyrans, il les doit détrôner [1].

Plusieurs députations, tant de la garde nationale que des sociétés patriotiques, formaient un cortége nombreux et ont conduit le corps sur les ruines de la Bastille. On avait élevé une plate-forme sur l'emplacement qu'occupait la tour dans laquelle Voltaire fut renfermé : son cercueil, avant d'y être déposé, a été montré à la foule innombrable des spectateurs qui l'environnaient, et les plus vifs applaudissements ont succédé à un religieux silence. Des bosquets garnis de verdure couvraient la surface de la Bastille. Avec les pierres provenant de la démolition de cette forteresse, on avait formé un rocher, sur le sommet et autour duquel on voyait divers attributs et allégories. On lisait sur une de ces pierres :

> Reçois en ce lieu où t'enchaîna le despotisme,
> Voltaire,
> les honneurs que te rend la patrie.

La cérémonie de la translation au Panthéon français avait été fixée pour le lundi 11; mais une pluie survenue pendant une partie de la nuit et de la matinée avait déterminé d'abord à la remettre au lendemain : cependant, tout étant préparé et la pluie ayant cessé, on n'a pas cru devoir la retarder; le cortége s'est mis en marche à deux heures après midi.

Voici l'ordre qui était observé : un détachement de cavalerie, les sapeurs, les tambours, les canonniers et les jeunes élèves de la garde nationale, la députation des colléges, les sociétés patriotiques, avec diverses devises; on a remarqué celle-ci :

> . Qui meurt pour sa patrie, meurt toujours content;

députation nombreuse de tous les bataillons de la garde nationale, groupe armé de forts de la Halle [2]. Les portraits en relief de Voltaire, J.-J. Rousseau, Mirabeau et Désilles, environnant le buste de Mirabeau, donné par

---

1. Ce sont les deux premiers vers du troisième des *Discours sur l'Homme;* voyez tome IX, page 63.
Le vers qui suit est celui qu'on va lire :

> On ne le sait que trop, nos tyrans sont nos vices;

de sorte que d'une réflexion morale on avait fait un principe politique.

2. Celui-ci avait inscrit sur sa bannière ces vers que le *Moniteur* omet de mentionner :

> Grands dieux, exterminez de la terre où nous sommes
> Quiconque avec plaisir répand le sang des hommes.

M. Palloy à la commune d'Argenteuil; ces bustes étaient entourés des camarades de d'Assas, et des citoyens de Varennes et de Nancy. Les ouvriers employés à la démolition de la Bastille, ayant à leur tête M. Palloy, portaient des chaînes, des boulets et des cuirasses, trouvés lors de la prise de cette forteresse. Sur un brancard était le *Procès-verbal des électeurs de* 1789, et l'*Insurrection parisienne*, par M. Dusaulx[1]. Les citoyens du faubourg Saint-Antoine, portant le drapeau de la Bastille avec un plan de cette forteresse représentée en relief, et ayant au milieu d'eux une citoyenne en habit d'amazone, uniforme de la garde nationale, laquelle a assisté au siége de la Bastille et a concouru à sa prise; un groupe de citoyens armés de piques, dont une était surmontée du bonnet de la liberté et de cette devise: *De ce fer naquit la liberté*. Le quatre-vingt-troisième modèle de la Bastille, destiné pour le département de Paris, porté par les anciens gardes-françaises, revêtus de l'habit de ce régiment; la société des Jacobins (on a paru étonné que cette société n'ait pas été réunie avec les autres); les électeurs de 1789 et 1790, les cent-suisses et les gardes-suisses; députation des théâtres, précédant la statue de Voltaire, entourée de pyramides chargées de médaillons portant les titres de ses principaux ouvrages. La statue d'or, couronnée de lauriers, était portée par des hommes habillés à l'antique. Les académies et les gens de lettres environnaient un coffre d'or renfermant les 70 volumes de ses œuvres, donnés par M. Beaumarchais. Députation des sections, jeunes artistes, gardes nationaux et officiers municipaux de divers lieux du département de Paris, corps nombreux de musique vocale et instrumentale. Venait ensuite le char portant le sarcophage dans lequel était renfermé le cercueil.

Le haut était surmonté d'un lit funèbre, sur lequel on voyait le philosophe étendu, et la Renommée lui posant une couronne sur la tête. Le sarcophage était orné de ces inscriptions :

Il vengea Calas, La Barre, Sirven, et Montbailly.
Poëte, philosophe, historien, il a fait prendre un grand essor
à l'esprit humain, et nous a préparés à devenir libres.

Le char était traîné par douze chevaux gris-blanc [2], attelés sur quatre de front, et conduits par des hommes vêtus à la manière antique. Immédia-

---

1. *De l'Insurrection parisienne, et de la prise de la Bastille; discours historique, prononcé par extrait dans l'Assemblée nationale*, 1790, in-8°. Tel est le titre d'un ouvrage de J. Dusaulx, traducteur de Juvénal.

2. L'objet de la pompe funèbre de Voltaire, *pour laquelle la reine Marie-Antoinette fournit deux chevaux blancs*, dit Grégoire, était moins d'honorer la mémoire du poëte que d'afficher le mépris pour la religion. » Page *l* du *Discours préliminaire de l'Histoire des sectes religieuses*, 1810, deux volumes in-8°. L'ouvrage, qui avait été saisi en 1810, fut rendu au mois de juin 1814, mais sous la condition de faire des changements. On réimprima les faux titres et titres, et l'on fit onze cartons. L'un de ces cartons porte précisément sur le passage que je cite. Les mots que j'ai imprimés en caractères italiques furent supprimés. (B.)

tement après le char venaient la députation de l'Assemblée nationale, le département, la municipalité, la cour de cassation, les juges des tribunaux de Paris, les juges de paix, le bataillon des vétérans : un corps de cavalerie fermait la marche.

Ce cortége a suivi les boulevards depuis l'emplacement de la Bastille, et s'est arrêté vis-à-vis l'Opéra[1]. Le buste de Voltaire ornait le frontispice du bâtiment ; des festons et des guirlandes de fleurs entouraient des médaillons sur lesquels on lisait : *Pandore, le Temple de la Gloire, Samson.* Après que les acteurs eurent couronné la statue et chanté un hymne, on se remit en route, et on suivit les boulevards jusqu'à la place Louis XV, le quai de la Conférence, le Pont-Royal, le quai Voltaire.

Devant la maison de M. Charles Villette, dans laquelle est déposé le cœur de Voltaire, on avait planté quatre peupliers très-élevés, lesquels étaient réunis par des guirlandes de feuilles de chêne, qui formaient une voûte de verdure, au milieu de laquelle il y avait une couronne de roses que l'on a descendue sur le char au moment de son passage. On lisait sur le devant de cette maison :

> Son esprit est partout, et son cœur est ici.

Mme Villette a posé une couronne sur la statue d'or. On voyait couler des yeux de cette aimable dame des larmes qui lui étaient arrachées par le souvenir que lui rappelait cette cérémonie. On avait élevé devant cette maison un amphithéâtre, qui était rempli de jeunes demoiselles vêtues de blanc, une guirlande de roses sur la tête, avec une ceinture bleue, et une couronne civique à la main. On chanta devant cette maison, au son d'une musique exécutée en partie par des instruments antiques, des strophes d'une ode de MM. Chénier et Gossec. Mme Villette et la famille Calas ont pris rang à ce moment ; plusieurs autres dames vêtues de blanc, de ceintures et rubans aux trois couleurs, précédaient le char.

On a fait une autre station devant le Théâtre de la Nation[2]. Les colonnes de cet édifice étaient décorées de guirlandes de fleurs naturelles. Une riche draperie cachait les entrées ; sur le fronton on lisait cette inscription : *Il fit Irène à 83 ans.* Sur chacune des colonnes était le titre d'une des pièces de théâtre de Voltaire, renfermées dans trente-deux médaillons. On avait placé un de ses bustes devant l'ancien emplacement de la Comédie française, rue des Fossés-Saint-Germain ; il était couronné par deux génies, et on avait mis au bas cette inscription : *A 17 ans il fit Œdipe.* On exé-

---

1. L'Opéra était alors au théâtre de la porte Saint-Martin.
2. C'était le titre que portait alors le théâtre appelé aujourd'hui *Odéon*. Le 9 avril 1782, les comédiens français en avaient fait l'ouverture sous le titre de *Théâtre-Français;* en 1789, ils prirent celui de *Théâtre de la Nation,* en conservant toutefois celui de *comédiens ordinaires du roi.* En 1791, une partie de ces acteurs passa au *Théâtre des Variétés,* qui prit alors le titre de *Théâtre-Français de la rue de Richelieu :* c'est ce théâtre qu'occupe aujourd'hui la Comédie française.

cuta devant le Théâtre de la Nation un chœur de l'opéra de *Samson*. Après cette station, le cortége s'est remis en marche, et est arrivé au Panthéon à dix heures. Le cercueil y a été déposé ; mais il sera incessamment transféré dans l'église Sainte-Geneviève, et sera placé auprès de ceux de Mirabeau et de Descartes.

Cette cérémonie a été une véritable fête nationale. Cet hommage rendu aux talents d'un grand homme, à l'auteur de *la Henriade* et de *Brutus*, a réuni tous les suffrages. On a cependant remarqué quelques émissaires répandus dans la foule, et qui critiquaient avec amertume le luxe de ce cortége ; mais les raisonnements des gens sensés les ont bientôt réduits au silence. Partout on voyait les bustes de Voltaire couronnés ; on lisait les maximes les plus connues de ses immortels ouvrages. Elles étaient dans la bouche de tout le monde.

Dans toute la longueur de la route que ce superbe cortége a traversée, une foule innombrable de citoyens garnissait les rues, les fenêtres, les toits des maisons. Partout le plus grand ordre ; aucun accident n'est venu troubler cette fête. Les applaudissements les plus nombreux accueillaient les divers corps qui composaient la marche. On ne peut trop louer le zèle et l'intelligence de ceux qui ont ordonné cette fête. On doit particulièrement des éloges à MM. David et Cellerier. Le premier a fourni les dessins du char, qui est un modèle du meilleur goût. Le second s'est distingué par son activité à suivre les travaux de cette fête, et par le talent dont il a fait preuve dans l'ingénieuse décoration de l'emplacement de la Bastille.

Le temps, qui avait été très-orageux toute la matinée, a été assez beau pendant tout le temps que le cortége était en marche, et la pluie n'a commencé qu'au moment où il arrivait à Sainte-Geneviève. Cette fête a attiré à Paris un grand nombre d'étrangers.

XXXIII.

EXTRAIT

D'UNE LETTRE DE M. BOUILLEROT [1]

CURÉ DE ROMILLY-SUR-SEINE

A M. PATRIS-DEBREUIL.

L'enlèvement du corps de Voltaire est une vraie fable. J'ai été témoin de son inhumation, de son exhumation, de sa déposition dans l'église de Romilly, et enfin de sa translation pour Paris ; mais je n'ai aucune connaissance du procès-verbal qui fut dressé alors, et qui, je pense, doit se trouver dans

---

1. Juillet ou août 1791. — M. Patris-Debreuil, à qui est adressée la lettre, a donné cet extrait page 463 du tome II des *OEuvres inédites de Grosley*, qu'il a publiées en 1813. Il ne donne pas la date de la lettre.

les archives de la municipalité de Paris, qui députa M. Charron, un de ses membres, pour présider à ce transport. Il se proposait de faire un recueil de toutes les réceptions qu'on leur fit dans les divers endroits où ils passèrent; recueil qui eût pu être intéressant, mais qui n'eut pas lieu.

Lors de l'exhumation de Voltaire, on trouva un cadavre décharné, desséché, mais entier, et dont toutes les parties étaient jointes[1]. On l'enleva de la fosse avec beaucoup de précaution, et il ne se détacha que le calcanéum, qu'une personne emporta. Le corps fut exposé pendant deux jours aux regards du public, dans l'église de Romilly, puis renfermé dans un sarcophage placé quelque temps dans la sacristie, ensuite déposé dans le chœur, sous une tente, jusqu'au jour de la translation.

Voilà l'exacte vérité, et tout ce qui est à ma connaissance.

XXXIV.

LETTRE

ADRESSÉE PAR LES ARTISTES DU CI-DEVANT THÉATRE-FRANÇAIS

AU MINISTRE DE L'INTÉRIEUR, LE 3 MESSIDOR AN IV [2].

Citoyen ministre, vous demandez que les artistes du ci-devant Théâtre-Français vous produisent leurs titres à la propriété de la statue de Voltaire, qui est dans le vestibule de la salle du faubourg Germain.

Ce titre est aussi simple qu'il est décisif: elle nous a été donnée par la citoyenne Duvivier, à qui elle appartenait. La citoyenne Duvivier, nièce et héritière de Voltaire, avait fait exécuter cette statue dans l'intention de la donner à l'Académie française. Ayant appris qu'elle avait changé de dessein, nous conçûmes aussitôt, avec le plus vif désir de posséder ce précieux monument, l'espérance fondée de l'obtenir.

En conséquence, nous arrêtâmes d'écrire à la citoyenne Duvivier une lettre qui lui fut adressée le 26 septembre 1780; elle y répondit à l'instant par sa lettre du même jour, dont les termes ne laissent rien à désirer.

Les artistes du Théâtre-Français, après avoir exprimé à la citoyenne Duvivier tous les sentiments dont leurs cœurs étaient pénétrés, et lui avoir exposé les titres qu'ils croyaient avoir pour mériter son bienfait, terminaient en rappelant ce que Voltaire leur avait dit lorsqu'il vint les remercier des efforts qu'ils avaient faits pour obtenir son retour dans la capitale: « Mes enfants, je veux vivre et mourir au milieu de vous! » Cette adoption glorieuse, ajoutions-nous, c'est à vous, madame, à la confirmer par un *don qui ne peut et ne doit être fait qu'à ses enfants.*

---

1. Ces circonstances m'ont été confirmées, en 1831, par M. Charron, qui présidait à l'exhumation, et qui est mort en 1832. (B.)

2. *Musée de la Comédie française*, par René Delorme. Paris, P. Ollendorf, éditeur, 1878. Page 9.

La citoyenne Duvivier répondit :

« Rien n'est si flatteur, messieurs, pour la mémoire de mon oncle et pour moi, que la lettre que je viens de recevoir de votre assemblée; je l'ai lue avec attendrissement.

« La manière dont vous vous êtes conduits avec lui pendant le trop court séjour qu'il a fait dans cette capitale *m'impose, pour ainsi dire, la loi de remplir vos désirs et de placer la statue de M. de Voltaire au milieu de ceux qui l'ont couronné de son vivant.*

« *Je vous donne avec grand plaisir ce tribut de ma reconnaissance* et des sentiments avec lesquels j'ai, etc., etc.

« Mignot-Duvivier »

Vous voyez donc, citoyen ministre, que c'est bien le don de la statue qui a été sollicité, et que c'est le don qui en a été fait sans restriction ni réserve.

Vous voyez que c'est la Société des Comédiens français qui en a fait la demande, et que c'est bien aux individus qui la composent, à ceux qui avaient couronné Voltaire de son vivant, à ceux qui s'étaient conduits de manière à mériter le don de la citoyenne Duvivier, qu'elle a donné ce témoignage de sa reconnaissance, et qu'elle a bien voulu regarder ce don comme une obligation qu'elle avait à remplir envers nous.

XXXV.

PROCÈS-VERBAL

DU DÉPLACEMENT

DES SARCOPHAGES DE VOLTAIRE ET DE ROUSSEAU.

L'an mil huit cent vingt et un, le vingt-neuf décembre, dix heures du matin,

En exécution de la décision de S. Exc. monseigneur le ministre de l'intérieur, en date du vingt-cinq de ce mois, à nous transmise par monsieur le conseiller d'État, directeur des travaux de Paris, et relative aux dispositions à faire dans la chapelle souterraine de la nouvelle église de Sainte-Geneviève, où se trouvent déposés provisoirement depuis plusieurs années les deux sarcophages de Voltaire et de J.-J. Rousseau; ladite décision portant que monsieur le maire du douzième arrondissement, et le commissaire de police du quartier Saint-Jacques, seront appelés à présider au déplacement de ces deux monuments, qui seront sur-le-champ rétablis dans les deux caveaux d'une salle voûtée qui se trouve à l'extrémité de la principale galerie souterraine, et qu'il sera dressé procès-verbal de cette opération;

Nous, Claude-Étienne Delvincourt, adjoint au maire du douzième arrondissement de la ville de Paris, doyen de la faculté de droit, membre de la Légion d'honneur, chevalier de l'ordre de Saint-Michel, etc. ;

Et Henri-Nicolas Marrigue, commissaire de police de ladite ville de Paris, quartier Saint-Jacques, officier de police judiciaire, auxiliaire de monsieur le procureur du roi, nous sommes transportés en la nouvelle église Sainte-Geneviève, où étant, nous avons trouvé le sieur Louis-Pierre Baltard, architecte de ladite église, auquel monsieur le directeur des travaux de Paris avait donné avis de notre transport, et le sieur Pierre-Jean-Ambroise Boucault, inspecteur des travaux de la nouvelle église de Sainte-Geneviève, François-Marie Jay, inspecteur adjoint, et Jacques Étienne, gardien des souterrains, lequel nous a conduits de suite dans la chapelle souterraine de l'église, et dont la porte d'entrée se trouve placée en face des bâtiments du collège de Henri IV.

Là, ledit sieur Baltard nous a représenté deux sarcophages en menuiserie, que nous avons reconnus pour être ceux de Voltaire et de J.-J. Rousseau, par les emblèmes, bas-reliefs et inscriptions qui les décorent, et dont plusieurs sont dégradés par le temps.

Ayant invité le chef ouvrier qui accompagnait ledit sieur Baltard à procéder à l'enlèvement du sarcophage de Voltaire, qui était posé du côté du midi, et ayant sa statue en marbre blanc placée en face dans une niche, il a fait renverser ce sarcophage sur le côté, et on a retiré de dedans une caisse en chêne, longue d'un mètre quatre-vingt-douze centimètres, large de cinquante-six centimètres, fermée par deux plates-bandes en fer, formant équerre, et rattachant le dessus aux deux côtés, ainsi que par dix-sept forts clous, les extrémités des côtés de ladite caisse assemblées à queue d'aronde.

Le sieur Étienne, gardien, nous a dit que cette caisse renferme les ossements de Voltaire.

En conséquence, nous avons reconnu qu'il était impossible, en raison de la dimension, de faire transporter ce sarcophage au travers des galeries souteraines ; nous l'avons fait démonter avec soin, et l'avons fait transporter par parties dans la salle voûtée qui se trouve à l'extrémité de la principale galerie souterraine. Là, nous l'avons fait remonter, et poser de suite dans le caveau à gauche pratiqué dans la salle, et avons fait replacer dessous, sans qu'elle ait été ouverte, la caisse qui a été reconnue pour contenir les ossements de Voltaire.

Cette première opération terminée, nous sommes entrés dans la chapelle souterraine, et avons fait procéder à l'ouverture du sarcophage de J.-J. Rousseau, qui était placé au côté nord de ladite chapelle, par un ouvrier du sieur Meulen, serrurier, demeurant enclos du Panthéon, la clef de ce sarcophage n'ayant point été remise entre nos mains. Son ouverture ayant été faite, on a retiré de l'intérieur une caisse en plomb, ayant sur sa surface une inscription en lettres moulées, gravées dans l'épaisseur du plomb, laquelle est ainsi conçue : *Hic jacent ossa Joannis-Jacobi Rousseau,* 1778 ; ladite caisse, longue d'un mètre soixante-dix-neuf centimètres, large de cinquante-trois centimètres, haute de trente-six centimètres, et ayant deux forts anneaux mobiles en fer à ses deux extrémités.

Nous avons reconnu qu'il existait sur l'arête, au-dessus de l'inscription, trois gerçures à l'endroit de la soudure.

Le sieur Étienne, gardien, nous a dit que cette caisse en plomb renferme les ossements de J.-J. Rousseau. Nous avons donc fait démonter également pièce par pièce le sarcophage de J.-J. Rousseau, et l'avons fait transporter dans le caveau de droite pratiqué dans la salle voûtée où venait d'être déposé celui de Voltaire. Là, nous l'avons fait remonter, et avons fait replacer dans son intérieur, sans qu'elle ait été ouverte, la caisse en plomb renfermant les ossements de J.-J. Rousseau; et avons de suite fait refermer la porte du sarcophage, dont la clef, qui venait d'être faite par le sieur Meulen, a été remise entre nos mains, pour être jointe à une expédition du présent.

De tout ce que dessus, nous maire et commissaire de police du douzième arrondissement, avons dressé en triple expédition le présent procès-verbal, que nous avons signé avec les susnommés après lecture, et sous l'approbation de ce qui y est contenu, et disons qu'il sera déposé tant au ministère de l'intérieur qu'à la direction des travaux de Paris, et à la douzième mairie.

Fait et clos à Paris, les jour, mois et an que dessus, à trois heures de relevée.

Signé : Delvincourt, H.-N. Marrigue, Baltard, Boucault, Jay et Étienne.

Pour copie conforme,
Le conseiller d'État, directeur des bâtiments civils,
Hély d'Oissel.

XXXVI.

PROCÈS-VERBAL

DE REPLACEMENT

DES SARCOPHAGES DE VOLTAIRE ET DE ROUSSEAU.

L'an mil huit cent trente, le quatre septembre, à quatre heures de relevée,

Nous, Dauphin-Louis-Victor Raffeneau, commissaire de police de la ville de Paris, quartier Saint-Jacques, officier de police judiciaire, auxiliaire de monsieur le procureur du roi ;

En exécution des instructions en date du 26 août dernier, par lesquelles monsieur le conseiller d'État, préfet de police, nous charge de nous concerter avec messieurs les délégués de monsieur le directeur des travaux publics de Paris, pour rétablir, conformément aux intentions du ministre de l'intérieur, à la place qu'ils occupaient précédemment dans la nef souterraine du Panthéon, les sarcophages de Voltaire et de Rousseau, qui, en 1821, ont été enlevés et transférés dans les caveaux situés sous le porche de ce monument, nous sommes transportés au Panthéon, où, ayant trouvé M. Baltard, architecte de ce monument, spécialement délégué à cet effet par monsieur le directeur des travaux publics de Paris, nous sommes descendus, accompagnés du sieur Boucault, inspecteur, dans les galeries souterraines, et y avons vu deux sarcophages, l'un contenant le cercueil de Rousseau, placé à la seconde travée de la galerie du nord, et l'autre contenant le cercueil de Voltaire, placé vis-à-vis, à la deuxième travée de la galerie du midi.

M. Baltard nous ayant dit que, d'après les intentions de monsieur le directeur des travaux publics, ces deux sarcophages ont été, il y a peu de jours, retirés des caveaux où ils pourrissaient, et transférés au lieu où ils sont actuellement, et qui est celui où ils étaient antérieurement à 1821,

Nous avons procédé à leur examen, et avons constaté ce qui suit :

Le cercueil renfermant les cendres de Rousseau est en plomb, parfaitement soudé, si ce n'est au centre de l'arête supérieure, du côté du nord, une légère crevasse qui provient évidemment d'une rupture faite dans le transport, et ne présente aucune effraction.

Sur la plaque supérieure est gravée en creux l'inscription suivante :

Hic jacent ossa Joannis-Jacobi Rousseau,
anno 1778.

Ledit cercueil est enclavé dans un sarcophage en bois peint et sculpté, mais dans un tel état de dégradation que la moitié du couvercle est tombée en morceaux lors du transport; l'autre moitié, qui fait face au midi, est dans le plus grand état de délabrement, ainsi que tout le reste de ce monument, aujourd'hui couvert d'une mousse moisie, produite par l'humidité excessive et perpétuelle du caveau dans lequel il est resté si longtemps.

Sur chacun des deux grands côtés du parallélogramme on aperçoit encore quelques traces de cette inscription :

Ici repose l'homme
de la nature et de la vérité.

Le cercueil renfermant les cendres de Voltaire est extérieurement en bois de chêne, parfaitement intact; deux bandes de scellés que M. Boucault déclare y avoir été apposées en 1821 existent encore, ainsi que les cachets; seulement la bande placée du côté du midi est légèrement endommagée, mais sans qu'il y ait aucune trace d'effraction.

Le sarcophage, également en bois, est aussi très-dégradé, mais beaucoup moins cependant que celui de Rousseau, parce qu'il était déposé dans un caveau au midi, où les infiltrations sont moins abondantes, et l'humidité moins permanente.

Le couvercle est surmonté d'une boule et d'une lyre; presque tous les ornements sont brisés, et tombent de vétusté.

On lit encore sur les côtés de ce sarcophage les inscriptions ci-après, savoir :

Sur le petit côté, vers l'est :

> AUX MANES DE VOLTAIRE.
> L'ASSEMBLÉE
> NATIONALE
> A DÉCRÉTÉ, LE 30 MAI
> 1791, QU'IL AVAIT MÉRITÉ
> LES HONNEURS DUS AUX
> GRANDS HOMMES.

Sur celui de l'ouest :

> IL DÉFENDIT
> CALAS, SIRVEN,
> DE LA BARRE,
> MONTBAILLY, ETC.

Sur le grand côté vers le nord :

> POÈTE, HISTORIEN,
> PHILOSOPHE, IL
> AGRANDIT L'ESPRIT
> HUMAIN, ET LUI
> APPRIT QU'IL
> DEVAIT ÊTRE LIBRE.

Sur celui du midi :

> IL COMBATTIT LES
> ATHÉES ET LES FANATIQUES,
> IL INSPIRA LA TOLÉRANCE.
> IL RÉCLAMA LES DROITS
> DE L'HOMME CONTRE LA SERVITUDE
> DE LA FÉODALITÉ.

Ensuite dudit examen, nous avons été conduits dans les caveaux où les deux sarcophages avaient été déposés en 1821, et nous sommes assurés que c'est seulement à leur humidité et au défaut d'air que doit être attribué l'état de dégradation desdits sarcophages.

A cinq heures moins un quart, les jour et an que dessus, a été clos le présent procès-verbal, qui a été dressé en double original, dont l'un sera envoyé à monsieur le conseiller d'État, préfet de police, et l'autre à monsieur le directeur des travaux publics de Paris ; et nous avons signé, ainsi que messieurs Baltard et Boucault.

Ainsi signé : RAFFENEAU, BALTARD, BOUCAULT.

Pour copie conforme,
Le conseiller d'État, directeur des bâtiments civils,
HÉLY D'OISSEL.

XXXVII.

TRANSLATION

DU CŒUR DE VOLTAIRE A LA BIBLIOTHÈQUE IMPÉRIALE [1].

A la mort de Voltaire, à la suite de l'autopsie du corps, son cœur en fut extrait, le 31 mai 1778, par l'ordre du marquis de Villette, dans l'hôtel duquel Voltaire était descendu à son retour à Paris et chez qui il mourut. L'ami, l'admirateur du grand écrivain voulut que ce cœur fût sauvé de la destruction produite par la mort, et il fut mis dans un vase de métal, baignant dans une préparation chimique propre à en perpétuer la conservation.

Après que fut intervenue la loi du 30 mai 1791, qui ordonna que « les cendres de Voltaire seraient transférées dans l'église Sainte-Geneviève, où elles recevraient les honneurs décernés aux grands hommes », quand cette loi fut exécutée, le 11 juillet suivant, le cortége officiel qui traversait Paris s'arrêta devant l'hôtel de M. de Villette, au coin de la rue de Beaune et du quai Voltaire, et *le Moniteur* du 13 juillet constate que cette station eut lieu parce que le cœur de Voltaire s'y trouvait.

Peu après, le cœur de Voltaire fut transporté au château de Villette, canton de Pont-Sainte-Maxence (Oise), où il a reposé depuis et a été gardé avec vénération.

Mais le marquis de Villette, sa veuve et son fils, sont morts, et leurs héritiers ayant regardé comme un devoir de rendre ce dépôt à l'État, leur représentant, M. Léon Duval, membre de l'ordre des avocats de la Cour impériale de Paris, a fait demander les ordres de l'empereur, qui a voulu qu'un asile national fût donné dans la Bibliothèque impériale au cœur de Voltaire, pour qu'il appartînt désormais à la France, comme l'a voulu la loi du 30 mai 1791.

En conséquence des ordres de Sa Majesté, vendredi dernier, 16 de ce mois, S. Exc. M. Duruy, ministre de l'instruction publique, s'étant transporté à la Bibliothèque impériale, en présence de l'administrateur général de cet établissement, accompagné des membres du comité consultatif, a reçu des mains de M. Léon Duval le cœur de Voltaire enfermé dans un récipient en métal doré sur lequel sont écrits ces mots : *Le cœur de Voltaire, mort à Paris le XXX may MDCCLXXVIII*, a déclaré prendre possession de ce précieux dépôt, et a arrêté qu'il serait provisoirement conservé avec le respect que commandent les restes mortels de ce grand homme, dans le local le mieux gardé de la Bibliothèque impériale, c'est-à-dire à son département des médailles, jusqu'au moment où l'état d'avancement des travaux permettra de l'installer définitivement entre les départements des manuscrits et

---

1. Extrait du *Moniteur universel* du 22 décembre 1864 (Partie non officielle).

des imprimés, au premier étage de la rotonde qui se trouve à la jonction des rues de Richelieu et Neuve-des-Petits-Champs, pièce qui sera disposée à l'effet de recevoir, avec le cœur de Voltaire, l'original de sa statue par Houdon, les médailles frappées en son honneur et les correspondances manuscrites et œuvres imprimées de l'immortel écrivain.

Procès-verbal a été dressé de cette remise et de cette réception.

XXXVIII.

VIOLATION

DU TOMBEAU DE VOLTAIRE.

Le tombeau de Voltaire a-t-il été violé en 1814? Telle est la question que posait *l'Intermédiaire des chercheurs et des curieux* du 15 février 1864.

La question posée, il fut bientôt démontré que les restes de Voltaire et de Rousseau ne sont plus au Panthéon, et que les deux sarcophages que l'on expose aux regards des visiteurs ne recouvrent aujourd'hui que des cercueils vides.

Le plus ancien témoignage qu'on ait recueilli date de 1826. A cette époque, M. de Montrol écrit dans le *Résumé de l'histoire de Champagne* (collection Lecointe et Durey), en parlant de l'abbaye de Scellières :

C'est là que furent déposés les restes de Voltaire. On les transporta depuis au Panthéon. Ils en ont été enlevés avec ceux de Rousseau, pour être jetés où il a paru convenable aux manœuvres employés à cette profanation, et sans que personne aujourd'hui puisse indiquer peut-être le lieu qui les recèle.

Le second témoignage est celui de M. Henrion, l'un des rédacteurs du *Drapeau blanc,* et son témoignage est confirmé par celui de M. Michaud.

En 1832, M. Henrion écrit, dans l'édition qu'il a donnée du *Dictionnaire historique de Feller,* continué par lui :

1822 (3 janvier). Les restes de Voltaire et de Rousseau, déposés dans le temple auquel on avait donné le nom de Panthéon, sont transportés au cimetière du Père-Lachaise. L'église Sainte-Geneviève, rendue à la religion, est bénie par l'archevêque de Paris.

M. Michaud a réimprimé la même phrase en 1836, dans l'édition qu'il a donnée de l'*Abrégé chronologique de l'histoire de France,* par le président Hénault, continué par lui.

Vient ensuite M. Montaubricq, ancien procureur général à Poitiers, démissionnaire en 1830. La note suivante paraît en 1852 dans *la Guienne,* et elle est reproduite, le 30 mai, par la *Sentinelle du Jura :*

On se préoccupe trop dans le monde religieux et politique de ce que deviendront les restes mortels de Voltaire lorsque l'église Sainte-Geneviève sera enfin restituée aux exercices de la religion. Cette question suppose l'ignorance d'un fait que je vais révéler. La tombe de Voltaire, transférée triomphalement au Panthéon en 1791, celle du sophiste Jean-Jacques, qu'on plaça à ses côtés en l'an III de la République, n'ont pas été fidèles à garder les dépouilles que leur avait confiées *la patrie reconnaissante*. Qu'on ouvre les monuments où ces contempteurs du christianisme furent ensevelis, et on trouvera deux tombeaux vides. Il y a *trente ans*, j'appris, par de graves et authentiques récits, que lorsque l'église Sainte-Geneviève fut, sous la Restauration, rendue au culte, *dès ce jour* Voltaire et le citoyen de Genève avaient fait place pour toujours au Dieu dont ils avaient usurpé le domaine. On peut fouiller, on n'aura pas même un peu de poussière.

Montaubricq, ancien procureur général.

Enfin, au témoignage de M. Dupeuty (*Figaro* du 28 février 1864), le tombeau de Voltaire a été récemment ouvert au Panthéon, et il a été constaté qu'il est vide, comme l'avait annoncé en 1852 M. Montaubricq. « On avait parlé, dit M. Dupeuty, l'auteur de l'article, de profanation nocturne des cendres de Voltaire, mais la question était restée indécise. Maintenant il n'y a plus à douter: elles ne sont plus au Panthéon. Le tombeau, pèlerinage quotidien des étrangers, et devant lequel les dévots de l'art et de l'esprit français s'inclinaient avec émotion, croyant saluer les reliques du grand homme, ce tombeau est complètement vide; bien plus, on ne sait ce que sont devenues ces reliques. »

Mais comment était-on si bien instruit, et sur quoi reposaient ces affirmations si précises, si sûres d'elles-mêmes? M. Dupeuty ajoutait que, lorsque le cœur de l'auteur de *la Henriade* fut offert à l'État comme revenant légitimement à la nation, Napoléon III pensa que ce qu'il y avait de plus naturel, c'était de le réunir à l'ensemble des dépouilles du poëte. Le Panthéon étant rendu au culte, cela ne se pouvait faire sans en référer à l'archevêque de Paris. Monseigneur Darboy répondit qu'avant de prendre un parti quelconque, il était prudent de vérifier si les cendres de Voltaire étaient encore là, ou si, depuis 1814, il n'y avait plus rien au Panthéon qu'un tombeau vide. L'empereur, étonné, ordonna des fouilles. « Une de ces nuits dernières, ajoutait M. Dupeuty, on est descendu dans les caveaux du Panthéon, on a soulevé la pierre qui, selon la croyance populaire, devait recouvrir les cendres de Voltaire, *il n'y a en effet plus rien*. Que sont-elles devenues? »

Cette assertion, reproduite par *l'Intermédiaire* (p. 44 et 73), n'a pas été contredite. Le doute n'est donc pas possible pour le tombeau de Voltaire; les trois témoignages que nous avons reproduits semblent prouver suffisamment que celui de Rousseau n'a pas été plus épargné[1].

A quelle époque les restes de Voltaire et de Rousseau ont-ils été enlevés des cercueils qui les enfermaient? C'est un point qu'il est moins facile d'éclaircir.

---

1. Il est cependant à noter que le cercueil de Rousseau est en plomb, et que l'opération, pour demeurer secrète, présentait plus de difficulté.

Est-ce en 1814, comme l'affirme *l'Intermédiaire*? Est-ce en 1822, comme l'assurent MM. Henrion, Michaud et Montaubricq? Des deux allégations, la seconde nous paraît, jusqu'à meilleure information, la plus vraisemblable. Nous avons cité les témoignages sur lesquels elle s'appuie ; citons maintenant celui sur lequel s'est formée la conviction de *l'Intermédiaire*. Il se trouve dans les mémoires de M. P. Lacroix, mémoires inédits qui sont destinés à une lointaine publication, et dont l'auteur a détaché un feuillet au profit de *l'Intermédiaire*. Ce feuillet contient un récit qu'un ami de M. P. Lacroix « tenait, nous est-il dit, de la bouche même de M. de Puymaurin, directeur de la Monnaie ».

Voici le fait, dit M. P. Lacroix, tel qu'il me l'a rapporté :

Aussitôt après la rentrée des Bourbons à Paris, au mois d'avril 1814, les hommes du parti royaliste qui avaient le plus contribué à la Restauration se préoccupèrent de la sépulture de Voltaire et regardèrent comme un outrage à la religion la présence du corps de cet excommunié dans une église. Il y eut plusieurs conférences à ce sujet, et il fut décidé qu'on enlèverait sans bruit et sans scandale les restes mortels du philosophe antichrétien que la Révolution avait déifié. L'autorité avait été sans doute prévenue, et quoiqu'elle n'intervînt pas dans cette affaire, on peut croire qu'elle approuva tacitement ce qui se passa sous la responsabilité de quelques personnes pieuses qu'on ne nous a pas nommées. Nous savons seulement que les deux frères Puymaurin étaient du nombre. Il faut supposer que le curé de Sainte-Geneviève avait reçu des ordres auxquels il dut obéir.

Une nuit du mois de mai 1814, les ossements de Voltaire et de Rousseau furent extraits des cercueils de plomb [1] où ils avaient été enfermés; on les réunit dans un sac de toile et on les porta dans un fiacre qui stationnait derrière l'église. Le fiacre s'ébranla lentement, accompagné de cinq ou six personnes, entre autres les deux frères Puymaurin. On arriva, vers deux heures du matin, par des rues désertes, à la barrière de la Gare, vis-à-vis Bercy. Il y avait là un vaste terrain, entouré d'une clôture en planches, lequel avait fait partie de l'ancien périmètre de la Gare, qui devait être créée en cet endroit pour servir d'entrepôt au commerce de la Seine, mais qui n'a jamais existé qu'en projet. Ce terrain, appartenant alors à la ville de Paris, n'avait pas encore reçu d'autre destination : les alentours étaient déjà envahis par des cabarets et des guinguettes.

Une ouverture profonde était préparée au milieu de ce terrain vague et abandonné, où d'autres personnages attendaient l'arrivée de l'étrange convoi de Voltaire et de Rousseau : on vida le sac rempli d'ossements sur un lit de chaux vive, puis on rejeta la terre par-dessus, de manière à combler la fosse, sur laquelle piétinèrent en silence les auteurs de cette dernière inhumation de Voltaire. Ils remontèrent ensuite en voiture, satisfaits d'avoir rempli, selon eux, un devoir sacré de royaliste et de chrétien.

Dès que ce récit fut imprimé, nous devons nous hâter de le dire, M. le baron de Puymaurin protesta énergiquement contre le rôle qu'auraient joué dans cette odieuse profanation deux MM. Puymaurin, qui eussent été son père et son grand-père, car il n'y avait pas alors de frères Puymaurin [2]. Il

---

1. Celui de Voltaire est en bois.
2. « J'ai écrit de souvenir, répond à cela le Bibliophile, la note envoyée à *l'Intermédiaire*, et j'y ai fait entrer, par mégarde, *deux frères* Puymaurin, au lieu

faut donc effacer leur nom du récit, et c'est ce qu'a fait *l'Intermédiaire*, tout en continuant à considérer comme chose prouvée la violation des deux tombes *en mai 1814*.

Mais si la personne qui a confié ces renseignements à la mémoire de M. P. Lacroix s'est trompée sur le nom des seuls acteurs qu'elle ait désignés, n'a-t-elle pu également se tromper sur la date?

Qu'au moment où le Panthéon fut abandonné aux missionnaires, on ait pris souci de la présence de deux tombes dans une église, on le comprend sans peine; si elle eut lieu en 1821 ou 1822, il est facile d'expliquer l'ouverture du cercueil, sinon de l'excuser ou de l'amnistier. Mais quel intérêt si pressant avait en mai 1814, même pour les ennemis les plus ardents de Voltaire et de Rousseau, le secret déplacement de leurs cendres? C'est au commencement de 1822, nous y reviendrons, que, pour la première fois, l'opinion publique s'émeut au sujet des deux tombes; c'est alors seulement que l'on constate l'existence des soupçons dont le souvenir a été recueilli par *l'Intermédiaire*, et nul témoignage, en dehors de celui que lui a communiqué M. Lacroix, ne donne lieu de croire que cette violation soit antérieure à 1821 ou 1822. Nous disons 1821 ou 1822, sans nous arrêter dès maintenant à la date qu'inscrivent MM. Henrion et Michaud, celle du 3 janvier 1822; le fait avait pour eux une grande importance, et non sans doute la date précise du jour auquel il faut le rattacher. C'est donc surtout vers ce qui se passa au Panthéon à la fin de 1821 (l'ordonnance qui le rend au culte est du 12 décembre 1821), ou au commencement de 1822, que nous conseillerions de diriger désormais l'enquête, si l'on veut la poursuivre avec les meilleures chances de succès.

Nous continuons l'analyse des documents publiés, sans négliger aucun des détails qui peuvent être invoqués, soit à l'appui, soit à l'encontre de chacune des hypothèses qui se présentent à l'esprit.

C'est en 1822, avons-nous dit, — au moment où les missionnaires viennent de prendre possession du Panthéon, — que le public demande avec inquiétude ce que sont devenus les restes des deux philosophes. Dans la séance de la Chambre des députés du 25 mars, M. Stanislas Girardin pose la question à la tribune. Il réclame, dit *l'Intermédiaire*, contre l'ordonnance royale du 12 décembre précédent, qui avait menacé « les grands hommes » inhumés au Panthéon dans la possession de cette demeure dernière qu'ils tenaient d'un décret-loi et de la « patrie reconnaissante », suivant les termes de la belle inscription due à M. de Pastoret. Il se plaint du « silence injustifiable » du ministre, en présence « des bruits plus ou moins vraisemblables qui se sont répandus relativement aux dépouilles de Voltaire et de Rousseau, » et il le « somme de dire enfin ce que ces dépouilles sont devenues ».

A cette interpellation, le ministre de l'intérieur, M. Corbière, répond : « Elles ont été déposées dans les caveaux de l'église Sainte-Geneviève, et elles y sont encore. » (Sensation, dit le *Moniteur*.)

de cette simple désignation que j'avais consignée dans mes Mémoires, *les deux Puymaurin.* »

Qui donc avait raison ? Le ministre ou le public ? Si c'était le public, comment expliquer la réponse très-affirmative du ministre ? Était-ce mensonge ou ignorance ?

Si c'était le ministre, jusqu'à quel jour sa déclaration reste-t-elle vraie ? Cette réponse faite une fois pour toutes, mit-on bien vite à profit la sécurité qu'elle put inspirer au parti libéral pour faire secrètement, et en toute quiétude, la translation ?

Quoi qu'il en soit, les sarcophages sont restés au même emplacement [1]. Mais où sont les ossements qu'ils ont contenus ? A la gare de Bercy ? Au cimetière du Père-Lachaise [2] ? C'est ce qu'on ne saurait dire.

XXXIX.

LE CENTENAIRE DE VOLTAIRE.

31 mai 1878.

De bonne heure, la salle de la Gaîté était aussi remplie qu'elle peut l'être : les lettres, l'art, la science, la politique, la presse, y étaient représentés.

Il serait trop long de citer les célébrités que la journée a réunis. Bien entendu, le parti républicain militant des Chambres et du journalisme était là au grand complet. Mais, en même temps, des savants comme Robin, Broca, Wurtz, des historiens comme Renan, des auteurs dramatiques comme Émile Augier, des poëtes comme Leconte de Lisle, des critiques comme Paul de Saint-Victor, avaient voulu prendre part à cette fête de la pensée française.

La scène avait été disposée pour recevoir le bureau, les orateurs et un assez grand nombre d'invités. Aux deux côtés étaient groupés en faisceaux tricolores les drapeaux de cette France moderne que l'auteur du *Dictionnaire philosophique* a tant contribué à former.

Voltaire était là, véritablement vivant, sur un piédestal couvert de fleurs, et chargé de couronnes éclatantes. Il n'est personne qui ne connaisse l'admirable statue de Houdon, — peut-être le chef-d'œuvre de la sculpture moderne, — et qui a fourni le type populaire du masque de Voltaire. Houdon, comme étude préliminaire à cette œuvre incomparable, avait fait, d'après nature, un buste de l'immortel écrivain. Ce buste, en terre cuite, appartient à M. Louis Viardot, qui l'avait prêté pour la célébration du centenaire.

A une heure et demie ou deux heures moins le quart, l'entrée de Victor Hugo était saluée par des salves d'applaudissements à faire écrouler la salle. L'émotion de la foule entassée dans cette salle trop étroite avait de profonds

---

1. En 1852, on a entouré l'un et l'autre de cloisons. La statue de Houdon est placée, comme autrefois, à côté du sarcophage de Voltaire.

2. Il a été constaté, dit *l'Intermédiaire*, que les registres du Père-Lachaise ne mentionnent aucune translation des restes de Voltaire ou de Rousseau.

échos au dehors. Tout Paris prenait part de cœur à cette solennité. C'est trop peu de dire tout Paris : M. Spuller a lu à deux reprises, à mesure qu'elles parvenaient, les dépêches adressées au président de la fête, et qui arrivaient non-seulement de France, mais d'Italie, de Norwége, de toutes les parties de l'Europe.

C'est M. Spuller qui a pris le premier la parole. L'honorable député de la Seine a une éloquence sobre, grave, élégante, où l'on sent l'écrivain de race. Mais si contenue et si tempérée que soit sa parole, un sentiment très-frappant y perçait avec une force singulière : car enfin, quand il s'agit de Voltaire, du mouvement du XVIIIe siècle, de la Révolution qui en fait l'épanouissement, il s'agit de notre affranchissement, de nos titres, de notre vie actuelle ; et la France démocratique que nous sommes se sent atteinte au plus profond de son être.

M. Deschanel a lu ensuite une étude développée sur Voltaire.

Enfin M. Victor Hugo a pris la parole ; voici quelques extraits de son discours :

« Il y a cent ans aujourd'hui un homme mourait. Il mourait immortel. Il s'en allait chargé d'années, chargé d'œuvres, chargé de la plus illustre et de la plus redoutable des responsabilités, la responsabilité de la conscience humaine avertie et rectifiée. Il s'en allait maudit et béni, maudit par le passé, béni par l'avenir, et ce sont là, messieurs, les deux formes superbes de la gloire. Il avait à son lit de mort, d'un côté l'acclamation des contemporains et de la postérité, de l'autre ce triomphe de huée et de haine que l'implacable passé fait à ceux qui l'ont combattu. Il était plus qu'un homme, il était un siècle. Il avait exercé une fonction et rempli une mission. Il avait été évidemment élu pour l'œuvre qu'il avait faite par la suprême volonté qui se manifeste aussi visiblement dans les lois de la destinée que dans les lois de la nature. Les quatre-vingt-quatre ans que cet homme a vécu occupent l'intervalle qui sépare la monarchie à son apogée de la révolution à son aurore. Quand il naquit, Louis XIV régnait encore ; quand il mourut, Louis XVI régnait déjà : de sorte que son berceau put voir les derniers rayons du grand trône, et son cercueil les premières lueurs du grand abîme. (*Applaudissements.*)

« Avant d'aller plus loin, entendons-nous, messieurs, sur le mot abîme : il y a de bons abîmes ; ce sont les abîmes où s'écroule le mal. (*Bravo !*)

« Messieurs, puisque je me suis interrompu, trouvez bon que je complète ma pensée. Aucune parole imprudente ou malsaine ne sera prononcée ici. Nous sommes ici pour faire acte de civilisation. Nous sommes ici pour faire l'affirmation du progrès, pour donner réception aux philosophes des bienfaits de la philosophie, pour apporter au XVIIIe siècle le témoignage du XIXe, pour honorer les magnanimes combattants et les bons serviteurs, pour féliciter le noble effort des peuples, l'industrie, la science, la vaillante marche en avant, le travail, pour cimenter la concorde humaine, en un mot pour glorifier la paix, cette sublime volonté universelle. La paix est la vertu de la civilisation, la guerre en est le crime. (*Applaudissements.*) Nous sommes ici, dans ce grand moment, dans cette heure solennelle, pour nous incliner religieusement devant la loi morale, et pour dire au monde, qui écoute la France, ceci : Il n'y a qu'une puissance, la conscience au service de la justice ; et il n'y a qu'une gloire, le génie au service de la vérité. (*Mouvement.*)

« Voltaire a vaincu, Voltaire a fait la guerre rayonnante, la guerre d'un seul contre tous, c'est-à-dire la grande guerre. La guerre de la pensée contre la matière, la guerre de la raison contre le préjugé, la guerre du juste contre l'injuste, la guerre pour l'opprimé contre l'oppresseur, la guerre de la bonté, la guerre de la douceur. Il a eu la tendresse d'une femme et la colère d'un héros. Il a été un grand esprit et un immense cœur. (*Bravos.*)

« Il a vaincu le vieux code et le vieux dogme. Il a vaincu le seigneur féodal, le juge gothique, le prêtre romain. Il a élevé la populace à la dignité de peuple. Il a enseigné, pacifié et civilisé. Il a combattu pour Sirven et Montbailly comme pour Calas et La Barre ; il a accepté toutes les menaces, tous les outrages, toutes les persécutions, la calomnie, l'exil. Il a été infatigable et inébranlable. Il a vaincu la violence par le sourire, le despotisme par le sarcasme, l'infaillibilité par l'ironie, l'opiniâtreté par la persévérance, l'ignorance par la vérité.

« Je viens de prononcer ce mot, le sourire ; je m'y arrête. Le sourire, c'est Voltaire.

« Disons-le, messieurs, car l'apaisement est le grand côté du philosophe, dans Voltaire l'équilibre finit toujours par se rétablir. Quelle que soit sa juste colère, elle passe, et le Voltaire irrité fait toujours place au Voltaire calmé. Alors dans cet œil profond le sourire apparaît.

« Ce sourire, c'est la sagesse. Ce sourire, je le répète, c'est Voltaire. Ce sourire va parfois jusqu'au rire, mais la tristesse philosophique le tempère. Du côté des forts, il est moqueur ; du côté des faibles, il est caressant. Il inquiète l'oppresseur et rassure l'opprimé. Contre les grands, la raillerie ; pour les petits, la pitié. Ah ! soyons émus de ce sourire. Il a eu des clartés d'aurore. Il a illuminé le vrai, le juste, le bon, et ce qu'il y a d'honnête dans l'utile ; il a éclairé l'intérieur des superstitions ; ces laideurs sont bonnes à voir ; il les a montrées. Étant lumineux, il a été fécond. La société nouvelle, le désir d'égalité et de concession, et ce commencement de fraternité qui s'appelle la tolérance, la bonne volonté réciproque, la mise en proportion des hommes et des droits, la raison reconnue loi suprême, l'effacement des préjugés et des partis pris, la sérénité des âmes, l'esprit d'indulgence et de pardon, l'harmonie, la paix, voilà ce qui est sorti de ce grand sourire.

« Ce qu'a été Voltaire, je l'ai dit ; ce qu'a été son siècle, je vais le dire.

« Messieurs, les grands hommes sont rarement seuls ; les grands arbres semblent plus grands quand ils dominent une forêt ; ils sont là chez eux : il y a une forêt d'esprits autour de Voltaire ; cette forêt, c'est le XVIII° siècle. Parmi ces esprits, il y a des cimes, Montesquieu, Buffon, Beaumarchais, et deux entre autres, les plus hautes après Voltaire, Rousseau et Diderot. Ces penseurs ont appris aux hommes à raisonner ; bien raisonner mène à bien agir, la justesse dans l'esprit devient la justice dans le cœur. Ces ouvriers du progrès ont utilement travaillé. Buffon a fondé le naturalisme; Beaumarchais a trouvé, au delà de Molière, une comédie inconnue, presque la comédie sociale; Montesquieu a fait dans la loi des fouilles si profondes qu'il a réussi à exhumer le droit. Quant à Rousseau, quant à Diderot, prononçons ces deux noms à part : Diderot, vaste intelligence curieuse, cœur tendre altéré de justice, a voulu donner les notions certaines pour bases aux idées vraies, et a créé l'*Encyclopédie;* Rousseau a rendu à la femme un admirable service, il a complété la mère par la nourrice, il a mis l'une auprès de l'autre ces deux majestés du berceau; Rousseau, écrivain éloquent et pathétique, profond rêveur oratoire, a souvent deviné et proclamé la vérité politique ; son idéal confine au réel; il a eu cette gloire d'être le premier en France qui se soit appelé citoyen ; la fibre civique vibre en Rousseau; ce qui vibre en Voltaire, c'est la fibre universelle; on peut dire que dans ce fécond XVIIIe siècle, Rousseau représente le Peuple; Voltaire, plus vaste encore, représente l'Homme. Ces puissants écrivains ont disparu ; mais ils nous ont laissé leur âme, la Révolution. (*Applaudissements.*)

« Oui, la Révolution française est leur âme. Elle est leur émanation rayonnante. Elle vient d'eux ; on les retrouve partout dans cette catastrophe bénie et superbe qui a fait la clôture du passé et l'ouverture de l'avenir. Dans cette transparence qui est propre aux révolutions, et qui à travers les causes laisse apercevoir les effets, et à travers le premier plan le second, on voit derrière Diderot Danton, derrière Rousseau Robespierre, et derrière Voltaire Mirabeau. Ceux-ci ont fait ceux-là.

« Messieurs, résumer des époques dans des noms d'hommes, nommer des siècles, en faire en quelque sorte des personnages humains, cela n'a été donné qu'à trois peuples, la Grèce, l'Italie, la France. On dit le siècle de Périclès, le siècle d'Auguste, le siècle de Léon X, le siècle de Louis XIV, le siècle de Voltaire. Ces appellations ont un grand sens. Ce privilége, donner des noms à des siècles, exclusivement propre à la Grèce, à l'Italie et à la France, est la plus haute marque de civilisation. Jusqu'à Voltaire, ce sont des noms de chefs d'États; Voltaire est plus qu'un chef d'États, c'est un chef d'idées. A Voltaire un cycle nouveau commence. On sent que désormais la haute puissance gouvernante du genre humain sera la pensée. La civilisation obéissait à la force, elle obéira à l'idéal. C'est la rupture du sceptre et du glaive remplacés par le rayon, c'est-à-dire l'autorité transfigurée en liberté. Plus d'autre souveraineté que la loi pour le peuple, et la conscience pour l'individu. Pour chacun de nous, les deux aspects du progrès se dégagent nettement, et les voici : exercer son droit, c'est-à-dire être un homme ; accomplir son devoir, c'est-à-dire être un citoyen.

« Tel est la signification de ce mot, le siècle de Voltaire; tel est le sens de cet événement suprême, la Révolution française. »

(*Rappel* du 1er juin 1878.)

ADDITION

AUX DOCUMENTS BIOGRAPHIQUES

CONTRAT DE MARIAGE

DE M. DUPUITS ET DE MADEMOISELLE CORNEILLE [1]

Passé devant Me Nicod, notaire à Gex-la-Ville, le 9 février 1763.

L'an 1763, et le 9 février après midi, pardevant moi Pierre-François Nicod, puisné, notaire royal au bailliage de Gex, demeurant à Gex-la-Ville, soussigné, et en présence des témoins ci-après nommés, sont comparus :

Pierre-Jacques-Claude Dupuits, écuyer, cornette au régiment de dragons Colonel-Général au service du roi, fils de feu M. Pierre-François Dupuits, gentilhomme de la vénerie du roi, et conseiller auditeur en la chambre des comptes de Dôle, demeurant à Macconex, et agissant de l'autorité et consentement de M. Jean-Gaspard Dupuits, son oncle et curateur, aussi ici présent, d'une part ;

Et demoiselle Marie-Françoise Corneille, fille de Jean-François Corneille, écuyer, et de dame Marie-Louise Rosset, ses père et mère, native d'Évreux, demeurant actuellement au château de Ferney, pays de Gex, auprès de messire François-Marie Arouet de Voltaire, chevalier, gentilhomme ordinaire de la chambre du roi, et de l'Académie française, seigneur de Ferney, Tournay, Régny, Chambézy et autres places; et auprès de dame Marie-Louise Mignot, veuve de messire Nicolas-Charles Denis, écuyer, commissaire ordonnateur des guerres, chevalier de l'ordre royal et militaire de Saint-Louis, dame de Ferney; ladite demoiselle Corneille, mineure, agissante de l'autorité et consentement donné, par lesdits sieur et dame Corneille, ses père et mère, au mariage contracté par les présentes, comme conste par acte passé devant Dupont et ..., conseillers du roi, notaires à Paris, le 3 février de la présente année 1763, dûment scellé lesdits jour et an, qui demeure annexé au présent contrat, et avec l'agrément dudit seigneur de Voltaire et de ladite dame Denis, aussi ici présents, d'autre part ;

Lesquels sieur Dupuits et demoiselle Corneille ont promis et promettent s'unir par un légitime mariage, et de le faire célébrer et bénir incessamment en la sainte église dudit Ferney.

En considération duquel futur mariage, la demoiselle Corneille, épouse, agissante du consentement dudit seigneur de Voltaire, se constitue en dot et pour elle audit sieur Dupuits toute la somme à laquelle montera le produit, net de frais, de la nouvelle édition des œuvres d'illustre Pierre Corneille, grand-oncle paternel de la demoiselle épouse, qui se fait actuellement au profit de ladite demoiselle épouse par les soins, avec les remarques et sous les yeux dudit seigneur de Vol-

---

1. Publié par M. Vayssière, dans *Voltaire et le Pays de Gex*; Bourg, 1876, in-8º.

taire, ainsi que de toutes les souscriptions faites ou à faire pour ladite édition. Sur lequel produit net de ladite édition il sera toutefois préalablement pris, ainsi qu'il a été convenu comme une condition du présent mariage, la somme de 12,000 livres pour être employée en contrats de rente perpétuelle, au profit desdits sieur et demoiselle époux, sur les aides et gabelles ou sur tels autres fonds publics ou particuliers qu'ils choisiront, pour les arrérages de ladite rente appartenir aux sieur et dame Corneille, père et mère de la demoiselle épouse, pendant leur vie et, après la mort de l'un d'eux, au survivant jusques à sa mort, après laquelle lesdits sieurs et demoiselle époux, ou les leurs, entreront en jouissance de ladite rente. A l'effet de laquelle constitution de dot ledit seigneur de Voltaire promet de faire rendre compte sous ses bons offices aux sieurs Cramer, libraires à Genève, du produit net et des frais de ladite édition et desdites souscriptions le plus tôt possible après la vente de ladite édition, pour être ledit produit, et sous la déduction des susdites 12,000 livres, remis et délivré audit sieur époux, que la demoiselle épouse constitue son procureur irrévocable pour ce, et lequel en fera quittance et confession en faveur le ladite demoiselle épouse.

De plus, ladite demoiselle épouse, du consentement dudit seigneur de Voltaire, se constitue une rente annuelle et viagère de 1,396 livres, dont le contrat est expédié à Paris, chez Me Delaleu, notaire, au profit dudit seigneur de Voltaire et de ladite demoiselle Corneille sur les revenus du roi, en vertu de son édit de 1760, et laquelle somme ledit seigneur de Voltaire se rend garant et promet de payer les arrérages au choix des futurs époux.

Et ledit seigneur de Voltaire veut bien constituer en dot à ladite demoiselle Corneille la somme de 20,000 livres, que ledit seigneur de Voltaire promet et s'oblige être payée après son décès à ladite demoiselle épouse, soit pour elle audit sieur époux ou aux leurs, sans intérêt toutefois jusques audit terme de paiement. Laquelle somme de 20,000 livres sera exigible tant sur l'hypothèque de la terre de la Marche en Bourgogne que sur les autres biens dudit seigneur de Voltaire.

La dame veuve Denis donne et constitue aussi en dot à ladite demoiselle Corneille la somme de 12,000 livres, qu'elle promet et s'oblige aussi être payée six mois après son décès à ladite demoiselle épouse, soit pour elle audit sieur époux ou aux leurs, sans intérêt toutefois jusques au terme du paiement; et les héritiers dudit seigneur de Voltaire et de la dame Denis ne seront tenus à aucune garantie quelconque envers la demoiselle épouse, les siens et ayants cause, et sujets à aucun recours pour la représentation des susdites sommes de 20,000 livres et de 12,000 livres constituées en dot, dès qu'elles auront été payées par lesdits héritiers audit sieur époux.

A été déclaré et réservé par ledit seigneur de Voltaire et la dame veuve Denis que, dans le cas de mort de la demoiselle épouse avant eux, sans enfants vivants du présent mariage, ils veulent et entendent que la moitié des susdites sommes de 20,000 livres et de 12,000 livres par eux respectivement constituées, leur demeure et ne puisse être exigée, et qu'après leur mort il soit payé audit sieur Dupuits, s'il est lors vivant, l'autre moitié des susdites deux sommes pour appartenir en propre audit sieur Dupuits; de même au cas où, par l'événement de la mort dudit seigneur de Voltaire et de la dame Denis, ou de l'un d'eux avant la demoiselle épouse, la somme constituée ci-dessus par chacun d'eux eût été payée ou exigible, et qu'ensuite la demoiselle épouse vînt à décéder sans enfants vivants du présent mariage, ledit seigneur de Voltaire et la dame Denis veulent et entendent que la moitié de la somme constituée par chacun d'eux, qui aurait été payée ou exigible, revint aux héritiers naturels de chacun d'eux, et que l'autre moitié restât en propre audit sieur Dupuits, s'il était vivant, sinon elle reviendrait aussi et devrait être restituée aux héritiers naturels dudit seigneur de Voltaire et de dame Denis respectivement.

Déclarant encore ledit seigneur de Voltaire et ladite dame Denis, par une suite de leur affection pour lesdits sieur et demoiselle époux, que tant qu'ils jugeront à propos, ou l'un d'eux, de se tenir auprès d'eux, qu'ils veulent bien leur fournir le logement et la table et autres choses, ainsi qu'aux enfants qu'ils pourront avoir, et à leurs domestiques, gratuitement, sans qu'il puisse être exigé pour ce aucune pension desdits époux, et sans que leurs héritiers puissent faire contre lesdits sieur et demoiselle époux, ou les leurs, aucune imputation ou compensation sur les sommes constituées en dot ci-dessus.

Pour assurance de laquelle dot ledit sieur époux affecte et hypothèque en faveur de la demoiselle épouse tous ses biens présents et à venir, afin que, le cas de restitution arrivant, toutes les sommes qu'il aura reçues en vertu des constitutions dotales en capitaux faites ci-dessus à la demoiselle épouse, aux siens ou à qui de [1] riage, ou qu'il n'y en ait pas, la somme de 10,000 livres, que ledit sieur époux aura et retiendra sur les sommes constituées en dot. Laquelle somme sera toutefois réversible après le décès de l'époux aux enfants lors vivants, qui seraient nés du présent mariage, par égale part, mais à défaut d'enfants appartiendra purement et simplement audit sieur époux.

Ainsi convenu et accordé entre les parties, qui ont promis exécuter le contenu ci-dessus à peine de tous dépens, dommages et intérêts, à l'obligation de leurs biens.

Fait, lu et passé à Ferney, dans le château dudit seigneur de Voltaire, en présence de M. Louis-Gaspard Fabry, avocat à la cour, maire subdélégué de monseigneur l'intendant, et premier syndic général du tiers état du pays de Gex, et de M. Jean-François de Liessey, officier du prince souverain [2], demeurant à Paris, de présent audit Ferney, et de sieur Jean-Louis Wagnière, demeurant audit Ferney, témoins requis, qui ont signé avec ledit sieur et demoiselle époux, ledit seigneur de Voltaire, Mme Denis, et M. Jean-Gaspard Dupuits.

Dupuits, Corneille, J.-Gaspard Dupuits, Voltaire, Mignot Denis, Dupuits, Fabry, Liessey, Wagnière, et Nicod, notaire.

Contrôlé et insinué à Gex, le 20 février 1763. Reçu 625 livres, sauf erreur.

Signé : Delachaut.

1. Il y a ici une lacune de quelques mots.
2. De même la désignation du prince souverain est omise.

LISTE ALPHABÉTIQUE

DES OUVRAGES DE VOLTAIRE

A

A, B, C, dialogue curieux, XXVII, 311.
A l'auteur des *Éphémérides*, XXVIII, 327.
A M. de ***, professeur en histoire, XXIV, 29.
A M. du M***, sur plusieurs anecdotes, XXX, 345.
A M. le marquis Maffei, IV, 179.
A M**, sur l'Angleterre, XXII, 17.
A   id.   XXII, 25.
A M**, sur le Mémoire de Desfontaines, XXIII, 25.
A M**, sur les anecdotes, XXIX, 407.
A messieurs les Parisiens, par Jérôme Carré, V, 413.
A monsieur le lieutenant criminel du pays de Gex, XXIV, 161.
A M. Turgot (pour le pays de Gex), XXIX, 397.
Au même (mars 1776), XXIX, 449.
A monseigneur le chancelier (pour Donat Calas), XXIV, 379.
A Warburton, XXVI, 435.
Adélaïde du Guesclin, III, 75.
Adorateurs (les), ou les Louanges de Dieu, XXVIII, 309.
Agathocle, VII, 389.
Ah! ah! XXIV, 263.
Alzire, ou les Américains, III, 369.
Amélie, ou le duc de Foix, III, 197.
Américains; voy. *Alzire*.
Amours de Robert Covelle; voy. *Guerre civile de Genève*.
Amulius et Numitor, fragment d'une tragédie, XXXII, 380.
Anciens (les) et les modernes, ou la Toilette de madame de Pompadour, XXV, 451.
André Destouches à Siam, XXVI, 97.
Anecdote sur Bélisaire, XXVI, 109.
Anecdotes sur Fréron, XXIV, 181.
    — sur le czar Pierre le Grand, XXIII, 281.
    — sur Louis XIV, XXIII, 233.
Annales de l'Empire, XIII, 185.
Anniversaire de la Saint-Barthélemy; voy. *Stances*.
Anti-Giton, IX, 561.
Anti Machiavel; voy. *Préface*.
Apologie de Bolingbroke; voy. *Défense*.
    — de la Fable, IX, 365.
    — du luxe; voy. *Défense du Mondain*.

LISTE ALPHABÉTIQUE

Appel à toutes les nations de l'Europe, XXIV, 191.
— au public contre un recueil de lettres, XXV, 579.
Arbitrage entre M. de Voltaire et M. de Foncemagne, XXV, 321.
Art de bien argumenter, XXIII, 581.
Artémire (fragments d'), II, 121.
Article de Voltaire sur Voltaire, I, 1.
— extrait du *Mercure*, sur la satire de Clément, XXIX, 371.
Articles extraits de la *Gazette littéraire*, XXV, 151.
— extraits du *Journal de politique et de littérature*, XXX, 379.
Astérie; voy. *Lois de Minos*.
Atrée et Thyeste; voy. *Pélopides*.
Au révérend père en Dieu messire Jean de Beauvais, XXIX, 307.
Au roi en son conseil, XXIX, 305.
— — XXVIII, 351.
— — XXX, 371.
Aux lecteurs de la *Bibliothèque raisonnée*, XXII, 71.
Aventure de la Mémoire, XXI, 479.
— indienne, XXI, 243.
Avertissement (sur l'édition de Corneille), XXIV, 521.
— aux éditeurs de la traduction anglaise, XXIV, 229.
— (de *l'Écossaise*), V, 417.
— (de *la Princesse de Navarre*), IV, 273.
— (de *la Prude*), IV, 390.
— (de *Samson*), III, 3.
— (de *Sémiramis*), IV, 485.
— du traducteur (du *Jules César* de Shakespeare), VII, 435.
— sur la nouvelle Histoire de Louis XIV, XXIII, 555.
— sur l'*OEdipe*, II, 7.
— (sur les lettres et paquets qu'on lui adresse), XXIV, 291.
— (sur une nouvelle édition du *Siècle de Louis XIV*), XXIII, 557.
Aveugles (les) juges des couleurs, XXI, 245.
Avis (sur *Saül*), V, 573.
— à l'auteur du *Journal de Gottingue*, XXIV, 7.
— à tous les Orientaux, XXVI, 561.
— à un journaliste, voy. *Conseils*.
— sur diverses pièces, VI, 335.
— au lecteur sur *Oreste*, V, 78.
— — sur *Rome sauvée*, V, 211.
— au public sur les parricides imputés aux Calas et aux Sirven, XXV, 517.
— concernant les Œuvres de Corneille, XXIV, 289.
— (de 1748 sur les éditions de ses ouvrages), XXIII, 231.
— de l'éditeur sur *Mahomet*, IV, 97.
— (sur ses lettres et ses œuvres), XXIV, 159.
— important d'un gentilhomme, XXVIII, 393.
Azolan, ou le bénéficier, X, 45.

B

Bababec et les fakirs, XXI, 101.
Babouc; voy. *Monde*.
Balance (la) égale, XXIV, 337.
Baron (le) d'Otrante, VI, 573.
Bastille (la), IX, 353.

Bataille de Fontenoy, VIII, 371.
Bégueule (la), X, 50.
Bible (la) enfin expliquée, XXX, 1.
Blanc (le) et le noir, XXI, 223.
Bourbier (le), X, 75.
Boursoufle (le comte de), conte, XXXII, 447.
Boursoufle (le comte de), ou Mlle de La Cochonnière, comédie-bouffe, VII, 543.
Boursoufle (le grand); voy. *Originaux*.
Boursoufle (le petit); voy. *Échange*.
Brutus, II, 301.

C

Cabales (les), X, 177.
Cadenas (le), IX, 566.
Café (le); voy. *Écossaise*.
Candide, XXI, 137.
Canonisation de saint Cucufin, XXVII, 419.
Cantate, XXXII, 396.
Car (les), XXIV, 261.
Catéchisme de l'honnête homme, XXIV, 523.
Catilina; voy. *Rome sauvée*.
Ce qu'on ne fait pas et ce qu'on pourrait faire, XXIII, 517.
Ce qui plaît aux dames, X, 9.
Chambre (la) de justice, VIII, 418.
Charlot, ou la comtesse de Givry, VI, 341.
Chevaux (les) et les ânes, ou Étrennes aux sots, X, 132.
Cinquième homélie, XXVII, 557.
Clémence (la) de Louis XIV et de Louis XV dans la victoire, VIII, 453.
Cocuage (le), IX, 571.
Colimaçons (les), XXVII, 213.
Collection d'anciens Évangiles, XXVII, 439.
Commentaire historique, I, 67.
— sur *l'Esprit des lois*, XXX, 405.
— sur le livre *Des Délits et des Peines*, XXV, 539.
— sur le théâtre de P. Corneille, XXXI et XXXII.
Communications au *Mercure*, 1762, XXIV, 289.
Compliment à l'ouverture du théâtre (1763), XXIV, 465.
— fait au roi par le maréchal de Richelieu, XXIII, 295.
Comte de Boursoufle; voy. *Boursoufle*.
Conclusion et Examen du tableau historique, XXIV, 473.
Conformez-vous aux temps, XXV, 315.
Connaissance des beautés et des défauts de la poésie et de l'éloquence, XXIII, 327.
Conseils à M. Helvétius, XXXIII, 1.
— à M. Racine, XXIII, 173.
— à un journaliste, XXII, 241.
— raisonnables à M. Bergier, XXVII, 35.
Conspirations; voy. *Des conspirations*.
Contes en vers, IX, 561 et suiv.; X, 3 et suiv.
Conversation de Lucien, d'Érasme et de Rabelais, XXV, 339.
— de M. l'intendant des menus, XXIV, 239.
Correspondance générale, XXXIII à L.
Cosi-Sancta, XXI, 25.
Courte réponse aux longs discours d'un docteur allemand, XXIII, 193.

Coutume de Franche-Comté, XXVIII, 371.
Crépinade (la), X, 78.
Cri des nations, XXVII, 565.
— du sang innocent, XXIX, 375.
Crocheteur borgne, XXI, 17.

D

De l'âme, XXIX, 329.
De l'Encyclopédie, XXIX, 325.
De la mort de Louis XV, XXIX, 299.
De la paix perpétuelle, XXVIII, 103.
De l'horrible danger de la lecture, XXV, 335.
D'un fait singulier concernant la littérature, XXIV, 469.
Déclaration (contre Vernet) du 5 juillet 1766, XXV, 497.
— — du 23 auguste, XXV, 499.
— du 29 décembre 1766, XXVI, 103.
— du 31 mars 1768, XXVII, 17.
— sur le procès de Morangiés, XXIX, 25.
— sur les *Lois de Minos*, XXIX, 39.
Dédicace d'*Alzire*, à madame du Châtelet, III, 373.
— de *Brutus*, à lord Bolingbroke, II, 311.
— de *Don Pèdre*, à d'Alembert, VII, 241.
— d'*Irène*, à l'Académie française, VII, 325.
— de l'*Écossaise*, au comte de Lauraguais, V, 405.
— de la *Philosophie de l'histoire*, à Catherine II, XI, viii.
— De l'*Essai sur l'Histoire universelle*, tome IIIe, à l'électeur palatin, XI, x.
— des *Éléments de la Philosophie de Newton*, à Mme du Châtelet, XXII, 400.
— de l'*Indiscret*, à Mme de Prie, II, 245.
— de l'*Orphelin de la Chine*, au maréchal de Richelieu, V, 295.
— de *Mahomet*, à Benoît XIV, IV, 101.
— de *Mariamne* à la reine, XXXII, 465.
— de *Mérope*, au comte de Maffei, IV, 179.
— d'*OEdipe*, à Madame, femme du régent, II, 8.
— d'*Oreste*, à madame la duchesse du Maine, V, 79.
— de *Sémiramis*, au cardinal Quirini, IV, 487.
— de *Sophonisbe*, au duc de La Vallière, VII, 37.
— de *Tancrède*, à Mme de Pompadour, V, 495.
— (1re) de *Zaïre*, à M. Falkener, II, 537.
— (2e) de *Zaïre*, au même, II, 547.
— de *Zulime*, à Mlle Clairon, IV, 6.
— des *Guèbres*, à Voltaire, VI, 487.
— des *Lois de Minos*, au maréchal de Richelieu, VII, 167.
— des *Scythes* (à M. de Choiseul), VI, 263.
Défense de Louis XIV, XXVII, 327.
— de milord Bolingbroke, XXIII, 547.
— de mon oncle, XXVI, 367.
— du *Mondain*, ou l'apologie du luxe, X, 90.
— du newtonianisme; voy. *Réponse aux objections*.
Délibération des états de Gex, XXIX, 445.
Dépositaire (le), VI, 391.
Dernières paroles d'Épictète, XXV, 125.
Des conspirations contre les peuples, XXVI, 1.

Des embellissements de la ville de Cachemire, XXIII, 473.
— de Paris, XXIII, 297.
Des mensonges imprimés, XXIII, 427.
Des singularités de la nature, XXVII, 125.
Désagréments (les) de la vieillesse, VIII, 541.
Deux (les) consolés, XXI, 123.
— siècles, X, 158.
— tonneaux, VII, 3.
Dialogue de Lucien, Érasme et Rabelais ; voy. *Conversation*.
— de Pégase et du vieillard, X, 195.
— du chapon et de la poularde, XXV, 119.
— du douteur et de l'adorateur, XXV, 129.
— entre A, B, C ; voy. *A, B, C*.
— entre Mme de Maintenon et Mlle de Lenclos, XXIII, 497.
— entre Marc-Aurèle et un récollet, XXIII, 479.
— entre Sophronyme et Adélos, XXV, 459.
— entre un bostangi et un philosophe ; voy. *Des embellissements de Cachemire*.
— entre un brachmane et un jésuite, XXIV, 53.
— entre un mandarin et un jésuite ; voy. *Entretiens chinois*.
— entre un philosophe et un contrôleur général des finances, XXIII, 501.
— entre un plaideur et un avocat, XXIII, 493.
Dialogues chrétiens, XXIV, 129.
— d'Évhémère, XXX, 465.
— entre Lucrèce et Posidonius, XXIV, 57.
Diatribe à l'auteur des *Éphémérides*, XXIX, 359.
— du docteur Akakia, XXXIII, 560.
Dictionnaire philosophique, XVII à XX.
Dieu et les hommes, XXVIII, 129.
Dimanche (le), ou les filles de Minée, X, 60.
Dîner du comte de Boulainvilliers, XXVI, 531.
Discours aux confédérés, XXVII, 75.
— aux Welches, XXV, 229.
— d'Anne Dubourg, XXVIII, 469.
— de l'avocat Belleguier, XXIX, 7.
— de l'empereur Julien, XXVIII, 1.
— de réception à l'Académie française, XXIII, 205.
— en réponse aux invectives et outrages de ses détracteurs, XXXII, 451.
— historique et critique à l'occasion des *Guèbres*, VI, 491.
— sur *Don Pèdre*, VII, 249.
— préliminaire d'*Alzire*, III, 379.
— prononcé avant la représentation d'*Ériphyle*, II, 457.
— prononcé avant la première représentation d'*Oreste*, V, 89.
— sur la tragédie, II, 311.
— sur la tragédie ancienne et moderne, IV, 487.
— sur l'homme, IX, 378.
Dissertation sur la mort de Henri IV, VIII, 284.
— sur les changements arrivés dans le globe, XXIII, 219.
— sur les principales tragédies d'*Électre*, V, 167.
Divertissement mis en musique pour une fête donnée par M. André, IX, 367.
— pour le mariage du roi Louis XV, XXXII, 389.
Don Pèdre, VII, 239.
Doutes nouveaux sur le *Testament* attribué au cardinal de Richelieu, XXV, 277.
— sur la mesure des forces motrices, XXIII, 165.

Droit (le) du Seigneur, VI, 3.
Droits des hommes, XXVII, 193.
Du gouvernement d'Auguste, XXV, 587.
Duc (le) d'Alençon, ou les Frères ennemis, III, 165.
— de Foix; voyez *Amélie.*

E

Échange (l'), III, 251.
Éclaircissements historiques, XXIV, 483.
Éclaircissements nécessaires sur les Éléments de la philosophie de Newton, XXII, 267.
— sur quelques charges de la maison du roi, XXXII, 441.
Écossaise (l') ou le Café, V, 399.
Édits de S. M. Louis XVI, XXIX, 399.
Éducation (l') d'un prince, X, 20.
— d'une fille, X, 26.
— des filles, XXIV, 285.
Éléments de la philosophie de Newton, XXII, 397.
Éloge de Crébillon, XXIV, 345.
— de l'hypocrisie, X, 137.
— funèbre de Louis XV, XXIX, 291.
— — des officiers morts dans la guerre de 1741, XXIII, 249.
— historique de la Raison, XXI, 513.
— — de Mme du Châtelet, XXIII, 515.
Empereur (l') de la Chine et frère Rigolet; voy. *Relation du bannissement.*
Enfant (l') prodigue, III, 441.
Entretien d'Ariste et d'Acrotal, XXIV, 273.
Entretiens chinois, XXVII, 19.
— d'un sauvage et d'un bachelier, XXIV, 265.
Envieux (l'), III, 523.
Épithalame de Daphnis et Chloé, et réponse à cet épithalame, XXXII, 386, 387.
Épître à Algarotti, X, 296.
— — X, 336.
— à *** (anonyme), X, 220, 222, 229, 231, 255, 274, 290, 305, 314, 371.
— à d'Aremberg (duc), X, 223.
— à Samuel Bernard, X, 230.
— à Mme de Béthune, X, 222.
— à Boileau, X, 397.
— à Boufflers (chevalier), X, 389.
— à Bussy (abbé), depuis évêque de Luçon, X, 237.
— à Catherine II, X, 435.
— à Chabanon, X, 391.
— à Mme de Choiseul, X, 440.
— à Christian VII, X, 421.
— à Cideville, X, 268.
— à Mlle Clairon, X, 372.
— à la même, X, 384.
— à Clément, de Dreux, X, 281.
— à Conti (prince de), X, 243.
— à d'Alembert, X, 428.
— à Mme Denis, X, 344.
— à la même, X, 378.

Épître à Desmahis, X, 356.
- à Dubois (cardinal), X, 253.
- à Mme du Châtelet, X, 280, 282, 294, 299.
- à Mme Élie de Beaumont, X, 382.
- à Eugène (prince), X, 225.
- à Mme de Fontaine-Martel, X, 277.
- à Mme de Fontaines, X, 214.
- à Formont, X, 266.
- à François Ier, empereur d'Allemagne, X, 367.
- à François de Neufchâteau, X, 390.
- à Frédéric (prince royal, puis roi de Prusse), X, 302, 306, 308, 311, 317, 318, 320, 322, 323, 328, 332, 333, 359, 360.
- à Mlle Gaussin, X, 279.
- à Genonville (La Faluère de), X, 245.
- au même; voy. *Épître aux mânes.*
- à George Ier, roi d'Angleterre, X, 247.
- à Gervasi, X, 256.
- à Mme de Gondrin, X, 227.
- à Mme de Gouvernet; voy. *Épître des Vous et des Tu.*
- à Mlle de Guise, X, 289.
- à Gustave III, roi de Suède, X, 438.
- au même, X, 447.
- à Guys, X, 450.
- à Helvétius, X, 310.
- au président Hénault, X, 326.
- au même, X, 350.
- au même, X, 371.
- à Henri IV, X, 387.
- à Horace, X, 441.
- à Kienlong, roi de la Chine, X, 412.
- à La Feuillade (duc de), X, 254.
- à La Harpe, X, 408.
- à l'abbé de La Porte, X, 370.
- à La Vallière (duc de), X, 383.
- à Mlle Lecouvreur, X, 261.
- au prince de Ligne, X, 456.
- à Mlle de Lubert, X, 272.
- à la même, X, 298.
- à Mme la duchesse du Maine (en prose), V, 79.
- à la même (en vers), X, 338.
- à Mlle Malcrais de La Vigne, X, 274.
- aux mânes de Genonville, X, 265.
- à Marie Leczinska, reine de France, X, 259.
- à Marmontel, X, 448.
- à Maurepas (comte de), X, 314.
- à mon vaisseau, X, 395.
- à Monseigneur (dauphin), X, 213.
- à Mme de Montbrun-Villefranche, X, 219.
- à Mme Necker, X, 453.
- au duc d'Orléans, régent, X, 232.
- à Pigalle, X, 410.
- au cardinal Quirini, X, 357.
- à Richelieu (duc et maréchal), X, 335.
- au même, X, 342.

Épître au même, X, 353.
- au même, X, 368.
- à M*me* de Saint-Julien, X, 392.
- à la même, X, 393.
- à Saint-Lambert, X, 297.
- au même, X, 355.
- au même, X, 405.
- au maréchal de Saxe, X, 343.
- à l'abbé Servien, X, 216.
- au même, X, 220.
- au duc de Sully, X, 249.
- au comte de Tressan, X, 271.
- au même, X, 291.
- à l'auteur du livre des *Trois Imposteurs*, X, 402
- à Turgot, X, 451.
- à un ministre d'État, X, 314.
- à Uranie, ou le Pour et le Contre, IX, 358.
- à Uranie, X, 292.
- à la même, X, 293.
- au prince de Vendôme, X, 240.
- à M*me* de Villars, X, 248.
- au maréchal de Villars, X, 251.
- au marquis de Villette, X, 454.
- au même, X, 455.
- au même, X, 457.
- au marquis de Ximenès, X, 321.
- aux Romains, XXVII, 83.
- de Benaldaki à Caramouftée, X, 440.
- de l'auteur arrivant sur le lac de Genève, X, 362.
- des *Vous* et des *Tu*, X, 269.
- écrite de Constantinople, XXVI, 573.
- sur la Calomnie, X, 282.

Épîtres dédicatoires; voy. *Dédicace*.
Équivoque (l'), XXVIII, 421.
Ériphyle, II, 455.
Essai sur la nature du feu, XXII, 279.
- sur la poésie épique, VIII, 302.
- sur les dissensions de Pologne, XXVI, 451.
- sur les guerres civiles de France, VIII, 264.
- sur les mœurs et l'esprit des nations, XI à XIII.
- sur les probabilités en fait de justice, XXVIII, 495.

Étrennes aux sots; voy. *les Chevaux et les Anes*.
Examen du testament politique du cardinal Albéroni, XXIV, 11.
Examen important de milord Bolingbroke, XXVI, 195.
Exposition du livre des Institutions physiques, XXIII, 129.
Extrait de la *Bibliothèque raisonnée* (sur les OEuvres de Maupertuis), XXIII, 535.
- de la *Gazette de Londres*, XXIV, 291.
- de la *Nouvelle Bibliothèque*, XXIII, 159.
- d'un journal; voy. *Journal de Dangeau*.
- d'un Mémoire sur l'entière abolition de la servitude, XXIX, 403.
- d'un nouveau Dictionnaire des calomnies (c'est le xvie article des *Fragments sur l'histoire*), XXIX, 279.
- des nouvelles à la main, XXIV, 125.
- des sentiments de J. Meslier, XXIV, 293.

Extrait du décret de la sacrée congrégation de l'Inquisition contre les *Lettres sur le vingtième*, XXIII, 463.

F.

Fait singulier concernant la littérature, XXIV, 469.
Fanatisme (le), ou Mahomet le prophète, IV, 93.
Félicité (la) des temps, VIII, 456.
Femme (la) qui a raison, IV, 573.
Femmes, soyez soumises à vos maris, XXVI, 563.
Fête de Bélébat, II, 279.
Filles de Minée (les); voy. *Dimanche*.
Finances (les), X, 57.
Fragment de *Thérèse*, IV, 259.
— d'un discours historique sur *Don Pèdre*, VII, 255.
— d'un mémoire envoyé à divers journaux, XXII, 277.
— d'une lettre de lord Bolingbroke, XXIV, 155.
— d'une lettre sous le nom de Morza, XXIX, 4.
— d'une lettre sur *Didon*, XXII, 231.
— d'une lettre sur la tragédie, VII, 103.
— d'une lettre sur les Dictionnaires satiriques (et réponse), XXIX, 1.
— d'une lettre sur un usage très-utile établi en Hollande, XXIII, 127.
— des instructions pour le prince royal de ***, XXVI, 439.
— sur l'histoire, XXIX, 223.
— sur la justice, XXIX, 213.
— sur le procès de Montbailly, XXIX, 219.
Fragments d'une tragédie intitulée *Amulius et Numitor*, XXXII, 379.
— historiques sur l'Inde et sur le général Lally, XXIX, 85.
Fréron (les), X, 564.

G.

Galimatias dramatique, XXIV, 75.
— pindarique, VIII, 486.
Gertrude, ou l'Éducation d'une fille, X, 26.
Guèbres (les), VI, 483.
Guerre civile de Genève, ou les Amours de Robert Covelle, IX, 507.

H.

Harangue prononcée le jour de la clôture, XXII, 69.
Henriade, VIII, 45.
Héraclius, VII, 489.
Hérode et Mariamne; voy. *Mariamne*.
Histoire de Charles XII, XVI, 145.
— d'Élisabeth Canning et des Calas, XXIV, 398.
— de Jenny, ou le Sage et l'Athée, XXI, 523.
— de l'empire de Russie sous Pierre le Grand, XVI, 393.
— de l'établissement du christianisme, XXXI, 43.
— d'un bon bramin, XXI, 219.

Histoire des voyages de Scarmentado, XXI, 125.
— du docteur Akakia et du natif de Saint-Malo, XXIII, 559.
— du parlement de Paris, XV, 447.
Homélie du pasteur Bourn, XXVII, 227.
Homélies prêchées à Londres, XXVI, 315.
Homme aux quarante écus, XXI, 305.
Honnêtetés littéraires, XXVI, 115.
Hôte (l') et l'Hôtesse, VII, 307.
Huron (le) ; voy. *Ingénu*.
Hymne chanté au village de Pompignan, X, 569.
Hypocrisie (l') ; voy. *Éloge de l'hypocrisie*.

I.

Idées de La Mothe le Vayer, XXIII, 489.
— républicaines, XXIV, 413.
Il faut prendre un parti, XXVIII, 517.
Imitations ; voy. *Traductions*.
Indiscret (l'), II, 243.
Ingénu (l'), XXI, 247.
Instruction à frère Pédiculoso, XXVII, 301.
— pastorale de l'humble évêque d'Alétopolis, XXV, 1.
Instructions à J.-A. Rustan, XXVII, 117.
Introduction (de l'*Abrégé de l'Histoire universelle*), XXIV, 51.
Irène, VII, 317.

J.

Jean qui pleure et Jean qui rit, IX, 556.
Jeannot et Colin, XXI, 235.
Journal de la cour de Louis XIV, par Dangeau, XXVIII, 253.
Jules César, VII, 433.
Jusqu'à quel point on doit tromper le peuple, XXIV, 71.

L.

Lettre à l'Académie française (1776), XXX, 349.
— à la même (dédicace d'*Irène*), VII, 325.
— à l'occasion de l'impôt du vingtième, XXIII, 305.
— à la noblesse du Gévaudan, XXIX, 65.
— (seconde), XXIX, 71.
— (troisième), XXIX, 78.
— (quatrième), XXIX, 82.
— (sous le nom de Mme Denis) à l'évêque d'Annecy, XXVIII, 69.
— (sous le nom de Mauléon) à l'évêque d'Annecy, XXVIII, 71.
— à M. de Beccaria, au sujet de Morangiés, XXVIII, 477.
— à M. D***, au sujet du prix de poésie, XXII, 1.
— à M. du M***, sur les *Anecdotes*, XXIX, 407.
— à M. Le G... de G.. (Le Gouz de Gerland), VII, 42.
— à M. le marquis de Maffei, IV, 179.

Lettre à MM. les auteurs des *Étrennes de la Saint-Jean*, XXIII, 485.
— à un de ses confrères, XXVIII, 473.
— anonyme (et Réponse), XXVII, 401.
— — sur une nouvelle Épître de M. Clément, XXIX, 19.
— au pape Benoît XIV, IV, 101.
— (en vers) au nom de la maréchale de Villars, à Mme de Saint-Germain, XXXII, 383.
— à la duchesse du Maine, au nom du duc de ***, XXXII, 402.
— aux auteurs du *Journal encyclopédique*, XXIV, 91.
— civile et honnête, X XIV 141.
— critique d'une belle dame sur le *Poëme de Fontenoy*, VIII, 397.
— curieuse de Robert Covelle, XXV, 491.
— de Charles Gouju, XXIV, 255.
— de Formey, XXIV, 433.
— de Gérofle à Cogé, XXVI, 449.
— de l'archevêque de Cantorbery, XXVI, 577.
— de l'auteur de la brochure intitulée *Connaissance des beautés*, etc., XXIII, 425.
— de l'auteur des *Guèbres*, XXVIII, 349.
— de M. Clocpitre à M. Ératou, XXIV, 235.
— de M. Cubstorf à M. Kirkef, XXIV, 151.
— de M. de La Lindelle, IV, 192.
— de M. de La Visclède, XXX, 317.
— de M. de L'Écluse, XXIV, 457.
— de M. Hude, XXXI, 169.
— de M. Thieriot à l'abbé Nadal, XXII, 13.
— de M. de Voltaire (sur La Beaumelle), XXVI, 191.
— de Paris, du 20 février, XXIV, 455.
— d'un avocat de Besançon, XXVI, 569.
— d'un bénédictin de Franche-Comté, XXX, 339.
— d'un ecclésiastique, sur le rétablissement des jésuites, XXIX, 285.
— d'un jeune abbé, XXVIII, 381.
— d'un membre du conseil de Zurich, XXVI, 105.
— d'un quaker, XXV, 5.
— du Père Polycarpe à M. l'avocat général Seguier, XXX, 333.
— du secrétaire de Voltaire au secrétaire de Lefranc de Pompignan, XXV, 137.
— d'un Turc sur les fakirs, et sur son ami Bababec: voy. *Bababec*.
— du docteur Akakia au natif de Saint-Malo, XXIII, 583.
— du Roi (Louis XV) à la Czarine, XXIII, 197.
— écrite à M. Turgot par les syndics du pays de Gex, XXIX, 315.
— pastorale à M. l'archevêque d'Auch, XXV, 469.
— sur la prétendue comète, XXIX, 47.
— sur les panégyriques, XXVI, 307.
— sur un écrit anonyme, XXVIII, 489.
Lettres; voy. *A M***, et *Aux auteurs*, etc.
— à Foucher, XXVII, 431.
— à S. A. monseigneur le prince de..., XXVI, 469.
— chinoises, indiennes, tartares, XXIX, 451.
— d'Amabed, XXI, 435.
— de Memmius à Cicéron, XXVIII, 437.
— philosophiques, XXII, 75.
— sur *la Nouvelle Héloïse*, XXIV, 165.
— sur les Miracles ; voy. *Questions*.

Lettres sur *OEdipe*, II, 11.
Lois (les) de Minos, ou Astérie, VII, 163.

M.

Mahomet, IV, 93.
Mandement du révérend père en Dieu, XXV, 345.
Manifeste du roi de France en faveur du prince Charles-Édouard, XXIII, 203.
Mariamne, II, 157.
Marseillois (le) et le Lion, X, 140.
Memnon; voy. *Zadig*.
Memnon, XXI, 95.
Mémoire à M. Turgot, XXIX, 439.
— contre La Beaumelle, XV, 95.
— de Donat Calas, XXIV, 383.
— des états du pays de Gex, XXIX, 391.
— du pays de Gex, XXIX, 393.
— du sieur de Voltaire, XXIII, 27.
— présenté au ministère (en 1767), XXVI, 355.
— sur la satire, XXIII, 47.
— sur le pays de Gex, XXIX, 351.
— sur les *Éléments de la Philosophie de Newton*, XXII, 389.
— sur un libelle (*Guerre littéraire*), XXIV, 85.
— sur un ouvrage de physique de Mme du Châtelet, XXIII, 65.
Mémoires de Dangeau ; voy. *Journal*.
— pour servir à la Vie de M. de Voltaire, I, 3.
Méprise d'Arras, XXVIII, 425.
Mérope, IV, 171.
Métaphysique de Newton (composant la 1re partie des *Éléments*), XXII, 403.
Micromégas, XXI, 105.
Mondain (le), X, 83.
Monde (le) comme il va, vision de Babouc, XXI, 1.
Mort de César (la), III, 297.
— de Mlle Lecouvreur (la), IX, 369.
Mule (la) du pape, IX, 573.

N.

Nanine, ou le Préjugé vaincu, V, 1.
Non (les), X, 564.
Note sur une Pensée de Vauvenargues, XXXI, 41.
Note concernant le pays de Gex, XXIX, 349.
— sur la lettre de M. Hume, XXVI, 35.
— sur le *Cymbalum mundi*, XXVIII, 361.
— sur les *Remarques de La Mottraye*, XVI, 355.
Notes sur *la Henriade*, XXXII, 466.
— sur le *Discours sur l'inégalité des conditions*, de J.-J. Rousseau, XXXII, 468.
— sur *le Contrat social*, de J.-J. Rousseau, XXXII, 474.
— sur les Souvenirs de Mme de Caylus, XXVIII, 285.
Nouveau prologue de *la Princesse de Navarre*, IV, 279.
Nouvelle requête au Roi, XXVIII, 369.
Nouvelles probabilités en fait de justice, XXVIII, 577.
— remarques sur l'histoire, XXIV, 473.

O.

Observations sur le *Jules César* de Shakespeare, VII, 484.
— sur MM. Jean Lass, Melon, et Dutot, etc., XXII, 359.
— voy. *Remarques.*
Octave et le jeune Pompée ; voy. *Triumvirat.*
Odes, VIII, 403.
Ode à la reine de Hongrie, VIII, 450.
— à la Vérité, VIII, 481.
— à MM. de l'Académie des sciences, VIII, 439.
— au roi de Prusse, sur son avénement, VIII, 443.
— pindarique, à l'occasion de la guerre présente en Grèce, VIII, 491.
— sur la guerre des Russes, VIII, 489.
— sur l'ingratitude, VIII, 421.
— sur la mort de la princesse de Baireuth, VIII, 462.
— — de l'empereur Charles VI, VIII, 447.
— sur la paix de 1736, VIII, 434.
— sur le fanatisme, VIII, 427.
— sur le passé et le présent, VIII, 496.
— sur le vœu de Louis XIII, VIII, 407.
— sur les malheurs du temps, VIII, 411.
— sur sainte Geneviève, VIII, 403.
Œdipe, II, 7.
Olympie, VI, 93.
Omer Joly de Fleury étant entré, XXIV, 467.
Oreilles (les) du comte de Chesterfield, XXI, 577.
Oreste, V, 73.
Originaux (les), II, 393.
Origine (l') des métiers, X, 48.
Orphelin (l') de la Chine, V, 291.
Oui (les), X, 563.

P

Panégyrique de Louis XV, XXIII, 263.
— de saint Louis, XXIII, 313.
Pantaodaï (épître à Mlle Clairon), X, 372.
Parallèle d'Horace, de Boileau et de Pope, XXIV, 223.
Pauvre Diable (le), X, 97.
Pélopides (les), ou Atrée et Thyeste, VII, 101.
Pensées de Pascal ; voy. *Remarques.*
— de Voltaire, XXXI, 117.
— sur le gouvernement, XXIII, 523.
Père (le) Nicodème et Jeannot, X, 162.
Petit avis à un jésuite, XXIV, 341.
— commentaire sur l'Éloge du dauphin, XXV, 471.
— écrit sur l'arrêt du conseil, XXIX, 343.
Peuples (les) aux parlements, XXVIII, 413.
Philosophe (le), XXIX, 41.
— ignorant, XXVI, 47.
Philosophie de l'histoire (introduction de l'*Essai sur les Mœurs*).
Pièces originales concernant la mort des sieurs Calas, XXIV, 365.

Plaidoyer de Ramponeau, XXIV, 115.
Plan (du Dictionnaire de l'Académie), XXXI, 161.
Poëme de Fontenoy, VIII, 371.
— sur la loi naturelle; voy. *Loi naturelle.*
— sur le désastre de Lisbonne, IX, 465.
Poésies (en anglais), X, 607.
— (en latin), X, 604.
— mêlées, X, 461.
Pot-pourri, XXV, 261.
Pour (les), X, 560.
— (le) et le Contre, ou Épitre à Uranie, IX, 357.
Précis de l'Ecclésiaste, IX, 481.
— du Cantique des cantiques, IX, 495.
— du procès du comte de Morangiés, XXIX, 53.
— du Siècle de Louis XV, XV, 145.
Préface de *Charlot,* VI, 343.
— de *l'Écossaise,* V, 409.
— de *la Mort de César,* III, 309.
— de la *Réponse d'un solitaire de la Trappe,* XXVI, 567.
— de *l'Anti-Machiavel,* XXIII, 147.
— de *l'Enfant prodigue,* III, 442.
— de *Mariamne,* II, 161.
— de *Nanine,* V, 5.
— d'*OEdipe,* II, 47.
— de *Rome sauvée,* V, 205.
— de *Socrate,* V, 361.
— des *Guèbres,* VI, 489.
— des *Scythes,* VI, 266.
— (seconde) des *Scythes,* VI, 271.
— des *Souvenirs de madame de Caylus,* XXVIII, 285.
— du *Dépositaire,* VI, 393.
— du *Recueil des Facéties parisiennes,* XXIV, 127.
— du *Temple de la Gloire,* IV, 349.
— du tome III de l'*Essai sur l'Histoire universelle,* XXIV, 41.
— du traducteur (de la *Comédie fameuse*), VII, 489.
— du *Triumvirat,* VI, 177.
Préjugé (le) vaincu; voy. *Nanine.*
Préservatif (le), XXII, 371.
Président (le) de Thou justifié, XXV, 477.
Prières et questions adressées à M. Turgot, XXIX, 441.
Princesse (la) de Babylone, XXI, 369.
— de Navarre, IV, 271.
Prix (le) de la justice et de l'humanité, XXX, 533.
Procès de Claustre; supplément aux Causes célèbres, XXVIII, 77.
Profession de foi des théistes, XXVII, 55.
Prologue de la fête pour le mariage du dauphin, IV, 275.
— de la *Prude,* IV, 392.
— du *Comte de Boursoufle,* III, 253.
Prophétie de la Sorbonne, XXVI, 527.
Prude (la), IV, 389.
Pucelle (la), IX, 25.
Pygmalion, fable, XXXII, 420.
Pyrrhonisme de l'histoire, XXVII, 235.

Q

Quand (les), XXIV, 111.
Quatrième lettre à la noblesse du Gévaudan, XXIX, 82.
Que (les), X, 561.
Quelques petites hardiesses de M. Clair, à l'occasion d'un panégyrique de saint Louis, XXVIII, 559.
Questions de Zapata, XXVI, 173.
— proposées à qui voudra les résoudre, XXV, 257.
— sur l'Encyclopédie (fondues dans le *Dictionnaire philosophique*), XVII à XX.
— (ou lettres) sur les miracles, XXV, 357.
Qui (les), X, 562.
Quoi (les), X, 563.

R

Raison par alphabet (c'est le *Dictionnaire philosophique*).
Raisons de croire que le *Testament politique de Richelieu* est un ouvrage supposé, XXIII, 443.
Réflexions philosophiques sur le procès de Mlle Camp (et réponse à Caveyrac), XXVIII, 553.
— pour les sots, XXIV, 121.
— sur l'histoire (VIIe des *Articles extraits de la* Gazette littéraire), XXV, 169.
— sur les *Mémoires de Dangeau*, XXVIII, 251.
Réfutation d'un écrit anonyme contre la mémoire de Joseph Saurin, XXIV, 79.
Relation de la maladie, etc., du jésuite Berthier, XXIV, 95
— de la mort du chevalier de La Barre, XXV, 501.
— du bannissement des jésuites de la Chine, XXVII, 1.
— du voyage de Lefranc de Pompignan, XXIV, 461.
— touchant un Maure blanc, XXIII, 189.
Remarques autographes de Voltaire en marge d'un livre du Père Daniel, XXIX, 411.
— au sujet d'une omission dans le *Journal encyclopédique*, XXIV, 109.
— pour servir de supplément à l'*Essai sur les Mœurs*, XXIV, 543.
— sur deux épîtres d'Helvétius, XXIII, 5.
— sur le *Bon Sens*, XXXI, 150.
— sur *le Christianisme dévoilé*, XXXI, 129.
— sur l'ouvrage intitulé *De l'existence de Dieu*, etc., par Nieuwentyt, XXXI, 135.
— sur les *Pensées de Pascal*, XXII, 27; XXXI, 1.
— sur les *Souvenirs de madame de Caylus*, XXVIII, 285.
Remerciement sincère à un homme charitable, XXIII, 457.
Remontrances du corps des pasteurs du Gévaudan, XXVII, 106.
— du grenier à sel, XXVIII, 401.
— du pays de Gex, XXX, 341.
Réponse à Caveyrac, XXVIII, 550.
— à la Critique de *la Henriade*, VIII, 364.
— à M. de La Lindelle, IV, 196.
— à un académicien, XXV, 223.
— à un avocat, XXIX, 33.
— aux objections principales qu'on a faites en France contre la Philosophie de Newton, XXIII, 71.

Réponse aux *Remontrances de la cour des aides*, XXVIII, 385.
— catégorique, XXVI, 529.
Représentations aux États-Généraux de Hollande, XXIII, 199.
Requête à M. le lieutenant général du pays de Gex, XXIV, 161.
— à tous les magistrats du royaume, XXVIII, 341.
— au roi en son conseil (par Donat Calas), XXIV, 381.
— au roi pour les serfs de Saint-Claude, XXX, 375.
— aux magnifiques seigneurs de Lausanne, XXIV, 89.
— de Jérôme Carré aux Parisiens, V, 413.
Rescrit de l'empereur de la Chine, XXIV, 231.
Rois (les) pasteurs ; voy. *Tanis et Zélide.*
Rome sauvée, ou Catilina, V, 199.
Russe (le) à Paris, X, 119.

S

Sage (le) et l'Athée ; voy. *Histoire de Jenny.*
Samson, III, 3.
Satires, X, 75.
Saül, V, 571.
Scythes (les), VI, 261.
Séance mémorable, XXIII, 571.
Seconde anecdote sur Bélisaire, XXVI, 169.
— lettre à la noblesse du Gévaudan, XXIX, 71.
— lettre d'un quaker, XXV, 141.
Sémiramis, IV, 481.
Sentiment d'un académicien de Lyon, XXIX, 317.
— des citoyens, XXV, 309.
Sentiments des six conseils supérieurs, XXVIII, 397.
Sermon des Cinquante, XXIV, 437.
— du pape Nicolas Charisteski, XXVIII, 409.
— du rabbin Akib, XXIV, 277.
— prêché à Bâle par Josias Roselle, XXVI, 584.
Sésostris, X, 68.
Siècle de Louis XIV, XIV et XV.
Singularités de la nature, XXVII, 125.
Socrate, V, 361.
Sommaire des droits du roi de Prusse sur Herstall, XXIII, 153.
Songe (le) creux, X, 71.
— de Platon, XXI, 133.
Sophonisbe, VII, 29.
Sophronyme et Adélos, XXV, 459.
Sottise des deux parts, XXII, 63.
Sottisier, XXXII, 483.
Souvenirs de Mme de Caylus (Notes sur les), XXVIII, 285.
Stances, VIII, 503 à 545.
Stances à M. de ***, sur la Tolérance, VIII, 538.
— à M. Blin de Sainmore, VIII, 532.
— à M. le chevalier de Boufflers, VIII, 530.
— à l'impératrice Catherine, VIII, 533.
— à Mme du Châtelet, VIII, 512.
— à la même, VIII, 507.
— à Mme de Choiseul, VIII, 534.

Stances au prince de Conti, VIII, 508.
— à Mᵐᵉ Denis, VIII, 528.
— à M. Deodati de Tovazzi, VIII, 531.
— à Mᵐᵉ Du Boccage, VIII, 519.
— à M. de Forcalquier, VIII, 506.
— à Frédéric, prince royal, puis roi de Prusse, VIII, 510, 511, 515, 522, 523, 524, 525, 526, 527, 542.
— au président Hénault, VIII, 509.
— à Hourcastremé, VIII, 538.
— à Mᵐᵉ Lullin, VIII, 539.
— à Mᵐᵉ Necker, VIII, 537.
— à Mᵐᵉ de Pompadour, VIII, 516.
— à Saurin, VIII, 535.
— à M. Van Haren, VIII, 514.
Stances : impromptu fait dans un souper, VIII, 521.
— irrégulières à la princesse de Suède Ulrique de Prusse, VIII, 517.
— ou quatrains pour tenir lieu de ceux de Pibrac, VIII, 544.
— sur l'alliance avec les Suisses, VIII, 543.
— sur la Saint-Barthélemy; voy. *Anniversaire*.
— sur le Louvre, VIII, 520.
— sur les poètes épiques, VIII, 505.
Supplément au Siècle de Louis XIV, XV, 87.
— aux causes célèbres, XXVIII, 77.
— du *Discours aux Welches*, XXV, 249.
Supplique à M. Turgot, XXIX, 443.
— des serfs de Saint-Claude, XXVIII, 407.
Sur le paradoxe que les sciences ont nui aux mœurs; voy. *Timon*.
— le procès de Mˡˡᵉ Camp, XXVIII, 553.
— l'usage de la vie, X, 94.
— les événements de l'année 1744, IX, 429.
— Mˡˡᵉ de Lenclos, XXIII, 507.
— un écrit anonyme, XXVIII, 489.
— une satire de M. Clément, XXIX, 371.
Système (le) vraisemblable, XXXI, 163.
Systèmes (les), X, 167.

T

Tactique (la), X, 187.
Tancrède, V, 489.
Tanis et Zélide, ou les rois pasteurs, III, 43.
Taureau blanc (le), XXI, 483.
Thélème et Macare, X, 41.
Temple de l'Amitié, IX, 372.
— de la Gloire, IV, 347.
— du Goût, VIII, 549.
Temps présent (le), X, 207.
Testament de Voltaire, I, 408.
Thérèse (fragments), IV, 259.
Timon, ou sur le paradoxe que les sciences ont nui aux mœurs, XXIII, 483.
Tocsin des rois, XXVIII, 465.
Toilette de Mᵐᵉ de Pompadour; voy. *Anciens et modernes*.
Tombeau (le) de la Sorbonne, XXIV, 17.

Torts (les), stances, VIII, 529.
Tout en Dieu, XXVIII, 91.
Traduction du poëme de J. Plokof, XXVIII, 365.
— de l'*Héraclius* espagnol de don Pedro Calderon de la Barca, VII, 489.
— du *Jules César*, de Shakespeare, VII, 433.
— du seizième livre de *l'Iliade*, X, 613.
Traductions, X, 609.
Traité de métaphysique, XXII, 189.
— de paix conclu entre monsieur le président et monsieur le professeur, XXIII, 573.
— sur la Tolérance, XXV, 13.
Triumvirat (le), ou Octave et le jeune Pompée, VI, 175.
Trois empereurs en Sorbonne, X, 149.
— manières (les), X, 30.
Troisième lettre à la noblesse du Gévaudan, XXIX, 78.

U

Un Chrétien contre six Juifs, XXIX, 499.
Un mandarin et un jésuite; voy. *Entretiens chinois*.
Usage (sur l') de la vie, X, 94.
Utile examen des trois dernières épîtres du sieur Rousseau, XXII, 233.

V

Vanité (la), X, 114.
Vers anglais; voy. *Poésies*.
Vers latins; voy. *Poésies*.
Vie de Molière, XXIII, 87.
— de J.-B. Rousseau, XXII, 327.
Vieillard (le) du Caucase; voy. *Un Chrétien contre six Juifs*.
Voix (la) du curé, XXVIII, 567.
— du sage et du peuple, XXIII, 465.
Voyage de la Raison; voy. *Éloge de la Raison*.
Voyages et aventures d'une princesse babylonienne; voy. *Princesse de Babylone*.
Vrai (le) Dieu, ode, VIII, 415.

Z

Zadig (publié d'abord sous le titre de *Memnon*), XXI, 31.
Zaïre, II, 533.
Zulime, IV, 3.

FIN DE LA LISTE ALPHABÉTIQUE DES OUVRAGES DE VOLTAIRE

TABLE CHRONOLOGIQUE

DES ÉCRITS DE VOLTAIRE [1]

1706 ou 1707.

Épître à Monseigneur, X, 213.

1709.

Ode sur sainte Geneviève, VIII, 403.

1711.

Amulius et Numitor, fragment d'une tragédie, XXXII, 379-382.

1712.

Ode sur le vœu de Louis XIII, VIII, 407.

1713.

Ode sur les malheurs du temps, VIII, 411.
Épître à Mme la comtesse de Fontaine, X, 214.

1714.

Épître à M. l'abbé Servien, X, 216.
— à Mme de Montbrun-Villefranche, X, 219.
Le Bourbier, X, 75.
Lettre à M. D***, au sujet du prix de poésie, XXII, 1.
L'Anti-Giton, IX, 561.

1715.

Le vrai Dieu, ode, VIII, 415.
La Chambre de justice, ode, VIII, 418.
Épître à M. l'abbé de ***, X, 220.
— à une dame un peu mondaine, X, 222.
— au duc d'Aremberg, X, 223.

---

1. On n'a compris dans cette table que quelques-unes des *Stances* et des pièces qui sont dans les *Poésies mêlées*. Les écrits sur l'année desquels on a de l'incertitude sont indiqués par un astérisque.

1716.

Épître au prince Eugène, X, 225.
— à Mme de Gondrin, X, 227.
— à Mme de***, X, 229.
— à Samuel Bernard, X, 230.
— à Mme de G***, X, 231.
— à M. le duc d'Orléans, X, 232.
— à M. l'abbé de Bussy (sur la Tracasserie), X, 237.
— à M. le prince de Vendôme, X, 240.

1717.

La Bastille, IX, 353.

1718.

OEdipe, composé en 1713, II, 7.
Épître à M. le prince de Conti, X, 243.

1719.

Lettres sur *OEdipe*, II, 11.
Épître à M. de La Faluère de Genonville, X, 245.
— au roi d'Angleterre, X, 247.
— à Mme la maréchale de Villars, X, 248.
Le Cadenas, IX, 566.
Le Cocuage, IX, 571.
Lettre au nom de Mme la maréchale de Villars, XXXII, 382-384.

1720.

Artémire, II, 121.
* Divertissement mis en musique, IX, 367.
Épître au duc de Sully, X, 249.
Épithalame de Daphnis et Chloé, XXXII, 386.
Réponse à cet épithalame, XXXII, 387.

1721

Épître à M. le maréchal de Villars, X, 251.
— au cardinal Dubois, X, 253.

1722.

Épître à Uranie (imprimée en 1732), IX, 357.
— au duc de La Feuillade, X, 254.
— à Mme de ***, X, 255.

1723.

La Ligue, intitulée depuis *la Henriade*, VIII, 1.
Épître à M. de Gervasi, X, 256.

1724.

Mariamne, II, 157.

1725.

Préface de *Mariamne* (la pièce est de 1724), II, 161.
Lettre de M. Thieriot à M. l'abbé Nadal, XXII, 13.
L'indiscret, II, 243.
Épître à Mme la marquise de Prie, II, 245.
  — à la Reine, X, 259.
Fête de Bélébat, II, 279.
Divertissement pour le mariage du roi Louis XV, XXXII, 389-395.

1726.

Lettres philosophiques (la 22e et quelques autres) ; la publication en français est de 1734.
Essai sur la poésie épique, VIII, 302.
* Épître à M. Pallu, X, 260.
  — à Mlle Lecouvreur, X, 261.
* Cantate, XXXII, 396.

1727.

A M. (sur l'Angleterre), XXII, 17.
A M. (sur l'Angleterre, et les Contradictions), XXII, 25.
Lettres philosophiques (les 11e et 20e), publiées en français en 1734.
Essai sur les guerres civiles de France, VIII, 264.

1728.

Remarques (premières) sur les *Pensées* de Pascal, XXII, 27.
Sottise des deux parts, XXII, 63.

1729.

Épître à M. Pallu, X, 262.
  — aux mânes de Genonville, X, 265.

1730.

Préface d'*OEdipe*, II, 47.
Harangue pour la clôture du théâtre, XXII, 69.
La Mort de Mlle Lecouvreur, IX, 369.
Brutus, II, 301.
Discours sur la tragédie, II, 311.

1731.

La Mort de César, III, 297.
Temple du Goût (imprimé en 1733), VIII, 549.
Épître à Formont, X, 266.
Histoire de Charles XII, XVI, 113.
Épître à M. de Cideville, X, 268.
Stances sur les poëtes épiques, VIII, 505.
Épître des *Vous* et des *Tu*, X, 269.
  — au comte de Tressan, X, 271.

1732.

Les Originaux, II, 393.
L'Épître à Uranie, ou le Pour et le Contre ; voy. 1722.
Ériphyle, II, 455.
Aux Auteurs de la *Bibliothèque raisonnée*, XXII, 71.
Samson, III, 3.
Zaïre, II, 533.
Temple de l'Amitié, IX, 372.
Ode sur le Fanatisme, VIII, 427.
Épître à Mlle de Lubert, X, 272.
— à une Dame ou soi-disant telle, X, 274.
— à Mme de Fontaine-Martel, X, 277.
— à Mlle Gaussin, X, 279.
— à Mme du Châtelet, X, 280.
— à M. Clément de Dreux, X, 281.

1733.

Lettre à Cideville sur *le Temple du Goût*, VIII, 551.
Épître (1re) dédicatoire de *Zaïre*, II, 537.
— à Mme du Châtelet, sur la Calomnie, X, 282.
La Mule du pape, IX, 573.
Notes sur les *Remarques* de La Mottraye, XXIV, 360.

1734.

Adélaïde du Guesclin, III, 75.
Épître à Mlle de Guise, X, 289.
— à M***, X, 290.
Lettres philosophiques, écrites en 1726-27, XXII, 75.
L'Échange, III, 251.
Alzire ou les Américains, III, 369.
Discours en vers sur l'Homme, IX, 379.
* Lettre (en vers) à la duchesse du Maine, au nom du duc de ***, XXXII, 402.
Traité de métaphysique, XXII, 189.
Fragment d'une Lettre sur *Didon* (est de 1736).
Épître au comte de Tressan, X, 291.
— à Uranie, X, 292.
— à la même, X, 293.
— à Mme du Châtelet, X, 294.

1735.

Épître à M. le comte Algarotti, X, 296.

1736.

Épître (2e) dédicatoire de *Zaïre*, II, 547.
Ode sur le Fanatisme, VIII, 427.
Fragment d'une Lettre sur *Didon*, XXII, 231.
Utile examen des *Épîtres* de J.-B. Rousseau, XXII, 233.
Le Mondain, X, 83.
Tanis et Zélide, III, 43.
L'enfant prodigue, III, 441.
La Crépinade, X, 78.

Ode sur l'Ingratitude, VIII, 421.
Ode sur la Paix de 1736, VIII, 434.
Épître à Saint-Lambert, X, 297.
— à Mlle de Lubert, X, 298.
— à Mme du Châtelet, X, 299.
— au prince royal de Prusse, X, 302.

1737.

Défense du Mondain, X, 90.
Sur l'usage de la vie, X, 94.
Conseils à un journaliste, XXII, 241.
Discours en vers sur l'Homme, IX, 401.

1738.

Éléments de la Philosophie de Newton, XXII, 393.
Éclaircissements nécessaires, XXII, 267.
Fragment d'un Mémoire, XXII, 277.
Épître à Mlle de T., X, 305.
Essai sur la nature du feu, XXII, 279.
Vie de J.-B. Rousseau, XXII, 327.
Épître au prince royal de Prusse, X, 306.
Observations sur MM. J. Lass, Melon et Dutot, XXII, 359.
Ode à messieurs de l'Académie des sciences, VIII, 439.
Le Préservatif, XXII, 371.
Mémoire (imprimé dans le *Journal des savants*), XXII, 389.
Conseils à M. Helvétius, XXIII, 1.
Épître au prince royal de Prusse, X, 308.
— à Helvétius, X, 310.
L'Envieux, III, 523.

1739.

A M***, sur le Mémoire de Desfontaines, XXIII, 25.
Mémoire du sieur de Voltaire, XXIII, 27.
— sur la Satire, XXIII, 47.
— sur un ouvrage de Mme du Châtelet, XXIII, 65.
Réponse aux objections contre la Philosophie de Newton, XXIII, 71.
Vie de Molière, XXIII, 87.
Fragment d'une Lettre sur un usage de Hollande, XXIII, 127.

1740.

Zulime, IV, 3.
Épître au roi de Prusse, X, 311.
Ode au roi de Prusse sur son avénement, VIII, 443.
Remarques sur deux épîtres d'Helvétius, XXIII, 5.
Stances au président Hénault, VIII, 509.
Métaphysique de Newton (formant la première partie des *Éléments de la philosophie de Newton*), XXII, 403.
Épître à un ministre d'État, X, 314.
Exposition du livre des Institutions physiques, XXIII, 129.
Stances au roi de Prusse, VIII, 510, 511.
Préface de l'*Anti-Machiavel*, XXIII, 147.

Sommaire des droits du roi de Prusse sur Herstall, XXIII, 153.
Extrait de la *Nouvelle Bibliothèque*, XXIII, 159.
Ode sur la mort de l'empereur Charles VI, VIII, 447.
Stances au roi de Prusse, VIII, 511.
Pandore, III, 573.

1741.

Doutes sur la mesure des forces motrices, XXIII, 165.
Épître au roi de Prusse, X, 317.
— au roi de Prusse, X, 318.
Stances à Mme du Châtelet, VIII, 512.

1742.

Ode à la reine de Hongrie, VIII, 450.
Conseils à M. Racine, XXIII, 173.
Ce qu'on ne fait pas, et ce qu'on pourrait faire, XXIII, 185.
Mahomet, IV, 93.
Épître au roi de Prusse, X, 320.

1743.

Réponse au marquis de Ximenès, X, 321.
Mérope, IV, 171.
Thérèse (fragment de), IV, 259.
Stances à M. Van Haren, VIII, 514.
— au roi de Prusse, VIII, 515.
Fragment d'une Épître au roi de Prusse, X, 322.

1744.

Relation touchant un Maure blanc, XXIII, 189.
Courte réponse aux longs discours d'un Allemand, XXIII, 193.
Épître au roi de Prusse, X, 323.
Discours sur les événements de 1744, IX, 429.
Épître au président Hénault, X, 326.
— au roi de Prusse, X, 328.
— au roi (Louis XV), X, 330.
— au roi de Prusse, X, 332.
— au roi de Prusse, X, 333.

1745.

Princesse de Navarre, IV, 271.
Lettre du Roi à la Czarine, XXIII, 197.
Épître au duc de Richelieu, X, 335.
Poëme de Fontenoy, VIII, 371.
Lettre critique sur le poëme de Fontenoy, VIII, 397.
Épître au roi de Prusse, X, 333.
La clémence de Louis XIV et de Louis XV dans la victoire, VIII, 453.
Stances à Mme de Pompadour, VIII, 516.
Représentations aux États-Généraux de Hollande, XXIII, 199.
Manifeste du roi de France pour Charles-Édouard, XXIII, 203.
Le Temple de la Gloire, IV, 347.

1746.

Discours de réception à l'Académie, XXIII, 205.
La Félicité des temps, VIII, 456.
Le Monde comme il va, XXI, 1.
Crocheteur borgne, XXI, 17.
Cosi sancta, XXI, 25.
Aventure indienne (est de 1766).
Aveugles juges des couleurs (est de 1766).
Dissertation envoyée par l'auteur en italien à l'Académie de Bologne, XXIII, 219.

1747.

Stances à la princesse de Suède, VIII, 517.
Épître au comte Algarotti, X, 336.
Zadig (publié d'abord sous le titre de *Memnon*), XXI, 31.
Épître à Mme la duchesse du Maine, X, 338.
— à Richelieu, X, 342.
La Prude, IV, 389.

1748.

Avis sur les éditions de ses Œuvres, XXIII, 231.
Anecdotes sur Louis XIV, XXIII, 233.
— sur le czar Pierre le Grand, XXIII, 281.
Épître au maréchal de Saxe, X, 343.
— à Mme Denis, X, 344.
Éloge funèbre des officiers, XXIII, 249.
Panégyrique de Louis XV, XXIII, 263.
Sémiramis, IV, 481.
Stances à Mme du Boccage, VIII, 519.
Épître au président Hénault, X, 350.
— au duc de Richelieu, X, 353.

1749.

Compliment au roi par le maréchal de Richelieu, XXIII, 295.
Des embellissements de Paris, XXIII, 297.
Lettre à l'occasion de l'impôt du vingtième, XXIII, 305.
Nanine, V, 3.
Panégyrique de saint Louis, XXIII, 313.
Stances sur le Louvre, VIII, 520.
Épître à Saint-Lambert, X, 355.
Connaissance des beautés et des défauts, XXIII, 327.
Lettre de l'auteur de la brochure intitulée *Connaissance des beautés et des défauts de la poésie*, XXIII, 425.
La Femme qui a raison, IV, 573.
Des mensonges imprimés, XXIII, 427.

1750.

Oreste, V, 73.
Memnon (autre que *Zadig*), XXI, 95.
Bababec et les fakirs, XXI, 101.

Raisons de croire que le testament du cardinal de Richelieu est un ouvrage supposé, XXIII, 443.
Remerciement sincère à un homme charitable, XXIII, 457.
Extrait du décret de la sacrée congrégation, XXIII, 463.
La voix du sage et la voix du peuple, XXIII, 465.
Des embellissements de la ville de Cachemire, XXIII, 473.
Rome sauvée, V, 199.
Timon, XXIII, 483.
Épître à M. Desmahis, X, 356.
Impromptu fait à un souper, VIII, 521.
Stances au roi de Prusse, VIII, 522.

1751.

Épître au cardinal Quirini, X, 357.
— au roi de Prusse, X, 359.
— au roi de Prusse (les deux Tonneaux), X, 360.
Duc d'Alençon, III, 165.
Stances au roi de Prusse, VIII, 523, 524, 525, 526, 527.
Dialogue entre Marc-Aurèle et un récollet, XXIII, 479.
Lettre à MM. les auteurs des *Étrennes de la Saint-Jean*, XXIII, 485.
Siècle de Louis XIV, XIV et XV.
Idées de La Mothe le Vayer, XXIII, 489.
Dialogue entre un plaideur et un avocat, XXIII, 493.
— entre Mme de Maintenon et Mlle de Lenclos, XXIII, 497.
— entre un philosophe et un contrôleur, XXIII, 501.
Sur Mlle de Lenclos, XXIII, 507.

1752.

Éloge historique de Mme du Châtelet, XXIII, 515.
Micromégas, XXI, 105.
Pensées sur le gouvernement, XXIII, 523.
Extrait de la Bibliothèque raisonnée, XXIII, 535.
Défense de milord Bolingbroke, XXIII, 547.
Avertissement sur la nouvelle Histoire de Louis XIV, XXIII, 555.
Amélie, ou le Duc de Foix, III, 197.
Tombeau de la Sorbonne, XXIV, 17.
La Loi naturelle, poëme (voy. 1756).
Avertissement sur le Siècle de Louis XIV, XXIII, 557.
Diatribe du docteur Akakia, XXIII, 560.

1753.

Mémoire, XXIV, 1.
— de M. de Voltaire (contre La Beaumelle), XV, 95.
Histoire du docteur Akakia, XXIII, 559.
Séance mémorable, XXIII, 571.
Avis à l'auteur du *Journal de Gottingue*, XXIV, 7.
Supplément au Siècle de Louis XIV, XV, 87; XXIV, 10.
Traité de paix, XXIII, 573.
Art de bien argumenter, XXIII, 581.
Examen du Testament du cardinal Albéroni, XXIV, 11.
Abrégé de l'Histoire universelle (ou Essai sur les Mœurs), XI à XIII.

Annales de l'Empire, première partie, XIII, 187.
A M. de ***, professeur en histoire, XXIV, 29.
Doutes sur quelques points de l'histoire de l'Empire, XXIV, 35.

1754.

Préface du tome III de l'Essai sur l'Histoire, XXIV, 41.
Introduction de l'Abrégé de l'Histoire universelle, XXIV, 51.
Annales de l'Empire, seconde partie, XIII.
Essai sur l'Histoire universelle (tomes I, II, III), XI à XII.

1755.

L'auteur arrivant dans sa terre, X, 362.
Orphelin de la Chine, V, 291.
Stances à Mme Denis, VIII, 528.

1756.

Poëme sur la Loi naturelle (composé en 1752), IX, 441.
— sur le Désastre de Lisbonne, IX, 470.
Épître à Richelieu, X, 368.
Les deux Consolés, XXI, 123.
Histoire des voyages de Scarmentado, XXI, 125.
Songe de Platon, XXI, 133.
Dialogue entre un brachmane et un jésuite, XXIV, 53.
Dialogues entre Lucrèce et Posidonius, XXIV, 57.
Jusqu'à quel point on doit tromper le peuple, XXIV, 71.
Essai sur l'Histoire générale (depuis *Essai sur les Mœurs*), XI à XII.
Épître à l'empereur François Ier, X, 367.

1757.

Galimatias dramatique, XXIV, 75.
Essai sur l'Histoire universelle (tome IV), XII.
Les Torts, stances, VIII, 529.

1758.

Essai sur l'Histoire universelle (tomes V et VI), XII à XIII.
Réfutation d'un écrit anonyme, XXIV, 79.

1759.

Ode sur la mort de la princesse de Bareith, VIII, 462.
Mémoire sur le Libelle, XXIV, 85.
Requête aux magnifiques Seigneurs, XXIV, 89.
Candide, ou l'Optimiste, XXI, 137.
Lettre aux auteurs du *Journal encyclopédique*, XXIV, 91.
Épître à l'abbé de La Porte, X, 370.
Socrate, V, 361.
Précis de l'Ecclésiaste, IX, 485.
Précis du *Cantique des cantiques*, IX, 501.
Épître à une jeune veuve, X, 370.

Histoire de Russie, 1re partie (la 2e est de 1763), XVI, 371.
— d'un bon bramin, XXI, 219.
Relation de la mort de Berthier, etc., XXIV, 95.
Mémoires pour servir à la Vie de Voltaire, I, 3.

1760.

Remarques au sujet d'une omission, XXIV, 109.
Lettre civile et honnête, etc., XXIV, 141.
Les Quand, XXIV, 111.
Épître à M. le président Hénault, X, 371.
Plaidoyer pour Ramponneau, XXIV, 115.
Requête de J. Carré aux Parisiens, XXIV, 120.
Le pauvre Diable, X, 97.
Réflexion pour les sots, XXIV, 121.
La Vanité, X, 114.
Le Russe à Paris, X, 119.
Extrait des Nouvelles à la main, XXIV, 125.
Préface du Recueil des *Facéties parisiennes*, XXIV, 127.
Écossaise (l'), V, 399.
A MM. les Parisiens. Requête de J. Carré, V, 413.
Tancrède, V, 489.
Dialogues chrétiens, XXIV, 129.
Lettre de M. Cubstorf, XXIV, 151.
Fragment d'une lettre de lord Bolingbroke, XXIV, 155.

1761.

Épître à Daphné, X, 372.
A monsieur le lieutenant criminel de Gex, XXIV, 161.
Avis sur les Lettres à Le Brun, etc., XXIV, 159.
Stances à M. Deodati de Tovazzi, VIII, 531.
Lettres sur *la Nouvelle Héloïse*, XXIV, 165.
Anecdotes sur Fréron, XXIV, 181.
Appel à toutes les nations de l'Europe, XXIV, 191.
Parallèle d'Horace, de Boileau, et de Pope, XXIV, 223.
Avertissement aux Éditeurs de la traduction, XXIV, 229.
Rescrit de l'empereur de la Chine, XXIV, 231.
Épître à Mme Denis, X, 378.
Lettre de M. Ératou à M. Clocpitre, IX, 497.
— de M. Clocpicre à M. Ératou, XXIV, 235.
Conversation de monsieur l'intendant des Menus, XXIV, 239.
Épître à Mme Élie de Beaumont, X, 382.
Lettres de Charles Gouju, XXIV, 255.
Épître au duc de La Vallière, X, 383.
Les Car, XXIV, 261.
Les Ah ! ah ! XXIV, 263.
Entretiens d'un sauvage et d'un bachelier, XXIV, 265.
Entretien d'Ariste et d'Acrotal, XXIV, 273.
Stances à Blin de Sainmore, VIII, 532.
Sermon du rabbin Akib, XXIV, 277.
Éducation des Filles, XXIV, 285.
Les Chevaux et les Anes, X, 132.
Commentaires sur Corneille, XXXI et XXXII.

1762.

Communications au *Mercure*, XXIV, 289.
Avertissement (sur les lettres et paquets), XXIV, 289.
Droit du seigneur, VI, 3.
Extrait de la Gazette de Londres, XXIV, 291.
— des Sentiments de J. Meslier, XXIV, 293.
Balance égale, XXIV, 337.
Petit Avis à un jésuite, XXIV, 341.
Olympie, VI, 93.
Avis concernant les œuvres de Corneille, XXIV, 469.
Éloge de Crébillon, XXIV, 345.
Pièces originales concernant les Calas, XXIV, 365.
A monseigneur le chancelier, par Donat Calas, XXIV, 379.
Requête au roi, par Donat Calas, XXIV, 381.
Mémoire de Donat Calas, XXIV, 383.
Histoire d'Élisabeth Canning et des Calas, XXIV, 398.
Idées républicaines, XXIV, 413.
Lettre de M. de Formey, XXIV, 433.
* Sermon des Cinquante, XXIV, 437.
La Pucelle (1re édition avouée par l'auteur), IX, 1.

1763.

Saül, V, 571.
Lettre de Paris, XXIV, 455.
— de M. de L'Écluse, XXIV, 457.
Relation du voyage de Pompignan, XXIV, 461.
Compliment prononcé à l'ouverture du théâtre, XXIV, 465.
Omer Joly de Fleury, étant entré, XXIV, 467.
D'un Fait singulier concernant la littérature, XXIV, 469.
Conclusion et examen de ce tableau, XXIV, 473.
Éclaircissements historiques, XXIV, 483.
Avertissement pour les OEuvres de Corneille, et le Droit du Seigneur, XXIV, 521.
Catéchisme de l'honnête homme, XXIV, 523.
Remarques pour servir de supplément, XXIV, 543.
Histoire de Russie, 2e partie (la 1re est de 1759), XVI, 517.
Instruction pastorale de l'humble évêque d'Alétopolis, XXV, 1.
Lettre d'un quaker, XXV, 5.
Traité de la Tolérance, XXV, 13.
Ce qui plaît aux dames, X, 9.
L'Éducation d'un prince, X, 20.
— d'une fille, X, 26.
Les trois Manières, X, 30.
* Dialogue du Chapon et de la Poularde, XXV, 119.
* Dernières paroles d'Épictète, XXV, 125.
* Dialogue du Douteur et de l'Adorateur, XXV, 129.

1764.

Lettre du secrétaire de Voltaire, XXV, 137.
Thélème et Macare, X, 41.
Seconde lettre d'un quaker, XXV, 141.
Mémoire pour *Olympie*, à M. d'Argental, XXV, 145.

Articles (25) extraits de la *Gazette littéraire*, XXV, 151.
Réponse, XXV, 223.
Azolan, X, 45.
Origine des métiers, X, 48.
Théâtre de Corneille avec commentaires, XXXI et XXXII.
Jules César, tragédie de Shakespeare : traduite par Voltaire, VII, 431.
L'Héraclius espagnol, ou la Comédie fameuse, de don Pedro Calderon de la Barca, traduite par Voltaire, VII, 487.
Discours aux Welches, XXV, 229.
Contes de Guillaume Vadé, X, 3.
Supplément au Discours aux Welches, XXV, 249.
Dictionnaire philosophique, XVII à XX.
Le Triumvirat, VI, 176.
Le Blanc et le Noir, XXI, 223.
Jeannot et Colin, XXI, 235.
Questions proposées à qui voudra les résoudre, XXV, 257.
Doutes nouveaux, XXV, 277.
Pot-pourri, XXV, 261.
Conformez-vous aux temps, XXV, 315.
Sentiments des citoyens, XXV, 309.

1765.

Arbitrage entre M. de Voltaire et M. de Foncemagne, XXV, 321.
De l'horrible danger de la lecture, XXV, 335.
Conversation de Lucien, Érasme, et Rabelais, XXV, 339.
Philosophie de l'hist. (formant l'introd. de l'*Essai sur les Mœurs*), XI, 3.
Épître à Mlle Clairon, X, 384.
Mandement au révérendissime, etc., Alexis, XXV, 345.
Des Païens et des Sous-Fermiers, XXV, 353.
Questions sur les miracles, XXV, 357.
Les Anciens et les Modernes, XXV, 451.
* Apologie de la Fable, IX, 365.
Ode à la Vérité, VIII, 481.

1766.

Épître à Henri IV, X, 387.
Sophronyme et Adélos (est de 1776).
Lettre pastorale à l'archevêque d'Auch, XXV, 460.
Petit Commentaire sur l'*Éloge du Dauphin*, XXV, 471.
Épître à M. le chevalier de Boufflers, X, 389.
Éloge de l'hypocrisie, X, 137.
Le président De Thou justifié, XXV, 477.
Épître à M. François de Neufchâteau, X, 390.
Lettre curieuse de Robert Covelle, XXV, 491.
Déclaration (5 juillet), XXV, 497.
Relation de la mort de La Barre, XXV, 501.
Déclaration (23 août), XXV, 499.
Épître à Chabanon, X, 391.
Avis au public sur les parricides imputés, etc., XXV, 517.
Commentaire sur le livre *des Délits et des Peines*, XXV, 539.
Épître à Mme de Saint-Julien, X, 392.
Appel au public contre un recueil, XXV, 579.

Remarques sur *le Christianisme dévoilé*, XXXI, 129.
Du Gouvernement, etc., d'Auguste, XXV, 587.
Des Conspirations, XXV, 1.
Lettre de M. de Voltaire au docteur Jean-Jacques Pansophe, XXVI, 17.
Lettre de Voltaire à M. Hume, XXVI, 29.
Notes sur la Lettre à M. Hume, XXVI, 35.
Philosophe ignorant, XXVI, 47.
Aventure indienne, XXI, 243.
Aveugles juges des couleurs, XXI, 245.
André Destouches, à Siam, XXVI, 97.
Déclaration, XXVI, 103.
A la Vérité, Ode, VIII, 481.
Galimatias pindarique, VIII, 486.

1767.

Les Scythes, VI, 261.
Lettre d'un membre du conseil de Zurich, XXVI, 105.
Anecdotes sur Bélisaire, XXVI, 109, 169.
Honnêtetés littéraires, XXVI, 115.
Questions de Zapata, XXVI, 173.
Examen important de milord Bolingbroke, XXVI, 195.
Lettre (sur La Beaumelle), XXVI, 191.
Lettre sur les panégyriques, XXVI, 307.
Homélies (quatre) prêchées à Londres, XXVI, 315.
Mémoire présenté au ministère, XXVI, 355.
Défense de mon oncle, XXVI, 367.
A Warburton, XXVI, 435.
Fragment des Instructions pour le prince royal de***, XXVI, 439.
Ingénu, XXI, 247.
Charlot, VI, 341.
Lettre de Gérofle à Cogé, XXVI, 449.
Essai sur les dissensions, XXVI, 451.
Lettres à Son Altesse monseigneur le prince de***, XXVI, 469.
Prophéties de la Sorbonne, XXVI, 527.
La Défense de mon maître; réponse catégorique, XXVI, 529.
Dîner du comte de Boulainvilliers, XXVI, 531.
Avis à tous les Orientaux, XXVI, 561.
Femmes, soyez soumises, XXVI, 563.
Préface de la Réponse d'un solitaire de la Trappe, XXVI, 567.

1768.

Lettre d'un avocat, XXVI, 569.
Épître aux Frères écrite de Constantinople, XXVI, 573.
Lettre de l'archevêque de Cantorbéry, XXVI, 577.
Homme aux quarante écus, XXI, 305.
Sermon prêché à Bâle, XXVI, 581.
La Princesse de Babylone, XXI, 369.
La Guerre civile de Genève, IX, 515.
Déclaration, XXVII, 17.
Relation du Bannissement des jésuites de la Chine, XXVII, 1.
Entretiens chinois, XXVII, 19.
Conseils raisonnables, XXVII, 35.

Profession de foi des théistes, XXVII, 55.
Épître à mon vaisseau, X, 395.
Discours aux confédérés, XXVII, 75.
L'Épître aux Romains, XXVII, 83.
Remontrances du corps des pasteurs du Gévaudan, XXVII, 106.
Instructions à J.-A. Rustan, XXVII, 117.
Des Singularités de la nature, XXVII, 125.
Droits des hommes, XXVII, 193.
Les Colimaçons, XXVII, 213.
Les trois Empereurs en Sorbonne, X, 149.
Homélie du pasteur Bourn, XXVII, 227.
Le Marseillois et le Lion, X, 140.
Pyrrhonisme de l'histoire, XXVII, 235.
Instruction à frère Pédiculoso, XXVII, 301.
L'A, B, C, XXVII, 311.
Ode sur la guerre des Russes, VIII, 489.
Épître à Mme de Saint-Julien, X, 393.

1769.

Requête (est de 1770).
Lettre anonyme, XXVII, 401.
Épître à Boileau, X, 397.
— à l'auteur du livre des Trois Imposteurs, X, 402.
— à Saint-Lambert, X, 405.
Canonisation de saint Cucufin, XXVII, 419.
Discours de l'empereur Julien, XXVIII, 1.
Lettre à l'abbé Foucher, XXVII, 431.
Histoire du parlement, XV, 439.
Cinquième homélie, XXVII, 557.
Cri des nations, XXVII, 565.
Lettres d'Amabed, XXI, 435.
Collection des Évangiles, XXVII, 439.
Raison par alphabet, XVII-XX.
Les Choses utiles et agréables, tomes I et II (voyez les notes tome VII, page 35, et XXVIII, 361).
Les Guèbres, VI, 483.
Lettre à l'évêque d'Annecy (par Mme Denis), XXVIII, 69.
— au même, par Moléon, XXVIII, 71.
Procès de Claustre. Supplément aux *Causes célèbres*, XXVIII, 77.
Le baron d'Otrante, VI, 573.
Tout en Dieu, XXVIII, 91.
Les deux Tonneaux, VII, 3.
De la Paix perpétuelle, XXVIII, 103.
Épître à La Harpe, X, 408.
Dieu et les Hommes, XXVIII, 129.
Stances à l'impératrice Catherine, VIII, 533.
Réflexions sur les *Mémoires* de Dangeau, XXVIII, 249.
Préface et Extraits des *Souvenirs* de Mme de Caylus, XXVIII, 285.
Le Dépositaire, VI, 391.
Stances à Mme de Choiseul, VIII, 534.
Les Adorateurs, XXVIII, 309.
Défense de Louis XIV, XXVIII, 327.

1770.

Requête à tous les magistrats du royaume, XXVIII, 341.
Lettre de l'auteur de la tragédie des *Guèbres*, XXVIII, 349.
Stances à Saurin, VIII, 535.
Au Roi en son conseil, XXVIII, 351.
Sophonisbe, VII, 29.
Stances à Mme Necker, VIII, 537.
Traduction du poëme de J. Plokof, XXVIII, 365.
Lettre à M. Le G. de G., VII, 42.
Épître à Pigalle, X, 410.
Ode pindarique, VIII, 491.
Stances à M. Hourcastremé, VIII, 538.
Nouvelle requête au roi, XXVIII, 369.
Choses utiles et agréables, tome III. (Voyez les notes, tome VII, 35, et XXVIII, 361).
Notes sur le *Cymbalum mundi*, XXVIII, 361.
Coutume de Franche-Comté, XXVIII, 371.
Questions sur l'*Encyclopédie* (tomes I, II, III), XVII à XVIII.
Épître au roi de la Chine, X, 412.
— au roi de Danemark, X, 421.
* Sur l'usage de la vie, X, 94.

1771.

Questions sur l'*Encyclopédie* (tomes IV, V, VI, VII, VIII), XVIII à XX.
Benaldaki à Caramouftée, X, 440.
Lettre d'un jeune abbé, XXVIII, 381.
Épître à d'Alembert, X, 428.
Réponse aux Remontrances de la cour des aides, XXVIII, 385.
Fragment d'une lettre écrite de Genève, XXVIII, 389.
Avis important d'un gentilhomme, XXVIII, 393.
Épître à Catherine II, X, 435.
Sentiments des six conseils supérieurs, XXVIII, 397.
Épître au roi de Suède, X, 438.
Très-humbles et très-respectueuses remontrances du grenier à sel, XXVIII, 401.
Supplique des serfs de Saint-Claude, XXVIII, 407.
Sermon du papa Nicolas Charisteski, XXVIII, 409.
Les Pélopides, VII, 101.
Les peuples aux parlements, XXVIII, 413.
L'Équivoque, XXVIII, 421.
Les deux Siècles, X, 158.
Le père Nicodème et Jeannot, X, 162.
Méprise d'Arras, XXVIII, 425.
Lettres de Memmius à Cicéron, XXVIII, 437.
Tocsin des rois, XXVIII, 465.
Discours d'Anne Dubourg, XXVIII, 469.

1772.

Questions sur l'*Encyclopédie* (tome IX), XX.
Lettre à un de ses confrères, XXVIII, 473.
— à Beccaria sur Morangiés, XXVIII, 477.

Lettre sur un écrit anonyme, XXVIII, 489.
Jean qui pleure et Jean qui rit, IX, 556.
La Bégueule, X, 50.
Essai sur les probabilités en fait de justice, XXVIII, 495.
Les Systèmes, X, 167.
Les Cabales, X, 177.
Il faut prendre un parti, XXVIII, 517.
Réflexions philosophiques sur le procès de Mlle Camp (et réponse à Caveyrac), XXVIII, 553.
Anniversaire de la Saint-Barthélemy, VIII, 494.
Épître à Horace, X, 441.
Quelques petites hardiesses de M. Clair, XXVIII, 559.
Épître au roi de Suède, X, 447.
La voix du Curé sur le procès des serfs, XXVIII, 567.
Nouvelles probabilités en fait de justice, XXVIII, 577.
Fragment d'une lettre sur les Dictionnaires satiriques, etc., XXIX, 1.

1773.

Discours de Me Belleguier, XXIX, 7.
Aventure de la Mémoire, XXI, 479.
Lettre anonyme au sujet d'une nouvelle Épître de Boileau à Voltaire, XXIX, 19.
Déclaration sur le procès Morangiés, XXIX, 25.
Réponse à l'Écrit d'un avocat, XXIX, 33.
Les Lois de Minos, VII, 163.
Déclaration sur les Lois de Minos, XXIX, 39.
Le Philosophe, XXIX, 41.
Lettre sur la prétendue comète, XXIX, 47.
Précis du procès de Morangiés, XXIX, 53.
Lettres à la noblesse du Gévaudan, XXIX, 65, 71, 78, 82.
La Tactique, X, 187.
Stances à Mme Lullin, VIII, 539.
Fragments historiques sur l'Inde, XXIX, 85.
Fragment sur la justice, XXIX, 213.
— sur le procès criminel de Montbailly, XXIX, 219.
— sur l'Histoire générale, XXIX, 223.
Épître à Marmontel, X, 448.

1774.

Taureau blanc, XXI, 483.
Lettre d'un ecclésiastique, XXIX, 285.
Dialogue de Pégase et du Vieillard, X, 195.
Éloge funèbre de Louis XV, XXIX, 291.
De la mort de Louis XV, XXIX, 299.
Au Roi en son conseil (pour le pays de Gex), XXIX, 305.
Au R. P. en Dieu messire Jean de Beauvais, XXIX, 307.
Lettre écrite à M. Turgot, XXIX, 315.
Sentiment d'un académicien de Lyon, XXIX, 317.
De l'Encyclopédie, XXIX, 325.
Éloge historique de la Raison, XXI, 513.
De l'Ame, par Soranus, XXIX, 329.
Don Pèdre, VII, 239.

1775.

Petit écrit sur l'Arrêt du conseil, XXIX, 343.
Stances au roi de Prusse, VIII, 542.
Notes concernant le pays de Gex, XXIX, 349.
Mémoire sur le pays de Gex, XXIX, 351.
Le Dimanche, ou les Filles de Minée, X, 60.
Diatribe à l'auteur des Éphémérides, XXIX, 359.
Article extrait du *Mercure* sur Clément, XXIX, 371.
— de Voltaire sur Voltaire, I, 1.
Ode sur le Passé et le Présent, VIII, 496.
Cri du sang innocent, XXIX, 375.
Remarques sur le *Bon Sens*, XXXI, 150.
Les Finances, X, 57.
Le Temps présent, X, 207.
Mémoire des états de Gex, XXIX, 391.
Remarques sur l'ouvrage *l'existence de Dieu*, par Nieuwentyt, XXXI, 135.
Mémoire du pays de Gex, XXIX, 393.
A M. Turgot, XXIX, 397.
Édits de S. M. Louis XVI, sous l'administration de Turgot, XXIX, 399.
Histoire de Jenny, XXI, 523.
Les Oreilles du comte de Chesterfield, XXI, 577.
Extrait d'un mémoire pour l'abolition de la servitude, XXIX, 403.
A M***, sur les anecdotes, XXIX, 407.
Remarques autographes de Voltaire en marge d'un livre du Père Daniel, XXIX, 411.

1776.

Mémoire à M. Turgot, XXIX, 439.
Prières et Questions à M. Turgot, XXIX, 441.
Supplique à M. Turgot, XXIX, 443.
Sésostris, X, 68.
Délibération des états de Gex, XXIX, 445.
A M. Turgot, XXIX, 449.
Lettres chinoises, indiennes, etc, XXIX, 451.
Sophronyme et Adélos (imprimé en 1776, à la suite des *Lettres chinoises, etc.*), XXV, 459.
Lettre de M. de La Visclède, XXX, 317.
— du R. P. Polycarpe, XXX, 333.
— d'un bénédictin de Franche-Comté, XXX, 339.
L'Hôte et l'Hôtesse, VII, 307.
Remontrances du pays de Gex, XXX, 341.
A M. du M***, sur plusieurs anecdotes, XXX, 345.
Épître à M. Guys, X, 450.
Commentaire historique, I, 67.
Lettre à l'Académie française, XXX, 349.
Testament de Voltaire, I, 408.
Épître à un homme, X, 451.
— à Mme Necker, X, 453.
Au Roi en son conseil, XXX, 371.
La Bible enfin expliquée, XXX, 1.
Un Chrétien contre six Juifs, XXIX, 499.
Le Songe-Creux, X, 71.

1777.

Irène, VII, 317.
Agathocle, VII, 389.
Requête au roi pour les serfs de Saint-Claude, XXX, 375.
Articles extraits du *Journal de politique et de littérature*, XXX, 379.
Épître au marquis de Villette, X, 454.
Stances sur l'alliance avec les Suisses, VIII, 543.
Commentaire sur *l'Esprit des lois*, XXX, 405.
Dialogues d'Évhémère, XXX, 465.
Prix de la justice et de l'humanité, XXX, 533.
Dernières remarques sur les *Pensées de Pascal*, XXXI, 1.
Note sur une pensée de Vauvenargues, XXXI, 41.
Histoire de l'établissement du christianisme, XXXI, 43.
Épître au marquis de Villette, X, 455.
Traduction du commencement du seizième livre de *l'Iliade*, X, 613.

1778.

Épître au prince de Ligne, X, 456.
Épître au marquis de Villette, X, 457.
Plan du Dictionnaire de l'Académie, XXXI, 161.
Pensées, XXXI, 117.
Le Système vraisemblable, XXXI, 163.
Lettre de M. Hude, XXXI, 169.

FIN DE LA TABLE CHRONOLOGIQUE DES ÉCRITS DE VOLTAIRE

TABLE

DES MATIÈRES CONTENUES DANS CE VOLUME

	Pages.
Préface générale pour la présente édition	1
Préface générale de Beuchot	ix
Principales Corrections	xxxv
Principales Abréviations	xxxvi
Jugements sur Voltaire	xxxvii
ARTICLE DE VOLTAIRE sur Voltaire	1
MÉMOIRES POUR SERVIR A LA VIE DE M. DE VOLTAIRE, ÉCRITS PAR LUI-MÊME (1759)	3
Avertissement de Beuchot	5
Mémoires pour servir à la vie de M. de Voltaire	7
COMMENTAIRE HISTORIQUE SUR LES ŒUVRES DE L'AUTEUR DE *LA HENRIADE* (1776)	67
Avertissement de Beuchot	69
Commentaire historique	71
ÉLOGES DE VOLTAIRE	127
Avertissement des éditeurs de l'édition de Kehl	129
Éloge de Voltaire (par Frédéric II) lu à l'Académie royale des sciences et belles-lettres de Berlin le 26 novembre 1778	131
Éloge de Voltaire par La Harpe	145
VIE DE VOLTAIRE, par Condorcet	187
DOCUMENTS BIOGRAPHIQUES	293
I. Acte de mariage de François Arouet, père de Voltaire, et de Marie-Marguerite Daumart	293
II. Acte de baptême de Voltaire	294

TABLE DES MATIÈRES.

		Pages.
III.	Les *J'ai vu*, attribués faussement à Voltaire	294
IV.	*Regnante puero*.	296
V.	Rapport (4 mai 1776).	296
VI.	Mémoire instructif des discours que m'a tenus le sieur Arouet (par Beauregard).	297
VII.	La Vrillière à d'Argenson (16 mai 1717).	298
VIII.	Bazin, exempt, à d'Argenson (16 mai 1717).	298
IX.	Écrou	298
X.	Lettre du commissaire Isabeau, touchant les papiers prétendus jetés dans les latrines par le sieur Arouet fils.	299
XI.	Interrogatoire de Voltaire (21 mai 1717).	299
XII.	Ordre d'élargissement (10 avril 1718).	301
XIII.	Permission de venir à Paris (11 juillet 1718).	302
XIV.	Vers de S. A. S. le prince de Conti.	302
XV.	L'abbé Cherrier à d'Argenson.	304
XVI.	Acte de décès du père de Voltaire	304
XVII.	L'abbé Leblanc à M. de Saint-Martin, commissaire des guerres à Lille (9 septembre 1722).	305
XVIII.	Note autographe de Voltaire.	305
XIX.	Le président Bouhier à Marais (1er février 1726).	306
XX.	Maurepas à Hérault, lieutenant de police (5 février 1726).	306
XXI.	Maurepas à Hérault (23 mars 1726).	306
XXII.	Maurepas à Hérault (28 mars 1726).	307
XXIII.	Journal de M. Anquetil, lieutenant du roi à la Bastille (17 avril 1726).	307
XXIV.	Gazetin de la police (22 avril 1726).	307
XXV.	Maurepas à M. de Launay, gouverneur de la Bastille (29 avril 1726)	308
XXVI.	Le commissaire Labbé à M. Hérault, lieutenant de police (18 avril 1727).	308
XXVII.	Maurepas à Voltaire (29 juillet 1727).	308
XXVIII.	Maurepas à Voltaire (9 avril 1729).	309
XXIX.	Maurepas au lieutenant de roi au château d'Auxonne (3 mai 1734)	309
XXX.	Rapport de Vanneroux.	309
XXXI.	Vers de M. de Formont à Mme du Châtelet sur *le Mondain* de Voltaire (1735).	310
XXXII.	L'abbé Leblanc au président Bouhier (juin 1736).	310
XXXIII.	Maurepas à Voltaire (22 juin 1736).	311
XXXIV.	L'abbé Leblanc au président Bouhier (juin 1736).	311
XXXV.	Marais au président Bouhier (13 juillet 1736).	312
XXXVI.	Rapport fait à l'Académie des sciences, par MM. Pitot et Clairaut, le 26 d'avril 1741, sur le mémoire de M. de Voltaire touchant les forces vives	312
XXXVII.	Acte de décès du frère de Voltaire.	314

TABLE DES MATIÈRES.

Pages.

XXXVIII.	Maurepas à M. Anisson, directeur de l'Imprimerie royale (juin 1745)	314
XXXIX.	Voltaire à Anet. Lettres de Mme de Staal à Mme du Deffant (1747)	315
XL.	Affiche (1751). Cent écus à gagner.	319
XLI.	Note de M. Berryer (20 juillet 1751)	319
XLII.	Note de M. d'Hémery au lieutenant de police (1er janvier 1752).	319
XLIII.	Détails sur l'affaire de Francfort.	320
XLIV.	Procès-verbal concernant un livre intitulé *Abrégé de l'Histoire universelle*, attribué à M. de Voltaire.	327
XLV.	Lettre de M. de Malesherbes à Voltaire (mars 1754).	330
XLVI.	Lettre ou Rapport de d'Hémery, inspecteur de police pour la librairie, à M. Berryer (30 août 1755).	331
XLVII.	Pierre Pattu aux Délices. Lettre à Garrick (1er novembre 1755).	332
XLVIII.	Gibbon aux Délices (1758).	334
XLIX.	Bettinelli aux Délices (1758)	336
L.	Marmontel aux Délices (1760).	341
LI.	Reconstruction de l'église de Ferney.	347
LII.	Le prince de Ligne à Ferney (1763).	348
LIII.	Le chevalier de Boufflers à Ferney. Lettres à la marquise de Boufflers (1764).	353
LIV.	Le baron de Grimm à la duchesse de Saxe-Gotha (30 juin 1765).	354
LV.	Grétry à Ferney (1766)	354
LVI.	Chabanon à Ferney (1766-1767).	357
LVII.	Extrait d'une lettre de Ferney (1er juillet 1769).	364
LVIII.	Mesures prises en vue de l'éventualité de la mort de Voltaire (1774).	365
	Note de Bertin, ministre et secrétaire d'État.	365
	Rapport au roi (département Danand).	366
	Lettre du ministre Bertin au subdélégué de l'intendant de Bourgogne	367
	Lettre de Bertin à l'intendant de Bourgogne.	368
	Lettre de Bertin à Hennin, résident de France à Genève.	368
	Lettre de Bertin au subdélégué de l'intendance à Gex.	368
	Lettre de l'intendant de Bourgogne.	369
	Lettre du subdélégué de l'intendant de Bourgogne à Gex.	369
	Lettre de Bertin à Hennin, résident de France à Genève.	370
	Lettre de l'intendant de Bourgogne à Bertin.	370
	Instruction	371
	Ordre n° 1.	372
	Ordre n° 2.	372
	Ordre n° 3.	373
LIX.	Mme Suard à Ferney (juin 1775). Lettres à M. Suard.	374
LX.	Martin Sherlock à Ferney (1776).	390
LXI.	Mme de Genlis à Ferney (août 1776)	395

I.   35

		Pages.
LXII.	John Moore à Ferney (1776).	401
LXIII.	Testament de Voltaire.	408
LXIV.	Extraits des lettres de Ferney (*Mémoires de Bachaumont*) (1777).	409
LXV.	Du marquis de Villette à d'Alembert (octobre 1777).	411
LXVI.	Note sur M. de Voltaire et faits particuliers recueillis par Lekain.	414
LXVII.	Déclaration de Voltaire (28 février 1778).	421
LXVIII.	Copie de la profession de foi de M. de Voltaire exigée par l'abbé Gaultier, son confesseur.	421
LXIX.	Voltaire à l'Académie et à la Comédie française, le 30 mars 1778.	422
LXX.	Séance de la loge des Neuf-Sœurs, du 7 avril 1778. Extrait de la planche à tracer.	426

PIÈCES POUR SERVIR A L'HISTOIRE POSTHUME DE VOLTAIRE. 429

I.	Certificat de l'abbé Gaultier.	429
II.	Consentement du curé de Saint-Sulpice.	429
III.	Rapport de l'ouverture et embaumement du corps de Voltaire fait le 31 mai 1778.	430
IV.	Extrait du registre des actes de sépulture de l'abbaye de Scellières.	430
V.	Extrait de la *Correspondance de Grimm*.	431
VI.	Lettre de l'évêque de Troyes au prieur de Scellières.	435
VII.	Réponse du prieur.	435
VIII.	Testament déposé de M. de Voltaire.	437
IX.	Procès-verbal de l'inhumation de Voltaire.	438
X.	Déclaration.	441
XI.	Notoriété après décès de M. de Voltaire	443
XII.	Dépêche du prince Baratinsky à Catherine II	444
XIII.	Lettre de l'abbé Mignot à Grosley.	452
XIV.	Lettre de Catherine II au baron Grimm (21 juin 1778)	453
XV.	Lettre de Catherine II au baron Grimm (11 août 1778).	454
XVI.	Lettre de Catherine II au baron Grimm (1er octobre 1778).	454
XVII.	Pour Mme Denis, nièce d'un grand homme qui m'aimait beaucoup (15 octobre 1778).	456
XVIII.	Lettre de Catherine II au baron Grimm (19 octobre 1778).	456
XIX.	Lettre de Catherine II au baron Grimm (5 novembre 1778).	458
XX.	Lettre de Catherine II au baron Grimm (19 novembre 1778).	458
XXI.	Séance de la loge des Neuf-Sœurs. Fête du 28 novembre 1778.	459
XXII.	Lettre de Catherine II au baron Grimm (30 novembre 1778).	463
XXIII.	Vente de la bibliothèque de Voltaire à Catherine II. Reçu de Mme Denis.	464
XXIV.	Lettre de Catherine II au baron Grimm (17 décembre 1778).	464

TABLE DES MATIÈRES.

		Pages.
XXV.	Lettre de Catherine II au baron Grimm (5 février 1779).	465
XXVI.	Lettre de M. de Burigny à M. l'abbé Mercier, sur les démêlés de Voltaire avec Saint-Hyacinthe.	465
XXVII.	Transaction sur les abus de jouissance de Voltaire à Tournay.	477
XXVIII.	Lettre de Ch. Villette à M. le maire de Paris.	481
XXIX.	Extrait du procès-verbal de l'Assemblée nationale du 8 mai 1791.	482
XXX.	Extrait du procès-verbal de l'Assemblée nationale du 30 mai 1791.	482
XXXI.	Extrait du *Moniteur*, relatif à la translation des cendres de Voltaire au Panthéon.	483
XXXII.	Récit de la translation des cendres de Voltaire au Panthéon.	484
XXXIII.	Extrait d'une lettre de M. Bouillerot, curé de Romilly, à M. Patris-Debreuil	488
XXXIV.	Lettre adressée par les artistes du ci-devant Théâtre-Français au ministre de l'intérieur, le 3 messidor an IV.	489
XXXV.	Procès-verbal du déplacement des sarcophages de Voltaire et de Rousseau.	490
XXXVI.	Procès-verbal de replacement des sarcophages de Voltaire et de Rousseau.	492
XXXVII.	Translation du cœur de Voltaire à la Bibliothèque impériale.	495
XXXVIII.	Violation du tombeau de Voltaire.	496
XXXIX.	Centenaire de la mort de Voltaire (30 mai 1778).	500

ADDITION AUX DOCUMENTS BIOGRAPHIQUES. Contrat de mariage de Mlle Corneille avec M. Dupuits (1763). 504

LISTE ALPHABÉTIQUE des ouvrages de Voltaire. 505

TABLE DES OUVRAGES de Voltaire par ordre chronologique 523

FIN DE LA TABLE DES MATIÈRES DU TOME PREMIER.

PARIS. — IMPRIMERIE A. QUANTIN
7, RUE SAINT-BENOIT, 7

CLASSEMENT DES GRAVURES

FAITES POUR

LES ŒUVRES COMPLÈTES DE VOLTAIRE

I

SUITE DE CENT NEUF GRAVURES

D'APRÈS LES DESSINS

DE MOREAU LE JEUNE

Tome I.

Page 186. Portrait de Voltaire (forme carrée), de Latour.

Tome II.

Page 59. « Malheureuse, arrêtez, quel nom prononcez-vous. » (*OEdipe*, V, v.)
Page 207. « Vous demandez ma main ! juste ciel que j'implore. » (*Mariamne*, IV, iv.)
Page 266. « Fuir et me regarder ! Ah ! quelle perfidie. » (*L'Indiscret*, xiii.)
Page 332. « Pardonnez-nous, grands dieux ! si le peuple romain. » (*Brutus*, I, ii.)
Page 495. « Punis-moi, venge-toi, venge la mort d'un père. » (*Ériphyle*, IV, v.)
Page 578. « Mon Dieu qui me la rends, me la rends-tu chrétienne ? » (*Zaïre*, II, iii.)

Tome III.

Page 39. « Temple odieux ! que tes murs se renversent. » (*Samson*, V.)
Page 56. « ...... Barbare que vous êtes. » (*Tanis et Zélide*, II, vi.)
Page 115. « Ah ! cher prince ! Ah ! seigneur, voyez à vos genoux. » (*Adélaïde du Guesclin*, III, iii.)
Page 237. « Mais je la veux terrible, et, lorsque je succombe. » (*Le duc de Foix*, IV, v.)
Page 357. « Du plus grand des Romains voilà ce qui vous reste. » (*Mort de César*, III, scène dernière.)
Page 410. « Non, je revis pour toi. » (*Alzire*, III, iv.)
Page 514. « Que vois-je ? ô ciel ! » (*L'Enfant prodigue*, V, vi.)
Page 597. « Quelle vapeur épaisse, épouvantable. » (*Pandore*, V.)

Tome IV.

Page 30. « Je vous connais toujours. » (*Zulime*, II, IV.)
Page 152. « Séide, ingrat ! C'est toi qui m'arraches la vie ! » (*Mahomet*, IV, IV.)
Page 236. « Barbare ! il est mon fils. » (*Mérope*, IV, II.).
Page 337. « Punissez donc son crime en terminant sa peine. » (*La Princesse de Navarre*, III, V.)
Page 368. « Téméraire, arrête. » (*Le Temple de la Gloire*, III.)
Page 440. « Ah ! ah ! notre future. » (*La Prude*, III, IV.)
Page 563. « Ciel ! où suis-je ? » (*Sémiramis*, V, VI.)
Page 588. « Comment ! dans ce logis est-on fou, mon garçon ? » (*La femme qui a raison*, II, I.)

Tome V.

Page 24. « Gardez-vous, je vous prie. » (*Nanine*, I, V.)
Page 125. « Non, fatal étranger, je ne rendrai jamais. » (*Oreste*, III, IV.)
Page 237. « Lis ton sort et le mien, ton crime et ton arrêt. » (*Catilina*, III, II.
Page 354. « Tiens, sois libre avec moi ; frappe et délivre-nous. » (*L'Orphelin de la Chine*, V, V.)
Page 394. « Il est beau d'être la victime de la Divinité. » (*Socrate*, III, III.)
Page 436. « Gardez votre résolution et votre promesse. » (*L'Écossaise*, II, II.)
Page 537. « Ciel ! ô ciel ! qui vois-je à ses côtés ? » (*Tancrède*, III, VI.)

Tome VI.

Page   7. « Eh ! relevez-vous donc. » (*Le Droit du seigneur*, III, VI.)
Page 143. « Profanes, c'en est trop. Arrêtez, respectez. » (*Olympie*, IV, III.)
Page 182. « Tombe sur nos tyrans cette foudre égarée. » (*Le Triumvirat*, I, I.)
Page 301. « Non, demeurez ; ne vous détournez pas. » (*Les Scythes*, III, II.)
Page 345. « Sors d'ici tout à l'heure. » (*Charlot*, II, III.)
Page 426. « Mon Dieu ! finissez donc ; vous me tournez la tête. » (*Le Dépositaire*, II, V.)
Page 537. « Vengeance, entends ma voix ! » (*Les Guèbres*, III, II.)
Page 580. « Et quand mon tendre amant devient un muletier. » (*Le Baron d'Otrante*, III, I.)

Tome VII.

Page 23. « Beau-père, pour jamais je renonce à la voir. » (*Les Deux Tonneaux*, III, II.)
Page 46. « Connaissez votre seing. Rougissez et tremblez. » (*Sophonisbe*, I, II.)
Page 159. « Crains la foudre et mon bras. » (*Les Pélopides*, V, scène dernière.)
Page 214. « Goûtons sous ces cyprès un moment de repos. » (*Les Lois de Minos*, IV, I.)
Page 301. « Exécrable journée ! » (*Don Pèdre*, V, II.)
Page 337. « Quel spectre menaçant se jette entre nous deux. » (*Irène*, V, IV.)
Page 420. « Je me meurs. » (*Agathocle*, IV, I.)

Tome VIII.

Page   III. Portrait de Henri IV.
Page   53. « De Dieu, dit le vieillard, adorons les desseins. » (*La Henriade*, ch. I.)
Page   78. « Du plus grand des Français tel fut le triste sort. » (Ch. II.)
Page   95. « Je l'aperçus bientôt porté par des soldats. » (Ch. III.)
Page 124. « Il se présente aux Seize, et demande des fers. » (Ch. IV.)

CLASSEMENT DES GRAVURES.

Page 142. « Au milieu de ces feux, Henri, brillant de gloire. » (Ch. V.)
Page 158. « Il monte : il a déjà de ses mains triomphantes. » (Ch. VI.)
Page 174. « Louis guidait ses pas : Ciel ! qu'est-ce que je vois ? » (Ch. VII.)
Page 209. « D'Ailly voit son visage : ô désespoir ! ô cris ! » (Ch. VIII.)
Page 226. « D'Estrée à son amant prodiguait ses appas. » (Ch. IX.)
Page 258. « Les remparts ébranlés s'entr'ouvrent à sa voix. » (Ch. X.)

Tome IX.

Page   3. Portrait de Jeanne d'Arc.
Page   24. Portrait de Charles VII.
Page   29. « La pudeur passe et l'amour seul demeure. » (*Pucelle*, ch. Ier.)
Page   44. « Le moine gagne : un sorcier est heureux. » (Ch. II.)
Page   58. Portrait d'Agnès Sorel.
Page   67. « Puis sur Bonneau se penchant d'un air tendre. » (Ch. III.)
Page   75. Portrait de Dunois.
Page   88. « Languissamment le beau bâtard lorgnait. » (Ch. IV.)
Page   99. « Le cordelier, plein d'une sainte horreur. » (Ch. V.)
Page 109. « A ses genoux le chétif muletier. » (Ch. VI.)
Page 133. « Allons, dit-il, venez à moi, mon âne. » (Ch. VII.)
Page 147. « Oh ! oh ! dit le Breton. » (Ch. VIII.)
Page 152. « D'un gros baiser la barbouille. » (Ch. IX.)
Page 168. « Et si jamais je vais en paradis. » (Ch. X.)
Page 178. « Il a mon casque, il a ma soubreveste. » (Ch. XI.)
Page 198. « Il en est sûr, il quitte son repas. » (Ch. XII.)
Page 208. « De la cuirasse il défait les cordons. » (Ch. XIII.)
Page 235. « L'ermite auprès, qui marmotte tout bas. » (Ch. XIV.)
Page 246. « Le fier Talbot entre et se précipite. » (Ch. XV.)
Page 261. « Il salua trois fois très-humblement. » (Ch. XVI.)
Page 273. « Le confesseur, qui dans sa prompte fuite. » (Ch. XVII.)
Page 295. « Mon roi, dit-elle, avouez que ce jour. » (Ch. XVIII.)
Page 300. « A ce discours La Trimouille répond. » (Ch. XIX.)
Page 317. « Vers son amant elle avança la main. » (Ch. XX.)
Page 326. « Au lieu d'amis, Jeanne, la lance en main. » (Ch. XXI.)

Tome X.

Page   15. « Vous le voyez, ô reine, il me méprise. » (*Ce qui plaît aux dames.*)
Page   28. « André, mon cher André, vous faites mon bonheur. » (*Gertrude.*)
Page   54. « Quand on a peur, tout orgueil s'humanise. » (*La Bégueule.*)
Page 103. « Enfin un jour qu'un surtout emprunté. » (*Le Pauvre Diable.*)

Tome XIV.

Page   1. Portrait de Louis XIV.

Tome XV.

Page 153. Portrait de Louis XV.

Tome XVI.

Page 145. Portrait de Charles XII.
Page 393. Portrait de Pierre Ier.

Tome XXI.

Page 36. « Le projet de me couper le nez. » (*Zadig.*)
Page 65. « Alors elle laissa voir le sein le plus charmant. » (*Zadig.*)
Page 97. « Comme ils en étaient là, arrive l'oncle. » (*Memnon.*)
Page 139. « Le baron... chassa Candide du château. » (*Candide*, i.)
Page 148. « Sainte Vierge! s'écria-t-elle, qu'allons-nous devenir? » (*Candide*, ix.)
Page 180. « C'est à ce prix que vous mangez du sucre. » (*Candide*, xix.)
Page 214. « Candide recula trois pas, saisi d'horreur. » (*Candide*, xxix.)
Page 230. « Elle voit : ô moment! ô vue! ô reconnaissance! » (*Le Blanc et le Noir.*)
Page 241. « Tu m'as abandonné, dit Colin. » (*Jeannot et Colin.*)
Page 258. « Mademoiselle, croyez-vous qu'il reprenne sitôt ses habits. » (*L'Ingénu*, iv.)
Page 291. « Que je vous aimerais si vous ne vouliez pas être tant aimé. » (*L'Ingénu*, xvii.)
Page 324. « Mon fils, nous demandons nous-mêmes l'aumône. » (*L'Homme aux quarante écus.*)
Page 375. « Le jeune inconnu, touché du péril d'un si brave prince. » (*La Princesse de Babylone.*)
Page 427. « Formosante jeta un cri de douleur. » (*La Princesse de Babylone.*)

Tome XXIII.

Page 515. Portrait de Mme du Châtelet.

Tome XXXIII.

Frontispice. Portrait de Voltaire (forme ovale). LATOUR.

Tome XXXIV.

Page 101. Portrait de Frédéric II.

Tome XXXVII.

Page 471. Portrait de d'Alembert.

Tome XLIII.

Page 16. Portrait de Catherine II.

Tome L.

Page 391. Portrait de d'Argental.

II

SUITE DE QUATRE-VINGT-DIX GRAVURES

D'APRÈS LES DESSINS

DE STAAL, PHILIPPOTEAUX, ETC.

Tome I.

Frontispice. Portrait en pied d'après la statue du foyer de la Comédie française.

Tome II.

Page 109. « Malheureuse, arrêtez. Quel nom prononcez-vous ? » (OEdipe, V, v.)
Page 557. « Guidez mes pas tremblants ; mes maux m'ont affaibli. » (Zaïre II, III.)

Tome III.

Page 321. « Meurs, expire, tyran! courage, Cassius! » (La Mort de César, III, VI.)
Page 435. « Seigneur, en rougissant, je tombe à vos genoux. » (Alzire V, VII.)

Tome IV.

Page 107. « O dieux de ma patrie! Dieux prêts à succomber. » (Fanatisme, IV, IV.)
Page 543. « Il paraît. Ciel ! je meurs. » (Sémiramis, III, VI.)

Tome V.

Page 64. « Le comte : Holà! courez. » (Nanine, III, VI.)
Page 519. « Laisse-moi, malheureuse, ôte-toi de ces lieux. » (Tancrède, II, II.)

Tome VI.

Page 54. « Je crains, ma foi, que l'on ne me déboute. » (Le Droit du seigneur, III, VII.)
Page 369 « Sors d'ici tout à l'heure. » (Charlot, II, III.)

Tome VII.

Page 87. « Je vous la rends, Romains. » (Sophonisbe, V, III.)
Page 378. « Ah! mon zèle funeste eut trop de barbarie. » (Irène, V, v.)
Page 345. Portrait de Shakespeare.

Tome VIII.

Page 43. Portrait de Henri IV.
Page 85. « Tandis qu'en ses fureurs l'homicide est frappé. » (Henriade, ch. II.)
Page 99. « C'est ainsi que mourut ce sujet tout-puissant. » (Ch. III.)
Page 162. « Bientôt de l'occident, où se forment les ombres. » (Ch. VI.)
Page 237. « Partons, bravons l'amour dans les champs de la gloire. (Ch. IX.)

Tome IX.

Page 49. « Jeanne prend l'encre et sa main lui dessine. » (*Pucelle*, ch. II.)
Page 113. « Et Jeanne sur son dos va dans les champs. » (Ch. VI.)
Page 157. « Elle s'ajuste, et sa droite élevée. » (Ch. IX.)
Page 305. « Ce fer mortel, cette lame sanglante. » (Ch. XIX.)
Page 338. « La même nuit, la fière et tendre Jeanne. » (Ch. XXI.)

Tome X.

Page 10. « Sire Robert, ému de convoitise. » (*Ce qui plaît aux dames.*)
Page 36. « Mais mon Grec, d'une main guerrière. » (*Les trois Manières.*)

Tome XI.

Page 79. Bacchus et Ariane.
Page 527. Guillaume Tell et Gessler.

Tome XII.

Page 126. Mort de Charles le Téméraire.
Page 498. Mort de Marie Stuart.

Tome XIII.

Page 74. Mort de Charles Ier.

Tome XIV.

Frontispice. Portrait de Louis XIV.
Page 224. Mort de Mazarin.
Page 253. Passage du Rhin.
Page 271. Mort de Turenne.
Page 395. Bataille de Malplaquet.
Page 481. Mort de Louis XIV.

Tome XV.

Page 169. Mort du Régent.
Page 238. Bataille de Fontenoy.
Page 298. Le prétendant Charles-Édouard.

Tome XVI.

Page 244. « Mais comme il retournait à son camp, il reçut un coup de carabine. » (*Hist. de Charles XII*, liv. IV.)
Page 300. « Il blessait et il tuait tous ceux qui s'approchaient. » (*Hist. de Charles XII*, liv. VI.)
Page 350. « Il avait eu la force de mettre la main sur la garde de son épée. (*Hist. de Charles XII*, liv. VIII.)

Tome XXI.

Page 77. « Elle tenait en main une petite baguette. » (*Zadig.*)
Page 154. « Sainte Vierge! s'écria-t-elle, qu'allons-nous devenir? » (*Candide*, ch. IX.)
Page 169. « Pourquoi trouvez-vous si étrange qu'il y ait des singes? » (*Candide*, ch. XVI.)
Page 247. « Elles se coulèrent doucement entre les roseaux. » (*l'Ingénu*, ch. III.)
Page 340. L'Homme aux quarante écus.

Page 421. La Princesse de Babylone.
Page 450. Lettres d'Amabed.
Page 525. Histoire de Jenni.

Tome XXII.

Page 1. Portrait de Voltaire.
Page 327. Portrait de J.-B. Rousseau.

Tome XXIII.

Page 1. Portrait d'Helvétius.

Tome XXVI.

Page 29. Portrait de Hume.

Tome XXXIII.

Page 56. Portrait de Fontenelle.
Page 66. Portrait du cardinal Dubois.
Page 480. Portrait du cardinal Alberoni.

Tome XXXIV.

Page 241. Portrait de Duclos.

Tome XXXV.

Page 450. Portrait de Frédéric II.
Page 543. Portrait du cardinal de Fleury.

Tome XXXVI.

Page 199. Portrait de Vauvenargues.
Page 218. Portrait de Mlle Dumesnil.
Page 531. Portrait de Marie Leckzinska.

Tome XXXVII.

Page 73. Portrait de Mme Staal-Delaunay.
Page 221. Portrait de la duchesse du Maine.

Tome XXXVIII.

Page 152. Portrait de Mme de Pompadour.
Page 353. Portrait de Lekain.
Page 478. Portrait de Mlle Clairon.

Tome XXXIX.

Page 18. Portrait de Condillac.
Page 297. Portrait de Mme d'Épinai.
Page 464. Portrait de Mme du Boccage.

Tome XL.

Page 296. Portrait de Mme du Deffant.
Page 422. Portrait de J.-J. Rousseau.

Tome XLI.

Page 54. Portrait de Le Brun.

Tome XLII.

Page 197. Portrait de Catherine II.
Page 406. Portrait de Voisenon.

Tome XLIII.

Page 112. Portrait de Chamfort.

Tome XLIV.

Page 40. Portrait de d'Alembert.
Page 369. Portrait de Diderot.

Tome XLV.

Page 23. Portrait de Dorat.
Page 563. Portrait de Mme Favart.

Tome XLVI.

Page 132. Portrait de Lalande.

Tome XLVII.

Page 83. Portrait de Mme Necker.
Page 481. Portrait du maréchal de Richelieu.

Tome XLVIII.

Page 259. Portrait de Mlle Raucourt.
Page 322. Portrait de M. de Sartines.

Tome XLIX.

Page 42. Portrait de Turgot.
Page 452. Portrait de Condorcet.

Tome L.

Page 203. Portrait de Marmontel.
Page 372. Portrait de Franklin.

FIN DU CLASSEMENT DES GRAVURES.

www.ingramcontent.com/pod-product-compliance
Lightning Source LLC
Chambersburg PA
CBHW060359230426
43663CB00008B/1326